ACCESO GRATIS *a la Lectura en la Nube*

Para visualizar el libro electrónico en la nube de lectura envíe junto a su nombre y apellidos una fotografía del código de barras situado en la contraportada del libro y otra del ticket de compra a la dirección:

ebooktirant@tirant.com

En un máximo de 72 horas laborables le enviaremos el código de acceso con sus instrucciones.

La visualización del libro en NUBE DE LECTURA excluye los usos bibliotecarios y públicos que puedan poner el archivo electrónico a disposición de una comunidad de lectores. Se permite tan solo un uso individual y privado.

RÉGIMEN JURÍDICO DE LAS SOCIEDADES COOPERATIVAS CANARIAS

(Ley 4/2022, de 31 de octubre, de Sociedades Cooperativas de Canarias)

Procedimiento de selección de originales, ver página web:
www.tirant.net/index.php/editorial/procedimiento-de-seleccion-de-originales

RÉGIMEN JURÍDICO DE LAS SOCIEDADES COOPERATIVAS CANARIAS

(Ley 4/2022, de 31 de octubre, de Sociedades Cooperativas de Canarias)

Rosalía Alfonso Sánche
María del Pino Domínguez Cabrera
Dirección

tirant lo blanch
Valencia, 2025

EDITA: TIRANT LO BLANCH
C/ Artes Gráficas, 14 - 46010 - Valencia
TELFS.: 96/361 00 48 - 50
FAX: 96/369 41 51
Email: tlb@tirant.com
www.tirant.com
Librería virtual: www.tirant.es
DEPÓSITO LEGAL: V-1966-2025
ISBN: 979-13-7010-067-4

Si tiene alguna queja o sugerencia, envíenos un mail a: *atencioncliente@tirant.com*. En caso de no ser atendida su sugerencia, por favor, lea en *www.tirant.net/index.php/empresa/politicas-de-empresa* nuestro procedimiento de quejas.

Responsabilidad Social Corporativa: http://www.tirant.net/Docs/RSCTirant.pdf

Índice

Listado de abreviaturas

AA.VV.	Autores Varios
AAMN	Anales de la Academia Matritense del Notariado
ACI	Alianza Cooperativa Internacional
ADC	Anuario de Derecho Civil
BITARTU	Servicio Vasco de Arbitraje Cooperativo
BOE	Boletín Oficial del Estado
BOICAC	Boletín del Instituto de Contabilidad y Auditoría de Cuentas
BORME	Boletín Oficial del Registro Mercantil
CAE	Cooperativas Agroalimentarias
CB	Comunidad de Bienes
C.c.	Código Civil
C. de c.	Código de Comercio
CCAA	Comunidades Autónomas
CCJC	Cuadernos Civitas de Jurisprudencia Civil
CDC	Cuadernos de Derecho y Comercio
CE	Constitución Española
CEE	Comunidad Económica Europea
CECT	Cooperativas de Explotación Comunitaria de la Tierra
CEPES	Confederación Empresarial Española de la Economía Social
CES	Cooperativismo e Economía Social
CIRCE	Centro de Información y Red de Creación de Empresas
CP	Código Penal
CSC	Consejo Superior de la Cooperación
CSME	Capital Social Mínimo Estatutario
CSML	Capital Social Mínimo Legal
CTA	Cooperativas de Trabajo Asociado

DGRN	Dirección General de los Registros y del Notariado
DOUE	Diario Oficial de la Unión Europea
DUE	Documento Único Electrónico
EEAA	Estatutos de Autonomía
ET	Real Decreto Legislativo 2/2015, de 23 de octubre, por el que se aprueba el texto refundido de la Ley del Estatuto de los Trabajadores
FEP	Fondo de Educación y Promoción
FEPC	Fondo de Educación y Promoción Cooperativas
FOGASA	Fondo de Garantía Salarial
FRO	Fondo de Reserva Obligatorio
ICAC	Instituto de Contabilidad y Auditoría de Cuentas
INSHT	Instituto Nacional de Seguridad e Higiene en el Trabajo
INSST	Instituto Nacional de Seguridad y Salud en el Trabajo
IOS	Impuesto sobre Operaciones Societarias
IP	Impuesto sobre el Patrimonio
IPC	Índice de Precios al Consumo
IRPF	Impuesto sobre la Renta de las Personas Físicas
IS	Impuesto sobre Sociedades
ISD	Impuesto sobre Sucesiones y Donaciones
ISO	Organización Internacional de Normalización
ITPAJD	Impuesto sobre Transmisiones Patrimoniales y Actos Jurídicos Documentados
ITPO	Impuesto sobre Transmisiones Patrimoniales Onerosas
IVA	Impuesto sobre el Valor Añadido
LA	Ley 60/2003, de 23 de diciembre, de Arbitraje y de regulación del Arbitraje Institucional en la Administración General del Estado (reforma Ley 11/2011, de 20 de mayo)
LAC	Ley 22/2015, de 20 de julio, de Auditoría de Cuentas

LAIE	Ley 12/1991, de 29 de abril, de Agrupaciones de Interés Económico
LC	Real Decreto Legislativo 1/2020, de 5 de mayo, por el que se aprueba el TR de la Ley Concursal
LCAr	Decreto Legislativo 2/2014, de 29 de agosto, por el que se aprueba el texto refundido de la Ley de Cooperativas de Aragón
LCCant	Ley 6/2013, de 6 de noviembre, de Cooperativas de Cantabria
LCCat	Ley 12/2015, de 9 de julio, de Cooperativas de Cataluña
LCC-LM	Ley 11/2010, de 4 de noviembre, de Cooperativas de Castilla-La Mancha
LCCM	Ley 2/2023, de 24 de febrero, de Cooperativas de la Comunidad de Madrid
LCCr	Ley 13/1989, de 26 de mayo, de Cooperativas de Crédito
LCCV	Decreto Legislativo 2/2015, de 15 de mayo, por el que se aprueba el TR de la Ley de Cooperativas de la Comunidad Valenciana
LCCyL	Ley 4/2002, de 11 de abril, de Cooperativas de la Comunidad de Castilla y León
LCEusk	Ley 11/2019, de 20 de diciembre, de Cooperativas de Euskadi
LCG	Ley 5/1998, de 18 de diciembre, de Cooperativas de Galicia
LCIB	Ley 1/2003 de 20 de marzo, de Cooperativas de las Islas Baleares
LCLR	Ley 4/2001, de 2 de julio, de Cooperativas de La Rioja
LCoop	Ley 27/1999, de 16 de julio, de Cooperativas (estatal)
LCPAs	Ley 4/2010, de 29 de junio, de Cooperativas del Principado de Asturias
LDC	Ley 15/2007, de 3 de julio, de Defensa de la Competencia
LE/2015	Real Decreto Legislativo 3/2015, de 23 de octubre, por el que se aprueba el TR de la Ley de Empleo
LEC	Ley 1/2000, de 7 de enero, de Enjuiciamiento Civil

LECrim	Real Decreto de 14 de septiembre de 1882, por el que se aprueba la Ley de Enjuiciamiento Criminal
LES	Ley 5/2011, de 29 de marzo, de Economía Social
LESCan	Ley 3/2022, de 13 de junio, de Economía Social de Canarias
LETA	Ley 20/2007, de 11 de julio, del Estatuto del Trabajo Autónomo
LFCN	Ley Foral 14/2006, de 11 de diciembre, de Cooperativas de Navarra
LFFE	Ley 5/2015, de 27 de abril, de Fomento de la Financiación Empresarial
LFIC	Ley 13/2013, de 2 de agosto, de Fomento de la Integración de Cooperativas y de otras entidades asociativas de carácter agroalimentario
LGC-1987	Ley 3/1987, de 2 de abril, General de Cooperativas
LGSS	Real Decreto Legislativo 8/2015, de 30 de octubre, por el que se aprueba el TR de la Ley General de la Seguridad Social
LGT	Ley 58/2003, de 17 de diciembre, General Tributaria
LGUM	Ley 20/2013, de 9 de diciembre, de Garantía de la Unidad de Mercado
LIRPF	Ley 35/2006, de 28 de diciembre, de Impuesto sobre la Renta de las Personas Físicas
LISD	Ley 29/1987, de 18 de diciembre, del Impuesto sobre Sucesiones y Donaciones
LISOS	Real Decreto Legislativo 5/2000, de 4 de agosto, por el que se aprueba el texto refundido de la Ley sobre Infracciones y Sanciones en el Orden Social
LIVA	Ley 37/1992, del Impuesto sobre Valor Añadido
LMCE	Ley 43/2006, de 29 de diciembre, para la mejora del crecimiento y del empleo
LME	Ley 3/2009, de 3 de abril, de Modificaciones Estructurales de Sociedades Mercantiles

LMPMIAC	Ley Modelo de la Comisión de las Naciones Unidas para el Derecho Mercantil Internacional sobre Arbitraje Comercial
LMV	Real Decreto Legislativo 4/2015, de 23 de octubre, por el que se aprueba el texto refundido de la Ley del Mercado de Valores
LOEX	Ley Orgánica 4/2000, de 11 de enero, sobre derechos y libertades de los extranjeros en España y su integración social
LOFCA	Ley Orgánica 8/1980, de 22 de septiembre, de Financiación de las Comunidades Autónomas
LOI	Ley Orgánica 3/2007, de 22 de marzo, para la Igualdad efectiva de mujeres y hombres
LOISS	Ley 23/2015, de 21 de julio, Ordenadora del Sistema de Inspección de Trabajo y Seguridad Social
LOLS	La Ley Orgánica 11/1985, de 2 agosto, de Libertad Sindical
LOPDP	Ley Orgánica 3/2018, de Protección de Datos Personales y garantía de los derechos digitales
LOPJ	Ley Orgánica 6/1985, de 1 de julio, del Poder Judicial
LOSSEAR	Ley 20/2015, de 14 de julio, de ordenación, supervisión y solvencia de las entidades aseguradoras y reaseguradoras
LOSSECr	Ley 10/2014, de 26 de junio, de ordenación, supervisión y solvencia de entidades de crédito
LOTT	Ley 16/1987, de 30 de julio, de Ordenación de los Transportes Terrestres
LPRL	Ley 31/1995, de 8 de noviembre, de Prevención de Riesgos Laborales
LRFC	Ley 20/90, de 19 de diciembre, sobre Régimen Fiscal de las Cooperativas
LRJS	Ley 36/2011, de 10 de octubre, reguladora de la Jurisdicción Social
LRSCrC	Ley 7/2017, de 2 de junio, del Régimen de las Secciones de Crédito de las Cooperativas (Cataluña)
LSC	Real Decreto Legislativo 1/2010, de 2 de julio, por el que se aprueba el texto refundido de la Ley de Sociedades de Capital

LSCAn	Ley 14/2011, de 23 de diciembre, de Sociedades Cooperativas Andaluzas
LSCCan	Ley 4/2022, de 31 de octubre, de Sociedades Cooperativas de Canarias
LSCE	Ley 3/2011, de 4 de marzo, por la que se regula la Sociedad Cooperativa Europea con domicilio en España
LSCEx	Ley 9/2018, de 30 de octubre, de Sociedades Cooperativas de Extremadura
LSCRM	Ley 8/2006, de 16 de noviembre, de Sociedades Cooperativas, de la Región de Murcia
LSP	Ley 2/2007, de 15 de marzo, de Sociedades Profesionales
OIT	Organización Internacional del Trabajo
ONACC	Orden EHA/3360/2010, de 21 de diciembre, por la que se aprueban las Normas sobre los Aspectos Contables de las Sociedades Cooperativas
PAE	Puntos de Atención al Emprendedor
RCC-LM	Decreto 214/2015, de 3 de noviembre, por el que se aprueba el Reglamento de organización y funcionamiento del Registro de Cooperativas de Castilla-La Mancha
RCCV	Decreto núm. 136/1986, de 10 de noviembre, que regula el Registro de Cooperativas de la Comunidad Valenciana
RCDI	Revista Crítica de Derecho Inmobiliario
RDBB	Revista de Derecho Bancario y Bursatil
RDComm	*Rivista del diritto commerciale e del diritto generale delle obbligazioni*
RDCP	Revista de Derecho Concursal y Paraconcursal
RDCTA	Real Decreto 1043/1985, de 19 de junio, por el que se amplía la protección por desempleo a los socios trabajadores de Cooperativas de Trabajo Asociado
RDGRN	Resolución de la Dirección General de los Registros y del Notariado
RDM	Revista de Derecho Mercantil
RDN	Revista de Derecho Notarial

RDP	Revista de Derecho Privado
RdP	Revista de Derecho Patrimonial
RdS	Revista de Derecho de Sociedades
RDT	Revista de Derecho de Transporte
REFC	Revista Española de Financiación y Contabilidad
RETA	Régimen Especial de la Seguridad Social de los Trabajadores por Cuenta Propia o Autónomos
RETM	Régimen Especial de Trabajadores del Mar
REVESCO	Revista de Estudios Cooperativos
RGCCat	Decreto 203/2003, de 1 de agosto, sobre la estructura y el funcionamiento del Registro General de Cooperativas de Cataluña
RGD	Revista General de Derecho
RGLJ	Revista General de Legislación y Jurisprudencia
RGPD	Reglamento General de Protección de Datos (Reglamento (UE) 2016/679 del Parlamento Europeo y del Consejo de 27 de abril de 2016)
RGPSL	Real Decreto 928/1998, de 14 de mayo, por el que se aprueba el Reglamento general sobre procedimientos para la imposición de sanciones por infracciones de Orden social y para los expedientes liquidatorios de cuotas de la Seguridad Social
RGSS	Régimen General de la Seguridad Social
RIE	Revista de Instituciones Europeas
RJC	Revista Jurídica de Cataluña
RJN	Revista Jurídica del Notariado
RLAC	Real Decreto 1517/2011, de 31 de octubre, por el que se aprueba el Reglamento de la Ley de Auditoría de Cuentas
RLCI	Real Decreto-ley 11/1998, de 4 de septiembre, por el que se regulan las bonificaciones de cuotas a la Seguridad Social de los contratos de interinidad que se celebren con personas desempleadas para sustituir a trabajadores durante los períodos de descanso por maternidad, adopción y acogimiento

RLCCr	Real Decreto 84/1993, de 22 de enero, por el que se aprueba el Reglamento de desarrollo de la ley 13/1989 de 26 de mayo, de Cooperativas de Crédito
RLEM	Real Decreto-ley 4/2013, de 22 de febrero, de medidas de apoyo al emprendedor y de estímulo del crecimiento y de la creación de empleo
RLOSSEAR	Real Decreto 1060/2015, de 20 de noviembre, de ordenación, supervisión y solvencia de las entidades aseguradoras y reaseguradoras
RLOTT	Real Decreto 1211/1990, de 28 de septiembre, por el que se aprueba el Reglamento de la Ley de Ordenación de Transportes Terrestres (modificado por RD 70/2019, de 15 de febrero)
RLSCAn	Decreto 123/2014, de 2 de septiembre, por el que se aprueba el Reglamento de la Ley 14/2011, de 23 de diciembre, de Sociedades Cooperativas Andaluzas
RM	Registro Mercantil
RMUPD	Real Decreto-ley 1/2011, de 11 de febrero, de medidas urgentes para promover la transición al empleo estable y la recualificación profesional de las personas desempleadas
ROAC	Registro Oficial de Auditores de Cuentas
RPUD	Real Decreto 1044/1985, de 19 de junio, por el que se regula el abono de la prestación por desempleo en su modalidad de pago único por el valor actual de su importe, como medida de fomento del empleo
RRCCM	Decreto 177/2003, de 17 de julio, por el que se aprueba el Reglamento de Organización y Funcionamiento del Registro de Cooperativas de la Comunidad de Madrid
RRCEusk	Decreto 84/2023, de 13 de junio, por el que se aprueba el Reglamento de organización y funcionamiento del Registro de Cooperativas de Euskadi
RRCEx	Decreto 172/2002, de 17 de diciembre, por el que se aprueba el Reglamento del Registro de Cooperativas de Extremadura
RRCG	Decreto 430/2001, de 18 de diciembre, por el que se aprueba el Reglamento del Registro de Cooperativas de Galicia

RRCLR	Decreto 18/2003, de 7 de mayo, por el que se aprueba el Reglamento de Organización y Funcionamiento del Registro de Cooperativas de La Rioja
RRCN	Decreto Foral 112/1997, de 2 de abril, por el que se aprueban las normas reguladoras del Régimen de organización y funcionamiento del Registro de Cooperativas de Navarra
RRGCyL	Decreto 125/2004, de 30 de diciembre, por el que se aprueba el Reglamento del Registro de Cooperativas de Castilla y León
RRI	Reglamento de Régimen Interno
RRM	Real Decreto 1784/1996, de 19 de julio, por el que se aprueba el Reglamento del Registro Mercantil
RRSC	Real Decreto 136/2002, de 1 de febrero, por el que se aprueba el Reglamento del Registro de Sociedades Cooperativas (Estatal)
RRSCPAs	Decreto 70/2014, de 16 de julio, por el que se aprueba el Reglamento del Registro de Sociedades Cooperativas del Principado de Asturias
RSAE	Reglamento (CE) no 2157/2001 del Consejo, de 8 de octubre de 2001, por el que se aprueba el Estatuto de la Sociedad Anónima Europea
RSCE	Reglamento (CE) no 1435/2003, de 22 de julio, relativo al Estatuto de la Sociedad Cooperativa Europea
SAE	Sociedad Anónima Europea
SAN	Sentencia de la Audiencia Nacional
SAP	Sentencia Audiencia Provincial
SAT	Sociedad Agraria de Transformación
SCE	Sociedad Cooperativa Europea
SCoop	Sociedad Cooperativa
SMI	Salario Mínimo Interprofesional
STC	Sentencia del Tribunal Constitucional
STS	Sentencia del Tribunal Supremo
STSJ	Sentencia del Tribunal Superior de Justicia

TBCGSC	Real Decreto 1345/1992, de 6 de noviembre, por el que se dictan normas para la adaptación de las disposiciones que regulan la Tributación sobre el Beneficio Consolidado a los Grupos de Sociedades Cooperativas
TC	Tribunal Constitucional
TFUE	Tratado de Funcionamiento de la Unión Europea
TJUE	Tribunal de Justicia de la Unión Europea
TRADE	Trabajador Autónomo Económicamente Dependiente
TRLGSS	Real Decreto Legislativo 8/2015, de 30 de octubre, por el que se aprueba el TR de la Ley General de la Seguridad Social
TS	Tribunal Supremo

Presentación

El cooperativismo se perfila hoy como una herramienta clave para afrontar retos estratégicos como la transición ecológica, la diversificación económica, la inclusión social o la revitalización del entorno rural. Ante la imperiosa necesidad de contar con modelos productivos más equitativos, resilientes y participativos, las cooperativas ofrecen respuestas que integran eficiencia económica y justicia social. Así, las sociedades cooperativas, lejos de ser una mera alternativa societaria, constituyen una expresión concreta de organización empresarial basada en principios de solidaridad, participación democrática y sostenibilidad.

Este volumen colectivo ofrece un análisis sistemático, riguroso y actualizado del marco jurídico que regula estas entidades en Canarias. Bajo una estructura clara y accesible, el libro aborda aspectos fundamentales como la constitución, el funcionamiento interno, la organización societaria o el régimen económico de las sociedades cooperativas, así como su interacción con otras realidades normativas y sociales. Se trata de una obra imprescindible para quienes estudian, aplican o desarrollan la cooperación en sus diversas dimensiones: jurídica, económica, social o institucional.

Es de justicia reconocer el esfuerzo conjunto de las personas autoras y coordinadoras, quienes aportan no solo conocimiento experto, sino también una vocación de servicio público que conecta con el espíritu mismo del cooperativismo. Esta publicación contribuirá, sin duda, a consolidar una cultura jurídica sólida en torno al fenómeno cooperativo y a fomentar su difusión y profesionalización.

El cooperativismo tiene ante sí una oportunidad histórica de fortalecerse y proyectarse como actor protagonista en el desarrollo sostenible e inclusivo de nuestras sociedades. En este contexto de impulso renovado a las economías con propósito, resulta especialmente significativo el creciente reconocimiento del papel de las universidades en este ámbito. Como Vicerrector de Investigación, Transferencia y Emprendimiento de la Universidad de Las Palmas de Gran Canaria, considero un avance normativo de gran calado que el artículo 2.e) de la Ley Orgánica del Sistema Universitario (LOSU) haya incorporado, entre las funciones esenciales de las universidades, "la contribución al bienestar social, al progreso económico y a la cohesión de la sociedad y del entorno territorial en que estén insertas, [...] a partir de fórmulas societarias convencionales o de economía social". Esta mención explícita no solo legitima, sino que refuerza el compromiso institucional de las universidades con la economía social como eje de acción formativa, investigadora y de transferencia.

Este mandato legal se ve reforzado por la Estrategia Española de Economía Social 2023-2027, que atribuye un papel destacado a las universidades en varias de sus líneas de actuación, en aspectos como el fomento de la formación en economía social en la educación universitaria y el refuerzo de su presencia en los ecosistemas de innovación y emprendimiento, destacando el potencial de las universidades para impulsar el emprendimiento colectivo y la transformación de sectores estratégicos; el desarrollo de investigaciones aplicadas que evalúen el impacto de la economía social; o la participación universitaria en el diseño de mecanismos de transferencia de conocimiento hacia las entidades del sector, entre otros muchos.

Este marco normativo y estratégico abre así una ventana de oportunidad para consolidar una alianza estructural entre economía social y universidad. Un binomio que puede y debe convertirse en motor de desarrollo económico y social, generador de talento, creador de conocimiento útil y comprometido con el territorio. Las universidades, como actores clave del sistema de ciencia, tecnología e innovación, están llamadas a liderar iniciativas que impulsen la transformación productiva desde valores cooperativos, solidarios y sostenibles.

Este libro es, en sí mismo, un buen ejemplo de ese compromiso. Una contribución desde la academia y el saber jurídico al fortalecimiento de un modelo económico alternativo que ya es presente y, sin duda, también será parte fundamental del futuro.

Las Palmas de Gran Canaria, a 24 de abril de 2025

SEBASTIÁN LÓPEZ SUÁREZ
Vicerrector de Investigación, Transferencia y Emprendimiento
Universidad de Las Palmas de Gran Canaria

Capítulo I.

Constitución de la sociedad cooperativa canaria[1]

Mª DEL MAR ANDREU MARTÍ
Profesora Titular de Derecho Mercantil
Universidad Politécnica de Cartagena

I. ASPECTOS GENERALES

1. Procedimiento formal de constitución

El capítulo II del título I de la Ley 4/2022, de 31 de octubre, de Sociedades Cooperativas de Canarias (LSCCan) se ocupa en sus arts. 11 a 15 de la constitución de las sociedades cooperativas canarias[2].

---

1 Este trabajo se enmarca en el Proyecto "Método, finalidad y contenido en la ordenación jurídica del gobierno corporativo" financiado por el Ministerio de Ciencia e Innovación. Ayudas 2021 a "Proyectos de generación de conocimiento" en el marco del Programa Estatal para Impulsar la Investigación Científico-Técnica y su Transferencia, del Plan Estatal de Investigación Científica, Técnica y de Innovación (PID2021-128186NB-I00).

2 Preceptos que deberán complementarse con el futuro Reglamento del Registro de Sociedades Cooperativas de Canarias, siendo aplicable, hasta su entrada en vigor, el estatal: RD 136/2002, de 1 de febrero, por el que se aprueba el Reglamento del Registro de Sociedades Cooperativas (DT tercera LSCCan).

Desde un punto de vista formal, el primer precepto citado exige dos requisitos cumulativos para constituir una sociedad cooperativa: la elevación en escritura pública del contrato social y su inscripción en el Registro de Cooperativas de Canarias. La inscripción registral es de naturaleza constitutiva, como se advierte expresamente en dicho artículo pues con ella adquirirá la cooperativa su personalidad jurídica. Se reflejan, pues, los dos principales aspectos de la fundación de una cooperativa. El primero, el aspecto negocial a través de la escritura pública que es la forma solemne donde se recoge la voluntad de los socios de constituir una cooperativa y que contiene, de forma unitaria, tanto los aspectos puramente contractuales como institucionales o de organización -los estatutos- del negocio jurídico fundacional. El segundo, el de la publicidad legal frente a terceros mediante la inscripción registral.

La exigencia de elevación a pública de la escritura fundacional de la cooperativa canaria, común al resto de sociedades mercantiles, conviene recordar que es una constante también en las leyes de cooperativas, ya sea la estatal o las autonómicas, salvo la importante excepción de la comunidad autónoma andaluza.

En concreto, la Ley 14/2011, de 23 de diciembre, de sociedades cooperativas andaluzas, introdujo en su territorio la posibilidad de constituir como regla general una sociedad cooperativa sin necesidad de escritura notarial siguiendo, en su discutible opinión[3], *"los principios auspiciados por la Unión Europea sobre la pequeña y mediana empresa relativos a simplificar la legislación existente o reducir las cargas administrativas que pesan sobre las empresas"* añadiendo que *"aunque, en principio, pudiera parecer que esta decisión resta garantías al proceso constitutivo, la configuración de un registro público, altamente especializado e íntegramente telemático, está en condiciones de asegurar garantías similares a las que presta la intervención de un fedatario público"*[4]. La falta de intervención notarial se excepciona en dos supuestos: cuando se aporten al capital social bienes inmuebles o muebles afectados con cargas reales[5].

---

3 Con esta opinión, ROMÁN CERVANTES, C./GALVÁN SÁNCHEZ, I./DOMÍNGUEZ CABRERA, M.P., "Los principales aspectos jurídico-económicos del proyecto de Ley de Sociedades Cooperativas Canarias", *CIRIEC-España, Revista jurídica*, nº 32, 2018, p. 11.

4 Punto III Exposición de Motivos de la LSCAn.

5 *Cfr.*, art. 119.1 LSCAn. Con mayor profundidad, Feliu Rey, M.I., "Constitución y Estatutos", en AA.VV., *Retos y oportunidades de las sociedades cooperativas andaluzas ante su nuevo marco legal. Comentario a la Ley 14/2011 de Sociedades Cooperativas Anda-*

En definitiva, el procedimiento formal de constitución de una cooperativa canaria no difiere en esencia del exigido para el resto de sociedades excepto por el distinto registro donde debe efectuarse la inscripción y por algunas particularidades constitutivas que trataremos posteriormente.

2. Número mínimo de socios fundadores

Al igual que en el resto de normativas cooperativas, estatal o autonómicas, el número mínimo de socios fundadores exigidos para constituir una cooperativa canaria difiere en función del grado y del tipo de cooperativa de que se trate.

El art. 12 LSCCan establece que las cooperativas de primer grado deben estar integradas, como regla general, por, al menos, tres personas socias que presten la actividad cooperativizada de duración indefinida. Esta regla se excepciona para las sociedades cooperativas de trabajo asociado donde se reduce a un mínimo de dos socios trabajadores indefinidos.

Esta excepción, acorde con las tendencias de las legislaciones autonómicas sobre cooperativas[6], responde, como señala la Exposición de Motivos de la LSCCan, a procurar la eficacia y la rentabilidad propia de estas entidades en el mercado ya que garantizar su competitividad, en un mundo cada vez más globalizado, es también un valor consustancial para las cooperativas ya que, de otro modo, no podrían mantener sus valores sociales. Así, esta reducción responde a la intención legislativa de favorecer la puesta en marcha de nuevos proyectos empresariales en consonancia con las recomendaciones de la Unión Europea, fomentando el autoempleo mediante la creación de cooperativas al constatarse que esta reducción numérica en otros ámbitos territoriales autonómicos ha contribuido a su creación y ha eliminado el obstáculo que suponía exigir tres socios fundadores para iniciar proyectos empresariales mediante la fórmula cooperativa[7].

---

luzas y a su Reglamento de desarrollo (Decreto 123/2014) (Dirs. MORILLAS JARILLO, M.J./VARGAS VASSEROT, C.), Dykinson, Madrid, 2017, pp. 61-83, pp. 63 y ss.

6 Por el contrario, la normativa cooperativa cántabra, modificada en 2020, no solo mantiene el número mínimo de 3 socios para constituir una cooperativa de primer grado -art. 5.1 LCCant- sino que sorprende que, expresamente, señale en su exposición de motivos que dicho mantenimiento responde a *"la idea de conjugar la facilidad de la constitución de estas sociedades y evitar la desnaturalización de esta fórmula empresarial"*.

7 Preámbulo de la LCCat.

Con dicho objeto, se han reducido de tres a dos los socios mínimos para constituir una cooperativa de trabajo asociado ya que, hasta la entrada en vigor de la nueva Ley[8], resultaba de aplicación en territorio canario la legislación estatal. En concreto, el art. 8 LCoop sigue exigiendo, sin excepción, que las cooperativas de primer grado se integren, al menos, por tres socios.

Hay que destacar que la constitución de cooperativas de trabajo asociado con dos socios tiene carácter permanente en contraposición con otras normativas autonómicas que configuran tal número mínimo, expresamente, como transitorio. Entre otras, a título ejemplificativo, la normativa catalana exige que las cooperativas inicialmente constituidas con dos socios incorporen, con carácter permanente, a un tercer socio -común, de trabajo o colaborador- en un plazo de cinco años desde que se hubieran constituido[9].

En cuanto a las cooperativas de segundo grado, instrumento jurídico para posibilitar la integración económica entre cooperativas[10], no ha habido variación en esta sede respecto de la normativa estatal anteriormente aplicable en territorio canario[11]. Así, el art. 12 en su párrafo segundo exige que deberán estar constituidas por, al menos, dos sociedades cooperativas de primer grado. Conviene advertir la mayor amplitud subjetiva de otras normativas autonómicas que tan solo exigen que concurra en la constitución de una cooperativa de segundo grado, al menos, una cooperativa en activo junto con otra/s personas jurídicas de cualquier naturaleza[12].

---

8 La LSCCan entró en vigor el 10 de enero de 2023.

9 La incorporación del tercer socio debe notificarse y acreditarse ante el Registro, debiendo disolverse la cooperativa si incumpliera dicho requisito (art. 12.1 LCCat). *Vid.*, en profundidad ANDREU MARTÍ, M.M., "Constitución de la sociedad cooperativa catalana", en AA.VV., *Régimen jurídico de las sociedades cooperativas catalanas (Adaptado a la Ley 12/2015, de 9 de julio, de cooperativas de Cataluña (dir. Alfonso Sánchez, R.; coord. Andreu Martí, M.M.),* editorial Atelier, Barcelona, 2020, pp. 79-98, pp. 80-82.

10 Sobre otros instrumentos jurídicos con tal objetivo véanse los interesantes comentarios de EMBID IRUJO, J.M., "Integración e intercooperación económica", en AA.VV., *Régimen jurídico de las sociedades cooperativas catalanas (Adaptado a la Ley 12/2015, de 9 de julio, de cooperativas de Cataluña* (Dir. Alfonso Sánchez, R./Coord. Andreu Martí, M.M.), Atelier, Barcelona, 2020, pp. 471-492.

11 El art. 8 LCoop establece que "Las cooperativas de segundo grado deberán estar constituidas por, al menos, dos cooperativas".

12 Así, por ejemplo, la normativa cooperativa catalana (art. 12.3 LCCat).

II. LA ESCRITURA PÚBLICA DE CONSTITUCIÓN

La escritura pública debe reflejar el contrato fundacional que se caracteriza por ser un contrato plurilateral y de organización. Así, por una parte, reflejará, desde el punto de vista estructural, la voluntad de participar en la constitución de la cooperativa de dos o más personas[13] y, por otra, tiene por finalidad crear una organización constituida por unos órganos que desarrollarán el objeto social pretendido, estableciéndose relaciones entre la cooperativa y sus socios, y entre esta y terceros.

El art. 11 LSCCan establece que la sociedad cooperativa se constituirá mediante escritura pública que deberá ser inscrita en el Registro de Sociedades Cooperativas de Canarias adquiriendo con dicha inscripción su personalidad jurídica. Este precepto se limita a transcribir el vigente art. 7 LCoop con la obvia salvedad de referirse al registro autonómico canario.

La escritura pública se configura, al igual que en la vigente normativa estatal[14], como requisito *ad solemnitatem* para la constitución de la cooperativa en contraposición con la distinta eficacia jurídica como mero requisito *ad regularitatem* que se le atribuía antaño en la normativa estatal[15] y que transcribieron, en un principio, algunas autonómicas[16]. Así, la derogada Ley estatal de cooperativas de 1987 proclamaba que la cooperativa quedaba constituida y adquiría personalidad jurídica desde el momento en que se inscribía la escritura pública de constitución en el Registro de Cooperativas, posponiéndose, en consecuencia, al momento de la inscripción registral tanto la constitución como la adquisición de su personalidad jurídica[17].

---

13 Debe recordarse que el número mínimo de socios exigido para constituir, con carácter general, una sociedad cooperativa varía según la normativa, estatal o autonómica, que le sea de aplicación.

14 *Cfr.*, art. 7 LCoop.

15 *Vid.*, ANDREU MARTÍ, M.M., "Constitución de la cooperativa de enseñanza", en AA.VV., *Cooperativa de enseñanza. Régimen jurídico y económico: aspectos estratégicos* (Dir. Alfonso Sánchez, R.), Aranzadi, Pamplona, 2018, pp. 171-198, pp. 175-176.

16 A título de ejemplo de este importante punto de inflexión, véanse arts. 11 LCCat y 6 derogada LCCat-2002. Sobre ello, ANDREU MARTÍ, M.M., "Constitución de la sociedad cooperativa catalana", *op. cit.*, p. 82.

17 *Vid.*, con mayor profundidad en PEINADO GRACIA, J.I./ LÓPEZ ORTEGA, R./ GUERRERO LEBRÓN, M.J./ PÉREZ DÍAZ, M., "La constitución de la cooperativa", en AA.VV., *Tratado de Derecho de Cooperativas (dir. PEINADO GRACIA, J.I.)*, t. I, Tirant lo Blanch, Valencia, 2013, pp. 143-218, pp. 189-190.

La intención del legislador canario de simplificar el proceso de constitución de la cooperativa determina que su norma reguladora haya optado por el proceso de fundación simultánea frente al denominado de fundación sucesiva exigido por otras normativas autonómicas[18]. Así, el art. 14.1 LSCCan señala que la escritura pública de constitución de la sociedad cooperativa canaria será otorgada por todas las "personas promotoras" de la futura sociedad. Hay que criticar que la ley canaria haya transcrito la normativa estatal refiriéndose a las personas promotoras[19] ya que esta denominación es, probablemente, una reminiscencia del derogado proceso de fundación sucesiva antes exigido por la normativa estatal[20]. Por ese motivo, utilizaremos en lo sucesivo la denominación de socios fundadores que se ajusta más, en nuestra opinión, al espíritu de la norma.

De este modo, como en la normativa estatal vigente, no se opta por el procedimiento de fundación sucesiva[21] que, recordemos, contempla la celebración de una asamblea constituyente por los promotores en la fase previa al otorgamiento de la escritura fundacional y que, hasta hace no mucho, era una constante en el proceso constitutivo de la cooperativa tanto en la anterior normativa estatal de 1987 como en muchas de las autonómicas. Se trata de una reunión asamblearia de todos los socios fundadores para deliberar y adoptar una serie de acuerdos legalmente establecidos que suelen ser, como mínimo, la aprobación de los estatutos sociales; la designación de las personas que deberán realizar los actos necesarios para inscribir la cooperativa proyectada; el nombramiento de los miembros del consejo rector, de la intervención de cuentas si procediera y de los demás órganos sociales que los estatutos configuren como obligatorios. Todos es-

---

18 Entre otras, exige fundación sucesiva la normativa catalana (art. 15 LCCat).

19 En la actualidad, no todas las normativas de cooperativas diferencian entre las figuras de "promotor" y "fundador" aunque tal distinción es tradicional entre las que optan por la fundación sucesiva. Así, los fundadores son los que otorgan ante el Notario autorizante la escritura fundacional, mientras que los promotores son los que celebran la asamblea al estar interesados, en principio, en la constitución de la cooperativa, aunque puede que algunos decidan, finalmente, no participar en la misma. Por tanto, solo deberán firmar el acta de esta reunión los que decidan manifestar su voluntad constituyente y que coinciden con los fundadores. En realidad, los asistentes a la Asamblea constituyente disidentes con el proyecto cooperativo no tienen ninguna incidencia posterior y, por ese motivo, no suelen mencionarse. BORJABAD GONZALO, P., *Derecho cooperativo catalán*, Lérida, 2005, pp. 63-64.

20 *Cfr.*, arts. 10.1 LCoop y 9 LGC-1987.

21 Tampoco lo contempla, entre otras, la normativa cooperativa valenciana.

tos acuerdos se reflejan en un acta firmada por todos los fundadores que formará parte de la futura escritura de constitución.

No obstante, debemos resaltar que, como es doctrina pacífica, dicha asamblea no constituye, por su propia naturaleza, la cooperativa, pese a su incorrecta y engañosa denominación, generando únicamente efectos jurídicos internos entre los firmantes del acta y, en su caso, el posible nacimiento de una sociedad interna u obligacional[22]. En esta sede, hay que destacar la gran disparidad existente en el panorama autonómico. Así, mientras algunas leyes autonómicas solo regulan el proceso de fundación simultánea siguiendo la ley estatal, la mayoría también contemplan el proceso de fundación sucesiva. Entre estas últimas tampoco existe un criterio unánime sobre la configuración de la celebración de la asamblea constituyente como obligatoria en cualquier caso o como potestativa dejando a los socios libertad de elección[23] aunque hoy esta última es la opción predominante[24].

En esta línea, hay que plantear si es posible que, aunque la ley canaria no exija la asamblea constituyente, esta se pueda celebrar en el proceso de fundación de una cooperativa canaria. Cuestión que entronca con la controversia doctrinal sobre el carácter que se le debe atribuir a la supresión legal de la asamblea constituyente. En concreto, si debe entenderse como imperativa estando, por tanto, prohibida su celebración o, como defiende la doctrina mayoritaria, como dispositiva pudiendo los socios, en uso de su autonomía de la voluntad, celebrarla si así lo consideraran conveniente. En nuestra opinión, consideramos que, aunque la intención legislativa es clara en aras a simplificar el proceso fundacional, nada obsta para que se celebre, aunque no será hasta el otorgamiento de la escritura cuando se inicie el proceso constitutivo en sentido estricto debiendo configurarse

---

22 *Vid.*, VARGAS VASSEROT, C./GADEA SOLER, E./SACRISTÁN BERGIA, F., *Derecho de las sociedades cooperativas, op. cit.*, p. 147 y bibliografía allí citada.

23 Para más información sobre la configuración de la asamblea constituyente en las diversas leyes autonómicas MORILLAS JARILLO, M.J./FELIU REY, M.I., *Curso de cooperativas, op. cit.*, 146-147; VARGAS VASSEROT, C./GADEA SOLER, E./SACRISTÁN BERGIA, F., *Derecho de las sociedades cooperativas, op. cit.*, pp. 148-149 y notas a pie 7 y 8.

24 La gran mayoría de las normativas autonómicas de cooperativas contemplan la fundación sucesiva como potestativa. Así, entre otras, Aragón (art. 8.1 LCAr); Cantabria (art. 12 LCCan); Castilla La Mancha (art. 12.1 LCC-LM); Madrid (art. 9.3 LCCM); Castilla y León (art. 12 LCCyL); Euskadi (art. 12 LCEusk); Galicia (art. 12 LCG); Baleares (art. 10 LCIB); La Rioja (art. 10 LCLR) o la Región de Murcia (art. 11 LSCRM).

como un mero acto preparatorio sin mayor trascendencia jurídico constitutiva. Aun así, hay que reconocer que, en la práctica, como incluso destacan sus detractores, puede resultar de extraordinaria utilidad si se trate de constituir cooperativas con un gran número de socios[25].

1. Contenido de la escritura pública

La escritura pública de constitución de una sociedad cooperativa canaria, que se otorga por todos los socios fundadores, debe reflejar una serie de datos mínimos que se enumeran en el art. 14.1 LSCCan pudiendo contener, además, todos los pactos y condiciones que los promotores consideren conveniente siempre que no se opongan a las leyes ni contradigan los principios configuradores de la cooperativa[26].

Las menciones mínimas que debe contener la escritura fundacional son las siguientes:

- Identidad de los otorgantes de la escritura, esto es, de los socios fundadores.
- Manifestación de los socios fundadores indicando que reúnen los requisitos necesarios para ser socios.
- Voluntad de los socios fundadores de constituir la cooperativa especificando su clase.
- Acreditación por todos los fundadores de que han suscrito la aportación obligatoria mínima al capital social para ser socio, así como del desembolso, al menos, de la proporción exigida estatutariamente mediante certificación bancaria del depósito de las correspondientes cantidades a nombre de la cooperativa.

---

25 Sobre esta polémica doctrinal, entre otros, FAJARDO GARCÍA, G., "Novedades de la Ley 27/1999, de 16 de julio, en torno a la constitución y los socios de la cooperativa", *REVESCO*, nº 69, 1999, pp. 81 y ss., p. 89; MORILLAS JARILLO, M.J./FELIU REY, M.I., *Curso de cooperativas*, Tecnos, 3ª ed., Madrid, 2018, p. 143; VARGAS VASSEROT, C./GADEA SOLER, E./SACRISTÁN BERGIA, F., *Derecho de las sociedades cooperativas. Introducción, constitución, estatuto del socio y órganos sociales*, La Ley, Madrid, 2015, p. 148.

26 *Cfr.*, art. 14.1.i.f. LSCCan.

- El valor que se ha asignado a las aportaciones no dinerarias haciendo constar sus datos registrales si existieran, así como el detalle de las realizadas por los distintos socios fundadores.
- Acreditación por los socios fundadores de que el importe total de las aportaciones desembolsadas no es inferior al del capital social mínimo establecido estatutariamente.
- Identificación de las personas que, tras la inscripción de la sociedad, ocuparán los cargos del órgano de administración y el de intervención, acompañada de su declaración de que no están incursas en causa de incapacidad o prohibición para su desempeño.
- Declaración de que no existe otra entidad con idéntica denominación, a cuyo efecto se presentará al titular de la Notaría la oportuna certificación acreditativa expedida por el Registro de Sociedades Cooperativas.
- Los estatutos sociales cuyo contenido mínimo, que posteriormente desarrollaremos, se recoge en el art. 15.1 LSCCan.

2. Estatutos sociales

Los estatutos, parte integrante de la escritura de constitución, establecen las normas de funcionamiento y organización de la sociedad cooperativa. En suma, constituyen su pilar normativo básico reflejando la autonomía de la voluntad de los socios. Esta dimensión normativa generó que algunos le llegaran a atribuir naturaleza de fuente objetiva de Derecho cooperativo frente a la naturaleza puramente contractual que, en realidad, revisten. De este modo, hay que tener presente que su contenido vinculará tanto a los socios fundadores como a los futuros socios, a la propia sociedad que nace como nueva persona jurídica y a la relación de esta con terceros[27]. En esta línea, conviene recordar que la modificación de los estatutos se sujeta a idénticas formalidades que las requeridas en fase fundacional.

Hay que destacar que la disposición transitoria segunda de la LSCCan establece un periodo transitorio de tres años desde su entrada en vigor para que las cooperativas canarias constituidas anteriormente adapten a la nueva ley sus escrituras y sus estatutos sociales. Por tanto, la adaptación de-

---

[27] MORILLAS JARILLO, M.J./FELIU REY, M.I., *Curso de cooperativas, op. cit.*, p. 164.

berá realizarse antes del 10 de enero de 2026[28] bastando, a tal efecto, con que dicho acuerdo se adopte con el voto favorable de más de la mitad de los socios presentes y representados en la asamblea general. Transcurrido dicho plazo sin que se presenten en el Registro los estatutos adaptados, la cooperativa quedará disuelta de pleno derecho entrando en período de liquidación, sin perjuicio de su posible reactivación posterior.

A) Calificación potestativa previa

La normativa canaria contempla, al igual que la estatal[29] y la mayoría de autonómicas[30], la posible calificación previa de los estatutos para comprobar si son conformes a la legalidad. Así, el art. 15.3 LSCCan señala que los socios fundadores podrán solicitar del Registro de Sociedades Cooperativas de Canarias la calificación previa del proyecto de estatutos mediante el procedimiento que reglamentariamente se establezca. En cuanto a la eficacia de dicha calificación el art. 32 RRSC le atribuye carácter *"vinculante para el Registro de sociedades cooperativas, salvo manifiesta ilegalidad, y no será susceptible de recurso administrativo"*; reglamento estatal que resulta de aplicación en territorio canario hasta que se apruebe el suyo propio donde no es nada probable que se modifique tal eficacia.

Hay que advertir que tanto la propia previsión de calificación estatutaria previa, como su predicada eficacia, han sido objeto de intensa polémica doctrinal. Esta controversia se centra, en particular, sobre cómo debe articularse la relación entre su carácter vinculante y las funciones que tienen atribuidas el Notario autorizante de la escritura y los funcionarios de los registros de cooperativas. En definitiva, se trata de determinar si la calificación previa favorable de los estatutos exime de su calificación registral cuando se solicite la inscripción. Al respecto, el RRSC no ha contemplado que en estos casos se exima de la calificación registral no debiendo tampoco, en nuestra opinión, entenderlo nosotros[31].

---

[28] La DF segunda de la LSCCan establece su entrada en vigor a los dos meses de su publicación en el Boletín Oficial de Canarias, circunstancia que se produjo el 10 de noviembre de 2022.

[29] *Cfr.*, art. 11.2 LCoop.

[30] Entre las que no contemplan la calificación previa de los estatutos se encuentra la vigente LCCat.

[31] Sobre esta controversia que se reproduce, en ocasiones, con mayor intensidad en el ámbito autonómico véanse, entre otros, ANDREU MARTÍ, M.M., "Constitución de la cooperativa de enseñanza", *op. cit.*, p. 192; GUERRERO LEBRÓN, M.J., "La

B) Contenido mínimo

El contenido mínimo de los estatutos de cualquier cooperativa canaria se enumera en el art. 15.1 LSCCan. Hay que resaltar que esta enumeración deberá completarse con las exigencias indicadas por la propia norma según la clase concreta de cooperativa cuya constitución se pretenda, remitiéndonos para su concreción a los capítulos de esta obra donde se abordan, limitándonos en esta sede al estudio, de modo sucinto, de las menciones obligatorias que son las siguientes:

a) La denominación de la sociedad

Los estatutos sociales deberán indicar la denominación de la cooperativa que deberá incluir, necesariamente, el término "Sociedad Cooperativa canaria" o su abreviatura "S. Coop. Can."[32].

La Ley canaria no establece regulación específica sobre la composición de las denominaciones sociales limitándose a señalar, por un lado, que no se podrá adoptar una denominación idéntica a la de otra cooperativa preexistente exigiendo que los socios fundadores declaren dicha circunstancia en la escritura constitutiva y presenten en la Notaría la pertinente certificación de denominación negativa del Registro de Sociedades Cooperativas[33]. Por otro, que tampoco se podrá incluir en la denominación referencia alguna que pueda inducir a confusión sobre su naturaleza jurídica (art. 3.2 LSCCan).

No se establece ningún otro requisito o condición sobre la composición de la denominación, remitiéndose a su desarrollo reglamentario aunque no parece previsible, al igual que sucede en el ámbito estatal o en el resto de los autonómicos, que su futuro Reglamento aborde tal cuestión. En consecuencia, parece razonable la aplicación analógica del régimen ge-

---

constitución de la cooperativa", *op. cit.*, pp. 198-199; MORILLAS JARILLO, M.J./ FELIU REY, M.I., *Curso de cooperativas, op. cit.*, p. 165; VARGAS VASSEROT, C./ GADEA SOLER, E./SACRISTÁN BERGIA, F., *Derecho de las sociedades cooperativas, op. cit.*, pp. 175-176.

32 *Cfr.*, art. 3.1 LSCCan. En el mismo sentido, el art. 1.3 LCoop exige que se incluya en la denominación de una cooperativa estatal las palabras "Sociedad Cooperativa" o su abreviatura "S. Coop" añadiéndose en la mayoría de leyes autonómicas que, además, se incluya una referencia expresa a su ámbito territorial.

33 *Cfr.*, arts. 3.2 y 14.1.h) LSCCan; precepto este último que reproduce el art. 10.1.h) LCoop.

neral contenido en el Reglamento del Registro Mercantil como se viene proponiendo tradicionalmente por la doctrina[34].

b) El objeto social

En los estatutos se deberá indicar a qué actividades empresariales se dedicará la cooperativa que se pretende fundar para satisfacer las necesidades económicas y sociales de sus socios; actividades que, como reconoce expresamente el art. 2.3 LSCCan, podrán consistir en cualquier actividad económica o social lícita.

La concreción y descripción de las actividades a desarrollar será de gran importancia porque determinará la clase concreta de cooperativa de que se trate y su consiguiente sometimiento a las exigencias y especificidades de cada una de ellas legalmente establecidas en los arts. 103 y siguientes LSCCan. En concreto, el art. 10 enumera las siguientes clases de cooperativas de primer grado: de trabajo asociado; de personas consumidoras y usuarias; de viviendas; agroalimentarias; de explotación comunitaria de la tierra; de servicios; del mar; de transportistas; de seguros; sanitarias; de enseñanza; de crédito y junior[35].

En otro orden de cuestiones, conviene destacar que, de forma más restrictiva que en otras comunidades autónomas[36], la normativa canaria, en su art. 8, solo permite que la cooperativa realice actividades y servicios cooperativizados con terceras personas no socias cuando se prevea tal posibilidad en los estatutos según las condiciones y limitaciones que la propia Ley establece según la clase de cooperativa de que se trate y las leyes sectoriales que le sean de aplicación.

Sin embargo, se admite que se autorice por la consejería canaria competente la realización de operaciones con terceros no socios aunque tal posibilidad no esté contemplada en los estatutos o, en su caso, se amplíe el ámbito de actuación fijado por estos. Dicha autorización se condiciona a que concurran circunstancias excepcionales no imputables a la coope-

---

34 *Cfr.,* arts. 395-419 RRM. Sobre ello, VARGAS VASSEROT, C./GADEA SOLER, E./ SACRISTÁN BERGIA, F., *Derecho de las sociedades cooperativas, op. cit.*, pp. 162-163.

35 Sobre las distintas clases de cooperativas *vid.*, capítulo en esta obra.

36 A título de ejemplo, la normativa catalana parte de la posición contraria al reconocer, con carácter general, la realización de operaciones con terceros, aunque con el posible establecimiento de limitaciones estatutarias sobre dicha operativa (art. 5 LCCat). *Vid.*, ANDREU MARTÍ, M.M., "Constitución de la sociedad cooperativa catalana", *op. cit.*, p. 88.

rativa que generen una disminución de su actividad que haga peligrar su viabilidad económica. En este caso, la propia autorización deberá señalar el plazo y la cuantía concreta que ABARCA esta excepción atendiendo a las circunstancias que concurran[37].

c) El domicilio social

Los estatutos indicarán el domicilio social de la cooperativa que deberá ubicarse en territorio canario pudiendo optar los fundadores, como establece el art. 4 LSCCan, bien por el municipio donde realicen principalmente su actividad social y económica, bien por aquel donde centralicen su gestión administrativa y dirección empresarial.

Conviene advertir que esta posibilidad de elección, idéntica a la normativa estatal cooperativa[38], no se admite en otras comunidades autónomas que resultan más restrictivas exigiendo que el domicilio social se ubique donde, principalmente, desarrolle la cooperativa sus actividades económicas y sociales[39].

d) El ámbito territorial de actuación

En los estatutos deberá indicarse el ámbito territorial de actuación de la actividad cooperativizada principal que desarrolle la cooperativa siendo esta mención de extraordinaria relevancia ya que determinará la normativa que le resulta de aplicación.

Así, será de aplicación la normativa cooperativa canaria cuando, como señala el art. 3 LSCCan, la cooperativa desarrolle total o principalmente su actividad cooperativizada con sus socios dentro del ámbito territorial canario. No obstante, también podrá, para completar y mejorar sus fines, realizar actividades instrumentales y tener relaciones con terceras personas no socias fuera de dicho territorio.

En esta materia, debe advertirse que la determinación de la normativa aplicable resulta, en ocasiones, de extraordinaria complejidad habida cuenta de los diferentes criterios utilizados por las normas cooperativas y de su criticable falta de coordinación[40]. Al respecto, baste recordar que la

---

37 El art. 8 LSCCan reproduce el art. 4 LCoop salvando las autoridades competentes para conceder la autorización.

38 *Cfr.*, art. 3 LCoop.

39 *Cfr.*, art. 3.3 LCCat.

40 Sobre ello, entre otros, MORILLAS JARILLO, M.J./FELIU REY, M.I., *Curso de cooperativas, op. cit.*, pp. 54 y ss.; PEINADO GRACIA, J.I., "Normas y ámbito de aplica-

Ley estatal será de aplicación, con carácter general, a las sociedades cooperativas que desarrollen su actividad cooperativizada en el territorio de varias Comunidades Autónomas, excepto cuando en una de ellas se desarrolle con carácter principal; aspecto que, en ocasiones, resulta de difícil determinación y concreción.

e) La duración de la sociedad

f), g), h) e i) El capital social

En relación con el capital social se exige en estos apartados del art. 15.1 LSCCan que conste su cuantía mínima; la aportación obligatoria mínima que debe realizar cada socio fundador, la forma y plazos de su desembolso; los criterios para fijar la aportación obligatoria de los nuevos socios que se incorporen a la cooperativa; la forma de acreditar las aportaciones al capital social y si se van a devengar o no intereses por las aportaciones obligatorias al capital social[41].

j), k) y l) Personas socias

En estos apartados se exige constancia estatutaria de las posibles clases de socios que pueden existir en la cooperativa; los requisitos para su admisión, para su baja voluntaria y obligatoria, así como el régimen que les sería de aplicación en ambos casos. También deberán señalarse los derechos y deberes de los socios, incluyendo, en cualquier caso, el derecho de reembolso de las aportaciones a los socios y el régimen de transmisión[42].

m) Normas de disciplina social, tipificación de las infracciones y sanciones, procedimiento sancionador y pérdida de la condición de persona socia.

n) Determinación y composición del órgano de administración y periodo de duración de los respectivos cargos. Asimismo, determinación del número y periodo de actuación de las personas interventoras y, en su caso, de los miembros del comité de recursos[43].

---

ción", en AA.VV., *Tratado de Derecho de Cooperativas, op. cit.*, pp. 103 y ss.

41 Para su estudio nos remitimos al capítulo dedicado al capital social y aportaciones.

42 Para el estudio de los distintos tipos de socios y su régimen jurídico *vid.*, en esta obra capítulos dedicados a la posición jurídica del socio y a la pérdida de la condición de socio.

43 Sobre el régimen jurídico de la asamblea general, del órgano de administración y de otros órganos sociales *vid.* en esta obra los capítulos dedicados a esta materia.

ñ) El régimen de las secciones que se creen en la cooperativa, en su caso.

Las cooperativas, para su mejor funcionamiento, pueden crear secciones para desarrollar, dentro de su objeto social, actividades económico-sociales específicas. Se trata, como es sabido, de unidades organizativas internas, sin personalidad jurídica independiente, con autonomía de gestión, patrimonio separado y cuentas de explotación diferenciadas, sin perjuicio de la contabilidad general de la cooperativa.

La creación de secciones[44] exige su reconocimiento previo en los estatutos detallando en los mismos su régimen de funcionamiento señalando, entre otros aspectos, cómo se regula la asamblea de sección que se integra por los socios adscritos a la misma y que decidirá sobre aquellos asuntos propios que le sean propios y que no afecten al régimen general de la cooperativa (art. 9 LSCCan).

o) Las causas de disolución de la cooperativa[45].

p) Las exigencias impuestas por esta ley u otra normativa que resulte de aplicación para la clase de sociedad cooperativa de que se trate.

Además, como señala expresamente el art. 15.1. i.f. LSCCan, en uso de la autonomía de la voluntad, los socios podrán incorporar a los estatutos sociales cuantas disposiciones consideren convenientes para el mejor desarrollo de la actividad de la cooperativa, siempre que no se opongan a lo establecido en esta ley o en cualquier otra disposición aplicable[46]. A título ejemplificativo, entre las numerosas y diversas menciones posibles, la cláusula estatutaria que regule el funcionamiento de la asamblea general (art. 38 LSCCan); la que exija que, antes de la inscripción registral de la web corporativa, se comunique, de forma individualizada, a todos los socios su creación, modificación, traslado o supresión (art. 5.3 LSCCan)[47]; la que prevea y regule las comunicaciones por medios electrónicos entre la cooperativa y sus socios (art. 7 LSCCan) o aquella que verse sobre la posi-

---

44 Entre las posibles secciones que pueden crearse destaca, por sus peculiaridades, la de crédito que está permitida en toda clase de cooperativas excepto, como es obvio, en las de crédito (*cfr.*, art. 9.3 LSCCan).

45 Para su estudio *vid.*, capítulo específico en esta obra.

46 *Vid.*, la completa enumeración de algunas de las menciones estatutarias voluntarias más habituales en BORJABAD GONZALO, P., *Derecho cooperativo catalán, op. cit.*, pp. 70-72.

47 Para el estudio de la web corporativa *vid.*, capítulo específico en esta obra.

ble realización de actividades y servicios cooperativizados con terceros no socios (art. 8 LSCCan).

En realidad, los estatutos, dada su importancia como elemento de organización social básica, suelen ser en la práctica de contenido mucho más amplio al mínimo legalmente fijado. No obstante, conviene recordar que cualquier modificación de los mismos requerirá una modificación estatutaria siguiendo el procedimiento formal y las mayorías, legal o estatutariamente, establecidas.

La Ley finaliza el artículo relativo al contenido mínimo de los estatutos señalando expresamente que estos podrán ser desarrollados por un reglamento de régimen interno (art. 15.4 LSCCan)[48].

C) Reglamento de régimen interno

El reglamento de régimen interno es un instrumento de carácter interno y potestativo que desarrolla los estatutos formado por un conjunto de normas que regula el funcionamiento interno o la organización funcional de la cooperativa[49]. Constituye, pues, el máximo exponente de autorregulación normativa de los socios y aunque su importancia es manifiesta por su uso habitual en la práctica cooperativa, su regulación es escasa y deficiente, tanto en la normativa cooperativa canaria, como en la estatal o en el resto de autonómicas. Su contenido, por este motivo, resulta muy dispar aunque suelen incluirse en el mismo las relaciones de los socios con la cooperativa en el ámbito social, laboral y organizacional. Por ello, suelen ser bastante extensos y de gran casuística.

Su aprobación compete, en exclusiva, a la asamblea general de la cooperativa exigiéndose, en principio, mayoría simple salvo que los estatutos establezcan mayoría reforzada que no podrá ser superior a las cuatro quintas partes de los votos válidamente emitidos (art.s 36.1.f) y 41.1 LSCCan).

En cualquier caso, resulta importante delimitar adecuadamente qué materias deben ser objeto de regulación estatutaria porque así lo exija la normativa aplicable y cuáles pueden ser remitidas, total o parcialmente, a su desarrollo en este reglamento. Su ubicación no es baladí al sujetarse

---

48 *Vid.*, para mayor estudio, entre otros, SENENT VIDAL, M.J., "El Reglamento de Régimen Interno de la Cooperativa: instrucciones de uso", *CIRIEC-Revista jurídica de economía social y cooperativa*, nº 16, 2005, pp. 1-11.

49 Así lo define el art. 2.f) LCCat.

su modificación a distintas condiciones. Así, mientras que la modificación de estatutos requiere mayoría cualificada de dos tercios y posterior formalización en escritura e inscripción registral, la del reglamento solo precisa mayoría simple -salvo previsión estatutaria- y no requiere escritura pública ni inscripción registral (art. 41.1 LSCCan).

Conviene destacar que el carácter interno que caracteriza a este reglamento determina que su eficacia se limite al ámbito interno ya que suele tratarse de un documento privado que se incorpora al acta de la asamblea general donde se aprobó y que, por tanto, adolece de la fuerza probatoria y de la presunción de legalidad de los acuerdos elevados a públicos ante Notario. Por ese motivo, no suelen inscribirse en los distintos registros de cooperativas[50] aunque de *lege ferenda* se viene proponiendo esta medida bien de forma individualizada, bien incorporándolos a la escritura[51] o, cuanto menos, que se exija mayor publicidad a su contenido por su incuestionable interés para socios y terceros[52].

III. INSCRIPCIÓN DE LA ESCRITURA DE CONSTITUCIÓN

La cooperativa canaria adquiere su personalidad jurídica con la inscripción de la escritura pública de constitución en su registro de sociedades cooperativas tal y como establece el art. 11 LSCCan y reitera el art. 16.3 al proclamar el carácter constitutivo de los actos de constitución.

La solicitud de la inscripción registral debe procurarse por las personas designadas en la escritura de constitución en el plazo de un mes desde su otorgamiento. Cuando se demore este hecho más de seis meses será

---

50 En algunas leyes autonómicas se exige que el reglamento de régimen interno sea depositado en su Registro de sociedades cooperativas, siendo las más numerosas las que optan bien por no pronunciarse, bien por considerarlo facultativo. No obstante, la inscripción de este instrumento normativo no resulta pacífica en la doctrina. Sobre esta controversia, entre otros, PEINADO GRACIA, J.I./LÓPEZ ORTEGA, R./GUERRERO LEBRÓN, M.J./PÉREZ DÍAZ, M., "La constitución de la cooperativa", *op. cit.*, pp. 176-177.

51 La posible incorporación del reglamento de régimen interno a la escritura también se plantea como otra posibilidad. *Vid.*, MORILLAS JARILLO, M.J./FELIU REY, M.I., *Curso de cooperativas, op. cit.*, p. 167.

52 Con esta opinión con la que coincidimos, *vid.*, VARGAS VASSEROT, C./GADEA SOLER, E./SACRISTÁN BERGIA, F., *Derecho de las sociedades cooperativas, op. cit.*, pp. 176-177.

preciso ratificar la escritura en documento público[53] y, si la demora fuera superior a los doce meses, caducará el procedimiento denegándose la inscripción con carácter definitivo[54].

Conviene precisar que el Registro de Sociedades Cooperativas de Canarias es único con delegaciones en las dos capitales canarias[55] y, hasta la aprobación de su reglamento específico, aún sin fecha prevista, se rige por el reglamento estatal.

Por último, indicar que está previsto que reglamentariamente se establezca un procedimiento simplificado de constitución e inscripción de determinadas cooperativas pero habrá que esperar a su aprobación para poder conocer su contenido. En concreto, el art. 11 p. 2 LSCCan se limita a anunciar esta posibilidad remitiendo su concreción al desarrollo reglamentario de la Ley pero sin especificar en esta nada más, lo que resulta criticable. Otras leyes autonómicas, por el contrario, delimitan en su propio articulado qué cooperativas podrán fundarse por el procedimiento simplificado, sus requisitos y el procedimiento a seguir[56].

---

53 Como precisa el art. 14.2 LSCCan la fecha de ratificación de la escritura de constitución no podrá ser anterior a un mes de la solicitud tardía.

54 La caducidad también se producirá cuando se hubiera solicitado de forma incompleta la inscripción y en el plazo de doce meses no se hubiera subsanado (*Cfr.*, art. 14.2 LSCCan que reproduce el art. 16.1 RRSC).

55 *Cfr.,* art. 16 LSCCan.

56 Así, por ejemplo, el art. 20 LCCat introduce en el ámbito territorial catalán el denominado procedimiento exprés que podrán utilizar determinadas clases de cooperativas. En concreto, las agrarias, las de consumidores y usuarios, las de servicios y las de trabajo asociado siempre que el número de sus socios no sea superior a diez. A tal efecto, se exige que la escritura pública haga constar expresamente que la cooperativa opta por este procedimiento de inscripción y que sus estatutos sociales se contengan en los modelos tipos expresamente aprobados por orden del consejero del departamento competente en materia de cooperativas. Estos cuatro modelos se aprobaron por Orden EMO/316/2015, de 6 de octubre y pueden consultarse en https://treball.gencat.cat/es/ambits/economia_social/recursos/formularis/documentacio_cooperatives/models_actes_estatuts/. Tras la solicitud de inscripción, el Registro de Cooperativas debe emitir resolución, tras la calificación jurídica de los documentos presentados, en el plazo de dos días hábiles desde su presentación. Transcurrido este breve plazo sin haberse emitido resolución registral expresa, debe entenderse que la solicitud ha sido desestimada por silencio administrativo. *Vid.*, ANDREU MARTÍ, M.M., “Constitución de la sociedad cooperativa catalana”, *op. cit.*, pp. 94-95.

Hay que destacar que dicho procedimiento se enmarca en la tendencia normativa de simplificación y agilización de la puesta en marcha de nuevas iniciativas empresariales, íntimamente conectado con la utilización de medios electrónicos y telemáticos que se inicia, como es sabido, en el marco de las sociedades de capital, siendo tardía su extensión al ámbito de la economía social tanto a nivel autonómico[57] como estatal.

A nivel estatal recordar que la Ley 5/2011, de 29 de marzo, de Economía Social (LES) estableció expresamente que los poderes públicos, en el ámbito de sus respectivas competencias, debían fijarse entre los objetivos de sus políticas de promoción de la economía social tanto simplificar los trámites administrativos para crear una entidad de economía social, como facilitarles el acceso a los procesos de innovación tecnológica[58]. Este reconocimiento tardío de la importancia de la aplicación de las nuevas tecnologías para la constitución de entidades de la economía social en general y de la cooperativa en particular hay que enmarcarlo en el proceso de potenciación de la constitución simplificada y telemática de otros tipos empresariales en el mercado que se inicia a nivel estatal con la Ley 7/2003, de 1 de abril, de la Sociedad Limitada Nueva Empresa[59]. Sin embargo, hay que esperar al año 2015 para que este proceso se extienda, aunque de forma bastante limitada, al ámbito de la economía social. En concreto, con el RD 44/2015, de 2 de febrero, por el que se regulan las especificaciones y condiciones para el empleo del Documento Único Electrónico (DUE) para la puesta en marcha, entre otras, de sociedades cooperativas y sociedades limitadas laborales mediante el sistema de tramitación telemática aunque únicamente respecto a las cooperativas de trabajo asociado que no tengan por objeto las actividades inmobiliaria, financiera o de seguros. En definitiva, el ámbito de aplicación resulta bastante reducido habiendo sido doctrinalmente criticado[60].

---

[57] Sobre constitución telemática y formas simplificadas de cooperativas en el ámbito autonómico *vid.*, PEINADO GRACIA, J.I./ LÓPEZ ORTEGA, R./GUERRERO LEBRÓN, M.J./PÉREZ DÍAZ, M., "La constitución de la cooperativa", *op. cit.*, pp. 185-186.

[58] *Cfr.*, art. 8.2.a) y e) LES.

[59] Hay que recordar que la DT tercera de la Ley 18/2022, de 28 de septiembre, de creación y crecimiento de empresas, establece que *"Las sociedades nueva empresa existentes a la entrada en vigor de esta ley se regirán por las disposiciones reguladoras de las sociedades de responsabilidad limitada y utilizarán la denominación SRL"*.

[60] *Vid.*, su estudio pormenorizado en el ámbito de la economía social en JORDÁ GARCÍA, R., "Constitución telemática de sociedades cooperativas y sociedades

IV. RÉGIMEN JURÍDICO DE LA SOCIEDAD COOPERATIVA NO INSCRITA

1. Sociedad cooperativa en constitución

El proceso de constitución de la sociedad cooperativa culmina, como ya se ha señalado, con su inscripción registral; momento en el que adquiere su personalidad jurídica. Con carácter general, este proceso se dilata en el tiempo de forma natural mientras se realizan todos los trámites necesarios para procurar la inscripción. Durante este periodo de tiempo, lo habitual es que se comiencen a realizar actos y contratos en nombre de la futura cooperativa. El régimen jurídico específico durante esta situación societaria, tradicionalmente conocida como sociedad en formación, se establece en el art. 13 LSCCan que, prácticamente, reproduce la normativa cooperativa estatal[61].

En concreto, establece, por un lado, la responsabilidad solidaria por los actos y contratos celebrados en nombre de la proyectada cooperativa a *"quienes los hayan formalizado"*. Por otro, que las consecuencias de los mismos se asumirán por la cooperativa tras su inscripción, así como también los gastos necesarios para obtenerla cuando se acepten expresamente en el plazo de tres meses desde la inscripción o si han sido realizados, dentro de sus facultades, por quienes hayan sido designados a tal fin por los socios fundadores. En estos supuestos, la responsabilidad solidaria se extinguirá excepto cuando el patrimonio social sea insuficiente para hacerles frente.

Por último, apostillar que, en protección del tráfico[62] y para que todos los que operen durante este periodo transitorio con la futura sociedad cooperativa puedan conocer tal circunstancia, el art. 13.2 LSCCan obliga a añadir la coletilla "en constitución" en la denominación social hasta que se produzca la inscripción registral; obligación que es una constante en el resto de normativas cooperativas, estatal o autonómicas.

---

limitadas laborales tras el Real Decreto 44/2015, de 2 de febrero", *CIRIEC-España, Revista Jurídica de Economía Social y Cooperativa*, nº 26, 2015, pp. 1-35.

61 *Cfr.*, art. 9.1 LCoop.

62 *Vid.*, MORILLAS JARILLO, M.J./FELIU REY, M.I., *Curso de cooperativas, op. cit.*, pp. 175-176.

2. *Sociedad irregular*

La fase de sociedad cooperativa en constitución se considera normal y transitoria al ser el periodo natural en el que se realizan las actividades necesarias para culminar la fundación con la inscripción registral. No obstante, como es sabido, en las diversas normativas societarias esta situación deja de ser considerada normal cuando transcurre un determinado plazo o se constata la voluntad de no llegar a culminar el proceso con la inscripción. Se pasa entonces a una situación societaria no deseable conocida como sociedad irregular.

El régimen jurídico de la sociedad irregular, como es tradicional en el ámbito de las sociedades de capital y se ha reproducido en algunas normativas cooperativas autonómicas[63], suele reconocer, por un lado, a cualquier socio el derecho a solicitar la disolución de la sociedad, exigiendo que le sean restituidas las aportaciones que hubiera efectuado tras la liquidación del patrimonio social. Y, por otro, atribuir a los socios responsabilidad ilimitada y solidaria cuando la cooperativa en situación de irregularidad hubiera iniciado o siguiera realizando las actividades que constituyan su objeto social.

Sin embargo, causa extrañeza -y resulta criticable- que la ley canaria, de forma idéntica a la estatal, no regula el supuesto de sociedad irregular. En un plano muy distinto al tradicional régimen brevemente descrito se limita a señalar en su art. 14.2 que, transcurridos doce meses desde que se otorgara la escritura de constitución sin que se haya inscrito la sociedad, el Registro canario podrá denegar la inscripción con carácter definitivo siendo necesario iniciar de nuevo todo el proceso fundacional si los fundadores aún quieren constituir la cooperativa.

IV. BIBLIOGRAFÍA

ANDREU MARTÍ, M.M., "Constitución de la sociedad cooperativa catalana", en AA.VV., *Régimen jurídico de las sociedades cooperativas catalanas (Adaptado a la Ley 12/2015, de 9 de julio, de cooperativas de Cataluña* (DIR. ALFONSO SÁNCHEZ, R./COORD. ANDREU MARTÍ, M.M.), Atelier, Barcelona, 2020, pp. 79-98.

---

63 Entre otras, la normativa autonómica catalana regula la sociedad cooperativa irregular en su art. 14. Sobre su régimen ANDREU MARTÍ, M.M., "Constitución de la sociedad cooperativa catalana", *op. cit.*, pp. 97-98.

ANDREU MARTÍ, M.M., "Constitución de la cooperativa de enseñanza", en AA.VV., *Cooperativa de enseñanza. Régimen jurídico y económico: aspectos estratégicos* (DIR. ALFONSO SÁNCHEZ, R.), Aranzadi, Pamplona, 2018, pp. 171-198.

BORJABAD GONZALO, P., *Derecho cooperativo catalán*, Lérida, 2005.

EMBID IRUJO, J.M., "Integración e intercooperación económica", en AA.VV., *Régimen jurídico de las sociedades cooperativas catalanas (Adaptado a la Ley 12/2015, de 9 de julio, de cooperativas de Cataluña* (DIR. ALFONSO SÁNCHEZ, R./COORD. ANDREU MARTÍ, M.M.), Atelier, Barcelona, 2020, pp. 471-492.

FAJARDO GARCÍA, G., "Novedades de la Ley 27/1999, de 16 de julio, en torno a la constitución y los socios de la cooperativa", *REVESCO*, nº 69, 1999, pp. 81 y ss.

FELIU REY, M.I., "Constitución y Estatutos", en AA.VV., *Retos y oportunidades de las sociedades cooperativas andaluzas ante su nuevo marco legal. Comentario a la Ley 14/2011 de Sociedades Cooperativas Andaluzas y a su Reglamento de desarrollo (Decreto 123/2014)* (Dirs. MORILLAS JARILLO, M.J./VARGAS VASSEROT, C.), Dykinson, Madrid, 2017, pp. 61-83.

JORDÁ GARCÍA, R., "Constitución telemática de sociedades cooperativas y sociedades limitadas laborales tras el Real Decreto 44/2015, de 2 de febrero", *CIRIEC-España, Revista Jurídica de Economía Social y Cooperativa*, nº 26, 2015, pp. 1-35

MORILLAS JARILLO, M.J./FELIU REY, M.I., *Curso de cooperativas*, 3ª ed., Tecnos, Madrid, 2018.

PEINADO GRACIA, J.I., "Normas y ámbito de aplicación", en *AAVV, Tratado de Derecho de Cooperativas* (Dir. PEINADO GRACIA, J.I.), t. I, Tirant lo Blanch, Valencia, 2013, pp. 103-107.

PEINADO GRACIA, J.I./LÓPEZ ORTEGA, R./GUERRERO LEBRÓN, M.J./PÉREZ DÍAZ, M., "La constitución de la cooperativa", en *AAVV, Tratado de Derecho de Cooperativas* (Dir. PEINADO GRACIA, J.I.), t. I, Tirant lo Blanch, Valencia, 2013, pp. 143-218.

ROMÁN CERVANTES, C./GALVÁN SÁNCHEZ, I./DOMÍNGUEZ CABRERA, M.P., "Los principales aspectos jurídico-económicos del proyecto de Ley de Sociedades Cooperativas Canarias", *CIRIEC-España, Revista jurídica*, nº 32, 2018, pp. 1-28.

SENENT VIDAL, M.J., "Constitución de la cooperativa. Registro de cooperativas", en AAVV, *Cooperativas: régimen jurídico y fiscal* (Coord. FAJARDO GARCÍA, G.), Universitat de València, 2011, pp. 33-57.

SENENT VIDAL, M.J., "El Reglamento de Régimen Interno de la Cooperativa: instrucciones de uso", *CIRIEC-Revista jurídica de economía social y cooperativa*, nº 16, 2005, pp. 1-11.

VARGAS VASSEROT, C./GADEA SOLER, E./SACRISTÁN BERGIA, F., *Derecho de las sociedades cooperativas. Introducción, constitución, estatuto del socio y órganos sociales*, La Ley, Madrid, 2015.

Capítulo II.

Posición jurídica del socio (I)

IRENE ESCUIN IBÁÑEZ
Profesora Titular de Derecho Mercantil
Universidad Politécnica de Cartagena

I. PERSONAS QUE PUEDEN SER SOCIOS

De acuerdo con el art. 19 de la LSCCan, pueden ser socios de una cooperativa *las personas físicas con capacidad de obrar, las personas jurídicas públicas y privadas,* así como determinados entes, como son *las comunidades de bienes* que, pese carecer de personalidad jurídica, tienen atribuida la facultad de pertenecer a este tipo societario[1]. Respecto a las comunidades de bienes, la LSCCan ha mantenido una postura similar a la de otras leyes autonómicas de cooperativas aprobadas recientemente que postulan por un reconocimiento general de su facultad de ser socio, salvo que la clase concreta de cooperativa de que se trate no lo permita. Este reconocimiento, sin embargo, plantea como principal dificultad el hecho de que las comunidades de bienes no son personas jurídicas, con lo cual resulta necesario articular fórmulas legales que garanticen el cumplimiento de los derechos y obligaciones relativos a su participación en la cooperativa. En otras palabras, es necesario saber de qué forma va a hacer efectiva la firma de su solicitud de admisión, el ejercicio de su derecho de voto, su intervención en los órga-

---

1 Precisamente la introducción de las comunidades de bienes dentro del conjunto de sujetos que pueden ser miembros de una cooperativa de primer grado fue una novedad destacada de la LCoop (art. 12.1), *vid.,* MORILLAS JARILLO, M.J./ FELIU REY, M., *Curso de cooperativas,* Tecnos, Madrid, 2018, p.185.

nos de gobierno de la sociedad, etc. Al respecto, la LSCCan no introduce indicación alguna, pero la fórmula utilizada por buena parte de las leyes autonómicas ha sido el nombramiento de un representante que integre a todos los comuneros en el cumplimiento de los derechos y obligaciones vinculadas a la condición de socio[2].

En el caso de las cooperativas de segundo grado, el art. 137.2 de la LSCCan se encarga de delimitar el grupo de sujetos que pueden actuar como socios. Este grupo se define en términos bastante amplios fruto del concepto de cooperativa de segundo grado que maneja la norma. En efecto, la cooperativa de segundo grado se define no ya como un mero instrumento de integración de cooperativas, sino más bien como una agrupación de entidades cuyo objetivo principal consiste en la intercooperación económica y empresarial de sus miembros con la extensión y el alcance previsto en los estatutos. Esta definición basada no ya solo en la yuxtaposición de cooperativas, sino en la idea de promover, coordinar, reforzar o integrar la actividad económica en común de sus miembros, hace que la LSCCan haya admitido como socios de una cooperativa de segundo grado no solo a las *cooperativas de grado inferior*, sino también a los *socios de trabajo*, a cualquier *entidad o persona jurídica de Derecho público o privado, así como a las personas empresarias individuales*[3]. En cualquier caso, conviene resaltar que esta apertura hacia otro tipo de entidades distintas de la cooperativa tiene también algunas limitaciones. En primer término, no debe existir una prohibición expresa de los estatutos, en segundo lugar, debe fundamentarse en una verdadera convergencia de intereses y necesidades y, por último, dicha participación no puede representar más del 45% de los miembros existentes de la cooperativa de segundo grado.

II. CLASES DE SOCIOS

A la hora de llevar a cabo una clasificación de los tipos socios, la LSCCan recurre a las categorías compartidas por la mayoría de las leyes autonómicas de cooperativas. Así, junto al *socio común* que mantiene con la

---

2 *Vid.*, en este sentido MORILLAS JARILLO, M.J./ FELIU REY, M., *Curso de cooperativas, op. cit.*, p. 188.

3 Esta referencia expresa a los empresarios individuales como miembros de una cooperativa de segundo grado representa una novedad también presente en el art. 137 LCCat, el art. 108.2.a) LSCAn, en el art. 225.1 LCCyL, en el art. 124.1 LCCM y en el art. 133.1 LSCRM.

cooperativa un vínculo social de duración indeterminada y que lleva a cabo la actividad cooperativizada, la norma introduce otras tres categorías especiales. Entre ellas destaca, en primer término, el llamado *socio de trabajo,* incluyendo bajo esta denominación a todas aquellas personas físicas cuya actividad cooperativizada consiste en la prestación de su trabajo personal en la cooperativa, siempre y cuando esta última sea no sea de trabajo asociado o de explotación comunitaria de la tierra (art. 21 LSCCan). De acuerdo con este precepto, son los estatutos los que deben prever la figura y diseñar su régimen jurídico teniendo en cuenta que el nivel de participación del socio de trabajo en los derechos y obligaciones debe ser equitativo y ponderado. Más allá de la necesaria previsión estatutaria, la LSCCan va a prestar especial atención al régimen de imputación de pérdidas que ocasiona la actividad cooperativizada de prestación de trabajo desarrollada por este tipo de socios. En este sentido, el art. 21.3 establece que las perdidas serán imputables al fondo de reserva y, en su defecto, a las personas socias usuarias en una cuantía que permita garantizar retribución mínima al socio de trabajo. Esta retribución mínima habrá de ser equivalente al sesenta por ciento de las retribuciones establecidas en los convenios colectivos del sector y, en todo caso, no inferior al salario mínimo interprofesional.

En segundo término, el art. 22 de la LSCCan prevé la figura del *socio colaborador,* como persona física o jurídica que participa en la consecución del objeto social de la cooperativa mediante la realización de aportaciones al capital, pero sin llevar a cabo la actividad cooperativizada principal[4]. Son los estatutos los encargados de prever y regular este tipo de socio, teniendo en cuenta las limitaciones previstas en la propia norma referidas a su porcentaje de participación en la cooperativa o al carácter de su aportación.

---

4 Conviene señalar que el concepto de socio colaborador no es idéntico en todas las leyes autonómicas, véase en este sentido MORILLAS JARILLO, M.J./FELIU REY, M., *Curso de cooperativas, op. cit.*, p. 198. La mayoría definen esta figura en términos generales como aquel socio que, sin realizar la actividad cooperativizada, participa de alguna manera en su consecución o realizando actividades de carácter accesorio, auxiliar o secundario (art. 25 LCG, art. 26 LSCCant, art. 21 LCLR, art.26 LCCat, art. 25 LCCLM, ar. 26 LCM, art. 25 LCRM, art. 30 LCIB, art. 28 LCCV y 17 LSCA). Otras leyes autonómicas, sin embargo, circunscrito esta figura a los socios que únicamente colaboran aportando capital. Dentro de este grupo habría que situar el art. 22 de la LLCan, así como art. 25 LCA y el art. 26 LCCL. Por último, existen leyes autonómicas que prevén junto al socio colaborador definido en términos generales, otro subtipo de socio al que atribuyen distintas denominaciones (asociado, socio inversor) que únicamente aporta capital, véase art. 28 LCCV, 25 LCCA, art. 26 LCCat y art. 38 LCE.

Así la LSCCan establece que el conjunto de aportaciones realizadas por el socio colaborador no podrá, en ningún caso, superar el 45% del total de las aportaciones y además estas últimas habrán de ser voluntarias y, en ningún caso, tratarse de aportaciones obligatorias.

En principio, el hecho de que el socio colaborador asuma como obligación principal la de aportar a la sociedad, pero sin involucrarse en su actividad interna, aproxima esta figura a la del típico socio inversor que actúa como fuente de financiación en el marco de las sociedades capitalistas[5]. Si bien ello es así tomando como punto de referencia la definición que la LSCCan maneja de socio colaborador, la lectura del conjunto de preceptos que inciden en su régimen jurídico revela una serie de aspectos que confieren a esta figura de una posición jurídica especial. En efecto, si el marco de las sociedades capitalistas, el régimen jurídico del socio inversor se asienta sobre un reforzamiento de sus derechos económicos frente a una menor participación en los órganos decisorios, el patrón no se reproduce en idénticos términos en la figura del socio colaborador prevista en el art. 22 LSCCan. Por un lado, la norma no le atribuye derechos económicos superiores a los del resto de socios de la cooperativa. En este sentido, los socios colaboradores tienen derecho a percibir el interés pactado por sus aportaciones, que no podrá ser inferior al de las personas socias, ni exceder en más de seis puntos el interés legal del dinero, pero, por ejemplo, no pueden percibir retorno cooperativo[6]. Por los que respecta a los derechos políticos, tienen reconocido un margen amplio de actuación en los órganos internos de la cooperativa en la medida en que pueden participar en la asamblea general con voz y con un conjunto de votos que, eso sí, no pueden representar más del treinta por ciento de la totalidad de los votos

5 La doctrina ha puesto de manifiesto que el hecho de tratarse de socios que no desarrollan actividad cooperativizada alguna y que solo realizan aportaciones de capital contradice, de alguna manera, principios cooperativos básicos como es el principio de participación directa del socio en el desarrollo del objeto social, *vid.*, VARGAS VASSEROT, C./GADEA SOLER, E./SACRISTÁN BERGIA, F., *Derecho de las sociedades cooperativas,* La Ley, Madrid, 2015, p. 211.

6 Esta exclusión expresa del retorno cooperativo para aquellos socios colaboradores que solo aportan capital tan solo se encuentra en el art. 38 LCE y el art. 25 LCCA. El resto de leyes autonómicas que utiliza un concepto restringido de socio colaborador, admiten por vía estatutaria su participación en los excedentes de la cooperativa, vid. en este sentido art. 25 LCA, art. 26 LCCat, art. 28 LCCV o art. 26 LCCL.

de las personas socias[7] . Además de ello, pueden ser miembros del órgano de administración, siempre que no superen la tercera parte y no ostenten la presidencia, vicepresidencia o la administración única.

Por último, el régimen jurídico del socio colaborador, de acuerdo con el art. 22.2 de la LSCCan, incluye dos importantes limitaciones a su ámbito actuación. La primera de ellas es que este tipo de socio no puede desarrollar o participar en la actividad cooperativizada, algo que, por otra parte, está en consonancia el carácter que la LSCCan le atribuye de socio inversor. La segunda de las limitaciones introducidas por el art. 22.2 LSCCan prohíbe expresamente al socio colaborador desarrollar actividades en competencia con las de la sociedad cooperativa en la que colabora, salvo autorización expresa del órgano de administración. Estamos ante una verdadera prohibición de competencia que se impone a sujetos que se definen básicamente por su papel de inversores y que, en consecuencia, tienen prohibido desarrollar o participar en la actividad cooperativizada. Siendo bastante reducido su nivel de implicación en la actividad económica de la cooperativa, serán verdaderamente pocos los supuestos en los que el socio colaborador pueda generar situaciones de conflicto de intereses con la cooperativa al desarrollar actividades empresariales por su propia cuenta[8].

En tercer lugar, el art. 20 LSCCan introduce la categoría especial de *socio temporal* entendido como aquel socio que mantiene con la cooperativa un vínculo de duración determinada que no puede exceder de cinco años, excepto en las cooperativas con socios de trabajo o socios trabajadores en las que el vínculo no podrá exceder de tres años. Transcurrido este periodo de tiempo habrá que optar, o bien por la liquidación de las aportacio-

---

7 Estas limitaciones sobre los derechos de voto se incluyen con carácter general en la mayor parte de leyes autonómicas para intentar mantener el control de la cooperativa en manos de los socios comunes, vid., VARGAS VASSEROT, C./GADEA SOLER, E./SACRISTÁN BERGIA, F., *Derecho de las sociedades cooperativas, op. cit.,* 211. Algunas de estas leyes autonómicas han llegado incluso al extremo de permitir por vía estatutaria la supresión del derecho de voto para este tipo de socios (art. 26.6 LCCat), introduciendo así una salvedad al principio de funcionamiento democrático de la cooperativa que establece el voto por cabeza y, por tanto, la atribución del mismo poder político a todos los socios.

8 Respecto a la imposición de una prohibición de competencia al socio colaborador que simplemente aporta capital, las distintas leyes autonómicas no mantienen una postura unánime. Mientras que el art. 25 LCA y el art. 38 incluyen dicha prohibición de forma expresa, al igual que la LSCCan, el art. 26 LCCat, art. 26 LCCL, art. 25 LCCA y el art. 28 LCCV no introducen restricciones de competencia de ningún tipo.

nes al capital social, o bien por adquirir la condición de socio indefinido cumpliendo los requisitos exigidos estatutariamente para ello, pagando la cuota correspondiente de ingreso.

Estamos ante una figura frecuentemente utilizada por distintas leyes de cooperativas autonómicas[9] como instrumento que permite ampliar las posibilidades de financiación de la sociedad. Su verdadera utilidad reside en la temporalidad de su vínculo con la cooperativa, en la medida en que, ante un escenario de aumento puntual de la actividad empresarial, de la producción o de la demanda, permite que la sociedad incremente sus recursos propios vía aportaciones sociales, sin que ello se traduzca a largo plazo en el progresivo incremento de su estructura societaria[10]. En cualquier caso, la previsión de esta categoría de socios en los estatutos queda sujeta a una serie de limitaciones de tipo cuantitativo en la medida en que la cuantía de sus aportaciones obligatorias al capital social no podrá superar el cincuenta por ciento de las exigidas a los socios con vinculación indefinida. Por lo demás, los socios temporales van a disfrutar de los mismos derechos y obligaciones y deberán cumplir los mismos requisitos de acceso que el resto[11].

III. ADQUISICIÓN DE LA CONDICIÓN DE SOCIO

Uno de los principios formulados por la Alianza Cooperativa Internacional (ACI) y sobre los que se fundamenta la configuración jurídica de las sociedades cooperativas es el principio de puertas abiertas. Significa que cualquier persona puede ingresar y permanecer en esta estructura social mientras esa sea su voluntad, al tiempo que también podrá darse de baja

---

9 Aunque no siempre bajo la misma denominación. Algunas leyes autonómicas usan la denominación de socios a prueba, otras de socios provisionales generando cierta confusión entorno a la figura, *vid.*, VARGAS VASSEROT, C./GADEA SOLER, E./SACRISTÁN BERGIA, F., *Derecho de las sociedades cooperativas, op. cit.*, p. 210.

10 Se ha querido ver en los socios temporales una figura próxima a las acciones rescatables propias de las sociedades anónimas, en la medida en que permiten incorporar a sujetos que se acercan a la cooperativa con una motivación exclusivamente inversora, pero sin general un vínculo permanente con ella, *vid.*, MORILLAS JARILLO. M.J./FELIU REY, M., *Curso de cooperativas, op. cit.*, p. 208.

11 No se introducen, por tanto, restricciones en cuanto al porcentaje de votos que pueden ostentar el conjunto de los socios temporales respecto del resto, algo que es bastante habitual en el resto de las leyes autonómicas que han previsto esta figura, véase art. 35 LCE, art. 24 LCA, art. 25 LCC, art. 27 LCCat, art. 23 LCCLM.

en cualquier momento sin necesidad de alegar causa o razón alguna[12]. Este principio, sin embargo, no debe interpretarse de forma absoluta. Tanto la ley estatal, como las distintas leyes autonómicas sobre cooperativas admiten la posibilidad de que los estatutos exijan el cumplimiento de determinados requisitos para poder entrar a formar parte de este ente social.

Por lo que respecta a la LSCCan, su art. 23.1 condiciona la adquisición de la condición de socio a la existencia de un acuerdo del órgano de administración en tal sentido, acuerdo que habrá de emitirse teniendo en cuenta dos consideraciones. Por un lado, el órgano de administración habrá de comprobar el cumplimiento previo de la aportación obligatoria al capital social que corresponda, realizando su desembolso en la forma y plazos estatutariamente establecidos y el abono de la cuota de ingreso de acuerdo con lo establecido en el art. 71.1 LSCCan. Además de ello, el acuerdo habrá de formularse por escrito e incluir una decisión motivada como freno a posibles arbitrariedades en el proceso de admisión.

Más allá de estas dos consideraciones, el art. 23 de la LSCCan no sujeta el poder de decisión del órgano de administración respecto a la entrada de socios a mayores limitaciones. Prescinde, de esta manera, de la tendencia iniciada por algunas de las leyes de cooperativas autonómicas más recientes[13] que admiten la posibilidad de incluir estatutariamente tanto requisitos de entrada como causas de rechazo, siempre que respeten determinados límites para no desvirtuar el principio fundamental de libre adhesión a la cooperativa[14]. Se trata de modelos autonómicos que regulan las nuevas incorporaciones tomando como punto de partida en el principio de tipicidad. En función de este principio, se incluye una lista tasada de requisitos

---

12 Respecto a la definición del principio de puertas abiertas, *vid.*, ampliamente VARGAS VASSEROT, C., "El principio cooperativo de puertas abiertas (adhesión voluntaria y abierta). Tópico o realidad en la legislación y en la práctica societaria", *Revista jurídica CIRIEC*, núm. 27, 2015, p. 4.

13 Dentro de esta misma línea cabe mencionar el art. 18.4 LCCA, art. 17.3 LCAR, art. 26.1. LCCLM, o el art. 29 LCCat.

14 Los requisitos de entrada además de encuadrarse dentro del marco legal y observar los principios constitucionales de igualdad y no discriminación (*vid.*, MORILLAS JARILLO, Mª J/FELIU REY, M., *Curso de cooperativas, op. cit.*, p. 219; VARGAS VASSEROT, C., "El principio cooperativo de puertas abiertas", *op.cit.*, p. 27) deben ser normalmente de tipo objetivo, es decir, requisitos que, por su propia naturaleza, no pueden quedar afectados ni vinculados a consideraciones personales, y además estar vinculados de alguna manera al objeto social y a la actividad cooperativizada, en este sentido MORILLAS JARILLO, Mª J/ FELIU REY, M., *Curso de cooperativas, op. cit.*, p. 221.

de admisión y rechazo prevista en la ley y los estatutos que ofrece mayor seguridad a todos los agentes, limita posibles arbitrariedades, al tiempo que deja mayor espacio de actuación al principio de libre adhesión.

Por lo que respecta al procedimiento de admisión, conviene señalar que éste se inicia cuando, una vez constituida la cooperativa, cualquier persona desea convertirse en socio de alguna de las formas previstas legalmente. Ya sea porque adquiere dicha condición de forma derivativa tras adquirirla *inter vivos, mortis causa,* o por enajenación forzosa de un socio anterior, ya sea porque se adhiere a la cooperativa *ex novo* sin haber mantenido relación previa alguna con ella, o ya sea porque se transforma en societario el vínculo que le unía al ente social[15]. En cualquiera de todos estos supuestos el aspirante habrá de seguir los siguientes pasos.

En primer lugar, es necesario que presente por escrito la solicitud de ingreso ante el órgano de administración que dispone de un plazo de tres meses para emitir su decisión tanto estimatoria, como desestimatoria, a la asamblea general y al sujeto interesado. En este punto, se advierte en la norma un intento por reforzar la posición del aspirante al conceder al silencio un efecto positivo, en la medida en la ausencia de notificación a la persona interesada en el plazo de tres meses implica automáticamente la aceptación de la solicitud. En segundo término, el precepto se centra en regular las posibilidades de impugnación una vez el órgano de administración ha dado su respuesta, o bien después de que su silencio haya generado los efectos jurídicos anteriormente descritos.

En este sentido conviene destacar que el art. 23.2 LSCCan ofrece dos posibilidades de impugnación. En la primera de ellas, son los propios socios los que impugnan el acuerdo de admisión del nuevo socio. Esta posibilidad de impugnación ha de venir prevista en los estatutos y son estos últimos los que deben incluir toda la información relevante el ejercicio de este derecho, en concreto, el número de socios que pueden hacerlo, así como la forma y el plazo de impugnación. En caso de que se inicie el procedimiento será preceptiva la audiencia previa del interesado.

La segunda posibilidad a la que hace referencia el art. 23.3 es aquella en la que el sujeto solicitante impugna el acuerdo de denegación de la admi-

---

15 Respecto a los diferentes escenarios, *vid.*, LASSALETTA GARCÍA, P.J./MILLÁN CALENTI, R./ALVARADO HERRERA, L., "Tipos de socios y otras formas de participación social", en AAVV. *Tratado de Derecho de Cooperativas* (Dirs. Peinado García, I./Vázquez Ruano, T.), Tirant lo Blanch, Valencia, 2013, p. 220 y ss.

sión. Se trata de un derecho que se reconoce por ley, sin que sea necesario que aparezca previsto en los estatutos. En este caso, el procedimiento se inicia mediante la presentación por parte del sujeto interesado de un recurso ante la asamblea general o, en su caso, ante el comité de recursos, en el plazo de un mes a contar desde que se le notificó la decisión desestimatoria del órgano de administración. Una vez iniciado el procedimiento, también es preceptiva la audiencia del sujeto interesado y el comité de recursos dispone de un plazo de dos meses para poder resolver. Si, en su defecto, el recurso se presenta ante la asamblea general, esta resolverá en la primera reunión que se celebre. En ambos supuestos, y mientras el procedimiento está en curso la adquisición de la condición de socio queda en suspenso. Una vez la decisión es firme y el aspirante cumple con sus obligaciones económicas consistentes en la aportación obligatoria al capital y la cuota de ingreso adquiere definitivamente la condición de socio. En cualquier caso, siempre queda abierta la jurisdicción ordinaria para recurrir las decisiones emitidas respecto de sendos procedimientos de impugnación.

IV. DERECHOS Y OBLIGACIONES DE LOS SOCIOS

El estatuto jurídico del socio de una cooperativa viene determinado básicamente por su ley reguladora, por los estatutos y por los acuerdos válidamente adoptados por sus órganos de gobierno. Además de ello, conviene tener presente que su configuración definitiva será diferente dependiendo del tipo de socio de que se trate. En efecto, el conjunto de derechos y obligaciones que corresponden al socio común, no son los mismos de un socio de trabajo, de un socio colaborador o de un socio temporal. Teniendo en cuenta todas estas consideraciones, el art. 24 de la LSCCan regula la materia introduciendo una lista de derechos y obligaciones con carácter de mínimo legal e inderogable. En su análisis, se utilizará la clasificación tradicional[16]. que distingue entre aquellos que presentan un contenido económico o patrimonial y los que guardan relación con la vertiente política o de participación en la organización social. En último término, se hará referencia al derecho obligación del cooperativista de participar en la actividad cooperativizada, habida cuenta de sus dificultades de encaje en las categorías anteriormente mencionadas.

---

16 LASSALETTA GARCÍA, P.J./ MILLÁN CALENTI, R./ALVARADO HERRERA, L., "Tipos de socios y otras formas de participación social", *op. cit.* p. 254.

1. Derechos de los socios

A) Derechos políticos

Dentro de los derechos de carácter político que vienen mencionados en el art. 24.2 destacan, en primer lugar, aquellos que están directamente relacionados con el funcionamiento interno de los órganos de gobierno de la cooperativa. Dentro de este grupo cabe incorporar el *derecho de los socios a asistir a las reuniones, a participar en los debates, a formular propuestas según la regulación estatutaria y votar las propuestas en la asamblea general y en otros órganos colegiados de los que formen parte.* Tal derecho deriva directamente del principio de funcionamiento democrático de las cooperativas que atribuye a todos los socios el mismo poder decisorio independientemente de la cuantía de su aportación a la cooperativa. Si bien ello es cierto en el plano teórico, la LSCCan admite algunas variaciones sobre esta distribución equitativa del derecho de voto[17]. Así, y en determinados supuestos admite el llamado voto plural, es decir, la posibilidad de que un solo socio pueda emitir más de un derecho de voto. En concreto, el voto plural aparece reconocido en el art. 39.1 de la LSCCan exclusivamente para las cooperativas agroalimentarias, de servicios, de transporte y del mar. En todas ellas se admite un voto plural ponderado en proporción al volumen de la actividad cooperativizada realizada por cada persona, aunque con limitaciones. En concreto, no se admiten más de cinco votos por socio, ni tampoco es posible que un socio acumule más de un tercio del total de los votos sociales. Junto al voto plural, la LSCCan introduce otro tipo de variaciones al principio general de un socio un voto. En este sentido, conviene recordar que el conjunto de los derechos de voto de los socios colaboradores cuya aportación es simplemente de capital no puede ser superior al treinta por ciento de los votos correspondientes a la totalidad de los socios cooperativos[18].

---

[17] El principio de "un socio, un voto" fue visto como una manera de traducir en la práctica cooperativa el principio teórico de igualdad de las personas. No obstante, este reducto igualitario ha desaparecido en buena parte de las leyes autonómicas que admiten fórmulas alternativas de reparto del derecho de voto que no son por cabeza, *vid.*, MORILLAS JARILLO. M.J./FELIU REY, M., *Curso de cooperativas, op.cit.*, p 245.

[18] Estas limitaciones no llegan al punto de habilitar clausulas estatutarias que supriman el derecho de voto como en otras leyes autonómicas más recientes como la LCCat, *vid., supra* II.

El derecho a participar en la toma de decisiones sociales va acompañado, a continuación del *derecho a ser electores y elegibles para los cargos de los órganos de la sociedad.* Se trata de una posibilidad reconocida por la totalidad de las leyes autonómicas sobre cooperativas y que también deriva de principio de funcionamiento democrático de este ente social. No obstante, y como ya hemos tenido oportunidad de comprobar, sobre determinados tipos de socios, como son los socios colaboradores que únicamente aportan capital, concurren importantes limitaciones en este ámbito fruto de su perfil claramente inversor. En este sentido, no pueden en ningún caso ostentar la presidencia o vicepresidencia del consejo rector o la administración única (art. 24.2 LSCCan)[19].

Junto a los derechos políticos que implican una participación en los órganos de la cooperativa, el art. 24.3 de la LSCCan regula, en segundo lugar y de una manera más detallada, el *derecho de información.* Estamos ante un derecho que se reconoce de forma generalizada a todos los miembros de la cooperativa en los términos previstos en la ley, los estatutos o en los acuerdos de la asamblea general, sin que pueda experimentar, a diferencia de los anteriores, variaciones estatutarias dependiendo del tipo de socio de que se trate. Este derecho se manifiesta de dos maneras diferentes[20]. Por un lado, en la *puesta a disposición del socio de determinados documentos relativos a la marcha de la sociedad.* De esta manera, el socio tiene derecho a recibir una copia de los estatutos de la cooperativa, del reglamento de régimen interno, si existiera, y de las modificaciones que ambos experimenten. También tiene derecho a examinar libremente los libros de la cooperativa, a solicitar certificaciones de los acuerdos de la asamblea y del órgano de administración que le afecten y a recibir cualquier informe o aclaración sobre la marca de la sociedad y sobre sus propios derechos económicos y sociales en el plazo de un mes. Esta posibilidad de solicitar información por escrito al consejo rector relativa a la marcha de la cooperativa no solo se reconoce individualmente a cada uno de los socios, sino que también se configura como derecho colectivo que puede ser ejercitado por un mínimo de socios, en concreto, por un 10% de los socios o por un mínimo de cien en caso de que la cooperativa tenga más de mil socios.

---

19 *Vid., supra* II.

20 Esta doble manifestación del derecho de información es característica tanto de la ley estatal, como de las distintas normas autonómicas, vid. VARGAS VASSEROT, C., "Los socios. Derechos, obligaciones y responsabilidades", en AAVV. *Cooperativas: régimen jurídico y fiscal* (Dir. Fajardo García, G.), Tirant lo Blanch, Valencia, 2011, p. 94.

La segunda manifestación del derecho de información "strictu sensu" implica la posibilidad de que en el marco del desarrollo de la asamblea general los socios soliciten al consejo rector cuantos informe y aclaraciones se estimen oportunas respecto de los puntos del orden del día incluidos en la convocatoria. Este derecho de información puede ejercitarse de diferentes maneras. En primer término, acudiendo al domicilio social o a aquellos centros de trabajo determinados en los estatutos y examinando *in situ* los documentos que vayan a ser aprobados en la asamblea. Esta forma de ejercitar el derecho de información adquiere especial significado en el desarrollo de la asamblea ordinaria porque permite a todos los socios examinar en el domicilio social las cuentas anuales, el informe de gestión, la propuesta de distribución de resultaos y el informe de las personas interventoras o el informe de auditoría, según los casos. En segundo lugar, el derecho de información también puede hacerse efectivo solicitando por escrito, antes de la celebración de la asamblea, o verbalmente durante la misma, cuantos datos se consideren oportunos relativos a los asuntos incluidos en el orden del día. Los plazos de solicitud por escrito, así como de contestación por parte del órgano de administración serán los que vengan previstos en los propios estatutos.

Por último, el art. 24.4 LSCCan incorpora el conjunto de límites y garantías que modulan el derecho de información y en los que se advierte la intención de reforzar la posición jurídica del socio respecto a su ejercicio. De acuerdo este precepto, el consejo rector está obligado, en principio, a suministrar todos los datos solicitados por los socios, tanto de forma individual como colectiva. Tan solo se puede negarse a ello en caso de que alegue perjuicio para los intereses sociales o cuando la petición constituya una obstrucción reiterada o un abuso manifiesto por los solicitantes. Estamos ante una previsión incluida de forma generalizada por las leyes autonómicas sobre cooperativas. A continuación, sin embargo, el art. 24.4 incluye dos importantes excepciones a esta regla general, de acuerdo con las cuales el Consejo Rector está obligado inexcusablemente a proveer la información solicitada, sin que pueda utilizar ningún argumento en contra. En la primera de ellas, cuando la petición haya sido por más de la mitad de los votos presentes y representados en la asamblea y deba suministrarse en el seno de este órgano. En la segunda de ellas, cuando la petición proceda del comité de recursos o de la asamblea general tras haber resuelto favorablemente el recurso del socio que ejerció su derecho de información en primera instancia y no fue atendido por el consejo rector.

B) Derechos económicos

Por lo que respecta a los derechos económicos, cabe distinguir básicamente dos tipos. Por una parte, los que derivan de la participación del socio en el desarrollo de la actividad cooperativizada y, por otra, los que están relacionados con las aportaciones que realizan los socios al capital social. Dentro del primer grupo quedaría situado el *derecho a al retorno cooperativo o a participar en los excedentes del ejercicio económico.* No se trata este último de un derecho de carácter absoluto, sino que su ejercicio concreto por parte del socio exige el cumplimiento de una serie de requisitos[1]. El primero de todos ellos es que existan realmente excedentes del resultado cooperativo. De estos excedentes, una vez deducidas las pérdidas, habrá que detraer, a continuación, una serie de partidas destinadas al fondo de reserva obligatorio y el fondo de promoción y educación cooperativa. La cantidad resultante, una vez deducidos impuestos, es la que puede ponerse a disposición de la asamblea para su distribución. La asamblea podrá decidir, en su caso, si reinvierte los excedentes incrementando o bien los fondos de reserva obligatorios o los voluntarios que vengan establecidos o si reparte los excedentes entre los socios de la cooperativa (art. 75 LSCCan). En caso de que proceda al reparto del retorno cooperativo será necesario respetar el principio de proporcionalidad a las operaciones, servicios o actividades realizadas por cada uno de los socios con la cooperativa. En este punto conviene señalar la posición especial de aquellos socios colaboradores que no participan en la actividad cooperativizada y solamente aportan capital. De acuerdo con el art. 22.2 este tipo de socios quedan expresamente excluidos del reparto de excedentes[2].

Por lo que respecta a los derechos económicos vinculados a la aportación de cada socio al capital social el art. 24.2 menciona expresamente los siguientes. En primer término, el derecho a percibir *el reembolso de su participación en los supuestos de baja.* Estamos ante un derecho que deriva del principio de puertas abiertas y que permite al socio liquidar su vínculo con la cooperativa en cualquier momento y sin necesidad de alegar justa causa.

---

1 Así se entiende, con carácter general, en la legislación sobre cooperativas, vid. VARGAS VASSEROT, C./GADEA SOLER, E./SACRISTÁN BERGIA, F., *Derecho de las sociedades cooperativas, op. cit.*, p. 224.

2 Ya hemos visto que la posibilidad de que los estatutos permitan a los socios colaboradores que solo aportan capital participar en el reparto de excedentes no ha sido objeto de reconocimiento generalizado en todas las leyes autonómicas sobre cooperativas. Vid. *supra* II.

En la materialización de este derecho resulta determinante la manera de regularizar su participación. En realidad, el socio que causa baja obligatoria, o bien por voluntad propia o como consecuencia de la liquidación o transformación de la sociedad no va a recibir las mismas cantidades que aportó originariamente. El importe del reembolso vendrá establecido de acuerdo con el balance del ejercicio económico en el que se produce la baja una vez deducidas las pérdidas imputadas o imputables al socio que se hayan generado en ese ejercicio económico o bien en ejercicios anteriores siempre que no hayan sido compensadas.

El segundo tipo de derecho económico vinculado a las aportaciones que menciona expresamente el art. 24.2 LSCCan es el *derecho a la actualización de estas últimas.* Este derecho se reconoce en los casos en los que la cooperativa procede, por acuerdo de la junta general, a regularizar su balance actualizando el importe de aquellos bienes históricos que se hayan revalorizado con el paso del tiempo. En este contexto la LSCCan permite repercutir el aumento de valor de los bienes consignado en el balance sobre los socios actualizando el importe de sus aportaciones al capital social una vez se hayan compensado las pérdidas de ejercicios anteriores. No obstante, la forma de hacer efectiva esta actualización dependerá de lo establecido en los estatutos o, en su defecto, en el acuerdo de la asamblea general (art. 68 LSCCan)[3]. El último de los derechos económicos derivados de la aportación del socio mencionado por el 24.2 es el *derecho a percibir intereses.* Estamos ante una facultad que, si bien aparece incluida en el listado de derechos mínimos del socio cooperativo, posteriormente el art. 67 de la LSCCan hace depender de la existencia de una previsión estatutaria previa[4]. A la hora de regular esta forma de remunerar las aportaciones del socio, el legislador ha mostrado especial interés por fijar un tope legal al

---

3 La LSCCan sigue, con ello, la tendencia generalizada a aceptar cualquier remuneración de las aportaciones de capital, no obstante, frente al resto derechos económicos vinculados a la aportación del socio, la percepción de intereses se caracteriza por ser un derecho de carácter relativo, que no se reconoce de forma generalizada a todos los socios, sino en la medida en que hayan sido previstos por los propios estatutos, *vid.*, AAVV., *Comentarios a la Ley 27/1999, de 16 de julio, de Cooperativas* (Coord. García Sanchez, J.A.), Colegios notariales de España, 2001, p. 238.

4 La limitación de la remuneración de las aportaciones se considera uno de los principios configuradores de la sociedad cooperativa en contraposición al dividendo de las acciones y participaciones de las sociedades capitalistas, *vid.*, VARGAS VASSEROT, C., "Los socios. Derechos, obligaciones y responsabilidades", *op. cit.*, p. 96.

interés máximo que pueden percibir los socios que, en concreto, no podrá superar en seis puntos el interés legal del dinero. Por último, cabe mencionar también el *derecho a realizar aportaciones voluntarias* (art. 66 LSCCan), cuyo ejercicio dependerá de la existencia de un acuerdo de la asamblea general en el que se establezca la cuantía global máxima, las condiciones y el plazo de suscripción[5].

2. Obligaciones de los socios

A) Obligaciones de carácter económico

El art. 25.1.e) LSCCan hace referencia de forma muy escueta al deber de los socios de cumplir con sus obligaciones económicas, pero sin especificar cuáles son. Es por ello por lo que el análisis de este apartado exige llevar a cabo una lectura detenida de la norma para ir desgranando el conjunto de obligaciones que pueden circunscribirse dentro de este ámbito. En este sentido, la obligación primordial reside en *aportar al capital social de la cooperativa* (art. 64 LSCCan). La aportación puede ser dineraria o no dineraria y son los estatutos los que deben establecer la cuantía mínima obligatoria para adquirir la condición de socio, que será distinta atendiendo al tipo de socio de que se trate[6], o de su participación en la actividad cooperativizada. A la hora de regular estas aportaciones obligatorias el precepto ha prestado especial atención a los siguientes aspectos.

---

[5] En este tipo de aportaciones voluntarias el socio tiene la posibilidad de decidir se desea realizar o no la aportación de manera que la obligación de desembolso surge a partir del momento en el que opta por la suscripción. Se ha querido ver en ellas una figura próxima al derecho de preferencia característico de las sociedades de capital. Vid. LASSALETTA GARCÍA, P.J. / MILÁN CALENTI, R./ALVARADO HERRERA, I., "Tipos de socios y otras formas de participación social", *op. cit.*, p. 229.

[6] Ya vimos que la aportación de los socios temporales, por ejemplo, no puede superar el 50% de la exigida al resto de los socios (art. 20.2 LSCCan). Por lo que respecta a los socios colaboradores, el conjunto de sus aportaciones no puede superar el 45% del total (art. 22.2 LSCCan). Con este tipo de limitaciones cuantitativas a la aportación social, presentes de diferentes formas en el conjunto de leyes autonómicas sobre cooperativas, simplemente se pretende que el control último de la cooperativa esté en manos de los socios comunes. LASSALETTA GARCÍA, P.J./MILÁN CALENTI, R./ALVARADO HERRERA, I. "Tipos de socios y otras formas de participación social", *op. cit.*, p. 228.

En primer término, ha previsto expresamente la posibilidad de que existan desembolsos pendientes al igual que en las sociedades anónimas. En este sentido, los socios deben desembolsar en el momento de formalizar su suscripción, al menos, el 25% de su aportación mínima obligatoria y el resto lo podrán hacer en la forma y tiempo previsto en los estatutos o la asamblea general. Una vez previstos los desembolsos pendientes el segundo aspecto que ha merecido la atención del legislador es la introducción de mecanismos que actúen contra la mora del socio. De esta manera, todos aquellos cooperativistas que no hayan desembolsado sus aportaciones en el plazo establecido quedan automáticamente suspendidos de todos sus derechos societarios hasta que no regularicen su situación, pudiendo llegar incluso a ser expulsados de la cooperativa.

El último aspecto relativo a la obligación de aportar que ha merecido la atención del legislador ha sido la necesidad de actualizar el importe de las aportaciones obligatorias previstas en los estatutos para los nuevos socios. Se quiere dar solución, con ello, a las variaciones que con el tiempo experimenta el importe de las aportaciones para garantizar que el coste de entrada de los socios fundadores sea igual al de socios posteriores. En función de ello, el art. 65 de la LSCCan atribuye a la asamblea general la facultad de fijar anualmente la cuantía mínima obligatoria que deben desembolsar los nuevos socios, así como los plazos y demás condiciones del desembolso. En la determinación de la cuantía es necesario tener en cuenta una serie de límites, concretamente, el importe no podrá superar el valor actualizado que resulte de aplicar el índice de precios al consumo (IPC) de cada año a la aportación más elevada dentro de cada clase de persona socia. Por último, la nueva ley también abre la puerta a que los estatutos sociales prevean la posibilidad de que las aportaciones de los nuevos socios se hagan efectivas mediante la adquisición de aportaciones procedente de un socio que se ha dado de baja y cuyo reembolso ha sido rechazado incondicionalmente por el consejo rector.

Además del deber de aportar para adquirir la condición de socio, el art. 64.2 de la LSCCan también prevé la posibilidad de *exigir nuevas aportaciones obligatorias* a los propios socios[7]. En tales casos, es la asamblea general la

---

[7] Estas aportaciones obligatorias serían diferentes a las aportaciones voluntarias, previstas en el art. 66 LSCCan, y mencionadas con anterioridad al hablar de los derechos económicos del socio en la cooperativa (*vid., supra* 1B). Aunque ambas son acordadas por la asamblea, estamos ante aportaciones que los socios deben suscribir obligatoriamente.

que puede acordar por mayoría de dos terceras partes de votos presentes y representados la exigencia de nuevas aportaciones, su cuantía y la forma y condiciones de desembolso. Esta posibilidad se ha venido calificando como una especie de aumento de capital obligatorio que puede llevarse a cabo en las cooperativas gracias al carácter variable de su capital[8]. No obstante, y pese a su carácter obligatorio, se introducen también medidas de protección para aquellos socios que, o bien votaron en contra del acuerdo de la asamblea imponiendo nuevas aportaciones, o bien no pudieron asistir a la misma por causa justificada. Estos socios disponen del plazo de un mes para solicitar su baja voluntaria justificada.

De igual forma, los estatutos o bien la asamblea general a través del correspondiente acuerdo pueden establecer la obligación de satisfacer *cuotas de ingreso y cuotas periódicas* (art. 71 LSCCan) que no son reembolsables, así como determinar su importe. Estamos ante dos posibles vías financiación de la cooperativa que, en ningún caso, podrán llegar a integrar el capital social. En el primer caso se trataría de desembolsos suplementarios a la aportación mínima obligatoria al capital social próximos a lo que en el ámbito de las sociedades capitalistas serían las primas de emisión. Las cuotas periódicas, por su parte, se consideran igualmente aportaciones adicionales que los socios realizan a fondo perdido, aunque actúan como una forma más barata de financiación y más vinculante para estos últimos[9]. Ambos instrumentos pueden consignar cuantías diferentes dependiendo del tipo de socio o de su grado de compromiso o uso potencial de la actividad cooperativizada, aunque siempre respetando una serie de límites especialmente en el caso de las cuentas de ingreso. Concretamente, estas últimas no podrán ser superiores al veinticinco por cien de las aportaciones obligatorias de las personas socias[10].

Por último, y dentro del apartado económico, es necesario mencionar la llamada *obligación de compensar pérdidas.* En principio, y de acuerdo con

---

8 LASSALETTA GARCÍA, P.J./MILÁN CALENTI, R./ALVARADO HERRERA, I., "Tipos de socios y otras formas de participación social", *op. cit.*, p. 229.

9 Al respecto, AA.VV., *Comentarios a la Ley 27/1999, de 16 de julio, de Cooperativas, op. cit.*, p. 264.

10 La ley de cooperativas estatal, así como la mayor parte de leyes autonómicas, solamente se introducen limitaciones a la hora de determinar el importe de las cuotas de ingreso (*vid.*, VARGAS VASSEROT, C., "Los socios. Derechos, obligaciones y responsabilidades", *op. cit.*, p. 102. Existen, sin embargo, algunas leyes sobre cooperativas que someten a idénticas restricciones tanto las cuotas de ingreso, como las periódicas, *vid.*, por ejemplo el art. 76.1 LCCat.

lo establecido en el art. 76.2 c) LSCCan, los socios tienen la obligación de soportar aquellas pérdidas que no hayan podido ser compensadas con los fondos de reserva voluntarios o estatutarios y obligatorios. Éstas se imputan además proporcionalmente a las operaciones, servicios o actividades realizados por cada uno de ellos[11] y deberán satisfacerlas directamente mediante el pago en efectivo, a través de deducciones en sus aportaciones, mediante inversiones financieras en la cooperativa en el ejercicio económico, o bien con cargo a los retornos cooperativos que puedan corresponder al socio en los siete años siguientes.

B) Obligaciones de carácter político

Las obligaciones de carácter político a las que expresamente hace referencia el art. 25.1 de la LSCCan aparecen previstas en la mayor parte de leyes autonómicas. Todas ellas se encuentran directamente relacionadas con el funcionamiento interno de los órganos de la cooperativa y consisten en el deber en el deber de cumplir con los acuerdos que adoptan válidamente los órganos de gobierno, así como aceptar los cargos sociales para los cuales sean elegidos, salvo que tenga una causa justificada para no hacerlo.

C) Otras obligaciones del socio

En este último apartado es necesario hacer referencia a todas aquellas obligaciones que estarían relacionadas con el deber de guardar fidelidad al ente social por parte de sus miembros[12]. En función de ello, pesa sobre los socios una prohibición de competencia que se materializa en la imposibilidad de participar en actividades que puedan competir con los fines sociales de la cooperativa, ni colaborar con quien efectúe dichas actividades, salvo autorización expresa del consejo rector. Este tipo de prohibiciones de competencia son características de estructuras societarias cerradas donde los socios participan activamente en el desarrollo de la actividad cooperativizada y, por tanto, disponen de información sensible sobre la marcha de

---

[11] La compensación por pérdidas en la cooperativa es, en todo caso, un tema complejo que exige analizar cómo se ha concretado la relación cooperativizada dependiendo del tipo de cooperativa de que se trate y también del tipo de socio, *vid.*, VARGAS VASSEROT, C./GADEA SOLER, E./SACRISTÁN BERGIA, F., *Derecho de las sociedades cooperativas. Introducción…*, *op. cit.*, p. 231.

[12] MORILLAS JARILLO. M.J./FELIU REY, M. *Curso de cooperativas*, *op. cit.*, p. 252.

la sociedad que pueden utilizar en su perjuicio. Directamente relacionado también con la necesidad de observar un comportamiento acorde con la lealtad y buena fe hacia la cooperativa cabe situar el deber de guardar secreto sobre los asuntos y los datos de la sociedad cuya divulgación pueda perjudicar los intereses de esta última.

Ya fuera del ámbito de los deberes de fidelidad del socio, conviene mencionar la última de las obligaciones que incorpora el art. 25.1 LSCCan y que funciona como contrapunto al derecho de información del socio. En concreto, este último tiene la obligación de comunicar y mantener actualizado el medio de notificación válido para recibir las comunicaciones de la cooperativa conforme a lo dispuesto legal o estatutariamente.

3. Especial referencia al derecho y la obligación de participar en la realización del objeto social de la cooperativa

La participación del socio en el desarrollo de la actividad cooperativizada asume un papel relevante en las reglas de funcionamiento interno de las cooperativas porque el grado de participación en la misma es determinante a la hora de fijar la aportación de cada socio, así como para distribuir el retorno cooperativo, como las posibles pérdidas del ejercicio económico entre todos ellos. La peculiaridad de esta participación en la actividad cooperativizada es que aparece catalogada en la legislación sobre cooperativas, tanto estatal como autonómica, bajo la doble consideración de derecho y obligación. En su vertiente positiva, como derecho, se circunscribe dentro de la facultad genérica que se garantiza a todos los socios de participar en el conjunto de actividades relacionadas con la cooperativa, ya se trate de la actividad cooperativizada o no, esté ya incluida en el objeto social o no [art. 24.2 c) LSCCan][13]. Esta garantía del acceso global a todas las actividades tiene por objeto evitar discriminaciones absurdas y arbitrarias o tratos de favor hacia determinados socios e implica correlativamente el deber por parte de la sociedad de facilitar el acceso a todas estas actividades de la manera más conveniente.

En su vertiente negativa, sin embargo, la participación en la actividad cooperativizada no se entiende de manera tan amplia. De acuerdo con el art. 25.1 b) LSCCan el socio tiene la obligación de intervenir en las ac-

---

13 *Vid.*, en este sentido, MORILLAS JARILLO. M.J. / FELIU REY, M. *Curso de cooperativas, op. cit.*, p. 240.

tividades cooperativizadas que desarrolla la sociedad cooperativa para el cumplimiento del fin social en la cuantía mínima obligatoria establecida en los estatutos. La obligación de participar queda, por tanto, circunscrita, a dicho mínimo establecido estatutariamente y, en este sentido, son varios los criterios que puede utilizarse en la práctica para su establecimiento[14].

IV. BIBLIOGRAFÍA

AAVV. *Régimen jurídico de las sociedades cooperativas catalanas* (Dir. Alfonso Sánchez, R./ Coord. Andreu Martí, Mª M., Atelier, Barcelona, 2020.

AAVV. *Comentarios a la Ley 27/1999, de 16 de julio, de Cooperativas* (Coord. García Sanchez, J.A.), Colegios notariales de España, 2001.

ESCUIN IBÁÑEZ, I./ LÓPEZ ANIORTE, Mª.C., "Las cooperativas de iniciativa social", en AAVV. *La empresa social y su organización jurídica* (Dir. Andreu Martí, Mª.M,), Marcial Pons, Madrid, 2014, p. 203 y ss.

LASSALETTA GARCÍA, P.J./MILLÁN CALENTI, R./ALVARADO HERRERA, L., "Tipos de socios y otras formas de participación social", en AA.VV., *Tratado de Derecho de Cooperativas* (Dirs. Peinado García, I./Vázquez Ruano, T.), Tirant lo Blanch, Valencia,2013, p. 219 y ss.

MORILLAS JARILLO. M.J. / FELIU REY, M. *Curso de cooperativas*, ed. Tecnos, Madrid, 2018.

VARGAS VASSEROT, C./GADEA SOLER, E./SACRISTÁN BERGIA, F., *Derecho de las sociedades cooperativas. Introducción, constitución, estatuto del socio y órganos sociales*, La Ley, Madrid, 2015.

VARGAS VASSEROT, C. "El principio cooperativo de puertas abiertas (adhesión voluntaria y abierta). Tópico o realidad en la legislación y en la práctica societaria", *Revista jurídica CIRIEC*, núm. 27, 2015, pp. 1-41.

VARGAS VASSEROT, C. "Los socios. Derechos, obligaciones y responsabilidades", en AAVV. Cooperativas: régimen jurídico y fiscal (Dir. Fajardo García, G.), Tirant lo Blanch, Valencia, 2011, pp. 89 y ss.

---

14 Los criterios de determinación de este mínimo se pueden concretar de diferentes maneras dependiendo del tipo de cooperativa de que se trate. Puede hacerse de forma absoluta fijando un número de kilogramos determinado en las cooperativas agrarias, un número de horas de trabajo en las cooperativas de trabajo asociado, una determinada cantidad de dinero en compras al año en caso de cooperativas de consumidores y usuarios, o bien de una manera relativa, siempre que la participación mínima sea determinable. Ejemplo serían, por ejemplo, la fijación de un porcentaje sobre la cosecha, sobre las horas de trabajo exigibles a los asalariados, etc. Vid., ampliamente en VARGAS VASSEROT, C./GADEA SOLER, E. SACRISTÁN BERGIA, F., *Derecho de las sociedades cooperativas. Introducción…, op. cit.*, p. 239.

Capítulo III.
Pérdida de la condición de socio

LUIS HERNANDO CEBRIÁ
Catedrático de Derecho Mercantil
Universidad de Valencia

I. INTRODUCCIÓN: RELEVANCIA DE LA BAJA. ENTRE EL DERECHO DEL SOCIO Y LA PROTECCIÓN DEL PATRIMONIO SOCIAL

La caracterización de la cooperativa como una sociedad abierta, constituida por personas, sean físicas o jurídicas, que se asocian “en régimen de libre adhesión y baja voluntaria” (art. 2.1 de la Ley 4/2022, de 31 de octubre, de Sociedades Cooperativas de Canarias, en adelante, LSCCan; y art. 1.1 de la Ley 27/1999, de 16 de julio, de Cooperativas, en adelante LCoop) contrasta, sin embargo, con el carácter personalista que impregna la posición del socio cooperativista y las obligaciones que dimanan de su posición; en particular, por lo que aquí respecta, su contribución a las actividades cooperativizadas y la aceptación de cargos (art. 25.1 LSCCan y art.

15.2 LCoop)[1]. A esta peculiar conformación organizativa, por otra parte, se une el amplio margen que la regulación concede a los estatutos sociales para la adaptación del modelo societario a las específicas necesidades de los socios, que, como se verá, incide en los términos y condicionantes de la baja del socio cooperativista. Ello no impide, sin embargo, que la regulación contemple otras normas específicas en torno a la necesidad de previo aviso en el caso de causar baja o a la fijación del reembolso de las aportaciones (arts. 26.1 y 70 LSCCan y arts. 17.1 y 51 LCoop).

Tanto la regulación canaria como la nacional reconocen el derecho del socio a "la baja voluntaria" (art. 24.2, letra f, LSCCan y art. 16.2, letra f, LCoop). No obstante, esta primera afirmación puede ser matizada, como también lo puede ser, si bien en menor medida, el principio de "adhesión abierta" en consideración a ciertos elementos objetivos que hayan de tenerse en cuenta para la integración del socio en la cooperativa[2]. En este aspecto, los estatutos y ciertas normas para algunas formas específicas de cooperativas, como también se verá, pueden dar cabida a restricciones en

---

1 Resalta su naturaleza híbrida, PULGAR EZQUERRA, J., "La transmisión de la posición de socio y su pérdida: baja y expulsión en las Cooperativas agrarias y Sociedades agrarias de transformación", en *Cooperativas Agrarias y Sociedades Agrarias de Transformación* (Dir. J. Pulgar Ezquerra), Dykinson, Madrid, 2006, pp. 393-459, pp. 396-7, a la luz del régimen de transmisión de las participaciones sociales y de los presupuestos y supuestos en los que el socio puede causar baja en la cooperativa; y en conexión con el principio cooperativo de "puerta abierta" y los criterios que permiten reconocer la condición de socio, basado en su cualidad personal, respecto de su aportación al capital. Desde una perspectiva tipológica, SÁNCHEZ RUIZ, M., "Pérdida de la condición de socio", en *Régimen jurídico de las sociedades cooperativas catalanas: (adaptado a la Ley 12/2015, de 9 de julio, de cooperativas de Cataluña)* (Dir. R. Alfonso Sánchez), Atelier, 2020, pp. 119-139, p. 121, confronta la cooperativa, de un lado, con las sociedades personalistas, en las que la transmisión del interés del socio o su sustitución en "los oficios que a él le tocaren en la administración social" requiere el consentimiento de los restantes socios (*ex* art. 143 C. de c.); y, de otro, con las sociedades de capital, en orden al régimen de transmisión de acciones y participaciones y, *stricto sensu*, de la separación y de la exclusión de los socios, en relación con el término "baja del socio" cooperativista.

2 Al respecto, MOYA BALLESTER, J., "El derecho de separación del socio cooperativo y el principio de puerta abierta", *Práctica de Tribunales*, Sección Informe de Jurisprudencia, 50, junio 2008, La Ley; y MACÍAS RUANO, A.J., "El socio de cooperativa y el de sociedad de capital, puntos de divergencia en torno a los principios que dirigen la dinámica interna cooperativa. Libre adhesión, control democrático y participación económica del socio", *CIRIEC-España, Revista Jurídica de Economía Social y Cooperativa*, 38, 2021, pp. 217-260, p. 231.

este derecho a la baja voluntaria, de modo que el principio abstracto de "puerta abierta" requiera ciertos condicionantes que, en concreto, afecten a los efectos patrimoniales derivados de la salida del socio[3].

Por otro lado, este "régimen de libre adhesión y baja voluntaria", aun cuando pueda ser condicionado o perfilado por los estatutos sociales, da carta de naturaleza a otro elemento caracterizador de la forma social, como es la existencia de un "capital social variable"[4]. Con todo, la variabilidad del capital social, al mismo tiempo se ha de cohonestar con las exigencias derivadas de un capital social mínimo (art. 63.2 LSCCan y art. 45.2 LCoop)[5], y con las reglas que rigen la constitución y dotación de los fondos sociales

---

3 Para una aproximación, igualmente, VARGAS VASSEROT, C., "El principio cooperativo de puertas abiertas (adhesión voluntaria y abierta). Tópico o realidad en la legislación y en la práctica societaria", *CIRIEC-España, Revista Jurídica de Economía Social y Cooperativa*, 27, 2015, pp. 1-40, p. 4; y en "Formulación y recepción legal del principio de adhesión voluntaria y abierta. La baja voluntaria y los límites legales para su ejercicio", en *Los principios cooperativos y su incidencia en el régimen legal y fiscal de las cooperativas* (Dirs. M. Aguilar Rubio y C. Vargas Vasserot), Dykinson, Madrid, 2024, pp. 233-276, p. 245. En contra, sin embargo, a la luz de las previsiones de la legislación italiana y la posibilidad de exclusión normativa de este principio de "baja voluntaria", que constituye un mero elemento característico, natural, del régimen jurídico de las sociedades cooperativas, pero no así un "principio configurador", y por lo tanto esencial, de esta forma jurídica, SÁNCHEZ RUIZ, M., op. cit., pp. 127-9, que tan solo deriva del principio general del derecho que prohíbe las vinculaciones personales perpetuas. A la luz de los principios de la Alianza Cooperativa Internacional de 1995, el principio de «adhesión voluntaria y abierta» tan solo reconoce que «(l)as cooperativas son organizaciones voluntarias abiertas a todas las personas capaces de utilizar sus servicios y dispuestas a aceptar las responsabilidades de ser socio, sin discriminación social, política, religiosa, racial o de sexo». Hay que descender, por lo tanto, a las «Notas para la orientación para los principios cooperativos» de 2016 (p. 8) para advertir que «(l)a afiliación abierta y voluntaria también significa que los miembros son libres de dejar de serlo si así lo deciden. En algunas cooperativas quizá tengan que aplicarse ciertas restricciones prácticas a los miembros que desean marcharse, aunque las restricciones de salida deben ser limitadas», sin mayor clarificación al respecto.

4 Por muchos, VARGAS VASSEROT, C., "El principio cooperativo de puertas abiertas", *op. cit.*, p. 4.

5 Con todo, como advierte PULGAR EZQUERRA, J., op. cit., p. 411, la referencia estatutaria a un "capital social mínimo" (art. 15.1, letra f, LSCCan y art. 11.1, letra f, LCoop), no permite reconocer al capital una función de garantía semejante la que se predica, no sin críticas, al capital de las sociedades capitalistas.

obligatorios (arts. 77 y 78 LSCCan y arts. 55 y 56 LCoop)[6]. A ellos se unen, en relación con el derecho del socio cooperativista a "la baja voluntaria", aquellas aportaciones cuyo reembolso pueda ser rehusado incondicionalmente por el órgano de administración (art.63.1, letra b, LSCCan y art. 45.1, letra b, LCoop). De esta manera, si bien no se coarta el derecho subjetivo del socio a causar baja en la sociedad, sin embargo, su derecho concreto al reembolso de las aportaciones efectuadas sí resulta afectado[7].

La baja del socio, que entraña la restitución de sus aportaciones, cuando no quepa su retención en la sociedad, en ocasiones confronta con los intereses sociales respecto del mantenimiento de sus restantes socios, de su actividad cooperativizada y, por extensión, de sus aportaciones en el patrimonio social[8]. En este punto, el problema se presenta con especial intensidad en los supuestos de solicitudes de bajas colectivas que puedan dar lugar a devoluciones de aportaciones que, por su relevancia en el conjunto, afecten al capital social requerido, en cuanto, en su caso, puedan exigir su reducción; o, en mayor medida, a la falta de financiación y de recursos propios suficientes para llevar a cabo su actividad ordinaria de la

---

6 En torno al carácter irrepartible del Fondo de Reserva Obligatorio y del Fondo de Educación y Promoción, por todos, VARGAS VASSEROT, C., "El derecho de reembolso del socio en caso de baja y el concurso de las sociedades cooperativas", *CIRIEC-España, Revista Jurídica de economía Social y Cooperativa*, 21, 2010, pp. 1-22, pp. 7-8.

7 VARGAS VASSEROT, C., "Aportaciones exigibles o no exigibles: ésa es la cuestión", *CIRIEC-España, Revista Jurídica de economía Social y Cooperativa*, 22, 2011, pp. 1-45, pp. 8 y 9. Desde la perspectiva contable de la calificación como pasivo financiero o fondo propio, en consideración a su carácter reembolsable, GENOVART BALAGUER, J.I./MAULEÓN MÉNDEZ, E., "La repercusión económico-contable de la baja del socio en la sociedad cooperativa: la incidencia de la NIC 32", *Boletín de la Asociación Internacional de Derecho Cooperativo*, 51, 2017, pp. 99-134, esp. p. 111 y ss.

8 Acerca de este conflicto de intereses, VARGAS VASSEROT, C., "Formulación y recepción", op. cit., p. 247. En particular, la exposición de motivos de la Ley 27/1999, de 16 de julio, de Cooperativas decanta la balanza a favor de «una mayor tutela del socio y refuerzo del principio cooperativo de puerta abierta», al paso que, en compensación, reconoce que «un objetivo prioritario es reforzar la consolidación empresarial de la cooperativa, para lo que ha sido preciso flexibilizar su régimen económico y societario y acoger novedades en materia de financiación empresarial. Así, el reforzamiento del órgano de gobierno y administración o la habilitación de acceso a nuevas modalidades de captación de recursos permanentes mediante la emisión de participaciones especiales, o de títulos participativos».

cooperativa[9]. Todo ello, en suma, puede alcanzar a su viabilidad financiera y a su solvencia en la realización de actividades empresariales, por otra parte encaminadas a satisfacer las necesidades y las aspiraciones económicas y sociales de los socios que continúen en ella. En el otro lado de la balanza, el cierre de la sociedad, a su vez, puede dar lugar a un efecto perverso que lleve a que los potenciales socios carezcan de incentivos para participar en la sociedad, toda vez vean restringidos o resulten desprovistos de sus derechos de reembolso[10].

II. EL DERECHO A LA BAJA VOLUNTARIA, DENTRO DEL PRINCIPIO RECTOR DE PUERTA ABIERTA, EN LA LEY 4/2022, DE 31 DE OCTUBRE, DE SOCIEDADES COOPERATIVAS DE CANARIAS. EL REQUISITO DEL PREAVISO Y SU CONTRASTE CON EL DERECHO DE SEPARACIÓN

El derecho a la baja voluntaria, como manifestación del principio rector de puerta abierta, por lo tanto, se mantiene incólume, tanto en la regulación cooperativa canaria como en la nacional, como elemento integrante del estatuto jurídico del socio (arts. 24.2, letra f, y 26.1 LSCCan y arts. 16.2, letra f, y 17.1 LCoop). La "persona socia" al objeto de ejercitar tal derecho, que por lo tanto da lugar a una resolución *ad nutum* de la relación con la sociedad cooperativa, en primer lugar, habrá de dirigirse al Consejo rector o *lato sensu* al "órgano de administración"[11]. Y ello ha de ser así por cuanto compete a tal órgano la decisión, reglada, de la calificación y de la determinación de los efectos de la baja, que serán objeto de análisis en otros apartados de este trabajo, pues el presente epígrafe y los sucesivos tratarán de separar las distintas motivaciones de las bajas de los socios.

En el supuesto presente, para la baja voluntaria bastará con la mera voluntad del socio, declarada por escrito al órgano rector o de administración de la entidad, sin necesidad de mayores formalidades, ni de trasladar

---

9 Sobre un posible "efecto dominó" en las bajas de los socios, VARGAS VASSEROT, C., "El derecho de reembolso", *op. cit.*, p. 3.

10 Asimismo, GARCÍA MARTÍNEZ, A., "La sustitución del socio cooperativo como límite temporal al pago del reembolso", *CIRIEC-España, Revista Jurídica de Economía Social y Cooperativa,* 43, 2023, pp. 65-96, p. 92.

11 Sobre la equiparación con un "derecho de separación *ad nutum*", SÁNCHEZ RUIZ, M., op. cit., p. 130; y VARGAS VASSEROT, C., "Formulación y recepción", *op. cit.*, p. 243.

un motivo válido que la autorice, ni de la conformidad de la representación de la cooperativa[12]. En este orden de cosas, la declaración de voluntad del socio de causar baja tiene carácter unilateral y no recepticia, por lo que, tras ella, la cooperativa no puede exigirle su permanencia en la organización social. En consecuencia, la baja tendrá lugar en tal momento[13], siempre que no medie otra causa obligatoria o que motive un expediente disciplinario que se superponga e impida su ejercicio[14].

Cuestión diversa es que el socio que ejerza tal derecho, que tiene un carácter automático, se haya de sujetar al plazo de preaviso que a tal efecto puedan establecer los estatutos sociales, sin que este pueda exceder del plazo de un año legalmente establecido tanto en la legislación canaria como en la nacional (art. 26.1 LSCCan y art. 17.1 LCoop)[15]. Al respecto, nada debiera impedir que los estatutos puedan exigir un preaviso, verbigracia de un mes por año de permanencia en la sociedad, siempre que su acumulación no supere el año. Ahora bien, el incumplimiento del plazo de preaviso previsto estatutariamente no constituye un requisito para la baja del socio cooperativista, sino que tan solo implica que pueda ser la causa

---

12 Por todos, ALFONSO SÁNCHEZ, R., *La transformación de la sociedad cooperativa*, Edersa, Madrid, 2002, p. 113.

13 Así, en comentario a la SAP Valencia (Secc. 9ª), de 17 de diciembre de 2002 (núm. 777), SALDAÑA VILLOLDO, B., "Capítulo V. Baja del socio cooperativo", en *La Ley 27/1999, de 16 de Julio, de Cooperativas: Veinte años de vigencia y resoluciones judiciales (1999-2019)* (Dirs. R. Alfonso Sánchez, F. Cavas Martínez, M. Navarro Egea, y J. Valero Torrijos), Thomson Reuters Aranzadi, Cizur Menor, 2021, pp. 157-209, p. 170.

14 Acerca de la suspensión de tal derecho, de mediar un expediente disciplinario, PULGAR EZQUERRA, J., op. cit., pp. 393-459.

15 Si bien, como señala VARGAS VASSEROT, C., "Formulación y recepción", *op. cit.*, p. 236, originariamente, según los apartados 15 y 16 de los estatutos de la Sociedad de los Probos Pioneros de Rochdale (*Rochdale Society of Equitables Pioneers*) de 1844, el socio debía notificar su intención con un mes de antelación y al final de ese periodo era libre para retirarse de la sociedad, aunque este derecho podía ser suspendido hasta la reunión de la siguiente Junta rectora. Aquí, quizá podría traerse a colación la posibilidad de previsión estatutaria que permita posponer la baja voluntaria sin causa hasta el final del ejercicio económico en que el socio quiera causar baja (art. 26.2 LSCCan y art. 17.3 LCoop). PAZ CANALEJO, N., "Tipología de las bajas de socios según la Ley 27/1999. Algunos problemas", *REVESCO. Revista de Estudios Cooperativos*, 74, 2001, pp. 151-180, p. 162, recomienda su adaptación, entre otros, al objeto social, a la naturaleza jurídica y a la potencia económica del socio, a los compromisos asumidos por los socios y a la duración de su vínculo.

de una eventual indemnización de los daños y perjuicios causados a la cooperativa. Su justificación se ha de enlazar, por lo tanto, con la anticipación de las medidas necesarias para evitar el efecto que pueda tener la baja del socio y la devolución de sus aportaciones en la actividad empresarial en la solvencia de la entidad[16]. Esta cuestión, por lo tanto, se ha de desplazar a los efectos patrimoniales resultantes de la baja del socio.

Por otro lado, la regulación de las cooperativas recoge específicos derechos de separación del socio, en particular en supuestos de modificaciones estatutarias relevantes, que afecten a su posición, o de modificaciones estructurales de la sociedad. En este punto, tanto las causas que dan lugar a este singular derecho de separación, dentro del régimen jurídico de las cooperativas, como la habilitación para su ejercicio, difieren de la baja voluntaria del socio[17]. En primer lugar, el derecho de separación exige la adopción de un acuerdo de la Asamblea general que afecte a la posición del socio, sea este una modificación estatutaria consistente en el cambio en la clase de cooperativa (art. 11.3 LCoop) o la adopción de un acuerdo que implique la asunción por el socio de obligaciones o cargas gravemente onerosas no previstas estatutariamente (art. 26.3 LSCCan y art. 17.4 LCoop). Otras causas de separación vienen recogidas en el ámbito de las modificaciones estructurales de las cooperativas; esto es, en los casos de fusión, escisión o transformación en otra forma societaria y de las sociedades de

---

16 GIRÓN TENA, J., *Derecho de sociedades. Parte General. Sociedades colectivas y comanditarias,* Artes Gráficas Benzal, Madrid, 1976, p. 108; y LÓPEZ GANDÍA, J., *Las cooperativas de trabajo asociado y la aplicación del Derecho del Trabajo,* Tirant lo Blanch, Valencia, 2006, p. 314. Señala la conveniencia de introducir las menciones oportunas en los estatutos, junto a las obligatorias, en torno a las clases de socios, los requisitos para su admisión y baja voluntaria u obligatoria y su régimen aplicable; sus derechos y deberes; el derecho de reembolso de las aportaciones de los socios, así como el régimen de su transmisión; y las normas de disciplina social, tipificación de las faltas y sanciones, el procedimiento sancionador y la pérdida de la condición de socio, PAZ CANALEJO, N., op. cit., p. 162, de modo que figure el grado de incumplimiento (así, señala "no es lo mismo retrasarse diez días que diez meses en el preaviso; no es igual incumplir en una época de fuertes inversiones y entregas de producto que en otra de actividad reducida, etc.") y también la propia significación económica del socio ("no causa el mismo perjuicio un socio marginal que el cooperador de mayor potencial operativo").

17 GIRÓN TENA, J., *op. cit.*, p. 697 ya distinguía entre la "separación" y la "denuncia" o "renuncia". Así lo advirtieron, igualmente, DUQUE DOMÍNGUEZ, J., "La baja obligatoria del socio", *REVESCO. Revista de Estudios Cooperativos,* 56-57, 1988-1989, pp. 13-48, p. 15; y PULGAR EZQUERRA, J., op. cit., pp. 416-7.

segundo grado en cooperativas de primer grado (arts. 84.2, letra b, 89.1, 92.3 y 137.4 LSCCan y arts. 65.1, 68.5, 69.2 y 77.5, párr. 2º, LCoop).

De otro lado, en el caso de la separación de los socios de las sociedades capitalistas, la regulación requiere un acuerdo de la Junta general (cfr., art. 348 LSC), que sea objeto de publicidad o sea comunicado al socio, de manera que también éste ha de instar su ejercicio dentro del plazo señalado al efecto, en cuyo defecto decaerá. Para ello, por otra parte, la norma societaria requiere que los socios capitalistas no hubieran votado a favor del acuerdo (cfr., art. 346 LSC). En el ámbito cooperativo, la votación no favorable (art. 89.1 LSCCan), la exigencia de voto en contra, o la falta de asistencia a la asamblea, seguida de un escrito de disconformidad dirigido al órgano de administración (arts. 26.3, 84.2, letra b, y 137.4 LSCCan), depende de la habilitación concedida al socio cooperativista por la regulación que le sea aplicable[18].

Todavía cabría valorar, en las cooperativas, la operatividad del derecho de separación, ante la presencia de un derecho de baja voluntaria que pueda ser ejercitado aunque no se den los presupuestos que habiliten su ejercicio. Con todo, conviene igualmente tener presente que los distintos mecanismos, principalmente estatutarios que pospongan o de cualquier modo restrinjan este derecho de baja voluntaria, con afectación en los derechos económicos del socio en el reembolso de sus aportaciones, resultan salvados cuando a ellos se superponga una causa de separación[19].

III. LA BAJA OBLIGATORIA EN LA SOCIEDAD COOPERATIVA CANARIA: CAUSAS Y CONTRASTE CON EL DERECHO DE EXCLUSIÓN

Tanto la baja voluntaria como la baja obligatoria constituyen menciones necesarias que han de constar en los estatutos sociales, con relevancia a efectos en su inscripción (art. 15.1, letra j, LSCCan y art. 11.1, letra j,

---

18 En esta línea, ALFONSO SÁNCHEZ, R., *op. cit.*, pp. 112-3.

19 ALFONSO SÁNCHEZ, R., *op. cit.*, p. 117, en relación con la exclusión de la facultad calificadora de los administradores, de las deducciones por solidaridad cooperativa sobre las aportaciones a reembolsar y de los compromisos estatutarios de permanencia, junto a la necesidad de materialización de la modificación estructural o estatutaria de la que traiga causa, a diferencia del efecto automático de la comunicación de la baja voluntaria.

LCoop). En este último aspecto, constituye causa de baja obligatoria del socio la pérdida de los requisitos exigidos para tener tal condición, según lo previsto por la Ley o por los estatutos sociales (art. 27.1 LSCCan y art. 17.5 LCoop).

Desde una perspectiva legal, la incapacidad del socio para cumplir sus obligaciones con la cooperativa, por lo tanto, se ha de entender como un motivo que justifica la adopción del acuerdo social que dé lugar a su baja; así como también el hecho de dejar de cumplir los requisitos objetivos que autorizaron su incorporación a la cooperativa[20]. Esto, sin embargo, puede presentar ciertas aristas no ya solo respecto del desarrollo de su actividad en relación con el objeto social, sino, en particular, en el ámbito competencial autonómico, como consecuencia del traslado de su actividad fuera del ámbito territorial de actuación de la cooperativa (arts. 1 y 15.1, letra d, LSCCan)[21].

Junto a ello, la regulación contempla, igualmente, ciertos supuestos que son calificados de "expulsión", entendida como medida coactiva ante incumplimientos del socio. Así es perceptible en el caso en el que el socio incurra en mora en el efectivo desembolso de sus aportaciones obligatorias, sin perjuicio de que cooperativa pueda proceder judicialmente contra el socio moroso (art. 64.4. LSCCan y art. 46.6 LCoop). Ahora bien, tal calificación suscita dudas acerca de si, por una parte, podrían los Estatutos considerarla como tal, y, por otra, si esta conducta, calificada como expulsión, quedaría sometida al régimen disciplinario de la cooperativa[22].

Un supuesto particular lo constituye el del fallecimiento del socio. La baja obligatoria, como baja forzosa, ha de ser acordada de oficio por el órgano rector de la cooperativa, si bien puede ser instada por cualquier otro socio o por el propio afectado (art. 27.1, párr 2º, LSCCan y art. 17.5,

---

20 Al respecto, PULGAR EZQUERRA, J., op. cit., p. 428.

21 ALFONSO SÁNCHEZ, R., *op. cit.*, p. 114; y PAZ CANALEJO, N., op. cit., p. 164, pone el ejemplo en el que "si un ganadero, socio de una Cooperativa Agraria de ámbito provincial, traslada sus cabezas de ganado a otra provincia de forma definitiva, habrá incurrido en baja obligatoria por causa relativa al ámbito y no a la pérdida de su actividad profesional; pero no es menos cierto que si dicho ganadero permanece en la provincia, pero pretende -sin pedir la baja voluntaria- que sus cabezas de ganado las va a vender directamente él a una carnicería o a una Cooperativa de Consumo en esa provincia, se habrá situado no fuera del ámbito de la Cooperativa Agraria pero si extramuros de su objeto social".

22 A favor de la conveniencia de ubicarla en el marco de la baja obligatoria, PAZ CANALEJO, N., op. cit., pp. 175-8.

párr. 2º, LCoop). No obstante, el supuesto del fallecimiento del socio no encuentra adecuado encaje en este esquema normativo, pues, como resulta palmario, no puede ser instado por el socio. Por otra parte, las aportaciones podrán ser objeto de transmisión por sucesión «mortis causa» si los causahabientes ya fueran socios de la cooperativa y así lo solicitaran, o si no lo fueran, si se incorporaran a ella previa su admisión (art. 69, letra b, LSCCan y art. 50, letra b, LCoop). En todo caso, la baja de socio persona física por fallecimiento y la disolución del socio persona jurídica se han de ajustar a los criterios y al procedimiento previsto para la baja obligatoria del socio, sin que, a tal efecto, tampoco quepa la calificación de la baja[23].

Otro supuesto de baja obligatoria por causa legal se puede encontrar en la regulación específica de las cooperativas de trabajo asociado[24]. Tanto la Ley canaria como la estatal reconocen que las causas económicas, técnicas, organizativas o de producción o en el supuesto de fuerza mayor, y siempre a fin de mantener la viabilidad empresarial de la cooperativa, pueden dar lugar a la baja obligatoria de determinados socios trabajadores, que además será justificada. Para ello requieren su adopción por la Asamblea general o, si así lo establecen los Estatutos, por el órgano rector o de administración (art. 107.1 LSCCan y art. 85.1 LCoop). Con todo, la Ley de Sociedades Cooperativas de Canarias exige, para su eficacia, que la autoridad laboral constate las causas que justifiquen la baja obligatoria y reconoce a los socios excluidos un derecho preferente al reingreso si en los dos años siguientes a la baja se crean nuevos puestos de trabajo de contenido similar al que ocuparan (art. 107.2 LSCCan). Por lo tanto, si en el caso del fallecimiento del socio al menos resulta la incapacidad para acometer las obligaciones propias de tal condición, en el de las causas económicas, técnicas, organizativas o de producción o de fuerza mayor, que afecten a la viabilidad empresarial de la cooperativa, sin embargo, la baja obligatoria no se debe a la pérdida de los requisitos o de la capacidad del socio; al contrario, resulta de la insuficiencia de la cooperativa para satisfacer las

23 Asimismo, PULGAR EZQUERRA, J., op. cit., p. 432, y PAZ CANALEJO, op. cit., p. 166.

24 ARRIETA IDIAKEZ, F.J., *La baja como causa de finalización de la relación societaria entre la persona socia y la sociedad cooperativa*, Dykinson, Madrid, 2019, p. 48, extiende su aplicación a las cooperativas de explotación comunitaria de la tierra y, por derivación, al resto de cooperativas que cuentan con socios de trabajo; y ello sin perjuicio de las causas laborales imputables al trabajador que puedan dar ocasión a su baja obligatoria también como socio (pp. 57-63) (cfr., art. 103.2 LSCCan y art. 80.3 LCoop).

necesidades económicas y sociales de todos sus socios mediante realización de actividades empresariales[25].

En el marco estatutario y de la libertad de configuración de los socios, además cabe la adaptación del modelo que, según un criterio de tipicidad, establezca las conductas que puedan constituir un motivo justificado de baja del socio. En este punto, se ha de tener en cuenta que los requisitos para la admisión de socios han de constar en los estatutos sociales, por lo que la remisión a ellos será, a estos efectos, necesaria (art. 15.1, letra j, LSCCan y art. 11.1 letra j, LCoop). También la regulación de las sociedades de capital recoge un específico régimen de exclusión de los socios que contempla las causas legales, ciertamente restringidas y vinculadas a las obligaciones asumidas por el socio de las sociedades de responsabilidad limitada, como el incumplimiento voluntario de la obligación de realizar prestaciones accesorias y, cuando a la par sea administrador de la sociedad, por infringir la prohibición de competencia o por actos que motiven el resarcimiento a la sociedad de los daños y perjuicios causados (cfr., art. 350 LSC). A su vez, distingue estas causas legales de exclusión de la posibilidad de introducir otras por vía estatutaria en todas las sociedades de capital, si bien, en tal caso, requiere el consentimiento de todos los socios (cfr., art. 351 LSC)[26]. A pesar de su paralelismo, se ha de hacer notar que ambos regímenes distan tanto en su configuración, en relación con los motivos legales que pueden dar lugar a la baja obligatoria o a la exclusión, como en relación con el distinto margen del que gozan los estatutos de las cooperativas para ordenar las conductas promotoras de una causa obligatoria de baja o de una causa disciplinaria[27].

---

25 En esta línea, GARCÍA JIMÉNEZ, M., "Alcance y límites de la Ley 27/1999 de cooperativas. Los ingresos y las bajas de los socios", *REVESCO: revista de estudios cooperativos,* 77, 2002, pp. 29-66, p. 59.

26 Para SÁNCHEZ RUIZ, M., op. cit., p. 135, en ambas instituciones converge la facultad de la sociedad de provocar la salida forzosa de un socio debido a la concurrencia de circunstancias en su esfera personal que puedan poner en peligro la consecución del fin común.

27 De manera similar se pronuncian DUQUE DOMÍNGUEZ, J., op. cit., p. 18; y PULGAR EZQUERRA, J., op. cit., p. 427.

IV. LA BAJA DENTRO DEL RÉGIMEN DISCIPLINARIO EN LA SOCIEDAD COOPERATIVA CANARIA

Lo anterior se puede complementar, merced a la relación personal que une al socio con la cooperativa y a sus obligaciones por su pertenencia a ella, con el régimen de exclusión. En este aspecto, sin embargo, las causas que dan lugar a la expulsión se alinean con otros supuestos de bajas no justificadas a efectos de su calificación. Con carácter general, el régimen disciplinario requiere que la expulsión sea motivada por una falta previamente tipificada en los estatutos sociales como una falta muy grave. Y ello sin perjuicio de que el acuerdo de expulsión del órgano rector o de administración pueda comprender, al mismo tiempo, el cese simultáneo del socio en el cargo social que ocupe (art. 32.1 LSCCan y art. 18.5 LCoop, en relación con el art. 25.1, letra d, LSCCan y con el art. 15.2, letra d, LCoop).

Un aspecto a reseñar dentro del ámbito de las clases de cooperativas atañe a la particular posición de los socios trabajadores en las cooperativas de trabajo asociado y la aplicación de las especialidades de su régimen disciplinario. En tal sentido, junto a la posibilidad de suspensión de su trabajo, con la correlativa pérdida de los derechos y obligaciones económicas inherentes a dicha prestación, entre otras causas, por aquellas disciplinarias específicamente establecidas, también cabe que los Estatutos o el reglamento de régimen interno puedan imponer tipos de faltas en la prestación de trabajo que, a la postre, puedan sustentar el acuerdo de expulsión del órgano de administración (art. 109.1 y 3 LSCCan y arts. 82.3 y 84.1, letra g, LCoop)[28].

En cualquier caso, el régimen de sanciones, en particular aquellas que merezcan la atribución de muy graves, dentro del margen reconocido para la autocomposición de intereses a través de los estatutos, se somete a un principio de tipicidad, como "sanciones civiles" y, con ello, al régimen sustantivo y procedimental tuitivo del socio excluido (art. 28 LSCCan)[29]. Sobre

---

[28] Acerca de la admisibilidad del desarrollo estatutario a través de un reglamento de régimen interior de la cooperativa, puede verse, con carácter general, la STS de 1 de junio de 2004 (núm. 430; F.D. 4°; *TOL452.730*). Se manifestó, en contra, cuando se trate de la autorregulación de supuestos de baja no justificada, que ha de quedar reservada a los estatutos sociales, PAZ CANALEJO, N., op. cit., p. 175.

[29] En este sentido, PARDO LÓPEZ, M.ª.M., "Capítulo VI. Derecho sancionador y cooperativas. Disciplina social", en *La Ley 27/1999, de 16 de Julio, de Cooperativas: Veinte años de vigencia y resoluciones judiciales (1999-2019)* (Dirs. R. Alfonso Sánchez, F. Cavas Martínez, M. Navarro Egea, y J. Valero Torrijos), Thomson Reuters Aran-

la base de una regulación estatutaria típica y sancionatoria, la jurisprudencia ha tratado diferentes conductas contempladas en los estatutos, como aquellas relativas al incumplimiento de las obligaciones económicas del socio frente a la sociedad, en el caso de impago de cuotas y derramas o de infracciones de sus deberes cuando ocupe un cargo social en la cooperativa (cfr., art. 350 LSC)[30]. En otro orden de cosas, la expulsión, sobre la base de una falta muy grave, puede venir motivada tanto por una conducta activa, generalmente asociada a una acción dolosa o gravemente culposa o negligente en el ámbito de sus obligaciones para con la cooperativa, como en la omisión de una conducta debida de relevancia.

Todo lo anterior, además, se ha de enmarcar en el contexto de las posibilidades estatutarias de suspensión de los derechos del socio, que, no obstante, no puede alcanzar ni al derecho de información ni, en su caso, a los económicos de percepción de retornos, al devengo de intereses por sus aportaciones al capital social, ni a su actualización. Tanto la regulación canaria como la estatal circunscriben esta posibilidad a aquellos supuestos en los que el socio esté al descubierto de sus obligaciones económicas o no participe en las actividades cooperativizadas, también en los términos establecidos estatutariamente (art. 31 LSCCan y art. 18.4 LCoop). Es más, la norma canaria autoriza que la persona socia que esté al corriente del cumplimiento de sus obligaciones económicas con la sociedad, cuando así lo recojan los estatutos, pueda mantener su derecho de voto en la Asamblea general.

No obstante, fuera de la situación anterior, de carácter temporal y que, por lo tanto, permite la regularización de su situación, la regulación desplaza a los estatutos sociales la tipificación de las causas que puedan dar lugar a la expulsión del socio. Quizá pueda arrojar alguna luz al respecto

---

zadi, Cizur Menor, 2021, pp. 211-248, p. 212, con referencia a las Sentencias del Tribunal Constitucional de 22 de noviembre de 1988 (núm. 218; *TOL80.065*) y de 21 de marzo de 1994 (núm. 96; *TOL82.504*), en relación con la facultad de autoorganización y dentro derecho de asociación reconocido en el art. 22 de la Constitución española. En esta línea argumental, que comprende la regulación de las causas y el procedimiento que ha de seguirse para la expulsión de los asociados, respetando siempre unas mínimas garantías procedimentales que eviten la indefensión, las SSTS de 6 de abril de 2009 (núm. 232; *TOL1.490.809*) y de 12 de junio de 2014 (núm. 325; *TOL4.394.892*) mantienen la calificación de toda medida impuesta en ejercicio de la disciplina social de la cooperativa como "sanción civil", por lo que le son aplicables todas garantías sustantivas y procedimentales propias de su disciplina.

30 SSTS de 15 de abril de 2000 (núm. 419; *TOL4.926.913*) y de 21 de diciembre de 2007 (núm. 1349; *TOL1.235.324*).

la delimitación de aquellas conductas que permiten la rescisión parcial de las sociedades mercantiles personalistas, y que se traslada a la ineficacia del contrato con respecto al socio culpable y, en consecuencia, a su exclusión (cfr., arts. 218 y 219 C. de c., en relación con el art. 25.1 LSCCan y art. 15.2 LCoop).[31]. Estas conductas, por otra parte, se han de relacionar con las obligaciones del socio resultantes del contrato de sociedad cooperativa y con la asunción de un cargo social y el incumplimiento de los deberes de lealtad y de diligencia (cfr., art. 225 y ss. LSC, en relación con el art. art. 59.1 LSCCan y el art. 43 LCoop)[32].

V. LA RELEVANCIA DE LOS ESTATUTOS EN LA CONFIGURACIÓN DE LA BAJA DEL SOCIO COOPERATIVISTA

1. *Las medidas estatutarias tendentes a posponer o restringir la baja*

Ciertas medidas estatutarias pueden caminar, dentro del margen de autorregulación que autorizan las leyes cooperativas, en el sentido de posponer o de cualquier modo restringir los efectos derivados de las bajas, a fin de mantener las aportaciones dentro del patrimonio social. En primer lugar, la regulación de las sociedades limitadas permite que los estatutos impidan la transmisión voluntaria de las participaciones por actos inter vivos,

---

31 Entre ellas se incluye el uso de capitales comunes y de la firma social para negocios por cuenta propia, la intromisión en funciones administrativas por el socio sin competencia para ello, el fraude en la administración o contabilidad de la compañía, el incumplimiento de la realización de su aportación, por actos en competencia, por no prestar sus oficios personales en la sociedad o por el cumplimiento de las obligaciones incorporadas al contrato de compañía. En este aspecto, a la luz de algunas normativas autonómicas, PULGAR EZQUERRA, J., op. cit., pp. 438-9, apunta el incumplimiento de las obligaciones sociales, la trasgresión de deberes accesorios de conducta y las actividades de concurrencia con la cooperativa. Mención aparte merecería aquella renuncia defraudatoria de los intereses de la cooperativa, que en la sociedad civil se halla regulada en el art. 1706 C.c., cuando el socio renunciante pretenda apropiarse para sí solo el provecho que debía ser común, si bien en tal caso cabe la facultad de la exclusión, con asunción de tal provecho.

32 No obstante, en el marco procedimental sancionador, PULGAR EZQUERRA, J., op. cit., p. 418, todavía diferencia ambas instituciones de la exclusión en los tipos societarios personalistas y en la sociedad limitada, de la expulsión del socio en el ámbito cooperativo, ubicada en las normas de disciplina social.

o el ejercicio del derecho de separación, durante un período de tiempo no superior a cinco años a contar desde la constitución de la sociedad, o para las participaciones procedentes de una ampliación de capital, desde el otorgamiento de la escritura pública de su ejecución (cfr., art. 108.4 LSC). Esta posibilidad persigue el propósito, entre otros, de que estas entidades, en particular en las fases iniciales del ejercicio de su actividad económica, puedan ir consolidando su patrimonio, sin que este pueda verse minorado por el eventual ejercicio de un derecho de separación. En las sociedades cooperativas, además, los estatutos sociales tienen encomendado el régimen aplicable a la baja del socio (art. 15.1 letra j, LSCCan y art. 11.1, letra j, LCoop).

A tenor de lo anterior, junto a la posible conformación del plazo de preaviso en la baja voluntaria, dentro del límite de un año, los Estatutos también pueden exigir el compromiso del socio de no instar su baja voluntaria, sin necesidad de justificación. Para ello se establece el límite máximo bien del final del ejercicio económico en que quiera causar baja, bien del transcurso, desde su admisión, de cinco años (art. 26.2 LSCCan y art. 17.3, letra j, LCoop)[33]. En este punto, la regulación canaria añade la adecuación del plazo a la posible conformación de un "compromiso de permanencia" del socio, según la duración de las obligaciones que asuma y que sean acordadas por la Asamblea general, lo cual presenta cierto paralelismo con el reconocimiento y la transmisión de participaciones o de acciones con prestación accesoria en las sociedades de capital (cfr., art. 88 LSC).

En correlación, la regulación de las sociedades capitalistas admite la inclusión de causas estatutarias de separación (art. 347 LSC), que pueden ponerse en conexión con aquellas que, a sensu contrario, en las cooperativas, puedan ser consideradas como aportaciones obligatorias que no autoricen al socio el ejercicio de su derecho de separación (art. 26.3 LSCCan y art. 17.4 LCoop)[34]. También desde esta visión contrapuesta de ambos enfoques cabe considerar que en las sociedades de responsabilidad limitada puede

---

[33] Sobre la imposibilidad, en tal caso, de la baja voluntaria del socio, en las SSTS de 12 de abril de 1994 (*TOL1.666.727*), de 22 de noviembre de 1999 (*TOL1.666.727*) y de 7 de noviembre de 2003 (*TOL4.973.685*). Añaden la posibilidad de incorporar una prórroga tácita, si el socio no se opone a ella, PAZ CANALEJO, N., op. cit., p. 163; y VARGAS VASSEROT, C., "El principio cooperativo de puertas abiertas", *op. cit.*, p. 16.

[34] Con todo, como señala ALFONSO SÁNCHEZ, R., *op. cit.*, pp. 119-120, fuera de este marco delimitador, el derecho de separación queda sustraído de la facultad dispositiva de las partes que pueda quedar manifestada en los estatutos sociales.

quedar prohibida la transmisión voluntaria de las participaciones sociales por actos inter vivos, siempre que los estatutos reconozcan al socio el derecho a separarse de la sociedad en cualquier momento (cfr., art. 108 LSC), pues en tal ámbito no se reconoce un derecho de baja voluntaria. En el marco de las regulaciones de las cooperativas, algunas normas, materia que puede ser reconducida al ámbito de la conformación estatutaria de las relaciones entre los socios y de estos con la sociedad, el tratamiento se traslada desde la sustitución de este derecho de baja voluntaria por el derecho a la transmisión de sus aportaciones o, en puridad, de la transmisión del derecho de restitución de las aportaciones sociales, como solución para impedir el efecto desinversor que supone el ejercicio del derecho de baja del socio[35].

Incluso en el tema relativo a la existencia de un conflicto de intereses entre la solvencia y la necesidad de financiación de la cooperativa con el derecho a la baja del socio, como expresión del principio de puerta abierta, pudiera considerarse la validez de aquellas previsiones estatutarias que traten de cohonestar tal derecho con la conservación de la actividad económica de la cooperativa. Así podría igualmente plantearse la validez de cláusulas estatutarias que sometan las bajas voluntarias a la consecución de determinados objetivos empresariales, volúmenes de negocio o facturación, o a la amortización de determinadas inversiones; o bien su incidencia sobre los efectos patrimoniales en la baja del socio[36]. Ciertamente, la determinación estatutaria de estos parámetros no será sencilla ante la

---

[35] Así, con referencia al art. 30.1 LCCLM, VARGAS VASSEROT, C., "Formulación y recepción", *op. cit.*, p. 247. En este aspecto, GARCÍA MARTÍNEZ, A., op. cit., p. 88, señala que los estatutos no debieran establecer una obligación que condicione *sine die* la restitución de las aportaciones de socio o su sustitución por otro en la cooperativa, por lo que aboga por un plazo máximo de tres años. Por su parte, LATORRE RUIZ, J., "¿Existe un derecho absoluto a causar baja voluntaria en las cooperativas?", en *El derecho de separación y la exclusión de socios en las sociedades de capital* (Dir. M.ª B. González Fernández), Tirant Lo Blanch, Valencia, 2021, pp. 899-920, pp. 912 y 915, señala el plazo máximo de un año para la imposición de la búsqueda de sustituto, al que añade la posibilidad de capitalización para que la cooperativa puede cumplir sus objetivos. Quizá cabria, igualmente, considerar el establecimiento de una autocartera, posibilidad acogida por PULGAR EZQUERRA, J., op. cit., pp. 408-9, o el ingreso del nuevo cooperativista a cargo de las solicitudes de restitución de las aportaciones rechazadas por el órgano de administración (art. 65.3 LSCCan y art. 51.7 LCoop).

[36] VARGAS VASSEROT, C., "Formulación y recepción", *op cit.*, p. 247 y 251 ss., añade los relativos a un número mínimo de miembros o a que exista determinada cifra de capital social. En esta línea, LATORRE RUIZ, J., op. cit., p. 911.

variabilidad de los socios en virtud del derecho de libre adhesión y de la cobertura de sus necesidades y aspiraciones económicas y sociales mediante la realización de una actividad económica, si bien puede contener criterios generales que ordenen estas relaciones entre el socio y la cooperativa[37]. En este mismo sentido puede entenderse la medida que permita que los estatutos puedan prever que, cuando en un ejercicio económico el importe de la devolución de las aportaciones supere el porcentaje de capital social que en ellos se establezca, los nuevos reembolsos estén condicionados al acuerdo favorable del órgano de administración (art. 63.1 LSCCan y art. 45.1 LCoop)[38].

2. Supuestos de incidencia de la posición de socio en la baja

Junto al régimen relativo a la baja voluntaria y a la baja obligatoria, los estatutos sociales han de regular, igualmente, las clases de las personas socias (art. 15.1, letra j, LSCCan y art. 11.1, letra j, LCoop). Además, en su caso, de los socios trabajadores, las estructuras cooperativas admiten la integración tanto de socios temporales, como de socios colaboradores, también llamados asociados o adheridos, que pueden adoptar la forma de inactivos, socios excedentes u honorarios[39].

En estos supuestos, la conformación estatutaria del régimen aplicable se ha de extender, igualmente, al régimen de su baja, si bien la regulación concede mayor margen a la Asamblea general[40]. Para ello, también en relación con las causas y su calificación, se habrá de estar a los compromisos asumidos por tales socios. Así, respecto de los socios colaboradores, corresponde a la Asamblea General la fijación de su contribución en las obligaciones socioeconómicas de la cooperativa, sin que se les puedan exigir nuevas aportaciones al capital social, y su participación en los derechos

---

37 Sobre la posibilidad de acudir a los pactos parasociales, en relación con la adaptabilidad de la norma imperativa tipológica entre las partes, VARGAS VASSEROT, C., "Formulación y recepción", *op cit.*, p. 274.

38 Introducido con motivo de la disposición adicional cuarta de la Ley 16/2007, de 4 de julio, de reforma y adaptación de la legislación mercantil en materia contable para su armonización internacional con base en la normativa de la Unión Europea.

39 En torno a esta posibilidad y la conversión en socios colaboradores o en situación de inactividad o en excendencia por causar baja obligatoria, al haber perdido los requisitos exigidos para ser socios, ARRIETA IDIAKEZ, F.J., *op. cit.*, pp. 43 y 46.

40 Al respecto, ARRIETA IDIAKEZ, F.J., *op. cit.*, p. 47.

que confiera la posición de socio, de manera que puedan desarrollar actividades cooperativizadas. En lo que atañe a la baja del socio, esta cuestión trasciende a los términos que le autorice su separación (art. 14 LCoop y art. 22 LSCCan, que desarrolla en mayor medida su estatuto jurídico)[41]. Igualmente, la previsión en torno a la conversión en socios colaboradores de aquellos socios que por causa justificada no realicen la actividad que motivó su ingreso en la cooperativa y no soliciten su baja, en la regulación canaria queda perfilada a partir de los supuestos de baja justificada u obligatoria, sin que en este caso se les requiera la realización de nuevas aportaciones al capital social (art. 22.1 LSCCan y art. 14, párr. 2°, LCoop).

Otra singularidad se presenta respecto de los socios temporales y los socios de trabajo. Los socios temporales, que también han de venir autorizados por los estatutos por un plazo determinado, tendrán los mismos derechos y obligaciones, salvo la imposición de una cuota de ingreso en tanto no devengan indefinidos (art. 20 LSCCan lo fija en un plazo máximo de cinco años). Pero, en su defecto, tendrán derecho a la liquidación de sus aportaciones al capital social -que, para su reembolso en el momento en que causen baja, el art. 20.2 LSCCan, las limita en todo caso, al cincuenta por ciento del capital social; mientras que el art. 13.6 LCoop acota el importe sus aportaciones al capital social al diez por ciento de la exigida a los socios de carácter indefinido-. Por otra parte, y enlazando con el siguiente epígrafe, en las sociedades cooperativas de primer grado, que no sean de trabajo asociado o de explotación comunitaria de la tierra, también los estatutos pueden prever la presencia de socios trabajadores (art. 21 LSCCan y art. 14, párr. 4°, LCoop). En tal caso, con carácter general y sin perjuicio de la fijación de los criterios que aseguren la participación equitativa y ponderada en las obligaciones y derechos de naturaleza social y económica, se ha de estar a las previsiones legales aplicables a los socios trabajadores de las cooperativas de trabajo asociado (art. 21 LSCCan y art. 13.4, LCoop).

3. Supuestos en determinadas clases de cooperativas

La posición del socio financiero dentro de las sociedades cooperativas mixtas también se somete a ciertas peculiaridades. Estas proceden del régimen, en su caso, relativo a la transmisión de los títulos representativos o de las anotaciones en cuenta. En las sociedades cooperativas mixtas, en particular cuando sus titulares gocen de derechos de voto, corresponde a

---

41 Así, ALFONSO SÁNCHEZ, R., *op. cit.*, p. 147.

los Estatutos establecer sus derechos y obligaciones, así como el régimen de sus aportaciones y, en su defecto, se habrán de regir por lo dispuesto en la legislación para las acciones de las sociedades anónimas (art. 136.2 LSCCan y art. 107.2 LCoop)[42].

La baja del socio presenta una especial problemática en las cooperativas de vivienda, en atención al régimen de permanencia y la sustitución del socio saliente por un nuevo cooperativista. Como reconoce la Alianza Cooperativa Internacional en sus notas orientadoras de 2016 «en algunas cooperativas quizá tengan que aplicarse ciertas restricciones prácticas a los miembros que desean marcharse, aunque las restricciones de salida deben ser limitadas. Por ejemplo, en una vivienda cooperativa podría exigirse a un miembro que ceda a un nuevo afiliado los derechos de ocupación del hogar cooperativo que ocupan». Aquí, el problema surge ante la relevancia de las aportaciones del socio con motivo de la financiación para la construcción de determinados alojamientos o locales a cargo de la cooperativa (art. 114.2 LSCCan y art. 89.5 LCoop). Todo ello trasciende al ámbito de las deducciones aplicables y a la retención de las aportaciones hasta el momento de la sustitución en sus derechos y obligaciones por otro socio. A fin de favorecer un adecuado tratamiento de la cuestión y potenciar esta organización jurídica como forma de promoción de las necesidades de sus cooperativistas, la Ley de sociedades cooperativas canarias prevé ciertas reglas en torno a la consideración de la baja como justificada (art. 114.1 LSCCan)[43].

Por otro lado, también la Alianza Cooperativa Internacional, en sus notas orientadoras de 2016, reconoce que «(e)n una cooperativa agrícola o de trabajadores, la retirada de capital cuando un miembro se marcha quizá

---

42 También sobre la figura de la persona inversora, a la luz del art. 17 LSCAnd, y la conformación estatutaria de su régimen de admisión y baja, ARRIETA IDIAKEZ, F.J., *op. cit.*, p. 44.

43 El apartado primero del art. 114 LSCCan reconoce como causas de baja justificada de las personas socias de las cooperativas de viviendas, además de las generales previstas en esta ley y en los estatutos: los cambios del centro o lugar de trabajo de la persona socia a un municipio alejado más de 40 kilómetros del emplazamiento de la promoción; las situaciones sobrevenidas de desempleo, grave enfermedad u otra circunstancia familiar o personal que impidan hacer efectivas las aportaciones comprometidas en la promoción; un aumento superior al veinte por ciento de la cuantía total de las aportaciones previstas por la cooperativa para la financiación de las viviendas; el retraso en la entrega de las viviendas que supere los dieciocho meses a la fecha prevista por la cooperativa; y la modificación sustancial del contrato de adjudicación.

tenga que organizarse en fases a lo largo de un cierto período o realizarla en plazos razonables para evitar una desestabilización de la solidez financiera de la cooperativa, pero el principio del derecho de un miembro a cesar su afiliación debe respetarse»[44]. Así, en las cooperativas de explotación comunitaria de la tierra, los estatutos deben, que no pueden, establecer el tiempo mínimo de permanencia en la cooperativa de los socios en su condición de cedentes del uso y aprovechamiento de bienes, si bien pueden modular su duración dentro del plazo máximo de quince años. Y ello sin perjuicio del establecimiento de prórrogas adicionales de permanencia obligatoria, por plazos no superiores a cinco años, que tendrán carácter tácito, por lo que los socios que deseen darse de baja de la cooperativa tendrán que manifestar tal voluntad, con un preaviso de, al menos, seis meses a la finalización del respectivo plazo de permanencia obligatoria. Junto a ello, se ha de tener en cuenta, igualmente, el específico régimen de cesión del uso y de conservación del aprovechamiento de bienes por la cooperativa cuando el socio cese en ella (art. 123 LSCCan y art. 96 LCoop). Particular mención merece, por otra parte, la posibilidad de que el socio que cause baja obligatoria o voluntaria en la cooperativa, calificada de justificada, pueda transmitir sus aportaciones a su cónyuge, ascendientes o descendientes, si éstos son socios o adquieren tal condición en el plazo de tres meses desde su baja (art. 123.5 LSCCan y art. 96.8 LCoop).

VI. EL PROCEDIMIENTO DE LA BAJA EN LA SOCIEDAD COOPERATIVA CANARIA

1. Competencia y derecho de información del socio

Corresponde al órgano de administración de la cooperativa la competencia para la calificación y determinación de los efectos de la baja (art. 26.1, párr. 2, LSCCan y art. 17.2 LCoop). Por lo tanto, entre sus competencias se halla la calificación, pero no así la aprobación o denegación, que resultan tasadas en atención a las causas, sea esta voluntaria, obligatoria o

---

44 Acerca de la adopción de plazos más extensos de permanencia obligatoria en algunas regulaciones autonómicas de las cooperativas agrarias y de previsiones acerca de las inversiones, de la ampliación de la actividad y de planes de capitalización o similares, ARRIETA IDIAKEZ, F.J., *op. cit.*, p. 39.

como consecuencia de una infracción disciplinaria[1]; cuestión distinta es la relativa al acuerdo de no devolución de las aportaciones cuyo reembolso pueda rehusar, en aras a la tutela del patrimonio social (art. 63.1, letra b, LSCCan y art. 45.1, letra b, LCoop) y, en su caso, el régimen de reembolso (art. 70.3 LSCCan y art. 51.5 LCoop)[2]. En el ámbito de la calificación y de los efectos de la baja, el órgano de administración dispone, para resolver, del plazo de tres meses, si bien todavía los Estatutos pueden establecer un plazo distinto, y para cuyo cómputo la fecha de efecto de la baja constituye el *dies a quo*. En este orden de cosas, el derecho de información del socio exige que tanto la calificación como los efectos de la baja sean comunicados por escrito al socio interesado[3].

Ahora bien, en este punto cabe distinguir entre la baja voluntaria y la baja obligatoria. En el caso de la baja voluntaria, corresponde su instancia al socio mediante una comunicación que recoja una declaración recepticia, dirigida al órgano de administración de la cooperativa, acerca de su decisión de salir de la sociedad[4]. Cuando la baja sea obligatoria, el procedimiento se puede iniciar de oficio por el órgano de administración a instancia del socio interesado o de cualquier otro socio; pero, en este caso, antes del acuerdo, se requiere la previa audiencia del socio (art. 27.1, párr.

---

1 Sobre la aplicación de las causas que motivan la baja o la facultad del socio de solicitarla, por todos, DUQUE DOMÍNGUEZ, J., op. cit., p. 23; TRUJILLO DÍEZ, I.J., "16 de marzo de 1998. Cooperativas. Baja voluntaria del socio. efectividad. Plazo de previsto. Carácter justificado de la baja", *Cuadernos Civitas de jurisprudencia civil*, 1998, 48, pp. 999-1016, p. 1014; y PAZ CANALEJO, N., op. cit., p. 172.

2 Según la STS de 25 de enero de 2008 (núm. 26; F.D. 5º; *TOL1.245.334*), el socio que causa baja de la cooperativa tiene derecho a que se fije el importe de la liquidación de su participación social, aunque aún no sea exigible debido a que el reembolso esté subordinado al transcurso de un plazo.

3 Sobre la relevancia del derecho de información del socio, en este ámbito, MARTÍNEZ ETXEBERRIA, G./RODRÍGUEZ MUSA, O., "Comentario al laudo de BITARTU: Servicio Vasco de Arbitraje Cooperativo-SVAC, Expediente Arbitral 1/2022. Devolución de aportaciones de los socios por baja voluntaria", *GIZAEKOA-Revista Vasca de Economía Social*, 20, 2023, pp. 323-333, p. 327; y sobre la necesidad de comunicación al socio cooperativista que cause la baja, LOUREDO CASADO, S., "El plazo de comunicación de la baja del socio cooperativo y la naturaleza recepticia de dicha comunicación (anotación a la sentencia del Tribunal Supremo, Secc. 1ª, 231/2021 de 27 de abril)", *Cooperativismo e economía social*, 44, 2023, pp. 373-378, p. 376.

4 En tal sentido, por todos, SÁNCHEZ RUIZ, M., op. cit., p. 131.

2º, LSCCan y art. 17.5, párr. 2º, LCoop)[5]. A partir de ahí, la resolución del órgano de administración puede prever, siempre que así la autoricen los estatutos, la suspensión cautelar de ciertos derechos, sin que pueda alcanzar a su derecho de voto, y de las obligaciones del socio[6]. Con todo, el acuerdo solo será ejecutivo cuando el órgano de administración reciba la comunicación por parte de la Asamblea general o, si existiera, del Comité de recursos que ratifique su acuerdo, o bien si el socio no hubiera presentado recurso en el plazo establecido para ello[7].

Con carácter general, por otra parte, téngase en cuenta que el socio, tanto en la baja voluntaria como en la baja obligatoria, dispone del derecho a presentar recursos. En principio, corresponde a la Asamblea general la revisión de la calificación y de los efectos de aquellos relativos a su baja (art. 36.2 LSCCan; cfr., art. 21 LCoop)[8]. En todo caso, tras el acuerdo de la Asamblea general o, si existiera, del Comité de recursos, que confirme la baja o inadmita el recurso, de existir la disconformidad del socio, queda expedita la vía jurisdiccional (cfr., art. 18.3 LCoop y art. 86 bis 1 de la Ley Orgánica 6/1985, de 1 de julio, del Poder Judicial, en relación con su disposición adicional octava, sobre la competencia de los Juzgados de lo Mercantil respecto de las cuestiones del orden jurisdiccional civil en materia de cooperativas y de la impugnación de los acuerdos de sus órganos)[9].

---

5 Sobre el silencio en la baja obligatoria, para PULGAR EZQUERRA, J., op. cit., p. 431, habría de entenderse positivo si hubiera sido instada por el socio, mientras que si fuera instada por un sujeto distinto, el socio podría optar por considerarlo así.

6 Sobre la necesidad de una regulación estatutaria, que, a su vez, siga un principio de proporcionalidad, merced a la naturaleza excepcional de la medida, con las garantías oportunas para el socio afectado, PAZ CANALEJO, N., op. cit., p. 164.

7 Véase que en las cooperativas de trabajo asociado, ante una baja obligatoria por causas económicas, técnicas, organizativas, de producción o de fuerza mayor, será necesaria la intervención de la autoridad laboral a fin de constatar la concurrencia de tales causas, de acuerdo con lo que dispone el procedimiento establecido en la legislación estatal aplicable (art. 107.1 LSCCan). En tal sentido, con remisión a otras normas autonómicas, ARRIETA IDIAKEZ, F.J., *op. cit.*, pp. 49-50.

8 En este aspecto, PAZ CANALEJO, N., op. cit., p. 166, destaca que a la motivación fáctica ha de acompañarse la fundamentación jurídica, sobre la base de la regulación y los estatutos sociales.

9 Según la STS de 24 de marzo de 1992 (núm. 309; F.D. 3º; *TOL1.660.364*), «sus acuerdos no sólo están sometidos al examen de su regularidad para la determinación del cumplimiento de las formalidades estatutarias que establezcan, en cuanto admisibles y lícitas, según el procedimiento interno para su adopción, y su respeto a las normas legales, sino también al mérito del acuerdo, esto es, si el juicio interno de interpretación y de aplicación de las reglas estatutarias es o no adecua-

Todo este esquema de competencia, comunicaciones y recursos se reproduce, igualmente, dentro del procedimiento sancionador para el caso de la expulsión del socio, en relación con la competencia indelegable del órgano de administración sobre el pronunciamiento del hecho calificador de la falta muy grave que entrañe la expulsión. Sin embargo, se plantea la competencia del órgano de administración, que no se haya constreñido por la existencia de una solicitud o causa de baja voluntaria, sino que viene fundada en una causa tipificada por los Estatutos como muy grave. En este punto, cabe considerar si constituye una mera facultad sancionadora del órgano o si, en aras al correcto funcionamiento de la organización y en cumplimiento de las disposiciones estatutarias, el órgano de administración está compelido a instruir el correspondiente expediente sancionador (art. 30.1, letra a, y 59 LSCCan y art. 18.3, letra a, y 43 LCoop), lo cual, en buena medida, dependerá del perjuicio causado a la sociedad[10].

Pero una vez iniciado el procedimiento, la necesaria audiencia al afectado, con presentación de alegaciones por escrito, reclama la instrucción de un expediente sancionador, la notificación del acuerdo de expulsión, con la posibilidad de impugnación ante la Asamblea general o el Comité de recursos, y, por último, la comunicación de su acuerdo al afectado[11]. El

---

do». Por otra parte, para la STS de 25 de noviembre de 2010 (núm. 796; párr. 23; *TOL2.003.475*), el control jurisdiccional habrá de limitarse a un «examen de la razonabilidad de las decisiones adoptadas por los órganos internos con los que los propios socios se han dotado para la resolución de los conflictos internos, pero sin suplantarlos, siendo aplicable, bien de forma matizada, el principio de injerencia mínima...».

10 En favor de la primera interpretación, SÁNCHEZ RUIZ, M., op. cit., p. 137. Para la STS de 25 de noviembre de 2010 (núm. 796; *TOL2.003.475*), que continua la senda marcada por la sentencia de 13 de julio de 2007 (núm. 846; párr. 23; *TOL1.123.941*), «(n)o obstante, el control judicial se despliega con toda su intensidad en aquellos extremos en los que la norma impone de forma imperativa ciertos límites a la voluntad de los particulares, en cuyo caso debe examinarse si las decisiones de los órganos internos se ajustan a la previsión legal, sin sumisión al principio de intervención mínima que cede frente a la norma vigente, máxime cuando se trata de la expulsión o exclusión de socios, materia en la que las normas específicas, como afirma la sentencia 1349/2007, de 21 de diciembre (*TOL1.235.324*), con cita de la 1199/2007, de 19 de noviembre, (*TOL1.221.235*) deben aplicarse con rigor».

11 Sobre algunas cuestiones relevantes, como la distinción entre las infracciones permanentes, las continuadas y las de estado, y el plazo de prescripción y la caducidad del procedimiento sancionador, PARDO LÓPEZ, MªM., op. cit., pp. 218-9 y 230.

problema en torno a la facultad del socio de votar en el punto del orden del día que decida su exclusión resulta en parte superado por el carácter democrático de la cooperativa (cfr., art. 190.1, letra b, LSC, en relación con el régimen aplicable a las sociedades limitadas)[12]. Ahora bien, el carácter sancionador de la calificación reclama que la falta de confirmación, esto es, el silencio del órgano social encargado de resolver el recurso, sea positivo y, por lo tanto, su estimación[13]. En su defecto, cuando la impugnación no sea admitida o resulte desestimada, el socio afectado por la expulsión todavía podrá acudir a la vía jurisdiccional (art. 30.2 LSCCan y arts. 18.3 y 82 LCoop); y ello no obstante la posibilidad de sometimiento de la cuestión a arbitraje (D.A. cuarta LSCCan y D.A. décima LCoop)[14]. Por otro lado, cuando el acuerdo de expulsión afecte a un cargo social, puede incluir, a su vez, la propuesta de su cese (art. 32.1 LSCCan y art. 18.5 LCoop)[15].

2. La calificación justificada o injustificada de la baja

La calificación de la baja, en relación con su consideración como baja justificada o injustificada, juega un papel protagonista en todo este mecanismo legal. De entrada, la mera baja voluntaria constituye un supuesto de baja justificada, por lo que ni siquiera la falta de preaviso, que se ha de resolver en términos de la eventual indemnización de los daños y perjuicios que pueda causar a la cooperativa, permite la calificación como baja injustificada[16]. Cuestión distinta es la relativa al plazo de permanencia en

---

12 Anteriormente, por la remisión del art. 26.8 LCoop al art. 52.1 de la Ley de sociedades de responsabilidad limitada, NIETO SÁNCHEZ, J.J., "Posición jurídica del socio (II): baja y expulsión. Transmisión de aportaciones", en *La sociedad cooperativa en la Ley 27/1999, de 16 de julio, de Cooperativas* (Dir. F. Alonso Espinosa), Comares, Granada, 2001, pp. 145-196, p. 170 ss.

13 Asimismo, PARDO LÓPEZ, MªM., op. cit., p. 230.

14 Al respecto, NIETO SÁNCHEZ, J.J., op. cit., p. 442. Apunta PARDO LÓPEZ, Mª.M., op. cit., p. 215, que, en los casos en los que la normativa aplicable a la cooperativa ofrezca al socio expulsado la posibilidad alternativa de, agotada la vía societaria, someter el acuerdo de la Asamblea General que ratifique el acuerdo de expulsión al arbitraje cooperativo o bien impugnarlo ante la jurisdicción ordinaria, los estatutos no pueden limitar esa facultad de optar por cualquiera de las dos vías.

15 Critica el carácter facultativo de esta disposición, PULGAR EZQUERRA, J., op. cit., p. 440.

16 En tal sentido, TRUJILLO DÍEZ, I.J., op. cit., pp. 999-1016; PAZ CANALEJO, N., op. cit., p. 169; y PULGAR EZQUERRA, J., op. cit., p. 425. Sobre las legislaciones de cooperativas autonómicas que establecen la presunción contraria; esto es, que

la sociedad fijada por los estatutos sociales, si bien la intermediación de otra causa distinta permite su exclusión y, con ello, la calificación de la baja como justificada, en particular cuando la cooperativa incumpla sus obligaciones y compromisos con el socio (cfr., arts. 26.2, párr. 2°, y 114.1 LSCCan y art. 89.5, parr. 2°, LCoop)[17]. Por otra parte, también la falta de resolución del órgano de administración permite acudir al silencio positivo y que, en el caso de ejercicio de su derecho, la baja haya de ser considerada justificada (art. 26.1, párr. 2, LSCCan y art. 17.2, párr. 2 LCoop)[18].

En igual medida, la imposición de nuevas obligaciones supone la incorporación, siquiera a través de la mayoría en la Asamblea general, de cargas añadidas al socio, que, cuando sean "gravemente onerosas" y este muestre su disconformidad con tal decisión, le autoriza a solicitar la separación de la cooperativa, de modo que justifique su baja (art. 17.4 LCoop, que expresamente prevé tal posibilidad en el supuesto de ausencia del socio, y art. 26.3, párr. 2°, LSCCan, que además contempla que la cooperativa le haya negado el ejercicio de sus derechos económicos y participativos)[19]. Otras operaciones sobre el capital social también inciden en este ámbito; así, entre ellas, significativamente, la realización de nuevas aportaciones obligatorias y la transformación obligatoria de las aportaciones exigibles en aportaciones no exigibles o la conversión inversa (arts. 63.1 y art. 64.2 LSCCan y arts. 45.1 y 46.2 LCoop)[20]. Ello, a su vez, se ha de poner en conexión con el resto de supuestos que permiten la separación del socio de la entidad en el marco de las modificaciones estructurales (art. 84.2, letra b,

---

toda baja se entienda como injustificada, salvo que los estatutos la consideren justificada, SÁNCHEZ RUIZ, M., op. cit., p. 134.

17 Al respecto, PAZ CANALEJO, N., op. cit., p. 170; PULGAR EZQUERRA, J., op. cit., p. 436; SÁNCHEZ RUIZ, op. cit., p. 133; SALDAÑA VILLOLDO, B., op cit., p. 162; y ARRIETA IDIAKEZ, F.J., *op. cit.*, p. 36.

18 PULGAR EZQUERRA, J., op. cit., p. 427; y LOUREDO CASADO, S., op. cit., p. 427. Admite la disposición estatutaria en sentido contrario, PAZ CANALEJO, N., op. cit., p. 179.

19 Al hilo del art. 17.4 LCoop, reclama PAZ CANALEJO, N., op. cit., p. 178, la remisión de un escrito al consejo rector dentro de los cuarenta días siguientes al de la recepción del acuerdo. Asimismo, PULGAR EZQUERRA, J., op. cit., p. 433.

20 En tal sentido, BORJABAD BELLIDO, J.V., "La libre adhesión y baja voluntaria del socio y su influencia en la estructura financiera de la cooperativa", *Anuario de la Fundación Ciudad de Lleida*, 25, 2014, pp. 41-182, p. 159.

LSCCan y art. 65 LCoop)[21], ante el cambio de clase de la cooperativa (art. 11.3, párr. 2º, LCoop)[22] y en el caso de su prórroga (art. 94.1 LSCCan).

Del mismo modo, la disconformidad del socio o su mera ausencia en el acuerdo relativo a la modificación estatutaria que fije el importe de la devolución de las aportaciones, cuando en un ejercicio económico supere el porcentaje de capital social que en ellos se establezca y cuando resulte condicionado al acuerdo favorable del órgano de administración, también califica la baja del socio como justificada (art. 63.1 fine LSCCan y art. 45.1 LCoop)[23]. Asimismo, cabría traer a esta órbita cualquier cambio sustancial en el objeto social de la entidad o su sustitución por otro distinto (cfr., art. 346.1 LSC)[24]. Igualmente, el caso de las bajas obligatorias por causas económicas, técnicas, organizativas o de producción en la cooperativa de trabajo asociado (art. 106.2, párr. 2º, LSCCan y art. 85.1 LCoop). Del mismo modo, la concurrencia de causas que determinen que la baja sea obligatoria, sin mediar la conducta del socio que la procure, como el supuesto del fallecimiento del socio, permiten calificar la baja como justificada[25].

De otro lado, se podría considerar la posibilidad de la Asamblea general de modular o, incluso, de ampliar las causas de las bajas injustificadas, si bien, igualmente, cabría considerar la afectación de la posición del socio y de sus derechos económicos en el caso del ejercicio de su derecho de baja y, por lo tanto, su derecho a la separación de la entidad, como baja justificada[26]. También cabría considerar la existencia de una baja injustificada en los casos en los que medie un expediente disciplinario por una falta muy grave y en los que tenga lugar un incumplimiento esencial de los deberes del socio frente a la cooperativa o cuando trate de causarle un daño u obtener un beneficio fuera de ella (cfr., art. 224 C. de c.)[27]. En esta instancia, en

---

21 En esta línea, PAZ CANALEJO, N., op. cit., p. 171; ALFONSO SÁNCHEZ, R., *op. cit.*, p. 117; y SÁNCHEZ RUIZ, M., op. cit., pp. 132-3. Ello incluye el cambio de clase de cooperativa y la transformación dentro de una cooperativa de segundo y de primer grado.

22 Supuesto contemplado por PULGAR EZQUERRA, J., op. cit., p. 433.

23 Tal y como apunta SÁNCHEZ RUIZ, M., op. cit., p. 133.

24 En este sentido, LATORRE RUIZ, J., op. cit., p. 906.

25 Distinguen el supuesto de la baja obligatoria causada deliberadamente por el socio para eludir sus obligaciones o beneficiarse indebidamente, DUQUE DOMÍNGUEZ, J., op. cit., p. 23; y PULGAR EZQUERRA, J., op. cit., pp. 420 y 432.

26 Sobre la competencia de la Asamblea general, PAZ CANALEJO, N., op. cit., p. 174; y PULGAR EZQUERRA, J., op. cit., p. 435.

27 En este orden de cosas, SÁNCHEZ RUIZ, M., op. cit., p. 134.

aquellos casos en los que la baja del socio esté condicionada a la entrada de un substituto en la sociedad, tal circunstancia, no delimitada en el tiempo, confronta con el derecho del socio a la baja. De ahí la conveniencia de fijar un plazo durante el cual la baja pueda considerarse injustificada, frente a la justificación de la baja una vez haya transcurrido[28].

VII. EFECTOS

En caso de baja voluntaria, el momento de la baja coincide con su comunicación a la cooperativa, incluso aunque no se haya respetado el plazo de preaviso. De esta forma, la falta de preaviso de la baja voluntaria tan solo genera la obligación del socio de satisfacer los daños y perjuicios que pueda ocasionar a la cooperativa (art. 26.1 LSCCan y art. 17.1 LCoop)[29]. En el supuesto específico de la expulsión y de la baja obligatoria, el acuerdo de expulsión deviene ejecutivo con la ratificación del Comité de recursos o, en su defecto, de la Asamblea general, o bien por el transcurso del plazo para la presentación de correspondiente recurso (arts. 27.1 párr. 3º, 32.2 y 61.3 LSCCan, que permite que los acuerdos del Comité de recursos, que serán inmediatamente ejecutivos, sean potestativamente impugnados en el plazo de quince días desde la notificación del acuerdo ante la Asamblea general y 109.3 LSCCan; en relación con los arts. 17.5, párr. 3º, 18.5, párr. 2º, 44.3 y 82.3, párr. 2º, LCoop).

Se ha de partir de la distinción entre aquellas aportaciones que dan derecho a su reembolso y que, por lo tanto, en caso de baja, sean exigibles, de aquellas otras no exigibles, cuya solicitud de reembolso pueda ser incondicionalmente rehusada por el órgano de administración (art. 63.1 LSCCan

---

28 LATORRE RUIZ, J., op. cit. p. 912-4, establece el plazo razonable en un año, a cuyo efecto la baja se habrá de considerar justificada cuando el socio acredite haber llevado a cabo una conducta diligente para la búsqueda de su sustituto, o de injustificada cuando no lo haga. Por su parte, *de lege ferenda*, GARCÍA MARTÍNEZ, A., op. cit., p. 88, considera razonable el plazo de tres años, si bien la cooperativa podría extenderlo hasta los cinco años cuando la devolución de las aportaciones pueda poner en riesgo su estabilidad económica.

29 Que desde entonces da lugar al derecho a su actualización, de acuerdo con el interés legal del dinero, y que, en todo caso, debe acreditarse por la cooperativa, así como la concreta evaluación y cuantificación del daño. Al respecto, LOUREDO CASADO, S., op. cit., p. 377.

y art. 45.1 LCoop)[30]. En este último caso, siempre que la Asamblea general acuerde devengar intereses para las aportaciones al capital social o repartir retornos, tales socios que hayan causado baja en la cooperativa tendrán preferencia para percibir la remuneración que se establezca en los Estatutos, sin que el importe total de las remuneraciones al capital social pueda ser superior a los resultados positivos del ejercicio (art. 67.3 LSCCan y art. 48.4 LCoop). De este modo, en la cuota de reembolso se integran distintos conceptos relativos a las aportaciones, tanto obligatorias como voluntarias, de los socios al capital, los fondos de reserva repartibles en la parte proporcional que les corresponda y, en su caso, los intereses devengados por las aportaciones y sus retornos por la actividad cooperativizada[31]. Y todo ello sin perjuicio de las reglas por la imputación de pérdidas en proporción a la actividad cooperativizada o por su compromiso en ella (art. 76 LSCCan y art. 59 LCoop)[32].

La Exposición de Motivos de la Ley de cooperativas nacional destaca que, tras su introducción, «se eliminan las deducciones sobre el reintegro de las aportaciones obligatorias al capital social que podían practicarse al socio que causaba baja en la cooperativa cuando esta era calificada como baja voluntaria no justificada o expulsión, manteniendo únicamente esa posibilidad para el supuesto de baja no justificada por incumplimiento del período de permanencia mínimo que el socio hubiera asumido en el momento de entrar en la cooperativa»[33]. En este extremo, la facultad de autorregulación por vía estatutaria encuentra ciertas restricciones en orden

---

[30] En tal sentido, para VARGAS VASSEROT, C., "Formulación y recepción", *op. cit.*, p .257, esta opción es utilizada, fundamentalmente, para incrementar los fondos propios de las cooperativas de cierto tamaño.

[31] En torno a estos conceptos, ALFONSO SÁNCHEZ, R./SÁNCHEZ GARCÍA, Mª. L., "Capítulo decimoquinto. Capital social, aportaciones y régimen económico", en *Cooperativas de enseñanza. Régimen jurídico y económico: Aspectos estratégicos* (Dir. R. Alfonso Sánchez), Aranzadi, 2018, pp. 331-371, p. 354 ss.

[32] Reglas que son recogidas por VARGAS VASSEROT, C., "El derecho de reembolso", *op. cit.*, p. 4; y GENOVART BALAGUER, J.I./MAULEÓN MÉNDEZ, E., op. cit., p. 102.

[33] Críticamente, PAZ CANALEJO, N., op. cit., p. 179. Acerca de la mayor justificación que encontraría, en estos casos, la introducción en los Estatutos de deducciones e indemnizaciones a cargo del socio frente a la cooperativa, respecto de la prevista legalmente de mediar una baja injustificada por incumplimiento del plazo de permanencia, PULGAR EZQUERRA, J., op. cit., p. 450. Con carácter general, ante causas que den lugar a la exclusión del socio, GIRÓN TENA, J., *op. cit.*, p. 681.

a la base de la cuantificación -según el balance de cierre del ejercicio en el que se produzca la baja- y en la aplicación de deducciones - limitadas a las pérdidas imputadas e imputables al socio y que no hayan sido objeto de compensación y, en el caso de baja no justificada, por incumplimiento del período de permanencia mínimo-. En este último caso, los estatutos que prevean tal periodo pueden fijar un porcentaje de deducción, sin que pueda superar el treinta por ciento sobre el importe resultante de la liquidación de las aportaciones obligatorias (art. 70.1y 2 LSCCan y art. 51.1 a 3 LCoop), que ha de ser destinado al fondo de reserva obligatorio (art. 77.1, letra c, LSCCan y art. 55.1, letra b, LCoop)[34]. No obstante, esta suerte de cláusula penal, a falta de previsión normativa en torno a una eventual indemnización de daños y perjuicios, sí prevista en caso de incumplimiento del preaviso en la baja voluntaria, puede tener poca incidencia en aquellos supuestos en los que las aportaciones sean de escasa cuantía o el capital sea testimonial en el marco de la actividad económica de la cooperativa[35].

---

34 Más que un derecho a reembolso, como señalan MORAL VELASCO, E., "Artículo 51. Reembolso de las aportaciones", en *Cooperativas: Comentarios a la Ley 27/1999, de 16 de julio* (Coord. J. A. García Sánchez), Colegios Notariales de España, Madrid, 2001, pp. 255-263, p. 256; PULGAR EZQUERRA, J., op. cit., p. 444; VARGAS VASSEROT, C., "El derecho de reembolso", *op. cit.*, p. 4; BORJABAD GONZALO, P., "El reembolso o liquidación de las aportaciones al capital social en caso de baja del socio en una cooperativa agraria catalana", *Anuario de la Fundación Ciudad de Lleida*, 22, 2011, pp. 9-30, p. 16; SALGADO ANDRÉ, E., "El reembolso de las aportaciones al socio cooperativista (Comentario a la sentencia del Tribunal Supremo de 6 de febrero de 2014)", *Cooperativismo e economía social*, 36, 2014, pp. 191-206, p. 201; GENOVART BALAGUER, J.I./MAULEÓN MÉNDEZ, E., op. cit., p. 110; y GARCÍA MARTÍNEZ, A., op. cit., p.77, se trataría de un derecho a la liquidación de las aportaciones sociales en el momento en el que tenga lugar la baja, de acuerdo con el balance de cierre del ejercicio. Vid. STS de 6 de febrero de 2014 (núm. 48; F.D. 7°, ap. 4°; *TOL4.119.255*): «Las leyes de cooperativas, tanto la estatal como las autonómicas, eluden conscientemente utilizar el término «participación» para referirse a la contribución del socio al capital social de la cooperativa, para evitar que pueda entenderse que es titular de una cuota del patrimonio social... Por ello, el socio cooperativista no tiene derecho a un «valor razonable» de su participación en el capital social, consistente en una cuota del patrimonio social de la cooperativa, fijada, a falta de acuerdo, por un experto independiente, como ocurre en el caso de ejercicio del derecho de separación por el socio de una sociedad de capital (art. 353 del texto refundido de la Ley de Sociedades de Capital)».

35 Sobre su carácter de penalización al socio, como "deducciones causales", en contraposición a las "deducciones necesarias" por pérdidas, PULGAR EZQUERRA, J., *op. cit.*, p. 422 y 448 ss. En esta línea, VARGAS VASSEROT, C., "Formulación y recepción", *op. cit.*, p. 260-1, también con mención de aquellas leyes autonómicas

De una parte, el socio disconforme con el acuerdo de la liquidación podrá instar su impugnación, de acuerdo con el procedimiento previsto para la disconformidad con su baja obligatoria o de acuerdo con el sistema previsto en los Estatutos. A ello se une la facultad del socio de reclamar los daños y perjuicios causados por las conductas indebidas del órgano de administración, en particular en la calificación incorrecta de la baja como injustificada[36]. De otra, en favor de la evitación de la descapitalización de la entidad, todavía el órgano de administración puede acordar la liquidación parcial del reembolso de las aportaciones, mediante el pago anual de una quinta parte de la cantidad resultante de la liquidación, esto es, durante un máximo de cinco años, si bien el socio cuyo reembolso se posponga tendrá derecho a percibir el interés legal del dinero (un año, dividido en mensualidades, en el caso de las cooperativas de trabajo asociado en caso de baja obligatoria por causas económicas, técnicas, organizativas o de producción, según el art. 107.2 LSCCan; y dos años, según el art. 85.2 LCoop)[37]. No obstante, en caso de fallecimiento del socio, el plazo de reembolso a los causahabientes no podrá ser superior a un año desde que el hecho se ponga en conocimiento de la cooperativa. Además, la regulación recoge reglas especiales para la liquidación de aquellas aportaciones sobre cuyo reembolso se haya de pronunciar el órgano de administración (art. 70.3 y 4 LSCCan y art. 51.2 y 4 a 7 LCoop).

Con todo, en determinadas cooperativas en las que las aportaciones de los socios constituyen un elemento relevante para la financiación de sus actividades, como las cooperativas de viviendas, la regulación ordena un régimen particular para el reembolso, como medio para evitar, no ya solo

---

que imponen indemnizaciones a los socios por las obligaciones asumidas frente a la cooperativa y deducciones por las cantidades pendientes de pago y por la parte correspondiente a las inversiones no amortizadas. Asimismo, acerca de la previsión estatutaria en torno a la fijación de indemnizaciones y compensaciones, PULGAR EZQUERRA, J., op. cit., pp. 443-4 y 449-450.

36 En esta línea, PULGAR EZQUERRA, J., op. cit., p. 435.

37 Más ampliamente, BORJABAD BELLIDO, R., op. cit., p. 53; GONZÁLEZ SÁNCHEZ, S., "El plazo de reembolso o liquidación de las aportaciones del cooperativista. Comentario a la Sentencia del Tribunal Supremo 289/2020, civil, de 11 de junio (ROJ STS 1577/2020)", *CIRIEC-España, Revista Jurídica de Economía Social y Cooperativa,* 37, 2020, pp. 339-349; BOTANA AGRA, M., "En torno al ejercicio del derecho de reembolso del cooperativista, con especial referencia al plazo de pago del importe reembolsable (Comentario de la Sentencia 289/2020 del Tribunal Supremo, de 11 de junio)", *Cooperativismo e economía social,* 43, 2020-2021, pp. 177-190; y GARCÍA MARTÍNEZ, A., op. cit., p. 83 ss.

su descapitalización, sino su incapacidad para la consecución de sus objetivos. De esta suerte, además de conceder una amplia libertad a los Estatutos para considerar justificada la baja del socio, permite, en las bajas no justificadas por el compromiso de permanencia del socio, la deducción de un porcentaje sobre la devolución de las cantidades entregadas para financiar el pago de las viviendas y locales -el art. 89.5 LCoop fija la deducción hasta un máximo del 50 por 100 por ciento sobre la devolución de las cantidades entregadas para financiar el pago de las viviendas y locales; que el art. 114.2 LSCCan establece, en el caso de baja no justificada, en el veinte por ciento de las cantidades entregadas en concepto de capital social, que reduce al diez por ciento respecto de las cantidades entregadas para financiar el pago de viviendas y locales-. Y ello sin perjuicio de su diferimiento al momento en que sea sustituido en sus derechos y obligaciones por otro socio (el art. 114.2 LSCCan, en su párrafo 2º, establece que, en todo caso, el plazo de reembolso no podrá exceder de cinco años a partir de la fecha de la baja no justificada o de tres años si la baja fuese justificada)[38]. Véase, igualmente, que en las cooperativas de explotación comunitaria de la tierra, dentro del régimen de cesión del uso y aprovechamiento de bienes, el socio que cause baja justificada, sea obligatoria o voluntaria, puede transmitir sus aportaciones al capital social a su cónyuge, ascendientes o descendientes, si éstos son socios o adquieren tal condición en el plazo de tres meses desde su baja (art. 123.5 LSCCan y art. 96.8 LCoop).

Para concluir, dentro del límite de la responsabilidad del socio por las deudas de la cooperativa, a tenor de las aportaciones al capital social que hubiera suscrito, en caso de baja, sea esta voluntaria, obligatoria o por causa disciplinaria, todavía el socio ha de responder subsidiariamente a la cooperativa y personalmente de aquellas contraídas por la cooperativa con anterioridad a su baja durante los cinco años siguientes a la pérdida de su condición de socio y hasta el importe reembolsado de sus aportaciones al capital social (art. 25.2 y 3 LSCCan y art. 15.3 y 4 LCoop)[39]. En conse-

---

[38] Acerca de la aplicación de un plazo máximo en este ámbito, que se ha de superponer a la sustitución del socio, MANRIQUE PLAZA, F.J., "Sección cuarta. De las cooperativas de viviendas", en *Comunidades de bienes, cooperativas y otras formas de empresa*, Tomo II, Colegios Notariales de España, Madrid, 1996, pp. 1091-1103, p. 1098; y ORTIZ RODRÍGUEZ, J., "Artículo 89. Objeto y ámbito", en *Cooperativas. Comentarios a la Ley 27/1999, de 16 de julio* (Coord. J. A. García Sánchez), Colegios Notariales de España, Madrid, 2001, pp. 646-659, p. 657.

[39] PULGAR EZQUERRA, op. cit., pp. 444 y 453, en protección de los acreedores de la cooperativa; GENOVART BALAGUER, J.I./MAULEÓN MÉNDEZ, E., op.

cuencia, el derecho del reembolso del socio se resuelve en un conjunto de reglas, entre ellas la responsabilidad subsidiaria por deudas, que ordena el derecho a la liquidación de sus aportaciones cuando cause baja de la sociedad cooperativa[40].

VIII. BIBLIOGRAFÍA

ALFONSO SÁNCHEZ, R., *La transformación de la sociedad cooperativa,* Edersa, Madrid, 2002.

ALFONSO SÁNCHEZ, R./SÁNCHEZ GARCÍA, M.ªL., "Capítulo decimoquinto. Capital social, aportaciones y régimen económico", en *Cooperativas de enseñanza. Régimen jurídico y económico: Aspectos estratégicos* (Dir. R. Alfonso Sánchez), Aranzadi, 2018, pp. 331-371.

ANDREU MARTÍ, M.ªM., "Aportaciones al capital social (II). Reembolso de aportaciones sociales", en *La Ley 27/1999, de 16 de Julio, de Cooperativas: Veinte años de vigencia y resoluciones judiciales (1999-2019)* (Dirs. R. Alfonso Sánchez, F. Cavas Martínez, M. Navarro Egea, y J. Valero Torrijos), Aranzadi, Cizur Menor, 2021, pp. 401-451.

ARRIETA IDIAKEZ, F.J., "Baja voluntaria en cooperativa de viviendas por incumplimiento en la entrega de la vivienda y responsabilidad de la entidad avalista. Comentario a la Sentencia 1262/2021, de 29 de marzo, Sala de lo Civil del Tribunal Supremo", *CIRIEC-España, Revista Jurídica de Economía Social y Cooperativa,* 39, 2021, pp. 375-393.

ARRIETA IDIAKEZ, F.J., *La baja como causa de finalización de la relación societaria entre la persona socia y la sociedad cooperativa,* Dykinson, Madrid, 2019.

BORJABAD GONZALO, P., "El reembolso o liquidación de las aportaciones al capital social en caso de baja del socio en una cooperativa agraria catalana", *Anuario de la Fundación Ciudad de Lleida,* 22, 2011, pp. 9-30.

BORJABAD BELLIDO, J.V., "La libre adhesión y baja voluntaria del socio y su influencia en la estructura financiera de la cooperativa", *Anuario de la Fundación Ciudad de Lleida,* 25, 2014, pp. 41-182.

---

cit., p. 110, aluden a su consideración como aportaciones de riesgo; y ANDREU MARTÍ, M.ª M., "Aportaciones al capital social (II). Reembolso de aportaciones sociales", en *La Ley 27/1999, de 16 de Julio, de Cooperativas: Veinte años de vigencia y resoluciones judiciales (1999-2019)* (Dirs. R. Alfonso Sánchez, F. Cavas Martínez, M. Navarro Egea, y J. Valero Torrijos), Aranzadi, Cizur Menor, 2021, pp. 401-451, p. 405; y VARGAS VASSEROT, C., "El derecho de reembolso", *op. cit.,* p. 4, a su función de garantía.

40 Sobre la concatenación de las obligaciones de los contratantes y su efecto organizador, en un marco de "reciprocidad", que, sin embargo, se ha de entender de forma diferente en los contratos "bilaterales" o de "cambio", por todos, GIRÓN TENA, J., *op. cit.,* p. 138.

BOTANA AGRA, M., "En torno al ejercicio del derecho de reembolso del cooperativista, con especial referencia al plazo de pago del importe reembolsable (Comentario de la Sentencia 289/2020 del Tribunal Supremo, de 11 de junio)", *Cooperativismo e economía social*, 43, 2020-2021, pp. 177-190.

DUQUE DOMÍNGUEZ, J., "La baja obligatoria del socio", *REVESCO. Revista de Estudios Cooperativos*, 56-57, 1988-1989, pp. 13-48.

GARCÍA ÁLVAREZ, B., "Sobre la noción de interés social en las sociedades cooperativas y los principios cooperativos", *CIRIEC-España, Revista Jurídica de Economía Social y Cooperativa*, 34, 2019, pp. 1-44.

GARCÍA JIMÉNEZ, M., "Alcance y límites de la Ley 27/1999 de cooperativas. Los ingresos y las bajas de los socios", *REVESCO: revista de estudios cooperativos*, 77, 2002, pp. 29-66.

GARCÍA MARTÍNEZ, A., "La sustitución del socio cooperativo como límite temporal al pago del reembolso", *CIRIEC-España, Revista Jurídica de Economía Social y Cooperativa*, 43, 2023, pp. 65-96.

GENOVART BALAGUER, J.I./MAULEÓN MÉNDEZ, E., "La repercusión económico-contable de la baja del socio en la sociedad cooperativa: la incidencia de la NIC 32", *Boletín de la Asociación Internacional de Derecho Cooperativo*, 51, 2017, pp. 99-134.

GIRÓN TENA, J., *Derecho de sociedades. Parte General. Sociedades colectivas y comanditarias*, Artes Gráficas Benzal, Madrid, 1976.

GONZÁLEZ SÁNCHEZ, S., "El plazo de reembolso o liquidación de las aportaciones del cooperativista. Comentario a la Sentencia del Tribunal Supremo 289/2020, civil, de 11 de junio (ROJ STS 1577/2020)", *CIRIEC-España, Revista Jurídica de Economía Social y Cooperativa*, 37, 2020, pp. 339-349.

LATORRE RUIZ, J., "¿Existe un derecho absoluto a causar baja voluntaria en las cooperativas?", en *El derecho de separación y la exclusión de socios en las sociedades de capital* (Dir. M.ª B. González Fernández), Tirant Lo Blanch, Valencia, 2021, pp. 899-920.

LÓPEZ GANDÍA, J., *Las cooperativas de trabajo asociado y la aplicación del Derecho del Trabajo*, Tirant lo Blanch, Valencia, 2006.

LOUREDO CASADO, S., "El plazo de comunicación de la baja del socio cooperativo y la naturaleza recepticia de dicha comunicación (anotación a la sentencia del Tribunal Supremo, Secc. 1ª, 231/2021 de 27 de abril)", *Cooperativismo e economía social*, 44, 2023, pp. 373-378.

MACÍAS RUANO, A.J., "El socio de cooperativa y el de sociedad de capital, puntos de divergencia en torno a los principios que dirigen la dinámica interna cooperativa. Libre adhesión, control democrático y participación económica del socio", *CIRIEC-España, Revista Jurídica de Economía Social y Cooperativa*, 38, 2021, pp. 217-260.

MANRIQUE PLAZA, F.J., "Sección cuarta. De las cooperativas de viviendas", en *Comunidades de bienes, cooperativas y otras formas de empresa*, Tomo II, Colegios Notariales de España, Madrid, 1996, pp. 1091-1103.

MARTÍNEZ ETXEBERRIA, G./RODRÍGUEZ MUSA, O., "Comentario al laudo de BITARTU: Servicio Vasco de Arbitraje Cooperativo-SVAC, Expediente Arbitral 1/2022. Devolución de aportaciones de los socios por baja voluntaria", *GIZAEKOA-Revista Vasca de Economía Social*, 20, 2023, pp. 323-333.

MORAL VELASCO, E., "Artículo 51. Reembolso de las aportaciones", en *Cooperativas: Comentarios a la Ley 27/1999, de 16 de julio* (Coord. J. A.García Sánchez), Colegios Notariales de España, Madrid, 2001, pp. 255-263.

MOYA BALLESTER, J., "El derecho de separación del socio cooperativo y el principio de puerta abierta", *Práctica de Tribunales,* Sección Informe de Jurisprudencia, 50, junio 2008, La Ley.

NIETO SÁNCHEZ, J.J., "Posición jurídica del socio (II): baja y expulsión. Transmisión de aportaciones", en *La sociedad cooperativa en la Ley 27/1999, de 16 de julio, de Cooperativas* (Dir. F. Alonso Espinosa), Comares, Granada, 2001, pp. 145-196.

ORTIZ RODRÍGUEZ, J., "Artículo 89. Objeto y ámbito", en *Cooperativas. Comentarios a la Ley 27/1999, de 16 de julio* (Coord. J. A. García Sánchez), Colegios Notariales de España, Madrid, 2001, pp. 646-659.

PARDO LÓPEZ, M.ªM., "Capítulo VI. Derecho sancionador y cooperativas. Disciplina social", en *La Ley 27/1999, de 16 de Julio, de Cooperativas: Veinte años de vigencia y resoluciones judiciales (1999-2019)* (Dirs. R. Alfonso Sánchez, F. Cavas Martínez, M. Navarro Egea, y J. Valero Torrijos), Thomson Reuters Aranzadi, Cizur Menor, 2021, pp. 211-248.

PAZ CANALEJO, N., "Tipología de las bajas de socios según la Ley 27/1999. Algunos problemas", *REVESCO. Revista de Estudios Cooperativos,* 74, 2001, pp. 151-180.

PULGAR EZQUERRA, J., "La transmisión de la posición de socio y su pérdida: baja y expulsión en las Cooperativas agrarias y Sociedades agrarias de transformación", en *Cooperativas Agrarias y Sociedades Agrarias de Transformación* (Dir. J. Pulgar Ezquerra), Dykinson, Madrid, 2006, pp. 393-459.

SALDAÑA VILLOLDO, B., "Capítulo V. Baja del socio cooperativo", en *La Ley 27/1999, de 16 de Julio, de Cooperativas: Veinte años de vigencia y resoluciones judiciales (1999-2019)* (Dirs. R. Alfonso Sánchez, F. Cavas Martínez, M. Navarro Egea, y J. Valero Torrijos), Thomson Reuters Aranzadi, Cizur Menor, 2021, pp. 157-209.

SALGADO ANDRÉ, E., "El reembolso de las aportaciones al socio cooperativista (Comentario a la sentencia del Tribunal Supremo de 6 de febrero de 2014)", *Cooperativismo e economía social,* 36, 2014, pp. 191-206.

SÁNCHEZ RUIZ, M., "Pérdida de la condición de socio", en *Régimen jurídico de las sociedades cooperativas catalanas: (adaptado a la Ley 12/2015, de 9 de julio, de cooperativas de Cataluña)* (Dir. R. Alfonso Sánchez), Atelier, 2020, pp. 119-139.

TRUJILLO DÍEZ, I.J., "16 de marzo de 1998. Cooperativas. Baja voluntaria del socio. efectividad. Plazo de previsto. Carácter justificado de la baja", *Cuadernos Civitas de jurisprudencia civil,* 1998, 48, pp. 999-1016.

VARGAS VASSEROT, C., "El derecho de reembolso del socio en caso de baja y el concurso de las sociedades cooperativas", *CIRIEC-España, Revista Jurídica de economía Social y Cooperativa,* 21, 2010, pp. 1-22.

VARGAS VASSEROT, C., "Formulación y recepción legal del principio de adhesión voluntaria y abierta. La baja voluntaria y los límites legales para su ejercicio", en *Los principios cooperativos y su incidencia en el régimen legal y fiscal de las cooperativas* (Dirs. M. Aguilar Rubio y C. Vargas Vasserot), Dykinson, Madrid, 2024, pp. 233-276.

VARGAS VASSEROT, C., "Aportaciones exigibles o no exigibles: ésa es la cuestión", *CIRIEC-España, Revista Jurídica de economía Social y Cooperativa*, 22, 2011, pp. 1-40.

VARGAS VASSEROT, C., "El principio cooperativo de puertas abiertas (adhesión voluntaria y abierta). Tópico o realidad en la legislación y en la práctica societaria", *CIRIEC-España, Revista Jurídica de Economía Social y Cooperativa*, 27, 2015, pp. 1-41.

Capítulo IV.

La web corporativa en las sociedades cooperativas de Canarias

JOSEFINA BOQUERA MATARREDONA
Catedrática de Derecho Mercantil
Universidad de Valencia

SUMARIO: I. INTRODUCCIÓN. II. VOLUNTARIEDAD DE LA PÁGINA WEB DE LAS SOCIEDADES COOPERATIVAS CANARIAS. III. CREACIÓN, MODIFICACIÓN, TRASLADO Y SUPRESIÓN DE LA WEB CORPORATIVA. IV. INSCRIPCIÓN DE LA WEB CORPORATIVA. V. LAS PUBLICACIONES EN LA WEB CORPORATIVA. *1. La inserción de contenidos en la web corporativa. 2. Mantener lo insertado en la página web. 3. La interrupción del acceso a la web. 4. La responsabilidad derivada del funcionamiento de la página web.* VI. COMUNICACIONES POR MEDIOS ELECTRÓNICOS ENTRE LA COOPERATIVA Y SUS SOCIOS. VII. BIBLIOGRAFÍA.

I. INTRODUCCIÓN

Aunque la Ley 27/1999, de 16 de julio, de Cooperativas (LCoop) no regula la web en estas sociedades, muchas leyes autonómicas de cooperativas han considerado conveniente regular o hacer referencia a la web corporativa en sus textos[1]. Así la Ley 4/2022, de 31 de octubre, de Sociedades Coo-

---

1 Arts. 7, 8 y 9 de la Ley 12/2015, de 9 de julio, de Cooperativas Catalanas; art. 6 del DL 2/2015, de 15 de mayo, por el que se aprueba el Texto Refundido de la Ley de Cooperativas de la Comunidad Valenciana; arts. 11, 12 y 13 de la Ley 9/2018, de 30 de octubre, de Sociedades Cooperativas de Extremadura; la Ley 11/2019, de 20 de diciembre, de Cooperativas de Euskadi que incluye en su articulado referencias a la web, pues permite la publicidad del anuncio de la convocatoria de la asamblea general; la Ley 4/2010, de 29 de julio, de Cooperativas del Principado de Asturias; la Ley 6/2013, de 6 de noviembre, de Cooperativas de Cantabria; el Decreto Ley 2/2014, de 29 de agosto, por el que se aprueba el Texto Refundido de Cooperativas de Aragón o la Ley 14/2011, de 23 de diciembre, de Sociedades Cooperativas Andaluzas, que no regulan detalladamente la web corporativa, pero recogen la posibilidad de convocar la asamblea y de ejercitar determinados derechos del socio por medios electrónicos o telemáticos.

perativas de Canarias (LSCCan) sigue la estela de otras leyes autonómicas y dedica tres preceptos a regular la creación y el funcionamiento de la web en las cooperativas canarias.

En primer lugar, la LSCCan regula, en su art. 5, el sitio web, es decir la creación, modificación, traslado y supresión de la web corporativa. En segundo lugar, el art. 6 regula las publicaciones en la web corporativa. Y, finalmente, el art. 7 admite las comunicaciones por medios electrónicos entre la cooperativa y sus socios.

La LSCCan sigue casi literalmente la regulación de la web corporativa de las sociedades de capital establecida en los arts. 11.bis, 11.ter y 11.quáter de la Ley de Sociedades de Capital (LSC).

Vamos a analizar como regula la LSCCan la creación y el funcionamiento de la web corporativa dejando al margen las webs comerciales, pues, siguiendo la Resolución de 10 de octubre de 201 de la Dirección General de los Registros y del Notariado, la página web corporativa es aquel espacio de internet abierto por la sociedad al objeto de cumplir las funciones intra y extra societarias mínimas previstas por el Legislador[2].

II. VOLUNTARIEDAD DE LA PÁGINA WEB

La LSCCan permite a las cooperativas canarias adaptarse a la realidad y a la práctica actual en relación con los medios telemáticos, pero no impone la creación de la página web. El apartado 1 del art. 5 dispone claramente que *"las sociedades cooperativas podrán tener un sitio web corporativo…"*. El término "podrán" instaura la voluntariedad de la web y, en consecuencia, será la cooperativa la que decida o no su creación y utilización.

Los motivos que pueden llevar a una cooperativa a no tener web corporativa son el considerar que el coste de implantación es alto, que su fun-

---

2 Véanse CRUZ RIVERO, D., "Utilización de los medios electrónicos de comunicación en el funcionamiento de las asambleas generales de las sociedades cooperativas. La experiencia de la Ley 14/2011, de 23 de diciembre, de Sociedades Cooperativas Andaluzas", Revista Jurídica CIRIEC, núm. 32, 2018, pp. 4-5, y ESCUIN IBÁÑEZ, I., "La página web institucional o corporativa en la sociedad cooperativa", en AA.AA. *Digitalización de la actividad societaria de cooperativas y sociedades laborales,* (Dirs. Rosalía Alfonso y María del Mar Andreu), Thomson Reuters Aranzadi, Cizur Menos, 2021, pp. 303-325.

cionamiento puede ser complejo para los socios, y que no ofrece ventajas su creación.

Aquellas cooperativas que se deciden por la creación y utilización de la web valoran el interés para las personas socias y los terceros, la seguridad y rapidez de la información proporcionada (*v.gr.*, evita desplazamientos al domicilio social para consultar la información, la obtención rápida de aclaraciones solicitadas, copias del acta, certificados de acuerdos, ...).

En las cooperativas de nueva creación es muy posible que los estatutos ya dispongan la existencia, contenido y requisitos de la web corporativa.

El art. 5 LSCCan concreta la finalidad y los efectos de la web en "publicidad y comunicación" y ello nos plantea la duda de si es posible o no el uso de la web para ejercer los derechos del socio de asistencia, representación y voto en la asamblea general de las cooperativas canarias. En la LSCCan no existen disposiciones respecto al ejercicio de los derechos de los socios por medios electrónicos. Son muy pocos los preceptos que se refieren a la página web. El art. 34.3 LSCCan regula la convocatoria de la asamblea general por web; el art. 39.2 LSSC permite la información en la web sobre el número de votos que corresponde a cada persona socia y el art. 87.4 LSCCan exige la publicación del anuncio de fusión en la web corporativa.

La práctica ha demostrado que la página web es un instrumento óptimo para informar de los actos, acuerdos o documentos relativos al funcionamiento de las sociedades que necesariamente deben ser publicados (anuncio de convocatoria, modificaciones estructurales, ...) o sobre los que se desea informar (admisión de socios, informes de situación, ...)[3]. Pero, en ningún caso, sustituye la obligación de publicidad registral. Sin embargo, el uso de la página web para el ejercicio del derecho de asistencia, representación y voto aún no es relevante en las sociedades españolas.

Obviamente la página web también es un instrumento útil y eficaz para la información y publicidad de las personas socias en las cooperativas. Entendemos que existan reticencias en su utilización para el ejercicio de derechos de las personas no socias dadas las características de las cooperativas, pero nada impide que estatutariamente se regules la utilización de la página web corporativa para dicha finalidad.

---

[3] El art. 6.2 *in fine* dispone que *"la información y los datos de carácter personal que deban incluirse en los documentos y actos que han de publicarse en la web corporativa pueden hacerse públicos de acuerdo con la presente ley y la legislación en materia de protección de datos de carácter personal"*.

III. CREACIÓN, MODIFICACIÓN, TRASLADO Y SUPRESIÓN DE LA WEB CORPORATIVA

El art. 5.2 LSCCan dispone que es competencia de la asamblea general tanto la creación como la supresión de la web corporativa. No obstante, como hemos dicho, nada impide que la cooperativa haya previsto en su escritura de constitución la existencia de la web.

Para su creación por la asamblea general es requisito indispensable que en la convocatoria de la misma figure expresamente la creación de la web en el orden del día de la reunión (art 5.2 LSCCan). El acuerdo de creación de la página web requiere la aprobación de la mayoría ordinaria[4].

La creación de la web debe tener presente varios requisitos indispensables para su buen funcionamiento. En primer lugar, debe tratarse de una web segura que impida o minimice los posibles ciberataques (art 6.2 LSCCan). En segundo lugar, la página web debe proporcionar información clara, veraz, correcta y completa (autenticidad de los documentos publicados - art 6.2 LSCCan). Y, por último, el acceso a la web debe ser gratuito, fácil, con posibilidad de descarga e impresión de los documentos publicados (art 6.2 *in fine* LSCCan).

Lo habitual será que la asamblea general de la cooperativa adopte el acuerdo de creación de la página web y que se encargue a los administradores la concreción de las cuestiones técnicas (concreción de su dirección URL, acceso, ...).

La modificación y el traslado de la página web de la sociedad es competencia exclusiva del órgano de administración, salvo disposición estatutaria en contrario (art. 5.2 *in fine* LSCCan). El Legislador, consciente de los avances tecnológicos y de la rapidez que requiere la puesta al día en tecnología de las sociedades cooperativas, atribuye dicha competencia al órgano de administración que puede actuar con mayor agilidad y celeridad en la toma de decisiones que la asamblea general[5].

---

4 La Resolución de la DGRN de 10 de octubre de 2012 distingue entre la decisión social de disponer de una página web corporativa, que es competencia de la junta, y la concreción de la ubicación o dirección URL de la página que corresponde a la fase ejecutiva.

5 Sobre la determinación de la modificación y el traslado de la página web, véase Boquera Matarredona, J., "La página web corporativa de las sociedades cotizadas", en AA.VV. "*Sociedades cotizadas y transparencia en los mercados*", (dirs. Alonso Ureba, A., Rodríguez Artigas, F., Fernández de la Gándara, L., Velasco San Pedro, L. A.,

La supresión de la web también es competencia exclusiva de la asamblea general (art. 5.2 LSCCan) y ello es lógico, pues dejar eliminar definitivamente este instrumento de publicidad e información al órgano de administración, como sucede en sociedades de capital (art. 11.bis.2 *in fine* LSC), nos parece inadecuado e incluso peligroso.

IIV. INSCRIPCIÓN DE LA WEB CORPORATIVA

Una vez adoptados los acuerdos de creación, de modificación, de traslado o de supresión de la web se harán constar, mediante nota marginal, en la hoja abierta a la sociedad cooperativa en el Registro de Sociedades Cooperativas de Canarias (art. 5.3 LSCCan)[6].

Ante el Registro de Sociedades Cooperativas de Canarias se debe presentar la correspondiente certificación del acuerdo en el plazo de un mes desde la fecha de la adopción (art. 5.3 LSCCan)[7].

Hasta que la web de la sociedad cooperativa no esté inscrita en el Registro de Sociedades Cooperativas de Canarias, las inserciones que la sociedad haga en ella no tienen efectos jurídicos (art. 5.3 *in fine* LSCCan)[8].

En los supuestos de la inscripción de los acuerdos de modificación, de traslado o de supresión de la página web en el Registro de Sociedades de Cooperativas de Canarias, previamente a esta el acuerdo deberá estar insertado durante un mes en el sitio web para información del público (art. 5.3 LSCCan)[9].

El ultimo inciso del art. 5.3 LSCCan dispone que los estatutos sociales podrán exigir que antes de su inscripción en el Registro de Cooperativas de Canarias, se realice, por cualquier procedimiento, la comunicación individualizada a todas las personas socias de los acuerdos de creación, modificación, traslado o supresión de la web.

Esteban Velasco, G., Quijano González, J., y coord. Roncero, A.), Thomson-Aranzadi, Cizur Menor, 2019, pp. 641-682.

6 Véase el apartado 3 del art. 11.bis LSC.

7 La LSCCan no establece las consecuencias del incumplimiento de dicho plazo para la inscripción.

8 Véase el apartado 3 *in fine* del art. 11.bis LSC.

9 Véase el apartado 3 *in fine* del art. 11.bis LSC.

En el supuesto de que el acuerdo de creación de la web no se refiera a los aspectos necesarios para su puesta en funcionamiento y lo dejé en manos del órgano de administración (art. 5.2 *in fine* LSCCan), la comunicación individual a todas las personas socias debería reforzar la publicidad y proporcionar los datos necesarios sobre el funcionamiento de la web. Y en el supuesto de supresión un dato muy importante será la fecha establecida para su ejecución.

Esta comunicación individual tiene más sentido cuando la modificación y el traslado de la página web de la sociedad se ha dejado en manos del órgano de administración. En estos casos la comunicación individual debe proporcionar una información detallada sobre las novedades en el funcionamiento de la web.

La Ley de cooperativas canarias no regula el contenido de los acuerdos de creación, modificación, traslado o supresión de la web. Por tanto, será suficiente comunicar al Registro de Cooperativas de Canarias la decisión de crear, modificar, trasladar o suprimir la web sin necesidad de dar detalles de su estructura, su funcionamiento o su contenido (dominio, URL, emplazamiento del servidor, ...). No obstante, el art. 5.1 LSCCan dispone que en la web corporativa se deberá hacer constar el domicilio social de la cooperativa y sus datos identificativos y registrales.

V. LAS PUBLICACIONES EN LA WEB CORPORATIVA

1. La inserción de contenidos en la web corporativa

La LSCCan deja en manos del órgano de administración la inserción de contenidos en la web y a la sociedad le exige garantizar la seguridad, la autenticidad y el acceso a la misma (art 6.2 LSCCan)[10]. En consecuencia, le corresponde al órgano de administración de la cooperativa la prueba del hecho de la inserción de los contenidos en la web y de la fecha de la inserción de documentos en la página web o del período en que se mantuvieron en la misma (art. 6.1 LSCCan)[11].

---

10 Véase el art. 11.ter.1 LSC al que sigue literalmente la LSCCan.

11 Véase el art. 11.ter.2 LSC al que sigue literalmente la LSCCan.

Se regula esta inversión de la carga de la prueba[12] al considerar que el demandante puede tener muchas más dificultades que la cooperativa demandada para obtener los datos que demuestren que no pudo acceder a la página web. La cooperativa es la que gestiona y controla la web y, por tanto, puede acreditar qué información se incluyó y cuando se insertó y se puso a disposición de los socios u otros interesados.

La cooperativa puede utilizar cualquier medio de prueba admitido en derecho para demostrar el hecho de la inserción de documentos en la web y su fecha. Tanto medios tradicionales, como un acta notarial de la captura de pantalla de la web o "pantallazo", como medios utilizados por terceros de confianza (art. 25 de la Ley de Servicios de la Sociedad de la Información y de Comercio Electrónico), como archivos en soportes informáticos. Pero la intervención de los terceros elevará los costes y no simplifica el funcionamiento de la cooperativa.

Como hemos visto[13], en la LSCCan hay muy pocas normas que se refieran al contenido de la página web. Por ello es necesario tener presente lo que hayan dispuesto los estatutos de la cooperativa (información previa a su celebración y publicaciones tras la celebración de la asamblea). y los contenidos exigidos por otras leyes, como en el caso de las modificaciones estructurales.

En todo caso, hay que tener presente que la información y los datos de carácter personal que deban incluirse en los documentos y los actos que han de publicarse en la web corporativa, deben hacerse públicos de acuerdo con la LSCCan y la legislación en materia de protección de datos de carácter personal (art. 6.2 *in fine* LSCCan).

2. Mantener lo insertado en la página web

En virtud del art. 6.3 LSCCan, el órgano de administración tiene el deber de mantener lo insertado en la página web durante el plazo exigido por la ley, y sus miembros responderán solidariamente entre sí y con la sociedad, frente a las personas que sean socias, acreedoras, trabajadoras, así como frente a terceras personas de los perjuicios causados por la interrupción temporal de acceso a esa página, salvo que la interrupción se deba a caso fortuito o de fuerza mayor.

---

12 Véase el art. 217.1 Ley de Enjuiciamiento Civil.

13 Véase el apartado II de este trabajo.

Para acreditar el mantenimiento de lo insertado durante el plazo exigido por la ley será suficiente la declaración del órgano de administración de la cooperativa, que podrá ser desvirtuada por cualquier persona interesada mediante cualquier prueba admisible en Derecho[14].

Esta declaración deberá suscribirse por quien ostenta el poder de representación social. Si se acredita el mantenimiento de lo insertado en la web corporativa durante el término legal exigido habrán acreditado el hecho de la inserción y su fecha.

Finalmente, en los supuestos en que la ley exija el mantenimiento de la inserción después de celebrada la asamblea general, si se produjera interrupción, deberá prolongarse por un número de días igual al que el acceso hubiera estado interrumpido (arts. 7.4 LSCCan y 11.ter.4 *in fine* LSC).

3. La interrupción de acceso a la web

El apartado 4 del art. 7 LSCCan reproduce, casi literalmente, el apartado 4 del art. 11.ter LSC sobre la interrupción de acceso a la página web y dispone: "*Si la interrupción de acceso al sitio web de la sociedad fuera superior a dos días consecutivos o cuatro alternos no podrá celebrarse asamblea general convocada para acordar sobre el asunto a que se refiere el documento insertado en su página, salvo que el total de días de publicación efectiva sea igual o superior al plazo exigido por la ley. ...*".

La interrupción se refiere al documento inserto que no ha sido accesible durante el tiempo establecido. Ese documento puede ser la convocatoria de la junta o un documento referido a algún punto del orden de día, etc.

Al Legislador le preocupa que al socio se le impida la continuidad en el acceso a la página web y el consecuente perjuicio de su derecho a la información. Pero para el Legislador una interrupción inferior a dos días consecutivos o a cuatro alternos no afecta a la valida constitución de la asamblea. Sin embargo, si la imposibilidad de acceso es por un periodo superior a dos días consecutivos o a cuatro alternos le parece lo suficientemente grave para no poder celebrarse la asamblea general. No obstante, si, descontados los días de interrupción, el documento o la información hubiera permanecido accesible en la web durante el tiempo exigido por la Ley, la asamblea podrá celebrarse.

---

14 Véase el art. 11.ter.3 LSC.

Esta situación es poco real hoy en día, aunque lo pudo ser en los primeros momentos de la utilización de los medios telemáticos. En la actualidad, dado el estado de la técnica, las llamadas "caídas de la red" son poco frecuentes y poco prolongadas en el tiempo (segundos o minutos). En nuestra opinión, no tiene sentido copiar esta norma que tiene una solución fácil que consiste en no apurar los plazos y convocar la asamblea con más antelación.

Además, pueden plantearse problemas de diferente índole y transcendencia. Puede suceder que ninguna persona socia tenga la posibilidad de acceder a la página web o que un solo socio o algunos socios no puedan utilizar la web; que el socio tenga acceso a la información, pero no pueda descargársela y/o imprimirla; o puede descargarla, pero no puede acceder posteriormente; o puede no acceder en un periodo breve (minutos) o serle imposible acceder por un periodo prolongado (24 horas). Incluso podría suceder que los administradores retiraran la información de la web antes de finalizar el plazo legal (*v.gr.*, mantenimiento del proyecto y de los informes de las modificaciones estructurales con anterioridad a la asamblea general - art. 5.6 del Real Decreto Ley 5/2023 en materia de modificaciones estructurales).

En algunos de los casos mencionados, la persona socia ha podido acceder a la información y es difícil justificar que se ha lesionado su derecho. Sin embargo, la regulación del art. 7.4 LSCCan, al igual que el art. 11.ter.4 LSCCan, se basa en la duración del periodo de inaccesibilidad a la página web corporativa.

La consecuencia de la interrupción al acceso de la página web es muy grave, pues imposibilita celebrar la junta general. Por ello, debe tratarse de una interrupción que se prolongue en el tiempo. La persona socia debe probar que intentó en varios días acceder en distintos momentos a la página web o a una documentación y no lo logró. Es decir, que en un momento del plazo legal la publicación no ha sido accesible o no se ha mantenido el acceso.

4. La responsabilidad derivada del funcionamiento de la página web

El órgano de administración responde de los daños que cause el incumplimiento de los deberes inherentes al funcionamiento de la web de la cooperativa (art. 6.3 LSCCan).

Los administradores tienen el deber de mantener lo insertado en la página web durante el término exigido por la ley, y responderán solidariamente entre sí y con la sociedad frente a las personas que sean socias, acreedoras, trabajadoras, así como frente a terceras personas de los perjuicios causados por la interrupción temporal de acceso a esa página, salvo que la interrupción se deba a caso fortuito o de fuerza mayor (art. 6.3 LSCCan)[15].

La LSCCan se refiere a mantener lo insertado, pero la sociedad también debe controlar la identidad de la persona que inserta el anuncio de la convocatoria u otra información para saber si está autorizada a ello. Es decir, si es administrador de la sociedad, si tiene vigente su cargo y si el texto insertado en la página web es el que corresponde[16]. Debemos tener en cuenta que la responsabilidad por el mantenimiento de lo insertado es una responsabilidad más agravada, pues, como hemos visto, se invierte la carga de la prueba.

La responsabilidad impuesta por el art. 6.3 LSCCan es una responsabilidad solidaria entre los administradores y la sociedad. Para poder ejercitar la acción de responsabilidad contra los administradores y/o contra la sociedad habrá que demostrar que existió un nexo causal entre un acto antijurídico con culpa de los administradores, por acción u omisión, y un daño efectivo al sujeto que ejercita la acción. Es decir, que existe nexo causal entre la interrupción del acceso a la web por causas imputables a la sociedad o los administradores, y el daño sufrido por el socio, los acreedores, los trabajadores o terceros[17].

VI. COMUNICACIONES POR MEDIOS ELECTRÓNICOS ENTRE LA COOPERATIVA Y SUS SOCIOS

El art. 7 LSCCan regula las comunicaciones por medios electrónicos entre la sociedad cooperativa y sus personas socias. Lo hace en términos muy similares a los dispuesto por el art. 11.quáter LSC para las sociedades de capital. Es decir: "*Las comunicaciones entre la sociedad cooperativa y sus personas socias, incluida la remisión de documentos, solicitudes e información, pueden hacerse por medios electrónicos siempre que este tipo de comunicación esté previsto en los estatutos sociales y la persona socia haya aceptado las comunicaciones*

---

15 Véanse los arts. 11.ter.3 LSC y 1105 Código civil.

16 Hoy electrónicamente es posible realizar ese control.

17 El precepto analizado tiene presente que hay documentos en la web corporativa que no solo se pueden consultar por los socios, sino por otros sujetos (acreedores, trabajadores, ...), como los informes en las modificaciones estructurales.

por medios electrónicos. La sociedad cooperativa habilitará, a través de la página web, el correspondiente dispositivo de contacto con la sociedad que permita acreditar fehacientemente la fecha de la recepción y el contenido de los mensajes electrónicos intercambiados entre las personas socias y la sociedad cooperativa, respetando la legislación en materia de protección de datos de carácter personal".

La LSCCan prevé que la página web pueda utilizarse como instrumento o plataforma para la comunicación entre la cooperativa y sus socios. Ello exige, en primer lugar, la previsión estatutaria y, en segundo lugar, que la página web disponga de un acceso restringido que permita a los socios enviar mensajes a la sociedad y viceversa. Por último, que el dispositivo habilitado permita a la sociedad acreditar fehacientemente la fecha de la recepción y el contenido de los mensajes electrónicos intercambiados.

Parece que la intención del Legislador es incentivar el uso de la tecnología con el fin de fomentar y facilitar la participación de los socios en la vida de la cooperativa y a su vez lograr mayor transparencia y menores costes en la actividad social.

Con la aceptación individual de las comunicaciones por medios electrónicos la persona socia deberá facilitar la dirección del medio electrónico que quiere utilizar (correo electrónico, teléfono móvil, ...). No es necesaria la regulación estatutaria de esta cuestión, pero podría regularse la revocación de la aceptación y otras cuestiones relacionados con este tema.

El contenido de las comunicaciones entre el socio y la cooperativa puede ser muy variado (solicitudes de información, documentos o aclaraciones, alertas sobre anuncios de convocatoria de la asamblea general, ...), pero será necesario que conste, y se pueda comprobar, la fecha de recepción del mensaje y su contenido.

Aunque la LSCCan no lo prevé la web también podría permitir la comunicación entre socios, es decir una especie de foro electrónico de personas socias[18].

VII. BIBLIOGRAFÍA

BOQUERA MATARREDONA, J., "La página web corporativa de las sociedades cotizadas", AA.VV. "*Sociedades cotizadas y transparencia en los mercados*", (DIRS. Alonso Ureba, A., Rodríguez Artigas, F. Fernández de la Gandara, L., Velasco San Pedro,

18 Véase el art. 539.2 *in fine* LSC.

L. A., Esteban Velasco, G., Quijano González, J. y Coord. Roncero, A.), Thomson-Aranzadi, Cizur Menor, 2019, pp. 641-682.

BOQUERA MATARREDONA, J., "Paradojas y problemas de la página web corporativa de las sociedades de capital", *Revista de Derecho Mercantil,* 2019, núm. 313, pp. 41-68 (versión digital).

CRUZ RIVERO, D., "Utilización de los medios electrónicos de comunicación en el funcionamiento de las asambleas generales de las sociedades cooperativas. La experiencia de la Ley 14/2011, de 23 de diciembre, de Sociedades Cooperativas Andaluzas", *CIRIEC-España, Revista Jurídica de Economía Social y Cooperativa,* núm. 32, 2018, pp. 1-30.

CRUZ RIVERO, D., "Las comunicaciones electrónicas entre la sociedad y los socios", *Revista de Derecho Mercantil,* núm. 291, 267-309.

ESCUIN IBÁÑEZ, I., "La página web institucional o corporativa en la sociedad cooperativa", AA.AA. *Digitalización de la actividad societaria de cooperativas y sociedades laborales,* (Dirs. Rosalía Alfonso y María del Mar Andreu), Thomson Reuters Aranzadi, Cizur Menos, 2021, pp. 303-325.

FERNÁNDEZ DEL POZO, L., "La página web de la sociedad. Un comentario a los artículos 11 bis, 11 ter y 11 quáter de la LSC", Revista de Derecho de Sociedades, núm. 60, 2020, pp. 23-70.

FRANCH FLUXÁ, J./MORELL RAMOS, J. "La página web y sociedades de capital ¿Un nuevo Derecho Mercantil 2.0?", *Revista de Derecho Mercantil,* núm. 286, pp. 51-187.

JORDÁ GARCÍA, R., "Páginas web corporativas de las sociedades no cotizadas", *Diario La Ley,* núm. 7873, 2012.

JORQUERA GARCÍA, L., "La web corporativa como instrumento de relación de las sociedades mercantiles con socios y terceros. Aspectos prácticos", *Diario La Ley,* núm. 8186, 2017.

MUÑOZ PASADAS, R./TIRADO VALENCIA, P., "Responsabilidad social y transparencia a través de la web: un análisis aplicado a las cooperativas agroalimentarias españolas", *REVESCO: revista de estudios cooperativos,* núm. 114, 2014, pp. 84-105.

PÉREZ MORIONES, A., "La página web de la sociedad o página web corporativa: luces y sombras", *Revista Aranzadi Civil-Mercantil,* núm. 4, 2017, 29-44.

ROJO ÁLVAREZ-MANZANEDA, R., "Las páginas webs como instrumento de publicidad e información de las sociedades de capital", *Revista de Derecho Mercantil,* núm. 295, 2015, pp. 253-328.

Capítulo V.

Estructura orgánica (I): asamblea general

Mª DE LOURDES FERRANDO VILLALBA

Catedrática de Derecho Mercantil

Universitat de València

I. ESTRUCTURA ORGÁNICA DE LA SOCIEDAD COOPERATIVA CANARIA

La consideración de la sociedad cooperativa como entidad de la economía social[1] y la vigencia de los principios cooperativos[2], determinan su estructura corporativa y la configuración de sus órganos necesarios. En

---

1 Art. 6, 1, a) de la Ley 3/2022, de 13 de junio, de Economía Social de Canarias. Destaca, en este sentido, la Exposición de Motivos de la LSCCan, que la "fórmula societaria más representativa de la economía social es la sociedad cooperativa", que "incorpora como principal aspecto diferenciador la participación democrática de las personas socias en las decisiones empresariales".

2 En este punto, destaca la propia Exposición de Motivos de la LSCCan, que el reto de la Ley es mantener los valores y principios cooperativos tradicionalmente considerados mejorando a la vez la eficacia en la gestión de las cooperativas. En este sentido, ROMÁN CERVANTES, C., GALVÁN SÁNCHEZ, I., DOMÍNGUEZ CABRERA, M. P., "Los principales aspectos jurídico-económicos del Proyecto de Ley de Sociedades Cooperativas de Canarias"; *Ciriec-España, Revista jurídica,* Nº 32/2018, p. 10.

efecto, la Ley 4/2022, de 31 de octubre, de Sociedades Cooperativas de Canarias (en adelante, LSCCan), confirma que son órganos necesarios de la cooperativa canaria la asamblea general, el órgano de administración y la intervención.

Puede apreciarse en el tenor del art. 33 LSCCan alguna diferencia respecto de lo establecido en el art. 19 LCoop, en dos aspectos principalmente. En primer lugar, se hace referencia a la necesidad del órgano de administración, no así del Consejo Rector, dado que se permite que las sociedades cooperativas de menos de diez socios sean gestionadas por una administración única (art. 46.1 LSCCan), permitiendo incluso que en estas cooperativas se incluya en los estatutos una cláusula de órgano alternativo que permita a la asamblea general optar por la modalidad administración única o Consejo Rector, sin necesidad de modificar los estatutos sociales (art. 45.2 LCCan).

Al igual que el art. 19 LCoop, el art. 33 LSCCan impone que la estructura corporativa de la sociedad cooperativa canaria cuente con una intervención (arts. 54 y ss. LSCCan), como órgano de fiscalización de la actividad y funcionamiento de la cooperativa. En un número máximo de tres, las personas que ejerzan la intervención tienen derecho a consultar y comprobar toda la documentación de la cooperativa y hacer las verificaciones que estimen necesarias en el ejercicio de las funciones que se les encomiendan (arts. 54.1.II y 56 LCCan), reconociéndoles asimismo la LSCCan una función informadora o consultiva de la asamblea general (art. 56.c) LSCCan).

Se refuerza, de este modo, su papel fiscalizador o supervisor de la actividad gestora de la sociedad cooperativa, y se somete a los interventores a un estatuto común con los miembros del órgano de administración en aspectos como la regulación de los conflictos de intereses, su retribución, su responsabilidad y el régimen de incompatibilidades, incapacidades y prohibiciones (arts. 57 a 60 LSCCan).

El segundo aspecto al que antes nos referíamos, y en el que la LSCCan goza de mayor precisión, es el relativo a las competencias de los órganos facultativos. En en ningún caso podrán atribuirse a estos órganos (los referidos en el art. 33.2 LSCCan), las competencias propias de los órganos necesarios[3]. A diferencia de otras normas autonómicas de cooperativas,

[3] En este punto, el art. 19 LCoop se refiere a que sus funciones no podrán confundirse con las propias de los órganos necesarios, expresión menos precisa que la de la reserva de competencias que implica la dicción del art. 33.2 LCCan. En este

no precisa la LSCCan que se trate de las competencias exclusivas de los órganos sociales considerados necesarios, sino que alude con carácter general a sus "competencias propias"[4]. Incorporando aquí la expresión utilizada en el art. 59.1 LSC (también en el art. 34.1 LSCCan), que define la junta general de la sociedad de capital como la reunión de los socios para adoptar acuerdos en las materias propias de la competencia de este órgano social, parece que la norma canaria incluiría todas las competencias que son atribuidas a la junta general (o, en su caso, el órgano de administración o la intervención), no solo aquellas que ostenta de forma exclusiva[5].

Con carácter general, por otro lado, es destacable en el texto normativo canario una mayor influencia de la legislación propia de las sociedades de capital[6]. Buena muestra de ello es la posibilidad, ya referida, de incluir la cláusula de órgano alternativo en los estatutos de las sociedades cooperativas de menores dimensiones (art. 45.2 LCCan), apreciándose asimismo

punto, puede traerse a colación, por ejemplo, el art. 42 LCCat, que reconoce, también, la posibilidad de que los estatutos de una sociedad cooperativa contemplen la existencia de otros órganos sociales, no necesarios o facultativos, y que se determinen sus funciones, pero sin que se les puedan atribuir las competencias que con carácter exclusivo se confieren a la asamblea general o al Consejo Rector y, en su caso, al Comité de Recursos.

4 Que se definen como las materias cuyo conocimiento le atribuyen la ley cooperativa canaria y los estatutos (art. 34.1 LSCCan).

5 El art. 42 LCCat reconoce también la posibilidad de que los estatutos de una sociedad cooperativa contemplen la existencia de otros órganos sociales, no necesarios o facultativos, y que se determinen sus funciones, pero en este punto matiza que no se les pueden atribuir las competencias que, con carácter exclusivo. se confieren a la asamblea general o al Consejo Rector y, en su caso, también, al Comité de Recursos. El art. 32.2 LCEusk señala, quizá con menor ambigüedad, que no se podrán atribuir a estos órganos facultativos las competencias "atribuidas" a los órganos necesarios. Otros textos autonómicos, como la LCCV (art. 29), no realizan mención alguna a la posible atribución de competencias a los órganos no necesarios que los estatutos sociales puedan contemplar.

6 Sin duda, volviendo a lo establecido en la Exposición de Motivos de la LSCCan, el mantenimiento de los principios y valores cooperativos, entre los que se destacan la solidaridad y la democracia en su gestión, debe hacerse compatible con la exigencia de eficacia en la gestión mediante criterios empresariales, y una de las manifestaciones de esta necesidad es la incorporación de criterios y reglas de funcionamiento propios de las sociedades de capital a las sociedades cooperativas, principalmente en relación con el ejercicio de los derechos de los socios, en concreto, el de información y voto en la asamblea general, así como la prevención de los conflictos de intereses y la responsabilidad de los encargados de la gestión y representación de la cooperativa.

en otros aspectos, como la posibilidad de que la Asamblea General pueda participar en la gestión de la cooperativa, ejercitando la competencia reconocida en el art. 36.2.III LSCCan que , con alguna matización[7], el contenido de los arts. 21.1.II LCoop y 161 LSC. Este reconocimiento, junto con la inclusión de la intervención como órgano necesario en el art. 33.1.c) LSCCan, conforma un sistema de control *ex ante* y *ex post* de la gestión de la cooperativa, en orden a la consecución de una mayor eficacia en la gestión, tal y como anuncia la propia Exposición de Motivos de la LSCCan.

La estructura corporativa de la sociedad cooperativa canaria deberá estar integrada necesariamente por tres órganos: la asamblea general, el órgano de administración[8] (en su modalidad de administración única o de Consejo Rector) y la intervención, si bien es posible, como reconoce el art. 33.2 LSCCan, que se creen otros órganos potestativos, entre los que se ha de destacar el Comité de recursos, regulado en el art. 61 LSCCan. Este órgano, cuya función es la de tramitar y resolver los recursos interpuestos por las personas afectadas contra las sanciones acordadas por el órgano de administración, y los demás recursos previstos por la LSCCan o por los estatutos de la cooperativa, contará al menos con tres miembros, elegidos por la asamblea general de entre las personas socias con plenitud de derechos (art. 61.2 LSCCan).

La libertad estatutaria en materia de estructura corporativa queda limitada porque es necesario contar con los tres órganos mencionados, pero se amplía por cuanto estatutariamente podrán preverse todos los órganos que se estimen convenientes para el desarrollo y funcionamiento de la cooperativa, con los únicos límites de no atribuirles las competencias propias de los órganos necesarios (arts. 33.2 y 62.1 LSCCan) ni una denominación que pudiera inducir a confusión con la de estos órganos (art. 62.2 LSCCan).

---

7 En concreto, la inclusión de la expresión "de especial trascendencia", que limita el ámbito de aplicación de la norma analizada, frente al tenor del art. 161 LSCCan.

8 Se sigue en la LSCCan la opinión manifestada por Sánchez Ruiz, M., "Asamblea General", en AA.VV., *La sociedad cooperativa en la Ley 27/1999, de 16 de julio, de Cooperativas*" (Coord. ALONSO ESPINOSA, F.J.), Comares, Granada, 2001, p. 198, quien ya optaba por la conveniencia de adoptar la denominación "órgano de administración", ya que en las cooperativas de menos de diez socios los estatutos podían haber previsto la sustitución del Consejo Rector por un administrador único.

II. CONCEPTO Y COMPETENCIAS DE LA ASAMBLEA GENERAL

1. La Asamblea General. Concepto y papel de la Asamblea en la organización corporativa de la sociedad cooperativa

La consideración de órgano necesario de la Asamblea General de la cooperativa va acompañada de la mención expresa en la LSCCan de que la Asamblea es el órgano supremo de expresión de la voluntad social en las materias cuyo conocimiento le atribuyen esta ley y los estatutos (art. 34.1 LSCCan). Su naturaleza colegiada impone su convocatoria (art. 37 LSCCan), con la inclusión de un orden del día de la reunión[9], el cumplimiento de concretas normas de constitución del órgano, así como la asunción de reglas específicas sobre desarrollo de la reunión y adopción de acuerdos (arts. 38 y 41 LSCCan) y ejercicio del derecho de voto (art. 39 LSCCan).

La soberanía corporativa de la Asamblea General comporta, asimismo que, si ha sido válidamente constituida y sus acuerdos han sido adoptados conforme a la Ley y los estatutos, estos obligarán a todas las personas socias, incluso a las disidentes y a las ausentes en la reunión (art. 34.2 LSCCan). La supremacía del órgano de los socios en la cooperativa se comprueba, por otra parte, al tener en cuenta las relevantes competencias desarrolladas por este órgano, recogidas en una enumeración no taxativa en el art. 36 LSCCan. Entre estas importantes funciones, sin perjuicio del análisis más detallado que se efectuará en el apartado siguiente, son destacables la fijación de la política general de la cooperativa (art. 36.1.k) LSCCan)[10], o las competencias relativas a las modificaciones esenciales de la estructura económica, social, organizativa o funcional de la cooperativa, que van a requerir siempre de un acuerdo adoptado en Asamblea General (art. 36.1, letras c,d,e,g,i LSCCan). Y ello sin olvidar el expreso reconocimiento,

---

9 El orden del día es un elemento imprescindible de la convocatoria de la junta, que ha de constar con claridad mencionando los asuntos a tratar, el art. 37.4 LSCCan se refiere a la fijación del orden del día, en cuya elaboración podrán participar también los interventores, así como un porcentaje o número mínimo de socios. Incluso en el supuesto de Asamblea General universal, todos los socios deberán aprobar y firmar el orden del día (art. 35.2 LSCCan).

10 Si bien la competencia para fijar las directrices generales de la gestión es una competencia exclusiva e indelegable del Consejo Rector (art. 52.2.a) LSCCan). No obstante, en el ámbito interno, la Asamblea General podrá ejercitar competencias gestoras en determinados asuntos, tanto por aplicación del art. 26.1.i) como del art. 36.2.III LSCCan.

como competencia legal, de la posibilidad de que la Asamblea General participe en la gestión de la sociedad cooperativa, conforme a lo dispuesto en el art. 36.2.III LSCCan), lo que, unido a la atribución a este órgano de las competencias relativas al nombramiento de los integrantes de los restantes órganos sociales necesarios (administración e intervención de la cooperativa) (art. 36.1.a) LSCCan), son imagen inequívoca del papel que la Asamblea General está llamada a desempeñar en la estructura organizativa de la sociedad cooperativa, y que se desea reforzar, como en ocurre en nuestra legislación sobre sociedades de capital, como elemento de control y mejora de la gestión societaria.

2. *Las competencias de la Asamblea General*

A) Consideraciones generales sobre el ámbito competencial de la Asamblea general. Competencias sobre modificaciones sustanciales y competencias en asuntos de especial relevancia.

La Asamblea General de la cooperativa podrá adoptar acuerdos sobre las materias de su competencia, atribuidas por la LSCCan o por sus estatutos (art. 34.1 LSCCan). La LSCCan, como se ha mencionado, la considera un órgano necesario y además el órgano supremo de expresión de la voluntad social, pero no le otorga la competencia residual con carácter general. Esta, como señala el art. 47.2 LSCCan, es atribuida al órgano de administración. La eficacia y la agilidad en la gestión, además de la necesidad, cada vez más, de optar por un modelo de administración profesionalizada, están en el origen de esta opción legislativa[11].

La LSCCan contiene, en su art. 36.1, una enumeración de competencias de la Asamblea General, reconocidas con carácter exclusivo, y también indelegable[12]. Sin duda, el listado contiene aquellos asuntos de mayor

---

11 En otras normas autonómicas no existe un expreso reconocimiento de la competencia residual de la asamblea general, por ejemplo, se eliminó en la reforma de la LCCat, si bien tampoco se recoge, como en la LSCCan la competencia residual del órgano de administración. Esto permitiría mantener la vis atractiva competencial de la Asamblea General en las cooperativas catalanas, siempre respetando las competencias exclusivas del Consejo Rector en este caso.

12 El art. 36.2.II LSCCan reconoce este carácter indelegable, sin embargo, no solo a las competencias exclusivas de la Asamblea, sino a toda competencia atribuida legalmente que exija un acuerdo de este órgano.

trascendencia para la estructura y funcionamiento de la cooperativa, y a él habrá que añadir todas aquellas otras competencias atribuidas en otros preceptos de la Ley, así como las competencias que le sean atribuidas por los estatutos sociales, como dispone el art. 36.1 LSCCan. Por lo tanto, por vía estatutaria podrá efectuarse una ulterior delimitación de competencias entre los órganos, si bien la competencia residual se atribuye al órgano de administración (art. 47.2 LSCCan).

La opción del legislador en el art. 47.2 LSCCan, tiene una importante excepción, contemplada en el art. 36.1.i) LSCCan, norma que atribuye a la Asamblea General "toda decisión que implique una modificación sustancial, según los estatutos, en la estructura económica, social, organizativa o funcional de la cooperativa", reservando su ejecución al órgano de administración. Pone como ejemplo de tales decisiones "la transmisión o enajenación por cualquier título del conjunto de la empresa o patrimonio de la cooperativa, integrado por el activo o pasivo, todo el activo, o por elementos del inmovilizado que constituyan más del veinte por ciento del mismo". Se trataría, por tanto, de un modelo dual de atribución de competencias residuales, reservando aquellas que tienen gran impacto económico-financiero, social, organizativo o funcional sobre la cooperativa a la Asamblea General.

Conviene detenerse brevemente en el concepto de modificación sustancial de la estructura económica, social, organizativa o funcional de la cooperativa, dado que los estatutos deberán, respetando esta atribución de competencias, que son "propias" y además "exclusivas" de la Asamblea, impedir la atribución expresa de competencias que impliquen alguna de estas modificaciones sustanciales a otros órganos, en concreto, al órgano de administración.

De hecho, la LSCCan permite que los estatutos puedan reforzar más aún el papel y las competencias de la Asamblea General, a través de lo dispuesto en el art. 36.2.III, que resultará de aplicación "salvo disposición estatutaria en sentido contrario", lo que significa que no es necesario un reconocimiento estatutario expreso de dicha competencia, sino que por tratarse de una competencia legal, se incluye dentro del programa dispositivo previsto por el legislador para configurar las competencias de la Asamblea General, en los supuesto en los que los estatutos nada digan, y que permite una activa participación gestora de la Asamblea[13]. El precepto

---

[13] Puede plantearse la cuestión de qué ocurriría si, en ejercicio de la libertad estatutaria, se decidiera limitar el ejercicio de esta facultad de la Asamblea. Puede

reconoce, en efecto, la posibilidad de que la Asamblea General participe en la gestión de la sociedad, impartiendo instrucciones al órgano de administración o sometiendo a autorización la adopción por este órgano de decisiones o acuerdos sobre determinados asuntos de especial trascendencia[14]. Se aprecia, por lo tanto, una importante diferencia con el tenor del art. 21.1.II LCoop, dado que en esta norma solo se hace referencia más a que la expresión "determinados asuntos", en tanto en el art. 161 LSC se alude a "determinados asuntos de gestión".

Conviene detenerse brevemente en este punto, dado que el tenor del art. 36.2.III LSCCan incorpora una limitación en esta competencia de la Asamblea General. En efecto, no solo se restringe el ejercicio de esta competencia gestora de la Asamblea a "determinados asuntos", sino que estos han de ser además "de especial relevancia". Esta expresión indeterminada, sin duda, responde a la intención del legislador canario de impedir que la Asamblea General pueda recurrir a esta competencia de forma generalizada o continuada, entorpeciendo, si fuera el caso, la labor del órgano de administración. La concreción del significado de esta expresión comporta, en primer lugar, la distinción de los conceptos de "decisión que implique una modificación sustancial" y de "asunto de especial relevancia". Las decisiones que impliquen una modificación sustancial en la estructura económica, social, organizativa o funcional de la cooperativa son competencia exclusiva de la Asamblea General, como dispone el art. 36.1.i) LSCCan, por lo que la atribución de esta competencia, la del art. 36.2.III LSCCan, debe suponer algo más, el concepto de "asunto de especial relevancia" debe ser más amplio, incorporando, por lo tanto, cuestiones que, aun no suponiendo una modificación sustancial, sean de suficiente entidad para que sea la voluntad social la que se manifieste, poniendo límites (instrucciones)

---

pensarse que, dado que los estatutos pueden prohibir su ejercicio, establecer una disposición en sentido contrario, también podrán delimitar, restringir o configurar su ejercicio por la Asamblea.

14 La norma encuentra su justificación si se piensa en que la sociedad cooperativa goza de un importante sustrato personal, en el que las relaciones entre los socios en orden a la consecución del fin social cooperativo constituyen un elemento esencial. En relación con su antecedente, el art. 21.1.II LCoop, así se manifestaba VICENT CHULIÁ, F., "La Ley 27/1999, de 16 de julio, de Cooperativas Estatal", *Revista General de Derecho,* 1999, nº 663, p. 14575, al señalar que su incorporación se comprende porque "son los propios socios los "clientes" o "proveedores" de la empresa cooperativa, por lo que causa o fin y objeto o actividad en la cooperativa se confunden, siendo determinante de qué forma se desarrolla su actividad; y, por último, también como tributo al principio democrático".

o sometiendo a autorización la ulterior decisión de los responsables de la administración cooperativa.

Pero, además, no se limita en el precepto, al igual que en el art. 21.1.II LCoop, el ejercicio de esta competencia de la Asamblea a los asuntos de gestión, como sí hace el art. 161 LSC. Ello puede comportar una interpretación del ámbito de aplicación de la norma todavía más amplio, aunque es lógico pensar que normalmente se tratará de asuntos de "gestión" de la cooperativa.

Esta competencia, en lo que afecte a la gestión social, evidentemente, no es exclusiva de la Asamblea, sino "compartida" con el órgano de administración, por ello no se incluye en el elenco de competencias del art. 36.1 LSCCan, Asimismo, para hacer compatible la reserva de la representación de la cooperativa como competencia exclusiva del órgano de administración con el ejercicio de esta competencia, se limita el ámbito de ejercicio, y también de eficacia de la norma, al ámbito interno. Las consecuencias, por lo tanto, del incumplimiento de las instrucciones o de la falta de autorización de la Asamblea General, quedarán en el ámbito interno, sin afectar a las relaciones con terceros de buena fe, que quedan protegidos por el reconocimiento del ámbito del poder de representación efectuado por el art. 47.2 LSCCan (y art. 234 LSC). Se salva así la competencia exclusiva en materia de representación del órgano de administración[15].

La principal consecuencia de la introducción de esta norma es la mayor flexibilidad de las relaciones interorgánicas[16], lo que resulta deseable dadas las especiales características de la sociedad cooperativa, Sin embargo, la indeterminación de los conceptos utilizados por el legislador no contribuye a una clara delimitación competencial entre los órganos sociales en la

---

15 Dispone el art. 47.2 LSCCan que "las facultades representativas del consejo rector se extienden a todos los actos relacionados con las actividades que integran el objeto social de la cooperativa, sin que tengan efectos frente a terceros las limitaciones que en cuanto a ellos puedan contener los estatutos". Si bien la norma se refiere al Consejo Rector, y se incluye en el precepto dedicado a la naturaleza y competencias del consejo rector, debe ser aplicada igualmente cuando el régimen de administración sea el de una administración única, que también ostenta las competencias de gobierno, gestión y representación de la cooperativa, cuando así lo hubieran establecido los estatutos (art. 46.1 LSCCan).

16 En este sentido, SÁNCHEZ RUIZ, M., "Asamblea General", *op. cit.*, p. 225; PASTOR SEMPERE, C., "Principales novedades de la nueva Ley 27/1999, de 16 de julio, de sociedades cooperativas", *Revista de Derecho de Sociedades*, nº 13, 1999, p. 232.

cooperativa[17]. En el supuesto de la LSCCan la amplitud de la competencia conferida legalmente a la Asamblea General se pone además de manifiesto

---

[17] En este sentido, sobre el tenor del art. 21.1.II LCoop, se manifestaban ya SÁNCHEZ RUIZ, M., "Asamblea General", *op. cit.*, pp. 227 y 228, señalando que "el principio democrático que debe presidir el funcionamiento de la cooperativa no se habría visto perjudicado si los cauces de intervención de la Asamblea en los asuntos de gestión fuera, exclusivamente, la reserva de competencias estatutarias y la posibilidad de impartir instrucciones o de someter a su autorización determinadas decisiones que son competencia del Consejo. Este sistema (...) permite hacer compatible el necesario protagonismo del órgano de socios y su intervención en la administración social con unas mínimas exigencias de claridad en la distribución de competencias entre órganos"; y ALFONSO SÁNCHEZ, R., "Aspectos básicos de la nueva regulación de la sociedad cooperativa (Ley 27/1999, de 16 de julio)", *Cuadernos de Derecho y Comercio,* nº 31, 2000, pp. 176 y 177, al señalar que este sistema de distribución competencial "entorpece la labor de gestión y representación que la ley atribuye a los administradores, sin que, por otra parte, constituya una fuente de exoneración de responsabilidad que les alcanza como miembros de dicho órgano". No obstante, en este último punto, el art. 59.4 LSCCan permite que los miembros de los órganos colegiados, en el ejercicio de sus funciones, queden exentos de responsabilidad en determinados supuestos: voto en contra que se hace constar en acta, no participación en la ejecución del acuerdo, si han realizado todo lo conveniente para evitar el daño; no asistencia a la reunión, si no han tenido posibilidad de conocer el acuerdo, o habiéndolo conocido han hecho todo lo conveniente para evitar el daño y no han participado en su ejecución; y quienes acrediten haber propuesto al presidente del órgano la adopción de las medidas pertinentes para evitar el daño o el perjuicio irrogado a la cooperativa como consecuencia de la inactividad del órgano. En consecuencia, el precepto debe interpretarse de forma conjunta con el art. 36.2.III LSCCan. Al respecto, puede concluirse que, si bien el administrador está sometido a responsabilidad orgánica, derivada del cumplimiento del cargo con la diligencia exigida, también deberá emplear esta misma diligencia en la ejecución de un acuerdo adoptado o autorizado por la Junta general. Con carácter previo, debe haber cumplido con las obligaciones de información y convocatoria en tiempo y forma de la Asamblea General y, una vez adoptado el acuerdo, deberá ejecutarlo atendiendo a las instrucciones dictadas por esta, dentro del plazo pactado y de forma diligente, lo que implica, de un lado, la obligación de impugnar los acuerdos cuando concurra causa para ello, así como la asunción del riesgo de inejecución del acuerdo cuando estime que el daño que puede provocarse a la cooperativa en caso de ejecución es evidente e inminente (en este sentido, *vid.*, nuestro trabajo "Responsabilidad de los administradores de la sociedad limitada por acuerdos de gestión de la Junta General (la interpretación conjunta de los arts. 161 y 236, 2º LSC), en AA.VV., *Estudios jurídicos en homenaje a Vicente L. Montés Penadés* (Coords. BLASCO, CLEMENTE, ORDUÑA, PRATS Y VERDERA), Tomo I, Tirant lo Blanch, Valencia, 2011, pp. 1109- 1110.

dado que la norma cooperativa canaria no recoge una norma similar a la contemplada en el art. 21.1.I LCoop, que solo permite a la Asamblea General adoptar acuerdos obligatorios en materias que la Ley no considere competencia exclusiva de otro órgano social. Por lo tanto, la Asamblea General podrá adoptar acuerdos vinculantes para el órgano de administración, salvo que esta posibilidad hubiera sido excluida estatutariamente, también en relación con determinados asuntos de especial trascendencia, aunque se incluyeran dentro de las competencias exclusivas del órgano de administración. Dentro del ámbito de competencias de la administración de la cooperativa (en concreto, el art. 47 LSCCan, relativo al Consejo Rector), no se menciona más competencia exclusiva que la representación de la cooperativa, cuyas limitaciones internas no tendrán eficacia *ad extra* (art. 47.2.II LSCCan)[18].

---

[18] En relación con los miembros del órgano de administración de la cooperativa el reconocimiento de esta competencia legal de la Asamblea General no comporta la exoneración de responsabilidad por los acuerdos adoptados por este órgano, y aunque ello puede ser criticado en ámbitos, como el de las pequeñas sociedades cooperativas, en los que la administración dista mucho de estar profesionalizada, debe recordarse que sobre los administradores pesa un especial deber de diligencia, quedando obligados a respetar la Ley, los estatutos, los acuerdos de la Asamblea y la política general fijada por ésta. Este deber de diligencia comporta que los administradores deberán ejecutar los acuerdos de la junta, pero también tienen un deber de impugnar los acuerdos de este órgano cuando concurra una causa para ello. Este deber de diligencia, por otra parte, cuando la Asamblea ha adoptado una decisión, a pesar de las advertencias y la adecuada información de los administradores, que puede provocar daños a la cooperativa, en caso de no ser impugnable, podría incluso justificar la negativa a ejecutar el acuerdo de la cooperativa, sin olvidar las obligaciones derivadas del deber de lealtad, y el deber de confidencialidad que se les impone. Sin embargo, ya en relación con la aplicación del art. 21.1.II LCoop, manifestaba ALONSO ESPINOSA, F.J., "Órgano de administración", en AA.VV., *La sociedad cooperativa en la Ley 27/1999, de 16 de julio, de Cooperativas"* (Coord. ALONSO ESPINOSA, F.J.), Comares, Granada, 2001, p. 240, que "deben actuar como causas exculpatorias el seguimiento por los administradores de las instrucciones y autorizaciones acordadas o impuestas por la asamblea general (cfr. art. 21, 1 LC) a salvo supuestos de ejercicio abusivo de tal facultad por la asamblea o fraude de ley". En relación con esta última expresión, quizá lo que se pretende evitar es precisamente la razón de ser del art. 236, 2 LSC, el uso abusivo de la convocatoria de la Asamblea General por los administradores (que pueden convocar Asamblea General extraordinaria de la cooperativa, art. 37.2 LSCCan), con la única finalidad de evitar una ulterior exigencia de responsabilidad, dado que el acuerdo ejecutado provenía de la Asamblea General.

El ejercicio de esta competencia por la Asamblea no requiere que los estatutos recojan un elenco de asuntos de especial trascendencia en los que la Asamblea General pueda ejercitar el control sobre el órgano de administración, supuesto que ya estaría englobado en la mención del art. 36.1 LSCCan, que alude a las posibles competencias atribuidas estatutariamente, sino que se reconoce una competencia "legal" propia a la Asamblea General[19], que podrá ejercitarse por simple acuerdo del órgano social. De hecho, además, el art. 36.2.II LSCCan se refiere a algo más que a las que podrían denominarse "competencias no escritas" de la Asamblea General, competencias que derivan de la propia estructura corporativa de la sociedad, en este caso, cooperativa. El reconocimiento expreso de dichas competencias se efectúa, además, por la LSCCan, en el ya citado art. 36.1.i), refiriéndose a decisiones sobre asuntos que comporten una modificación sustancial económica, social, organizativa o funcional de la cooperativa[20].

Si bien es posible delimitar o configurar estatutariamente el ejercicio de esta competencia[21], más dudas plantea la inclusión de una regla estatutaria

---

19 En este sentido se pronunció la RDGRN de 12 de mayo de 1999 [RJ 1999, 3258], al manifestar, en relación con el art. 44.2 LSRL (antecedente del actual art. 161 LSC), que la norma "se limita a permitir que la Junta general, salvo disposición contraria de los estatutos, se inmiscuya en la gestión social, sea impartiendo instrucciones al órgano de administración, sea autoatribuyéndose la facultad de autorizar la adopción por dicho órgano de decisiones sobre determinados asuntos que son, en principio, de su exclusiva competencia. Se trata, por tanto, de una facultad legal de la Junta salvo exclusión expresa".

20 En este sentido, la RDGRN de 25 de abril de 1997 [RJ 1997, 3597], aludía a estas competencias de la Junta/Asamblea general, estableciendo que "el objeto social de la entidad... está constituido por la explotación, en forma societaria, de unos concretos y significados bienes aportados al haber social, de modo que su permanencia en el mismo aparece no solo como condición sine qua non para la viabilidad del propio objeto social, sino como elemento básico y determinante del contrato social y de la subsistencia misma del nuevo ente constituido... Es evidente, pues, que cualquier actuación que implique de presente -o pueda implicar en lo sucesivo- la salida de estos bienes del patrimonio social excede inequívocamente de las facultades representativas del órgano gestor, entrando en la esfera competencial del órgano soberano de la sociedad, la Junta general... (para lo cual) no es imprescindible una previsión estatutaria especial que así lo establezca". Por lo tanto, serían atribuibles estas decisiones a la Asamblea general, aunque no existiera reconocimiento legal o estatutario expreso.

21 Téngase en cuenta que, al tratarse de una competencia legal de la Asamblea general, la propia Asamblea, a través de sus acuerdos, puede igualmente configurar el régimen de ejercicio de su propia competencia.

por la que simplemente se excluya la aplicación de esta competencia del art. 36.2.II LSCCan[22]. En efecto, ha señalado nuestra mejor doctrina civil que las normas dispositivas, si bien ceden ante la autorregulación de las partes contractuales, configuran un área que debe ser regulada, sin que deba reconocerse la mera voluntad derogatoria, si no se acompaña de una regulación sustitutoria, fundada en la equidad y el equilibrio de intereses[23]. Así, el régimen supletorio, compuesto por normas dispositivas, a falta de otro autoimpuesto, es igualmente imperativo, ya que contempla soluciones en las que se han ponderado los intereses en juego, con criterios de equidad y buen sentido[24]. En nuestra opinión, la interpretación conjunta de los preceptos dedicados a las competencias de la Asamblea general y del órgano de administración no excluirían que la Asamblea General pudiera hacer uso de esta competencia, aun en el supuesto de exclusión expresa de su aplicación por los estatutos, a pesar de la reserva de las competencias residuales que no constituyan una modificación sustancial a favor del órgano de administración. La función de la norma es la de reforzar el papel de la Asamblea general, permitiéndole recabar para sí la competencia para instruir o para autorizar decisiones en asuntos de especial relevancia para la cooperativa, en desarrollo de su naturaleza de órgano supremo de expresión de la voluntad social (art. 36.1 LSCCan).

---

22 En relación con las sociedades de capital, y, en concreto, la sociedad limitada, se mostraba a favor de dicha exclusión ALCOVER GARAU, G., "Comentario al art. 44 LSRL", en AA.VV., *Comentarios a la Ley de sociedades de responsabilidad limitada* (Cords. ARROYO/EMBID), Madrid, 1997, p. 519; en contra GIRGADO PERANDONES, P., *La empresa de grupo y el Derecho de sociedades,* Comares, Granada, 2001, p. 344.

23 DÍEZ-PICAZO Y PONCE DE LEÓN, L., *Sistema de Derecho Civil,* Vol. I, Madrid, 1990, pp. 40 y 41.

24 DE CASTRO Y BRAVO, F., "Notas sobre las limitaciones intrínsecas de la autonomía de la voluntad", *Anuario de Derecho Civil,* 1982, pp. 1059 y ss. En el mismo sentido, CABANILLAS SÁNCHEZ, A., *Comentarios al Código Civil* (Dirs. ALBALADEJO/DÍAZ ALABART), Madrid, Tomo I, 1993, vol. 1, pp. 724 y ss.; SÁNCHEZ CALERO, F., "Escritura y estatutos sociales en el Proyecto de Ley de sociedades de responsabilidad limitada", en AA.VV., *La Reforma de la Sociedad de Responsabilidad Limitada,* Madrid, 1994, p. 148, quien manifiesta, en relación con la sociedad de responsabilidad limitada, a la que resultaba de aplicación la norma de similar contenido, el art. 44.2 de la derogada LSRL, que la expresión salvo disposición contraria de los estatutos debe entenderse como posibilidad de sustituir el régimen legal dispositivo por otro establecido estatutariamente, pero no una mera exclusión del régimen supletorio legal, puesto que ello podría comportar importantes carencias en la disciplina que ha de regir la sociedad.

Los supuestos de ejercicio de esta competencia van desde la atención de una situación concreta, por ejemplo, de conflicto, hasta la adopción de acuerdos con carácter general que impongan instrucciones o exijan al órgano de administración recabar con carácter previo a la adopción de determinadas decisiones, la autorización de las Asamblea. En efecto, la Asamblea General de la cooperativa podrá adoptar acuerdos en los que se especifiquen determinadas instrucciones que el órgano de administración deberá seguir ante la gestión de asuntos de especial trascendencia, o bien delimitar los asuntos sobre los que se requerirá autorización de la Asamblea General con carácter general, lo que comportará, en este caso, la obligación, para el órgano de administración, de convocar una reunión de la Asamblea[25].

B) Las competencias exclusivas de la Asamblea General

El art. 36.1 LSCCan enumera las competencias exclusivas de la Asamblea General de las cooperativas canarias. Es destacable que la Ley canaria no limita, como sí hace el art. 21.1 LCoop, la competencia de la Asamblea General para adoptar acuerdos vinculantes u obligatorios, a las competencias atribuidas con carácter exclusivo a otros órganos sociales. Teniendo en cuenta lo expuesto en relación con los arts. 36.2.III y 47.2 LSCCan, que permiten a la Asamblea General participar, si bien "internamente", en la toma de decisiones sobre asuntos de especial relevancia de la sociedad cooperativa, la ausencia de dicha norma es una consecuencia lógica de esta función de control y participación en el desarrollo y funcionamiento de la cooperativa que, salvo previsión estatutaria que desplace o limite su aplicación, se encomienda a la Asamblea General.

Las competencias exclusivas de la Asamblea General pueden clasificarse, siguiendo una caracterización clásica en nuestra doctrina, referida al objeto de las competencias, del siguiente modo: competencias sobre la determinación de la estructura y organización económica y jurídica de la cooperativa; competencias sobre la relación cooperativa-órgano de administración; otras competencias de la Asamblea General.

---

25 La convocatoria de la Asamblea General podría ser también no formal, con el objeto de celebrar, con mayor celeridad una asamblea universal. Las exigencias del art. 35.4 LSCCan para la válida constitución de la Asamblea con carácter de universal solo la posibilitan en sociedades cooperativas con pocos socios.

a) Competencias sobre la determinación de la estructura y organización económica y jurídica de la cooperativa

Resulta lógico que la LSCCan confiera de forma expresa e indelegable a la Asamblea General la competencia para decidir sobre aquellos asuntos que supongan una transformación importante del funcionamiento, la estructura o la organización de la sociedad, en todas las vertientes, financiera, económica o empresarial, o social-organizativa.

Dentro de este marco competencial, el art. 36.1 LSCCan reconoce como competencias exclusivas de la Asamblea general, distintas competencias que a su vez pueden agruparse según su contenido en competencias de tipo económico-financiero, de dirección empresarial, o de tipo social-organizativo. Empezando por estas últimas, el art. 36.1 LSCCan contempla las siguientes:

- La modificación de los estatutos sociales (art. 36.1.e) LSCCan), sin perjuicio de la posibilidad que se reserva a los administradores cuando la modificación únicamente consista en el cambio de domicilio dentro del mismo término municipal (art. 47.1.II LSCCan).
- Aprobar y modificar el reglamento de régimen interior (art. 36.1.f) LSCCan).
- Fusionar, escindir, transformar, disolver y reactivas, si corresponde, la cooperativa (art. 36.1.g) LSCCan, desarrollado por los arts. 84 y ss. LSCCan)
- Aprobar el balance final de liquidación (art. 99 LSCCan); constituir cooperativas de primero, segundo o ulterior grado; crear, adherir o separar a los consorcios, las federaciones y las asociaciones, crear y extinguir secciones de la cooperativa, participar en empresas no cooperativas; y constituir grupos cooperativos o adherirse a ellos (art. 36.1.h) LSCCan).
- Toda decisión que implique una modificación sustancial, según los estatutos, en la estructura social, organizativa o funcional de la cooperativa (art. 36.1.i) LSCCan).

Son competencias de tipo económico-financiero, por otro lado, las siguientes:

- Establecer nuevas aportaciones obligatorias, admitir aportaciones voluntarias, actualizar las aportaciones y establecer las cuotas de ingreso y periódicas (art. 36.1.c) LSCCan). La norma es desarrollada por lo dispuesto en los arts. 64 y ss. LSCCan

- Emitir obligaciones, títulos participativos, participaciones especiales u otras formas de financiación previstas en el art. 72 (art. 36.1.d) LSCCan).
- Toda decisión que implique una modificación sustancia, según los estatutos, en la estructura económica de la cooperativa (art. 36.1.i) LSCCan).

Y como competencia de dirección empresarial el art. 36.1.k) LSCCan atribuye con carácter exclusivo a la Asamblea General la competencia para establecer la política general de la cooperativa, que enmarca y delimita, por otro lado, las competencias del órgano de administración (art. 47.1 LSCCan).

b) Competencias sobre la relación cooperativa-órgano de administración

Dentro del conjunto de estas competencias podemos distinguir aquellas relativas a la configuración, establecimiento y estatuto propio del órgano de administración y las relativas al ejercicio de la denominada comúnmente por la doctrina, influencia indirecta en la gestión social[26].

Empezando por estas últimas, la Asamblea General es competente para "nombrar y revocar a los miembros del órgano de administración, de la intervención, así como de las personas a las que se encomiende la liquidación, de los auditores y auditoras de cuentas y, en su caso, el nombramiento del comité de recursos cuando lo prevean los estatutos sociales, así como sobre la cuantía de la retribución de estos cargos" (art. 36.1.a) LSCCan). La norma debe completarse con lo dispuesto en el art. 50.3.I LSCCan, que establece que la Asamblea General podrá aceptar la renuncia de los consejeros, aunque el asunto no conste en el orden del día; el art. 55.2 LSCCan, sobre la aceptación de la renuncia de los interventores, que podrán ser cesados además en cualquier momento por la asamblea, aunque no conste en el orden del día.

En relación con la retribución de los administradores o interventores si se hubiera previsto en los estatutos, estos deberán fijar también el sistema y los criterios para que sean fijadas por la asamblea general, debiendo guardar una proporción razonable con la importancia de la cooperativa, con

26 Al respecto, *vid.*, por todos, ESTEBAN VELASCO, G., "Algunas reflexiones sobre la estructura orgánica de la sociedad de responsabilidad limitada en la nueva Ley", en AA.VV., *Derecho de sociedades de responsabilidad limitada. Estudio sistemático de la Ley 2/1995,* Madrid, 1996, pp. 578 y ss.

su situación económica y por el desempeño demostrado por las propias personas administradoras (art. 58.1 LSCCan).

El art. 60 LSCCan atribuye otra competencia en este ámbito a la asamblea general, por cuanto se exige la autorización expresa de este órgano cuando la sociedad cooperativa tenga que obligarse con cualquier miembro del órgano de administración, de la intervención, los cónyuges, la persona con quien conviven habitualmente o alguno de sus parientes hasta el segundo grado de consanguinidad o segundo de afinidad. No es preceptiva la autorización cuando se trate de relaciones propias de la condición de socio. Estos socios no podrán, evidentemente, tomar parte en la votación de la asamblea (art. 60.2 LSCCan).

El contrato o acuerdo suscrito sin esta autorización de la asamblea general, cuando sea preceptiva, no es nulo, sino anulable, y puede ser ratificado por la asamblea general. En todo caso, señala la LSCCan (art. 60.3), quedan protegidos los derechos adquiridos por terceros de buena fe.

Con carácter general, el art. 51 LSCCan dispone que "los estatutos o, en su defecto, la asamblea general, regularán la organización y el funcionamiento interno del consejo rector, así como el de las comisiones y comités que puedan crearse y las competencias de las personas consejeras delegadas, sin perjuicio de lo establecido en esta ley para los cargos de elección directa por parte de la asamblea general". No goza, por tanto, el órgano de administración, de la facultad de autorregularse, sino que queda sometido en cuanto a su organización y funcionamiento a la voluntad estatutaria o a las decisiones de la Asamblea General.

Igualmente, es una competencia exclusiva de la Asamblea "examinar la gestión social, aprobar las cuentas anuales y el informe de gestión y aplicar los excedentes o imputar las pérdidas" (art. 36.1.b) LSCCan, desarrollada por el art. 75 LSCCan). A estos efectos, la Asamblea General ordinaria deberá ser convocada por el órgano de administración dentro de los seis meses siguientes a la fecha del cierre del ejercicio económico (art. 27.1 LSCCan), siendo la facultad de presentar a la asamblea general las cuentas anuales del ejercicio, el informe de la gestión y la propuesta de aplicación del resultado e imputación de las pérdidas, una competencia indelegable del consejo rector (art. 52.2.b) LSCCan). Se trata de una función de control ex post de la gestión de los administradores, que se completa con la previsión de la competencia establecida en el art. 36.1.j) LSCCan, que legitima a la Asamblea General para ejercitar la acción de responsabilidad contra los miembros del órgano de administración, la intervención, liquidadores y auditores, así como transigir o renunciar a la misma.

En este ámbito de competencias, el art. 45.2 LSCCan admite la posibilidad de atribución estatutaria a la Asamblea General de la posibilidad de modificar el sistema de administración de la cooperativa entre administración única y Consejo Rector o viceversa, si la cooperativa tiene menos de diez personas socias (art. 46.1 LSCCan), de modo que se reconoce la posibilidad de inclusión estatutaria de una cláusula de órgano alternativo, que permite flexibilizar el cambio de modalidad de órgano de administración.

c) Otras competencias de la Asamblea General

Dispone el art. 36.2 LSCCan, que, "sin perjuicio de las atribuciones específicas de competencias de otros órganos sociales, la asamblea general decidirá sobre los recursos interpuestos con motivo de las altas y bajas de las personas socias, la inadmisión de los aspirantes rechazados por el órgano de administración, los acuerdos de suspensión de los derechos de las personas socias, o la imposición de sanciones por infracciones muy graves y graves". El precepto debe completarse en este punto, por lo tanto, con lo dispuesto en otras normas de la LSCCan, como el art. 23.2.II (admisión de nuevas personas socias); art. 27.1.III LSCCan (baja obligatoria); art. 30.1.c) LSCCan (procedimiento sancionador); art. 32.2 LSCCan (expulsión); art. 60.1 LSCCan (situaciones de conflicto de interés); art. 61.3 LSCCan (recursos contra las decisiones del Comité de recursos).

Asimismo, otras normas de la LSCCan atribuyen importantes competencias a la asamblea general. Así, en relación con los derechos de los socios, la posibilidad de concretar los términos en que los socios podrán ejercitar su derecho de información (art. 24.3 LSCCan) así como resolver los recursos sobre las personas solicitantes de información (art. 23.4 LSCCan); o el establecimiento de ulteriores compromisos de permanencia de las personas socias (art. 26.2 LSCCan).

A lo largo del articulado de la LSCCan se atribuyen otras competencias a la asamblea general. Algunas hacen referencia al funcionamiento del propio órgano, como la posibilidad de acordar la suspensión de la sesión, si no se abordan todos los puntos del día de la reunión en una jornada, pudiendo reanudarse el siguiente día sucesivo (art. 38.4.II LSCCan), aunque otras aluden al establecimiento de ulteriores controles al funcionamiento de la cooperativa, como la posibilidad contemplada en el art. 83.1.b) LSCCan (reiterada en el art. 115.d) LSCCan), por la que se establece que por acuerdo de la asamblea general se podrá someter la cooperativa a auditoría, correspondiendo a la asamblea general la designación de auditores.

III. CLASES DE ASAMBLEAS. CONVOCATORIA Y CONSTITUCIÓN DE LA ASAMBLEA GENERAL

1. Clases de asambleas

La LSCCan distingue las asambleas generales universales de las que no revisten esta naturaleza (art. 35.4 LSCCan), las asambleas generales ordinarias de las extraordinarias (arts. 35.1 a 3 LSCCan), y regula con carácter especial las asambleas generales mediante delegados (art. 43 LSCCan), ajustándose en su régimen a lo también previsto en los arts. 22 y 23.5 LCoop.

A) Asambleas ordinarias y extraordinarias

Es el art. 35.1 LSCCan el que clasifica las asambleas generales en ordinarias y extraordinarias, adoptando como criterio de clasificación el objeto esencial del orden del día de la reunión. Así, la asamblea general ordinaria, conforme dispone el art. 35.3 LSCCan, es la que tiene por objeto el examen de la gestión social y la aprobación, si procede, de las cuentas anuales y de la distribución de los excedentes o de la imputación de pérdidas. El precepto aclara, en la línea de lo previsto en el art. 22 LCoop, y a diferencia del art. 164 LSC, que podrán incluirse en el orden del día de la asamblea ordinaria, cualesquiera otros asuntos propios de la asamblea. Las demás asambleas, dispone el art. 35.3 LSCCan, tendrán el carácter de extraordinarias. Estas podrán contener igualmente en su orden del día cualesquiera asuntos a excepción de los reservados a la asamblea general ordinaria.

La asamblea general ordinaria deberá ser convocada por el órgano de administración dentro de los seis meses siguientes a la fecha de cierre del ejercicio económico. No se efectúa mención en la norma canaria a la celebración de la asamblea fuera de ese plazo, si bien deberá entenderse que resultaría aplicable también aquí el criterio legalmente expresado en el art. 164.2 LSC, por el que se considera válida la junta general ordinaria, aunque se hubiera convocado o celebrado fuera de plazo[27]. El reconoci-

[27] La LCCat incorpora en su art. 43.6 el reconocimiento expreso de la validez de la asamblea general que se celebre fuera de este plazo, pero impone la responsabilidad de los miembros del consejo rector por los perjuicios que para los socios y la cooperativa pudieran derivar del incumplimiento de esta norma.

miento de la validez de esta junta no excluye la posible responsabilidad del órgano de administración por los daños que dicho retraso hubiera podido producir, dado que han incumplido su deber de diligencia al no haber convocado en plazo la asamblea general ordinaria (art. 59.1 LSCCan). Dicha conducta es constitutiva, además, de una infracción grave (art. 143.2.2.a) LSCCan), por la que puede imponerse una sanción a la cooperativa (art. 144 LSCCan).

B) Asamblea universal

La reunión de los socios en asamblea general exige, como requisito previo, la convocatoria por el órgano de administración (art. 37.1 y 2 LSCCan). Este requisito, no obstante, puede eludirse en el supuesto de celebración de asamblea general universal, siempre y cuando se cumplan todos los presupuestos contemplados en el art. 35.4 LSCCan. Para que la asamblea general pueda constituirse válidamente con el carácter de universal es necesario que se cumplan los siguientes requisitos: que estén presentes o representadas todas las personas socias, habiéndose reunido de forma espontánea, o lo que será más habitual, por convocatoria no formal[28], remitida incluso por el órgano de administración; que todas las personas socias decidan constituirse en asamblea, aprobando y firmando todas, el orden del día y la lista de asistentes. Se exige, por lo tanto, unanimidad en la elaboración del orden del día, recogiéndose expresamente en la LSCCan dicha exigencia[29].

---

28 Solo esta convocatoria informal permite, por ejemplo, la asistencia mediante representación.

29 La incorporación de esta mención expresa despeja las dudas que la cuestión había planteado en el ámbito de las sociedades de capital, pero que la doctrina había resuelto por aplicación del art. 97, 1, 3º RRM, que exige expresamente que en el acta de la junta universal se hagan constar los puntos aceptados como orden del día de la sesión y la firma de todos los asistentes. En este sentido, *vid.*, SÁNCHEZ CALERO, F., *La junta general en las sociedades de capital,* Thomson-Civitas, Cizur Menor, 2007, pp. 56 y ss.; así como nuestro comentario, "Inexistencia de junta universal aun cuando esté presente todo el capital social, dado que no existe la conformidad unánime de todos con su celebración y el orden del día", en AA.VV., *Archivo Commenda de Jurisprudencia Societaria 2013-2014* (Dir. EMBID IRUJO, J.M.), Comares, Granada, 2014, pp. 128 y ss. A la misma conclusión se ha de llegar en el ámbito de las sociedades cooperativas, *vid.*, al respecto BORJABAD GONZALO, P., *Derecho cooperativo catalán,* Escuela Universitaria de Relaciones Laborales de Lleida, Zaragoza, 2015, p. 101.

En la práctica, al igual que ocurre con las sociedades de capital, solo podrán celebrarse con el carácter de universal, asambleas generales en sociedades cooperativas de pocos socios, y normalmente irán precedidas de una convocatoria informal, a la que hace referencia también el art. 35.4 LCCan, salvo que se trate de una cooperativa en la que su reducido número de socios permita una reunión espontánea.

C) Las asambleas generales de delegados

Dispone el art. 43 LSCCan que cuando en una cooperativa concurran circunstancias que dificulten la presencia simultánea de todas las personas socias en la asamblea general para debatir y adoptar acuerdos, los estatutos podrán establecer que las competencias de la asamblea general se ejerzan mediante una asamblea integrada por personas delegadas designadas en juntas preparatorias. Si bien las circunstancias que justifican la celebración de esta asamblea de personas delegadas no se recogen en la LSCCan[1], la norma citada remite a la concreción estatutaria de los supuestos que justifiquen su aplicación, debiendo ser definidas de forma expresa y objetiva.

En todo caso, continúa estableciendo el art. 41.1.II LSCCan, los estatutos sociales deberán regular: los criterios de adscripción de las personas socias a cada junta preparatoria, su sistema de convocatoria y constitución, las normas para la elección entre las personas socias de las delegadas y el número de votos que les correspondan en la asamblea, así como el carácter y duración del mandato, que no podrá superar los tres años. La norma prevé, asimismo, para el supuesto de mandato plurianual, que se prevea en los estatutos un sistema de reuniones informativas previas y posteriores a la asamblea de delegados con los socios adscritos a la junta correspondiente, con el objeto de informar previamente y con posterioridad, sobre los asuntos a debatir y sobre los acuerdos adoptados en la asamblea general.

El régimen de convocatoria, constitución y funcionamiento de las juntas preparatorias y de la asamblea de delegados serán los propios de la asamblea general (arts. 37 y ss. LSCCan), estableciendo además el art. 43.4

---

1 Por el contrario, por ejemplo, el art. 50.1 LCCat sí que se refiere a los supuestos en los que es posible recurrir a este diseño de asamblea general: cooperativas de más de quinientos socios; en las que los socios viven en poblaciones alejadas de la sede social; con una actividad muy diversificadas; organizadas por secciones; y siempre que concurran circunstancias que, a criterio del consejo rector, dificulten gravemente la presencia de todos los socios en la asamblea general.

LSCCan que, en lo no previsto en el precepto, se aplicarán a las juntas preparatorias y las asambleas de delegados, las reglas que rigen la asamblea general de la cooperativa. En todo caso, las convocatorias de juntas preparatorias y de la asamblea de delegados serán únicas, con un mismo orden del día (art. 43.2 LSCCan).

Las juntas preparatorias estarán presididas, salvo que a ellas asista el presidente de la cooperativa, por el socio elegido de entre los asistentes, siendo siempre informadas por un miembro, al menos, del órgano de administración (art. 43.2.II LSCCan). Estas juntas preparatorias podrán elegirse también cargos sociales, si bien el recuento final y la proclamación de candidatos tendrá lugar en la asamblea general de delegados.

Solo pueden impugnarse los acuerdos de la asamblea general, no los adoptados en las juntas preparatorias, sin perjuicio de que, como señala el art. 43.3 LSCCan, para examinar su contenido y validez se tendrán en cuenta las deliberaciones y los acuerdos de las juntas preparatorias.

El art. 9 LSCCan dispone que los estatutos de la cooperativa podrán prever y regular la constitución y el funcionamiento de secciones, sin personalidad jurídica independiente, que desarrollen, dentro del objeto social, actividades económico-sociales específicas con autonomía de gestión, patrimonio separado y cuentas de explotación diferenciadas, sin perjuicio de la contabilidad general de la cooperativa, y cuya representación y gestión de la sección corresponderá, en todo caso, al órgano de administración de la sociedad cooperativa. En especial, se refiere la norma, en su párrafo 3, a la posibilidad de que la cooperativa cuente con una sección de crédito, "sin personalidad jurídica independiente de la cooperativa de la que forme parte, limitando sus operaciones activas y pasivas a la propia cooperativa y a las personas socias, sin perjuicio de poder rentabilizar sus excesos de tesorería a través de entidades financieras", y sin que el volumen de las operaciones activas de la sección de crédito pueda superar el cincuenta por ciento de los recursos propios de la sociedad cooperativa.

La asamblea de la sección deberá ser también regulada por los estatutos de la cooperativa. Esta estará integrada por los socios adscritos a la sección, y se encargará de decidir sobre los asuntos propios de la sección que no afecten al régimen general de la cooperativa, dado que en este caso deberán ser objeto de acuerdo por la asamblea general. Resultará aplicable a la asamblea de sección el régimen previsto para la asamblea general, en todo aquello que no se encuentre previsto, legal o estatutariamente.

Los acuerdos de la asamblea de sección serán impugnables, conforme al régimen previsto en la LSCCan, que se remite en este punto a la LCoop (art. 31), pudiendo la asamblea general acordar la suspensión de los acuerdos de la asamblea de socios de una sección, si los considera contrarios a la ley, a los estatutos o al interés general de la sociedad cooperativa (art. 9.2 LSCCan).

2. La convocatoria de la Asamblea General

A) Competencia para convocar la asamblea general

a) Convocatoria por el órgano de administración

La previsión legal de reglas formales y materiales para la convocatoria de la asamblea general constituyen una garantía para el ejercicio de los derechos de los socios. La convocatoria de la asamblea general es la comunicación formal a los socios, con una antelación suficiente, de la celebración de la reunión, de modo que se les posibilite concurrir (personalmente o por representación) en un día y hora determinado a un lugar previamente previsto, para deliberar y, en su caso, adoptar acuerdos sobre asuntos que son competencia propia de la asamblea general[2].

La LSCCan reserva al órgano de administración la competencia para convocar formalmente la reunión de la asamblea general (art. 37.1 y 2 LSCCan). Solo el órgano de administración, o, en su caso, el órgano judicial competente por razón del domicilio social de la cooperativa, podrán convocar a los socios a la reunión. En el supuesto de disolución de la cooperativa y nombramiento de liquidadores, serán estos los que deban convocar la asamblea general. Dispone, en este punto, el art. 96.4 LSCCan, que durante el período de liquidación deberán observarse las disposiciones legales y estatutarias aplicables sobre el régimen de la asamblea general, a la que rendirán cuentas los liquidadores sobre la marcha de la liquidación y sobre el balance correspondiente para aprobarlos.

El órgano de administración deberá convocar, al menos, una vez al año, una asamblea general, que, con el carácter de ordinaria, comprenda en su orden del día el contenido mínimo esencial propio de este tipo de asamblea (art. 35.2 LSCCan). La falta o retraso de la convocatoria comportan el incumplimiento del deber de diligencia de los miembros del órgano de

---

2 MORILLAS JARILLO, M. J./FELIU REY, M. I., *Curso de cooperativas,* Tecnos, Madrid, 2018, 3ª ed., p. 215.

administración y, por tanto, su responsabilidad por los daños que de ello se derive, además de constituir una infracción grave por la que la propia cooperativa puede ser sancionada (art. 143.2.2 LSCCan).

La asamblea general deberá ser convocada cuando lo solicite la intervención si así está previsto en los estatutos, o cuando lo soliciten socios que representen al menos el 20% de los votos.

El órgano de administración podrá convocar asimismo cuantas asambleas generales extraordinarias estime convenientes, o bien sean necesarias porque la decisión exige el acuerdo de este órgano social. En todo caso, deberá convocarse la asamblea general cuando se deba adoptar una decisión sobre un asunto que comporte una modificación sustancial, según los estatutos, en la estructura económica, social, organizativa o funcional de la cooperativa (art. 36.1.i) LSCCan), pero también cuando se precise un acuerdo de autorización, o responda al cumplimiento de una instrucción de la junta, en relación con un asunto de especial relevancia conforme al art. 36.2.III LSCCan.

El órgano de administración podrá convocar también la asamblea general extraordinaria siempre que lo considere conveniente para los intereses de la cooperativa, para deliberar o adoptar acuerdos sobre cualquier asunto de la competencia de la asamblea. No obstante, en este punto puede plantearse si el órgano de administración de la cooperativa puede convocarla para que delibere sobre asuntos que no son de competencia de este órgano. La configuración de la asamblea general como órgano supremo en relación con los asuntos que legal o estatutariamente sean de su competencia (art. 34.1 LSCCan), no excluye esta posibilidad, ni tampoco se incorpora una norma similar al art. 21.1.I LCoop, que solo permite a la asamblea general adoptar acuerdos obligatorios sobre asuntos que no sean competencia exclusiva de otro órgano, por lo que nada parece impedir esta posibilidad, dado que ello no exonera a los administradores del cumplimiento de sus deberes y, por ende, de responsabilidad. En consecuencia, la asamblea general podrá deliberar o ser consultada por el órgano de administración en relación con determinadas materias, aunque sean de su propia competencia y no de la de la asamblea general.

b) Convocatoria por el órgano judicial competente

Son varios los supuestos en los que el órgano judicial competente conforme a la legislación estatal, en concreto el que le corresponda por el domicilio social a la cooperativa, puede convocar la asamblea general.

El primero de estos supuestos es el de falta de convocatoria de la asamblea general ordinaria dentro del plazo de seis meses desde la fecha de cierre del ejercicio, consagrado en el art. 37.1 LSCCan. En este supuesto, la intervención podrá instar a los miembros del órgano de administración a que la convoquen, al igual que cualquier socio, y una vez transcurridos quince días, podrán solicitar la convocatoria al órgano judicial competente.

En el caso de una asamblea general extraordinaria, si el órgano de administración no atiende la petición de convocatoria de socios que representen al menos el 20% del total de votos o, en caso de previsión estatutaria, de la intervención, dentro del plazo de un mes desde el requerimiento de convocatoria, los solicitantes podrán solicitar al órgano judicial competente que convoque la asamblea general.

Cuando sea el órgano judicial el que convoque la asamblea general, deberá designar las personas que cumplirán las funciones de presidencia y secretaría de la junta general (art. 37.2.II LSCCan). No se efectúa en la Ley más menciones sobre la convocatoria judicial de la asamblea general, si bien debe entenderse que deberá comprender todos los aspectos exigidos legal o estatutariamente y, en concreto, el orden del día comunicado por los solicitantes de la convocatoria de la asamblea.

B) La iniciativa para solicitar la convocatoria de la junta general

Si bien la competencia para convocar la asamblea general corresponde al órgano de administración (o de liquidación), salvo en los supuestos en los que se efectúe por el órgano judicial competente cuando este no la convoque en los supuestos contemplados en la LSCCan, ya expuestos, la iniciativa para la convocatoria no siempre ha de partir de este órgano social. En efecto, los propios socios pueden manifestar su deseo de que se delibere sobre determinados asuntos en la asamblea, solicitando expresamente su convocatoria, debiendo acompañar esta del correspondiente orden del día de la reunión. Los socios pueden optar también por solicitar la inclusión de algunos asuntos en el orden del día de la reunión y, en este caso, el art. 37.4.III LSCCan exige que estos asuntos sean incluidos por socios que representen el diez por ciento del total de socios de la cooperativa, o que alcancen el número de doscientos, y que sean presentados antes de que finalice el octavo día posterior al de la publicación de la convocatoria. Gozan también de la posibilidad de incluir asuntos en el orden del día los interventores de la cooperativa.

En el supuesto de inclusión de nuevos asuntos en el orden del día de la reunión, ya convocada por el órgano de administración, este deberá hacer público el nuevo orden del día con una antelación mínima de cuatro días al de la celebración de la asamblea, en la forma establecida para la convocatoria[3].

C) Contenido de la convocatoria

El elemento fundamental de la convocatoria de la asamblea general es el orden del día de la reunión, que deberá expresarse con claridad[4], incluyendo los asuntos a tratar, el lugar, el día y la hora de la reunión, tanto en primera como en segunda convocatoria, debiendo mediar entre ellas al menos media hora (art. 37.4.I LSCCan). Nada dice la LSCCan sobre el lugar de celebración de la asamblea, mención que ha de constar en la convocatoria de la junta, sin que se prevea tampoco norma supletoria para el supuesto de que dicha mención no se incluya[5]. La exigencia de que la convocatoria recoja la celebración de la reunión, tanto en primera como en segunda convocatoria resuelve los problemas derivados de la ausencia de mención a la segunda convocatoria cuando no se hubiera podido constituir en primera, y que en otros ámbitos autonómicos conduce inexorablemente a la necesaria convocatoria de una nueva asamblea[6].

El orden del día de la reunión es el marco de las deliberaciones y decisiones de la asamblea, que, salvo en el supuesto de que se constituya válidamente como asamblea universal, no podrá debatir ni decidir sobre asuntos no incluidos en él (art. 41.2 LSCCan). Se exceptúan de esta norma los acuerdos de prorrogar la sesión de la asamblea general, la realización de censura de cuentas por parte de los miembros de la cooperativa o de una persona externa, el ejercicio de la acción de responsabilidad contra los

---

3 En relación con la ampliación del orden del día de la reunión, la SAP Ceuta (Secc. 6ª) de 26 de febrero de 20024 (ID Cendoj 51001370062004100061), defendió que no puede llevarse al extremo el formalismo documental, de modo que considera válida la convocatoria de la asamblea aunque no exista acta de la reunión del consejo en la que se apruebe añadir al orden del día de la reunión los puntos solicitados por algunos socios, dado que la ampliación del orden del día fue comunicada con suficiente antelación a todos los socios.

4 La STS de 12 de marzo de 2007 (Civil) [RJ 2007, 2575], admite la impugnación de una asamblea general extraordinaria, entre otros motivos, por falta de claridad y concreción en la convocatoria.

5 Otras normas cooperativas, como la LCCat, reproducen el criterio empleado en la LSC para las sociedades de capital (art. 44 LCCat).

6 En este sentido, la LCCat.

miembros del órgano de administración, la intervención, los auditores y los liquidadores o la revocación de los cargos sociales antes mencionados, así como aquellos otros casos previstos en la LSCCan.

El contenido de la convocatoria se integra también por la relación completa de la información o documentación a disposición de los socios en la forma determinadas en los estatutos.

D) Tiempo y forma de la convocatoria

La convocatoria es la comunicación formal a los socios, con la antelación necesaria, de que se va a celebrar una reunión de la asamblea de socios, de modo que se garantice su derecho de información, de asistencia y de voto. Esta comunicación se ha de efectuar con una antelación mínima de quince días y máxima de dos meses a la fecha prevista para la celebración de la reunión, conforme dispone el art. 37.3 LSCCan. Especifica asimismo la norma cómo se ha de computar dicho plazo, estableciendo que deberán excluirse tanto el día de la exposición, envío o publicación de la convocatoria, como el de celebración de la asamblea general[7].

Además de la información y documentación que debe contener la convocatoria, conforme al art. 37.4.II LSCCan, el art. 24.3.e) a g) se refieren al derecho de información del socio, concretando su régimen en el ámbito de la asamblea general el párrafo 4 del mismo precepto.

La forma de la convocatoria se recoge asimismo en el art. 37.3 LSCCan. Se convocará la asamblea mediante un anuncio expuesto públicamente de forma destacada en el domicilio social y en el de cada uno de los demás centros en que la cooperativa desarrolle su actividad. Los estatutos podrán indicar además cualquier procedimiento de comunicación individual y escrita, que asegure la recepción del anuncio por todos los socios en el domicilio designado al efecto o en el que conste en el libro de registro de socios. No obstante, para las personas que residan en el extranjero los estatutos

---

7 La ausencia de esta mención expresa en la legislación societaria ha obligado a la jurisprudencia a pronunciarse sobre la forma de computar el plazo, de modo que se incluye el día del anuncio, pero no el de la reunión (SSTS de 29 de marzo y 21 de noviembre de 1994 (RJ 1994, 2532 y 8542) y RDGRN de 10 de febrero de 1999 (RJ 1999, 623) y 1 de junio de 2000 (RJ 2000, 5854). Para el supuesto de convocatoria por el procedimiento de comunicación individual y escrita, el *dies a quo* se fija el día que se envió el último anuncio (RDGRN de 10 de enero de 2002 (RJ 2002, 4082) y 16 de junio de 2014 (RJ 2014, 3833).

podrán prever que solo serán convocadas individualmente si hubieran designado para las notificaciones un lugar en el territorio nacional.

Esta convocatoria individualizada puede ser sustituida estatutariamente por la inclusión de un anuncio en la página web de la cooperativa, siempre que esta hubiera sido creada, inscrita y publicada en los términos previstos en el art. 5 LSCCan. Si la cooperativa no dispone de página web y cuenta con más de quinientos socios, la convocatoria se anunciará también, con idéntica antelación, en un determinado diario de gran difusión en el territorio en que tenga su ámbito de actuación.

En el caso de que el anuncio de la convocatoria se hubiera efectuado mediante publicación en la página web de la cooperativa, se ha de garantizar la inserción de la convocatoria y la documentación necesaria, así como la continuidad en el acceso durante el plazo previo a la celebración de la asamblea general. Por ello, si se produjera una interrupción de acceso superior a dos días consecutivos o cuatro alternos, no será posible celebrar la asamblea general convocada para acordar sobre el asunto a que se refiere el documento inserto en su página web, salvo que el total de días de publicación efectiva sea igual o superior al plazo (debe entenderse mínimo) exigido por la LSCCan (art. 6.4 LSCCan).

En el caso de que la interrupción en el acceso tenga lugar durante el transcurso del plazo posterior a la celebración de la asamblea, cuando la ley exige el mantenimiento de la inserción, deberá prolongarse la publicación por un número de días igual a aquellos en los que el acceso hubiera estado interrumpido (art. 6.4 LSCCan).

Los estatutos de la cooperativa podrán, asimismo, establecer mecanismos de alerta a los socios para comunicarles la publicación de la convocatoria de la asamblea en la web de la cooperativa, así como cualquier otro tipo de anuncios.

2. La Constitución de la Asamblea General

A) Quórum de constitución y forma de celebración

En primera convocatoria, la asamblea general quedará válidamente constituida cuando estén presentes o representados más de la mitad de los votos sociales[8]. En segunda convocatoria, deberán estar presentes o representados al menos un diez por ciento de los votos o cien votos sociales. No obstante, los estatutos podrán determinar que la asamblea general se constituirá válidamente en segunda convocatoria, con independencia del número de socios presentes o representados (art. 38.1 LSCCan). Ello podría suponer en la práctica que con la sola asistencia de un socio que dispusiera de un voto, la asamblea podría constituirse válidamente, siempre y cuando no se trate de deliberar y tomar decisiones sobre asuntos que requieran mayorías reforzadas (art. 41 LSCCan).

En el caso de que la cooperativa tuviera socios colaboradores, sin embargo, se dispone que la asamblea no quedará válidamente constituida cuando el total de los votos presentes y representados de los socios sea inferior al de los socios colaboradores (art. 38.1.IV LSCCan).

La asistencia a la asamblea podrá ser física o virtual, mediante procedimientos telemáticos, debiendo los estatutos contemplar tal posibilidad y asegurar también la emisión del voto por este procedimiento, que deberá siempre garantizar la confidencialidad el voto (art. 38.2 LSCCan).

La reunión de la asamblea no es necesario que comporte la asistencia personal o por representación de los socios en un lugar determinado, sino que se podrá celebrar por videoconferencia o por otros medios de comunicación a distancia, Son requisitos impuestos por la LSCCan para permitir esta posibilidad, que se garantice la identificación de los asistentes, la continuidad de la comunicación, la posibilidad de intervenir en las deliberaciones y la emisión del voto. En relación con el ejercicio del derecho de voto telemático, los estatutos han de establecer el procedimiento, las condiciones y los requisitos para efectuar las votaciones mediante estos procedimientos, que, en todo caso, deben garantizar la confidencialidad del voto (art. 38.2.I LSCCan). Debe entenderse, en nuestra opinión que la exigencia de garantías en la identificación de los asistentes a la asamblea, requerida para posibilitar la reunión por videoconferencia u otros medios de comunicación a distancia de la asamblea general, deberá comportar también la de los emisores del voto en forma telemática.

---

8 La exigencia de quórum prevista para la primera convocatoria debe entenderse en el sentido de que en caso de voto plural ponderado deberá concurrir a la reunión más de la mitad de la suma total de los valores de los votos de todos los socios de la cooperativa.

En estos supuestos de reunión a distancia de la asamblea general se entenderá celebrada en el lugar en que se encuentre la persona que la presida (art. 38.2.II LSCCan).

B) La mesa de la asamblea general. Funciones de la presidencia y la secretaría de la asamblea.

La asamblea general está presidida por el presidente del órgano de administración, que también lo es de la cooperativa. En su defecto, presidirá la asamblea el vicepresidente de la cooperativa. Solo en ausencia de ambos, será la propia asamblea la que designe al presidente de entre los socios. La asamblea también procederá a la elección de los cargos de presidente y/o secretario de entre los socios cuando en el orden del día figuren asuntos que afecten directamente a las personas que ejercen dicho cargo (art. 38.3 LSCCan).

Dispone también la norma que desempeñará la secretaría quien ostente este cargo en el órgano de administración o, en su defecto, aquel elegido por la asamblea general.

En los supuestos de convocatoria de la asamblea por el órgano judicial competente, este designará a las personas que tengan que desempeñar los cargos de presidente y secretario de la asamblea (art. 37.2.II LSCCan).

Son destacables las funciones atribuidas por la LSCCan a la presidencia de la asamblea general, hasta tal punto que pueden influir de forma decisiva en su desarrollo y buen funcionamiento. Dispone, en este sentido, el art. 38.3.III LSCCan, que son funciones específicas del presidente de la asamblea las siguientes: ordenar la confección de la lista de asistentes a cargo de la secretaría, decidiendo sobre las representaciones defectuosas; computar la asistencia y proclamar la constitución de la asamblea general; dirigir las deliberaciones, haciendo respetar el orden del día y de las intervenciones solicitadas, de acuerdo, en su caso, con las reglas que los estatutos hubieran previsto al respecto; proclamar el resultado de las votaciones; mantener el orden de la sesión, de modo que puede expulsar a las personas asistentes que hagan obstrucción o falten al respeto a la asamblea o a alguno de los asistentes, si bien la expulsión deberá estar siempre motivada y reflejarse en el acta; velar por el cumplimiento de las formalidades legales. Además de estas facultades, el art. 40.4 LSCCan le atribuye la función de calificar y admitir, en su caso, la representación del socio para asistir a la asamblea general.

Si bien no se efectúa una relación paralela de funciones del secretario de la asamblea, este asistirá al presidente en el desarrollo de la reunión, y será por lo general el encargado de elaborar el acta de la reunión (art. 42.1 LSCCan). Su función asistencial de la presidencia se menciona expresamente en la LSCCan en relación con el cómputo de la asistencia y la declaración de que la asamblea general queda constituida, conforme a lo dispuesto en el art. 38.2.IV LSCCan).

Nada dice, por último, la LSCCan sobre la persona que deba redactar el acta cuando la asamblea general hubiera sido convocada por el órgano judicial competente, si bien puede entenderse que en este caso le corresponderá a quien hubiera sido designado secretario por la mencionada autoridad convocante, aplicándose pues aquí la regla general del art. 42.1 LSCCan.

IV. ADOPCIÓN DE ACUERDOS, DOCUMENTACIÓN E IMPUGNACIÓN

1. Asistencia y votación en la Asamblea General

A) La asistencia a la asamblea general

Todos los socios en la fecha de celebración de la asamblea tienen derecho de asistencia a la reunión[9]. Es la fecha de celebración, y no la del acuerdo del órgano de administración o, en su caso, de liquidación, ni la de la publicación, envío o inserción del anuncio de convocatoria, la que se tiene en cuenta para legitimar al socio a asistir a la asamblea general. La adopción de este criterio permite unificar el momento de determinación de la condición de socio, también en el supuesto de que la convocatoria hubiera sido efectuada por el órgano judicial competente, evitando también los

---

9 La STS de 9 de diciembre de 2002 (Civil), R: TOL 229112, resuelve la nulidad de los acuerdos de la asamblea por haber participado activamente en ella, emitiendo su voto, persona no socia que había perdido tal condición por transmisión de su participación en la cooperativa. Por el contrario, la STS de 18 de junio de 2002 (Civil), RA 5224/2002, estima que no es nulo el acuerdo porque la irregularidad (socio representado por su cónyuge que no acredita la representación) no ha incidido en la formación de la voluntad del órgano social.

supuestos de asistencia de socios que han causado baja en la cooperativa con posterioridad al acuerdo o al anuncio de la convocatoria. Para poder asistir a la asamblea, el socio no debe haber sido suspendido en el ejercicio de sus derechos (art. 38.1.III LSCCan).

La asistencia a la asamblea general podrá ser física o telemática o virtual, conforme dispone el art. 38.2 LSCCan.

La asistencia a la asamblea general es un derecho-deber del socio cooperativista, puesto que, aunque no se le impone expresamente una obligación de asistencia (sí, por ejemplo, lo hace el art. 41.1.c) LCCat), su deber de fidelidad a la cooperativa comportaría su deber de asistir, con el objeto de formar la voluntad de la cooperativa en los asuntos sometidos a su competencia. De hecho, bien los estatutos, bien el reglamento de régimen interior de la cooperativa que los desarrolle, podrán imponer requisitos de asistencia a la asamblea general o a las reuniones de otros órganos de los que el socio forme parte.

El deber de diligencia de los miembros del órgano de administración que el art. art. 59.1 LSCCan les impone, comporta su deber de asistir a la asamblea general, aunque alguno de ellos no fuera socio. Dicha obligación se impone en la LSCCan cuando, en su art. 52.2.b) LSCCan se refiere a la facultad de "presentar a la asamblea general las cuentas anuales del ejercicio, el informe sobre la gestión y proponer la distribución o asignación de los excedentes e imputar las pérdidas", con ocasión de la celebración de la asamblea general ordinaria.

A la asamblea general podrán asistir también otras personas, aunque no sean socios de la cooperativa, siempre que su presencia pueda ser de interés para su bien funcionamiento. Esta posibilidad se reserva a la autorización de los estatutos o bien por acuerdo de la asamblea general. Estas personas no socias dispondrán de voz, pero no de voto, y serán convocadas por el órgano de administración o por la presidencia de la asamblea al considerar conveniente su asistencia. Podrá, no obstante, rechazarse la asistencia de estos no socios por oposición de la mayoría de los asistentes, o siempre que el punto del orden del día que se trate sea el relativo a elección o revocación de cargos (art. 38.4.III LSCCan).

El órgano de administración puede requerir la presencia de notario para que levante acta de la asamblea general, y está obligado a hacerlo siempre que lo soliciten socios que representen al menos el 20% de los votos sociales, y la solicitud se presente con cinco días hábiles de antelación al previsto para celebrar la asamblea (art. 42.3 LSCCan).

B) El ejercicio del derecho de voto

La regla general del art. 39.1 LSCCan dispone que cada socio tendrá un voto en la asamblea general. A continuación, se establece una distinción entre los diferentes tipos de cooperativas, de primer y de segundo grado.

En este sentido, se dispone que, en el caso de las cooperativas de primer grado, la regla general de cada socio un voto puede verse alterada por la previsión estatutaria de un voto plural ponderado en proporción al volumen de la actividad cooperativizada, realizada por cada persona socia para las agroalimentarias, de servicios, de transportistas y del mar. Este voto plural ponderado no podrá ser superior a cinco votos sociales, sin que se pueda atribuir a un único socio más de un tercio de los votos totales de la cooperativa.

Por otro lado, la regla de adopción de acuerdos en aquellas cooperativas que dispongan solo de dos socios será la unanimidad (art. 39.1.III LSCCan).

La cooperativa deberá poner a disposición de los socios la información sobre el número de votos sociales que corresponden a cada socio, bien en el sitio web corporativo o en el domicilio social de la cooperativa desde el momento del anuncio de la convocatoria de la asamblea general (art. 39.2 LSCCan). La referencia en este caso a la cooperativa debe entenderse efectuada al órgano de administración, ante el que deberán solicitarse igualmente las correcciones pertinentes de estos datos solicitadas por los socios interesados hasta veinticuatro horas antes de la celebración de la asamblea.

Establece a continuación la LSCCan una serie de límites, en relación con situaciones o tipos concretos de cooperativa: el número total de votos de los socios de trabajo, colaboradores y a prueba, no podrá alcanzar la mitad de los votos de los socios ordinarios presentes y representados en cada asamblea; en las cooperativas de explotación comunitaria de la tierra, a cada socio trabajador le corresponderá un voto y a los socios cedentes del goce de bienes a la cooperativa se les podrá atribuir un voto plural o fraccionado, dependiendo de la valoración de los bienes cedidos, sin que en ningún caso un solo socio pueda quintuplicar la fracción de voto que ostente otro socio de la misma modalidad.

En las cooperativas de segundo grado, federaciones y confederaciones, en caso de previsión estatutaria, el voto de los socios podrá ser proporcional a su participación en la actividad cooperativizada. Deberán en este caso los estatutos fijar con claridad los criterios de proporcionalidad del voto. No se permite que un socio ostente más de un tercio de los votos totales, salvo el caso en que la cooperativa solo disponga de tres socios, en cuyo caso el límite se eleva al 40%. En caso de que la cooperativa solo disponga de dos socios, adoptarán los acuerdos por unanimidad. El número de votos de las entidades que no sean cooperativas no podrán alcanzar el 40% de los votos sociales, pudiendo fijar los estatutos un límite inferior (art. 39.3 LSCCan).

Por otra parte, se establece un ulterior límite general en relación con los votos plurales. La suma de estos votos, salvo en el caso de cooperativas de segundo grado, no podrá superar el 50% de los votos sociales y, en todo caso, los socios titulares podrán renunciar a ellos para una asamblea o para una concreta votación, emitiendo un solo voto.

Los estatutos, por último, pueden concretar los supuestos en los que sea imperativo el voto igualitario.

No siempre los socios cooperativos podrán ejercitar su derecho de voto, por ejemplo, en los supuestos de suspensión de su ejercicio (art. 27 LSCCan, suspensión cautelar en caso de baja obligatoria; art. 31 LSCCan, sanción de suspensión de los derechos del socio por incumplimiento de sus obligaciones[10]; art. 32 LSCCan, posibilidad de aplicar la suspensión cautelar en el procedimiento de expulsión), o cuando, como señala el art. 31 LSCCan, los estatutos prevean que los socios deban encontrarse al corriente del cumplimiento de sus obligaciones económicas con la sociedad cooperativa para tener derecho de voto en la asamblea general.

Pero socios no sometidos a procedimientos de baja obligatoria o expulsión, ni que puedan ser considerados socios morosos, pueden verse privados de su derecho de voto, por cuanto los estatutos determinarán en qué supuestos el socio deberá abstenerse de votar por encontrarse en conflicto de intereses (art. 39.4 LSCCan). A este supuesto se asimilan, y, por lo tanto, el socio tampoco podrá votar, los relativos al acuerdo de exclusión de la cooperativa, de liberación de una obligación o concesión de un derecho, o cuando la sociedad cooperativa decida anticiparle fondos, concederle crédito o préstamos, prestar garantías a su favor o facilitarle cualquier asistencia financiera, así como cuando, siendo administrador, el acuerdo tenga por finalidad dispensarle de la prohibición de competencia.

---

10 El precepto contempla asimismo la posibilidad de que los estatutos puedan prever que los socios se hallen al corriente del cumplimiento de sus obligaciones económicas con la sociedad cooperativa para tener derecho de voto en la asamblea general.

El ejercicio del derecho de voto será secreto cuando así lo prevean la Ley o los estatutos. También lo será cuando se apruebe por el 10% de los votos sociales presentes o representados en la asamblea, previa solicitud de cualquier socio (art. 38.4.I LSCCan).

C) El voto por representación

En aquellos casos en los que la asistencia personal del socio no sea posible, aun por medios telemáticos, podrá ejercitar igualmente su derecho de voz y voto en la asamblea, a través del instituto de la representación, como dispone el art. 40 LSCCan.

Todo socio podrá hacerse representar en la asamblea general por otro socio. El representante solo podrá ostentar un máximo de dos representaciones. Podrá también hacerse representar por su cónyuge o por persona con la que conviva de manera habitual, ascendiente o descendiente, que tenga plena capacidad de obrar[11]. Esta posibilidad, no obstante, no se permite para los socios que cooperativicen su trabajo ni para aquellos otros a los que se lo impida alguna norma específica.

En el caso de las personas jurídicas, serán representadas por sus representantes o por las personas que designen a tal fin (art. 40.3 LSCCan).

La acreditación de la representación conferida podrá efectuarse por cualquier medio válido en Derecho que deje constancia de su existencia. Deberá contener la sesión de la asamblea a la que se refiere, salvo que se trate de un poder general conferido en documento público (art. 40.4 LSCCan).

2. Adopción de acuerdos. Régimen de mayorías

El principio democrático que inspira el funcionamiento de las sociedades cooperativas se plasma en el régimen previsto para la adopción de acuerdo sociales, en concreto en el régimen de mayorías previsto legal o estatutariamente.

---

11 La referencia que la norma efectúa a la persona que conviva de manera habitual con el socio, permite incluir a la pareja no casada de este, pero también a todos los sujetos convivientes distintos de los ascendiente o descendientes, por ejemplo, los hermanos, por lo tanto, se ve ampliado el elenco de personas que pueden representar al socio en la asamblea general.

La regla general es la adopción del acuerdo por más de la mitad de los votos válidamente expresados, sin computar los votos en blanco, nulos ni abstenciones (art. 41.1 LSCCan), regla de la mayoría simple, que simplemente comporta que los votos a favor superen los votos en contra.

Esta regla general de mayoría simple se ve reforzada, no obstante, en algunos supuestos concretos de acuerdo de la asamblea general, para los que se exige una mayoría de los dos tercios de los votos presentes y representados en la asamblea:

- Modificaciones de estatutos, modificaciones estructurales, disolución y, si fuera procedente, reactivación, así como los otros supuestos contemplados en la LSCCan.
- Enajenación, cesión o traspaso de la empresa o de alguna de sus partes que tenga la consideración de centro de trabajo, o de alguno de sus bienes, derechos o actividades que supongan modificaciones sustanciales en la estructura económica, organizativa o funcional de la cooperativa.
- Otros supuestos previstos en los estatutos sociales.

Los estatutos sociales podrán, con carácter general, exigir mayorías superiores, sin que estas puedan rebasar las cuatro quintas partes de los votos válidamente emitidos (art. 41.1.IV LSCCan).

Los acuerdos de la asamblea general así adoptados producirán efectos desde el momento de su adopción, salvo aquellos cuya inscripción sea constitutiva, en cuyo caso solo los producirán desde la inscripción (art. 41.3 LSCCan). Disponen el art. 16.3 LSCCan que solo son constitutivas las inscripciones de los actos de constitución, modificación de los estatutos, fusión, escisión, disolución, reactivación y liquidación de las sociedades cooperativas, así como la transformación de estas.

3. Documentación de los acuerdos: el acta de la Asamblea General

El secretario de la asamblea general tiene encomendada la importante función de elaboración del acta de la reunión (art. 42.1 LSCCan), cuyo contenido mínimo se recoge expresamente en la Ley (orden del día, documentación de la convocatoria, lugar y fecha de las deliberaciones, número de socios asistentes, presentes y representados, existencia de quórum suficiente para constituir la asamblea, celebración en primer o segunda convocatoria, resumen de los asuntos debatidos, intervenciones de las que se ha solicitado constancia en acta, resultados de las votaciones y texto de los acuerdos adoptados). Al comienzo del acta figurará la lista de asistentes, firmada por el presidente, el secretario, y los asistentes a la reunión. El acta se configura, en consecuencia, como el documento que recoge el resultado de la reunión, los acuerdos adoptados, su contenido y la mayoría concurrente para su adopción.

La aprobación del acta puede tener lugar tras levantar la sesión de la asamblea general, o en el plazo de quince días siguientes a su celebración, por la presidencia, la secretaría de la asamblea general y dos socios designados entre los asistentes, que no ostenten cargos sociales ni estén en conflicto de intereses o hayan sido afectados a título particular por algún acuerdo asambleario, que la firmarán junto con el presidente y el secretario. Excepcionalmente, en caso de imposibilidad manifiesta, se permitirá que firmen el acta socios que ostenten cargos sociales (art. 42.1.III LSCCan).

El acta de la sesión se transcribirá al libro de actas de la asamblea general en el plazo máximo de diez días siguientes a su aprobación. Si se han adoptado en la asamblea acuerdos inscribibles, recae sobre el órgano de administración la responsabilidad de presentar los documentos necesarios para su inscripción en el Registro de Sociedades Cooperativas de Canarias, en el plazo de un mes contado a partir del día siguiente al de la aprobación del acuerdo. (art. 42.2.II LSCCan).

En los supuestos en los que sea un notario quien levante acta de la sesión, esta no precisa ser sometida al trámite de aprobación y tendrá la consideración de acta de la asamblea (art. 42.3 LSCCan).

4. Impugnación de los acuerdos de la Asamblea General

El art. 44 LSCCan se remite en sede de impugnación de los acuerdos de la asamblea general, a lo dispuesto en la LCoop (art. 31).

Son impugnables los acuerdos contrarios a la ley, a los estatutos o que lesionen, en beneficio de uno o varios socios o terceros, los intereses de la cooperativa, sin que pueda impugnarse un acuerdo que haya sido dejado sin efecto o válidamente sustituido por otro. Los acuerdos contrarios a la ley son nulos, en tanto los restantes serán anulables. El plazo de caducidad de la acción de impugnación de los acuerdos nulos será de un año, salvo que se trate de acuerdos contrarios al orden público, en el caso de los acuerdos anulables, este plazo se reduce a los cuarenta días.

Los acuerdos nulos cuentan con una amplia legitimación activa, de modo que todos los socios, los miembros del órgano de administración y de intervención, el comité de recursos y los terceros con interés legítimo podrán impugnarlos. En relación con los acuerdos anulables, están legitimados activamente los socios asistentes a la asamblea que hubieran hecho constar en acto o mediante documento fehaciente entregado dentro de las 48 horas siguientes, su oposición al acuerdo, aunque la votación hubiera sido secreta; los ilegítimamente privados del derecho de voto y los ausentes, así como los miembros del órgano de administración y los interventores. Se impone, además, a los miembros del órgano de administración, a la intervención, los liquidadores y, en su caso, el comité de recursos, la obligación de impugnar los acuerdos contrarios a la Ley o a los estatutos (art. 31.4 LCoop).

La LCoop remite en cuanto a las acciones de impugnación a las normas previstas para las sociedades de capital referencia que en la actualidad debe entenderse realizada al art. 207 LSC, que remite a su vez a la LEC y a los trámites del juicio ordinario.

La sentencia estimatoria de la impugnación del acuerdo social surtirá efectos frente a todos los socios, pero no afectará a los derechos adquiridos por terceros de buena fe a consecuencia del acuerdo impugnado. Si el acuerdo se encontrara inscrito, la sentencia determinará la cancelación de su inscripción, así como la de los asientos posteriores que resulten contradictorios con ella (art. 31.6 LCoop).

V. BIBLIOGRAFÍA

ALCOVER GARAU, G., "Comentario al art. 44 LSRL", en AA.VV., *Comentarios a la Ley de sociedades de responsabilidad limitada* (Cords. ARROYO/EMBID), Madrid, 1997.

ALFONSO SÁNCHEZ, R., "Aspectos básicos de la nueva regulación de la sociedad cooperativa (Ley 27/1999, de 16 de julio)", *Cuadernos de Derecho y Comercio,* nº 31, 2000.

ALONSO ESPINOSA, F.J., "Órgano de administración", en AA.VV., *La sociedad cooperativa en la Ley 27/1999, de 16 de julio, de Cooperativas"* (Coord. ALONSO ESPINOSA, F.J.), Comares, Granada, 2001.

BORJABAD GONZALO, P., *Derecho cooperativo catalán,* Escuela Universitaria de Relaciones Laborales de Lleida, Zaragoza, 2015.

CABANILLAS SÁNCHEZ, A., *Comentarios al Código Civil* (Dirs. ALBALADEJO/DÍAZ ALABART), Madrid, Tomo I, 1993, vol. 1.

DE CASTRO Y BRAVO, F., "Notas sobre las limitaciones intrínsecas de la autonomía de la voluntad", *Anuario de Derecho Civil,* 1982.

DÍEZ-PICAZO Y PONCE DE LEÓN, L., *Sistema de Derecho Civil,* Vol. I, Madrid, 1990.

ESTEBAN VELASCO, G., "Algunas reflexiones sobre la estructura orgánica de la sociedad de responsabilidad limitada en la nueva Ley", en AA.VV., *Derecho de sociedades de responsabilidad limitada. Estudio sistemático de la Ley 2/1995,* Madrid, 1996.

FERRANDO VILLALBA, Mª de L., "Responsabilidad de los administradores de la sociedad limitada por acuerdos de gestión de la Junta General (la interpretación conjunta de los arts. 161 y 236, 2º LSC), en AA.VV., *Estudios jurídicos en homenaje a Vicente L. Montés Penadés* (Coords. BLASCO, CLEMENTE, ORDUÑA, PRATS Y VERDERA), Tomo I, Tirant lo Blanch, Valencia, 2011.

FERRANDO VILLALBA, Mª de L., "Inexistencia de junta universal aun cuando esté presente todo el capital social, dado que no existe la conformidad unánime de todos con su celebración y el orden del día", en AA.VV., *Archivo Commenda de Jurisprudencia Societaria 2013-2014* (Dir. EMBID IRUJO, J.M.), Comares, Granada, 2014.

GIRGADO PERANDONES, P., *La empresa de grupo y el Derecho de sociedades,* Comares, Granada, 2001.

MORILLAS JARILLO, M.J./FELIU REY, M.I., *Curso de cooperativas,* Tecnos, Madrid, 2018, 3ª ed.

PASTOR SEMPERE, C., "Principales novedades de la nueva Ley 27/1999, de 16 de julio, de sociedades cooperativas", *Revista de Derecho de Sociedades,* nº 13, 1999.

ROMÁN CERVANTES, C./GALVÁN SÁNCHEZ, I./DOMÍNGUEZ CABRERA, M.P., "Los principales aspectos jurídico-económicos del Proyecto de Ley de Sociedades Cooperativas de Canarias"; *Ciriec-España, Revista jurídica,* Nº 32/2018.

SÁNCHEZ CALERO, F., "Escritura y estatutos sociales en el Proyecto de Ley de sociedades de responsabilidad limitada", en AA.VV., *La Reforma de la Sociedad de Responsabilidad Limitada,* Madrid, 1994.

SÁNCHEZ CALERO, F., *La junta general en las sociedades de capital,* Thomson-Civitas, Cizur Menor, 2007.

SÁNCHEZ RUIZ, M., "Asamblea General", en AA.VV., *La sociedad cooperativa en la Ley 27/1999, de 16 de julio, de Cooperativas"* (Coord. ALONSO ESPINOSA, F.J.), Comares, Granada, 2001.

VICENT CHULIÁ, F., "La Ley 27/1999, de 16 de julio, de Cooperativas Estatal", *Revista General de Derecho,* 1999, nº 663.

Capítulo VI.

Estructura orgánica (II). Administración única y consejo rector

MARÍA JOSÉ VERDÚ CAÑETE
Profesora Titular de Derecho Mercantil
Universidad de Murcia

I. LA ADMINISTRACIÓN ÚNICA

El órgano de administración según la Ley de 4/2022, de Sociedades Cooperativas de Canarias (LSCCan), puede estructurarse en forma de administrador único o de Consejo de Administración. El legislador, por tanto, no exige la configuración de un Consejo Rector en todo caso (como ocurre, por ejemplo, en la Ley catalana), si bien esto será lo más habitual. La fórmula del administrador único puede ser útil en los momentos iniciales de sociedades cooperativas con pocos socios y escasa complejidad, atribuyendo dicha condición, por ejemplo, al socio que lidera o promueve el proyecto. Siguiendo las previsiones de la normativa nacional[1], señala el

---

1 El art. 32.1 Ley 27/1999, de 16 de julio, de Cooperativas (LCoop) señala expresamente: "no obstante, en aquellas cooperativas cuyo número de socios sea inferior a diez, los Estatutos podrán establecer la existencia de un Administrador único, persona física que ostente la condición de socio, que asumirá las competencias

art. 46 LSCCan que el órgano de administración puede estructurarse en forma de administrador único cuando el número de personas socias ser inferior a diez. Es decir, se excluye esta posibilidad para cooperativas de diez o más socios.

Los Estatutos pueden incluir la posibilidad de nombrar un suplente. Tanto el administrador único como el suplente tienen que ostentar la condición de socio y serán nombrados, entre los socios, por la asamblea general en votación secreta por mayoría ordinaria ("por el mayor número de votos", art. 246.2 LSCCan). Si no se hubiera nombrado suplente y el cargo de administrador único quedase vacante, ejercerá como tal el socio de mayor edad de la cooperativa, hasta que se celebre la primera Asamblea en la que se designará al nuevo administrador.

II. EL CONSEJO RECTOR. COMPETENCIAS

En sociedades cooperativas de diez o más socios el órgano de administración ha de estructurarse necesariamente en forma de consejo rector. Se trata de un órgano colegiado cuyo funcionamiento se asimila al del consejo de administración de las sociedades de capital.

Las competencias del consejo rector se detallan en la Ley (art. 47). Le corresponde el gobierno, gestión y representación de la cooperativa, con sujeción a la ley, los estatutos y a la "política fijada por la asamblea general". Por tanto, puede afirmarse que el consejo rector ostenta el control permanente de la gestión de la dirección y tiene competencia para fijar las directrices generales de actuación de la cooperativa, si bien "con subordinación a la política fijada por la asamblea general". Es importante destacar que el órgano soberano de la cooperativa es la asamblea general en la que están integrados todos los socios. El consejo rector gestiona y administra la cooperativa y su actuación ha de ser fiscalizada por la asamblea general que, en todo caso, es competente para nombrar y separar a los miembros del consejo rector y, si es preciso, ejercitar acciones de responsabilidad.

---

y funciones previstas en esta Ley para el Consejo Rector, su presidente y secretario". Evidentemente, la figura del administrador único tiene carácter residual y solamente es posible si el número de socios es inferior a diez. Esta fórmula exige su previsión estatutaria y, en su caso, el nombramiento solo puede recaer sobre una persona física. Véase al respecto, Alonso Espinosa, F., "Órgano de administración", en AA.VV., *La sociedad cooperativa en la Ley 27/1999, de 16 de julio, de Cooperativas* (Coord. Alonso Espinosa), Comares, 2001, pp. 229-248, pp. 230 y 231.

Corresponden al consejo rector todas las facultades que no estén reservadas por la ley o los Estatutos a otros órganos sociales, así como acordar la modificación de los Estatutos cuando esta consista en el cambio del domicilio social dentro del mismo término municipal (art. 47.1).

Por otro lado, la extensión del poder de representación del consejo rector viene determinada por el objeto social. Las facultades representativas se extienden a todos los actos relacionados con las actividades que integran el objeto social. Como ocurre respecto de los administradores de las sociedades de capital, cualquier limitación al poder de representación que puedan contener los Estatutos será ineficaz frente a terceros (art. 47.2)

La representación legal de la cooperativa corresponde al presidente del consejo rector que será al mismo tiempo el presidente de la sociedad cooperativa. Señala la LSCCan que esta representación se ejercerá conforme a lo previsto en los Estatutos o, en su caso, según se establezca en los acuerdos de la Asamblea General o del consejo rector (art. 47.3). La representación legal del consejo rector se otorga al presidente que también lo es de la asamblea general. El presidente del consejo rector preside las reuniones de ambos órganos, dirige las deliberaciones, mantiene el orden durante las sesiones y vela por el cumplimiento de la ley. Se trata del presidente de la cooperativa, que en ningún caso se configura como un órgano diferente al consejo rector o la asamblea. Simplemente, es uno de los consejeros que, en nombre del consejo, tiene atribuida su representación legal. La representación se extiende, como regla general, a todos los actos comprendidos en el objeto social delimitado en los Estatutos.

III. COMPOSICIÓN DEL CONSEJO RECTOR. LA PRESIDENCIA

El consejo rector está formado por, al menos, tres miembros. Se designará un presidente, un vicepresidente y un secretario, salvo que se trate de cooperativas de tres miembros en cuyo caso no existirá vicepresidente. Por otro lado, pueden reservarse puestos de vocal a determinados colectivos, por ejemplo, a socios de determinadas zonas geográficas en las que opera la cooperativa o en función de las actividades de la cooperativa o de las funciones de las distintas categorías de socios (en cooperativas de trabajo asociado). Los estatutos podrán además la presencia en el consejo rector de representantes de las distintas secciones de la cooperativa si es que existieran. Se trata, en definitiva, de que en la composición del consejo rector se reflejen las particularidades especiales de cada sociedad cooperativa. De manera que, si su actividad se extiende a diversas zonas o se proyecta sobre objetivos, fases o secciones claramente diferenciadas, los estatutos sociales pueden establecer la posibilidad de que la composición del consejo rector refleje esta diversidad (por ejemplo, regulando la designación de uno o varios consejeros por zona, fase o sección) posibilitando que todos los grupos de interés queden representados en el órgano de administración

En todo caso, si en la cooperativa hay más de más de cincuenta trabajadores indefinidos, uno de ellos formará parte del consejo rector como vocal y será elegida por todos los socios trabajadores fijos. La duración del mandato del consejero elegido por los trabajadores será similar a la del resto de consejeros.

Pueden ser miembros del consejo rector tanto personas físicas como jurídicas. En este último caso, actuarán a través de una persona física que ejerza su representación legal ante la cooperativa con carácter permanente. Esta representación subsistirá mientras no se notifique de forma fehaciente su revocación expresa (art. 49.1).

Como regla general, los miembros del consejo rector deben ostentar la condición de socio. Serán elegidos de entre los socios por la asamblea general en votación secreta por mayoría (art. 49.1). No obstante, se prevé la posibilidad de que estatutos prevean el nombramiento como consejeros de "personas cualificadas y expertas que no ostenten la condición de socias", en número que no exceda de un tercio del total[2] y que, en ningún caso, podrán ser nombradas para la presidencia o vicepresidencia. En todo caso, el consejo rector de la cooperativa deberá constituirse respetando el principio de proporcionalidad entre hombres y mujeres (art. 48.3 LSCCan).

---

2 Una regulación similar, aunque con otras proporciones, se establece en otras normas autonómicas, por ejemplo, en la Ley Catalana de 2002 aludía a la necesidad de que los Estatutos regularan la composición del Consejo Rector "teniendo en cuenta que la mayor parte de sus miembros han de ser socios que lleven a cabo la actividad cooperativizada principal". Según la vigente Ley 12/2015, de 9 de julio, de cooperativas, todos los miembros serán socios, salvo que los Estatutos posibiliten la entrada de no socios con el límite de la cuarta parte del total de miembros (art. 55.1).

IV. VIGENCIA DEL CARGO Y EFECTOS

1. Elección y duración del cargo

El procedimiento electoral se regulará en los Estatutos o en el Reglamento de régimen interno. Los Estatutos determinarán, además, el órgano competente para decidir sobre la distribución de cargos entre los miembros del consejo rector.

En cuanto a la duración del cargo habrá que atender al período fijado en los Estatutos, que en ningún caso será inferior a tres años ni superior a seis. Por otro lado, podrán ser reelegidos en períodos sucesivos, salvo que los Estatutos establezcan alguna limitación (art. 50.1 LSCCan). En principio, a diferencia de lo que sucede en otras normativas, no se limitan las posibilidades de reelección[3]. La renovación de los miembros del consejo rector se realizará simultáneamente para todos, salvo que los Estatutos establezcan renovaciones parciales.

En los supuestos en que haya finalizado el período para el cual fueron elegidos los miembros del consejo rector, continuarán ejerciendo el cargo con carácter provisional hasta que se produzca su renovación en la siguiente asamblea general. Se trata de evitar que la sociedad quede acéfala desde la fecha de cese hasta la celebración de la asamblea.

Resulta llamativa la regulación de la renuncia al ejercicio del cargo. Señala la LSCCan que los consejeros pueden renunciar al cargo únicamente por "justa causa". Esta debe expresarse por escrito ante el consejo rector que debe aceptarla. También señala la LSCCan que "la asamblea general puede aceptar la renuncia, aunque no conste en el orden del día" (art. 50.3). Cuando la cooperativa considere que la renuncia no está justificada puede exigir al consejero en cuestión la indemnización de daños y per-

---

[3] En la Ley Catalana, por ejemplo, señala el art. 56 que los miembros del consejo rector son elegidos por la asamblea general por un período no superior a cinco años, por el procedimiento que fijan los Estatutos sociales, y "pueden ser reelegidos consecutivamente una sola vez, salvo que la asamblea general decida su reelección por más períodos" Sólo pueden ser reelegidos consecutivamente una sola vez. Es decir, el mismo sujeto podría ser reelegido más de una vez, pero no consecutivamente, obligando así a la alternancia en la designación de estos cargos, salvo que la asamblea general considere procedente la reelección del mismo sujeto por más de un período. Pero, en todo caso, la ley obliga a la asamblea a pronunciarse expresamente sobre este asunto.

juicios. Esta regulación resulta bastante confusa. La renuncia al ejercicio del cargo, es decir, la dimisión, no debería supeditarse a la existencia de una "justa causa". Los miembros del consejo rector tienen absoluta libertad para ejercer o no el cargo y pueden cesar en cualquier momento sin necesidad de alegar una justa causa. Esa renuncia debe comunicarse al consejo rector o la Asamblea (ambos órganos son competentes para admitir dicha renuncia) y deberán encargarse de iniciar el proceso de sustitución del consejero saliente. Por supuesto, esa admisión o aceptación de la renuncia no debe constar en el orden del día, puesto que, en realidad, los socios no tienen nada que acordar al respecto. El consejero renuncia, lo comunica a la asamblea y ésta no puede no aceptar. Cuestión diferente es que la renuncia al cargo se realice de mala fe por parte del administrador, causando daños a la sociedad, socios o terceros, en cuyo caso cabe la exigencia de responsabilidad con la consiguiente indemnización de daños y perjuicios.

Por otro lado, los miembros del consejo rector pueden ser cesados por acuerdo de la asamblea general, aunque no conste en el orden del día. Para ello es preciso que voten a favor la mayoría absoluta de los votos totales de la cooperativa (art. 50.4 LSCCan).

2. Vacantes

La LSCCan regula expresamente los supuestos en los que se produzcan vacantes. Deberán cubrirse en la primera asamblea general que se celebre. Si se trata del presidente y el vicepresidente y fuera la asamblea la encargada de la distribución de los cargos, estos cargos serán ocupados por el vicepresidente y el vocal de mayor edad respectivamente (art. 50.1). No obstante, si se trata de vacantes definitivas (por ejemplo, por fallecimiento o incapacidad) es posible que los Estatutos regulen el nombramiento de suplentes, su número y las reglas de sustitución. En este caso, los suplentes ejercerán el cargo durante el tiempo que restaba a los miembros que sustituyen.

Si no fuera posible sustituir al presidente y secretario y el número de miembros del consejo es insuficiente para su válida constitución, el resto de consejeros deberá convocar asamblea general para cubrir las vacantes en un plazo no superior a quince días desde que se produzca la situación (art. 50.2).

Como puede observarse, el nombramiento de los miembros del consejo rector corresponde en todo caso a la asamblea y la LSCCan no alude a ningún tipo de excepción a diferencia de otras normativas autonómicas que regulan el sistema de nombramiento por cooptación. Es una excepción a la regla general relativa al nombramiento de los miembros del consejo rector por la asamblea. Cuando uno de los miembros de consejo rector cesa por causa de fuerza mayor y no hubiera ningún consejero suplente designado, con carácter excepcional, el propio consejo rector puede designar con carácter provisional un sustituto. Se trata de un mecanismo idóneo para la provisión de vacantes en el consejo. En todo caso, en la primera asamblea que se convoque es necesario que se ratifique el nombramiento del sustituto y el nombramiento de un nuevo socio como miembro del consejo rector. El objetivo es agilizar el normal funcionamiento del órgano en supuestos de cese de alguno de sus miembros. Sin embargo, no se admite esta posibilidad en la LSCCan[4].

3. Efectos del nombramiento

En todo caso, señala la LSCCan que el "ejercicio del cargo" (o más bien, el "nombramiento") produce efectos desde su aceptación y debe inscribirse en el Registro de Cooperativas. Es una regla similar a la prevista en el Derecho societario en el art. 214.3 LSC que señala que "el nombramiento de los administradores surtirá efecto desde la aceptación". Por otro lado, el art. 215.1 LSC señala que "el nombramiento de los administradores, una vez aceptado, deberá ser presentado a inscripción en el Registro Mercantil". La inscripción en el Registro no es constitutiva. El nombramiento surte efectos desde la aceptación que no es más que una manifestación de voluntad expresa, que puede constar en el acta de la reunión de la asamblea que lo designa o, si no estuviera presente en dicha reunión, deberá manifestarla por escrito y añadirla a la certificación del acta que ha de presentarse en el Registro para su inscripción. El nombramiento de los consejeros tendrá efecto desde el momento de la aceptación y se inscribirá en el Registro de Sociedades

---

4 Se trata de una especialidad respecto a otras normativas autonómicas, e incluso en relación a LCoop, en las que no se prevé el nombramiento por cooptación. No se admite esta posibilidad, por ejemplo, en la LSCRM en la que, quizás por entender que así lo exige el tradicional principio democrático, el nombramiento de los consejeros y, en su caso, del administrador único, corresponde *exclusivamente* a la asamblea general (art. 50.1 LSCRM y art. 21.2.d LCoop). En relación al Derecho Cooperativo de la Región de Murcia, véase Alonso Espinosa, F., "El Consejo Rector y el Administrador Único de la Cooperativa" en AA.VV., *Derecho de sociedades cooperativas de la Región de Murcia. Estudio de la Ley 8/2006, de 16 de noviembre de Sociedades Cooperativas de la Región de Murcia* (Dir. ALONSO ESPINOSA) Aranzadi-Thomson Reuters, 2010, pp. 303-305.

Cooperativas Canarias en el plazo de un mes (art. 49.3). En eso difiere del Derecho societario que señala que la presentación a la inscripción deberá realizarse dentro de los diez días siguientes a la fecha de la aceptación (art. 215.2 LSC).

IV. FUNCIONAMIENTO DEL CONSEJO RECTOR. DELEGACIÓN DE FACTULTADES Y APODERAMIENTOS. IMPUGNACIÓN DE ACUERDOS

1. Convocatoria, constitución y adopción de acuerdos

Los Estatutos sociales regularán el funcionamiento del consejo rector y, en su caso, de las comisiones, comités o comisiones ejecutivas que puedan crearse, así como las competencias de los consejeros delegados, sin perjuicio de lo establecido en la Ley para los cargos de elección directa por parte de la Asamblea general. La LSCCan alude también a la posibilidad de que sea la Asamblea la que regule dicho funcionamiento como hace el art. 36.1 de la LCoop 27/1999 (por ejemplo, en reglamentos de régimen interno).

La persona competente para convocar el consejo rector es el presidente a iniciativa propia o a iniciativa de cualquier otro miembro del consejo. En el supuesto de que no sea atendida la solicitud de convocatoria en el plazo de diez días, será el propio consejero solicitante quien convoque en este caso (con una adhesión mínima de consejeros, concretamente, al menos un tercio de los miembros del consejo). Si estuvieran presentes todos los consejeros y consienten unánimemente es válida la celebración del Consejo sin necesidad de convocatoria previa (art. 51.2).

Cabe la posibilidad de que las reuniones del consejo rector se realicen de forma telemática, por videoconferencia, siempre que quedan garantizadas la identificación de las personas asistentes, la continuidad de la comunicación, la posibilidad de intervenir en las deliberaciones y la emisión del voto. En este caso, el lugar de celebración de la reunión es el de la persona que ostenta la presidencia.

Ninguna previsión realiza la Ley respecto al *quórum* de constitución del consejo rector a diferencia de otras normativas autonómicas o de la LCoop 27/1999 que establece que el consejo rector, previa convocatoria, quedará válidamente constituido "cuando concurran personalmente a la reunión más de la mitad de sus componentes" (art.36.3). Por el contrario, únicamente se regula la mayoría necesaria para la adopción de acuerdos (más de la mitad de los votos válidamente expresados). Cada consejero tiene un voto, por tanto, según se desprende de esta regulación, aunque el número de asistentes a la reunión sea mínimo, los acuerdos estarán válidamente adoptados si la mitad más uno de los asistentes vota a favor. En caso de empate será dirimente el voto del presidente o el de la persona que lo sustituya.

Por último, la LSCCan prohíbe la representación en el Consejo, señalando que "la actuación de los miembros del Consejo es de carácter *personalísimo* (art. 51.3) y no pueden ser representados por otra persona. Se diferencia, por tanto, de otras normativas autonómicas en las que se admite esta posibilidad, aunque de forma limitada, estableciendo que los miembros del consejo pueden conceder su representación, únicamente a otro miembro del consejo (no cabe la representación a favor de cualquier sujeto); o que cada miembro del consejo solo puede representar a otro (en ningún caso a más de uno).

2. Asistencia a reuniones y retribución

Como ocurre en otras normativas autonómicas, se regula la posibilidad de asistencia telemática a las reuniones del consejo. El consejo rector puede reunirse por videoconferencia o por otros medios de comunicación, siempre que quede garantizada la identificación de los asistentes, la continuidad de la comunicación, la posibilidad de intervenir en las deliberaciones y la emisión del voto. Se entiende que, en este caso, la reunión se celebra en el lugar en el que se encuentra la persona que la preside.

Esta posibilidad se admite en Derecho societario para la asistencia a la junta general de accionistas. El art. 182 LSC alude a la posibilidad de que los Estatutos regulen la asistencia a la junta por medios telemáticos, debiendo garantizar debidamente la identidad del sujeto asistente a la reunión. En estos casos, en la convocatoria se describirán los plazos, formas y modos de ejercicio de los derechos de los accionistas previstos por los administradores para permitir el ordenado desarrollo de la junta. También se prevé la junta exclusivamente telemática (art. 182 bis LSC). No se ha previsto legalmente que el consejo de administración de sociedades de capital desarrolle sus reuniones telemáticamente, si bien nada impediría (en aplicación del art. 245. 1 y 2 LSC) que así se regulara estatutariamente o en reglamentos de régimen interno.

El sistema de identificación de los asistentes, que puede plantear problemas en relación a los asistentes a las reuniones de la Junta General, no resultará tan problemático cuando se trata de reuniones del consejo rector, pues el número de asistentes a la reunión es mucho más limitado y los consejeros normalmente se conocen personalmente. Efectivamente, la identificación de los asistentes podrá realizarse a través de diferentes medios: a) por conocimiento directo del consejero que asiste a través de videoconferencia; b) mediante la exhibición de su documento de identidad a través de la webcam, o porque dispone de nombre de usuario y contraseña facilitado por la sociedad de forma confidencial[5].

La LSCCan no se refiere a la periodicidad de las reuniones, dejando absoluta libertad a los socios para regular esta cuestión, si lo consideran necesario, en los Estatutos o en el reglamento de régimen interno. En otras normativas autonómicas y también en la la regulación europea se introduce la necesaria periodicidad de las reuniones del consejo rector. Por ejemplo, según la normativa catalana, este debe reunirse, como mínimo, una vez por trimestre, a menos que la asamblea determine una periodicidad más larga en los estatutos que en todo caso debe ser siempre inferior a un año[6]. También en el ámbito de la sociedad cooperativa europea domiciliada en España se establece que el órgano de administración se reunirá como mínimo cada tres meses (art. 43.1 RSCE). Se trata de que los miembros del consejo rector adopten una conducta activa en el ejercicio del cargo y por eso se les obliga a reunirse periódicamente. Los consejeros deben interesarse por la marcha de la cooperativa, asistir a las reuniones y abandonar cualquier conducta pasiva. Esta periodicidad también se ha previsto en el Derecho societario general, si bien en este caso la previsión es algo más

---

5 *Vid.*, Boldó Roda, C., "Sistemas telemáticos de asistencia, deliberación y toma de decisiones en los órganos colegiados de las sociedades cooperativas. Regulación actual y propuestas de futuro", en AA.VV., *Digitalización de la actividad societaria de Cooperativas y Sociedades Laborales* (Dir. Alfonso Sánchez, R.), pp. 199-283, p. 213.

6 También en el ámbito de la sociedad cooperativa europea domiciliada en España se establece que el órgano de administración se reunirá como mínimo cada tres meses (art. 43.1 RSCE). Sin embargo, la doctrina ha considerado que este plazo es demasiado amplio por lo que se considera preciso fijar un plazo más breve para el seguimiento ordinario de la administración ordinaria, especialmente en los casos en que existe delegación de funciones. Véase al respecto, Girgado Perandones, P., "Régimen orgánico de la sociedad cooperativa europea domiciliada en España II): Órgano de administración. Sistema monista y dual", AA.VV., *La sociedad cooperativa europea domiciliada en España* (Dir. ALFONSO SÁNCHEZ), Aranzadi, 2008, pp. 297-325.

estricta. El art. 245.3 LSC señala que el consejo de administración deberá reunirse al menos una vez al trimestre y no se establece la posibilidad de la que la junta de accionistas acuerde flexibilizar esta obligación.

Por lo que se refiere a la retribución del cargo de consejero, como regla general, tiene carácter gratuito. No obstante, señala el art. 58 LSCCan que "los estatutos podrán prever que los miembros del órgano de administración o de la intervención perciban retribuciones para ejercer su función, estableciendo, además, el sistema y los criterios para fijarlas por la asamblea general". En todo caso, la remuneración deberá guardar una "proporción razonable con la importancia de la cooperativa, con la situación económica que tuviera en cada momento y, sobre todo, con las prestaciones efectivas realizadas por las personas administradoras en el desempeño del cargo. Todo ello deberá figurar en la memoria anual". Se trata de una previsión similar a la prevista en el art. 217.4 LSC. Por otro lado, añade el art. 58.2 LSCCan que, en cualquier caso, serán compensados por los gastos que les origine el desempeño de sus funciones (principio de indemnidad en el ejercicio del cargo).

3. Delegación de facultades y apoderamientos

A) Régimen de la delegación de funciones

Con el objetivo de agilizar el funcionamiento del consejo rector, se admite la posibilidad de establecer un reparto interno de funciones entre los distintos miembros. La LSCCan prevé en el art. 58 la delegación de facultades y apoderamientos. El consejo rector puede delegar las facultades relativas al tráfico empresarial ordinario de la cooperativa en uno o más de sus miembros (consejeros delegados o comisiones ejecutivas), y también pueden acordar otorgar apoderamientos a favor de un tercero que no sea miembro del consejo.

La delegación o, en su caso, el apoderamiento, así como su revocación debe constar en escritura pública e inscribirse en el Registro de Cooperativas. Por otro lado, el acuerdo de delegación se adoptará con el voto favorable de la mayoría absoluta de los miembros del Consejo. Cabe recordar que la existencia de la delegación de determinadas funciones en favor de uno o varios sujetos no exime de responsabilidad al resto de miembros del consejo. Aunque exista delegación, el consejo y todos sus miembros son responsables de los daños que pueden ocasionar a terceros como consecuencia del desarrollo de las funciones propias del cargo, salvo que acrediten la concurrencia de las circunstancias previstas con carácter general en el artículo 59 LSCCan. En el ámbito de las relaciones internas puede exigirse responsabilidad al concreto consejero que ha ocasionado el daño.

B) Facultades indelegables

Por otro lado, la ley prohíbe la delegación de funciones en determinados ámbitos. En estos casos, se considera que deben participar todos los miembros del consejo y no cabe delegación a favor a uno o varios consejeros concretos. La LSCCan se refiere a: a) fijar la directrices generales de la gestión; b) presentar a la asamblea las cuentas anuales del ejercicio, el informe sobre la gestión y proponer la distribución o asignación de los excedentes de imputar las pérdidas; c) otorgar poderes generales; d) autorizar la prestación de avales, fianzas o garantías reales a favor de otras personas, salvo las excepciones previstas legalmente; e) las que han sido delegadas por la asamblea general a favor del consejo rector, a menos que concurra autorización expresa.

Respecto de estas facultades, que resultan indelegables, todos los miembros del consejo rector están obligados a participar en su ejecución y, por tanto, responden de su correcta realización.

4. Impugnación de acuerdos

En materia de impugnación de acuerdos, la LSSCan remite a la regulación prevista en la legislación estatal. Señala el art. 53 que los acuerdos del consejo rector que resulten contrarios a la Ley, los Estatutos o que lesionen, en beneficio de uno o varios socios o terceros, los intereses de la cooperativa, pueden ser impugnados siguiendo el procedimiento establecido en la legislación estatal en materia de cooperativas. Por otro lado, los acuerdos nulos o anulables podrán ser impugnados en los plazos y por las personas legitimadas en la legislación estatal de cooperativas que regula la impugnación de acuerdos.

La legislación estatal establece un plazo de dos meses para la impugnación de acuerdos nulos y un mes si se trata de acuerdos anulables (art. 37 LCoop). También los sujetos legitimados para la impugnación varían según se trate de acuerdos nulos (contrarios a Ley) o anulables (contrarios a los Estatutos o lesivos del interés social). Para la impugnación de acuerdos nulos están legitimados todos los socios, incluso los miembros del consejo rector que hayan votado a favor del acuerdo y los que se hayan abstenido.

Por el contrario, para la impugnación de acuerdos anulables, la legitimación se limita a los asistentes a la reunión del Consejo que hubiesen hecho constar, en acta, su voto contra el acuerdo adoptado, los ausentes y los que hayan sido ilegítimamente privados de emitir su voto, así como los interventores y el cinco por ciento de los socios. En los demás aspectos, el procedimiento de impugnación se ajustará al procedimiento previsto para la impugnación de acuerdos de la Asamblea General.

El diez a quo del plazo de impugnación será la fecha de adopción del acuerdo o, la fecha en la que los impugnantes tuvieren conocimiento del mismo siempre que no haya transcurrido un año desde su adopción.

V. RESPONSABILIDAD DE LOS CONSEJEROS

La LSCCan regula sólo parcialmente la responsabilidad de los miembros del órgano de administración y, en lo no previsto, realiza una remisión al régimen general de responsabilidad de administradores de sociedades de capital. No se regulan acciones concretas de responsabilidad, como sucede en otras normativas autonómicas. Por el contrario, se establece una cláusula general sobre deberes inherentes al ejercicio del cargo, el deber de diligencia y el deber de lealtad, debiendo llevar una gestión empresarial ordenada y guardar secreto sobre los datos que tengan carácter confidencial. Por otro lado, se establece la responsabilidad de los miembros del consejo rector. Responden "ante la cooperativa, ante los socios y ante los acreedores de la sociedad, de los daños que causen por actos contrarios a la ley a los estatutos o por los llevados a cabo sin la diligencia con la que deben ejercer su cargo". Aunque no se dice expresamente, en aplicación de las normas societarias de responsabilidad de administradores, la responsabilidad de los consejeros es solidaria. Además, señala el art. 59.3 LSCCan que para los interventores la responsabilidad *no* es solidaria, sobrentendiéndose que para los consejeros sí lo es. El perjudicado, por tanto, puede dirigirse contra cualquiera de los miembros del órgano para exigir el total de la indemnización que corresponda en cada caso por el daño sufrido.

En el Derecho societario general, en virtud del art. 237 LSC, es posible *la exoneración de los administradores que prueben que, no habiendo intervenido en la adopción o ejecución del acto o acuerdo lesivo, desconocían su existencia o, conociéndola, hicieron todo lo conveniente para evitar el daño o, al menos, se opusieren expresamente a aquel.* Como ha señalado un sector doctrinal, más que una regla de solidaridad, se trata de una presunción de imputabilidad[7] que se extiende a todos los miembros del órgano de administración, invirtiéndose la carga de la prueba de modo que sólo serán exonerados de responsabilidad los administradores que destruyan dicha presunción mediante la prueba de la inimputabilidad del incumplimiento de los deberes que le son exigibles.

De modo similar, el art. 59.4 la LSCCan establece que quedarán exentos de responsabilidad quienes habiendo asistido a la reunión en que se adoptó el acuerdo, acrediten que han votado en contra del mismo mediante constatación expresa de esta circunstancia en el acta, que no han participado en la ejecución del acuerdo y han hecho todo lo conveniente para evitar el daño. También quedarán exonerados de responsabilidad quienes no asistieron a la reunión y no han tenido ninguna posibilidad de conocer el acuerdo o, habiéndolo conocido han hecho todo lo conveniente para evitar el daño y quienes hubieran propuesto al presidente del órgano la adopción de medidas para evitar el daño en supuestos de inactividad del órgano.

1. Acción social de responsabilidad

La normativa societaria regula distintas acciones de responsabilidad a las que conviene hacer referencia por la remisión que realiza la LSCCan. En primer lugar, la acción social de responsabilidad de administradores (art. 238 LSC) tiene por objeto, la tutela del interés social. No obstante, también protege el interés que tienen socios, acreedores y terceros en la preservación del patrimonio de la sociedad.

Aunque existen varios sujetos legitimados para su ejercicio, se entiende que la acción social tiene carácter unitario[8], es decir, con independencia del sujeto que la ejercite, está orientada, en todo caso, al resarcimiento de

---

7 En este sentido, *vid.*, Girón Tena, J., *Derecho de sociedades*, Madrid, 1976, pp. 469. En el mismo sentido, *vid.*, Marín De La Bárcena Garcimartín, F., *La acción individual de responsabilidad frente a los administradores de sociedades de capital*, Madrid/Barcelona (Marcial Pons), 2005, p. 201; Alonso Espinosa, F., *La Responsabilidad Civil del administrador de Sociedad de Capital en sus elementos configuradores*, Civitas, Madrid, 2006 p. 38.

8 *Vid.*, SUAREZ-LLANOS GÓMEZ, L., "Responsabilidad de los administradores de sociedad anónima", *Anuario de Derecho Civil*, 1962, pp. 921-997, especialmente, p. 929

los daños causados al patrimonio social[9] por actos contrarios a la Ley, los estatutos o los deberes inherentes al cargo.

A) Legitimación de la sociedad

La legitimación activa para el ejercicio de la acción social se otorga, con carácter principal, a la propia sociedad (art. 238 LSC). Ésta es la verdadera titular de la dicha acción de responsabilidad. Su ejercicio requiere acuerdo de la junta general adoptado conforme a los requisitos de *quórum* ordinario (art. 198 y 201 LSC).

Existen, sin embargo, otros sujetos legitimados para su ejercicio. El art. 239 LSC concede legitimación subsidiaria tanto a los socios (que representen el 5% del capital social o el 3% en sociedades cotizadas, arts. 168 y 495 LSC), en cuanto titulares de un interés directo en la defensa del patrimonio social. Por otro lado, el art. 240 LSC legitima a los acreedores en la medida en que éstos cuentan con el patrimonio social como garantía de sus créditos.

Por otra parte, cuando la sociedad es declarada en concurso, el Real Decreto Legislativo 1/2020, de 5 de mayo, por el que se aprueba el texto refundido de la Ley Concursal. atribuye legitimación a la *administración concursal* para el ejercicio de la acción social. Según dispone el art. 132 quáter, "corresponde exclusivamente a la administración concursal el ejercicio de las acciones de responsabilidad de la persona jurídica concursada contra sus administradores, auditores o liquidadores".

B) Legitimación la minoría de socios

Con carácter general, la legitimación de la minoría para el ejercicio de la acción social se justifica por el alto riesgo de inactividad por parte de la sociedad. El ejercicio de la acción social requiere un acuerdo de Junta general. Los miembros del órgano de administración, sin embargo, son nombrados por la Junta, por lo que suelen ser personas de confianza de

---

9 *Vid.,* SÁNCHEZ CALERO, F., *Los administradores…, op. cit.,* p. 342 cuando afirma que "al tratarse de una acción "social", se presupone que se ejercita en defensa de los intereses comunes a todos los socios y no de los intereses específicos de los accionistas o de los acreedores. De ahí, que ha de entenderse que la acción social de responsabilidad se ejercita, en todo caso, por cuenta y en nombre de la sociedad".

los socios mayoritarios pudiendo, incluso, coincidir la condición de socio mayoritario y la de administrador en la misma persona.

Por otra parte, el desprestigio para la sociedad que puede suponer el ejercicio de la acción social contra los administradores puede desincentivar a la mayoría para la iniciación del procedimiento[10]. Estas razones, entre otras, justifican el reconocimiento de un derecho a la minoría tanto para el ejercicio de la acción (art. 239 LSC) como para oponerse al acuerdo de la Junta relativo a la renuncia o transacción sobre la acción social (art. 238 LS)[11].

La iniciativa de la minoría de socios para el ejercicio de la acción social es subsidiaria (respecto a la sociedad), salvo que el ilícito sobre el que se fundamenta la acción sea la infracción del deber de lealtad, en cuyo caso la legitimación de la minoría es directa (art. 239.1 LSC).

Finalmente, ha de tenerse en cuenta que la minoría de socios, incluso en los supuestos de legitimación directa, no actúan en interés propio, sino en interés de la compañía. El objeto de acción social de responsabilidad es en todo caso el resarcimiento de los daños causados al patrimonio social. Y la asunción de gastos suponía lógicamente un importante desincentivo para el ejercicio de una acción. Por ello, en el ámbito de las sociedades de capital, tras la reforma de 2014, la sociedad está obligada a reembolsar a la parte actora los gastos necesarios en que hubiera incurrido con los límites previstos en el artículo 394 LEC.

---

10 *Vid.*, JUSTE, J., "Legitimación subsidiaria para el ejercicio de la acción social", en AA.VV., *La responsabilidad de los administradores* (Dir. ROJO, A./BELTRÁN), *op. cit.*, pgs. 115-154, concretamente, p. 117; ídem, "Artículo 239. Legitimación de la minoría" en AA.VV., *Comentario de la Reforma del Régimen de las Sociedades de Capital en materia de Gobierno Corporativo*", Civitas-Thomson Reuters, Navarra, 2015, pp. 463-476, concretamente p. 465.

11 No procede, sin embargo, la impugnación del acuerdo contrario al ejercicio de acciones de responsabilidad. El TS ha considerado que "la improcedencia de la impugnación de este acuerdo radica en que la Ley ya prevé cómo se puede recabar el auxilio judicial para contradecir lo acordado y hacer efectivo lo pretendido con el acuerdo. Más que su impugnación, la Ley contempla que los accionistas minoritarios puedan (...) ejercitar directamente la acción social de responsabilidad, de forma subsidiaria y en interés de la sociedad". *Vid.*, STS 286/2015, de 2 de junio (RJ 2015/2733).

C) Legitimación de los acreedores

Los acreedores sociales también pueden ejercitar la acción cuando no haya sido ejercitada por la sociedad o la minoría de socios siempre que el patrimonio social resulte insuficiente para la satisfacción de sus créditos (art. 240 LSC).

En este precepto parece configurarse un instrumento de tutela de los acreedores de sociedades insolventes, en particular, un sistema de resarcimiento del daño causado al conjunto de acreedores como consecuencia de la insuficiencia del patrimonio social.

La redacción del precepto, sin embargo, plantea una multitud de problemas interpretativos, si bien se trata de un precepto de escasa aplicación práctica debido, seguramente, a la inexistencia de incentivos para los acreedores a la hora de litigar, no en beneficio propio, sino en beneficio del patrimonio social y, a la postre, del resto de acreedores.

En la legislación societaria no se prevé el posible reembolso de los gastos asumidos por los acreedores que ejercitan la acción. No obstante, uno de los presupuestos para el ejercicio de la acción es la "insuficiencia del patrimonio social", lo que parece hacer referencia a una situación de insolvencia. En efecto, es posible que los acreedores ejerciten la acción social de responsabilidad en el ámbito del concurso de acreedores de la sociedad (art. 122 LC)[12]. En estos casos, señala el precepto que "los acreedores litigarán a su costa en interés de la masa. En caso de que la demanda fuese total o parcialmente estimada, tendrán derecho a reembolsarse con cargo a la masa activa de los gastos y costas en que hubieren incurrido hasta el límite de lo obtenido con consecuencia de la sentencia, una vez que ésta sea firme".

La atribución de legitimación a favor de los acreedores para ejercitar la acción social requiere, como regla general, la concurrencia de dos presupuestos: inactividad por parte de la sociedad o los socios e insuficiencia del patrimonio social para la satisfacción de los créditos.

a) Inactividad de la sociedad, de la minoría de socios o, en su caso, de la administración concursal

---

[12] A las sociedades cooperativas les resulta de aplicación la legislación concursal del Estado. La resolución judicial en virtud de la cual se considera incoado el procedimiento concursal con respecto a una cooperativa ha de anotarse en el Registro de Cooperativas, a petición de la autoridad judicial.

La legitimación de los acreedores es subsidiaria. Como regla general, es preciso que la acción no haya sido ejercitada por la sociedad (o, en su caso, la administración concursal) o los socios. Podría pensarse que la legitimación de los acreedores es siempre sucesiva o de tercer grado, esto es, que los acreedores sólo podrían ejercitar la acción cuando ni la sociedad ni los socios la hubieran ejercitado. Sin embargo, atendiendo a la redacción literal del precepto ("cuando no haya sido ejercitada por la sociedad o por sus socios") podemos considerar que, en determinados supuestos, se trata de subsidiariedad alternativa o de segundo grado, concretamente, en los casos en que los socios no han tenido posibilidad ni legitimación para su ejercicio. Por ejemplo, un acuerdo de la asamblea de transacción o renuncia al ejercicio de la acción social no implica el nacimiento de la legitimación de la minoría para su ejercicio (únicamente se les concede la posibilidad de vetar el acuerdo). Puede entenderse que, en este caso, la legitimación de los acreedores es de segundo grado, pues sucede directamente a la de la propia sociedad.

b) Insuficiencia del patrimonio social

No cualquier conducta de los miembros del consejo rector que suponga una disminución del patrimonio social desencadena la posibilidad de ejercitar la acción social por los acreedores. Es preciso que el daño causado al patrimonio social sea de tal entidad que tenga como consecuencia la imposibilidad generalizada de satisfacer los créditos. Mientras los acreedores continúen viendo satisfechos sus créditos, la lesión al patrimonio social no les afecta. Sólo cuando los daños causados al patrimonio social repercutan indirectamente en el patrimonio particular de los acreedores podrán éstos ejercitar la acción. Puede afirmarse que el ejercicio de la acción social por parte de los acreedores (y también de los socios) se fundamenta sobre el daño que experimentan en el "interés que mantienen frente a la integridad del patrimonio social". Interés que sólo es digno de protección cuando el incumplimiento de los consejeros afecta a la garantía de sus créditos; otra cosa, como se ha señalado, sería propiciar la injerencia de los acreedores en la vida interna de la sociedad.

El requisito de la insuficiencia del patrimonio social parece referirse al conjunto de créditos vencidos y exigibles existentes contra la sociedad. Sin embargo, resulta complejo determinar cómo puede el acreedor acreditar dicha insuficiencia. No parece necesario que la sociedad haya sido declarada judicialmente en concurso para que los acreedores puedan ejercitar la acción social de responsabilidad, lo cual puede deducirse del silencio legal existente en este punto. Éstos, así como la sociedad y la minoría de socios, pueden ejercitar la acción social con independencia de la declaración de concurso. Bastará probar la concurrencia del presupuesto objetivo del concurso (art. 2 LC), sin que sea necesaria su declaración formal. El acreedor podría acreditar, por ejemplo, que ha intentado infructuosamente el cobro de sus créditos frente a la sociedad, habiéndose despachado ejecución o apremio sin que resulten bienes libres bastantes para el pago, o incluso la concurrencia de alguno de los hechos de insolvencia establecidos en el art. 2.4 LC (sobreseimiento general en el pago corriente de las obligaciones, embargos que afecten de manera general al patrimonio del deudor, etc.).

Cuestión discutida en el ámbito societario es la relativa a la exigencia de que el acreedor concreto que ejercita la acción deba ser titular de un crédito vencido y exigible. Un sector doctrinal parece considerar el vencimiento y la exigibilidad del crédito como condiciones necesarias para el ejercicio de la acción por parte del acreedor. Otro sector doctrinal considera, sin embargo, que el acreedor únicamente debe probar la insuficiencia patrimonial en el momento en el que ejercita la acción, sin que sea necesario esperar a que se confirme esa situación en el momento de vencimiento y exigibilidad de su crédito. Esta segunda posición nos parece más acertada. La legitimación de los acreedores para el ejercicio de la acción social de responsabilidad (en supuestos de inactividad de la sociedad o sus socios) se fundamenta sobre la base de la amenaza que supone para la garantía de sus créditos la existencia de un desbalance patrimonial provocado por la conducta culposa de los administradores. No debería privarse del ejercicio de la acción social a los acreedores de créditos no vencidos, máxime cuando ésta no se ejercita en beneficio propio sino en beneficio del patrimonio social. Por otro lado, del tenor literal del precepto no se deduce este requisito. Por el contrario, el art. 240 LSC parece legitimar a cualquier acreedor (incluso si su crédito está garantizado) para ejercitar la acción social.

Otra cosa es que en la valoración de la insuficiencia patrimonial deba tenerse en cuenta el valor del activo patrimonial y el valor del pasivo exigible en el momento en el que ejercita la acción. El acreedor que sea titular de un crédito no vencido y, por tanto, no exigible podrá ejercitar la acción social contra los administradores. Sin embargo, para acreditar la situación de desbalance no podrá incluirse en el pasivo el importe del crédito de dicho acreedor ni el de otros créditos que, por no haber vencido, no resultan exigibles.

2. Acción individual de responsabilidad

Los miembros del consejo rector también responden de los daños causados directamente a socios y terceros en virtud del ejercicio de la acción individual de responsabilidad. Según señala el art. 241 de la LSC, "quedan a salvo las acciones de indemnización que puedan corresponder a los socios y a los terceros por actos de administradores que lesionen directamente los intereses de aquellos". Este precepto parece realizar una remisión al régimen general de responsabilidad extracontractual (y así lo considera la doctrina y jurisprudencia mayoritaria respecto al régimen societario[13]) que se aplica cuando se causan daños directos a socios y terceros.

La noción de "daño directo" ha sido objeto de análisis por la doctrina. Se considera como tal aquél "que incide de forma inmediata sobre el patrimonio del socio o tercero" por contraposición al daño indirecto que es aquél que ocasionan los administradores "cuando lesionan el de la sociedad afectando de manera refleja al socio o al tercero que, al reducirse el patrimonio social, ven (...) reducido el valor de sus acciones o la garantía de sus créditos"[14]. Sin embargo, el criterio del *patrimonio sobre el que incide el daño* puede no resultar satisfactorio para identificar el daño directo y diferenciarlo del indirecto o reflejo. Un mismo acto del administrador puede ser, al mismo tiempo, lesivo del patrimonio social y del patrimonio individual de socios o terceros, siendo difícil, en ocasiones, determinar si el daño sufrido por los socios y terceros es o no consecuencia del daño causado al patrimonio social. En este sentido, puede considerarse como relevante que el daño causado al acreedor tenga carácter "individual". Lo esencial para determinar si un socio o tercero ha sufrido un daño directo parece que debería ser que éste pueda individualizar su posición jurídica respecto de los demás socios o acreedores. A este respecto podría tenerse en consideración no sólo el criterio del patrimonio que resulta directamente perjudica-

---

13 *Vid.,* al respecto Valpuesta Gastamiza, E., *Comentarios a la Ley de sociedades de capital. Estudio legal y jurisprudencial,* 2º ed., Bosch, Barcelona, 2015, pp. 669 y ss.

14 Véase Esteban Velasco, G., "Algunas reflexiones sobre la responsabilidad de los administradores frente a los socios y terceros: acción individual y acción por no promoción o remoción de la disolución", en AA.VV., *Estudios Jurídicos en homenaje al profesor Aurelio Menéndez,* t. II, pp. 1679-1719, p. 1699. En similar sentido, Sánchez Calero, F., *Comentarios a la Ley de Sociedades Anónimas. Administradores,* t. IV, Madrid (Edersa), 1994, pp. 323; *idem. Los administradores en las sociedades de capital,* Thomson-Civitas, Madrid, 2005, pp. 302-304; Marín De La Bárcena Garcimartín, *La acción individual..., op.cit.,* p. 84.

do sino otros criterios como la conducta del sujeto causante del daño o la naturaleza del deber infringido por éste.

En el estudio de la noción de daño directo resulta de obligada referencia la clasificación doctrinal que distingue entre: a) daños derivados de los denominados *ilícitos de empresa* (actos de competencia desleal, invasión de los derechos de propiedad industrial, daños al medio ambiente, o perjuicios causados por la puesta en el mercado de productos defectuosos)[15]; b) los producidos como consecuencia de una *intromisión ilegítima en relaciones societarias del socio con la sociedad*, infringiendo los derechos de los socios (prohibición del derecho de asistencia a la Junta, impedimento del derecho de voto,...); c) y, por último, determinados daños ocasionados en supuestos de *intromisión ilícita en las relaciones jurídicas de la sociedad con terceros,* incluyendo en este grupo tanto los comportamientos que inciden en la formación de relaciones jurídicas con la sociedad (por ejemplo, a través de informaciones falsas que inducen a socios o terceros a suscribir o adquirir acciones u otros títulos de la sociedad) como aquellos supuestos de intromisión lesiva en la fase de ejecución de las relaciones existentes entre la sociedad y los terceros, obstaculizando o impidiendo el cumplimiento de las obligaciones contractuales de la sociedad[16]. Especial interés presenta este último grupo de casos. Se trata de acreedores *contractuales* de la sociedad que pueden exigir el pago de su crédito a la sociedad y, al mismo tiempo, exigir una indemnización al administrador para el resarcimiento de los

---

15 En general, no puede afirmarse que los administradores sean responsables de los daños causados a cualquier tercero como consecuencia de una deficiencia en la organización social. Sólo podría afirmarse dicha responsabilidad cuando se trate de daños imputables a la conducta del administrador. En este sentido, podemos considerar que los administradores responden frente a terceros de los daños que derivan de la realización de una actividad por parte del administrador de la que puede deducirse que lleva aparejada una posición de garante, incluidos los supuestos en que éste tiene conocimiento de que cualquier miembro de la empresa va a provocar un daño del que habrá de responder la sociedad y no hace nada para evitarlo. También responden de los daños causados como consecuencia de un riesgo creado o incrementado personalmente por el administrador y de los daños causados dolosamente (entre los que cabe incluir los derivados de abusos de poder). *Vid.,* Alfaro Águila Real, J., "La llamada acción individual de responsabilidad contra los administradores sociales", *Revista de Derecho de Sociedades,* 2002, núm. 1, pp. 45-76, pp. 60-62.

16 *Vid.,* ESTEBAN VELASCO, G., "Algunas reflexiones...", *op. cit.,* pp. 1694 – 1698.

daños directos sufridos. Para ello, es preciso que resulte correctamente acreditado la producción de ese daño directo[17].

Conviene subrayar, por otro lado, el supuesto en el que la conducta del administrador consiste, simplemente, en provocar culposamente la insuficiencia patrimonial de la sociedad. No son resarcibles mediante la acción individual de responsabilidad los daños causados a los acreedores sociales como consecuencia de la insuficiencia del patrimonio social. No se trata de un daño directo sino de un daño indirecto o reflejo derivado de la insolvencia de la sociedad. En estos supuestos habrá que acudir a la acción social o, en su caso, a la responsabilidad concursal (art. 172 bis) con el objeto de reintegrar el patrimonio social.

3. Responsabilidad concursal

Aunque la LSCCan no alude expresamente a ella, también resulta de aplicación a los miembros del consejo rector, la denominada "responsabilidad concursal" de administradores prevista en la Ley Concursal. Así lo dispone expresamente el art. 102 LSCCan cuando señala que *"a las sociedades cooperativas les es de aplicación la normativa vigente en materia concursal"*. A este respecto el art. 455.2 LC se refiere a los sujetos que resultan afectados por la eventual calificación culpable del concurso de la sociedad, señalando que *"en caso de persona jurídica, podrán ser considerados personas afectadas por la calificación los administradores o liquidadores, de hecho o de derecho, apoderados generales, y quienes hubieren tenido cualquiera de estas condiciones dentro de los dos años anteriores a la fecha de la declaración de concurso"*. Y el art. 456 bis LC señala que "cuando la sección de calificación hubiera sido formada o reabierta como consecuencia de la apertura de la fase de liquidación, el juez, en la sentencia de calificación, *podrá condenar, con o sin solidaridad, a la cobertura, total o parcial, del déficit a todos o a algunos de los administradores, liquidadores, de derecho o de hecho, o directores generales de la persona jurídica concursada que hubieran sido declarados personas afectadas por la calificación* en la medida que

---

17 *Vid.*, STS 103/2015, de 10 de marzo (RJ 2015/2677), en la que se desestima la acción individual de responsabilidad porque *"la circunstancia de no haber satisfecho un crédito de la actora, por sí solo, nunca puede suponer título suficiente de imputación de responsabilidad a los consejeros, por tratarse de un incumplimiento contractual, existiendo una absoluta falta de prueba respecto de la supuesta conducta negligente de los consejeros encaminada a despatrimonializar la cooperativa conduciéndola a la insolvencia"*.

la conducta de estas personas que haya determinado la calificación del concurso como culpable hubiera generado o agravado la insolvencia".

En virtud de ambos preceptos, la sentencia de calificación del concurso podrá condenar a los miembros del consejo rector de la cooperativa cuyo concurso se califique como culpable y a quienes hubieren ostentado dicha condición dentro de los dos años anteriores a la declaración de concurso, a pagar a los acreedores concursales, total o parcialmente, el importe que de sus créditos no perciban en la liquidación de la masa activa.

La naturaleza jurídica de este precepto ha sido una de las cuestiones más discutidas por la doctrina desde la aprobación de la Ley 22/2003 Concursal, lo que ha determinado su modificación en varias ocasiones. Según su redacción originaria, un sector doctrinal y jurisprudencial consideraba que el precepto ostenta naturaleza punitiva, esto es, que no tiene por finalidad el resarcimiento del daño causado a los acreedores sino más bien sancionar la conducta ilícita de los administradores. Otro sector consideraba que se trata de un supuesto más de responsabilidad por daños de carácter indemnizatorio cuya imputación requiere, en todo caso, la concurrencia de los presupuestos generales de la responsabilidad civil. Esta última tesis parece haber tenido mejor acogida, especificando la última versión del precepto que los administradores responden "en la medida que la conducta que ha determinado la calificación culpable haya generado o agravado la insolvencia"[18].

---

[18] No se refiere la LSCCan al supuesto de responsabilidad de administradores por incumplimiento de los deberes legales de promover la disolución cuando proceda, si bien puede entenderse que la remisión a las normas societarias de responsabilidad incluye también este supuesto. Difiere en este aspecto de otras normativas autonómicas. En este sentido, la LSCRM regula expresamente este supuesto de responsabilidad en sede disolución de la cooperativa (art. 97.4). En supuestos de incumplimiento de los deberes legales de promover la disolución los miembros del consejo rector responden solidariamente "por todas las deudas sociales *generadas un mes después"* de que se constatara la causa de disolución. Esa dilación legal -un mes- en cuanto al momento en que se genera la responsabilidad del consejero puede ser muy útil sobre todo por los problemas que puede presentar la determinación del momento exacto en que concurren determinadas causas de disolución. Verdú Cañete, M.J., "Sección 5. Disposiciones comunes al Consejo Rector, a la Dirección y a la intervención", en AA.VV., *Manual de adaptación de Estatutos a la Ley 8/2006, de 16 de noviembre, de Sociedades Cooperativas de la Región de Murcia* (Dir. Alfonso Sánchez, R.), Editum, 2012, pp. 68-70, p. 69.

VI. PROHIBICIONES E INCOMPATIBILIDADES. CONFLICTO DE INTERESES

1. Capacidad, incompatibilidades y prohibiciones

En un mismo precepto regula la LSCCan varios supuestos en los que no es posible ser designado miembro del consejo rector, director o gerente. Sin embargo, no todos los supuestos a los que alude el art. 57 tienen la misma razón ser. Aparecen mezclados los casos de incapacidad con los de incompatibilidad y con los de prohibición cuyo fundamento es totalmente diferente.

No pueden ser miembros del consejo rector ni ocupar la dirección o la gerencia ni los menores de edad ni las personas incapacitadas judicialmente (art. 57.1.c). Estos sujetos no tienen capacidad y por ello se les prohíbe asumir la condición de gestor. El fundamento de las incapacidades, como sabido, es la protección de los intereses del propio menor o incapacitado.

Tampoco pueden ser directores, gerentes o miembros del consejo rector aquellos sujetos que, por razón de su cargo, están incursos en alguna incompatibilidad. Este es el caso de los altos cargos y personal al servicio de las administraciones públicas que ejerzan actividades relacionadas con las actividades de las cooperativas; o quien ejerza actividades competitivas o complementarias a las de la cooperativa, salvo las excepciones previstas legalmente. El fundamento de las incompatibilidades es la protección del interés general lo que implica que los cargos públicos han de ejercerse de forma imparcial.

Finalmente, se establecen en el mismo precepto una serie de casos en los que el sujeto tiene capacidad y no está incurso en ninguna incompatibilidad. Sin embargo, no puede ser designado director, gerente o consejero porque ha sido inhabilitado. Se trata de una sanción por el incumplimiento de determinadas normas. En este sentido, alude el precepto a los inhabilitados en sentencia de calificación culpable de un concurso de acreedores o quienes en el ejercicio de estos cargos hayan sido sancionados por la comisión de infracciones graves o muy graves por conculcar la legislación sobre sociedades cooperativas. Esta prohibición se extenderá durante un período de cinco años a contar desde la firmeza de la última sanción (art. 57.1.e). Esta última previsión puede plantear problemas de interpretación. Mientras que el resto de casos no es necesario realizar ningún tipo de valoración respecto de la gravedad del incumplimiento (la mera inhabilitación impide el nombramiento), en este último caso se introducen conceptos jurídicos abiertos e indeterminados. Debe de tratarse de incumplimientos "graves" (no está claro cuando es grave y cuando no lo es). En todo caso, la imposibilidad de nombramiento será efectiva mientras se esté ejecutando la pena.

2. Conflicto de intereses

La LSCCan establece una regulación específica de los supuestos en los que puede existir un conflicto entre los intereses de la sociedad cooperativa y los intereses personales de algún miembro del consejo rector, la dirección o, en general, cualquier miembro de la cooperativa.

Se regulan, por un lado, los contratos celebrados por la sociedad cooperativa con los miembros del consejo rector o parientes cercanos. Según establece el art. 60, en el caso de la cooperativa haya de obligarse con cualquier miembro del consejo rector o de la dirección o con familiares de éstos hasta el segundo grado de consanguinidad o el segundo de afinidad, se precisa la autorización de la asamblea general, salvo que se trate de relaciones propias de la condición de socio (en este caso, lógicamente, no se precisa autorización). El contrato estipulado sin la autorización de la asamblea es anulable, salvo que esta lo ratifique, sin perjuicio, en todo caso, de los derechos adquiridos por terceros de buena fe.

Por otro lado, se establece el deber de abstención de los socios de la cooperativa que se vean afectados por el conflicto de intereses en la votación correspondiente de la asamblea. Deben abstenerse cuando el asunto que se somete a votación interesa personalmente a un sujeto determinado (v gr. cuando se trata de autorizar la celebración de un contrato con uno de los miembros del consejo rector que al mismo tiempo es socio) y, por tanto, en ese sujeto existe un conflicto de intereses.

VII. BIBLIOGRAFÍA

Alfaro Águila Real, J., "La llamada acción individual de responsabilidad contra los administradores sociales", *Revista de Derecho de Sociedades*, 2002, núm. 1, pp. 45-76,

Alonso Espinosa, F., "Órgano de administración", AA VV, *La sociedad cooperativa en la Ley 27/1999, de 16 de julio, de Cooperativas* (Coord. Alonso Espinosa), Comares, 2001, pp. 229-248.

Alonso Espinosa, F., *La Responsabilidad Civil del administrador de Sociedad de Capital en sus elementos configuradores,* Civitas, Madrid, 2006.

Alonso Espinosa, F., "El Consejo Rector y el Administrador Único de la Cooperativa", en AA. VV., *Derecho de sociedades cooperativas de la Región de Murcia. Estudio de la Ley 8/2006, de 16 de noviembre de Sociedades Cooperativas de la Región de Murcia* (Dir. Alonso Espinosa), Aranzadi-Thomson Reuters, 2010, pp. 303-305.

Boldó Roda, C., "Sistemas telemáticos de asistencia, deliberación y toma de decisiones en los órganos colegiados de las sociedades cooperativas. Regulación actual y propuestas de futuro", en AA VV, *Digitalización de la actividad societaria de Cooperativas y Sociedades Laborales* (Dir. Alfonso Sánchez, R., Andreu Martí, M.), pp. 199-283.

Borjabad Gonzalo, P., *Derecho cooperativo catalán*, Cometa, Barcelona, 2005.

ESTEBAN VELASCO, G., "Algunas reflexiones sobre la responsabilidad de los administradores frente a los socios y terceros: acción individual y acción por no promoción o remoción de la disolución", en AA.VV., *Estudios Jurídicos en homenaje al profesor Aurelio Menéndez*, t. II, pp. 1679 – 1719.

Girgado Perandones, P., "Régimen orgánico de la sociedad cooperativa europea domiciliada en España II): Órgano de administración. Sistema monista y dual", en AA.VV., *La sociedad cooperativa europea domiciliada en España* (Dir. ALFONSO SÁNCHEZ), Aranzadi, 2008, pp. 297-325.

Girón Tena, J., *Derecho de sociedades*, Madrid, 1976.

Marín De La Bárcena Garcimartín, F., *La acción individual de responsabilidad frente a los administradores de sociedades de capital*, Marcial Pons, Madrid/ Barcelona, 2005.

Sánchez Calero, F., *Comentarios a la Ley de Sociedades Anónimas. Administradores*, t. IV, Edersa, Madrid, 1994.

Sánchez Calero, F., *Los administradores en las sociedades de capital*, Thomson-Civitas, Madrid, 2005, pp. 302-304.

Verdú Cañete, M.J., "Sección 5. Disposiciones comunes al Consejo Rector, a la Dirección y a la intervención", en AA.VV., *Manual de adaptación de Estatutos a la Ley 8/2006, de 16 de noviembre, de Sociedades Cooperativas de la Región de Murcia* (Dir. ALFONSO SÁNCHEZ, R.), Editum, 2012, pp. 68-70.

Valpuesta Gastamiza, E., *Comentarios a la Ley de sociedades de capital. Estudio legal y jurisprudencial*, 2º ed., Bosh, Barcelona, 2015.

Capítulo VII.

Estructura orgánica (III). Otros órganos sociales[1]

JOAQUIM CASTAÑER CODINA
Profesor de Derecho Mercantil
ESADE Law School

SUMARIO: I. EL ÓRGANO DE INTERVENCIÓN. 1. NOCIÓN Y REGULACIÓN. 2. ÓRGANO NECESARIO. 3. NOMBRAMIENTO. 4. DURACIÓN DEL CARGO Y CESE. 5. FUNCIONES Y FACULTADES. A) FUNCIONES Y FACULTADES PRINCIPALES (LEGALES). B) FUNCIONES Y FACULTADES ADICIONALES (ESTATUTARIAS). C) INTERVENCIÓN DE LA LIQUIDACIÓN. 6. DISPOSICIONES COMUNES CON EL ÓRGANO DE ADMINISTRACIÓN. II. EL COMITÉ DE RECURSOS. 1. NOCIÓN Y REGULACIÓN. 2. ÓRGANO FACULTATIVO. 3. FUNCIONES. 4. COMPOSICIÓN Y NOMBRAMIENTO. 5. RÉGIMEN DE FUNCIONAMIENTO. 6. EJECUTIVIDAD E IMPUGNACIÓN DE LOS ACUERDOS DEL COMITÉ. III. OTROS ÓRGANOS SOCIALES. IV. BIBLIOGRAFÍA

Además de la asamblea general y del órgano de administración, el legislador canario establece que la cooperativa, *primero*, debe tener un órgano de intervención; *segundo*, puede prever la existencia de un comité de recursos; y *tercero*, puede instaurar otros órganos que estime convenientes para su mejor desarrollo y funcionamiento (*véanse* los arts. 33 y 62 LSCCan).

[1] Este trabajo se realiza en el marco del proyecto de investigación titulado "Financiación no bancaria para start-ups: riesgos y remedios jurídico-privados" (FINOBANSTART), financiado por el Ministerio de Ciencia e Innovación (Proyecto PID2021-128762NB-I00), que lideran Joaquim Castañer y Rebeca Carpi (ESADE Law School).

I. EL ÓRGANO DE INTERVENCIÓN

1. Noción y regulación

La intervención es el órgano de fiscalización o de control interno de la sociedad cooperativa canaria, que tiene como funciones básicas, por un lado, revisar sus libros y cuentas anuales y, por otro, informar a la asamblea general bajo petición. Competencias básicas a las que se le suman otras por decisión del propio legislador o porque le han sido atribuidas por los estatutos sociales.

El régimen jurídico sustancial de este órgano se encuentra, en *primer* lugar, en tres preceptos de la ley canaria que se dedican exclusivamente a su regulación (arts. 54 a 56 LSCCan); en *segundo* término, en otros preceptos legales que establecen reglas compartidas con el órgano de administración (arts. 57 a 60 LSCCan); en *tercer* lugar, también pueden encontrarse algunas disposiciones que atañen a este órgano a lo largo del resto del articulado de la ley[2]; y, por último, igualmente le son de aplicación preceptos de otros textos normativos y, de forma señalada, los que desarrollen la ley canaria de cooperativas[3].

A esta regulación legal hay que añadir, por un lado, las reglas sobre el órgano de intervención que contengan los estatutos sociales, llamados a establecer cuestiones como el número de sus miembros o la duración en el cargo (*cfr.*, arts. 54.2 y 55.1 LSCCan, respectivamente). Y, por otro lado, no es descartable que algunos aspectos relativos a su organización y funcionamiento como, por ejemplo, el proceso de elección de los miembros, se establezcan en un nivel *infra* estatutario y, de forma señalada, en el reglamento de régimen interno que eventualmente pueda aprobar la cooperativa.

---

2 *Veánse* arts.14.1.g), 15.1.n), 24.3.d), 33.1, 36.1.a) y j), 37.1, 2 y 4, 41.2, 51.3, 87.4.c), 137.3 ó 148.1 LSCCan.

3 En este ámbito, habrá que estar sobre todo atentos al contenido del futuro Reglamento de Organización y Funcionamiento del Registro de Sociedades Cooperativas de Canarias, que debe aprobar el Gobierno de esta Comunidad Autónoma (DF 1ª.II LSCCan). En tanto la aprobación de este Reglamento no se produzca, sigue resultando de aplicación el vigente Reglamento del Registro de Sociedades Cooperativas del Estado, en lo que no se oponga a lo establecido en la ley canaria (DT 3ª LSCCan). En este último reglamento, aprobado por el Real Decreto 136/2002, de 1 de febrero, se refieren expresamente a los interventores de la cooperativa los arts. 9.1.d), 13.1.a) y 15.1.c).

2. *Órgano necesario*

Las distintas leyes de cooperativas de nuestro país pueden dividirse entre las que configuran el órgano de intervención como meramente voluntario o potestativo y aquellas otras que establecen que su existencia es obligatoria[4]. La ley canaria se encuentra en este último grupo ya que el art. 33.1 LSCCan dispone que "[l]*a intervención*" es uno de los "*órganos necesarios*" de la cooperativa, junto con la asamblea general y el órgano de administración.

La configuración obligatoria del órgano de intervención, unida a su composición mayoritariamente por socios, le ha hecho objeto principalmente de una doble crítica, que parece plenamente trasladable a la ley canaria. Por un lado, se duda que el órgano tenga un funcionamiento operativo eficaz, dada la cada vez mayor complejidad de los procesos de revisión documental y contable y la general falta de conocimientos de los socios de la cooperativa en estas materias. Por otro, se cuestiona su propia necesidad ante el aumento de los supuestos en que la función que originó su existencia (esto es, la revisión de las cuentas anuales) se atribuye a los auditores de cuentas[5].

El legislador canario ni siquiera exceptúa el órgano en aquellas cooperativas de menor tamaño o en las que exista alguna razón objetiva que lo haga prescindible. En este sentido, podría haberse optado por la solución de la ley madrileña que, pese a establecer como regla general que el ór-

---

4 En términos generales, configuran el órgano de intervención como necesario, con ciertas salvedades, los arts. 19 LCoop, 35.1 LSCRM, 29 LCCyL, 42.1 LCPAs, 31 LFCN, 33.1 LCLR, 25.1 LCAr o 44 LCCM. En cambio, condicionan su existencia a que lo prevean los estatutos los arts. 42 y 55 LCCat, 26.2 y 44 LSCAnd, 40.2 y 72 LCC-LM, 30.2 y 55 LCCant, 49.2 y 69 LCIB, 53 LCG o, aun cuando con una denominación y/o funciones algo distintas, los arts. 29 y 54 LCCV (que lo llama comisión de control de la gestión) y los arts. 32.2 y 53 LCEusk (que lo denomina comisión de vigilancia). El caso más extremo lo encontramos en la LSCEx, que ni siquiera prevé la figura afirmando que "[s]*e ha suprimido la figura de los interventores, que, analizada la realidad de las sociedades cooperativas extremeñas y casi con toda seguridad, del resto de Estado, no aportan nada a la censura de la gestión económica de la sociedad*" (exposición de motivos, epígrafe VI).

5 Para la crítica a la obligatoriedad del órgano, *véase*, por todos, CORDONES RAMÍREZ, M., "Los interventores", en AA.VV., *Tratado de derecho de cooperativas* (Dir. J.I. Peinado Gracia), Tomo I, 2ª edición, Tirant lo Blanch, Valencia, 2017, pp. 597-611, p. 598; y en la misma obra y volumen, PARRAS MARTÍN, A., "Órganos potestativos", pp. 611-651, pp. 639-640.

gano de intervención será obligatorio, añade varios supuestos en que se puede prescindir del mismo[6]. Con todo, este órgano sí resulta de creación puramente voluntaria cuando se trata de una cooperativa de crédito, en virtud de lo dispuesto en su normativa especial (arts. 9.1 LCCr y 26 RCCr).

3. Nombramiento

Los interventores son elegidos por la asamblea general [arts. 36.1.a) y 54.3 LSCCan]. El acuerdo se adopta mediante votación secreta y por mayoría simple, esto es, más de la mitad de los votos válidamente expresados, no siendo computados los votos en blanco, los nulos y las abstenciones (arts. 38.4, 41.1 y 54.3 LSCCan). Esta mayoría puede incrementarse, siempre que no rebase las cuatro quintas partes de los votos válidamente emitidos (*arg.* art. 41.1 LSCCan, en su último párrafo).

El número de interventores que compone el órgano forma parte del contenido imperativo de los estatutos, que deben respetar un doble límite. El primero es de carácter absoluto: en ningún caso puede haber más de tres miembros. El segundo es relativo: el número de interventores no puede ser superior al de personas que integren el órgano de administración de la cooperativa (art. 54.2 LSCCan). Por ejemplo, si la cooperativa opta por un administrador único [de acuerdo con los arts. 45.1.a) y 46 LSCCan], solo podrá haber un interventor, y si se trata de un consejo rector integrado por dos personas, el número máximo de interventores será de dos[7].

Los interventores pueden ser tanto personas físicas como jurídicas. En este último caso, la persona jurídica interventora deberá nombrar a una persona física para el ejercicio de las funciones propias del cargo (art. 54.3 LSCCan). Dado que no se establece nada sobre el régimen a que queda sujeta esta persona física representante, creemos que deberá aplicarse, en

---

[6] Estos supuestos se dan cuando: (i) todos los miembros de la cooperativa formen parte del órgano de administración; (ii) la cooperativa se haya acogido a la opción simplificada del órgano de administración; o (iii) el número de socios no sea superior a diez (art. 44.1.II LCCM).

[7] Sin embargo, esta última posibilidad no parece existir por cuanto el consejo rector solo puede tener dos miembros en cooperativas de tres socios (art. 48.1.I LSCCan), en cuyo caso el órgano de intervención necesariamente deberá ser unipersonal ya que habrá de estar formado por el socio que no sea administrador (cfr. art. 54.3 LSCCan, que permite el nombramiento como interventor de un no socio solo cuando el órgano esté formado por tres personas).

lo compatible y *mutatis mutandi*, lo previsto para la persona física representante de la persona jurídica administradora en la propia ley canaria[8] y, en su defecto, en la normativa sobre sociedades de capital[9].

La regla general es que los interventores han de ser socios de la cooperativa[10]. No obstante, "*los estatutos podrán prever que un tercio de la intervención como máximo, cuando esté regulada la existencia de más de una persona, sea nombrado entre terceras personas no socias que, por su cualificación profesional o experiencia técnica, contribuyan al más eficaz cumplimiento de las funciones encomendadas a la intervención*" (art. 54.3 LSCCan). Esta posibilidad merece, al menos, una triple reflexión. En *primer* lugar, solo podrá designarse como interventores a terceros no socios cuando así venga previsto expresamente en los estatutos, lo que confiere una gran rigidez a esta posibilidad. A nuestro juicio, pueden preverlo como una mera opción que tiene la cooperativa (si el órgano de intervención es plural, como máximo un tercio de ellos *puede* ser nombrado entre personas no socias), pero también configurarlo

---

8 *V.gr.*, lo previsto en el art. 49.1.II LSCCan, que dispone que la representación subsiste mientras no se notifique de forma fehaciente su expresa revocación.

9 *V.gr.*, lo dispuesto en el art. 212 bis.2 LSC, que condiciona la eficacia de la revocación del representante persona física a que se nombre a otra persona que lo sustituya, o lo previsto en el art. 236.3 LSC, en materia de responsabilidad del representante persona física. En realidad, antes de acudir a la normativa de sociedades de capital, la integración del régimen del representante de la persona jurídica interventora con lo dispuesto para el representante de la persona jurídica administradora debería hacerse acudiendo a la ley estatal de cooperativas (*arg.* art. 149.3 CE). Sucede, sin embargo, que la LCoop no contiene previsión alguna que nos pueda servir para esa integración.

10 No vemos inconveniente en que, cuando los interventores son tres, uno de ellos sea un socio de trabajo o un socio temporal, aunque en este último caso conviene prever qué sucederá si sigue ostentando el cargo cuando transcurra el periodo de vinculación. Igualmente, podemos aceptar que uno de los tres interventores sea socio colaborador, si lo prevén los estatutos [*arg.* art. 22.2.1.d) LSCCan, que prevé que "[s]*i lo permiten los estatutos,* [los socios colaboradores] *podrán ser miembros del consejo rector, siempre que no superen la tercera parte de estos*". Véase admitiendo una legitimación amplia para ser socio interventor, PANIAGUA ZURERA, M., *La sociedad cooperativa. Las sociedades mutuas de seguros y las mutualidades de previsión social,* Tomo 12, Vol. 1, del *Tratado de Derecho Mercantil,* Marcial Pons, Madrid/Barcelona, 2005, p. 231; y siguiéndole, MACÍAS RUANO, A.J., "Órganos potestativos en el régimen jurídico andaluz de sociedades cooperativas (arts. 43-45 LSCA)", en AA. VV., *Retos y oportunidades de las sociedades cooperativas andaluzas ante su nuevo marco legal. Comentario a la Ley 14/2011 de Sociedades Cooperativas Andaluzas y a su Reglamento de desarrollo (Decreto 123/2014)* (Dirs. M.J. Morillas Jarillo y C. Vargas Vasserot), Dykinson, Madrid, 2017, pp. 297-362, p. 347.

como una obligación (si el órgano de intervención es plural, un tercio de ellos *debe* ser nombrado entre personas no socias). En *segundo* término, tal y como se ha redactado la norma, el nombramiento de un interventor no socio solamente es factible cuando el órgano está formado por tres miembros, ya que solo en este caso se cumplirá la *ratio* de que no exceda del tercio del total. Por último, el nombramiento debe recaer forzosamente sobre personas (no socias) que tengan una cualificación profesional o experiencia técnica (*v.gr.*, económica, contable, etc.) que permita un más eficaz cumplimiento de las funciones interventoras. No está claro si es preciso que se acredite este requisito en el registro de cooperativas ni, en caso afirmativo, cómo debe hacerse o qué facultades de control tiene el encargado del registro, pero sí nos ofrece la razón por la que el legislador permite la (limitada) designación como interventores de personas no socias: se trata de introducir una cierta dosis de profesionalización en el funcionamiento de este órgano, a la vista de la creciente complejidad de sus cometidos.

Los estatutos deben respetar estos requisitos, pero pueden fijar condiciones adicionales para el nombramiento de los interventores en general (*v.gr.*, si son socios, que tengan una cierta antigüedad, o si son no socios, que posean ciertos títulos formativos que les sirvan para acreditar su cualificación o experiencia) o, incluso, pueden precisar que cada interventor debe reunir determinados requisitos particulares y diferentes de los demás (*v.gr.*, en una cooperativa integral que cumple las finalidades propias de tres clases de cooperativas, podría exigirse que cada uno de los tres interventores estuviera especializado en la actividad de una de las clases). Con todo, en la fijación de estos requisitos adicionales debe tenerse en cuenta hasta qué punto la limitación de las opciones de nombramiento de los interventores restringe el número de sujetos susceptibles de designación y, en consecuencia, puede provocar severas dificultades para completar el órgano.

Las personas nombradas interventoras tienen el deber de aceptar expresamente el cargo, salvo justa causa de excusa [art. 25.1.d) LSCCan]. Esta aceptación se hará por escrito y podrá producirse tanto en la misma asamblea general que los nombre como con posterioridad. No se requiere forma alguna del escrito de aceptación, de modo que puede hacerse en documento público o privado, aunque en este último caso habría que exigir la legitimación notarial de la firma del interventor aceptante (*arg.*, art. 15.4 RRSC).

Una vez aceptado el cargo, ha de ser inscrito en el Registro de Sociedades Cooperativas de Canarias (art. 54.4 LSCCan). En relación con esta inscripción, ya hemos dicho que hasta que no se apruebe la norma reglamentaria reguladora del Registro de Sociedades Cooperativas de Canarias, se sigue aplicando el Reglamento del Registro de Sociedades Cooperativas estatal (*cfr.* DT 3ª LSCCan), esto es, el Real Decreto 136/2002, 1 de febrero (RRSC)[11]. En virtud de esta disposición, para la inscripción habrá de presentarse certificación literal del acuerdo de nombramiento expedida por el secretario y visada por el presidente de la cooperativa [art. 13.1.a) RRSC] en la que consten los datos de identificación personal de cada uno de los designados, la aceptación del cargo y la expresa reseña de su declaración de no incurrir en ninguno de los supuestos de incompatibilidad, incapacidad y prohibición del art. 57 LSCCan [art. 15.1.c) RRSC].

Los estatutos pueden prever la existencia de suplentes, fijando en este caso su número (art. 54.2 LSCCan). No parece que a la fijación del número de suplentes se aplique la norma que limita el número de titulares. Igualmente, si hay varios interventores suplentes, parece necesario que los estatutos prevean el orden en que cubrirán las vacantes que se produzcan.

4. Duración del cargo y cese

Conforme al art. 55.1 LSCCan, los estatutos de la cooperativa deben fijar el periodo de duración del cargo de los interventores, con el límite de que este plazo no puede ser inferior a tres años ni superior a seis. El plazo debe ser el mismo para todos los interventores. El mismo precepto reconoce la posibilidad de reelección, que debe entenderse por periodos de igual duración y salvo que los estatutos restrinjan dicha posibilidad (*v.gr.*, limitando el número de reelecciones).

Los interventores no cesan de forma automática cuando transcurre el plazo para el que hubieran sido nombrados, sino que continúan en el ejercicio del cargo hasta el momento en que se produzca la aceptación del nombramiento por las personas que los sustituyan (art. 55.1.II LSCCan). Esta continuación no tiene como límite el transcurso del plazo para la celebración de la siguiente asamblea general ordinaria, como sucede con

---

11 La DF 1ª LSCCan establece que el Gobierno de Canarias deberá aprobar, en el plazo de un año desde la entrada en vigor de la ley, el Reglamento de Organización y Funcionamiento del Registro de Sociedades Cooperativas de Canarias. Sin embargo, en el momento de redactar estas líneas, el plazo ya ha transcurrido sin que se haya hecho efectivo este desarrollo reglamentario, por lo que sigue aplicándose el RRSC.

los administradores de las sociedades de capital (art. 222 LSC), por lo que parece que puede alargarse por un periodo de tiempo indeterminado. Sin embargo, los interventores pueden forzar su sustitución ya que, por un lado, poseen la facultad de instar la convocatoria de la asamblea general ordinaria si el órgano de administración no lo ha hecho dentro de los seis meses siguientes al cierre del ejercicio económico (art. 37.1 LSCCan) y, por otro, también pueden introducir nuevos puntos en el orden del día de cualquier asamblea convocada por el órgano de administración (art. 37.4.III LSCCan). Es obvio que a través de estos mecanismos los interventores que sigan en el cargo una vez transcurrido el plazo para el que fueron designados podrán forzar la inclusión en el orden del día de la asamblea del acuerdo de nombramiento de las personas que han de sustituirles. Y a partir de este momento, hay que entender que aquellos interventores pueden cesar en el cargo, aunque la asamblea no haya acordado su sustitución.

Los interventores también pueden cesar en el cargo a través de su dimisión o renuncia. En este ámbito, hay que distinguir entre la presentación de la renuncia y su aceptación. Respecto a lo primero, el legislador admite que la renuncia pueda ser formulada ante la propia asamblea general de la cooperativa, incluso aunque no conste en el orden del día (art. 55.2.I LSCCan). En este último caso, aceptada la renuncia por la sociedad, la vacante se cubrirá mediante suplente, si han sido designados, pero en otro caso también debe aceptarse que, si resulta preciso para mantener el órgano operativo, sea posible el nombramiento de nuevos interventores sin constancia previa en el orden del día, pese a que este tipo de acuerdos no vengan contemplados en el art. 41.2 LSCCan[12]. Además de la presentación en la propia asamblea general, también es posible que el interventor renuncie fuera de ella notificándolo a la sociedad. En este caso, y puesto que

---

[12] Este precepto dispone los acuerdos que pueden ser adoptados sin constancia previa en el orden del día de una asamblea que no sea universal. Aunque entre ellos no se encuentra la designación de cargos sociales, creemos que es lógico aplicar la doctrina elaborada para los administradores de las sociedades de capital y según la cual, habiendo cesado alguno de ellos en la propia junta general, esta misma junta puede proceder al nombramiento de uno nuevo sin que conste en el orden del día, con el fin de evitar la paralización del órgano. *Veáse* por todos, con abundante cita de resoluciones registrales, DÍAZ MORENO, A., "Artículo 174", en *La junta general de las sociedades de capital. Comentario a los artículos 159 a 208 LSC* (Coords. J. Juste Mencía y A. Recalde Castells), Thomson Reuters Civitas, Cizur Menor, 2022, pp. 260-278, p. 274; y entre las últimas, RDGRN de 23-7-2019 (BOE 231, de 25-9) y RDGSJFP de 22-10-2020 (BOE 293, de 6-11).

la renuncia no es efectiva hasta que la sociedad la acepta, el interventor seguirá en el cargo hasta este momento.

Cualquiera que sea la forma en que se haya presentado, es preciso que la renuncia sea aceptada por la asamblea general (art. 55.2 LSCCan). Esta exigencia debe ponerse en relación con la obligación que tienen los socios de aceptar los cargos para los cuales sean elegidos, salvo justa causa de excusa [art. 25.1.d) LSCCan]. Corresponde a la cooperativa valorar si la renuncia del interventor se encuentra justificada ya que, en otro caso, constituye una infracción de las obligaciones del socio que será sancionable de la forma prevista en los estatutos (art. 28 LSCCan)[13]. Con todo, creemos que resulta contraproducente que la asamblea general rechace la renuncia del interventor, por los problemas que puede comportar mantenerlo en contra de su voluntad en un cargo fiscalizador.

El art. 55.2.II LSCCan dispone, en primer lugar, que la asamblea general de la cooperativa puede cesar a los interventores "*en cualquier momento*", es decir, *ad nutum*[14]. En segundo término, añade que el acuerdo de cese puede adoptarse aunque no figure en el orden del día y que, por regla general, requiere la mayoría del total de votos de la cooperativa, esto es, que vote a favor de la destitución más de la mitad de todos los votos sociales. En fin, admite que los estatutos prevean casos donde se requiera una mayoría inferior (*v.gr.* si el acuerdo consta en el orden del día, etc.). Con todo, es lógico afirmar que esta mayoría "rebajada" tendrá que ser al menos igual a

---

13 Por ello, la necesidad de aceptación por parte de la asamblea general no debería exigirse cuando el interventor no es socio, ya que estos sujetos no tienen deber legal alguno de aceptar el cargo ni tampoco de mantenerse en él.

14 La ley canaria no ha acogido las opiniones que, atendiendo a su función fiscalizadora, consideran deseable que la destitución de los interventores esté condicionada a la existencia de justa causa, para evitar que la mayoría pueda cesar a los que sean molestos. *Véase* en este sentido, VARGAS VASSEROT, C./GADEA SOLER, E./SACRISTÁN BERGIA, F., *Derecho de las sociedades cooperativas*, Vol. 1, Introducción, constitución estatuto del socio y órgano sociales, La Ley, Madrid, 2015, p. 430. Sin embargo, en contra, considerando que ha de aplicarse el principio de libre revocabilidad "*sin atender a postulados institucionalistas que requieren justa causa*", PESO DE OJEDA, G., "El órgano de intervención", en aa.vv., *Cooperativas agrarias y sociedades agrarias de transformación* (Dir. J. Pulgar Ezquerra), Dykinson, Madrid, 2006, pp. 565-604, p. 575; y también rechazando la necesidad de causa justificada para el cese, SEDA HERMOSÍN, M.A., "Capítulo V. Órganos sociales", en AA.VV., *Comentarios a la Ley de Sociedades Cooperativas Andaluzas. Ley 2/1999, de 31 de marzo* (Coords. P.A. Romero Candau y E. Suárez Palomares), CEPES Andalucía, Sevilla, 2002, pp. 345-537, p. 487.

la ordinaria prevista en el art. 41.1 LSCCan (esto es, mayoría simple de los votos válidamente expresados). Y puesto que solo se contempla disminuir la mayoría absoluta de votos, no parece posible que los estatutos la incrementen, pese a lo dispuesto en el art. 41.1 *in fine* LSCCan.

Además, el interventor será inmediatamente destituido por acuerdo del órgano de administración de la cooperativa y a petición de cualquier socio, cuando incurra en alguna de las incompatibilidades, incapacidades y prohibiciones del art. 57 LSCCan, salvo en el supuesto de incompatibilidad entre cargos[15], donde deberá optar por uno de ellos en el plazo de cinco días desde la elección para el segundo cargo y, si no lo hace, será nula la segunda designación (art. 57.4 LSCCan). Nótese que, por la gravedad de la situación que se produce y la necesidad de que no se alargue en el tiempo, la competencia para el cese recae sobre el órgano de administración de la cooperativa, y no en la asamblea general.

Por otro lado, creemos que los interventores también cesarán como consecuencia de la adopción del acuerdo de la asamblea general por el que se decide ejercer la acción social de responsabilidad contra ellos, así como en caso de transacción o renuncia de esta acción. Esta afirmación deriva de lo dispuesto en el art. 59.3 LSCCan, que señala que la responsabilidad de los miembros del órgano de intervención se regirá, con ciertas especialidades, por lo dispuesto para los administradores de las sociedades de capital, lo que conduce en lo que ahora interesa a la aplicación del art. 238.3 LSC, que establece que el acuerdo de promover la acción o de transigir determinará la destitución de los administradores [aquí interventores] afectados.

Naturalmente, existen otros casos en los que el interventor cesa en el cargo como, para poner los ejemplos más obvios, el fallecimiento del interventor persona física o la extinción del interventor persona jurídica. En estos y otros casos en los que se produzca una vacante definitiva, el art. 55.2.III LSCCan ordena cubrirla de forma inmediata por los suplentes que hayan sido designados (y de acuerdo con el orden o las reglas previstas en los estatutos). Y, en caso de no haber suplentes, las vacantes han de cubrirse en la primera asamblea general que se celebre. Aunque no venga previsto expresamente, entendemos que habrá de seguirse la regla general y exigir que el acuerdo de cobertura de la vacante conste en el orden del día de la asamblea (art. 41.2 LSCCan). En cualquier caso, la persona susti-

---

15 "*Son incompatibles entre sí los cargos de miembro del órgano de administración, de la intervención, de la dirección y del comité de recursos*" (art. 57.2.I LSCCan).

tuta ostenta el cargo por el tiempo que le resta a la persona que cesó, sin perjuicio de que pueda ser reelegida.

5. Funciones y facultades

Los cuatro apartados del art. 56 LSCCan señalan las funciones y facultades que se atribuyen al órgano de intervención de la cooperativa. Pueden dividirse en *funciones y facultades principales,* por serles atribuidas directamente por la propia ley [letras a), b) y c)], y *funciones y facultades adicionales,* que son las que le asignan los estatutos de la cooperativa [letra d)].

A) Funciones y facultades principales (legales)

En primer lugar, corresponde al órgano de intervención la revisión de las cuentas anuales y de la propuesta de aplicación del resultado del ejercicio [art. 56.1.a) LSCCan]. Estamos ante la función tradicional y prototípica del órgano de intervención de la cooperativa, aquella para la que fue originalmente creado[16].

Con todo, el ejercicio de esta función está condicionado a que la cooperativa canaria no audite externamente sus cuentas anuales. Excepción que resulta lógica por cuanto carece de sentido, tanto económica como jurídicamente, duplicar el control de unas cuentas anuales que ya han sido verificadas por profesionales independientes, máxime cuando el segundo informe (interno) estará habitualmente elaborado por personas que no tienen conocimientos y experiencia equiparables a los auditores externos[17].

---

16 *Véase v.gr.*, PAZ CANALEJO, N., "Artículo 67", en N. Paz Canalejo y F. Vicent Chuliá, *Ley General de Cooperativas,* Tomo XX, Vol. 3°, de los *Comentarios al Código de Comercio y legislación mercantil especial,* EDERSA, Madrid, 1994, pp. 1-36, pp. 11-14; CORDONES RAMÍREZ, M., "Los interventores", *cit.*, pp. 476 y 481; o GARCÍA MAS, F.J., "De los órganos de la sociedad cooperativa", en AA.VV., *Cooperativas. Comentarios a la Ley 27/1999,* Tomo I, Colegios Notariales de España, Madrid, 2001, pp. 133-198, p. 186.

17 *Véase* sobre la lógica de excluir el informe interno de la intervención cuando las cuentas están auditadas externamente, por todos, PAZ CANALEJO, N., "Artículo 68", *cit.*, pp. 48-49; y PESO DE OJEDA, G., "El órgano de intervención", *cit.*, p. 588. En este sentido, el art. 69.1 LCoop establece expresamente que las cuentas anuales y el informe de gestión, antes de ser presentados para su aprobación a la asamblea general, deberán ser censurados por el órgano de intervención, "*salvo que la cooperativa esté sujeta a la auditoría de cuentas*".

Los casos en que la cooperativa canaria debe someter a auditoría externa sus cuentas anuales se encuentran previstos en el art. 83 LSCCan, que contempla cuatro supuestos básicos: (i) cuando así resulte de la normativa aplicable (p.ej., en la DA 1ª LAC); (ii) cuando lo dispongan los estatutos de la cooperativa; (iii) cuando lo acuerde la asamblea general; y (iv) cuando lo soliciten un número de socios suficiente para exigir la convocatoria de la asamblea general, siempre que no hayan transcurrido tres meses desde la fecha de cierre del ejercicio a auditar (auditoría a petición de la minoría)[18].

Este cometido revisor de los interventores se plasma en un informe sobre las cuentas anuales y sobre la propuesta de distribución de excedentes o, en su caso, de imputación de pérdidas. Además de señalar el objeto general del informe, el legislador canario añade otras dos previsiones sobre el mismo.

La primera es temporal, en un doble sentido. Por un lado, los interventores disponen del plazo de un mes para su elaboración desde la fecha en que el órgano de administración "*les entregó la correspondiente documentación*", que no puede ser otra que los documentos que integran las cuentas anuales y, en su caso, el informe de gestión[19]. Por otro, la convocatoria de la asamblea no puede realizarse hasta que se haya emitido el informe o haya transcurrido el plazo para hacerlo, sin perjuicio de la responsabilidad en que incurren los interventores que no lo hayan elaborado temporáneamente. Esta última previsión es coherente con el hecho de que los socios tienen derecho a examinar el informe en el plazo que va desde la convocatoria de la asamblea ordinaria hasta su celebración [art. 24.3.d) LSCCan].

La segunda previsión incide sobre la forma de aprobación del informe, al disponer que si hay disconformidad entre las personas interventoras, éstas deben emitir el informe por separado. El informe puede ser conjunto si los distintos interventores están de acuerdo en su contenido, pero si hay discrepancias entre ellos, deberán emitirse tantos informes como opiniones diferentes. Así, por ejemplo, en el caso de tres interventores (máximo de miembros del órgano permitido legalmente: art. 54.2 LSCCan), puede

---

18 Aunque el art. 83.2 LSCCan no lo aclare, ha de entenderse que se trata del número de socios que pueden exigir la convocatoria de la asamblea extraordinaria y, por tanto, que representen el 20 por ciento del total de votos (art. 37.2 LSCCan).

19 Aunque los interventores "*tienen derecho a consultar y a comprobar toda la documentación de la cooperativa y a hacer las verificaciones que estimen necesarias*", no puede considerarse que el requerimiento de otros documentos distintos a las cuentas anuales e informe de gestión reabra el plazo de un mes para la elaboración de informe.

haber (i) un solo informe suscrito conjuntamente por todos ellos, o bien (ii) dos informes, uno emitido por dos de ellos que estén de acuerdo y otro confeccionado por el único interventor discrepante, o aún (iii) tres informes distintos, uno por cada interventor, si todos discrepan en su contenido. Esta forma de actuación individual es acorde con el régimen de responsabilidad de los interventores, que no es solidaria (art. 59.3 LSCCan)[20].

Nada más dispone el legislador canario sobre este informe. No parece que para cubrir las lagunas regulatorias pueda acudirse a lo dispuesto para el informe de auditoría externa de cuentas, tanto por las diferencias de profesionalidad en los sujetos que lo elaboran como por el distinto impacto, significado y repercusión que tienen ambos tipos de informes. De este modo, se deja un amplio margen a los interventores para configurar y concretar el contenido del informe sobre las cuentas anuales y la aplicación del resultado, siempre dentro de su función fiscalizadora y revisora.

En segundo término, es facultad del órgano de intervención la revisión de los libros de la cooperativa [art. 56.b) LSCCan]. El legislador canario es tremendamente parco y no aclara cómo ni cuándo debe ejercerse esta función. Ante este silencio, creemos que debe optarse por una configuración amplia de este cometido acorde con la naturaleza fiscalizadora que tiene el órgano de intervención. Por ello, consideramos que la facultad revisora, de una parte, debe extenderse a todos los libros de la cooperativa, contables y corporativos, obligatorios y voluntarios, y, de otra, puede ejercerse en cualquier momento, siempre que no entorpezca o dificulte de forma

---

20 La posibilidad de emitir informe por separado ha hecho que buena parte de la doctrina niegue el carácter colegiado del órgano de intervención (*v.gr.*, BORJABAD GONZALO, P., *Manual de Derecho Cooperativo. General y catalán*, José María Bosch Editor, Barcelona, 1993, p. 218; MERINO HERNÁNDEZ, S., "Derechos y deberes de los órganos sociales de las cooperativas: interventores y comité de recursos", *REVESCO*, núm. 77, segundo cuatrimestre 2002, pp. 109-122, p. 115; ÁVILA DE LA TORRE, A.: "Aspectos jurídico-mercantiles de la sociedad cooperativa. Breves consideraciones", en AA.VV., *Economía social y cooperativismo* (Dir. P. Morgado Panadero), Lex Nova, Valladolid, 2006, pp. 79-103, pp. 98-99, o PAZ CANALEJO, N., "Artículo 67", *cit*, pp. 18 y 23). Sin embargo, son cada vez más frecuentes las voces que, en términos generales, defienden el carácter colegiado de la actuación del órgano de intervención de composición plural (*v.gr.*, PESO DE OJEDA, G., "El órgano de intervención", *cit.*, p. 595; SEDA HERMOSÍN, M.A., "Capítulo V. Órganos sociales", *cit*, p. 498; MORILLAS JARILLO, M.J. / FELIÚ REY, M.I., *Curso de Cooperativas*, 3ª edición, Tecnos, Madrid, 2019, p. 343; CORDONES RAMÍREZ, M., "Los interventores", *cit.*, p. 611; o MACÍAS RUANO, A.J., "Órganos potestativos", *cit.*, pp. 346-347).

injustificada el funcionamiento de la sociedad (*v.gr.*, incurrirían en responsabilidad los interventores que solicitaran de forma reiterada los libros contables sin otro motivo que tensionar la situación de conflicto social en que está inmersa la cooperativa).

Y, en tercer lugar, los interventores tienen la función de informar a la asamblea general sobre los asuntos o cuestiones que esta les haya sometido [art. 56.c) LSCCan]. Estamos ante una función *reactiva* y no proactiva, en el sentido que los interventores informan solo *a petición de la asamblea* y no por iniciativa propia. Sin embargo, nada obsta a que los estatutos establezcan también labores de información *proactivas* del órgano de intervención *ex* art. 56.d) LSCCan y, por otro lado, creemos que la iniciativa de este órgano se da por sentada cuando su función de revisar los libros de la cooperativa [art. 56.b) LSCCan] determine el descubrimiento de irregularidades trascendentes en su funcionamiento (*v.gr.*, una ocultación de tal calibre que ponga a la sociedad en riesgo de insolvencia, la comisión de irregularidades contables graves, etc.).

Por último, además de las funciones que el art. 56.a), b) y c) LSCCan atribuye al órgano de intervención, existen varias facultades que le otorgan otros preceptos de esta ley canaria. Así, destaca que las personas interventoras (i) *deben* pedir la convocatoria de la asamblea general ordinaria si los administradores no la convocan dentro del plazo previsto para ello (art. 37.1 LSCCan) y *pueden* pedir la convocatoria extraordinaria si los estatutos les reconocen esta facultad (art. 37.2 LSCCan); (ii) tienen derecho a solicitar la inclusión de nuevos puntos en el orden del día de la asamblea general, tanto ordinaria como extraordinaria (art. 37.4.III LSCCan); y (iii) pueden ser convocados a las sesiones del consejo rector, sin derecho de voto (art. 51.3.IV LSCCan). El hecho de que todos estos preceptos atribuyan la competencia, no al órgano de intervención, sino a "*la persona que actúe como interventora*", "*la persona interventora*", o "*las personas interventoras*", hace pensar que podrá ser ejercitada por cualquiera de los miembros del órgano, en caso de que tenga una composición plural.

B) Funciones y facultades adicionales (estatutarias)

Junto a las competencias que directamente le confiere la ley, el órgano de intervención tendrá "[a]*quellas otras que le asigne los estatutos*", siempre que reúnan dos condiciones.

La *primera* es que la competencia que se le atribuya esté "*de acuerdo con su naturaleza*", lo que significa que sea compatible con el carácter fiscalizador o de control que tiene el órgano de intervención (*véase* art. 54.1 LSCCan).

Y la *segunda* condición es que la competencia estatutariamente atribuida a los interventores no esté expresamente encomendada a otros órganos sociales, tanto si son de existencia necesaria (asamblea general y órgano de administración) como si se trata del comité de recursos.

Teniendo en cuenta estos límites, algunas de las funciones que por vía estatutaria pueden atribuirse a los interventores pueden extraerse de otras leyes autonómicas (*v.gr.*, arts. 53 LCEusk o 54 LCG) y de las propuestas que ha efectuado la doctrina[21].

C) Intervención de la liquidación

En caso de liquidación de la cooperativa, el art. 98 LSCCan prevé el nombramiento de una o varias personas interventoras en dos casos: *uno,* a petición de socios que representen el 10% de los votos sociales; y *dos,* cuando la importancia de la liquidación lo justifique, como sucede, por ejemplo, si es cuantioso el patrimonio que ha de liquidarse o la cooperativa tiene un número elevado de socios, inversores u obligacionistas. El nombramiento será realizado por la consejería competente del Gobierno de Canarias.

Aunque el precepto no lo contempla, creemos que es posible que el órgano de intervención de la cooperativa asuma esa función fiscalizadora de la liquidación y, por tanto, que sea nombrado para ello por la consejería competente. Esta facultad es perfectamente acorde con la naturaleza de dicho órgano que, además, tendrá un mayor y mejor conocimiento de la cooperativa que otras personas que puedan ser designadas. Cuestión distinta es que, debido a las circunstancias concurrentes (*v.gr.*, complejidad de la liquidación, falta de formación o experiencia de los miembros del órgano de intervención, existencia de conflictos en el seno de la cooperativa, etc.), la consejería considere más conveniente designar a otras personas como interventores de la liquidación.

---

21 A ello hicimos ya referencia en CASTAÑER CODINA, J., "Capítulo VII. Estructura orgánica (III). Otros órganos sociales", en *Régimen jurídico de las sociedades cooperativas catalanas (Adaptado a la Ley 12/2015, de 9 de julio, de cooperativas de Cataluña)* (Dir. R. Alfonso Sánchez), Atelier, Barcelona, 2029, pp. 189-220, pp. 202-203, a las que nos remitimos.

6. *Disposiciones comunes con el órgano de administración*

No podemos terminar el estudio del régimen del órgano de intervención sin hacer referencia, aunque sea breve, a los cuatro preceptos que establecen disposiciones comunes con el órgano de administración en lo que respecta a (i) las incompatibilidades, incapacidades y prohibiciones; (ii) la retribución; (iii) la responsabilidad; y (iv) el conflicto de intereses (arts. 57 a 60 LSCCan, respectivamente).

El art. 57 LSCCan prevé diversas causas de incompatibilidad, incapacidad y prohibición para ser miembro del órgano de intervención. Los estatutos no pueden suprimir tales causas, pero sí añadir otras (*v.gr.*, pueden ampliar la prohibición para ser interventor a los menores emancipados, etc.)[22].

El art. 58 LSCCan permite que los interventores sean retribuidos, siempre que lo prevean los estatutos y la remuneración sea proporcionada a la importancia de la cooperativa, su situación económica y las funciones que desempeñen. En cualquier caso, esto es, al margen del carácter retribuido o no del cargo, los interventores serán compensados por los gastos que les origine el desempeño de sus funciones[23].

El art. 59 LSCCan regula la responsabilidad de los interventores. Esta norma merece ahora un doble comentario. En *primer* lugar, establece que tanto los administradores como los interventores deberán realizar sus funciones "*con la diligencia que corresponde a un gestor ordenado de sociedades cooperativas y a un representante leal*". A nuestro juicio, fijar como estándar de diligencia la actuación de un "gestor ordenado" no es acertada cuando se trata de los interventores, ya que lo que les corresponde es desempeñar una correcta fiscalización de la cooperativa, de acuerdo con las funciones que les han sido atribuidas[24]. Y, en *segundo* término, dicho precepto dispone que, a diferencia de lo que sucede con los administradores, la responsabili-

---

22 *Véase* admitiendo la ampliación estatutaria, *v.gr.*, GARCÍA MAS, F.J., "De los órganos", *cit.*, p. 191.

23 Para que esta compensación de gastos sea procedente se requiere, primero, la justificación documental de su existencia; segundo, su abono por quien desempeña el cargo; y tercero, una relación de causalidad entre el gasto y su necesidad para el desempeño del cargo. *Véase* SEDA HERMOSÍN, M.A., "Capítulo V. Órganos sociales", *cit.*, p. 513.

24 Con todo, ello no significa que el estándar de diligencia de los interventores pueda ser equiparado al de los auditores de cuentas. *Véase* al respecto, CASTAÑER CODINA, J., "Capítulo VII", *cit.*, p. 206.

dad de los interventores no será solidaria. Por tanto, los miembros de este órgano tendrán responsabilidad mancomunada, lo que se ha utilizado tradicionalmente como argumento para negar el carácter colegiado de este órgano[25].

En fin, el art. 60 LSCCan aborda las situaciones de conflicto de interés que se producen cuando el interventor o alguno de sus familiares más directos tienen que celebrar un contrato o acuerdo con la cooperativa. Las reglas básicas son dos. Por un lado, el negocio jurídico requiere autorización expresa de la asamblea general, salvo que esté comprendido en las relaciones propias de la condición de socio (*v.gr.*, las previstas en el art. 71.2 LSCCan). Por otro, el interventor que esté afectado por el conflicto de intereses no podrá tomar parte en la votación correspondiente de la asamblea.

II. EL COMITÉ DE RECURSOS

1. Noción y regulación

Con carácter general, podemos decir que el comité de recursos es el órgano facultativo de la cooperativa cuya función consiste en resolver los recursos que los socios interpongan contra los acuerdos del consejo rector que les afecten, en especial los relativos a la adquisición y pérdida de la condición de socio y a los de carácter sancionador o disciplinario.

El comité de recursos se encuentra regulado principalmente en el art. 61 LSCCan. Además, existen otras referencias a este órgano social dispersas

---

25 También niegan que la responsabilidad de los interventores sea solidaria los arts. 43 LCoop, 61.II LCRM, 51.1.II LCCyL, 53.4 LCG, 57.3 LCLR y, por remisión a la ley estatal, 72.3 LCC-LM; en tanto que afirma expresamente que es mancomunada el art. 55.8 LCCant. Un caso peculiar lo encontramos en el art. 76.3 LCIB, en que la responsabilidad de los administradores es mancomunada solo si así lo han previsto en los estatutos. *Véase* vinculando la responsabilidad solidaria con el carácter colegiado del órgano, SEDA HERMOSÍN, M.A., "Capítulo V. Órganos sociales", *cit.*, p. 518; MACÍAS RUANO, A.J., "Órganos potestativos", *cit.*, p. 358; o CORDONES RAMÍREZ, M., "Los interventores", *cit.*, p. 610; y a la inversa, asociando falta de solidaridad y no colegialidad, MORILLAS JARILLO, M.J. / FELIÚ REY, M.I., *Curso de Cooperativas, cit.*, p. 347.

a lo largo del articulado de la ley canaria[26], y no podemos olvidar tampoco los preceptos de otros textos normativos que le pueden ser aplicables[27].

Por otro lado, la propia cooperativa dispone de un amplio margen para autorregular la estructura y régimen de funcionamiento del comité de recursos y, en su defecto, se aplicarán "*las normas de esta ley sobre órganos de administración colegial*" (esto es, reguladoras del consejo rector) a la elección, aceptación, inscripción registral, revocación, retribución y responsabilidad de sus miembros (art. 61.2 LSCCan), pero solo si resultan compatibles con la naturaleza, funciones, estructura y funcionamiento del comité[28].

2. *Órgano facultativo*

Como sucede en todas las leyes de cooperativas de nuestro país[29], la normativa canaria configura el comité de recursos como un órgano meramente voluntario o potestativo, que solo estará presente en la cooperativa cuando así lo establezcan sus estatutos sociales (arts. 33.2 y 61.1 LSCCan). Con todo, los estatutos no pueden limitarse a prever la existencia de este órgano, sino que también habrán de establecer su composición y régimen de funcionamiento, de acuerdo con lo dispuesto en el art. 61.2 LSCCan. Además, los estatutos pueden regular otros aspectos de su régimen jurídico (*v.gr.* ampliación de sus competencias revisoras, aumento de las causas de incompatibilidad, retribución de los miembros, etc.).

---

26 *Veáse v.gr.* los arts. 15.1.n), 23.2 y 3, 24.4, 27.1, 30.1.c), 32.2, 33.2, 36.1.a), 57.2, 109.3, 137.3 o DA 4ª LSCCan.

27 Conviene aquí citar los arts. 9.1.d), 13.1.a) o 15.1.c) RRSC, que resultan aplicables hasta que no se apruebe y entre en vigor el Reglamento del Registro de Cooperativas de Canarias (DT 3ª LSCCan).

28 *Véase* defendiendo esta solución, que también ha sido acogida por otras leyes autonómicas de cooperativas (*v.gr.*, arts. 59.4 LCLR, 71.1.II LCC-LM o 45.6 LCCM), CASTAÑER CODINA, J., "El comité de recursos de las sociedades cooperativas", *RDBB*, núm. 128, octubre-diciembre 2012, pp. 67-114, pp. 73-74. La aplicación supletoria del régimen del consejo rector también contribuye a paliar la crítica formulada por algún sector doctrinal que considera que el margen "*excesivamente amplio*" para la autorregulación "*genera que importantes aspectos queden huérfanos de regulación legal*". *Véase* para esta crítica, PANIAGUA ZURERA, M., *La sociedad cooperativa, cit.*, p. 234.

29 Arts. 44 LCoop, 68 LCCat, 52 LCCV, 62 LCRM, 43 LSCAnd, 63 LCEx, 71 LCC-LM, 52 LCCyL, 56 LCG, 79 LCPAs, 57 LCCant, 58 LCEuk, 42 LFCN, 59 LCLR, 45 LCAr, 45 LCCM y 80 LCIB.

En principio, todas las cooperativas canarias (cualquiera que sea su clase, grado y dimensiones) pueden tener un comité de recursos, ya que la normativa no excluye a ninguna de esta posibilidad. Sin embargo, es fácil convenir que, por las funciones que está llamado a desempeñar, la presencia de este órgano será más probable cuanto mayor sea el número de socios de la cooperativa (ya que aumentará su carga de trabajo) y más difícil resulte reunir la asamblea general (que es quien debe resolver los recursos cuando no existe el comité), y es lógico que estos factores sean directamente proporcionales al tamaño de la cooperativa[30]. Con todo, la doctrina ha destacado el poco uso práctico de esta figura, incluso en las cooperativas de mayores dimensiones[31].

Dado su carácter facultativo, nos parece posible que los estatutos prevean y regulen la existencia de este órgano, pero difieran su activación y puesta en funcionamiento a la concurrencia de los requisitos o presupuestos que establezcan los propios estatutos (*v.gr.*, que la cooperativa alcance cierto número de socios, o determinada expansión territorial, etc.)[32].

3. Funciones

Como su nombre indica, el órgano que nos ocupa tiene como función principal tramitar y resolver los recursos que se planteen contra ciertas decisiones o acuerdos que adopte el órgano de administración de la cooperativa, tanto individual como colegiado. En concreto, la normativa canaria especifica que tendrá competencia para tramitar y resolver, por una parte, los recursos interpuestos por las personas afectadas contra las sanciones acordadas por el órgano de administración de la cooperativa y, por otra, los demás recursos previstos en la propia ley o en los estatutos de la sociedad (art. 61.1 LSCCan)[33].

---

30 *Véase* por todos, PAZ CANALEJO, N., "Otros órganos", en AA.VV., *Glosa a la Ley de Cooperativas de Euskadi* (Dir. N. Paz Canalejo), Consejo Superior de Cooperativas de Euskadi, Vitoria, 1999, pp. 210-220, pp. 218-219.

31 Se refieren a su "*escasa importancia práctica*", VARGAS VASSEROT, C./GADEA SOLER, E./SACRISTÁN BERGIA, F., *Derecho de las sociedades cooperativas, cit.*, p. 432.

32 *Véase* de nuevo, PAZ CANALEJO, N., "Otros órganos", *cit.*, p. 218; y también CASTAÑER CODINA, J., "Capítulo VII", *cit.*, p. 209.

33 Nótese que el art. 61.1 LSCCan otorga al comité la facultad no solo de resolver los recursos, sino también de tramitarlos, lo que comprende los actos de instrucción de los mismos. *Véase* en este sentido, GARCÍA MAS, F.J., "De los órganos...", *cit.*, p. 197; o MERINO HERNÁNDEZ, S., "Derechos y deberes", *cit.*, p 119. En caso de que

En la cooperativa canaria, la facultad de sancionar a los socios es competencia indelegable del órgano de administración y el acuerdo por el que se impone la sanción puede ser impugnado en el plazo de un mes, contado desde la notificación, ante el comité de recursos. Este órgano dispone de un plazo de dos meses para resolver el recurso y notificar su decisión a la persona afectada. El recurso se considera estimado si transcurre este plazo sin que el comité lo haya resuelto y notificado al afectado [*véase* con carácter general, art. 30.1.c) LSCCan; y para el caso de la expulsión del socio, los arts. 32.2 y 109.3 LSCCan, este último particular para las cooperativas de trabajo asociado].

Junto a los recursos contra las sanciones que se impongan a los socios, la ley canaria también atribuye competencia al comité, en caso de existir, para conocer de los recursos contra los acuerdos o decisiones adoptadas por el órgano de administración que, *primero*, admitan o denieguen la solicitud para adquirir la condición de socio de la cooperativa (art. 23 LSCAnd); *segundo*, rechacen la solicitud de información efectuada por los socios (art. 24.4 LSCCan); y *tercero*, acuerden la baja obligatoria de un socio (art. 27 LSCCan.

En fin, los estatutos pueden atribuir al comité la competencia para conocer de los recursos internos que se interpongan contra otras decisiones o acuerdos del órgano de administración. De esta norma parece desprenderse que, más allá de los recursos cuyo conocimiento le viene expresamente atribuido por la ley, el comité solo podrá ocuparse de otros recursos cuando los estatutos le atribuyan expresamente la competencia. En especial, es conveniente que los estatutos prevean la interposición de recurso contra la decisión del órgano de administración por el que se califica y atribuyen efectos a la baja voluntaria, ya que, extrañamente, este recurso viene omitido por la ley canaria.

Por otro lado, cabe que los estatutos atribuyan al comité competencia no solo para resolver recursos contra decisiones o acuerdos del órgano de administración, sino también de otros órganos sociales que no sean la asamblea general (*v.gr.* la intervención u otros órganos sociales que voluntariamente puedan crearse *ex* art. 62 LSCCan) e incluso de otras instancias

---

el comité de recursos no exista, o no pueda actuar, todas estas funciones corresponden a la asamblea general de la cooperativa, en cuyo caso hubiera sido conveniente prever el nombramiento de un instructor del procedimiento como hace, por ejemplo, la ley catalana (art. 37 LCCat).

decisorias no orgánicas que forman parte del organigrama de mando de la cooperativa (*v.gr.*, el director general o gerente)[34].

En la tramitación y resolución de todos estos recursos, y ya se atribuya la competencia por vía legal o estatutaria, no puede intervenir ningún miembro del comité que sea cónyuge de la persona socia o del aspirante a persona socia afectada, quienes convivan habitualmente con estas o quienes tengan respecto de ellas, parentesco de consanguinidad o de afinidad dentro del segundo grado, amistad íntima enemistad manifiesta o relación de servicio. Y también deben abstenerse de intervenir "*aquellos miembros que tengan relación directa con el objeto del recurso*" (art. 61.4 LSCCan), como el propio socio que ha interpuesto el recurso cuando sea miembro del comité.

El legislador canario ha optado por enumerar las causas de abstención y recusación en lugar de hacer una remisión a las previstas en la normativa procesal para los Jueces y Magistrados, como hacen otras leyes de cooperativas (y señaladamente el art. 44.4 LCoop)[35]. Con todo, nada impide que los estatutos de la cooperativa amplíen aquellas causas, incluso mediante una remisión al precepto legal que regula las de Jueces y Magistrados (art. 219 LOPJ). Y, en cualquier caso, haya o no remisión, creemos que podrá aplicarse la jurisprudencia que ha recaído sobre estas causas de abstención y recusación de Jueces y Magistrados y que ha interpretado conceptos o expresiones como "amistad íntima", "enemistad manifiesta", o "interés directo".

Serán las normas autorreguladoras de la cooperativa las que dispongan la forma de plantear y resolver las causas de abstención y recusación de los miembros del comité de recursos. En caso de que esta abstención o recusación afecte a un número tal de sus miembros que impida al órgano actuar, creemos que el recurso tendrá que ser resuelto por la asamblea general de la cooperativa.

4. Composición y nombramiento

En caso de que los estatutos prevean la existencia del comité de recursos, también han de fijar su composición [arts. 15.1.n) y 62.1 LSCCan]. No

---

34 Idea que ya defendimos respecto a la ley catalana de cooperativas: *véase* CASTAÑER CODINA, J., "Capítulo VII", *cit.*, p. 210.

35 *Véase* en sentido crítico, considerando preferible la remisión, SEDA HERMOSÍN, M.A., "Capítulo V. Órganos sociales", *cit.*, p. 536.

obstante, de acuerdo con este último precepto, esta composición estatutaria del órgano ha de respetar dos reglas básicas.

La *primera* es que el comité debe estar formado por un mínimo de tres miembros, lo que resulta acorde con el principio de funcionamiento colegiado que se desprende del art. 61.2.II LSCCan, cuando declara aplicables de forma supletoria las "*normas de esta ley sobre órganos de administración colegial*". A diferencia de otras leyes de cooperativas, la normativa canaria no limita el máximo de miembros de este órgano ni exige que su número sea impar[36]. Por ello, en caso de que la cooperativa opte por un número de miembros par, puede ser conveniente establecer un método para solventar los empates que puedan producirse a la hora de tomar decisiones, aunque sea solo para determinadas clases de acuerdos (*v.gr.* atribuyendo un voto de calidad de uno de sus miembros, etc.)[37]. Con todo, la fijación de este método no resulta imprescindible ya que, de omitirse, el empate supondrá que el acuerdo no se considere adoptado, con el resultado de desestimar el recurso interpuesto ante el comité[38].

Y la *segunda* regla básica en torno a la composición del comité de recursos que los estatutos deben respetar es que solo podrán ser miembros "*las personas socias con plenitud de derechos*". A nuestro juicio, la fijación de esta segunda regla supone que solamente puedan ser nombrados para el comité de recursos los socios que realicen la actividad cooperativizada propia de la sociedad con un vínculo no temporal y que no tengan suspendidos sus derechos conforme al art. 31 LSCCan[39]. Dentro de este límite, nos parece que, por un lado, puede establecerse una distribución o reserva de puestos entre determinados colectivos de socios (*v.gr.*, en una cooperativa que opere en Lanzarote, Fuerteventura y Gran Canaria, establecer que habrá

---

36 Limitan el número máximo de miembros del comité de recursos a siete los arts. 52.1 LCCV y 51.1 LCC-LM. Y exigen un numero impar de miembros los arts. 68.2 LCCat y 43.1 LSCAnd.

37 Algunas leyes de cooperativas prohíben expresamente que los acuerdos adoptados por el comité en materia disciplinaria sean decididos mediante voto de calidad, pero no es el caso de la ley canaria. *Véase* arts. 44.4 LCoop, 62.3 LCRM, 63.3.II LSCEx, 52.5 LCCyL, 79.4 LCPAs, 58.3 LCEusk y 45.4 LCCM. Por el contrario, el art. 56.3 LCG dispone que "[e]*l voto de la presidencia dirimirá los empates*", sin mayor precisión.

38 *Véase* PAZ CANALEJO, N., "El Comité de Recursos", *REVESCO*, núm. 56/57, 1988/1989, pp. 191-231, p. 215.

39 En este sentido, PANIAGUA ZURERA, M., *La sociedad cooperativa*, *cit.*, p. 234; o MACÍAS RUANO, A.J., "Órganos potestativos", *cit.*, p. 309.

un socio miembro del comité por cada una de estas islas) y, por otro, que el órgano habrá de constituirse respetando el principio de proporcionalidad entre hombres y mujeres, en cumplimiento de lo establecido en las leyes de igualdad (*arg.* art. 48.3 LSCCan, de acuerdo con la Ley 1/2010, de 26 de febrero, canaria de igualdad entre mujeres y hombres)[40].

En cuanto a la elección, aceptación e inscripción de los miembros del comité de recursos, la normativa que regula este órgano se limita a disponer que su nombramiento corresponde a la asamblea general de la cooperativa mediante votación secreta [arts. 36.1.a) y 61.2 LSCCan], remitiendo el resto a lo dispuesto para el consejo rector. Al amparo de esta remisión, puede afirmarse que: *primero,* el acuerdo de la junta será adoptado por el mayor número de votos; *segundo,* el cargo también podrá ser ocupado por personas jurídicas, en cuyo caso han de designar a la persona física que les represente en el comité de forma permanente; *tercero,* se aplicará *mutatis mutandi* el procedimiento electoral que establezcan los estatutos o el reglamento de régimen interno para escoger a los consejeros, salvo que se haya optado por fijar reglas electorales propias y diferenciadas para escoger a los miembros del comité de recursos; y *cuarto,* el nombramiento de estos miembros surtirá efectos desde el momento de su aceptación y deberá ser presentado a inscripción en el Registro de Sociedades Cooperativas de Canarias en el plazo de un mes (*véase* art. 39 LSCCan)[41]. Las personas designadas tienen el deber de aceptar el cargo, salvo justa causa de excusa [art. 25.1.d) LSCCan].

El legislador canario se muestra parco a la hora de establecer las incompatibilidades, incapacidades y prohibiciones para ser miembro del comité de recursos. El art. 57 LSCCan se limita a disponer, por un lado, que la

---

40 Específicamente para el comité de recursos, el art. 56.2.IV LCG establece que "[a] *los efectos de la composición de este órgano, se procurará una representación equilibrada de mujeres y hombres en su composición*", y el art. 63.2 LSCEx dispone que "[e]*n su composición se tenderá a la paridad y tendrá, al menos, un número de integrantes mujeres proporcional al número de socios que tenga la sociedad cooperativa*", añadiendo que si no se alcanza esta proporcionalidad, la memoria de las cuentas anuales debe justificar el motivo y el procedimiento a seguir para conseguirla.

41 Aunque la ley no lo prevea expresamente para el comité de recursos, no nos parece que haya inconveniente para que se nombren suplentes, máxime cuando sí se contempla esta posibilidad tanto para el consejo rector como para el órgano de intervención (arts. 50.2 y 54.2 LSCCan, respectivamente), y no parece que el comité de recursos presente especialidades en esta cuestión. Así, *v.gr.*, SEDA HERMOSÍN, M.A., "Capítulo V. Órganos sociales", *cit.*, p. 532.

condición de miembro del comité es incompatible con el cargo de administrador, interventor o director de la cooperativa (apartado 2)[42] y, por otro, que ninguno de estos cargos puede ejercerse simultáneamente en más de tres sociedades cooperativas de primer grado de la misma clase (apartado 3). En cambio, no menciona a los miembros del comité de recursos entre las personas sujetas a las prohibiciones del art. 57.1 LSCCan, sino solo a los "*miembros del órgano de administración, de la intervención o de la dirección*", y tampoco lo hace en el art. 57.4 LSCCan cuando establece que las "*personas consejeras e interventoras*" que incurran en alguna de las incompatibilidades, incapacidad y prohibiciones previstas en este artículo serán inmediatamente destituidas por acuerdo del órgano de administración de la cooperativa, a petición de cualquier socio, sin perjuicio en la responsabilidad en que puedan haber incurrido. Pese a esta doble omisión, es fácil convenir que, en defecto de autorregulación y en virtud de la mencionada aplicación supletoria de las normas de elección del consejo rector (art. 61.2.II LSCCan), resultan aplicables a los miembros del comité de recursos aquellas causas de prohibición del art. 57.1 LSCCan, así como también la previsión de destitución por haber incurrido en alguna de ellas que contempla el art. 57.4 LSCCan. Igualmente, nos parece aplicable a los miembros del comité de recursos la norma sobre conflicto de intereses prevista en el art. 60 LSCCan, pese a que de nuevo solo mencione a "*cualquier miembro del órgano de administración* [o] *de la intervención*", junto con algunos de sus parientes y familiares.

En fin, por lo que respecta a la duración del cargo, de nuevo tienen que ser los estatutos de la cooperativa quienes lo determinen, respetando un doble límite [arts. 15.1.n) y 61.2 LSCCan]. En *primer* lugar, el plazo fijado por los estatutos no puede ser inferior a tres años ni superior a seis, lo que parece conferir a las cooperativas canarias un margen suficiente de flexibilidad y autonomía autorreguladora, dentro de la voluntad del legislador de configurar el cargo como temporal. Y, en *segundo* término, se establece

---

42 La incompatibilidad también alcanza al cónyuge, a la persona con quien convive habitualmente y a los parientes hasta el segundo grado de consanguinidad o afinidad. No obstante, estas causas de incompatibilidad por parentesco no se aplican cuando el número de integrantes de la cooperativa, en el momento de la elección del órgano correspondiente, sea tal, que no existan socios en los que no concurran dichas causas (art. 57.2 LSCCan). En el supuesto de incompatibilidad entre cargos, sea directa o por parentesco, la persona nombrada deberá optar por uno de ellos en el plazo de cinco días desde la elección del segundo cargo y, si no lo hace, será nula esa segunda designación (art. 57.4 LSCCan).

que los integrantes del comité podrán ser reelegidos, si bien creemos que los estatutos podrán limitar el número de reelecciones.

A diferencia de lo que sucede con el consejo rector (art. 50.1.II LSCCan) y con el órgano de intervención (art. 55.1.II LSCCan), la ley canaria no prevé las consecuencias derivadas de la caducidad del cargo de miembro del comité de recursos sin que haya sido sustituido o reelegido. Aunque resulta dudoso que la remisión a los preceptos del consejo rector abarque esta materia, creemos que lo razonable es aplicar el mismo principio y entender que los miembros del comité ven prorrogado el desempeño del cargo hasta que se haya producido esa sustitución o, en su caso, reelección. Con todo, dado el carácter meramente voluntario de este órgano, también podría defenderse que esta prórroga solo debe mantenerse hasta la celebración de la siguiente asamblea general, y que la pasividad de la cooperativa en su renovación ha de provocar la caducidad del cargo de los miembros del comité y que sus funciones sean asumidas por la asamblea general[43].

5. Régimen de funcionamiento

Junto a la existencia misma del comité de recursos y su composición, los estatutos también deben fijar el régimen de funcionamiento de este órgano (art. 61.2 LSCCan).

En esta regulación, los estatutos deben partir del carácter colegiado del comité[44]. A partir de esta característica, creemos que los estatutos han de regular aspectos como la distribución de cargos en el seno del órgano (*v.gr.*, designación de presidente y secretario, etc.), la convocatoria de las reuniones (*v.gr.*, quién ha de llevarla a cabo, quién puede solicitarla, cómo ha de efectuarse, etc.), su constitución (*v.gr.*, quórum requerido, posibilidad de representación, etc.) o la adopción y documentación de los acuerdos (*v.gr.*, mayoría requerida, forma de emisión del voto, constancia de los acuerdos en acta[45], etc.).

---

43 *Véase* CASTAÑER CODINA, J., "Capítulo VII", *cit.*, p. 212.

44 No parece haber duda sobre el carácter colegiado del comité de recursos: *v.gr.*, BORJABAD GONZALO, P., *Manual de Derecho Cooperativo, cit.*, p. 123; y entre los últimos, PARRAS MARTÍN, A., "Órganos potestativos", *cit.*, p. 626.

45 El art. 81.1.b) LSCCan establece que la cooperativa debe llevar un libro de actas de la asamblea general y de las juntas preparatorias, del órgano de administra-

A nuestro juicio, la reserva estatutaria se limita al régimen de funcionamiento básico del comité, de modo que ciertas cuestiones de su desarrollo pueden dejarse al reglamento de régimen interno de la cooperativa (*v.gr.*, las formalidades para la presentación de los recursos por los socios, etc.)[46] y, en lo no previsto, creemos que habrán de aplicarse supletoriamente las reglas que pudieran haberse establecido para regir el funcionamiento del consejo rector de la cooperativa.

De hecho, por disposición expresa del legislador, la revocación, retribución y responsabilidad de los miembros del comité de recursos se rigen por las normas previstas en la ley canaria para el órgano de administración colegial (art. 61.2.II LSCCan). Es decir, que se declaran expresamente aplicables los arts. 50 (en la parte que regula el cese de consejeros), 58 (que regula la retribución de consejeros e interventores) y 59 LSCCan (sobre responsabilidad de los miembros del órgano de administración e intervención). Tal remisión nos lleva a una triple observación. La *primera* es que, aunque el precepto remisor no lo precise, parece claro que dichas normas solo serán aplicables en lo que sea compatible y con las debidas adaptaciones (*v.gr.*, por lo que respecta al uso del criterio del "*gestor ordenado*" del art. 59.1 LSCCan como estándar de diligencia exigible a los miembros del comité de recursos). En *segundo* lugar, si bien en la norma de remisión solo se habla de aplicar las reglas de "*revocación*" de los consejeros, creemos que puede extenderse a cualquier norma prevista en la ley para el cese de los miembros del consejo rector (*v.gr.*, las disposiciones sobre renuncia al cargo del art. 50.3 LSCCan). Por *último,* destaca el hecho de que no se limite la retribución a los miembros del comité que actúen como ponentes, como hacen otras leyes de cooperativas[47], por lo que los estatutos podrán prever una remuneración general para todos sus miembros, siempre que guarde una proporción razonable con la importancia de la cooperativa, con la situación económica que tuviera en cada momento y, sobre todo, con las prestaciones efectivas realizadas en el desempeño del cargo (art. 58.1 LSCCan).

---

ción, de la liquidación y, en su caso, "*de los otros órganos que se prevean estatutariamente*".

46 *Véase* sobre esta posibilidad de desarrollo en un reglamento de régimen interno, PARRAS MARTÍN, A., "Órganos potestativos", *cit.*, p. 621, nt. 776; y refiriéndose al comité técnico del art. 43 LSCAnd, MACÍAS RUANO, A.J., "Órganos potestativos", *cit.*, p. 301.

47 *V.gr.*, arts. 44.4 LCoop, 62.3 LCRM o 79.4 LCPAs.

6. Ejecutividad e impugnación de los acuerdos del comité

El art. 61.3 LSCCan regula, por un lado, la ejecutividad de los acuerdos del comité de recursos y, por otro, su posible impugnación interna (en el seno de la propia cooperativa) y externa (judicial o, en su caso, arbitral).

Comenzando por esta última cuestión, aquel precepto dispone que los acuerdos del comité de recursos podrán ser impugnados, bien ante la asamblea general, o bien directamente ante el orden jurisdiccional que corresponda.

Algunas leyes de cooperativas establecen que el acuerdo del comité de recursos es definitivo, de modo que no puede ser recurrido ante ningún otro órgano de la cooperativa y, en especial, impide que sean revisados por la asamblea general[48]. Este no es el caso, en cambio, de la ley canaria, que permite expresamente que el acuerdo del comité sea recurrido ante la asamblea general de la cooperativa, creando de este modo una especie de "tercera instancia" decisoria interna después del consejo rector y del propio comité de recursos. Y ni siquiera se contempla que los estatutos puedan eliminar este recurso, como sí hacen otras leyes de cooperativas autonómicas[49].

Los parámetros básicos de este recurso que se contemplan en la norma son tres. *Primero,* debe presentarse en el plazo de quince días desde la notificación del acuerdo del comité. *Segundo,* se tramita "*en la forma prevista en esta ley*", lo que principalmente supone aplicar las previsiones del art. 30.1.c) LSCCan, esto es, resolución en la primera sesión que se celebre o, en todo caso, en el plazo de seis meses desde la recepción por parte de la sociedad cooperativa de la impugnación interpuesta; y silencio positivo si transcurren tales plazos sin haberse resuelto y notificado el recurso. Y *tercero,* su interposición suspende el cómputo del plazo para impugnar judicialmente el acuerdo, que se reanudará cuando la asamblea se haya

---

48 *Véase v.gr.*, arts. 44.3 LCoop, 68.6 LCCat, 63.3.IV LSCEx, 52.4 LCCyL, 56.3.IV LCG, 79.3 LCPAs, 57.4 LCCant, 58.5 LCEusk, 59.3 LCLR o 45.7 LCCM; y PAZ CANALEJO, N., "Artículo 70", *cit.*, p. 150; MERINO HERNÁNDEZ, S., "Derechos y deberes", *cit.*, p. 120; PANIAGUA ZURERA, M., *La sociedad cooperativa, cit.*, p. 234; CALATAYUD SIERRA, A., "Artículo 70", *cit.*, p. 821; o CASTAÑER CODINA, J., "Capítulo VII", *cit.*, p. 215.

49 *Véase,* en este sentido, los arts. 52.2 LCCV o 71.2 LCC-LM, que permiten que los estatutos excluyan la facultad de recurrir los acuerdos del comité de recursos ante la asamblea general.

pronunciado expresamente[50]. Por tanto, la decisión de la asamblea puede ser cuestionada judicialmente de acuerdo con las reglas de impugnación de los acuerdos de la misma (*véase* art. 41 LSCCan).

Pero, además, el acuerdo del comité de recursos puede ser impugnado directamente ante los tribunales de justicia, sin necesidad de presentar antes recurso ante la asamblea general. El legislador canario quiere dejar bien claro este extremo ya que, de una parte, dispone que la persona socia puede acudir "*directamente*" al orden jurisdiccional que corresponda y, de otra, por dos veces adjetiva el recurso ante la asamblea como "*potestativo*". Creemos que la impugnación judicial directa habrá de llevarse a cabo conforme a las reglas que rigen la impugnación de acuerdos del consejo de rector (*véase* art. 53 LSCCan) ya que, por un lado, la ley canaria no dispone de forma expresa que se aplicará el régimen de impugnación de acuerdos de la asamblea general[51] y, por otro, ya hemos defendido nuestra opinión de que, con carácter general, las lagunas que presente el régimen jurídico del comité de recursos deben cubrirse por las disposiciones reguladoras del consejo rector, siempre que sean compatibles.

La referencia genérica al "*orden jurisdiccional que corresponda*" resulta por un lado acertada, ya que puede tratarse tanto de los juzgados de lo mercantil como de los juzgados de lo social, en función del tipo de socio afectado o de la clase de cooperativa en que nos hallemos[52]. Pero, por otro lado, olvi-

---

50 Quedan por resolver algunas cuestiones importantes como, por ejemplo, si el consejo rector puede recurrir el acuerdo del comité de recursos que revoque su decisión. Por otro lado, respecto de otras leyes autonómicas, la jurisprudencia ha admitido que pueda prorrogarse el plazo para la resolución del recurso, siempre que esté previsto en los estatutos, obedezca a causa justificada, la prórroga se produzca antes de que finalice el plazo para resolver [SAP Madrid, sección 28ª, de 26-9-2017 (Id. Cendoj: 28079370282017100368)] y "*en relación al concreto recurso que se hubiera interpuesto, sin que la citada norma estatutaria contemple prórrogas genéricas*" [SAP Madrid, sección 28ª, de 3-3-2013 (Id. Cendoj: 28079370282013100123) y SAP Madrid, sección 28ª, de 28-4-2014 (Id. Cendoj: 28079370282014100114)].

51 La mayoría de las leyes de cooperativas de nuestro país aclaran expresamente que se aplica el régimen de impugnación de acuerdos de la asamblea general a la impugnación de los acuerdos del comité de recursos. *Véase* arts. 44.3 LCoop, 68.6 LCCat, 62.2 LSCRM 63.3.IV LSCEx, 52.4 LCCyL, 56.3.IV LCG, 79.3 LCPAs, 57.4 LCCant, 58.5 LCEusk, 42.2 LFCN, 59.3 LCLR y 45.7 LCCM.

52 Expresamente, el art. 109.3 LSCCan dispone que en las cooperativas de trabajo asociado el acuerdo de expulsión de los socios trabajadores adoptado por el órgano de administración puede ser recurrido ante el comité de recursos. El acuerdo del comité que ratifique la expulsión podrá ser impugnado judicialmente por el

da que el conocimiento de las discrepancias o controversias entre el comité de recursos y las personas socias puede haberse sometido a arbitraje de derecho o, incluso, si la discrepancia afecta sustancialmente a los principios cooperativos, a arbitraje de equidad (*véase* DA 4ª LSCCan).

Lo que no resuelve la ley canaria es si, pese a la existencia del comité de recursos, puede impugnarse judicialmente de forma directa el acuerdo del consejo rector (*ex* art. 53 LSCCan, que remite mayormente esta impugnación a la legislación estatal de cooperativas). Al respecto, solo diremos aquí que doctrina y jurisprudencia se muestran divididas, por lo que, en defecto de una previsión legal expresa, en estos momentos no parece posible ofrecer una respuesta segura con carácter general[53].

---

socio afectado, en cuyo caso la competencia corresponde en primera instancia a los juzgados de lo social, por aplicación del art. 2.c) de la Ley 36/2011, de 10 de octubre, reguladora de la jurisdicción social, que atribuye a los órganos jurisdiccionales del orden social las cuestiones litigiosas "[e] *ntre las sociedades laborales o las cooperativas de trabajo asociado, y sus socios trabajadores, exclusivamente por la prestación de sus servicios*". *Véase* últimamente, RÍOS MESTRE, J.M., "Capítulo XXXIV. La atribución de competencia a la jurisdicción social para resolver los litigios entre cooperativa y socios trabajadores", en *La Ley 27/1999, de 16 de julio, de Cooperativas. Veinte años de vigencia y resoluciones judiciales (1999-2019)* (Dir. R. Alfonso Sánchez *et. al.*), Aranzadi, Madrid, 2021, pp. 835-853.

53 Sostienen que no es necesario recurrir ante el comité, PAZ CANALEJO, N., "Artículo 70", *cit.*, p. 237; SENENT VIDAL, M.J., *La impugnació dels acords socials en la cooperativa*, Publicacions de la Universitat Jaume I, Castelló, 2003, p. 272; CASTAÑER CODINA, J., "El comité de recursos", *cit.*, pp. 103-104; SAN JOSÉ MARTÍNEZ, F., "El agotamiento de la vía cooperativa", *GEZKI. Revista Vasca de Economía Social*, núm. 2, 2006, pp. 195-199; o la SAP Pontevedra, sección 1ª, de 5-7-2007 (Id Cendoj: 36038370012007100428). Por el contrario, consideran exigible el recurso ante el comité, MARÍN LÓPEZ, J.J., "Novedades de la Ley General de Cooperativas de 2 de abril de 1987 en materia de impugnación de acuerdos sociales", *La Ley* 1988/2, pp. 1114-1135, pp. 1119-1120; DEL REAL SÁNCHEZ-FLOR, J.M., "Reflexiones sobre la baja voluntaria de socios en las cooperativas agrarias en el nuevo marco de la Ley 27/1999, de 16 de julio, de cooperativas", en AA.VV., *Sociedades cooperativas: régimen jurídico y gestión económica* (Coord. J.A. Prieto Juárez), Ibidem, Madrid, 1999, pp. 121-156, p. 152; o la SAP Madrid, sección 28ª, de 8-7-2016 (Id Cendoj: 28079370282016100248) y la SAP Madrid, sección 28ª, de 23-3-2018 (Id Cendoj: 28079370282018100187). No parecen ser suficientemente claras en uno u otro sentido la STS, Sala 1ª, de 28-11-1994 (Id Cendoj: 28079110011994102910), que indica que los acuerdos del consejo rector que no sean susceptibles de recurso ante la asamblea general pueden ser impugnados directamente ante los tribunales, ni la SAP Salamanca, sección 1ª, de 10-6-2004 (Id. Cendoj: 37274370012004100358), que se limita a señalar que constituye una

Con independencia de que se recurran internamente o de que se impugnen externamente, el art. 61.3 LSCCan dispone que los acuerdos del comité de recursos "*serán inmediatamente ejecutivos*". Ello significa que, aunque se hayan recurrido o impugnado, estos acuerdos producen plenos efectos y, en particular, que si ratifican la sanción impuesta por el órgano de administración, puede reclamarse su cumplimiento (*v.gr.*, exigiendo al socio que abone la multa que se la ha impuesto, privando al expulsado del ejercicio de los derechos de socio, etc.). Con todo, nos parece necesario efectuar una triple observación.

En *primer* lugar, hay que plantearse la situación en que se encuentran los acuerdos del órgano de administración durante la tramitación del recurso ante el comité. En algunos casos, tal situación es resuelta por la propia ley, que establece que los acuerdos de baja obligatoria y expulsión de los socios no son ejecutivos hasta que se resuelve y notifica el recurso (arts. 27.1.III o 32.2 y 109.3 LSCCan, respectivamente) o, en otro ejemplo, que el acuerdo de admisión de un socio queda en suspenso hasta que resuelva el comité de recursos (art. 23.2.II LSCCan). La necesidad que ha sentido el legislador de precisar la situación de suspensión en que quedan estos acuerdos, parece configurar un principio general según el cual, respecto de los demás, la decisión del órgano de administración ya produce efectos desde que es notificada al afectado, sin perjuicio de que se recurra. Con todo, creemos que los estatutos de la cooperativa podrán alterar dicho principio, adoptando un planteamiento más conservador que, con carácter general, someta la ejecutividad de los acuerdos a su ratificación por el comité de recursos.

En *segundo* término, el acuerdo del comité no es ejecutivo desde el mismo momento en que se adopta, como parece desprenderse del uso de la palabra "*inmediatamente*", sino que sólo lo es a partir de su notificación al socio u otra persona afectada (*v.gr.* los ya citados arts. 27.1.III y 32.2 LSCCan, que condicionan la ejecutividad del acuerdo de baja obligatoria y del

---

irregularidad que en la notificación del acuerdo se remita directamente al socio sancionado al procedimiento judicial y no previamente a la vía cooperativa. Alguna ley de cooperativas autonómica ha tratado de aclarar la cuestión. Así, por ejemplo, el art. 52.3 LCCV establece que "*cuando los estatutos así lo regulen, la reclamación contra cualquier acuerdo del consejo rector o de la asamblea general ante la comisión de recursos, será un requisito inexcusable para interponer demanda de arbitraje o de impugnación judicial contra los citados acuerdos*" (ídem art. 71.3 LCC-LM), o de forma imperativa, el art. 63.3.V LSCEx dispone que "[s]*in la previa interposición de recurso ante el comité, el interesado no podrá acudir a la vía judicial o arbitral*".

acuerdo de expulsión, respectivamente, a la notificación de su ratificación por el comité de recursos)[54].

Por último, es preciso recordar que el acuerdo del comité de recursos puede ser suspendido, como medida cautelar, por el órgano judicial que conozca de su impugnación (cfr. art. 44 LSCCan, en relación con los arts. 31.5 LCoop y 727.10º LEC).

III. OTROS ÓRGANOS SOCIALES

Además del comité de recursos, los estatutos de la cooperativa canaria pueden crear de forma voluntaria otros órganos sociales que se estimen convenientes para el mejor desarrollo y funcionamiento de la sociedad. En este caso, el art. 62 LSCCan impone un triple requisito.

En *primer* lugar, que los estatutos de la cooperativa, además de instituir el nuevo órgano, determinen su composición, régimen de actuación y competencias. Como se verá a continuación, la normativa canaria solo establece pautas o límites respecto a las funciones que pueden conferirse a estos órganos voluntarios y a su denominación, por lo que parece que la cooperativa goza de un amplio marco de libertad o flexibilidad para configurar los restantes aspectos relativos a la configuración y funcionamiento del órgano.

En *segundo* término, que la denominación del órgano creado no induzca a confusión con la de los órganos sociales necesarios de la cooperativa. Cautela legal que resulta lógica para proteger tanto a los socios como a todas las demás personas que se relacionan con la cooperativa. Por ello, también nos parece evidente que, si existiesen dos o más órganos voluntarios (incluyendo el comité de recursos), su denominación también debería distar lo suficiente para que tampoco se produjera confusión entre ellos.

Y, por *último*, que las competencias que se atribuyan al nuevo órgano voluntario no sean las propias de los órganos necesarios. Aunque el precepto solo haga referencia a los órganos obligatorios de la cooperativa (que, según el art. 33.1 LSCCan, son la asamblea general, el órgano de administración y la intervención), también hay que incluir al comité de recursos, en

---

54 También condiciona la eficacia del acuerdo del comité a su notificación, PAZ CANALEJO, N., "El Comité de Recursos", *cit.*, p. 219 [*ídem:* "Artículo 70", *cit.*, pp. 147-148].

caso de que exista, en esta relación de órganos que no pueden ser vaciados de competencias. Esta limitación funcional restringe mucho la posibilidad de crear estos otros órganos voluntarios. De hecho, es muy posible que sus facultades se vean limitadas al ámbito consultivo o asesor, en el sentido previsto por el art. 33.2 LSCCan.

No obstante, alguno de ellos puede estar llamado a tener un papel relevante en el funcionamiento de la cooperativa. Es el caso, por ejemplo, del órgano potestativo de control de la prevención de la responsabilidad penal de la cooperativa, creado al amparo de lo dispuesto en el art. 31.bis.2.2ª CP y que, en aquellas que no sean de pequeñas dimensiones, constituye una de las condiciones para que puedan evitar dicha responsabilidad[55]. O también existe la posibilidad de crear una comisión de igualdad, con el objetivo de establecer medidas y acciones que promuevan y contribuyan a la igualdad, tanto efectiva como de oportunidades, entre mujeres y hombres en la cooperativa[56].

En fin, no queremos finalizar este capítulo sin mencionar otra figura que no está contemplada en la ley canaria pero que otras disposiciones autonómicas de cooperativas configuran como órgano[57]. A nuestro juicio, el silencio del legislador canario no impide que la cooperativa tenga un letrado asesor, e incluso esta figura podría considerarse obligatoria en los casos previstos en la Ley 39/1975, de 31 de octubre, sobre designación de letrados asesores del órgano administrador de determinadas sociedades mercantiles[58]. Sin embargo, creemos que en ningún caso el letrado asesor

---

55 Encuadra este órgano entre los otros órganos sociales potestativos de la cooperativa, MACÍAS RUANO, A.J., "Órganos potestativos", *cit.*, pp. 358-360. A estos efectos, se consideran cooperativas de pequeñas dimensiones "*aquéllas que, según la legislación aplicable, estén autorizadas a presentar cuenta de pérdidas y ganancias abreviada*". En estas cooperativas, la supervisión del funcionamiento y del cumplimiento del modelo de prevención implantado puede ser asumida directamente por el órgano de administración (art. 31.bis.3 CP).

56 La posibilidad de constituir una comisión de igualdad se prevé en el Anteproyecto de Ley Integral de Impulso a la Ley de Economía Social, a través de la introducción de un nuevo art. 44 bis en la LCoop (*véase* <https://ciriec.es/wp-content/uploads/2023/04/Anteproyecto_Ley_Integral_Economia_Social.pdf>, pp. 17-18).

57 *Véase* abundantes referencias a este respecto en PARRAS MARTÍN, A., "Órganos potestativos", *cit.*, pp. 612-620 y 633-636.

58 No obstante, esta obligatoriedad es discutida: *véase* VARGAS VASSEROT C./GADEA SOLER. E./SACRISTÁN BERGIA, F., *Derecho de las sociedades cooperativas, cit.*, p. 434; o VERDÚ CAÑETE. M.J., "Órgano de intervención, comité de recursos y

podrá ser considerado como órgano social de la cooperativa canaria, sino que su relación con ésta tendrá carácter contractual[59].

IV. BIBLIOGRAFÍA

ALONSO SOTO, F., *Ensayos sobre la ley de cooperativas,* UNED, Madrid, 1990.

ÁVILA DE LA TORRE, A.: "Aspectos jurídico-mercantiles de la sociedad cooperativa. Breves consideraciones", en AA.VV., *Economía social y cooperativismo* (Dir. P. Morgado Panadero), Lex Nova, Valladolid, 2006, pp. 79-103.

BORJABAD GONZALO, P., *Manual de Derecho Cooperativo. General y catalán,* José María Bosch Editor, Barcelona, 1993.

CALATAYUD SIERRA, A., "Artículo 70", en AA.VV., *Comunidades de bienes, cooperativas y otras formas de empresa,* Vol. II, Colegios Notariales de España, Madrid, 1996, pp. 814-822

CASTAÑER CODINA, J., "El comité de recursos de las sociedades cooperativas", *Revista de Derecho Bancario y Bursatil,* núm. 128, octubre-diciembre 2012, pp. 67-114.

CASTAÑER CODINA, J., "Capítulo VII. Estructura orgánica (III). Otros órganos sociales", en *Régimen jurídico de las sociedades cooperativas catalanas (Adaptado a la Ley 12/2015, de 9 de julio, de cooperativas de Cataluña)* (Dir. R. Alfonso Sánchez), Atelier, Barcelona, 2029, pp. 189-220

CORDONES RAMÍREZ, M., "Los interventores", en AA.VV., *Tratado de derecho de cooperativas* (Dir. J.I. Peinado Gracia), Tomo I, 2ª edición, Tirant lo Blanch, Valencia, 2017, pp. 597-611.

DEL REAL SÁNCHEZ-FLOR, J.M., "Reflexiones sobre la baja voluntaria de socios en las cooperativas agrarias en el nuevo marco de la Ley 27/1999, de 16 de julio, de cooperativas", en AA.VV., *Sociedades cooperativas: régimen jurídico y gestión económica* (Coord. J.A. Prieto Juárez), Ibidem, Madrid, 1999, pp. 121-156.

DÍAZ MORENO, A., "Artículo 174", en AA.VV., *La junta general de las sociedades de capital. Comentario a los artículos 159 a 208 LSC* (Coords. J. Juste Mencía y A. Recalde Castells), Thomson Reuters Civitas, Cizur Menor, 2022, pp. 260-278.

GARCÍA MÁS, F.J., "De los órganos de la sociedad cooperativa", en AA.VV., *Cooperativas. Comentarios a la Ley 27/1999,* Tomo I, Colegios Notariales de España, Madrid, 2001, pp. 133-198.

letrado asesor", en AA.VV., *Derecho de sociedades cooperativas de la Región de Murcia. Estudio de la Ley 8/2006, de 16 de noviembre, de sociedades cooperativas de la Región de Murcia* (Dir. F.J. Alonso Espinosa), pp. 347-355, pp. 354-355.

59 Niegan la condición de órgano social del letrado asesor, VARGAS VASSEROT, C./ GADEA SOLER, E./SACRISTÁN BERGIA, F., *Derecho de las sociedades cooperativas, cit.*, p. 432; y el carácter contractual de la relación ya era afirmado por ALONSO SOTO, F., *Ensayos sobre la ley de cooperativas,* UNED, Madrid, 1990, pp. 79-80.

MACÍAS RUANO, A.J., "Órganos potestativos en el régimen jurídico andaluz de sociedades cooperativas (arts. 43-45 LSCA)", en AA.VV., *Retos y oportunidades de las sociedades cooperativas andaluzas ante su nuevo marco legal. Comentario a la Ley 14/2011 de Sociedades Cooperativas Andaluzas y a su Reglamento de desarrollo (Decreto 123/2014)* (Dirs. M.J. Morillas Jarillo y C. Vargas Vasserot), Dykinson, Madrid, 2017, pp. 297-362.

MARÍN LÓPEZ, J.J., "Novedades de la Ley General de Cooperativas de 2 de abril de 1987 en materia de impugnación de acuerdos sociales", *La Ley* 1988/2, pp. 1114-1135.

MERINO HERNÁNDEZ, S., "Derechos y deberes de los órganos sociales de las cooperativas: interventores y comité de recursos", *REVESCO, Revista de Estudios Cooperativos,* núm. 77, segundo cuatrimestre 2002, pp. 109-122.

MORILLAS JARILLO, M.J./FELIÚ REY, M.I., *Curso de Cooperativas,* 3ª edición, Tecnos, Madrid, 2019.

PANIAGUA ZURERA, M., *La sociedad cooperativa. Las sociedades mutuas de seguros y las mutualidades de previsión social,* Tomo 12, Vol. 1, del *Tratado de Derecho Mercantil,* Marcial Pons, Madrid/Barcelona, 2005.

PARRAS MARTÍN, A., "Órganos potestativos", en AA.VV., *Tratado de derecho de cooperativas* (Dir. J.I. Peinado Gracia), Tomo I, 2ª edición, Tirant lo Blanch, Valencia, 2017, pp. 611-651.

PAZ CANALEJO, N., "El Comité de Recursos", *REVESCO, Revista de Estudios Cooperativos,* núm. 56/57, 1988/1989, pp. 191-231.

PAZ CANALEJO, N., "Artículo 67", en N. Paz Canalejo y F. Vicent Chuliá, *Ley General de Cooperativas,* Tomo XX, Vol. 3°, de los *Comentarios al Código de Comercio y legislación mercantil especial,* EDERSA, Madrid, 1994, pp. 1-36.

PAZ CANALEJO, N., "Artículo 68", en N. Paz Canalejo y F. Vicent Chuliá, *Ley General de Cooperativas,* Tomo XX, Vol. 3°, de los *Comentarios al Código de Comercio y legislación mercantil especial,* EDERSA, Madrid, 1994, pp. 36-59.

PAZ CANALEJO, N., "Artículo 70", en N. Paz Canalejo y F. Vicent Chuliá, *Ley General de Cooperativas,* Tomo XX, Vol. 3°, de los *Comentarios al Código de Comercio y legislación mercantil especial,* EDERSA, Madrid, 1994, pp. 114-159.

PAZ CANALEJO, N., "Otros órganos", en AA.VV., *Glosa a la Ley de Cooperativas de Euskadi* (Dir. N. Paz Canalejo), Consejo Superior de Cooperativas de Euskadi, Vitoria, 1999, pp. 210-220.

PESO DE OJEDA, G., "El órgano de intervención", en AA.VV., *Cooperativas agrarias y sociedades agrarias de transformación* (Dir. J. Pulgar Ezquerra), Dykinson, Madrid, 2006, pp. 565-604.

RÍOS MESTRE, J.M., "Capítulo XXXIV. La atribución de competencia a la jurisdicción social para resolver los litigios entre cooperativa y socios trabajadores", en AA.VV., *La Ley 27/1999, de 16 de julio, de Cooperativas. Veinte años de vigencia y resoluciones judiciales (1999-2019)* (Dir. R. Alfonso Sánchez *et. al.*), Aranzadi, Madrid, 2021, pp. 835-853.

SAN JOSÉ MARTÍNEZ, F., "El agotamiento de la vía cooperativa", *GEZKI. Revista Vasca de Economía Social,* núm. 2, 2006, pp. 195-199.

SEDA HERMOSÍN, M.A., "Capítulo V. Órganos sociales", en AA.VV., *Comentarios a la Ley de Sociedades Cooperativas Andaluzas. Ley 2/1999, de 31 de marzo* (Coord. P.A. Romero Candau y E. Suárez Palomares), CEPES Andalucía, Sevilla, 2002, pp. 345-537.

SENENT VIDAL, M.J., *La impugnació dels acords socials en la cooperativa*, Publicacions de la Universitat Jaume I, Castelló, 2003.

VARGAS VASSEROT, C./GADEA SOLER, E./SACRISTÁN BERGIA, F., *Derecho de las sociedades cooperativas*, Vol. 1, Introducción, constitución estatuto del socio y órgano sociales, La Ley, Madrid, 2015.

VERDÚ CAÑETE, M.J., "Órgano de intervención, comité de recursos y letrado asesor", en AA.VV., *Derecho de sociedades cooperativas de la Región de Murcia. Estudio de la Ley 8/2006, de 16 de noviembre, de sociedades cooperativas de la Región de Murcia* (Dir. F.J. Alonso Espinosa), pp. 347-355.

Capítulo VIII.

Capital social y aportaciones[1]

JULIO COSTAS COMESAÑA
Catedrático de Derecho Mercantil
Universidad de Vigo

1 El presente trabajo ha sido elaborado en el marco del Proyecto de Investigación financiado por la Xunta de Galicia en la convocatoria de grupos con potencial de crecimiento "Retos para un mercado de traballo equitativo, sostible e aberto a competencia no contexto da nova economía e da dixitalización" (2022-2024), Expte. ED431B 2022/11, Grupo de Investigación DMT (Grupo de la Universidad de Vigo con potencial de crecimiento), y del Proyecto de Investigación financiado por el Ministerio de Ciencia e Innovación: "El Derecho de la Competencia y de la Propiedad Industrial e Intelectual frente a las tecnologías disruptivas y la nueva regulación de los mercados digitales y audiovisuales" (2023-2026), Referencia PID2022-136697NB-I00.

I. CONCEPTO Y REGULACIÓN LEGAL DEL RÉGIMEN ECONÓMICO

En el Capítulo VI del Título I (arts. 63 a 80), bajo la rúbrica *"Del régimen económico"*, la LSCCan contiene el régimen legal de todas las materias que son objeto de este capítulo y el siguiente del Manual. Por tanto, siguiendo a nuestra doctrina, la noción de régimen económico tiene en esta obra un significado bastante más restringido, limitado a la regulación legal de la determinación y aplicación del resultado del ejercicio económico, materia que es objeto de estudio en el capítulo noveno de este manual.

El Capítulo VI de la LSCCan se estructura en cuatro Secciones: De las aportaciones sociales; Del ejercicio económico y de la determinación del resultado; De los fondos sociales obligatorios; y De los fondos sociales voluntarios. Con todo, para conocer al completo el marco normativo del régimen económico y del capital social de las cooperativas canarias será necesario tener en cuenta un buen número de normas situadas formalmente fuera del Capítulo VI del Título I de la LSCCan, como tendremos ocasión de comprobar a lo largo del capítulo.

El régimen económico y financiero de las sociedades cooperativas presenta cierta «complejidad y rareza», especialmente si nos acercamos al mismo desde la regulación de las sociedades de capital[2], porque sobre él incide la doble condición de la persona socia (como inversor o aportante de capital y como persona socia usuaria o cliente de la cooperativa), así como, con mayor o menor intensidad según la materia, los principios que caracterizan y diferencian la cooperativa como sociedad y empresa respecto de otros tipos sociales mercantiles y de la economía social. Así, el principio de adhesión voluntaria y abierta se materializa en la naturaleza variable del capital social, en su calificación contable como pasivo y en su débil función de garantía frente a terceros. El principio de participación económica de las personas socias en la actividad cooperativizada condiciona y atribuye complejidad a la regulación de las aportaciones de las personas socias al capital social, al tiempo que complementa su limitada función empresarial y determina, junto con los principios de educación y formación y de interés para la comunidad, cómo se determinan, reparten o imputan los resultados económicos o cómo se debe liquidar el haber social en caso de disolución de la cooperativa. En tanto que los principios de gestión democrática

---

2 Paniagua Zurera, M., *La sociedad cooperativa. Las sociedades mutuas de seguros y las mutualidades de previsión social,* Marcial Pons, Madrid, 2005, pp. 238 y ss.

e independencia condicionan decisivamente la función organizativa del capital social en la sociedad cooperativa.

II. EL CAPITAL SOCIAL DE LA COOPERATIVA

1. Generalidades. Los conceptos de capital social y patrimonio cooperativo

La cooperativa, como empresa, necesita disponer de un patrimonio propio que permita financiar la ejecución de la actividad que constituya su objeto social. En este sentido, el capital social es un instrumento de financiación de la cooperativa necesario pero no esencial, constituido por todas las aportaciones hechas o comprometidas por las personas socias en este concepto. Junto al capital social, la cooperativa presenta la singularidad de poder disponer de otras fuentes de financiación, como las cuotas de ingreso o periódicas (art. 71.1 LSCCan), los fondos de reserva obligatorios y voluntarios (arts.77 a 80 LSCCan), obligaciones, títulos participativos, contratos de cuentas en participación y participaciones especiales de carácter subordinado (arts. 72 y 73 LSCCan). Estos y otros recursos (bienes, derechos y obligaciones) integran el patrimonio de la cooperativa[3].

A diferencia de otros tipos societarios, y como consecuencia de su naturaleza mutualista (la persona socia no participa en la cooperativa con el objeto de rentabilizar su ahorro invertido en el capital social sino para satisfacer sus necesidades y aspiraciones socio-económicas), la cooperativa precisa de la participación de las personas socias en las actividades que constituyen su objeto social, llevando a cabo la actividad cooperativizada que estatutariamente le corresponda (art. 25.1.b) LSCCan); es decir, aportando o demandando los bienes, servicios, trabajo o los pagos exigidos, que, no obstante, no forman parte del capital social (art. 71.2 LSCCan). Esta obligación legal y estatutaria constituye un recurso financiero de primer orden, propio e inherente a las cooperativas, que reduce la importancia del capital social como recurso empresarial, y complementa su limitada función de garantía patrimonial frente a terceros, al tiempo que sirve de justificación para que ciertas leyes de cooperativas no exijan un capital social mínimo legal (CSML) para constituir y funcionar una cooperativa.

---

3 Sobre los distintos conceptos de patrimonio en la doctrina, *véase*: Morillas Jarillo, Mª.J./Feliú Rey, M.I., *Curso de Cooperativas,* T. I, 3ª, Tecnos, Madrid, 2018, pp. 461 ss.

La LSCCan se inserta en este grupo normativo que no impone un concreto CSML (art. 63.2. También la LCoop, art. 45.2), frente a otras leyes autonómicas que sí imponen una determinada cifra legal mínima de capital social (*v.gr.*, art. 70.1 LCCat)[4]. La LSCCan deja, pues, en manos de las personas socias establecer la cifra del capital social mínimo, por debajo de la cual no se constituir ni funcionar la cooperativa. Y con el propósito de proteger ese mínimo recurso financiero, la LSCCan dispone que: (1) el capital social mínimo se debe fijar en los estatutos sociales, imponiendo su total suscripción y desembolso (arts. 15.1.f) y 63.2, párr. 1º LSCCan); (2) todo acuerdo de reducción o amento del capital social mínimo estatutario (CSME) se adoptará respetando los requisitos necesarios para la modificación de los estatutos, y se inscribirá en el Registro de Sociedades Cooperativas de Canarias (arts. 15.2 y 63.4 LSCCan); y (3) la reducción de la cifra del capital social por debajo del CSME constituye causa legal de disolución (arts. 63.4 y 93.e) LSCCan).

La existencia de estas medidas de tutela no permiten afirmar que el capital social sea uno de los «principios configuradores o tipológicos» de las cooperativas, como lo es en las sociedades de capital, pero motivan que, de forma limitada, se pueda predicar del capital social en las cooperativas canarias las funciones y los principios ordenadores o informadores que la doctrina societaria ha elaborado en sede de las sociedades de capital[5]; principios y funciones que la LSCCan trata de proteger a través de una batería de normas que iremos analizando en este capítulo.

2. Las funciones del capital social

Es común en la doctrina mercantilista atribuir al capital social en las sociedades de capital tres funciones: empresarial, organizativa y de garantía[6].

---

4 La exigencia de un capital mínimo legal responde a la corriente normativa que trata de reforzar los recursos financieros propios de la cooperativa, con el objeto de que pueda competir en los mercados de bienes y servicios en igualdad de condiciones con otras modalidades de empresa.

5 Para un mayor desarrollo en relación con las cooperativas: Vargas Vasserot, C./ Gadea Soler, E./Sacristán Bergia, F., *Derecho de las sociedades cooperativas. Régimen económico, integración, modificaciones estructurales y disolución*, LA LEY Wolters Kluver, Madrid, 2017, pp. 26-39.

6 Para un estudio detallado de las mismas en el ámbito de las cooperativas sigue siendo imprescindible la consulta de la monografía de fajardo García, I.G., *La gestión económica de la cooperativa: responsabilidad de los socios*, Tecnos, Madrid, 1997,

En primer término, el capital social tiene una *función empresarial o de fondo de explotación* porque constituye el patrimonio social inicial que dispone la cooperativa como recurso propio para desarrollar la actividad que constituye su objeto social (art. 15.1.f) LSCCan). Como es conocido, nuestro Derecho de sociedades no exige que la cifra de capital social fijada en los estatutos sea suficiente para la ejecución del objeto social. Esta eventual insuficiencia del capital social como patrimonio empresarial inicial, que apunta al problema generalizado de la llamada infracapitalización de las sociedades, en las cooperativas puede ser suplida por la existencia de fondos de reserva obligatorios e irrepartibles, en la medida en que la Ley aplicable se muestre exigente en la obligación de dotación, en su destino y disponibilidad.

El capital social también cumple en las sociedades de capital una *función organizativa*, en tanto en cuanto, con carácter general, es la unidad de medida de la mayoría de los derechos políticos y económicos de la persona socia. Además, el capital social determina el poder de la persona socia dentro de la organización pues, en función del capital suscrito, podrá ostentar el control de la junta general y del órgano de administración de la sociedad o adquirir derechos legales de minoría, como instar la convocatoria de juntas extraordinarias, incluir puntos en el orden del día o impugnar los acuerdos de la junta general. Por el contrario, en las cooperativas, si el capital social cumple esta función de organización lo hace de una forma notablemente mermada. En primer lugar, porque la cifra del capital social que conste en los estatutos no afecta a la determinación de los excedentes repartibles o a la dotación de los fondos[7]. En segundo término, porque el capital social aportado por cada persona socia no influye en la composición y funcionamiento de la asamblea general de la cooperativa, que se rige por la regla de la mayoría de personas socias y no por la de mayoría de capital, y porque los derechos de las personas socias relacionados con la estructura orgánica de la cooperativa están generalmente condicionados por la propia condición de persona socia. Por último, porque los derechos, responsabilidades y obligaciones de las personas socias están en función,

---

pp. 28-46. Para obras más recientes, *véase*: Vargas Vasserot, C./Gadea Soler, E./ Sacristán Bergia, F., *Derecho de las sociedades cooperativas. Régimen económico, cit.*, pp. 26-31; Morillas Jarillo, Mª.J./Feliú Rey, M.I., *Curso de Cooperativas, cit.*, pp. 458-461.

7 Así sucede en la LSCCan (art. 75, y también en LCCat, arts. 81.1 y 2) pero en otras leyes de cooperativas como la LSCAnd la obligación legal de dotar el FRO con los resultados cooperativos cesa cuando el fondo alcance la cifra del 50% del capital social (art. 68.2.f)).

fundamentalmente, de la clase a la que pertenezcan (comunes, trabajadores, de trabajo, colaboradores y temporales: arts. 19 a 22 LSCCan) y de su participación efectiva o comprometida en la actividad cooperativizada, pero nunca de las aportaciones realizadas o comprometidas al capital social (*v.gr.*, arts. 39.1, 63.4, 64.1, 75.3, 76.2.c), 79.2 y 124.3.b) LSCCan).

No obstante, no se puede desconocer que, por un lado, para adquirir la condición de persona socia es necesario realizar la aportación obligatoria mínima al capital social fijada en los estatutos, que puede ser diferente para las distintas clases de personas socias previstas en la Ley, o proporcional a la actividad cooperativizada desarrollada o comprometida por la persona socia con la cooperativa (art. 64.1 LSCCan). Y, por otra parte, tampoco se puede obviar que el contenido de algunos derechos económicos de la persona socia sí está determinado por la aportación al capital social, como es el caso del derecho al reembolso (art. 70 LSCCan), a la remuneración de las aportaciones (art. 67 LSCCan), y al reintegro de las aportaciones en caso de liquidación de la cooperativa (art. 100.2c) LSCCan), así como la responsabilidad de la persona socia por las deudas de la cooperativa (art. 25.2 LSCCan).

Por último, el capital social cumple una *función de garantía* o de retención del patrimonio en protección de terceros, que encuentra su justificación en la responsabilidad limitada de la persona socia frente a las deudas sociales. La doctrina discute si esta función en las cooperativas se predica únicamente respecto del capital social mínimo o también del capital real, pese a su variabilidad. A favor de la primera posición milita el hecho de que en la legislación de cooperativas el capital social no condiciona la determinación y aplicación de los resultados del ejercicio económico[8], y que es la cifra del CSME o del CSML la que se utiliza para establecer la existencia de causa de disolución[9]. En favor de la segunda interpretación cabe argumentar que todas las leyes de cooperativas contienen normas que tratar de tutelar la cifra de capital real o contable por más que sea una cifra variable. En este sentido, ninguna ley de cooperativas reconoce un derecho al reembolso de la integridad de la aportación al capital en caso de baja de

---

8 En las sociedades de capital solo es posible el reparto de dividendos si el valor del patrimonio neto no es o, a consecuencia del reparto, no resulta ser inferior al capital social: art. 273 LSC.

9 Así, el art. 93.e) LSCCan establece que es causa legal de disolución "La reducción de la cifra del capital social por debajo de lo mínimo establecido estatutariamente si no se restituye en el plazo de un año o no se procede conforme dispone el apartado 4 del artículo 63 de esta ley".

la persona socia, sino un derecho a su liquidación. Tampoco se permite la distribución de retornos en un ejercicio con pérdidas, pues las pérdidas no compensadas con cargo a fondos se satisfacen por las personas socias mediante deducciones en sus aportaciones al capital, que han de respetar la aportación obligatoria mínima para ser persona socia (arts. 15.1.g), 23.4 y 76.2.c) LSCCan)[10]. Quizá por ello la normativa contable afirma que el capital social de las cooperativas presenta como características básicas: "*a) Su carácter de permanencia o estabilidad, de forma que su reembolso o reducción está sometido a una serie de limitaciones impuestas por la ley y los estatutos de la sociedad cooperativa; b) Está afecto a la actividad de la sociedad y, por tanto, a la absorción de las posibles pérdidas sociales, en la forma establecida por la ley; c) Actúa como garantía de los acreedores sociales; d) Su disponibilidad está sometida, con carácter general, a una serie de limitaciones y requisitos legales de forma que, en la liquidación de la sociedad, los titulares se sitúan, con respecto al reembolso de los fondos propios que les correspondan, detrás de todos los acreedores comunes.*"[11].

3. Los principios informadores del capital social

De las concretas normas legales que pretenden tutelar estas tres funciones del capital social, la doctrina mercantilista ha deducido unos principios informadores u ordenadores del capital social, que son: principio de determinación, de correspondencia, de suscripción plena y desembolso, de capital mínimo y de estabilidad. A estos principios formulados en relación con las sociedades de capital, en sede de cooperativas, hay que añadir el principio de capital variable. Veamos, brevemente, cómo se recogen tales principios en la LSCCan[12].

---

10 Otra medida ordenada a la protección del capital real es la obligación de desembolsar, al menos, el 25% de la aportación obligatoria mínima al capital social para ser persona socia, y la de fijar para el resto un plazo de desembolso no superior a cuatro años (art. 64.1 LSCCan).

11 *Véase* el punto 7 de la Introducción de la Orden EHA/3360/2010, de 21 de diciembre, por la que se aprueban las normas sobre los aspectos contables de las sociedades cooperativas (ONACC), donde se añade que "*Además, el capital social cooperativo reúne los siguientes aspectos específicos: a) No sirve, con carácter general, para estructurar el derecho de voto. b) No se utiliza como base de reparto de beneficios e imputación de pérdidas. Con carácter general, el resultado se distribuye en función de la participación de cada socio en la actividad cooperativizada.*".

12 Sobre esta cuestión, con más detalle, *véase:* Vargas Vasserot, C./Gadea Soler, E./ Sacristán Bergia, F., *Derecho de las sociedades cooperativas. Régimen económico, cit.*, pp. 26-31; Vargas Vasserot, C., "El capital social y otras formas de financiación de la

El *principio de determinación* exige que el capital social sea una cifra única expresada en los estatutos sociales. Como consecuencia del principio cooperativo de puertas abiertas, este principio se cumple solo en cierto grado. Primero, porque en los estatutos no figura, por su carácter variable, el capital social real (equivalente a la suma de las aportaciones de tal naturaleza realizadas por las personas socias) sino la cifra del capital social mínimo fijada libremente por las personas socias (art. 15.1.f) LSCCan) y, en segundo término, porque si bien el capital social real o suscrito debe estar contablemente determinado (arts. 63.1 y 3 y 64.1 LSCCan), a efectos contables "*se calificará como patrimonio neto, en particular, como fondos propios, como un instrumento financiero compuesto, o como pasivo*", en función de las características que presenten las aportaciones al capital de acuerdo con los estatutos (arts. 63.1.a) y b) y 67.3 LSCCan)[13].

El *principio de correspondencia mínima* o *de integridad* del capital social responde a la necesidad de preservar su función de garantía o de retención del activo ante la limitación de la responsabilidad de la persona socia por las deudas sociales a su aportación al capital social (art. 25.2 LSCCan). Este principio de correspondencia relativa entre capital social y patrimonio neto se encuentra subyacente en distintos preceptos de la LSCCan, tales como aquellos que regulan: la exclusión implícita de las aportaciones al capital consistentes en el trabajo de la persona socia; la valoración y régimen de entrega, saneamiento y transmisión de riesgos de las aportaciones no dinerarias (art. 63.3)[14]; la obligación de que el CSME esté totalmente desembolsado (arts. 14.1.f) y 63.2); la obligación de desembolso de, al menos, el 25% de las aportaciones obligatorias en el momento de la suscripción (art.

---

cooperativa", en AA.VV., *Retos y oportunidades de las sociedades cooperativas andaluzas ante su nuevo marco* legal (Dirs. Morillas Jarillo, Mª J./Vargas Vasserot, c.), Dykinson, Madrid, 2017, pp. 367-372.

13 Norma Segunda.1.1.2 de la ONACC. La Disposición adicional única de esta Orden nos recuerda que, a efectos mercantiles, el capital social cooperativo, independientemente de que haya sido clasificado como fondos propios o como pasivo de acuerdo con lo dispuesto en la propia ONACC, "*será el emitido como tal*" de acuerdo con lo previsto por la ley de cooperativas que sea aplicable.

14 Las aportaciones no dinerarias solo son posibles si así se prevé en los estatutos o lo acuerda la asamblea general. No se exige acreditar ante notario la realidad de las aportaciones dinerarias (como sí se impone en otras leyes de cooperativas; *v.gr.*, art. 70.3 LCCat), ni tampoco que las personas socias fundadoras manifiesten en la escritura de constitución que responderán solidariamente frente a la sociedad y frente a los acreedores sociales de la realidad de estas, como se establece en el art. 62.2 LSC.

64.1); la obligación de desembolso íntegro de las aportaciones voluntarias (art. 66.2); la remuneración de las aportaciones al capital condicionada a la existencia en el ejercicio económico de resultados positivos (art. 67.2 LSCCan); la obligación de reducir el capital social si, como consecuencia de reembolsos o por imputación de pérdidas, se sitúa por debajo del CSME (art. 63.4); el otorgamiento a las personas acreedoras de la cooperativa del derecho a oponerse a la ejecución del acuerdo de reducción del capital motivada por reembolsos de las aportaciones, mientras sus créditos no son satisfechos o la cooperativa no presta garantías (art. 63.4 LSCCan); la disolución de la cooperativa por reducción del capital social por debajo del CSME (art. 93.e)); la necesidad de dotar el FRO en la forma legalmente establecida (arts. 75.1 y 2 y 77.1); y la prohibición de reparto de los excedentes cooperativos y de los beneficios extracooperativos y extraordinarios hasta que no se hayan cubierto las pérdidas de anteriores ejercicios (art. 75.1 y 2) [15].

El tercer *principio de suscripción plena y desembolso* está íntimamente conectado con el anterior, y en el ámbito de las cooperativas canarias se predica respecto del capital mínimo estatutario, que necesariamente ha de estar íntegramente suscrito y desembolsado por las personas socias en el momento de la constitución o en el posterior que se acuerde su aumento (art. 63.2 LSCCan). Igual se dispone para las aportaciones voluntarias, mientras que se admite el desembolso parcial del resto de las aportaciones obligatorias (arts. 64.1 y 66.2 LSCCan), como con más detalle se analizará *infra* en el epígrafe III. Por tanto, el capital social mínimo que figure en los estatutos tiene que ser coincidente con el resultado de la suma de los desembolsos mínimos efectuados por todas las personas socias respecto de la cuantía de la aportación obligatoria mínima asumida por cada una de ellas para adquirir la condición de persona socia[16].

El *principio de capital mínimo* está recogido en el art. 63.2 LSCCan que, como se ha dicho, no impone un capital legal mínimo para constituir y

---

15 No obstante, frente a otras leyes de cooperativas que imponen el carácter irrepartible del 100% de los fondos del FRO (*v.gr.*, art. 55.1 LCoop), siguiendo lo dispuesto en el art. 84.1 a 4 LCCat, el art. 77.2 y 3 LSCCan permite que en los estatutos se establezca el carácter parcialmente repartible. *Véase* en la doctrina: Paniagua Zurera, M., *La sociedad cooperativa, cit.*, pp. 244 y ss.

16 Así, en relación con la LCoop: Alfonso Sánchez, R./Sánchez García, Mª L., "Capital social, aportaciones y régimen económico", en AA.VV., *Cooperativas de enseñanza. Régimen Jurídico y Económico: Aspectos estratégicos* (Dir. Alfonso Sánchez), Thomson Reuters Aranzadi, Cizur Menor, 2018, p. 334.

funcionar una cooperativa canaria, sumándose así a la opción actualmente minoritaria en nuestra legislación cooperativa de dejar libertad a las personas socias para fijar un capital mínimo estatutario[17]. Este principio está claramente vinculado a la función de garantía del capital social, que, ciertamente, es reducida en la medida en que no se impone un mínimo legal, pero que, al menos en las cooperativas, se encuentra compensada por la obligación legal de la persona socia de participar en la actividad cooperativizada en los términos fijados en los estatutos o acuerdos adoptados por la cooperativa. Del anterior principio resulta la obligación legal de que la cifra de capital mínimo que figure en los estatutos tenga que estar totalmente desembolsada y que su alteración exija acuerdo de la asamblea general de modificación de los estatutos sociales. Acuerdo de modificación que no será necesario cuando el capital desembolsado alcance una cuantía superior al capital social mínimo o estatutario; por ejemplo, porque se han realizado los desembolsos pendientes o por la materialización de nuevas aportaciones al capital social acordadas por la asamblea general.

Varias normas de la LSCCan tienen por objeto garantizar el cumplimiento de este principio de capital mínimo, al tiempo de la constitución de la cooperativa y durante toda su vida; *v.gr.*, arts. 11, 13, 15.1.g), 41.1.a), 63 y 93.e).

Hay que subrayar que, como excepción, la legislación estatal relativa a las cooperativas de crédito, seguros y transportes exige unos capitales sociales legales mínimos, en atención a la magnitud del riesgo financiero que la naturaleza de tales actividades económicas puede generar en la economía y en la sociedad[18].

El *principio de estabilidad*[19] en las cooperativas está particularmente vinculado al principio de capital social mínimo, pues debido al carácter variable del capital social real o contable la estabilidad sólo se puede predicar del

---

17 Para un cuadro comparativo de la situación del principio de capital mínimo en la legislación cooperativa española, *véase*: Olmedo Peralta, E., "Régimen Económico: I. El capital social. Concepto y funciones", en AA.VV., *Tratado de Derecho de Sociedades Cooperativas* (Dir. Peinado Gracia, J.I.), Tomo I, 2ª edición, Tirant lo Blanch, Valencia, 2018, pp. 669-675; Morillas Jarillo, Mª.J./Feliú Rey, M.I., *Curso de Cooperativas, cit.*, pp. 450-452.

18 *Véase* el art. 33 LOSSEAR, el art. 6 LCCr; y el RLOTT.

19 Señala alguna doctrina que no es un principio sino una consecuencia del principio de puertas abiertas: LLobregat Hurtado, Mª.L., "Régimen económico de las cooperativas", *Revista de Derecho de Sociedades*, 1999-2, núm. 13, pp. 190-228, p. 199.

CSML o del CSME. La LSCCan garantiza la estabilidad del CSME impidiendo que se pueda reducir sin cumplir las formalidades exigidas para toda modificación de los estatutos sociales (arts. 16.3, 41.1.a) y 63.4 LSCCan).

Por último, el *principio de capital variable* está conectado con el principio de libre adhesión y baja voluntaria (art. 2.1.a) LSCCan), pero también con la posibilidad de imputar las pérdidas de la cooperativa a las aportaciones de las personas socias al capital social (art. 76.2.c) LSCCan) y con la eventual creación de nuevas aportaciones al capital (arts. 64.2 y 66 LSCCan), todo ello sin necesidad de modificar los estatutos siempre que la fluctuación mantenga el capital material o contable por encima del capital nominal o capital social mínimo estatutario. Tampoco será necesario hacer público al mercado tal variación en el capital social, pero, en línea con otras leyes de cooperativas (art. 45.7 LCoop), si la cooperativa canaria anuncia al público su cifra de capital social, en el anuncio se ha de expresar la fecha a la que está referida y expresar el desembolsado (art. 63.2, párr. 2°)[20].

También cabe advertir que la disminución del capital social material, como consecuencia de la baja de la persona socia, no tiene en la legislación cooperativa actual el automatismo que cabría esperar del principio de puertas abiertas, sino que depende de cómo esté regulado el derecho al reembolso de la aportación al capital en Ley de cooperativas aplicable y en los estatutos de la sociedad. A este respecto, en cuanto a la baja en sí, las cooperativas sometidas a la LSCCan tienen la facultad de condicionar la libertad de salida de la persona socia imponiendo estatutariamente una obligación de preaviso o exigir un compromiso de permanencia mínima (art. 26.1 y 2 LSCCan). Baja de la persona socia que puede no causar ninguna disminución del capital social, bien porque se trata de aportaciones cuyo reembolso puede ser rechazado incondicionalmente por la cooperativa (art. 63.1.b) LSCCan), o bien porque no exista suficiente patrimonio social. También puede suceder que la cantidad liquidada a la persona socia que ha causado baja sea inferior a la cuantía de sus aportaciones al capital social desembolsado, debido a la realización por la cooperativa de las deducciones e imputaciones que permite la Ley y, en su caso, los estatutos o acuerdos sociales adoptados (art. 70.2 LSCCan). En fin, se trata de medidas que la cooperativa puede adoptar, y que contribuyen, a través del reforzamiento de la estabilidad del capital social, a reforzar su solvencia financiera y a poner de relieve que las aportaciones al capital en las cooperativas están plenamente sometidas al riesgo empresarial.

---

[20] En la doctrina, *véase* Paniagua Zurera, M., *La sociedad cooperativa, cit.*, p. 246.

III. APORTACIONES SOCIALES

Bajo el rótulo "De las aportaciones sociales" (arts. 63 a 73), la LSCCan establece el régimen legal tanto de las aportaciones al capital social como de otras posibles aportaciones que no integran el capital social. Nos referimos a las cuotas de ingreso y/o periódicas, a los bienes entregados para la gestión de la cooperativa y a los pagos realizados por las personas socias para la obtención de los servicios cooperativizados, pero también a otros medios de financiación por parte tanto de las personas socias como de terceras personas[21].

1. Aportaciones de las personas socias al capital social

A) Cuestiones generales y criterios de clasificación

Como conocemos, el capital social cooperativo tiene una parte fija y una parte variable. Por debajo de la parte fija o CSME, libremente determinado por las personas socias en los estatutos e integrado por la suma de la aportación obligatoria mínima de cada una de las personas socias, no se puede constituir o funcionar la sociedad cooperativa (arts. 63.2 y 64.1 LSCCan). Pero, en el momento fundacional o en uno posterior (mediante acuerdo de la asamblea general), la cooperativa puede acordar emitir otras aportaciones al capital social obligatorias o voluntarias, que integrarán la parte variable del capital social real o contable, cuya cuantía no figura en los estatutos porque está expuesta a la fluctuación derivada del principio de adhesión voluntaria y abierta, y de la eventual imputación de pérdidas sociales a las personas socias. En todo caso, todas las aportaciones al capital emitidas por la cooperativa, cualquiera que sea su clase y momento en el que se emitan, deben estar suscritas, pues al igual que en las sociedades de capital en sede de sociedades cooperativas también rige el principio de suscripción íntegra o plena del capital social.

A diferencia de las sociedades de capital, respondiendo a los principios cooperativos de estructura democrática y de autonomía e independencia de funcionamiento (art. 2.1 LSCCan), se impone un límite legal máximo

---

21 En esta materia el estudio de referencia es el del prof. Torres Pérez, F.J., *Régimen jurídico de las Aportaciones Sociales en la Sociedad Cooperativa*, Thomson Reuters Aranzadi, Cizur Menor, 2011.

al número de participaciones que puede poseer una persona socia (art. 63.3, párr. 8º LSCCan)[22]. Se trata de una norma presente en la mayoría de las leyes de cooperativas españolas, pero que a decir de la doctrina no es acertada, pues limita los recursos financieros propios y no incentiva que las personas socias se impliquen financieramente en la cooperativa[23]. En todo caso, en las cooperativas canarias de primer grado, el importe total de las aportaciones obligatorias y voluntarias de titularidad de una persona socia no puede superar un tercio del capital social[24].

Las aportaciones al capital social se pueden clasificar atendiendo a varios criterios. Así, en función de su exigibilidad para quienes sean personas socias en el momento de su emisión por la cooperativa, una primera clasificación es aquella que diferencia entre aportaciones al capital obligatorias y voluntarias. Desde la perspectiva de la exigibilidad de su reembolso o liquidación en caso de baja, se puede diferenciar entre aportaciones reembolsables y aportaciones no reembolsables (art. 63.1 LSCCan). Desde el punto de vista de la naturaleza del bien aportado, la Ley distingue entre aportaciones dinerarias y no dinerarias (art. 63.3, párr. 3º LSCCan). Y en función del momento en el que se emiten por la cooperativa, se puede hablar de aportaciones iniciales o constitutivas y aportaciones nuevas o sucesivas (arts. 64.2 y 66.1 LSCCan).

---

22 Sobre la justificación de este límite, *véase*: Paniagua Zurera, M., *La sociedad cooperativa, cit.*, pp. 255 y ss.

23 *Véase*, en este sentido, Vargas Vasserot, C./Gadea Soler, E./Sacristán Bergia, F., *Derecho de las sociedades cooperativas. Régimen económico, cit.*, pp. 40 y ss. y Morillas Jarillo, Mª.J./Feliú rey, M.I., *Curso de Cooperativas, cit.*, pp. 463-464, que consideran esta exigencia legal una "tradición carente de lógica". Este límite no existe en la LCCat, ni siquiera para las personas socias colaboradoras, con el objetivo de flexibilizar el régimen legal del capital social y con el propósito de incentivar que las personas socias se impliquen financieramente en la cooperativa e incrementar los recursos financieros propios. *Véase*: Costas Comesaña, j., "Capital social, aportaciones y régimen económico", en AA.VV., *Régimen Jurídico de la Sociedades Cooperativas Catalanas* (Dir. Alfonso Sánchez, R.), Atelier, Barcelona, 2020, p. 233.

24 Esta regla impide el control de la sociedad por una sola persona socia, pues el número mínimo para constituir una cooperativa de primer grado son tres personas socias, excepto para las cooperativas de trabajo asociado que se reduce a dos (art. 12 LSCCan). En este caso, el límite a la titularidad de aportaciones se fija en la mitad del capital social. Ninguno de estos límites legales rige cuando las personas socias sean sociedades cooperativas, entidades sin ánimo de lucro o sociedades participadas mayoritariamente por cooperativas, debiendo estar en tal caso a lo que se disponga en los estatutos o acuerde la asamblea general.

A continuación, en primer término, analizamos las aportaciones obligatorias y voluntarias; a seguir, la distinción entre aportaciones con y sin reembolso, en tanto que las aportaciones dinerarias y no dinerarias son objeto de estudio en el epígrafe relativo al contenido de las aportaciones al capital social. Como se podrá apreciar en seguida, no se trata de categorías excluyentes ni de compartimentos estancos, ya que aportaciones al capital que se emiten con una determinada condición (obligatorias o voluntarias, reembolsables o no exigibles) pueden mudar a otra si concurren los presupuestos que exige la Ley[25].

B) Aportaciones obligatorias y voluntarias

a) Aportaciones obligatorias

Desde una perspectiva temporal, la legislación cooperativa permite distinguir tres tipos de aportaciones obligatorias al capital social cooperativo: la aportación obligatoria mínima para adquirir la condición de persona socia fundadora; la aportación obligatoria mínima para las nuevas personas socias; y las aportaciones obligatorias sucesivas o sobrevenidas[26].

La cuantía de la "*aportación obligatoria mínima*" inicial al capital social o para adquirir la condición de persona socia-fundadora se tiene que "fijar" en los estatutos de la cooperativa. Tal cuantía se debe desembolsar, al menos en un 25%, en el momento de la suscripción, siempre que tal desembolso parcial garantice que se halle desembolsado íntegramente el CSME (arts. 15.1.g) y 64.1 LSCCan). Compete a la asamblea general fijar la cuantía de la aportación obligatoria mínima al capital social de las nuevas personas socias, así como las condiciones y plazos para hacer el desembolso, respetando los criterios que a tal efecto señalen los estatutos (art. 15.1.g) LSCCan). En todo caso, tales criterios estatutarios, con el objeto de garantizar una cierta paridad de trato en esta materia entre las actuales y las nuevas personas socias, así como evitar la imposición de restricciones

---

25 Esta permeabilidad entre una y otra clase de aportaciones al capital es una constante en todas las leyes de cooperativas. Para una visión global, *véase*: Morillas Jarillo, MªJ./Feliú Rey, M.I., *Curso de cooperativas, cit.*, pp. 485-487.

26 *Véase*: Torres Pérez, F.J., *Régimen jurídico, cit.*, pp. 80-95; Alfonso Sánchez, R./Sánchez García, Mª.L, "Capital social", *cit.*, pp. 337 y ss.; Pendón Meléndez, M.A., "Régimen Económico: II. El capital social. Aportaciones al capital social", en AA.VV., *Tratado de Derecho de Sociedades Cooperativas* (Dir. Peinado Gracia, J.I.), Tomo I, 2ª edición, Tirant lo Blanch, Valencia, 2018, pp. 718-723.

injustificadas al principio de libre adhesión[27], tienen que garantizar que el importe de la aportación obligatoria mínima de las nuevas personas socias no podrá superar para cada clase de persona socia el valor actualizado que resulte de aplicar el índice de precios al consumo de cada año a la aportación más elevada dentro de cada clase de persona socia que exista en la cooperativa (art. 65.1 LSCCan)[28].

Con el objeto de reforzar la estabilidad del capital social e incentivar la suscripción de aportaciones al capital sin derecho al reembolso, la LSCCan prevé que en los estatutos de la cooperativa se pueda establecer que las aportaciones obligatorias mínimas de las nuevas personas socias se tengan que hacer efectivas, preferentemente, mediante la adquisición (por la nueva persona socia) de aportaciones al capital social pertenecientes a personas socias titulares de aportaciones no exigibles cuyo reembolso fue rechazado por el órgano de administración (art. 65.3 LSCCan).

La cuantía de la aportación obligatoria mínima (inicial y sucesivas) puede ser igual para todas las personas socias[29] o distinta en función de dos criterios: según la clase de persona socia a la que pertenezca o en proporción a la actividad cooperativizada desarrollada o comprometida por cada persona socia[30] (arts. 15.1.j) y 64.1 LSCCan)[31]; diferencia de trato que

---

27 En este sentido, *véase* la sentencia del TS, Sala de lo Contencioso, sección 4ª, de 25-01-2000 (Id Cendoj: 28079130042000100237). Vargas Vasserot, C./Gadea Soler, E./Sacristán Bergia, F., *Derecho de las sociedades cooperativas. Régimen económico, cit.*, pp. 41 y ss. Si la *ratio legis* de estos límites a la autonomía de la voluntad de la asamblea general es la apuntada, cabe sostener que también son de obligado cumplimiento al fijar los criterios en los estatutos.

28 De acuerdo con lo que dispone el art. 22.3 LSCCan, no parece que esta restricción se aplique a las nuevas personas socias colaboradoras.

29 No obstante, legalmente, la cuantía de las aportaciones obligatorias al capital social (inicial y sucesivas) de la persona socia temporal no puede exceder del 50 % de la exigida a las personas socias admitidas con carácter indefinido (art. 20.2 LSCCan). Igual norma contiene el art 27.4 LCCat.

30 En este último caso, los estatutos no podrán "*fijar*" la cuantía sino los criterios que permitan su determinación conforme al compromiso de participación en la actividad cooperativizada adquirido por cada persona socia. En relación con las cooperativas de explotación comunitaria de la tierra, el art. 124.1 LSCCan dispone: "*Los estatutos fijarán la aportación obligatoria mínima al capital social para ser persona socia, distinguiendo la que ha de realizar en su condición de cedente del disfrute de bienes y en la de persona socia trabajadora*".

31 El art. 55.4 LSCAnd, de forma expresa, también permite diferenciar la cuantía de la aportación obligatoria mínima en función de la naturaleza física o jurídica de

responde al principio de justicia y al propio principio de paridad de trato entre iguales.

Además de las aportaciones obligatorias mínimas iniciales y sucesivas, mediante acuerdo de la asamblea general, la cooperativa puede decidir la emisión de nuevas aportaciones obligatorias al capital social, cuando las necesidades financieras de la cooperativa lo exijan o aconsejen[32]. Este acuerdo implica un incremento del capital social contable, al que obligatoriamente tiene que acudir la persona socia y solo ella (los terceros no pueden participar), constituyendo una singularidad de las cooperativas que deriva de su carácter personalista y de la configuración de la participación de la persona socia en la actividad cooperativizada como un derecho y una obligación. Para adoptar este acuerdo no se exige el consentimiento individual de cada persona socia, pero sí se condiciona esta forma de autofinanciación a la existencia de un amplio consenso en la cooperativa: el acuerdo social debe contar con el voto favorable de 2/3 partes de los votos presentes y representados en la asamblea general (art. 64.2 LSCCan). Se trata de la mayoría necesaria para modificar los estatutos sociales (art. 41.1.a) LSCCan), lo que se puede considerar razonable en la medida en que se crea una nueva obligación para todos y cada una de las personas socias, con la única excepción de las personas socias colaboradoras[33]. Por ello es igualmente razonable que la LSCCan (al no exigir la unanimidad) configure este acuerdo como causa de baja voluntaria justificada de la per-

---

la persona socia. Los términos imperativos en los que está redactado el art. 64.1 LSCCan impiden que se pueda utilizar este u otros criterios. *Véase* Paniagua Zurera, M., *La sociedad cooperativa, cit.*, p. 248.

32 Si la finalidad real de la imposición de nuevas aportaciones obligatorias fue causar la baja de determinadas personas socias, el acuerdo sería impugnable (art. 44 LSCCan en relación con el art. 31.1 LCoop). En la doctrina, *véase* Torres Pérez, F. J., *Régimen jurídico, cit.*, pp. 86 y ss.; Borjabad Gonzalo, P., *Manual derecho cooperativo,* J.Mª Boch, Barcelona, 1993, p. 132. Destaca la doctrina que este tipo de acuerdos, desde un punto de vista funcional, se asemejan mucho a los acuerdos de aumento de capital de las sociedades de capital: Gadea, E./Sacristán, F./Vargas Vasserot, C., *Régimen jurídico de la sociedad cooperativa del siglo XXI,* Dykinson, Madrid, 2009, p. 352.

33 El art. 22.2.2.2.b) LSCCan dispone que las personas socias colaboradoras no podrán en ningún caso estar obligadas a hacer aportaciones obligatorias al capital social.

sona socia que hubiese salvado expresamente su voto o estuviese ausente o disconforme con el acuerdo de la mayoría (arts. 26.3 y 64.2 LSCCan)[34].

En todo caso, el perjuicio patrimonial que puede suponer para la persona socia realizar una nueva aportación obligatoria al capital social dependerá de su cuantía, y puede resultar minorado tal perjuicio en el supuesto de que la persona socia hubiese desembolsado con anterioridad aportaciones voluntarias al capital social, pues el art. 64.2 LSCCan (también: art. 46.2 LCoop) le concede el derecho a aplicar, en todo o en parte, tales aportaciones voluntarias a atender las nuevas aportaciones obligatorias[35].

El acuerdo de la asamblea debe fijar la cuantía de las nuevas aportaciones obligatorias, el plazo y las condiciones de su desembolso. Estas nuevas y sucesivas aportaciones obligatorias pueden ser iguales o proporcionales según los mismos criterios que fija el legislador canario para la aportación obligatoria mínima. Pero se puede interpretar que para estas aportaciones obligatorias sucesivas la Ley no impone ni un desembolso mínimo[36] ni un plazo máximo para realizar el desembolso pendiente[37]. Ambas circunstancias afectan a la función de garantía del capital social, pero facilitan el objetivo de autofinanciación que está de tras de todo aumento del capital social.

La aportación obligatoria mínima al capital para adquirir la condición de persona socia se tiene que mantener en todo momento. Por ello, si como consecuencia de la imputación de pérdidas de la cooperativa o de la imposición de sanciones económico-disciplinarias, el valor actual de tal

---

34 En la LCCat, la calificación como justificada de esta baja solo se reconoce a la persona socia que hubiese votado en contra e hiciese constar expresamente en el acta de la asamblea su oposición, así como a la persona socia ausente de la asamblea por causa justificada (art. 71.4).

35 Borjabad Gonzalo, P., *Derecho Cooperativo Catalán*, Escuela Universitaria de Estudios Laborales de LLeida, 2005, p. 134, nota a pie 12, pone de manifiesto que este es el único supuesto que se regula en la Ley (también en la vigente LCCat) de aumento de aportaciones obligatorias con cargo a una partida del pasivo.

36 Por el contrario, la LCoop expresamente dispone que toda aportación obligatoria (mínima y sucesivas) tiene que estar desembolsada, al menos, en el 25% de su importe en el momento de la suscripción (art. 46.3). Para una comparativa de todas las leyes de cooperativas: Olmedo Peralta, E., OlmeOl"Régimen Económico", *cit.*, pp. 669-675.

37 Sí establecen plazo, siguiendo a la LSC, otras leyes autonómicas de cooperativas: *Véase* una comparativa en: Olmedo Peralta, E., "Régimen Económico", *cit.*, pp. 669-675.

aportación al capital social cooperativo fuese inferior al importe fijado para ser y mantenerse como persona socia, el órgano de administración puede requerirle para que realice la aportación necesaria al capital (art. 64.3 LSCCan). El incumplimiento de este requerimiento en la forma y plazo indicado por el órgano de administración situaría a la persona socia requerida en causa de baja obligatoria (art. 27.1 LSCCan).

b) Aportaciones voluntarias

Este tipo de aportaciones al capital social constituyen un instrumento de autofinanciación complementario a las aportaciones obligatorias, respecto de las cuales no son necesarias para adquirir ni para conservar la condición de persona socia. No obstante, con aquellas comparte que forman parte del capital social cooperativo. El atractivo de este tipo de aportaciones radica en el eventual derecho a percibir una remuneración superior a la de las aportaciones obligatorias, cuestión que abordamos *infra* en el epígrafe relativo a la remuneración de las aportaciones. En la práctica, es un instrumento de financiación poco utilizado, al que las cooperativas acuden cuando no existe en la asamblea general una mayoría suficiente para aprobar la emisión de aportaciones obligatorias[38].

El calificativo de voluntarias no debe conducir a engaño. En primer lugar, porque su realización o desembolso requiere del consentimiento de la persona socia, pero también de la cooperativa mediante la adopción por la asamblea general del acuerdo de "*admisión*" (art. 66.1 LSCCan)[39]. En segundo término, una vez que la persona socia, voluntariamente se compromete a realizar la aportación voluntaria, adquiere la obligación social de

---

[38] Así: Fajardo García, I. G., "O réxime económico da sociedade", en aa.vv., *Estudios sobre a Lei de Cooperativas de Galicia* (Coords. Gómez Segade/Botana Agra/ Fernández-albor Baltar/Tato Plaza), EGAP, Santiago de Compostela, 1999, p. 112; Torres Pérez, f.J., *Régimen jurídico, cit.*, pp. 90 y ss. Borjabad Gonzalo, p., *Derecho Cooperativo, cit.*, p. 125, nota a pie 21.

La validez del acuerdo de admisión de aportaciones voluntarias exige la mayoría ordinaria de más de la mitad de los votos válidamente emitidos (art. 46.1 LSCCan), frente a la mayoría de los dos tercios de los votos presentes y representados que precisa la exigencia de nuevas aportaciones obligatorias.

[39] Alfonso Sánchez, R./Sánchez García, Mª.L., "Capital social", *cit.*, p. 342, consideran que nada impide que las aportaciones voluntarias se puedan emitir para ser realizadas por quienes son personas socias al tiempo de tal acuerdo de emisión como por las futuras personas socias al tiempo de materializar su acceso mediante la suscripción de la aportación obligatoria mínima al capital social.

desembolso (en los términos fijados en el acuerdo de admisión) y, al igual que las aportaciones obligatorias, quedan sometidas al riesgo empresarial.

Pero la creación de aportaciones voluntarias también puede ser consecuencia de un acuerdo del órgano de administración, de conversión de aportaciones obligatorias en voluntarias, si así lo ha solicitado la persona socia afectada y siempre y cuando las aportaciones obligatorias se tengan que reducir para adecuarse a la actividad cooperativizada que efectivamente lleve a cabo la persona socia (art. 66.3 LSCCan)[40]. A este respecto, cabe recordar que las aportaciones obligatorias pueden ser distintas para cada persona socia en proporción al compromiso de participación en la actividad cooperativizada.

Por último, la LSCCan guarda silencio ante la posibilidad de que la demanda de suscripción sea superior o inferior a la oferta de aportaciones voluntarias aprobada por la cooperativa. El art. 66.1 se limita a disponer que el acuerdo establecerá la cuantía legal máxima, las condiciones y el plazo de suscripción. Por ello, podría resultar aconsejable que el acuerdo de admisión regule esta cuestión; *v.gr.*, estableciendo un criterio de reparto proporcional a las aportaciones ya realizadas en caso de exceso de demanda (art. 57.1 LCCV), disponiendo que de no haber demanda suficiente el capital social contable quedará incrementado en la cantidad suscrita, o que se podrá ofertar a terceras personas no socias, que, además, suscriban la aportación obligatoria mínima al capital social (arts. 57.2 LCCV y 78.2.II LCC-LM).

C) Aportaciones con y sin derecho de reembolso

El art. 63.1 LSCCan dispone que las aportaciones obligatorias y voluntarias al capital social cooperativo pueden ser: a) aportaciones exigibles, con derecho a reembolso en caso de baja, y b) aportaciones no exigibles, cuya solicitud de reembolso, en caso de baja, podrá ser rehusada incondicionalmente por el órgano de administración.

La admisión y regulación de las aportaciones al capital cuyo reembolso puede ser discrecionalmente rechazado por la cooperativa (aportaciones

---

40 El precepto también contempla la conversión de aportaciones voluntarias en obligatorias. Para un comentario a los problemas que presenta esta norma: Ángel Santos, M., "La Ley 12/2015, de cooperativas de Cataluña (y II)", *Revista de Derecho Mercantil*, núm. 312, 2019, p. 277.

no reembolsables o no exigibles) tiene por objeto evitar las consecuencias negativas que, para las sociedades cooperativas, supuso la incorporación de las normas internacionales de contabilidad al ordenamiento jurídico español[41]. A tal fin, las 18 leyes de cooperativas españolas han dejado en manos de las personas socias la decisión sobre la calificación contable del capital social, pues en los estatutos de la cooperativa, necesariamente, se determinará si las aportaciones al capital social (obligatorias y voluntarias) son o no reembolsables en caso de baja de la persona socia, así como si dan derecho a percibir un interés (arts. 15.1.l) y 70.1 LSCCan). Si las aportaciones (todas o una parte) se configuran estatutariamente como no exigibles[42] y, además, no generan el derecho a percibir una remuneración, contablemente se califican como patrimonio neto (como "fondos propios"). Por el contrario, las aportaciones al capital reembolsables o que, sin serlo, atribuyen a la persona socia el derecho a percibir un interés, contablemente se registrarán como pasivo financiero[43].

Corresponde al órgano de administración de la cooperativa la competencia para rehusar "incondicionalmente" el reembolso de las aportaciones no exigibles; es decir, el órgano de administración puede ejercer esta facultad de forma discrecional, pero sin incurrir en arbitrariedad[44]. Es probable que sea posible limitar esta discrecionalidad, introduciendo en los estatutos hechos o circunstancias que, a modo de justas causas, permitan al órgano de administración rehusar el reembolso inmediato de la

---

41 *Véase,* entre otros: Tato Plaza, A., "Estatuto jurídico del socio cooperativista titular de aportaciones no reembolsables", en aa.vv., *Estudios de Derecho Mercantil. Liber Amicorum Profesor Dr. Francisco Vicent Chuliá* (Dirs. Cuñat Edo, V./Massaguer, J./ Alonso Espinosa, F.J./Gallego Sánchez, E.), Tirant lo Blanch, Valencia, 2013, pp. 743-750; Torres Pérez, F.J., *Régimen jurídico, cit.,* pp. 454-484; Polo Garrido, F./García Pérez de Lema, D., "La reforma contable y la contabilidad de las sociedades cooperativas (I). Su impacto en el balance, delimitación de los fondos propios y el fondo de educación y promoción", en AA.VV., *La Sociedad Cooperativa Europea Domiciliada en España,* (Dir. Alfonso Sánchez, R.), Thomson Aranzadi, Cizur Menor, 2008, pp. 329-360.

42 El art. 63.1 LSCCan dispone que, si los estatutos no establecen la existencia de aportaciones de ambas clases, se entenderá que todas son aportaciones exigibles.

43 *Véase* la Norma Primera.2.1 en relación con la Segunda.1.1.2 de la ONACC.

44 Así lo recuerda de forma expresa el art. 49.1.a) RLSCAnd: "*La facultad atribuida al órgano de administración conforme a lo dispuesto en los artículos 37.2.h) y 60.1 de la Ley 14/2011, de 23 de diciembre, relativa al rehúse incondicional del reintegro de las aportaciones sociales, que se practicará tras la baja de su titular, tiene carácter discrecional, si bien dicho órgano no podrá incurrir al ejercerla en arbitrariedad alguna.*".

aportación al capital, pero esta cláusula estatuaria quizá conllevaría que tales participaciones no se puedan contabilizar como recursos propios de la cooperativa[45].

Igual finalidad de dar estabilidad a todo o parte del capital social tienen las normas previstas en los párrs. 5 y 6 del art. 63.1 LSCCan. En efecto, en el párr. 5 se atribuye a la asamblea general la competencia para acordar, por la mayoría reforzada de los votos necesaria para la modificación de estatutos, la transformación obligatoria de aportaciones exigibles en aportaciones cuyo reembolso, en caso de baja, puede ser incondicionalmente rechazado[46]. En tanto que el núm. 6 del mismo precepto legal faculta al órgano de administración para denegar el reembolso de las aportaciones cuando, durante el ejercicio económico, se haya superado el porcentaje máximo de capital reembolsable establecido en los estatutos sociales[47]. Por tanto, esta previsión estatutaria, de existir, permitirá diferenciar entre "capital reembolsable" (pasivo financiero) y "capital no reembolsable"[48] (fondos propios: Norma Segunda.1.1.2.1.c) ONACC).

El legislador cooperativo es consciente de que el régimen legal de las aportaciones no exigibles es poco atractivo para las personas socias. Por ello

---

45 La eventual actuación arbitraria del órgano de administración supondría una infracción de su deber de diligencia generador de responsabilidad patrimonial (art. 59.2 LSCCan). Sobre esta cuestión, *véase*: Alfonso Sánchez, R./Sánchez García, Mª.L., "Capital social", *cit.*, p. 344 y Vargas Vasserot, C./Gadea Soler, E./Sacristán Bergia, F., *Derecho de las sociedades cooperativas. Régimen económico, cit.*, pp. 65 y ss. Estos últimos autores consideran que debería haberse dejado a la voluntad de las personas socias determinar estatutariamente a qué órgano social (la asamblea general o el consejo rector) le corresponde el ejercicio de este derecho de la cooperativa.

46 El precepto legal también admite la transformación obligatoria inversa.

47 En ambos supuestos, la persona socia disconforme con el acuerdo de transformación o con el acuerdo de la asamblea que establece o modifica el porcentaje estatutario de capital reembolsable en el ejercicio económico, tendrá derecho a solicitar la baja, que se calificará como justificada. Curiosamente, a diferencia del art. 70.8 y 9 LCCat, que establece el mismo concepto de persona socia disconforme para ambos supuestos, la LSCCan establece un concepto de persona socia disconforme más amplio para el supuesto de transformación que el que se dispone para el acuerdo de establecimiento o disminución del porcentaje máximo a reembolsar en cada ejercicio económico.

48 No aclara la Ley si este porcentaje máximo es sobre el capital estatutario o el capital real. Con más detalle, *véase*: Torres Pérez, f.J., *Régimen jurídico, cit.*, pp. 476 y ss. y Vargas Vasserot, C./Gadea Soler, E./Sacristán Bergia, F., *Derecho de las sociedades cooperativas. Régimen económico, cit.*, pp. 66-68.

establece un estatuto jurídico especial para la persona socia titular de este tipo de aportaciones sin derecho de reembolso en caso de baja, caracterizado por un elenco de derechos específicos de naturaleza política y patrimonial[49]. En cuanto a estos últimos[50], el art. 67.3 LSCCan, en primer lugar, dispone que, si la asamblea general acuerda el devengo de intereses para estas aportaciones al capital social o si acuerda el reparto de retornos, las personas socias que hayan causado baja en la cooperativa y cuyo reembolso hubiese sido rehusado por el órgano de administración tendrán preferencia para percibir la remuneración que establezcan los estatutos sociales. En segundo lugar, en el supuesto de que el órgano de administración no rechace el reembolso de la aportación no exigible, el pago se realizará en el plazo fijado por el órgano de administración, que no puede ser superior a cinco años contados desde la fecha en la que aquel acuerde el reembolso (no desde la fecha de la baja), y en orden de antigüedad de las solicitudes o, en su defecto, en orden de antigüedad desde la fecha de la baja (art. 70.3 y 4 LSCCan). En tercer lugar, si la cooperativa entra en periodo de liquidación, se reconoce un derecho de preferencia a favor de los titulares de estas participaciones en la adjudicación del haber social[51]. Por último,

---

49 Son dos: el derecho a causar baja en los dos supuestos señalados en la nota a pie 46 y el derecho a impugnar el acuerdo por el que se deniega el reembolso. *Véase*: Tato Plaza, A., "Estatuto jurídico", *cit.*, pp. 745-747. En el ámbito de la LCCat. los acuerdos de fusión y de escisión no se pueden formalizar hasta que la cooperativa haya garantizado el reembolso de las aportaciones no exigibles de las personas socias que hayan ejercido el derecho de separación (arts. 95.2 y 99.4). No existe esta norma en la LSCCan, que opta por disponer: "*La sociedad cooperativa resultante de la fusión asume la obligación de pagar la liquidación de sus aportaciones a las personas socias que hubieran ejercitado el derecho de separación*" (arts. 89.2 y 92.3).

50 Sobre las cuestiones interpretativas que suscitan estos privilegios, *véase*: Torres Pérez, f.J., *Régimen jurídico, cit.*, pp. 477-484. Entre ellas, destaca la naturaleza del privilegio de remuneración preferente, pues la Ley no aclara si consiste en cobrar antes que los demás o en cobrar más que el resto. En este sentido, Tato Plaza, A., "Estatuto jurídico", *cit.* pp. 747 y ss., criticando que también se reconozca este derecho de preferencia cuando la asamblea acuerde la percepción de retornos. *Véase infra* el epígrafe IV.3.B) relativo al pago del reembolso.

51 El art. 100.2.b) LSCCan dispone: "*Mientras no se reembolsen las aportaciones del artículo 63.1 letra b) de esta ley los titulares que hayan causado baja y solicitado el reembolso participarán en la adjudicación del haber social una vez satisfecho el importe del fondo de educación y promoción y antes del reintegro de las restantes aportaciones a las personas socias*". Vargas Vasserot, C./Gadea Soler, E./Sacristán Bergia, F., *Derecho de las sociedades cooperativas. Régimen económico, cit.*, p. 71, apuntan que esta norma puede comprometer la calificación contable de fondos propios de las aportaciones no reembolsables.

se permite la creación estatutaria de un derecho de transmisión preferente a favor de estas personas socias, en la medida en que los estatutos sociales pueden establecer que las aportaciones al capital de las nuevas personas socias "*deben*" hacerse efectivas preferentemente mediante la adquisición de las aportaciones no exigibles cuyo reembolso hubiese sido solicitado por baja de sus titulares y rechazado por el órgano de administración[52]. En definitiva, estamos ante normas que excepcionan la regulación general con el objetivo de hacer más atractivas este tipo de aportaciones al capital y, al mismo tiempo, desincentivar que la cooperativa tenga un comportamiento arbitrario al adoptar el acuerdo de rehúse del reembolso.

D) Contenido de las aportaciones: Aportaciones dinerarias y no dinerarias

a) Objeto y título de la aportación

De acuerdo con el art. 63.3, párr. 3º LSCCan las aportaciones sociales de las personas socias "*se realizarán en moneda de curso legal. No obstante, si lo prevén los estatutos o lo acuerda la asamblea general, también podrán consistir en bienes y en derechos susceptibles de valoración económica*". En consecuencia, las aportaciones al capital, incluidas las relativas al capital social mínimo, pueden consistir en dinero (aportaciones dinerarias) o en otro tipo de bienes o derechos patrimoniales susceptibles de valoración económica (aportaciones no dinerarias). Pero también se observa una clara preferencia por las aportaciones en dinero, pues la posibilidad de realizar aportaciones no dinerarias está condicionada a la existencia de una previsión *ad hoc* en los estatutos o de un acuerdo de la asamblea (*V.gr.* art. 45.4 LCoop)[53].

---

52 Art. 65.3 LSCCan. Añade este precepto legal que "*Esta adquisición debe producirse por orden de antigüedad de solicitudes de reembolso de este tipo de aportaciones y, en caso de solicitudes de igual fecha, la adquisición debe distribuirse proporcionalmente al importe de las aportaciones.*". Para las CTA, el art. 107.3 LSCCan contiene un supuesto peculiar de adquisición obligatoria de aportaciones no reembolsables: "*En el supuesto de que las personas socias que causen baja obligatoria sean titulares de las aportaciones previstas en el artículo 63.1, letra b), de esta ley y la sociedad cooperativa no acuerde su reembolso inmediato, las personas socias que permanezcan en la misma deberán adquirir estas aportaciones en el plazo máximo de seis meses a partir de la fecha de la baja, en los términos que acuerde la asamblea general.*".

53 Esta preferencia se puede observar en todas las leyes de cooperativas menos en la LCCat (art. 70.1). En la doctrina, por todos, *véase*: Pendón Meléndez, M.A., "Régimen Económico", *cit.*, p. 693.

No existe en la LSCCan ninguna mención expresa, similar a la del art. 58.2 LSC, sobre la prohibición de las aportaciones al capital consistentes en la prestación a favor de la cooperativa del "trabajo o los servicios" de la persona socia. Esta omisión consciente plantea la cuestión de si son factibles este tipo de aportaciones, y la respuesta claramente tiene que ser negativa, cualquiera que sea la Ley de cooperativas aplicable, por cuanto vulneraría el principio de integridad del capital que tutela su función de garantía frente a terceros[54].

Se omite en la LSCCan toda referencia al título jurídico en virtud del cual la persona socia se compromete a realizar la aportación suscrita al capital cooperativo, cuando cabe que se realice a título de dominio o de simple uso, cuanto menos las aportaciones no dinerarias. En relación con estas últimas, la Ley se limita a establecer que en la escritura de constitución de la cooperativa se expresará el "*valor asignado a las aportaciones no dinerarias, haciendo constar sus datos registrales si existieren, con detalle de las realizadas por las distintas personas promotoras*" (art. 14.1.e) LSCCan). Por tanto, en la práctica, en la escritura de constitución o de aumento de capital constará normalmente el título jurídico, pero, de no ser así, habrá que aplicar analógicamente la presunción que establece el art. 60 LSC a favor de la transmisión a título de dominio[55]. Presunción legal que también cabe inducir de la remisión que el propio art. 63.3, párr. 5 LSCCan realiza al art. 64 LSC en materia de entrega, saneamiento por evicción y de transmisión de riesgos por el bien o derecho aportado.

---

54 Esta es la opinión unánime de la doctrina; por todos, *véase*: Torres Pérez, F.J., *Régimen jurídico, cit.*, p. 64. Participa de esta opinión la SAP de Murcia, sección 4, de 12-4-2018 (Id Cendoj: 30030370042018100262), al sostener que los trabajos realizados por las personas socias promotoras para poner en marcha una cooperativa de enseñanza no es susceptible de ser aportado en concepto de aportación in natura al capital social. Para un atinado comentario a esta sentencia, *véase*: Fernández Carballo-Calero, P.I., "En torno a la calificación de los trabajos realizados por los cooperativistas como aportaciones al capital social", *Revista de Derecho de Sociedades*, nº 55, 2019, pp. 305-316.

55 A igual conclusión nos conduce el texto de los párrs. 6º y 7º del art. 63.3 LSCCan: "*Las aportaciones no dinerarias no producen los efectos de cesión o traspaso, ni aun a los efectos de la Ley de Arrendamientos Urbanos o Rústicos, sino que la sociedad cooperativa es continuadora de la titularidad del bien o derecho. Lo mismo se entiende respecto de nombres comerciales, marcas, patentes y cualesquiera otros títulos y derechos que constituyesen aportaciones a capital social. Si la aportación consiste en un derecho, la persona socia aportante responderá de su legitimidad y de la solvencia de la persona deudora si es de crédito*".

b) Aportaciones dinerarias

Como acabamos de observar, las aportaciones al capital social consistentes en dinero deben serlo en “moneda de curso legal” (art. 63.1 LSCCan y art. 45.4 LCoop)[56]. A diferencia de otras leyes de cooperativas, la LSCCan no dispone en qué moneda tiene que estar expresado el capital social de la cooperativa, pero siguiendo lo establecido para las sociedades de capital, diremos que el importe de las aportaciones dinerarias se determinará en euros y, de establecerse en otra moneda, se determinará su equivalencia en euros (art. 61 LSC)[57].

Las aportaciones en dinero facilitan la comprobación del cumplimiento de la obligación de suscripción y desembolso por la persona socia y, sobre todo, evita el riesgo de infravaloración que presentan las aportaciones no dinerarias. La única precaución que hay que adoptar con estas aportaciones tiene que ver con la realidad de su aportación a la cooperativa, pero la LSCCan -como otras muchas leyes de cooperativas- guarda silencio acerca de cómo se ha de acreditar la entrega del dinero[58]. En la práctica, se suele establecer un sistema de acreditación por el notario que interviene en la escritura de constitución o de aumento del capital social, mediante la entrega por la persona socia de la cantidad comprometida o de la certificación bancaria del depósito realizado a favor de la cooperativa y emitida por la entidad financiera correspondiente[59].

---

56 Por tanto, queda descartado que las aportaciones dinerarias puedan consistir en otro tipo de instrumento de pago distinto al dinero, como la letra de cambio, el cheque o monedas virtuales. Al respecto, *véase*: Torres Pérez, F.J., *Régimen jurídico, cit.*, pp. 51-52.

57 En este sentido y con mayor detalle, *véase*: Torres Pérez, f. J., *Régimen jurídico, cit.*, pp. 52-54.

58 En realidad el art. 14.1.d) LSCCan hace referencia a cómo se han de acreditar las aportaciones dinerarias iniciales y mínimas para adquirir la condición de persona socia, pues dispone que en la escritura de constitución conste la “*Acreditación por las personas otorgantes de haber suscrito la aportación obligatoria mínima al capital social para ser persona socia y de haberla desembolsado, al menos, en la proporción exigida estatutariamente mediante certificación del depósito a nombre de la cooperativa, en una entidad financiera, de las correspondientes cantidades*”. Tal como está redactada la norma pareciera que el CSME solo puede estar integrado por aportaciones dinerarias, pero el art. 63.3, párr. 2 no permite tal lectura.

59 Este es el caso de la LCCat, pues en el art. 70.3 dispone “*Si la aportación del capital social mínimo es dineraria, el desembolso debe acreditarse ante el notario que otorgue la escritura pública de constitución, mediante la certificación del depósito emitida por la entidad*

c) Aportaciones no dinerarias

Hemos señalado que el párr. 2º del art. 63.3 LSCCan impone que las aportaciones *in natura* consistirán en bienes o derechos "*patrimoniales susceptibles de valoración económica*". Este requisito de la patrimonialidad presupone que el bien o derecho es valorable conforme a criterios objetivos y es susceptible de ser cambiado por dinero (art. 134.2 RRM). Además, aunque la LSCCan no lo exprese, ese bien o derecho ha de poder figurar en el balance y debe poder ser objeto de ejecución o transmisión[60].

Al objeto de garantizar la realidad e idoneidad de la aportación (y, con ello, de su efectiva integración en el patrimonio de la cooperativa), se exige que en la escritura pública de constitución de la cooperativa (en su caso, de aumento de capital) se expresará el "*valor asignado a las aportaciones no dinerarias, haciendo constar sus datos registrales si existieren, con detalle de las realizadas por las distintas personas promotoras*" (art. 14.1.e) LSCCan). De tal disposición normativa se debe deducir que el notario que autoriza la escritura de constitución apreciará la suficiencia y la idoneidad del bien o derecho patrimonial aportado o comprometido por la persona socia[61].

En lo que hace al valor atribuido al bien o derecho, concurre aquí la preocupación por la existencia de una sobrevaloración que afecte al principio de correspondencia relativa entre capital y patrimonio social en perjuicio de terceros, dada la ausencia de responsabilidad personal de las personas socias por las deudas sociales. A tal efecto, el art. 63.3, párr. 2º LSCCan dispone que el órgano de administración designará a uno o varios expertos independientes para que elaboren un informe sobre las características y el valor de la aportación *in natura* y los criterios utilizados para el cálculo. Y elaborado este informe, el órgano de administración "*deberá fijar*" la valoración del bien o derecho aportado al capital por la persona socia[62], respon-

---

correspondiente. También es necesaria dicha acreditación en caso de que aumente el capital social mínimo".

60 Para un mayor detalle de qué tipo de bienes y derechos patrimoniales son susceptibles de aportación: Torres Pérez, f.J., *Régimen jurídico, cit.*, pp. 59-64. Para un comentario a la dudosa práctica observada en la constitución de cooperativas de enseñanza en relación con la valoración del proyecto educativo como aportación no dineraria, *véase:* Alfonso Sánchez, R./Sánchez García, Mª.L., "Capital social", *cit.*, pp. 346-348.

61 *Véase,* Pendón Meléndez, M.A., "Régimen Económico", *cit.* p. 604.

62 Esta norma presupone que la cooperativa está formalmente constituida, por ello en el párr. 5º dispone que cuando "*se trate de aportaciones iniciales, una vez constituido*

diendo -a modo de sanción- solidariamente todos sus miembros durante cinco años de la realidad de estas aportaciones y del valor que se les haya atribuido[63]. Sigue aquí el legislador canario a la LCoop (art. 45.4), frente al sistema todavía menos garantista dispuesto por el art. 70.5 LCCat, donde la responsabilidad del órgano de administración por la realidad y valoración del bien o derecho aportado solo nace si la valoración de las aportaciones no dinerarias no se ha sometido a informe de una persona experta independiente, que, por tanto, es facultativo y no obligatorio como en la LSCCan.[64]

Finalmente, en cuanto a las obligaciones de entrega de la aportación no dineraria y de saneamiento por evicción y vicios ocultos, así como en relación con la transmisión de riesgos, siguiendo lo que es habitual en nuestra legislación cooperativa, la LSCCan establece el régimen de la LSC. Así, si el objeto de la aportación es un derecho, la persona socia aportante responderá de su legitimidad, y de la solvencia de la persona deudora si es un derecho de crédito (*véase* el art. 65 LSC). Si la aportación consiste en un bien mueble o inmueble, la entrega, saneamiento y transmisión de riesgos queda sujeto a lo que dispone el art. 64 LSC para las sociedades de capital, que consiste en declarar aplicables las reglas del contrato de compraventa civil respecto de las obligaciones de entrega y de saneamiento (arts. 1462-1499 C.c.), y las de la compraventa mercantil respecto de la transmisión del riesgo (arts. 331 y 333 C. de c.). Si lo aportado por la persona socia es una empresa o establecimiento, de acuerdo con el art. 66 LSC, habrá que entender que la persona socia aportante quedará obligada al saneamiento de su conjunto, si el vicio o la evicción afectan a la totalidad o a alguno de los elementos esenciales para su normal explotación, y al saneamiento individualizado de aquellos elementos que sean de importancia para su valor patrimonial[65].

---

el órgano de administración deberá ratificar la valoración asignada en la forma establecida en el párrafo anterior".

63 En el párr. 3º se añade que "*si los estatutos lo establecieran la valoración realizada por el órgano de administración deberá ser ratificada por la primera asamblea general que se celebre tras la valoración*".

64 Para una crítica a esta regulación, que se extiende a otras leyes de cooperativas, *véase*: Pendón Meléndez, M.A., "Régimen Económico", *cit.*, p. 706. Para un mayor detalle, *véase*: Torres Pérez, F.J., *Régimen jurídico, cit.*, pp. 68-74. Para un comentario al art. 70.5 LCCat., *véase* Costas Comesaña, j., "Capital social", *cit.*, pp. 242-243.

65 En el párr. 6º, el art. 63.3 LSCCan, tomando literalmente el texto del art. 45.5 LCoop, aclara que la cooperativa es continuadora en la titularidad del bien o

E) El desembolso de las aportaciones

La suscripción debe ser íntegra pero el desembolso de las aportaciones al capital social puede ser total o parcial, sin que exista en la LSCCan (tampoco en otras leyes de cooperativas) una regulación unitaria de la obligación de desembolso para las distintas clases de aportaciones al capital social[66].

En el momento de la suscripción de la aportación obligatoria mínima, la persona socia debe desembolsar, al menos, el 25% de su cuantía o valor nominal, y el resto en el plazo y la forma que se haya establecido en los estatutos o por la asamblea general[67]. No obstante, matiza la ley que este desembolso parcial no puede afectar al CSME, que ha de estar totalmente suscrito y desembolsado (arts.14.1.f), 63.2 y 64.1 LSCCan); por tanto, por esta razón, puede ser que el desembolso al tiempo de la suscripción tenga que ser mayor o incluso íntegro[68].

En relación con las aportaciones obligatorias posteriores o sobrevenidas, la LSCCan dispone que el acuerdo de aumento del capital social adoptado por la asamblea general debe fijar la cuantía de las nuevas aportaciones obligatorias, el plazo y las condiciones de su desembolso por las personas socias. En la medida en que este tipo de aportaciones se regulan en un precepto distinto a las iniciales u originarias, el silencio del art. 64.2 LSCCan invitaría a afirmar que no se impone un desembolso mínimo para las aportaciones obligatorias posteriores a la constitución de la cooperativa, pero esta conclusión no parece muy coherente[69].

---

derecho aportado por la persona socia en concepto de capital, porque se subroga directamente en dicha titularidad. Para un comentario más extenso sobre esta materia: Torres Pérez, F.J., *Régimen jurídico, cit.*, pp. 74-80.

66 *Véase* una comparativa en: Olmedo Peralta, E., "Régimen Económico", *cit.*, pp. 669-675. Para un comentario crítico con la variedad regulatoria sobre esta materia en las leyes de cooperativas: Pendón Meléndez, M.A., "Régimen Económico", *cit.*, pp. 724-728. Para un análisis exhaustivo en toda la legislación cooperativa española: Torres Pérez, F.J., *Régimen jurídico, cit.*, pp. 175-215.

67 Considera la doctrina que este desembolso mínimo se predica de todas y cada una de las aportaciones obligatorias mínimas suscritas: Paniagua Zurera, M., *La sociedad cooperativa, cit.*, p. 248.

68 La legislación cooperativa española es muy dispar en relación con el principio de desembolso mínimo; para una comparativa *véase*: Olmedo Peralta, E., "Régimen Económico", *cit.*, pp. 669-675.

69 *V.gr.,* el art. 46.3 LCoop, para todo tipo de aportación obligatoria, dispone que tiene que estar desembolsada, al menos, en el 25% de su importe en el momento

En lo que hace a las aportaciones voluntarias al capital social, siguiendo lo dispuesto en otras leyes de cooperativas (*v.gr.,* art. 47.2 LCoop), la LSCCan impone el desembolso íntegro en el momento de la suscripción, lo que parece razonable atendiendo a la voluntariedad de la aportación[70].

En lo que hace al plazo de desembolso restante o pendiente, la LSCCan se remite a lo que se disponga en los estatutos o en el acuerdo de la asamblea general, ya que el plazo legal de cuatro años se aplica a las aportaciones al capital iniciales o para para adquirir la condición de persona socia (art. 64.1). Esta circunstancia y no imponer un desembolso mínimo para las aportaciones obligatorias sucesivas es una opción de política legislativa que afecta a la función de garantía del capital social, pero facilita el objetivo de autofinanciación que está de tras de todo aumento de capital social.

En todo caso, el incumplimiento del plazo de desembolso de las aportaciones obligatorias al capital social sitúa a la persona socia "*automáticamente en mora*" (art. 64.4 LSCCan); es decir, por el mero vencimiento del plazo, sin necesidad de requerimiento por parte de la cooperativa y de que concurra dolo o culpa en la conducta de la persona socia. No obstante, los efectos de la mora sobre los derechos de la persona socia no son automáticos; no se producen por el mero vencimiento del plazo de desembolso, pues la suspensión en el ejercicio de sus derechos societarios[71] -mientras no regularice su situación- tiene lugar "*a partir del día siguiente*" de recibir el requerimiento extrajudicial de cumplimiento que deberá realizar el órgano de administración. Requerimiento de cumplimiento de la obligación de desembolso que es igualmente necesario para que la cooperativa pueda reclamarle el abono del interés legal y de los daños y perjuicios causados por la morosidad, esta vez sí computados desde el día en que venció el pla-

---

de la suscripción. Igual el art. 71.2 LCCat. Para una comparativa de todas las leyes de cooperativas: Olmedo Peralta, E., "Régimen Económico", *cit.,* pp. 669-675.

70 Por el contrario, el art. 73.1 LCCat admite cualquier desembolso parcial. Como señala Pendón Meléndez, M.A., "Régimen Económico", *cit.*, p. 733, nota a pie 112, el desembolso parcial permite que la cooperativa esté "financiando la aportación voluntaria del socio".

71 Esta suspensión puede afectar tanto a los derechos políticos como económicos, salvo que los estatutos dispongan otra cosa, pero en ningún caso podrá afectar a los derechos de información, a percibir el retorno cooperativo, al devengo de intereses por sus aportaciones al capital social y a la actualización de las aportaciones (art. 31 LSCCan). Para un análisis de la situación en otras leyes autonómicas; *Véase* un análisis de la situación en las distintas leyes en: Pendón Meléndez, M.A., "Régimen Económico", *cit.,* pp. 724-728.

zo de desembolso. El órgano de administración fijará en tal requerimiento extrajudicial un plazo para el desembolso, que de ser incumplido puede causar la expulsión de la persona socia morosa (art. 32 LSCCan), sin perjuicio de que la cooperativa pueda proceder judicialmente contra ella por el incumplimiento de esta obligación societaria.

F) Formas de acreditación de la aportación

Frente a la opción de dejar libertad a la cooperativa para determinar la forma en que se tienen que acreditar las aportaciones al capital social de la cooperativa (art. 45.3 LCoop), la LSCCan impone un único instrumento: "mediante anotaciones contables". Se descarta, pues, la utilización de otras formas de acreditación más tradicionales, como mediante títulos[72] o libretas de participación nominativos (*v.gr.* art. 70.6 LCCat), o mediante fichas o relación nominal de las personas socias (art. 42.1 RLSCAn).

Estas anotaciones contables reflejarán las aportaciones suscritas por la persona socia, las cantidades desembolsadas y las sucesivas variaciones de estas, sin que puedan tener la condición de títulos valores, por cuanto siendo estos últimos instrumentos jurídicos creados para facilitar la transmisión del derecho incorporado no se adecuan a las características de las aportaciones al capital cooperativo[73]. Dada la intangibilidad de la anotación

---

72 No obstante, como excepción, en las cooperativas mixtas, el art. 136.1 LSCCan admite que las aportaciones al capital social estén representadas por medio de títulos o anotaciones en cuenta, que se denominarán partes sociales con voto, sometidas a la legislación reguladora del mercado de valores.

73 De hecho, el art. 3.1.a) del Real Decreto 814/2023, de 8 de noviembre, sobre instrumentos financieros, admisión a negociación, registro de valores negociables e infraestructuras de mercado, expresamente dispone que "*no tendrán la consideración de valores negociables determinados derechos de contenido patrimonial que, por su especial naturaleza, no son susceptibles de tráfico generalizado e impersonal en un mercado financiero, como son, entre otros,* [...] *las aportaciones al capital de las sociedades cooperativas*". No obstante, esta misma norma señala que tienen la consideración de valores negociables las "*acciones de sociedades y otros valores negociables equiparables a las acciones de sociedades*", categoría en la que pueden tener cabida las "*participaciones especiales*" emitidas por las cooperativas (v, gr., art. 53 LCoop) siempre que sean libremente transmisibles, lo que no es el caso de las participaciones especiales emitidas por las cooperativas canarias, que solo se pueden transmitir libremente entre las personas socias. Precisamente, la posibilidad de establecer vía estatutos la libertad de transmisión de la aportación al capital "motiva" que la LCPAs (art. 81) y la LCC-LM (art. 74.5) admitan la acreditación de las aportaciones al capital coo-

en cuenta, la persona socia tiene derecho, cada vez que se efectúen nuevas aportaciones sociales, a que la cooperativa le entregue un extracto de las mismas, así como a examinar en el domicilio social de la cooperativa el "*libro registro de personas socias y sus aportaciones al capital social*" (art. 81.a) LSCCan), lo que hará en presencia de la persona que ostente la secretaría de la cooperativa.

2. Aportaciones que no integran el capital social

Bajo este epígrafe agrupamos varios instrumentos que, funcionalmente, cabe calificar como instrumentos de financiación de la cooperativa con cargo a las personas socias, y que como nota común presentan el hecho de complementar los recursos obtenidos por la cooperativa de manos de las personas socias en la forma de aportaciones al capital social, del que no forman parte estos otros instrumentos de financiación. Pero fuera de esta característica común, presentan notables diferencias entre sí y desde distintas perspectivas; la principal quizá es que algunas de estas aportaciones son exigibles por el inversor a su vencimiento y otras, en la medida en que no son reintegrables, quedan sometidos al riesgo empresarial.

A) Cuotas de ingreso y cuotas periódicas

Siguiendo casi literalmente lo dispuesto en el art. 52 LCoop, las cooperativas canarias pueden establecer cuotas de ingresos y/o periódicas. Ambos tipos de aportaciones sociales pueden ser iguales para todas las personas socias o diferentes en función de la clase de persona socia a la que pertenezca; en función de la naturaleza física o jurídica de la persona socia; o distinta para cada persona socia en proporción a su respectivo compromiso o uso potencial de la actividad cooperativizada (art. 71.1 LSCCan).

Ambas cuotas cumplen funciones diferentes. Mientras que las cuotas de ingreso se usan normalmente para corregir la disminución del coeficiente patrimonio neto / persona socia que se produce con la entrada de nuevas personas socias sin un aumento proporcional del patrimonio social, las cuotas periódicas se suelen utilizar como una suerte de derrama entre

---

perativo mediante título valor, nominativo o al portador. Para una crítica, *Véase*: Pendón Meléndez, M.A., "Régimen Económico", *cit.*, pp. 712-713. Para un análisis exhaustivo de la documentación de las aportaciones al capital, *véase*: Torres Pérez, f. J., *Régimen jurídico, cit.*, pp. 98-122.

las personas socias para hacer frente a gastos y pérdidas de la cooperativa cuando los ingresos derivados de su actividad no son suficientes[74].

Esta distinta función justifica que ambos tipos de cuotas sean compatibles entre sí pese a que presentan características comunes, que en la LSCCan son: a) pueden estar previstas en los estatutos o bien establecerse por acuerdo de la asamblea general; b) consisten en la entrega de una o varias cantidades de dinero; y c) no forman parte del capital social ni son reintegrables tanto cuando la persona socia causa baja como cuando se liquide la cooperativa[75].

En relación con la aportación obligatoria mínima al capital social, la cuota de ingreso cumple una función equiparable, con matices, a la que tienen las primas de emisión de acciones y participaciones sociales en las sociedades de capital. Además, el pago de la cuota de ingreso constituye un requisito para adquirir la condición de persona socia (arts. 20.2 y 23.4 LSCCan)[76]. Precisamente por ello, con el objeto de evitar que este recurso financiero se utilice para establecer barreras injustificadas al principio de puerta abierta, todas las leyes de cooperativas establecen un límite máximo a la cuantía de la cuota de ingreso de las nuevas personas socias, que la LSCCan, en sintonía con otras leyes de cooperativas, lo sitúa en el 25% de las aportaciones obligatorias de las personas socias[77].

---

[74] *Véase* Fajardo García, I.G., "O réxime económico da sociedade", *cit.,* p. 117.

[75] Excepto si en los estatutos se ha establecido el carácter parcialmente repartible del FRO dentro de los límites y condiciones dispuestos por el art. 77.2 LSCCan. En tal caso, el importe de estas cuotas no se podrá contabilizar en el balance como fondos propios sino como pasivo financiero: Norma Tercera.2 letras a) a c) ONACC.

[76] Un grupo de leyes de cooperativas eximen del pago de la cuota de ingreso a los adquirentes de las aportaciones al capital por sucesión *mortis causa* (*v.gr.,* art 63.b) LCG). No es el caso de la LSCCan (art. 69.b), por lo que los herederos, si es el caso, vendrán obligados al pago de la cuota de ingreso para adquirir efectivamente la condición de persona socia.

[77] Hay leyes de cooperativas que utilizan parámetros de referencia o de comparación distintos. Así, la LCCat dispone que la cuantía no puede ser superior a las cuotas de ingreso aportadas por las personas socias antiguas, actualizadas al índice de precios al consumo (art. 76.2). Valenzuela Garach, F.J., "Régimen Económico: III. El capital social. Aportaciones que no forman parte del capital social", en AA.VV., *Tratado de Derecho de Sociedades Cooperativas* (Dir. Peinado Gracia, J.I.), Tomo I, 2ª edición, Tirant lo Blanch, Valencia, 2018, pp. 756 y ss., considera que esta regla es insuficiente porque puede suceder que las personas socias anteriores no hayan pagado cuota de ingreso alguna.

Cuotas de ingreso y periódicas tienen en la LSCCan un destino diferente, pese a que, como hemos dicho, ambas se consideran no reintegrables. Así, mientras que expresamente se dispone que las cuotas de ingreso forman parte del patrimonio de la cooperativa, porque necesariamente se destinarán al FRO (art. 77.1.b) LSCCan), nada dispone la ley sobre el destino de las cuotas periódicas. De acuerdo con el art. 17.2 LRFC las cuotas periódicas son ingresos cooperativos, por lo que tanto se pueden destinar a reservas, como a compensar pérdidas como incluso, a generar excedentes distribuibles entre las personas socias[78].

Como apuntamos antes, las cantidades entregadas por las personas socias en concepto de cuota periódica, en la cantidad y periodicidad que fijen los estatutos o el acuerdo de la asamblea general, se podrán destinar a sufragar tanto gastos (ordinarios y/o extraordinarios) como inversiones; aquellos que la cooperativa haya determinado. A diferencia de la cuota de ingreso, la LSCCan no establece ningún límite a la cuantía de la cuota periódica, que dependerá pues de las necesidades de financiación de la cooperativa.

Por último, la LSCCan no establece las consecuencias derivadas del impago de las cuotas de ingreso y/o periódicas, por lo que es aconsejable que en las normas de disciplina social estatutarias se tipifique esta conducta como infracción, y se establezca la posible consecuencia jurídica (arts. 15.1.m) y 28).

B) La masa de gestión económica

Con esta noción acuñada por la doctrina[79]nos referimos a "*Los bienes de cualquier tipo entregados por las personas socias para la gestión cooperativa y, en general, los pagos para obtener los servicios cooperativizados*" (art. 71.2 LSCCan). Añade este precepto, que estos bienes (dinero, otro tipo de bienes o la prestación de servicios) que integran la masa de gestión económica de la cooperativa no forman del capital social y están sujetos a las condiciones

---

78 Expresamente, el art. 65.2.h) LSCAnd considera las cuotas periódicas "*ingresos cooperativos*" en tanto que las cuotas de ingreso se destinan al FRO (art. 71.1.e) LSCAnd). Fajardo García, I.G., "O réxime económico da sociedade", *cit.*, p. 117, en relación con la LCG, critica que esta falta de regulación del destino de las cuotas periódicas pueda permitir su distribución entre las personas socias.

79 Fajardo García, I.G., *La gestión económica, cit.*, pp. 78-103.

fijadas y contratadas con la sociedad cooperativa. Una norma muy similar a la que contienen, *v.gr.,* los arts. 62.2 LSCAnd y 52.2 LCoop.

Teniendo en cuenta esta regulación, cabe sostener que la LSCCan no establece *ope legis* el carácter inembargable (por los acreedores de la cooperativa) de los bienes aportados por las personas socias en el marco de la actividad cooperativizada[80]. Por consiguiente su integración en el patrimonio de la cooperativa o la permanencia en el de la persona socia aportante dependerá de cómo se haya articulado, en cada caso, la relación jurídico-mutualista que subyace a la participación de la persona socia en la actividad cooperativizada[81]. Esta regulación puede resultar del contrato regulador de las entregas concertado entre la persona socia y la cooperativa, o bien estar fijada en los estatutos, en el reglamento de régimen interno o en los acuerdos que haya adoptado la asamblea general al respecto.

3. Otros instrumentos de financiación de las cooperativas

Con el objeto de facilitar el reforzamiento del carácter empresarial de las cooperativas, la legislación cooperativa pone a disposición de estas sociedades un amplio conjunto de instrumentos de financiación, que se caracteriza por su carácter voluntario, por poder proceder de las personas socias o de terceras personas, y por no integrarse en el capital social cooperativo.

Respondiendo a ese objetivo, la LSCCan regula en el art. 73 las llamadas "*participaciones especiales*" y en el art. 72 "*otras formas de financiación*". En este último precepto legal se agrupan cuatro instrumentos que la cooperativa puede utilizar para obtener financiación de los mercados de capital, y que,

---

80 A diferencia, por ejemplo, de la LCG que expresamente dispone que las entregas (que no los fondos o pagos realizados) "*no integran el patrimonio de la cooperativa y no pueden ser objeto de embargo por los acreedores sociales*" (art. 65.3); es decir, son de titularidad de la persona socia. Otras leyes (art. 83.2 LCC-LM y 64.3 LCCV) afirman que no integran el patrimonio de la cooperativa, pero admiten que en los estatutos se disponga lo contrario. Para una crítica a las leyes de cooperativas, *véase* Paniagua Zurera, M., "La contabilidad social y el depósito de las cuentas anuales aprobadas. La determinación y la aplicación de los resultados económicos y las reservas legales (arts. 64-73 LSCA)", en AA.VV., *Retos y oportunidades de las sociedades cooperativas andaluzas ante su nuevo marco legal* (Dirs. Morillas Jarillo, Mª.J./Vargas Vasserot, C.), Dykinson, Madrid, 2017, pp. 412-418.

81 En este sentido y con mayor profundidad, *véase*: Torres Pérez, f.J., *Régimen jurídico, cit.,* pp. 142-146 y Vargas Vasserot, C./Gadea Soler, E./Sacristán Bergia, F., *Derecho de las sociedades cooperativas. Régimen económico, cit.,* pp.78-83.

con alguna variación, podemos encontrar en toda la legislación cooperativa. Así, en el núm. 1 se reconoce a las cooperativas canarias la capacidad para emitir obligaciones mediante acuerdo de la asamblea general, cuyo régimen de emisión se ajustará a la LSC y que en ningún caso podrán convertirse en aportaciones al capital. En el núm. 2 se dispone que la cooperativa puede acordar, cuando se trate de emisiones en serie[82], la emisión de financiación voluntaria de las personas socias o de terceras personas bajo cualquier modalidad jurídica, en el plazo y con las condiciones que se establezcan en el acuerdo de emisión adoptado por la asamblea general. En el núm. 3, se atribuye también a la asamblea general la competencia para autorizar la emisión de títulos participativos, que podrán tener la consideración de valor mobiliario, a través de los cuales el suscriptor realiza una aportación económica por un tiempo determinado, adquiriendo el derecho a la remuneración correspondiente que, de acuerdo con las condiciones que se establezcan en la emisión, pueden ser en forma de interés fijo, variable o mixto[83]. Mientras que en el núm. 4 se menciona la posibilidad de que la cooperativa celebre contratos de cuentas en participación, de conformidad con lo previsto en la legislación mercantil (arts. 239 a 243 C. de c.).

A diferencia de los recursos financieros del art. 72, el art. 73 LSCCan condiciona la emisión por la cooperativa de participaciones especiales a que los estatutos prevean este tipo de recurso financiero. Si es así, es competencia de la asamblea general (art. 36.1.d) LSCCan) acordar la emisión de este tipo de deuda, que tendrá carácter subordinado, podrá emitirse en serie y podrán suscribir tanto las personas socias como terceras personas. El acuerdo de emisión fijará su vencimiento, que no puede ser inferior a 5 años, teniendo en cuenta que, si el vencimiento no tiene lugar hasta la aprobación de la liquidación de la cooperativa, las participaciones financieras tendrán la consideración de capital social (deuda perpetua subor-

---

82 A diferencia de la LSCCan y otras leyes cooperativas como la LCoop y la LCG, la LCCat no condiciona este instrumento de financiación a que se trate de emisiones en serie.

83 La regulación es bastante flexible, porque deja en manos de la cooperativa que se pueda considerar título valor o no, así como el sistema de remuneración, que no se vincula a los resultados de la cooperativa. Así, pese a que no se exprese que estos títulos participativos pueden ser suscritos tanto por terceras personas como por las personas socias (*v.gr.*, 77.2 LCCat), nada parece impedirlo en el ámbito de la LSCCan. Como tampoco que el acuerdo de emisión establezca el derecho de asistencia de sus titulares a la asamblea general con voz y sin voto, como expresamente admite el art. 54.2 LCoop.

dinada no exigible hasta la liquidación), en tanto que si el vencimiento es anterior no integrarán el capital social. No obstante, se reconoce a la cooperativa la facultad de su reembolso antes del vencimiento (y transcurrido el plazo legal mínimo) sin el consentimiento de los acreedores, siguiendo el procedimiento establecido para la reducción del capital social por restitución de aportaciones (art. 73.1)[84]. Poco más dispone la LSCCan sobre el régimen jurídico de este recurso financiero, salvo limitar la libre transmisibilidad entre las personas socias (art. 73.2), a diferencia de la LCoop que establece que pueden ser libremente transmisibles (art. 53.2).

A modo de conclusión, se podría decir que la regulación cooperativa de todos estos instrumentos de financiación voluntaria es mínima, existiendo un amplio margen a la autonomía de la voluntad, probablemente con la finalidad de que puedan resultar atractivos para captar inversores, si bien dentro de los límites que marque la regulación financiera de aplicación según cuál sea la concreta figura de financiación utilizada, teniendo en cuenta que según la naturaleza del reembolso o la fecha de vencimiento las cantidades invertidas se clasificarán, contablemente, como recurso propio asimilable al capital social o como pasivo financiero (Norma Quinta ONACC)[85].

IV. DERECHOS DE LA PERSONA SOCIA LIGADOS A LA APORTACIÓN

La condición de persona socia se adquiere con la suscrición de la aportación obligatoria al capital social que le corresponda, y su desembolso

---

84 De acuerdo con la Norma 14 de las ONACC las participaciones especiales con vencimiento a la liquidación de la cooperativa y reembolsables contablemente se califican como pasivo financiero, en tanto que si no son reembolsables serán recursos propios.

85 No obstante, estas herramientas financieras apenas se utilizan en la práctica cooperativa, a decir de la doctrina porque el amplio abanico de instrumentos de financiación disponibles y la ausencia de unos perfiles claros entre ellos genera una incertidumbre que penaliza la inversión. Para un análisis en profundidad de la naturaleza y características de cada uno de estos recursos financieros, por todos, *véase*: Torres Pérez, F.J., *Régimen jurídico, cit.*, pp. 146-171 y López Santana, N., "Régimen Económico: IV. El capital social. Otras formas de financiación. La emisión de obligaciones", en AA.VV., *Tratado de Derecho de Sociedades Cooperativas* (Dir. Peinado Gracia, J.I.), Tomo I, 2ª edición, Tirant lo Blanch, Valencia, 2018, pp. 767-785.

en la forma y en los plazos establecidos estatutariamente, así como con el abono, cuando proceda, de la cuota de ingreso (art. 23.4 LSCCan). La condición de persona socia y la aportación comprometida y desembolsada al capital social cooperativo quedará reflejada en "*Libro de registro de personas socias y de aportaciones al capital social*" (art. 81.1.a) LSCCan). Además, las aportaciones al capital estarán acreditadas mediante anotaciones contables, teniendo la persona socia derecho a acceder libremente al libro de registro de aportaciones al capital social (art. 24.3.b) LSCCan).

Como es sabido, con carácter general, la unidad de medida de la mayoría de los derechos y obligaciones asociados a la condición de persona socia no es la aportación al capital social cooperativo, sino la participación real o comprometida por la persona socia en la actividad cooperativizada. No obstante, como consecuencia de la necesidad de incentivar una financiación interna suficiente para el cumplimiento del fin social, históricamente determinados derechos económicos de la persona socia se hayan vinculados a la aportación realizada al capital social. Nos referimos a los derechos a la remuneración, a la actualización y a liquidación de las aportaciones al capital cuando proceda, y a su reembolso en caso de baja. Con excepción de este último derecho, los otros tres tienen la consideración de derechos mínimos de la persona socia en el art. 24.2.e) LSCCan), pero todos ellos tienen carácter relativo o condicionado.

1. Remuneración de las aportaciones al capital

Bajo la rúbrica "*remuneración de las aportaciones*", el art. 67 LSCCan regula el derecho de la persona socia al devengo de intereses por la parte desembolsada de la aportación al capital social. Siguiendo lo que es tradición en el movimiento cooperativo, este derecho patrimonial no tiene naturaleza legal sino estatutaria; son las personas socias, a través de los estatutos, quienes deciden si las aportaciones al capital dan derecho a percibir una remuneración. Los estatutos también han de fijar los criterios de determinación del tipo de interés para las aportaciones obligatorias, en tanto para las aportaciones voluntarias tales criterios o el procedimiento para determinar el tipo de interés será fijado por el acuerdo de admisión adoptado por la asamblea general (art. 67.1 LSCCan).

Este poder de autorregulación está constreñido por el principio cooperativo de retribución limitada del capital social (pero suficiente para atraer y retener el capital necesario para el logro del objeto social), que impide que la remuneración de las aportaciones al capital cooperativo tenga la naturaleza variable e ilimitada propia del derecho al dividendo de las sociedades de capital. De hecho, el carácter limitado y fijo de este "*salario del capital*"[86] se considera uno de los principios configuradores de la sociedad cooperativa, respetado en todas las leyes de cooperativas españolas, que, no obstante, divergen en la cuantía máxima del tipo de interés y en si ese límite es común o distinto según la aportación sea obligatoria o voluntaria, o en función del tipo de persona socia[87]. La LSCCan fija un tipo máximo común para todo tipo aportación y persona socia, pues dispone que el importe de las retribuciones no podrá ser superior "*en ningún caso en más de seis puntos el interés legal del dinero*" (arts. 22.2, 2.1.c) y 67.2 LSCCan)[88], vigente en el momento del abono de la remuneración[89]. Como excepción, al igual que sucede en otras leyes de cooperativas (*v.gr.*, art. 144.c) LCCat) en las cooperativas que tengan la condición de entidad sin ánimo de lucro, el interés devengado no puede superar el interés legal del dinero (Disposición adicional segunda. 2.b LSCCan).

---

86 Expresión que tomamos de Morrillas Jarrillo, Mª.J./Feliú Rey, M.I., *Curso de Cooperativas, cit.*, p. 491. Sobre el principio cooperativo de "*participación económica de los socios*", que desde el XXXI Congreso de la ACI de 1995 engloba el de "*interés por las aportaciones a capital social*", por todos, *véase:* Fajardo García, G.I., "Orientaciones y aplicaciones del principio de participación económica", *CIRIEC-España, Revista Jurídica de Economía Social y Cooperativa,* núm. 27, 2015 (www.ciriec-revistajuridica.es), donde realiza una crítica generalizada a la legislación cooperativa española porque, entre otras razones, "*la remuneración del capital vía intereses no discrimina entre aportaciones obligatorias y voluntarias al capital y su importe máximo excede de lo recomendado, pues no puede considerarse una compensación o un tipo de interés competitivo y no especulativo*".

87 La LSCAnd fija un límite máximo para las personas socias usuarias, y uno mayor para las personas socias inversoras o colaboradoras (art. 57.1).

88 Igual límite se establece en los arts. 48.2 LCoop y 74.1 LCCat. Dentro de este límite legal, corresponde a la asamblea fijar el interés que estime adecuado. De hecho, lo razonable y coherente con el principio cooperativo de participación económica, es que la remuneración por aportaciones obligatorias, si existe, sea limitada en la medida en que son requisito para ser persona socia (son "títulos de afiliación"), mientras que, respondiendo las aportaciones voluntarias al objetivo de obtener autofinanciación adicional, lo razonable es pagar por esta "inversión" un interés limitado, pero a un tipo justo o de mercado. En este sentido: Gómez Aparicio, P., "Algunas consideraciones sobre la remuneración del capital social en las sociedades cooperativas", *REVESCO, Revista de Estudios Cooperativos,* Núm. 72, 2000, p. 90.

89 En este sentido: Torres Pérez, F.J., *Régimen jurídico, cit.*, p. 293.

La mayoría de las leyes de cooperativas españolas, de forma expresa, también limitan la autonomía de la voluntad de la cooperativa condicionando el pago de la remuneración a la existencia de excedentes netos o de reservas de libre disposición previas y suficientes para el pago del interés fijado[90], y así lo dispone el art. 67.2 LSCCan: "*La remuneración de las aportaciones al capital social estará condicionada a la existencia en el ejercicio económico de resultados positivos previos a su reparto, limitándose el importe máximo de las retribuciones al citado resultado positivo*"[91]. Límite que también se aplica al derecho de remuneración preferente que tienen las personas socias titulares de aportaciones no exigibles que hayan causado baja y cuyo reembolso hubiese sido rehusado por la cooperativa (art. 67.3 LSCCan). A los efectos de verificar el cumplimiento de este límite[92], la remuneración devengada por todas las aportaciones al capital social[93] se califica como gasto a los efectos de determinar el excedente neto del ejercicio económico (art. 74.3.b) [94].

---

90 No existe en la LSCCan una norma que obligue a la cooperativa a expresar el cumplimiento de este límite, como la que contiene el art. 48.3 LCoop: "*En la cuenta de resultados se indicará explícitamente el resultado antes de incorporar las remuneraciones a que se ha hecho referencia en los puntos anteriores, y el que se obtiene una vez computadas las mismas.*".

91 No se establece este límite en la LCCat (art. 74.2 LCCat) ni en la LSCAnd, pero en el art. 57.2 de esta última se apunta la posibilidad de suspender el devengo; facultad que desarrolla el art. 45.1 RLSCAnd como sigue: "*La remuneración de las aportaciones podrá supeditarse a la existencia de excedentes netos o reservas de libre disposición suficientes. En cualquier caso, se suspenderá el devengo de intereses por acuerdo del órgano de administración, cuando la cooperativa se encuentre en situación de pérdidas, hasta la celebración de la próxima Asamblea General, que deberá pronunciarse sobre este extremo*". Es decir, se deja a la voluntad de las personas socias el pago de los intereses incluso, si el resultado del ejercicio arroja pérdidas sin compensar, porque, en definitiva, no estamos ante el reparto de excedentes sino ante un gasto en el que incurre la cooperativa por el uso del capital social aportado por las personas socias. Al respecto véase la opinión de Vargas Vasserot, C., "El capital social", *cit.*, p. 384.

92 En algunas leyes autonómicas de cooperativas este condicionamiento solo afecta al pago de intereses por aportaciones obligatorias: arts. 53.2 LSCEx, 58.2 LCCV y 60.2 LCG. De una forma bastante más matizada: art. 79.2 LCC-LM.

93 De acuerdo con la Norma Segunda de la ONACC cuando el pago de la remuneración por la aportación al capital sea exigible por la persona socia, el capital social tendrá la consideración de pasivo financiero. En la doctrina: Alfonso Sánchez, R./ Sánchez García, Mª.L., "Capital social", *cit.*, p. 353.

94 *Véase supra* epígrafe IV.3.B).

En definitiva, la existencia de este límite implica que este derecho de la persona socia también está sometida al riesgo empresarial[95].

2. Actualización de las aportaciones

El art. 24.2.e) LSCCan reconoce como derecho mínimo de la persona socia el derecho a la actualización, cuando proceda, de las aportaciones al capital social. Esta actualización del valor nominal de la aportación al capital presupone que la cooperativa acordó la regularización o actualización de su balance; es decir, de los valores contables de los bienes y derechos de la cooperativa, lo que se ha de hacer "*en los mismos términos y con los mismos beneficios que se establezcan para las sociedades de derecho común*" (art. 68.1 LSCCan). Por tanto, el nacimiento de este clásico derecho de la persona socia a la actualización del valor contable de su aportación al capital está condicionado, por una parte, por las normas generales sobre la regularización de balances de las sociedades, y, por otra parte, por el hecho de que la asamblea general de la cooperativa adopte el acuerdo de acogerse a esa regularización (art. 36.1.c) LSCCan)[96].

Presupuesto que concurren ambos condicionantes, el destino del importe de la plusvalía que pueda resultar del acuerdo de actualización o regularización del balance lo fija la ley: se destinará a "*compensar en primer lugar pérdidas de ejercicios anteriores*". Por tanto, su primer e imperativo destino es proteger los intereses de los acreedores de la cooperativa. Si no existen pérdidas o han sido ya compensadas, el remanente de la plusvalía resultante de la actualización del balance queda a disposición de lo que decida la cooperativa[97], a la que la LSCCan reconoce un amplio margen de actuación. En efecto, el art. 68.2 LSCCan dispone que "*el resto se destinará, en uno o más ejercicios, de acuerdo con lo previsto en los estatutos o, en su defecto, por acuerdo de la asamblea general, a la actualización del valor de las aportaciones al capital social o al incremento de los fondos de reserva, obligatorios o voluntarios, en*

---

95 Paniagua Zurera, M., *La sociedad cooperativa, cit.*, p. 259, señala que el pago de intereses reduce parcialmente los efectos de la inflación sobre el valor nominal de la aportación al capital.

96 A diferencia de otras leyes de cooperativas autonómicas, la LSCCan no prevé la actualización de las aportaciones al capital con cargo a reservas voluntarias repartibles. Para una comparativa, *véase*: Torres Pérez, F.J., *Régimen jurídico, cit.*, pp. 310-313.

97 En otras leyes de cooperativas se impone el destino de un porcentaje mínimo de la plusvalía al FRO; *v.gr.*, arts. 79.2.e) LCCat) y 62.2 LCG.

la proporción que se estime conveniente, respetando en todo caso las limitaciones que en cuanto a disponibilidad establezca la normativa reguladora sobre actualización de balances"[98].

Esta regulación legal permite observar que: 1) la actualización de las aportaciones al capital es uno de los posibles destinos de la plusvalía en poder de por la asamblea general; 2) la actualización comprende tanto las aportaciones obligatorias como las voluntarias, y no se limita legalmente a las efectivamente desembolsadas; 3) no se impone un criterio de actualización, por lo que podrá ser proporcional a la cuantía de la aportación o a partes iguales; y 4) no existe un límite legal al importe máximo de la actualización, ni tampoco se acota el número de ejercicios económicos anteriores que pueden resultar afectados por la actualización[99].

En definitiva, estamos en presencia de un derecho económico de la persona socia de carácter relativo, que nace cuando concurren todas las circunstancias señaladas, y que se materializa en dos momentos temporales[100]: cuando la persona socia se da de baja y cuando en la liquidación de la cooperativa se procede al reparto del patrimonio resultante. Esta naturaleza es congruente con el fundamento teórico de esta figura, clásica y particular del derecho cooperativo, que radica:1) en la ausencia de un derecho de la persona socia a participar en el reparto de la totalidad del patrimonio social resultante de la liquidación de la cooperativa; 2) en evitar diferencias de trato injustificadas entre las personas socias en función de su antigüedad; y 3) en facilitar la capitalización de la sociedad cooperativa[101].

---

98 Para un estudio en profundidad de la disciplina general de la regularización de balance y el destino de la plusvalía resultante en la legislación cooperativa española, por todos, *véase*: Torres Pérez, F.J., *Régimen jurídico, cit.*, pp. 298-310.

99 Fajardo García, G.I., "Orientaciones y aplicaciones", *cit.*, considera que debe ser objeto de crítica que la regulación de las actualizaciones no esté limitada a la depreciación de la inversión en el capital; por ejemplo, referenciando la actualización al IPC como hace alguna ley de cooperativas.

100 Dispone el art. 31.2 LSCCan que la sanción de suspender a la persona socia en sus derechos no puede afectar, entre otros, al derecho a la actualización de su aportación al capital social.

101 Por todos, *véase*: Vargas Vasserot, C./Gadea Soler, E./Sacristán Bergia, F., *Derecho de las sociedades cooperativas. Régimen económico, cit.*, pp. 148-157.

3. Reembolso de las aportaciones

A) Cuestiones generales relativas a la cuota de reembolso o liquidación

Estamos ante un derecho que, en cierto sentido, no corresponde a todas las personas socias sino únicamente a aquella que, siendo titular de aportaciones reembolsables, causa baja en la cooperativa. Por tanto, un derecho que se devenga como consecuencia de la ruptura de la relación jurídico-cooperativa nacida del contrato de sociedad, que genera una situación de potencial conflicto entre los intereses del resto de las personas socias y de la cooperativa, por un lado, y de la persona socia que sale voluntariamente o forzada, por otro. El legislador cooperativo es consciente de este potencial conflicto de intereses, y la legislación quizá debería estar orientada por el principio de conservación de la cooperativa. No obstante, en general, en la legislación cooperativa española se observa una tendencia creciente por favorecer la tutela de los derechos económicos de la persona socia saliente, probablemente con el fin de no desincentivar la autofinanciación de la cooperativa, pero debilitando el principio cooperativo de puerta abierta.

En la LSCCan, el régimen legal del derecho de la persona socia al reembolso de su aportación al capital se establece en el art. 70, dentro del régimen económico, y bajo el rótulo "Reembolso de las aportaciones". Pero como es un derecho ligado a la baja y liquidación de su interés en la cooperativa, sería preciso complementar esa norma con la regulación de la baja de la persona socia, dispersa a lo largo del texto legal; del derecho de separación en el supuesto de transformación, fusión o escisión de la cooperativa (arts. 84.2.b), 89.2 y 92.3 LSCCA); y del derecho a participar en el reparto del haber social de la cooperativa en liquidación. Cuestiones que, sin embargo, son objeto de estudio en otros capítulos de esta obra, a los que nos remitimos.

En todo caso, la lectura de estos preceptos permite apreciar que el legislador canario -y otros legisladores de cooperativas- se refiere indistintamente al derecho de reembolso, a la devolución o la liquidación de las aportaciones al capital de la persona socia. El término más correcto sería el de liquidación[102], pues no se reconoce a la persona socia un derecho al

---

102 En este sentido, al relacionar los derechos mínimos de la persona socia, el art. 24.2.e) LSCCan no utiliza el término reembolso, sino que habla del derecho "*a la liquidación de las aportaciones al capital social*". Sí habla del derecho al reembolso al establecer que los estatutos han de regular este derecho (art. 15.1.l LSCCan).

reintegro de lo que exactamente aportó al capital de la cooperativa. Ello es así porque cuando la persona socia causa baja, además del reembolso, son varios los derechos económicos afectados como consecuencia de la doble condición de persona socia y usuaria. Así, tendrá derecho a percibir el retorno cooperativo que le corresponda en función de su actividad cooperativizada, y el derecho a la parte individualizada de los fondos de reserva voluntarios. Pero también puede suceder que la persona socia que causa baja o se separa tenga otros créditos frente a la cooperativa, tales como los derivados de su participación en la actividad cooperativizada, de los intereses devengados y no abonados, o de la actualización no ejecutada del valor nominal de las aportaciones al capital. Y también es posible que, en este proceso de liquidación de la doble relación jurídica que mantiene la persona socia saliente con la cooperativa, aquella tenga que satisfacer determinadas obligaciones frente a la cooperativa, como pueden ser las derivadas de los eventuales daños y perjuicios causados por el incumplimiento del plazo de preaviso para la baja, o del plazo de permanencia de la cooperativa, como también de las deudas derivadas de su participación en la actividad cooperativizada, o del incumplimiento de cualquier otra obligación que traiga causa de su condición de persona socia (art. 25.1 LSCCan)[103]. Por consiguiente, en el momento de la baja habrá que proceder a la liquidación conjunta o, al menos, a fijar las reglas que permitan liquidar todos los conceptos que conformen la particular «cuota de reembolso o liquidación» de la persona socia que causa baja[104], y que le debería permitir recuperar parte de su teórica participación en el valor real o contable del patrimonio de la cooperativa en el ejercicio económico que se produce la baja.

La regulación legal del derecho de reembolso de las aportaciones al capital se caracteriza en toda la legislación cooperativa por ser bastante restrictiva de la autonomía de la voluntad de las personas socias, pues esta queda limitada al deber de regular en los estatutos el procedimiento para ejercer y pagar este derecho (arts. 15.1.l) y 70.1 LSCAnd). Regulación esta-

---

103 En este sentido, este precepto legal, en el núm. 3, dispone "*No obstante, en caso de baja o expulsión, la persona socia responderá personalmente por las deudas sociales, previa exclusión del haber social, durante cinco años desde la pérdida de la condición de persona socia, por las obligaciones contraídas por la cooperativa con anterioridad a su baja, hasta el importe reembolsado de sus aportaciones al capital social*".

104 Sobre estos otros conceptos que integran la cuota de reembolso de la persona socia, *véase*: Paniagua Zurera, M., *La sociedad cooperativa, cit.*, pp. 262 y ss., y Alfonso Sánchez, R./Sánchez García, Mª.L., "Capital social", *cit.*, pp. 357 y ss.

tutaria que, además, habrá de respetar un conjunto de reglas legales que, en su conjunto, resultan bastante reglamentistas y limitativas en cuestiones de gran relevancia para la fortaleza económico-empresarial de la cooperativa, como podremos observar en los epígrafes siguientes.

Como ya se ha apuntado, el derecho de reembolso no es un «derecho de devolución» de lo exactamente aportado al capital de la sociedad cooperativa, sino un derecho a la liquidación de su valor al tiempo de la baja. En primer término, porque puede suceder que sus aportaciones (todas o parte) al capital social sean de las no exigibles o no reembolsables incondicionadamente por el órgano de administración. En segundo lugar, porque siendo sus aportaciones exigibles o reembolsables, estas (y aquellas) al quedar sometidas al riesgo empresarial pueden haber sido objeto de la imputación de pérdidas o de las deducciones que correspondan por ley y estatutos (pudiendo incluso resultar una cuota de liquidación negativa para la persona socia), pero también de los incrementos o actualizaciones que puedan haberse producido desde que se realizó la aportación. En tercer lugar, porque las aportaciones sociales que la persona socia haya podido realizar y que no integran el capital (cuotas de ingreso y periódicas) no son reembolsables en caso de baja. Por último, como ya hemos señalado, porque puede que la persona socia que causa baja tenga derecho a la liquidación de otros conceptos derivados de su condición de persona socia y usuaria de la actividad cooperativizada.

En consecuencia, en este momento y a seguir, analizamos exclusivamente el derecho de la persona socia que causa baja al reintegro de sus aportaciones al capital social cooperativo; es decir, el reembolso entendido como un derecho individual de la persona socia derivado del principio cooperativo de adhesión voluntaria y abierta, pero también como efecto económico de cualquier otro hecho causante del mismo[105].

---

[105] Por baja voluntaria, obligatoria o disciplinaria por expulsión (arts. 26, 27 y 32 LSCCan); baja por transmisión *inter vivos* o *mortis causa* de todas las aportaciones al capital (art. 69 LSCCan), baja por ejercicio del derecho de separación por la persona socia disconforme con el acuerdo de fusión, escisión o transformación (arts. 84.2.b), 89 y 92.3 LSCCan, respectivamente); y baja por extinción definitiva del puesto de trabajo de la persona socia trabajadora por causas económicas, técnicas, organizativas o de producción o derivadas de fuerza mayor (art. 107 LSCCan).

B) Liquidación y pago del valor de las aportaciones al capital

La baja de la persona socia es el hecho que origina el derecho a la liquidación de las aportaciones realizadas al capital social, siempre que éstas sean exigibles (art. 63.1.a) LSCCan), porque de no serlo tal derecho no surgirá a no ser que el órgano de administración, discrecionalmente, haya acordado el reembolso (art. 63.1.b) LSCCan) LCCat). La titularidad de este derecho corresponde a la persona socia saliente, excepto cuando el hecho causante sea su fallecimiento, en cuyo caso corresponderá a los herederos de la persona socia fallecida, salvo que estos accedan a la condición de personas socias (art. 69.b) LSCCan).

El órgano de administración es el competente para la calificación y determinación de los efectos de la baja de la persona socia, cualquiera que sea el hecho causante (arts. 26 y 27 LSCCan) y, por tanto, para realizar la liquidación del valor de sus aportaciones al capital social cooperativo. A estos efectos, el art. 70.1 LSCCan viene a disponer que el órgano de administración ha de partir del valor acreditado de la aportación que resulte del balance de cierre del ejercicio en el que se produce la baja de la persona socia, sin que pueda efectuar más deducciones que las señaladas en los apartados 2 y 3 del precepto legal, tanto para las aportaciones obligatorias como para las voluntarias[106]. La naturaleza imperativa de esta norma impide que se pueda tomar como valor inicial otra cuantía, y es la razón por la que no es posible calcular tal valor hasta que no se cierre el ejercicio, se elaboren y aprueben las cuentas anuales por la cooperativa[107]. A diferencia de otras leyes de cooperativas, la LSCCan no regula la posibilidad de fijar de común acuerdo una liquidación provisional, antes de la aprobación de

---

106 Este criterio del balance de cierre es el adoptado por la mayoría de las leyes de cooperativas. Para otras formas de cálculo, *véase*: Morillas Jarillo, Mª.J./Feliú Rey, M.I., *Curso de Cooperativas, cit.*, pp. 507-508.

107 Por tanto, no es posible tomar como base de cálculo otra cuantía; *v.gr.*, la parte alícuota resultante de dividir el valor real del patrimonio de la cooperativa al tiempo de producirse la baja entre el número de personas socias. En este sentido, *véase* la SAP de Murcia, Sección 5ª, del 06-07-2004 (Id Cendoj: 30016370052004100048), anotada por Tato Plaza, A., "Alcance e contido do Dereito do socio ó reembolso das achegas ó capital social", *Cooperativismo e Economía Social*, núm. 2007 (2004-2005), pp. 237-241). Para una referencia a la abundante jurisprudencia existente en esta materia, *véase:* Morillas Jarillo, Mª.J./ Feliú Rey, M. I., *Curso de Cooperativas, cit.*, pp. 508-510.

las cuentas del ejercicio, y si procede realizar un reembolso a cuenta de la liquidación definitiva[108].

Determinado conforme al balance de cierre del ejercicio económico el "*valor acreditado de las aportaciones*" o valor inicial de la liquidación, el órgano de administración procederá a realizar las operaciones de deducción que correspondan de acuerdo con la ley y los estatutos de la cooperativa. A tal fin dispone de un plazo máximo de tres meses, computados desde la fecha de aprobación de las cuentas anuales de la cooperativa. Concluidas estas operaciones, el acuerdo de liquidación debe ser comunicado a la persona socia afectada. Entendemos que este acuerdo debe recoger las operaciones realizadas para alcanzar la cifra de liquidación o reembolso notificada, así como los plazos de pago, ya que sólo con esa información la persona socia podrá realizar un juicio fundado de aceptación o impugnación, que, en su caso, tendrá que plantear siguiendo el procedimiento sancionador previsto en el art. 30 o el específico que puedan regular los estatutos (art. 70.2 LSCCan) [109].

Del valor acreditado de la aportación al capital resultante del balance de cierre del ejercicio, el órgano de administración, en todo caso[110] deducirá "*las pérdidas imputadas e imputables a la persona socia, reflejadas en el balance de cierre del ejercicio en que se produzca la baja, bien correspondan a dicho ejercicio o bien provengan de otros anteriores y esté sin compensar*"[111]. Tras estas deducciones o "*ajustes*" obligatorios, que se aplican tanto sobre las aportaciones obligatorias como las voluntarias, pues la LSCCan no distingue, el órgano de administración aún puede realizar otra deducción porcentual, que se podría decir que tiene naturaleza sancionadora, por cuanto solo procederá en el

---

108 Regulan esta posibilidad los arts. 35.2.a) LCCat y 48 RLSCAnd.

109 Sobre el carácter potestativo u obligatorio de este procedimiento interno de recurso y la divergente doctrina jurisprudencial, *véase*: Morillas Jarillo, Mª.J./Feliú Rey, M.I., *Curso de Cooperativas, cit.*, pp. 516.

110 En la LCCat, cuando el hecho causante de la baja es el fallecimiento de la persona socia, el art. 75.2 prohíbe aplicar cualquier deducción. La LSCCan no contempla ninguna excepción.

111 En la Ley catalana de cooperativas, en esta primera fase del proceso de liquidación, el consejo rector podrá deducir, además, de las pérdidas no compensadas de ejercicios anteriores, y las previsiones de pérdidas del ejercicio en curso que será preciso regularizar una vez cerrado, las cantidades que la persona socia deba a la cooperativa por cualquier concepto; las responsabilidades que le puedan ser imputadas y cuantificadas, sin perjuicio de la responsabilidad patrimonial que regula el art. 41.4 (art. 35.2.b) LCCat).

caso de incumplimiento por parte de la persona socia de una obligación societaria. En la LSCCan, a diferencia de otras leyes de cooperativas, este descuento solo es posible en caso de baja no justificada por incumplimiento del período mínimo de permanencia, y únicamente se puede practicar sobre el importe liquidado de las aportaciones obligatorias[112]. Además, solo se podrá efectuar esta deducción si está prevista en los estatutos, que habrán de fijar el límite máximo de la deducción, que no puede exceder del 30% (art. 70. 2, párr. 2º LSCCan). De la literalidad del texto no queda claro si el órgano de administración tiene que aplicar necesariamente el porcentaje fijado en los estatutos, o si puede ajustarlo a las circunstancias concurrentes en la baja producida dentro del periodo de permanencia[113].

Acordada la cuantía del reembolso por el órgano de administración de la cooperativa, todas las leyes de cooperativas fijan un plazo máximo para su pago, ya que esta es una cuestión de vital importancia, tanto para los intereses de la persona socia como para la efectividad del principio cooperativo de puerta abierta, pero también tiene por objeto evitar una súbita descapitalización de la cooperativa[114]. En la LSCCan este plazo no puede ser superior a cinco años, contados a partir de la fecha de la baja; plazo máximo que se reduce a un año en caso de fallecimiento de la persona socia, contado desde que el hecho causante se ponga en conocimiento de la sociedad cooperativa. La fecha inicial de cómputo también varía para el reembolso de las aportaciones no exigibles, ya que la cooperativa puede rechazarlo incondicionalmente, de forma que el plazo aplicable se computa a partir de la fecha en la que el órgano de administración lo acuerde (art. 70.3 LSCCan)[115].

---

112 *V.gr.*, la LCCat permite al órgano de administración realizar sobre el importe liquidado de las aportaciones obligatorias, en los casos de baja injustificada (no solo por incumplimiento del plazo de permanencia) o expulsión, respetando el límite fijado en los estatutos, que no puede exceder del 20% en caso de baja injustificada y el 30% si fue expulsado de la cooperativa catalana (art. 35.2.c).

113 Lo que podría ser lo más pertinente, teniendo en cuenta que el órgano de administración, atendiendo a las circunstancias del caso, puede acordar motivadamente calificar como justificada una baja que se produce durante el plazo de permanencia (art. 26.2, párr. 2º LSCCan).

114 Sobre esta cuestión, *véase*: García Martínez, A., "La sustitución del socio cooperativo como límite temporal al pago del reembolso", *CIRIEC-España. Revista Jurídica de Economía Social y Cooperativa*, nº 43/2023, pp. 85-91.

115 En la práctica pueden surgir dudas en relación con el día inicial de cómputo del plazo de pago fijado. Por ello, es conveniente que en los estatutos se establezca

El importe del reembolso acordado y pendiente de abono a la persona socia o a sus causahabientes no es actualizable, pero a modo de compensación se reconoce al beneficiario el derecho a percibir un interés por tal cantidad liquidada, que será, al menos, el interés legal del dinero, computado desde la baja de la persona socia[116]. En protección de los intereses de la persona socia que ha causado baja, y para evitar eventuales abusos de la mayoría, la LSCCan recoge en el art. 70.2 en su párr 3º una norma que también encontramos en otras leyes de cooperativas: estos intereses compensatorios han de ser abonados por la cooperativa anualmente, junto con, al menos, una quinta parte de la cantidad a reembolsar (art. 35.5)[117]. Por tanto, la facultad de la cooperativa de aplazar el abono del reembolso devengado dentro de un plazo máximo se ha transformado en una obligación legal de pago mínimo anual a plazos.

Este régimen general de liquidación y pago del reembolso presenta ciertas excepciones o peculiaridades en relación con las personas socias temporales[118], y en algunas clases de cooperativas. En las CTA, "*cuando por causas económicas, técnicas, organizativas, de producción o derivadas de fuerza mayor, y para mantener la viabilidad empresarial de la cooperativa*", la asamblea general de la cooperativa acuerde reducir con carácter definitivo el número de personas socias trabajadoras, el art. 107.1 y 2 LSCCan califica tal baja como obligatoria y justificada, y reconoce a la persona socia trabajadora afectada el derecho a la devolución de todas sus aportaciones (obligatorias y voluntarias) al capital social en el plazo máximo de un año, dividida en mensualidades. En el caso de que las aportaciones de la persona socia sean no exigibles y la cooperativa no acuerde su reembolso inmediato, las personas socias que permanezcan en la misma deberán adquirir estas aportaciones en el plazo máximo de seis meses a partir de la fecha de la baja, en

---

la regla de cómputo para cada supuesto de baja, como hace el art. 48.2.d) RLSCAnd.

116 Así lo han señalado los tribunales. *Véase*: Torres Pérez, F.J., *Régimen jurídico, cit.*, p. 449.

117 El derecho al reembolso de la cantidad liquidada y no abonada es transmisible por la persona socia y embargable por sus acreedores personales. La acción de la persona socia para reclamar el abono a la cooperativa prescribe a los cinco años (art. 1964 C.c.).

118 Así, concluido el periodo de vinculación con la cooperativa de la persona socia temporal sin que se hubiese integrado como persona socia con vinculación permanente, el art. 20.3 LSCCan dispone que la persona socia tendrá derecho a la liquidación de sus aportaciones al capital social, que les serán reembolsadas en el momento en que cause baja.

los términos que acuerde la asamblea general (art. 107.3 LSCCan). En las cooperativas de viviendas, las deducciones por baja no justificada previstas en los estatutos no pueden ser superiores al veinte por ciento de las cantidades entregadas en concepto de capital social, y el importe liquidado puede ser retenido por la cooperativa hasta que la persona socia saliente sea sustituida en sus derechos y obligaciones por otra persona socia. Además, el plazo de reembolso, que no puede exceder del plazo general de cinco años a partir de la fecha de la baja no justificada, se reduce a tres años si la baja fuese justificada (art. 114.2 LSCCan). Finalmente, en las cooperativas de explotación comunitaria de la tierra, la persona socia que, teniendo la doble condición de cedente del disfrute de bienes y de trabajadora, cause baja en una de ellas, tendrá derecho al reembolso de las aportaciones, cuando estas sean exigibles, realizadas en función de la condición en que cesa en la cooperativa, sea esta la de cedente de bienes o la de persona socia trabajadora (art. 124.2 LSCCan).

4. Transmisión de las aportaciones

La transmisión de las aportaciones al capital social es un modo derivativo de adquirir la condición de persona socia, que en las cooperativas presenta una regulación legal notablemente condicionada e influenciada, por una parte, por el carácter personalista y la finalidad mutualista de este tipo social, que limitan la posibilidad de adquirir el estatus jurídico de persona socia a quienes posean ciertas características -objetivas y/o subjetivas- determinadas en los estatutos, siendo por ello que la restricción a la libre transmisibilidad de las aportaciones al capital es la regla y no la excepción en la legislación cooperativa, impidiéndose legalmente la libre transmisión de la condición de persona socia entre particulares. Por otra parte, el principio de libre adhesión y baja voluntaria -protegido por el legislador mediante la regulación legal del procedimiento de admisión y baja de la persona socia- provoca que la transmisión, por sí misma, ni cause la pérdida de la condición de persona socia en el transmitente ni la adquisición de tal condición societaria por el adquirente. Con todo, estas restricciones a la transmisibilidad de las aportaciones al capital social cooperativo, en cierta forma, se compensan con el reconocimiento legal del derecho de la persona socia al reembolso o liquidación de su aportación al capital en el momento en que cause baja.

No obstante, en los últimos tiempos se ha iniciado en la legislación cooperativa española un camino hacia una cierta liberalización de la transmisión de las aportaciones al capital, que ha traído como consecuencia una mayor complejidad del régimen legal, llegando algunas leyes de cooperativas autonómicas a reconocer la libre transmisibilidad de ciertas clases de aportaciones o en ciertas circunstancias[119].

En relación con la trasmisión de las aportaciones al capital social por actos *inter vivos*, alineándose con varias leyes autonómicas y con la estatal, la LSCCan exige que el adquirente tenga la condición de persona socia o que, sin serlo, adquiera tal cualidad dentro de los tres meses siguientes a la transmisión, que queda condicionada al cumplimiento de dicho requisito (art. 69.a). Una regulación que, a diferencia de otras leyes de cooperativas, es de aplicación para las aportaciones obligatorias y voluntarias, así como para toda clase de personas socias.

Esta regulación legal debe ser completada con el "*régimen de transmisión*" que los estatutos, necesariamente, tienen que establecer (art. 15.1.l) LSCCan), de forma que se eviten las dudas que genera esta norma legal[120]. Somos de la opinión que ese régimen estatutario de transmisión puede establecer restricciones a la libre transmisibilidad de las aportaciones dentro del abanico de personas que establece el precepto legal. Así, por ejemplo, en los estatutos se podrá condicionar la transmisión al previo consentimiento de la cooperativa, o mediante el reconocimiento de un derecho de adquisición preferente a favor del resto de las personas socias[121], pero también estableciendo un régimen estatutario que restrinja la libre transmisibilidad a determinadas clase de aportaciones o entre la misma categoría de personas socias[122].

---

119 Para un estudio completo del régimen legal de transmisión de las participaciones en la legislación cooperativa española, por todos, *véase:* Torres Pérez, F.J., *Régimen jurídico, cit.,* pp. 331-395 y Morillas Jarillo, Mª.J./Feliú Rey, M.I., *Curso de Cooperativas, cit.,* pp. 497-506.

120 Por ejemplo, si el adquirente, persona socia o no, ha de abonar la cuota de ingreso que puedan establecer los estatutos. En algunas leyes autonómicas de cooperativas se exime de esta obligación al adquirente, *inter vivos* o *mortis causa,* que tenga ciertos lazos de familiaridad o afinidad con el transmitente. En este sentido, Borjabad Gonzalo, P., *Manual de Derecho Cooperativo,* pp. 396 y ss., critica que la LCCat no regule de forma expresa y abierta la posibilidad de que la persona socia que causa baja obligatoria justificada transmita sus aportaciones a su cónyuge, ascendientes y descendientes.

121 El art. 54.1 LCCM condiciona la transmisión de las aportaciones obligatorias a que "*sea necesario para adecuar su aportación obligatoria en el capital a la que le es exigible conforme a los Estatutos*".

122 Fajardo García, I.G., "O réxime económico da sociedade", *cit.,* pp. 112-114. *Véanse* los arts. 69.1.a), 89, 96.3 y 102.2 LSCAnd.

La transmisión *inter vivos* de la aportación al capital cooperativo tendrá como causa el negocio jurídico traslativo del dominio celebrado entre transmitente y adquirente (habitualmente, un contrato de compraventa), quedando sujeta a la normativa prevista para la cesión de créditos (arts. 1526 y siguiente de C.c.). El objeto de tal negocio jurídico, como ya anticipamos, no puede ser la condición de persona socia porque está sujeta al procedimiento de alta y baja regulado en la Ley y los estatutos. Por ello, el objeto de la transmisión no puede ser otro que la aportación al capital cooperativo en sí misma, que se transmite por su valor contable y no por el importe de la venta acordado entre las partes[123]. Pese a que la LSCCan guarda silencio, y como se dispone en otras leyes de cooperativas, la transmisión debe que ser notificada por la persona socia a la cooperativa en la forma y plazo que se establezca en los estatutos, al objeto de lo que puedan disponerse en los mismos y, en todo caso, para anotar la transmisión en el "*Libro de registro de personas socias y de aportaciones al capital social*" (art. 81.1.a) LSCCan). Notificación que se ha de realizar con independencia de que el adquirente tenga que solicitar al órgano de administración su alta como persona socia de la cooperativa.

En relación con la transmisión *mortis causa*, toda la legislación cooperativa restringe este tipo de transición con el objetivo de conciliar dos intereses que pueden resultar opuestos: el interés de la cooperativa en controlar quienes acceden a la condición de persona socia y el interés de los causahabientes (herederos o legatarios) en preservar el valor de sus derechos sucesorios. En este sentido, el art. 69.b) LSCCan admite la transmisión *mortis causa* a favor de los derechohabientes o causahabientes que sean personas socias "*y así lo soliciten*". En realidad, más que una solicitud es una mera comunicación a la cooperativa de la adquisición de aportaciones al capital en virtud del preceptivo título de heredero o legatario, para que el órgano de administración proceda a su inscripción en el libro de registro de personas socias. También se admite la transmisión a favor del derechohabiente que no sea persona socia, pero su validez y eficacia se condiciona a su previa admisión como persona socia, realizada de acuerdo con el procedimiento general de alta del art. 23. LSCCan. La falta de solicitud o su no admisión como persona socia provocará la ineficacia de la transmisión, y la concesión al causahabiente del derecho a la liquidación del crédito correspondiente a la aportación social, en los términos que se establece en el art. 70

[123] En este sentido: Alfonso Sánchez, R./Sánchez García, Mª.L., "Capital social", *cit.*, pp. 362 y ss.

LSCCan. La parquedad de la regulación legal aconseja que en los estatutos se regulen aquellas cuestiones que se plantean con cierta frecuencia en la práctica, como cuando, por ser varios los causahabientes, la aportación que les corresponda no alcance la aportación mínima para adquirir la condición de persona socia, en cuyo caso se tendría que establecer la obligación estatutaria de desembolsar la diferencia. Como también puede acontecer el supuesto contrario; esto es, que el heredero o legatario adquiera una aportación al capital que supere la mínima obligatoria. Ante tal situación, los estatutos deberían regular si el exceso ha de ser liquidado a favor de la nueva persona socia, o si se considera una aportación voluntaria al capital social cooperativo[124].

Para concluir este epígrafe sobre la transmisión de las aportaciones al capital social, subrayamos que la LSCCan nada dispone sobre la posibilidad de constituir sobre las aportaciones un derecho real de usufructo o de prenda, ni si la cooperativa puede adquirir -de forma originaria o derivativa- sus propias aportaciones al capital[125], como tampoco sobre el régimen de responsabilidad en el caso de adquisición de aportaciones con desembolsos pendientes. Son cuestiones que por seguridad jurídica deberían estar previstas y reguladas en los estatutos de la cooperativa, entendemos en el sentido de facilitar la salida de la persona socia y el funcionamiento eficiente de la cooperativa como empresa, pero sin comprometer la limitada función de garantía del capital social cooperativo.

VIII. BIBLIOGRAFÍA

Alfonso Sánchez, R./Sánchez García, MªL., "Capital social, aportaciones y régimen económico", en AA.VV., *Cooperativas de enseñanza. Régimen Jurídico y Económico: Aspectos estratégicos* (Dir. Alfonso Sánchez), Thomson Reuters Aranzadi, Cizur Menor, 2018, pp. 331-371.

Ángel Santos, M., "La Ley 12/2015, de cooperativas de Cataluña (y II)", *Revista de Derecho Mercantil*, núm. 312, 2019.

Borjabad Gonzalo, P., *Derecho Cooperativo Catalán*, Escuela Universitaria de Estudios Laborales de LLeida, 2005.

Borjabad Gonzalo, P., *Manual derecho cooperativo,* J.Mª Boch, Barcelona, 1993.

124 Para mayor detalle, *véase* Torres Pérez, F.J., *Régimen jurídico, cit.*, pp. 331-395.

125 Sobre esta cuestión *véanse* las atinadas consideraciones de: Alfonso Sánchez, R./ Sánchez García, Mª.L., "Capital social", *cit.*, pp. 364 y ss.

Costas Comesaña, J., "Capital social, aportaciones y régimen económico", en AA.VV., *Régimen Jurídico de la Sociedades Cooperativas Catalanas* (Dir. Alfonso Sánchez, R.), Atelier, Barcelona, 2020, pp. 221-278.

Fajardo García, G.I., "Orientaciones y aplicaciones del principio de participación económica", *CIRIEC-España, Revista Jurídica de Economía Social y Cooperativa,* núm. 27, 2015 (www.ciriec-revistajuridica.es)

Fajardo García, I. G., "O réxime económico da sociedade", en aa.vv., *Estudios sobre a Lei de Cooperativas de Galicia* (Coords. Gómez Segade/Botana Agra/Fernández-albor Baltar/Tato Plaza), EGAP, Santiago de Compostela, 1999.

Fernández Carballo-Calero, P.I., "En torno a la calificación de los trabajos realizados por los cooperativistas como aportaciones al capital social", *Revista de Derecho de Sociedades,* nº 55, 2019, pp. 305-316.

Gadea, E./Sacristán, F./Vargas Vasserot, C., *Régimen jurídico de la sociedad cooperativa del siglo XXI,* Dykinson, Madrid, 2009.

García Martínez, A., "La sustitución del socio cooperativo como límite temporal al pago del reembolso", *CIRIEC-España. Revista Jurídica de Economía Social y Cooperativa,* nº 43/2023, pp. 85-91.

LLobregat Hurtado, Mª.L., "Régimen económico de las cooperativas", *Revista de Derecho de Sociedades,* 1999-2, núm. 13, pp. 190-228.

López Santana, N., "Régimen Económico: IV. El capital social. Otras formas de financiación. La emisión de obligaciones", en AA.VV., *Tratado de Derecho de Sociedades Cooperativas* (Dir. Peinado Gracia, J.I.), Tomo I, 2ª edición, Tirant lo Blanch, Valencia, 2018, pp. 767-785.

Morillas Jarillo, Mª.J./Feliú Rey, M.I., *Curso de Cooperativas,* T. I, 3ª, Tecnos, Madrid, 2018.

Olmedo Peralta, E., "Régimen Económico: I. El capital social. Concepto y funciones", en AA.VV., *Tratado de Derecho de Sociedades Cooperativas* (Dir. Peinado Gracia, J.I.), Tomo I, 2ª edición, Tirant lo Blanch, Valencia, 2018, pp. 669-675.

Paniagua Zurera, M., "La contabilidad social y el depósito de las cuentas anuales aprobadas. La determinación y la aplicación de los resultados económicos y las reservas legales (arts. 64-73 LSCA)", en AA.VV., *Retos y oportunidades de las sociedades cooperativas andaluzas ante su nuevo marco legal* (Dirs. Morillas Jarillo, Mª.J./Vargas Vasserot, C.), Dykinson, Madrid, 2017, pp. 412-418.

Paniagua Zurera, M., *La sociedad cooperativa. Las sociedades mutuas de seguros y las mutualidades de previsión social,* Marcial Pons, Madrid, 2005.

Pendón Meléndez, M.A., "Régimen Económico: II. El capital social. Aportaciones al capital social", en AA.VV., *Tratado de Derecho de Sociedades Cooperativas* (Dir. Peinado Gracia, J.I.), Tomo I, 2ª edición, Tirant lo Blanch, Valencia, 2018, pp. 718-723.

Polo Garrido, F./García Pérez de Lema, D., "La reforma contable y la contabilidad de las sociedades cooperativas (I). Su impacto en el balance, delimitación de los fondos propios y el fondo de educación y promoción", en AA.VV., *La Sociedad Cooperativa Europea Domiciliada en España,* (Dir. Alfonso Sánchez, R.), Thomson Aranzadi, Cizur Menor, 2008, pp. 329-360.

Tato Plaza, A., "Estatuto jurídico del socio cooperativista titular de aportaciones no reembolsables", en aa.vv., *Estudios de Derecho Mercantil. Liber Amicorum Profesor Dr. Francisco Vicent Chuliá* (Dirs. Cuñat Edo, V./Massaguer, J./Alonso Espinosa, F.J./ Gallego Sánchez, E.), Tirant lo Blanch, Valencia, 2013, pp. 743-750.

Tato Plaza, A., "Alcance e contido do Dereito do socio ó reembolso das achegas ó capital social", *Cooperativismo e Economía Social*, núm. 2007 (2004-2005), pp. 237-241.

Torres Pérez, F.J., *Régimen jurídico de las Aportaciones Sociales en la Sociedad Cooperativa*, Thomson Reuters Aranzadi, Cizur Menor, 2011.

Valenzuela Garach, F.J., "Régimen Económico: III. El capital social. Aportaciones que no forman parte del capital social", en AA.VV., *Tratado de Derecho de Sociedades Cooperativas* (Dir. Peinado Gracia, J.I.), Tomo I, 2ª edición, Tirant lo Blanch, Valencia, 2018, pp. 756 y ss.

Vargas Vasserot, C., "El capital social y otras formas de financiación de la cooperativa", en AA.VV., *Retos y oportunidades de las sociedades cooperativas andaluzas ante su nuevo marco* legal (Dirs. Morillas Jarillo, MªJ./Vargas Vasserot, c.), Dykinson, Madrid, 2017.

Vargas Vasserot, C./Gadea Soler, E./Sacristán Bergia, F., *Derecho de las sociedades cooperativas. Régimen económico, integración, modificaciones estructurales y disolución*, LA LEY Wolters Kluver, Madrid, 2017.

Capítulo IX.

***Régimen económico y responsabilidad de las personas socias*[1]**

JULIO COSTAS COMESAÑA
Catedrático de Derecho Mercantil
Universidad de Vigo

I. RÉGIMEN ECONÓMICO DE LA SOCIEDAD COOPERATIVA CANARIA

1. Determinación del resultado del ejercicio según su procedencia

La vida de las sociedades se divide en ejercicios económicos, coincidentes con el año natural salvo que en los estatutos se establezca otra cosa, sin que su duración pueda ser inferior a 12 meses, con las excepciones

---

1 El presente trabajo ha sido elaborado en el marco del Proyecto de Investigación financiado por la Xunta de Galicia en la convocatoria de grupos con potencial de crecimiento “Retos para un mercado de traballo equitativo, sostible e aberto a competencia no contexto da nova economía e da dixitalización” (2022-2024), Expte. ED431B 2022/11, Grupo de Investigación DMT (Grupo de la Universidad de Vigo con potencial de crecimiento), y del Proyecto de Investigación financiado por el Ministerio de Ciencia e Innovación: “El Derecho de la Competencia y de la Propiedad Industrial e Intelectual frente a las tecnologías disruptivas y la nueva regulación de los mercados digitales y audiovisuales” (2023-2026), Referencia PID2022-136697NB-I00.

que marca la ley (art. 74.1 LSCCan). Al término del ejercicio económico, la cooperativa debe formular y aprobar las cuentas anuales que determinan el resultado del ejercicio (arts. 82.2 y 36.1.b) LSCCan). A este objeto, la sociedad cooperativa está obligada a *"llevar una contabilidad ordenada y adecuada a su actividad, de acuerdo con lo que establece el Código de Comercio y normativa contable con las singularidades de la naturaleza del régimen económico de las sociedades cooperativas* (art. 82.1 LSCCan)[2]. Una obligación legal de respetar la "*normativa general contable*" que, en materia de determinación del resultado, recuerda el art. 74.2 LSCCan, que igualmente concreta la peculiaridad cooperativa consistente en computar como gasto las partidas que se enumeran en el núm. 3 del mismo precepto legal.

El régimen legal de la determinación del resultado presenta en las cooperativas cierta complejidad debido a su naturaleza mutualista, pero también por las diferencias terminológicas y de categorías jurídicas existente entre las disposiciones legales aplicables en este ámbito contable. Así, por un lado, nos encontramos con el hecho de que la legislación cooperativa utiliza una terminología y unas categorías de resultados que no son del todo coincidentes con las previstas en la legislación contable y fiscal que les es aplicable. Y, por otro lado, las propias leyes cooperativas divergen entre sí al tiempo de denominar tanto las categorías de resultados económicos del ejercicio como en el contenido de estos[3].

Es tradicional en la legislación cooperativa distinguir varias categorías de resultados económicos en función de su origen, si bien no todas las leyes

---

2 Añade este precepto que la cooperativa puede formular las cuentas anuales en modelo abreviado cuando concurran las mismas circunstancias establecidas en la LSC.

3 Sobre estas diferencias y la compatibilidad entre las normativas de aplicación, entre otros, *véase*: Fajardo García, I.G., *La gestión económica de la cooperativa: responsabilidad de los socios*, Tecnos, Madrid, 1997, pp. 113-120; Morillas Jarillo, Mª.J./Feliú Rey, M.I., *Curso de Cooperativas*, Tomo I, 3ª edición, Tecnos, Madrid, 2018, pp.544 y ss.; Alfonso Sánchez, R./Sánchez García, Mª.L., "Capital social, aportaciones y régimen económico", en AA.VV., *Cooperativas de enseñanza. Régimen Jurídico y Económico: Aspectos estratégicos* (Dir. Alfonso Sánchez), Thomson Reuters Aranzadi, Cizur Menor, 2018, pp. 331-371, p. 366, y Vargas Vasserot, C./ Gadea Soler, E./ Sacristán Bergia, F., *Derecho de las sociedades cooperativas. Régimen económico, integración, modificaciones estructurales y disolución*, Wolters Kluver, Madrid, 2017, pp. 148-157; Paniagua Zurera, M., "Régimen Económico: VII. La determinación y la aplicación de resultados positivos y negativos", en AA. VV., *Tratado de Derecho de Sociedades Cooperativas* (Dir. Peinado Gracia, J.I.), Tomo I, 2ª edición, Tirant lo Blanch, Valencia, 2018, pp. 804-899.

de cooperativas distinguen el mismo número de categorías. Siguiendo al legislador fiscal (art. 16 LRFC), y a leyes de cooperativas como la andaluza, la catalana o la estatal (arts. 65 LSCAnd, 79 LCCat y 57 LCoop), la LSCCan distingue en el art. 74.4 dos tipos de resultados contables: cooperativos y extracooperativos (que incluye los extraordinarios). Lamentablemente, no existe en la LSCCan una clasificación sistemática de qué tipo de resultados integran ambas categorías contables[4]. En efecto, siguiendo literalmente al art. 57 LCoop, la LSCCan tan solo enumera los resultados del ejercicio que se consideran extracooperativos y extraordinarios. Así, se consideran resultados extracooperativos: 1) los derivados de la actividad cooperativizada realizada con terceras personas no socias; 2) los obtenidos de actividades económicas o fuentes ajenas a los fines específicos de la sociedad cooperativa; y 3) los derivados de inversiones o participaciones financieras en sociedades. En tanto que son resultados extraordinarios los procedentes de plusvalías que resulten de operaciones de enajenación de los elementos del activo inmovilizado. No obstante, se establecen dos excepciones que son tradicionales en nuestro Derecho cooperativo. En primer lugar, no se consideran resultados extracooperativos sino cooperativos; es decir, derivados del objeto social de la cooperativa, "*los ingresos procedentes de inversiones o participaciones financieras en sociedades cooperativas o en sociedades no cooperativas, cuando realicen actividades preparatorias, complementarias o subordinadas a las de la propia cooperativa*". Una excepción que tiene por finalidad fomentar la integración vertical de la cooperativa. En segundo lugar, no tendrán la consideración de extraordinarios sino de resultados cooperativos "*las plusvalías obtenidas por la enajenación de elementos del inmovilizado material destinados al cumplimiento del fin social de la cooperativa, cuando se reinvierta la totalidad del importe en nuevos elementos del inmovilizado, con idéntico destino, dentro del plazo comprendido entre el año anterior a la fecha de la entrega o puesta a disposición del elemento patrimonial y los tres años posteriores, siempre que permanezcan en su patrimonio, salvo las pérdidas justificadas, hasta que finalice su período de amortización*". Así, pues, además de estos ingresos mencionados en el art. 74.4.a) y b), tendrán la consideración de resultados cooperativos todos los demás ingresos obtenidos por la cooperativa, en particular los derivados de la actividad cooperativizada realizada con las personas socias[5].

---

4 A diferencia de lo que hace la LCCat en el art. 79. En todo caso, a efectos fiscales los arts. 17 y 21 LRFC enumeran las distintas categorías de resultados cooperativos y extracooperativos, respectivamente.

5 *Véase* Paniagua Zurera, M., "La contabilidad social y el depósito de las cuentas anuales aprobadas. La determinación y la aplicación de los resultados económicos

El art. 74.4 LSCCan impone que los resultados extracooperativos y extraordinarios del ejercicio figuren en contabilidad separada de los resultados cooperativos, pues cuando la cooperativa opera con terceras personas no socias está actuando como una sociedad mercantil, de forma que si el resultado es positivo tendrán la consideración de beneficio. Por el contrario, el resultado de la actividad cooperativizada realizada por la cooperativa con las personas socias se considera excedente. Además de que la tributación de unos y otros es distinta, la contabilidad separada hace posible que no se repartan fondos que deberían ser irrepartibles, desnaturalizando la naturaleza de la cooperativa como sociedad mutualista. Pero es cierto que esta tradicional exigencia de separar contablemente los resultados cooperativos de los extracooperativos y extraordinarios introduce complejidad e incrementa el coste de la gestión contable de la empresa cooperativa.

Por ello, haciéndose eco de esta circunstancia, la LSCCan se suma al grupo de leyes de cooperativas que admiten que en los estatutos se pueda prever la contabilización conjunta de los resultados del ejercicio económico (art. 75.2). No obstante, es esta una libertad estatutaria más formal que real debido a la penalización que, en caso de optar por la contabilidad conjunta, representan la obligación legal de incrementar la dotación del FRO (art. 75.2, párr. 2º LSCCan) y la imposibilidad de acogerse a la condición de cooperativa fiscalmente protegida (art. 13.10 LRFC).

A los efectos de fijar el excedente neto o resultado cooperativo del ejercicio económico, la cooperativa debe contabilizar como gastos, además de los previstos en las disposiciones contables y fiscales de aplicación general, los que como deducciones específicas de las cooperativas menciona el art. 74.3 LSCCan, que son las partidas siguientes: "a) *El importe de los bienes entregados por las personas socias para la gestión cooperativa, en valor no superior a los precios reales de liquidación, y el importe de los anticipos societarios a las personas socias trabajadoras o de trabajo, imputándolos al período en que se produzca la prestación de trabajo; b) La remuneración de las aportaciones al capital social, participaciones especiales, obligaciones, créditos de acreedores e inversiones financieras de todo tipo captadas por la sociedad cooperativa, sea la retribución fija, variable o participativa*".

En relación con los resultados extracooperativos y extraordinario, a los ingresos obtenidos de estas actividades se les imputará, además de los gas-

---

y las reservas legales (arts. 64-73 LSCA)", en AA.VV., *Retos y oportunidades de las sociedades cooperativas andaluzas ante su nuevo marco legal* (Dirs. Morillas jarillo, Mª.J./ Vargas Vasserot, C.), Dykinson, Madrid, 2017, pp. 407-457, pp. 426-428.

tos específicos necesarios para obtenerlos, la parte que, según criterios de imputación fundados, corresponda de los gastos generales de la cooperativa (art. 74.4 *in fine* LSCCan).

2. *Aplicación del resultado*

A) Aplicación del excedente y del beneficio

Compete a la asamblea general ordinaria aprobar las cuentas anuales y resolver sobre la propuesta de distribución de excedentes o imputación de pérdidas (arts. 35.2, 36.1.b), 52.2.b), 56.a), 82.2 LSCCan). Pese a que estos preceptos legales utilizan el término excedentes, es más correcto hablar de resultados positivos, pues estos pueden estar integrados tanto por excedentes como por beneficios. Igual sucede en el art. 75 LSCCan, pues pese a llevar por rótulo "*Aplicación de los excedentes", regula* tanto el posible destino de los "*excedentes o resultados cooperativos*"[6] como cuál ha de ser o puede ser la aplicación de los eventuales "*beneficios extracooperativos y extraordinarios*".

Tanto los excedentes como los beneficios brutos contabilizados del ejercicio económico serán imperativamente minorados, en primer término, en la cantidad necesaria para satisfacer íntegramente todas las pérdidas de ejercicios anteriores, cualquiera que sea su naturaleza (art. 75.1 y 2 LSCCan). Tras esta operación contable, y antes de calcular el importe de la cuota a abonar por el impuesto de sociedades (arts. 16.5, 18.2 y 19 LRFC)[7], en segundo término, la cooperativa tiene que destinar, al menos, el 20% de los excedentes netos y el 50% de los beneficios netos al FRO, en tanto que solo debe destinar un mínimo del 5% de los excedentes netos al FEP[8]; En

---

6 El art. 2.c) LCCat define el excedente como "*el resultado positivo obtenido por una cooperativa, fruto de su actividad en un ejercicio económico, calculado a partir de la diferencia entre los ingresos y los costes de la actividad cooperativizada*".

7 Sobre la razón por la que se ha de dotar los fondos obligatorios antes de calcular el gasto que implica el pago del impuesto de sociedades, *véase*: Vargas Vasserot, C./ Gadea Soler, E./Sacristán Bergia, F., *Derecho de las sociedades cooperativas. Régimen económico, cit.*, pp. 160-161.

8 Por tanto, a disposición de la cooperativa pueden quedar hasta la mitad de los resultados extracooperativos y extraordinarios, además de hasta el 70% de los resultados cooperativos. En consecuencia, la cooperativa tiene un amplio margen de maniobra para retribuir tanto a las personas socias como a terceras personas. Un margen de maniobra que es menor si ha optado por la contabilización conjun-

tercer lugar, de la cantidad así determinada, habrá que calcular y detraer la cantidad necesaria para la liquidación y pago del impuesto de sociedades, que contablemente tiene la consideración de gasto del ejercicio.

Una vez realizadas estas dotaciones y, en su caso, otras que sean obligatorias por disposición legal o convencional, se obtendrá el resultado económico de la cooperativa "*a disposición de la asamblea general*", que, como hemos visto, puede estar formado por excedentes generados por la participación de las personas socias en la actividad cooperativizada, como por beneficios derivados de actividades de la cooperativa con terceras personas y extraordinarias. La asamblea general "*puede*" distribuir la cantidad disponible, en el orden y en la cantidad que decida libremente, de la forma siguiente: 1) a retorno cooperativo; 2) a la dotación de reservas voluntarias repartibles o irrepartibles; 3) al incremento de las reservas obligatorias; y 4) a la participación de los trabajadores asalariados en los resultados positivos (art. 75.3 LSCCan)[9].

En relación con el derecho al retorno de las personas socias, en primer lugar y en la medida en que se regula como uno de los posibles destinos del resultado a disposición de la asamblea general, se concluye que no existe un derecho absoluto de la persona socia al retorno cooperativo. Su nacimiento está condicionado a la existencia de un resultado positivo, lo que en un contexto de ausencia de crisis empresarial dependerá, fundamentalmente, de la valoración económica atribuida a los servicios, a las entre-

---

ta de "*los resultados de la cooperativa*", pues en tal caso tiene que destinar, al menos, el 20% de los "*resultados de la cooperativa*" al FRO y el 10% al FEP (art. 75.2 *in fine* LSCCan). En relación con la norma similar de la LCCat, Ángel Santos, M.,"La Ley 12/2015, de cooperativas de Cataluña (y II)", *Revista de Derecho Mercantil*, nº. 312, 2019, pp. 273-316, p. 279, señala que esta opción supone una disminución del patrimonio social irrepartible durante la vida de la sociedad, ya que las reservas legales dejarán de nutrirse con una buena parte de los beneficios extraordinarios. En fin, se trata de una solución legal que favorece los intereses económicos de las personas socias en perjuicio del reforzamiento financiero y la capitalización de la cooperativa: Paniagua Zurera, M., *La sociedad cooperativa. Las sociedades mutuas de seguros y las mutualidades de previsión social*, Marcial Pons, Madrid, 2005, p. 280.

9 De acuerdo con el art. 75.6 LSCCan, más que ante un derecho de las personas asalariadas no socias estamos ante una simple expectativa de derecho, que puede estar reconocida en los estatutos o por acuerdo de la asamblea general, pues esta retribución, que tendrá carácter anual, está condicionada a que exista un resultado positivo. En cuanto a su naturaleza, se establece que "*será salarial y sustituirá al complemento de similar naturaleza establecido, en su caso, en la normativa laboral aplicable, salvo que fuese inferior a dicho complemento, en cuyo caso, se aplicará este último*".

gas y/o al trabajo realizado por la persona socia en concepto de actividad cooperativizada. Pero el reparto de la cantidad disponible también está en manos de la voluntad de la mayoría de la asamblea general, que puede acordar que toda o parte de la cantidad distribuible se destina a reservas no distribuibles[10]. En segundo lugar, en la medida en que la LSCCan (en línea con otras leyes de cooperativas autonómicas), permite la distribución entre las personas socias en concepto de retorno cooperativo de una parte del excedente cooperativo y de los beneficios extracooperativos y extraordinarios, se ha dicho que esta regulación aproxima el concepto de lucro cooperativo a la finalidad lucrativa propia de las sociedades mercantiles. No obstante, lo cierto es que el lucro cooperativo -cualquiera que sea la naturaleza del resultado que lo origine- necesariamente se ha de acreditar a cada persona socia en proporción a la actividad cooperativizada que cada persona socia haya realizado con la cooperativa (art. 75.3 *in fine* LSCCan), lo que resulta razonable si hablamos de excedente cooperativo, pero no lo es tanto si se está repartiendo entre las personas socias beneficios originados, en última instancia, gracias a las aportaciones al capital realizadas por cada persona socia y no por su actividad cooperativizada.

Pero no solo la existencia de este derecho económico depende de lo que acuerde la cooperativa, sino que los estatutos o la asamblea general también deciden la modalidad para hacer efectivo el retorno acreditado a cada persona socia, que, entre otras posibles formas, puede ser mediante su abono a la persona socia; mediante su incorporación al capital social (capitalización) o mediante su incorporación a una determinada reserva de la cooperativa (*v. gr.*, art. 80 LSCCan).

B) Imputación de las pérdidas

Hemos visto que si el resultado del ejercicio económico es positivo y existen pérdidas anotadas de ejercicios anteriores al que se refieren las cuentas anuales, la cooperativa está obligada a detraer de ese resultado

---

10 A juicio de la doctrina nada impide que la cooperativa opte por la renuncia definitiva al retorno cooperativo. De hecho, la LSCCan no lo menciona entre los derechos mínimos de la persona socia. No obstante, de incluirse en los estatutos una medida semejante, la adopción de tal acuerdo debería exigir una mayoría reforzada y dar derecho a la persona socia disidente a separarse de la cooperativa. Y si fuese la asamblea general la que, sistemáticamente, acuerda no abonar retornos cooperativos, tal medida debe considerarse causa justificada de baja de la cooperativa, de acuerdo con el art. 26.3 LSCCan.

las cantidades necesarias para su compensación. Pero en el caso de que las cuentas del ejercicio arrojen pérdidas, como consecuencia de que los gastos han sido superiores a los ingresos, la LSCCan deja a la autonomía de la voluntad de la cooperativa, expresada a través de los estatutos, la fijación de los criterios para la compensación de las pérdidas sociales, la forma en que se pueden imputar y compensar, y los porcentajes que se han de destinar a las reservas legales y voluntarias. Con todo, esta regulación estatutaria habrá de respetar las reglas imperativas que establece, en particular, el art. 76 LSCCan, que no distingue según el origen de las pérdidas. Reglas legales imperativas para la compensación de las pérdidas sociales que varían según la ley de cooperativas aplicable[11].

En primer término, en sintonía con toda la legislación cooperativa española, el art. 76.1 LSCCan admite que las pérdidas sociales se pueden imputar a una cuenta especial abierta en el pasivo para su amortización con cargo a futuros resultados positivos, dentro del plazo de siete años[12]. Además, de acuerdo con el art. 76.2 LSCCan y con sujeción a lo que se disponga en los estatutos, la asamblea general puede acordar la compensación de las pérdidas, cualquiera que fuese su origen, a los fondos de reserva voluntarios o estatutarios de la cooperativa, sin límite alguno; es decir, se podrán imputar a estas reservas -tanto si son repartibles como irrepartibles- la totalidad o parte de las pérdidas de la cooperativa. También se podrá imputar cualquier tipo de pérdida al FRO, pero aquí de forma limitada[13]; hasta la cuantía que represente el porcentaje medio de lo que se ha destinado a los fondos legalmente obligatorios en los últimos cinco años de los excedentes positivos, o desde su constitución si esta no fuera anterior a

---

11 De acuerdo con el art. 13.7 LRFC, será causa de pérdida de la condición de cooperativa fiscalmente protegida no imputar las pérdidas del ejercicio económico o imputarlas vulnerando las normas establecidas en la Ley, los Estatutos o los acuerdos de la asamblea general.

12 Recuérdese que si la cooperativa realizó una actualización del balance y de la misma resultaron plusvalías, estas, en primer lugar, se tienen que destinar a la compensación de las pérdidas existentes de ejercicios anteriores (art. 68.2 LSCCan).

13 Román Cervantes, C./Galván Sánchez, I./Domínguez Cabrera, Mª del P., "Los principales aspectos jurídico-económicos del Proyecto de Ley de sociedades cooperativas de Canarias, *CIRIEC-España. Revista Jurídica de Economía Social y Cooperativa*, nº 32/2018, pp. 1-26, p. 16, consideran que esta limitación está orientada a incentivar que las cooperativas voluntariamente doten el FRO más allá del porcentaje legalmente obligatorio.

cinco años[14]. En esta compensación de las pérdidas con cargo a las reservas voluntarias y obligatorias la cooperativa no tiene que seguir ningún orden de prelación, que sí se impone en otras leyes de cooperativas (*v. gr.*, art. 69.2 LCG). En último término, las pérdidas no compensadas "*con los fondos obligatorios, voluntarios y estatutarios*"; es decir, con cargo al patrimonio de la cooperativa[15], se imputarán a las personas socias[16], en proporción a

---

14 La regulación de la imputación de pérdidas al FRO varía según la ley de cooperativas aplicable, y la regulación de la LSCCan es de las más flexibles. El art. 76.2.b) se refiere a los "excedentes" y no a los "*beneficios*", pese a que se pueden estar compensado con cargo al FRO pérdidas generadas por la actividad con terceras personas no socias. Por tanto, hay que entender que ese porcentaje medio está referido únicamente al resultado cooperativo (art. 75.1) destinado por la cooperativa tanto al FRO como al FEP, pues se habla de "l*os fondos legalmente obligatorios*" (arts. 77 y 78).

15 El hecho de que se puedan imputar al patrimonio de la cooperativa las pérdidas causadas por el abono a las personas socias de anticipos superiores a los que se podían pagar (pérdidas cooperativas), permite retribuir la participación de la persona socia en la actividad cooperativizada por encima de los resultados que la cooperativa obtuvo de tal actividad. En todo caso, si el patrimonio contable, como consecuencia de esta imputación de pérdidas, se sitúa por debajo de la cifra del CSME y hubiese transcurrido un año sin haberse recuperado el equilibrio, la cooperativa está obligada a reducir el CSME con tal objetivo. Esta reducción del capital social afectará a las aportaciones obligatorias en proporción al importe de la aportación obligatoria mínima exigible a cada clase de persona socia en el momento de adoptarse el acuerdo (art. 63.4, párrs. 2° y 3° LSCCan).

16 Este régimen de imputación de pérdidas no se aplica a determinadas clases de socios. De acuerdo con el art. 21.3, párr. 2° LSCCan "*las pérdidas determinadas en función de la actividad cooperativizada de prestación de trabajo desarrollada por las personas socias de trabajo se imputarán al fondo de reserva y, en su defecto, a las personas socias usuarias, en la cuantía necesaria para asegurar a las personas socias de trabajo una retribución mínima igual al setenta por ciento de las retribuciones establecidas en los convenios colectivos del sector u otra normativa que las regule por el mismo trabajo y, en todo caso, no inferior al salario mínimo interprofesional*". Igual norma dispone el art. 13.4 LCoop. También se excepciona el régimen general para las personas socias trabajadoras a prueba de las CTA (art. 104.4.e) LSCCan), a las que no se les puede imputar pérdidas que se produzcan en la cooperativa durante el período de prueba (tampoco tendrán derecho al retorno cooperativo), y en las cooperativas de explotación comunitaria de la tierra, la imputación de las pérdidas sociales está sujeta a un régimen propio (art. 124.4 LSCCan). Y también quedan excluidos de la imputación de las pérdidas sociales las personas socias colaboradoras, pese a que el art. 22 LSCCan guarda silencio, pero así resulta del hecho de que esa imputación se realiza en función de la participación en la actividad cooperativizada, que la persona socia colaboradora no puede realizar, como tampoco percibir retorno cooperativo (art. 22.2.2 a) y c) LSCCan).

la actividad cooperativizada efectivamente realizada por cada una de ellas con la cooperativa, o de forma proporcional a la actividad cooperativizada mínima obligatoria fijada en los estatutos para la persona socia si su participación efectiva fuera menor[17].

Las pérdidas sociales que, por insuficiencia del patrimonio social, tengan que ser imputadas a las personas socias deben ser satisfechas por cada una de ellas, en la cuantía que le corresponda y abonada de alguna de las tres formas que enumera el art. 76.3 LSCCan. En concreto, en la letra c) se dispone que la asamblea general puede autorizar a las personas socias a abonar las pérdidas sociales imputadas con cargo a los retornos cooperativos que puedan corresponderles en los siete años siguientes. Si pese a ello quedasen pérdidas sin compensar transcurrido dicho plazo, la persona socia tendrá que abonarlas en el plazo máximo de un mes, contado desde que reciba el requerimiento expreso del órgano de administración. Pero al margen de esta forma de imputación, que depende de lo que acuerde la mayoría de la asamblea, dentro del ejercicio económico a aquel en que se hubiese realizado la imputación de las pérdidas, la persona socia puede elegir entre abonar directamente a la cooperativa la cantidad que corresponda, o bien que se le deduzca de sus aportaciones (obligatorias o voluntarias) al capital social[18], o de cualquier inversión financiera en la cooperativa que permita esta imputación (letras a) y b), art. 76.3 LSCCan).

Este régimen legal de compensación de las pérdidas sociales sitúa la LSCCan en el grupo de leyes de cooperativas que han optado por un úni-

[17] En la concepción tradicional, la imputabilidad en último término de las pérdidas sociales a la persona socia radica en la idea de que tienen su origen en la valoración errónea de la actividad prestada por la cooperativa a favor de las personas socias o de las entregas y servicios realizados por estas a favor de la sociedad. Pero cuando la sociedad realiza la actividad cooperativizada con terceras personas no socias y el régimen legal permite la imputación a las personas socias de pérdidas no cooperativas, la razón de ser de esta imputación radica en la naturaleza societaria de las pérdidas y, por ello, en la necesidad de que la cooperativa responda con todo su patrimonio, incluidas las aportaciones al capital de las personas socias. Pero por esta vía las personas socias pueden estar asumiendo pérdidas que no han causado, así como asumiendo indirectamente una responsabilidad ilimitada por las deudas sociales, pese a lo que proclama el art. 25.2 LSCCan.

[18] Si como consecuencia de estas deducciones por imputación de pérdidas el capital social se sitúa por debajo del CSME, y transcurre un año sin recuperar el equilibrio, la asamblea general tendrá que reducir la cifra del CSME acordando la pertinente modificación de los estatutos, pues en su defecto la cooperativa entrará en causa de disolución (art. 63.4, párr. 1º LSCCan).

co sistema de compensación de las pérdidas (*v. gr.* arts. 69.2 LSCAnd y 59.2.c LCoop), frente al modelo alternativo que representan las leyes que contemplan dos sistemas de imputación, en función del origen cooperativo o extracooperativo de las pérdidas[19]. En este modelo al que pertenece la LSCCan, parecería razonable que esta responsabilidad interna quedase limitada al valor de la aportación suscrita al capital cooperativo por cada persona socia, como hace, *v. gr.*, la LCCat[20], pero es cierto que esta opción legislativa por la responsabilidad limitada puede comprometer la solvencia financiera de la cooperativa, particularmente si sigue una política de excedentes netos cero[21]. Quizá por ello, la LSCCan no se pronuncia de forma expresa sobre el carácter limitado o ilimitado de la responsabilidad de la persona socia frente a la cooperativa por las pérdidas sociales que le hayan sido imputadas, generando una situación de inseguridad jurídica que no beneficia la promoción de esta forma societaria, y que puede resultar especialmente gravosa para la persona socia de ser declarada la cooperativa en concurso de acreedores y entrar en fase de liquidación.

C) Fondos sociales obligatorios y voluntarios

Dos son las reservas legales obligatorias previstas en LSCCan para todas las clases de cooperativas, y que son tradicionales en la legislación cooperativa española: el *Fondo de reserva obligatorio* (FRO) y el *Fondo de educación y promoción de cooperativas* (FEP).

---

19 Como hace el art. 69 LCCV. En relación con las pérdidas cooperativas imputadas, la persona socia responde del pago de esta deuda frente a la cooperativa con todo su patrimonio, pero en el núm. 3 permite que en los estatutos se establezca que "las pérdidas derivadas de la actividad cooperativizada con las personas socias que se imputen a estas alcanzarán como máximo el importe total de los anticipos asignados a las personas socias en el ejercicio económico, más sus aportaciones al capital social y su participación en las reservas repartibles. Para un comentario a esta norma, Paniagua Zurera, M., "La contabilidad social", *cit.* pp. 440-448. También *véase* Vargas Vasserot, C./Gadea Soler, E./Sacristán Bergia, F., *Derecho de las sociedades cooperativas. Régimen económico, cit.*, pp. 179 y ss.

20 El art. 59 LCoop, como el art. 76 LSCCan, permite imputar a la persona socia todo tipo de pérdidas sociales no compensadas con el patrimonio social y, en la medida en que no establece la limitación de esta responsabilidad, en la práctica permite que la persona socia pueda asumir una responsabilidad ilimitada por las deudas de la cooperativa.

21 Para una crítica a esta política empresarial, *véase*: Paniagua Zurera, m., "La contabilidad social", *cit.*, p. 410.

El FRO cumple una función institucional similar a la que tiene la reserva legal de las sociedades de capital (art. 274 LSC): "*la consolidación, desarrollo y garantía de la cooperativa*" (art. 77.2 LSCCan y Norma 4ª.1.1.1 ONACC). No obstante, la regulación de la obligación de dotación es muy distinta, pues mientras la cooperativa tiene que dotar anualmente el FRO (y el FEP) con los porcentajes de resultados mínimos que exige la Ley, cualquiera que sea la cuantía de los fondos, tal obligación desaparece para la sociedad de capital en el momento en que la reserva legal alcanza el 20% de la cifra del capital social[22]. Por otra parte, el FRO no solo se nutre con una parte de los resultados positivos (excedentes y beneficios) de la cooperativa, sino que a esta reserva obligatoria también se destinarán "necesariamente": las cuotas de ingreso; las deducciones practicadas sobre las aportaciones obligatorias al capital social en la baja injustificada de la persona socia; y las cantidades asignadas como consecuencia de la regularización del balance (art. 77.1 LSCCan)[23].

Dada su función, el FRO tradicionalmente ha sido considerado como una reserva irrepartible entre las personas socias (art. 55.1 LCoop), durante la vida de la cooperativa -cuando la persona socia causa baja o se separa no tiene derecho a percibir una parte alícuota de estos fondos obligatorios-, y también en su liquidación, transformación, fusión o escisión. Pero la LSCCan se encuadra en el grupo de leyes de cooperativas (*v. gr.*, arts. 70.3 LSCAnd[24] y 84 LCCat) que permiten establecer en los estatutos el carácter parcialmente repartible del FRO, siguiendo así el camino iniciado por algunas leyes autonómicas de cooperativas. Con esta medida[25], pro-

---

22 A diferencia también del art. 68.2.a) LSCAnd, que elimina esta obligación legal de dotación del FRO cuando sus fondos alcancen "*un importe igual al cincuenta por ciento del capital social*".

23 En las cooperativas de iniciativa social, también se destinará al FRO los resultados de las actividades realizadas por las entidades y organismos públicos que participen en la cooperativa en calidad de personas socias.

24 El legislador andaluz señala en la Exposición de Motivos de la LSCAnd que la repartibilidad parcial busca retribuir el esfuerzo de las personas socias que han contribuido a generar dicho fondo. En todo caso, no cabe duda de que esta medida responde a la voluntad de los legisladores autonómicos de disminuir el patrimonio irrepartible entre las personas socias, que se aprecia también en la reducción del porcentaje mínimo del excedente cooperativo que tradicionalmente se tenía que destinar anualmente al FRO.

25 La repartibilidad del FRO contablemente implica que la parte del FRO que no sea reusable por la cooperativa no se contabiliza como patrimonio neto, sino como pasivo financiero: Norma 4ª.1.1.1 ONACC.

bablemente el legislador busca hacer frente a la práctica existente en no pocas cooperativas -particularmente en las agrarias- de aplicar una política de excedente neto cero, fundamentalmente a través de la sobrevaloración económica de la actividad cooperativizada desarrollada por las personas socias[26]. Con todo, la repartibilidad de los fondos del FRO establecida en el art. 77.2 LSCCan es voluntaria, parcial y limitada desde diversas perspectivas, quedando excluidas *ope legis* en las cooperativas sin ánimo de lucro.

Así, la repartibilidad de los fondos del FRO debe estar prevista en los estatutos, donde se establecerán los supuestos en los que procede, dentro de los límites dispuestos en la ley[27]. Un primer grupo de límites tiene naturaleza cuantitativa, pues: 1) los fondos de reserva obligatoria generados por la cooperativa antes de la entrada en vigor de la LSCCan son, en todo caso, irrepartibles; 2) En caso de repartibilidad sobrevenida o introducida mediante acuerdo de modificación de los estatutos, la base cálculo de la repartibilidad solo está constituida por los fondos del FRO generados a partir de la inscripción en el Registro de Cooperativas de tal modificación estatutaria; y 3) la repartibilidad del FRO "*en ningún caso*" puede superar el 50% del «fondo repartible» determinado conforme a lo dispuesto en el núm. 3 del art. 77 LSCCan. Una segunda categoría de límites tiene carácter temporal y busca evitar eventuales acuerdos abusivos, ya que, por una parte, se prohíbe que, una vez establecido el carácter repartible o irrepartible del FRO, se pueda acordar una nueva modificación hasta transcurridos cinco años del anterior acuerdo, y por otra parte, la Ley priva de efectos jurídicos al cambio de criterio de no repartible a repartible cuando se acuerde la liquidación o transformación de la cooperativa dentro de los tres años siguientes a la última modificación. También tiene este carácter temporal la prohibición de establecer la repartibilidad del FRO entre las personas socias en caso de baja y separación, pues el art. 77.2, párr. 3º LSCCan dis-

---

26 Como tiene afirmado la doctrina, el carácter irrepartible del FRO al tiempo que busca favorecer la consolidación financiera de la cooperativa logra desincentivar su dotación.

27 La LSCAnd se muestra más generosa en la repartibilidad parcial del FRO, ya que el art. 70.3 establece *ope legis* la irrepartibilidad hasta la transformación (art. 78.2 LSCAnd) o liquidación de la cooperativa (art. 78 LSCAnd), pero estatutariamente se puede establecer la repartibilidad parcial y limitada de sus fondos durante la vida de la cooperativa; es decir, en caso de baja o separación de la persona socia. Así el art. 60.5 LSCAnd reconoce a la persona socia con una permanencia mínima de cinco años en la cooperativa el derecho al reintegro de una parte alícuota del 50% del FRO generado a partir de su ingreso, que se determinará en función de la actividad cooperativizada desarrollada.

pone que la repartibilidad del FRO "*solo puede tener lugar en el momento de la liquidación de la cooperativa o en el caso de transformación de esta en otro tipo de sociedad*". Por último, el criterio de reparto de los fondos repartibles del FRO no puede ser plutocrático -en función del capital desembolsado- sino que será, en caso de liquidación, en función del tiempo de permanencia en la cooperativa -que deber ser superior a cinco años- y según la actividad cooperativizada (art. 100.2.d) LSCCan). En el supuesto de transformación, el reparto se hará en función de la actividad cooperativizada (art. 77.2, párr. 3º LSCCan). Siendo estos los criterios de reparto, del mismo necesariamente quedan excluidos las personas socias colaboradoras aportantes de capital.

El Fondo de educación y promoción de cooperativas (FEP) es la otra reserva obligatoria típica de las cooperativas, que responde y tiene por función satisfacer los principios cooperativos de educación, formación e información, de cooperación entre sociedades cooperativas, y de interés por la comunidad, así como los principios más modernos de igualdad de género y sostenibilidad empresarial y medioambiental (arts. 2.1.e), f) y g), 2.2.a) y b) y 78 LSCCan)[28]. La finalidad de esta reserva no es propiamente económica, sino sufragar las actividades que el art. 78.1 LSCCan establece como potencial destino del FEP, que mantiene en la LSCCan su tradicional naturaleza de reserva legal irrepartible entre las personas socias, en cualquier circunstancia y momento de la vida de la cooperativa, así como su inembargabilidad, en el sentido de que no es una reserva legal que garantice las deudas de la cooperativa, ni siquiera las que procedan del cumplimiento de fines propios del FEP (78.3 LSCCan)[29].

Además de estos fondos de reserva obligatorios, la LSCCan regula dos fondos sociales voluntarios. En el art. 79 dispone que los estatutos pueden prever la constitución de un fondo de reserva voluntario, que puede tener naturaleza repartible o irrepartible. De existir, este fondo tendrá la misma finalidad del FRO: "*reforzar la consolidación, desarrollo y garantía de la sociedad cooperativa*", para lo que se nutrirá con "excedentes" no distribuidos entre

---

28 En la doctrina, *véase*: Hernández Cáceres, d. "El principio cooperativo de interés por la comunidad en la legislación. El Fondo de Educación y Promoción como principal instrumento para su implementación", *REVESCO, Revista de Estudios Cooperativos,* (144) 2023, pp. 1-23, DOI: https://doi.org/10.5209/reve.87970

29 Esta inembargabilidad total se deduce del silencio de la LSCCan, que contrasta con otras leyes de cooperativas que, expresamente, disponen que los fondos del FEP solo son embargables por deudas contraídas para el cumplimiento de sus fines (v.gr., arts. 72.3 LCCV y 71.1 LSCAnd).

las personas socias. Si tiene naturaleza distribuible, la distribución de sus fondos entre las personas socias se hará en proporción a su participación media en la actividad cooperativizada de los últimos cuatro años, quedando excluidas aquellas que lo hayan sido por un plazo inferior, salvo que, en el supuesto de liquidación y por la corta duración de la cooperativa, no se justifique esta diferenciación. Si el fondo de reserva voluntario tiene carácter irrepartible entre las personas socias, sus fondos tendrán el mismo destino que el FRO (art. 100 LSCCan). En el art. 80, la LSCCan regula la posible creación por la cooperativa de "*fondos de sostenibilidad*", cuya función será dotar de "*estabilidad financiera*" a la cooperativa, teniendo en cuenta su actividad y volumen de negocio, con imputación individualizada a cada una de las personas socias en función de su actividad cooperativizada. Se trata, pues, de un fondo que se nutre de aportaciones realizadas por las personas socias, en los términos que se establezcan en los estatutos dentro de margen que concede la Ley. A la asamblea general le compete aprobar las normas de funcionamiento de estos fondos de sostenibilidad, que podrán ser de tipo rotatorio, "*retornándose parcialmente a la persona socia cada anualidad transcurrido un plazo no inferior a cinco años*". Se prohíbe expresamente que las aportaciones a estos fondos devenguen intereses a favor de la persona socia, que, en caso de pérdidas, podrá satisfacer las que le correspondan "*hasta donde alcance su aportación*"; es decir, de forma limitada.

V. RESPONSABILIDAD DE LAS PERSONAS SOCIAS POR LAS DEUDAS Y LAS PÉRDIDAS SOCIALES

En este epígrafe, para mayor claridad expositiva, volvemos sobre cuestiones que ya se han analizado, si quiera con brevedad, a lo largo de estos dos capítulos, todas ellas relacionadas con la responsabilidad patrimonial de la persona socia por la actividad desarrollada por la cooperativa.

Las consecuencias jurídicas y económicas que se derivan, principalmente, de la naturaleza mutualista de las sociedades cooperativas y del principio cooperativo de "*adhesión voluntaria y abierta de las personas*" (art. 2.1.a) LSCCan) determinan que las personas socias estén expuestas a varias fuentes de responsabilidad patrimonial en las sociedades cooperativas. La doble condición de persona socia y usuaria constituye la *ratio legis* de la distinción existente en toda la legislación cooperativa española entre responsabilidad por las deudas sociales y por pérdidas de la cooperativa. Conceptualmente, la deuda social representa las obligaciones jurídicas asumidas por la cooperativa a resultas de sus relaciones contractuales en los mercados de bienes y servicios, en tanto que la pérdida es una situación contable, interna, que acontece cando la contabilidad de la cooperativa, en un determinado ejercicio económico, muestra un resultado negativo, causado porque los gastos totales han sido superiores a los ingresos obtenidos por las prestaciones realizadas por las personas socias a favor de la cooperativa o por ésta a favor de aquellos y, en su caso, a los ingresos extracooperativos y extraordinarios.

En consecuencia, es posible distinguir dos tipos de responsabilidad patrimonial de la persona socia de una cooperativa. Por una parte, una responsabilidad *ad extra* por las deudas sociales derivadas de las obligaciones que la cooperativa haya asumido frente a sus propios acreedores, que en nuestra legislación cooperativa suele estar limitada a la aportación al capital social hecha o comprometida por la persona socia (*v.*, *gr.*, art. 25.2 LSCCan). Por otro lado, la persona socia también asume una responsabilidad *ad intra* o frente a la cooperativa por las pérdidas sociales, cuya naturaleza limitada o ilimitada es fuente de discusión doctrinal y jurisprudencial[30], particularmente en aquellas leyes de cooperativas que no lo expresan con claridad, como es el caso de la LSCCan[31]. La razón dogmática esgrimida por un sector de la doctrina y la jurisprudencia para justificar la naturaleza ilimitada de esta responsabilidad interna radica en que las pérdidas de la cooperativa suelen derivar de las relaciones que mantienen las personas socias con la cooperativa, por su condición de usuaria de la actividad cooperativizada, bien porque a la persona socia proveedora o trabajadora de la cooperativa se le abonó por sus prestaciones (de servicios, bienes o traba-

---

30 La compatibilidad entre la regulación legal de la imputación de las pérdidas de la cooperativa a las personas socias y el principio de responsabilidad limitada por las deudas sociales ha dado lugar a posiciones enfrentadas en la doctrina; por todos, *véase*: Paniagua Zurera, M., "Régimen Económico", *cit.*, pp. 879-889 y Vargas Vasserot, C./Gadea Soler, E./Sacristán Bergia, F., *Derecho de las sociedades cooperativas. Régimen económico, cit.*, pp. 177-184. En todo caso, este régimen legal de responsabilidad *ad extra* de las personas socias por las deudas de la cooperativa en nada se diferencia de la responsabilidad limitada de las personas socias de las sociedades de capital (art. 1 LSC). Para un análisis más profundo de este régimen de responsabilidad limitada de las personas socias por las deudas sociales, por todos, *véase*: Morillas Jarillo, Mª.J./Feliú Rey, M.I., *Curso de Cooperativas, cit..*, pp. 255-268.

31 En efecto, el art. 76.2 LSCCan no expresa si esta responsabilidad de la persona socia frente a la cooperativa por las pérdidas sociales imputadas es ilimitada o limitada al importe de su aportación al capital social. En sentido opuesto, el art. 82.4 LCCat establece expresamente la responsabilidad de las personas socias frente a la cooperativa por las pérdidas sociales que le hayan sido imputadas "*hasta el límite de sus aportaciones al capital*". Igual limitación establece el art. 69.2 LSCAnd *in fine*.

jo) una cantidad superior a la de mercado (cooperativas de producción), o bien porque la cooperativa le cobró a la persona socia cliente por los bienes entregados o por los servicios prestados una cantidad que es inferior al coste de provisión de tal prestación a la persona socia (cooperativas de servicios). En definitiva, ya que en las cooperativas, con carácter exclusivo o principal y a diferencia de las sociedades mercantiles, la función de proveedor o de cliente de la sociedad no la realizan terceras personas sino las personas socias, éstas deben asumir frente a la cooperativa, con carácter personal e ilimitado, el riesgo empresarial que representan las posibles pérdidas sociales (y, en su caso, el excedente repartible en concepto de retorno cooperativo) derivadas de una actividad que la cooperativa ejecuta en el mercado en nombre propio pero por cuenta de sus socios[32].

Por el contrario, otro sector de la doctrina y la jurisprudencia sostiene que la responsabilidad ilimitada de la persona socia frente a las pérdidas sociales permite convertir su responsabilidad limitada por las deudas sociales en una entelequia, pues de ser así en pocos casos las cooperativas registrarían deudas sociales, en la medida en que siempre podrían acudir a las personas socias para satisfacer sus necesidades económicas. A mayor abundamiento, se afirma que imponer a la persona socia que causa baja una responsabilidad ilimitada por la deuda derivada de las pérdidas imputadas por la cooperativa infringiría el principio cooperativo de igualdad de trato, que solo podría ceder ante una previsión legal expresa. Una desigualdad que se produciría porque la persona socia que permanece normalmente tendrá la posibilidad legal o estatutaria de compensar las pérdidas con cargo a los fondos de reserva de la cooperativa y/o a excedentes futuros, posibilidades que no tienen las personas socias que causan baja. Estas serían las razones por las que algunas leyes de autonómicas de cooperativas establecen, de forma expresa, el carácter limitado de la responsabilidad de las personas socias, tanto por las deudas sociales como internamente frente a la cooperativa por las pérdidas imputadas[33].

---

32 También se han señalado como razones que justifican la responsabilidad ilimitada de las personas socias por todo tipo de deudas de la cooperativa: (1) que el capital social de la cooperativa tiene la consideración contable de pasivo, como consecuencia del principio de libre adhesión y baja voluntaria, del que deriva el derecho de la persona socia que causa baja en la cooperativa a la liquidación de su aportación al capital; y (2) que las personas socias participan en la toma de decisiones conforme al principio democrático de una persona un voto.

33 Para una referencia a esta doctrina *véase* Costas Comesaña, J., "Responsabilidade dos socios polas perdas da cooperativa (Anotación á sentenza do 2 de xullo de

Como ya se ha apuntado, en el ámbito de aplicación de la LSCCan no hay duda alguna en cuanto a la naturaleza de la responsabilidad *ad extra* de la persona socia, dados los términos imperativos y claros del texto del art. 25.2: "*La responsabilidad de la persona socia por las deudas sociales estará limitada a las aportaciones al capital social que hubieran suscrito, estén o no desembolsadas en su totalidad*". Igual carácter de limitada tiene la responsabilidad que asume la persona socia que causa baja o es expulsada de la cooperativa por las deudas sociales que le sean imputables. Para que nazca esta responsabilidad personal, el art. 25.3 LSCCan impone la "*previa exclusión del haber social*"; por tanto, se trata de una responsabilidad subsidiaria y mancomunada respecto de la responsabilidad patrimonial de la cooperativa. Además, es una responsabilidad prorrogada temporalmente limitada a los cinco años posteriores a la pérdida de la condición de persona socia, por las obligaciones que la cooperativa hubiese contraído -y no satisfecho por insuficiencia patrimonial-con anterioridad a su baja, y una responsabilidad cuantitativamente limitada al importe reembolsado de sus aportaciones al capital social[34].

Mayor duda ofrece la naturaleza limitada o ilimitada de la responsabilidad de la persona socia por las pérdidas de la cooperativa canaria que le hayan sido imputadas, en la forma que establece el art. 76.2.c) LSCCan y los estatutos, o cuando al causar baja se le imputen las pérdidas que le correspondan en el procedimiento de liquidación o reembolso de sus aportaciones al capital social (art. 70 LSCCan). En ambos supuestos, la ley canaria en ningún momento expresa cuál es la naturaleza (limitada o ilimitada) de esta responsabilidad *ad intra* por las pérdidas sociales imputadas. No obstante, en esta materia, el art. 76 LSCCan tiene un contenido similar al art. 59 LCoop, en el sentido de que ambos preceptos permiten imputar, en último término, a las personas socias cualquier tipo de pérdida social con independencia de su origen (derivadas de la actividad cooperativizada realizada con las personas socias o de otras actividades realizadas por la cooperativa), y, además, ninguno de los dos preceptos legales aclaran si la responsabilidad de la persona socia por las pérdidas imputadas es ilimitada

---

2019 do Tribunal Superior de Xustiza de Navarra), *Cooperativismo e Economía Social*, núm. 42 (2019-2020), pp. 253-265.

34 Sobre la razón de esta regla excepcional, por todos, *véase*: Fajardo García, I.G., *La gestión económica, cit.*, pp. 224-228.

o ilimitada[35], ni tampoco si en los estatutos se puede establecer la naturaleza de esta responsabilidad civil[36].

Este modelo de imputación único de las pérdidas de la cooperativa a las personas socias está pensado para las cooperativas abiertas, aquellas que no solo operan con las personas socias, sino que también realizan la actividad cooperativizada con terceras personas. En este contexto, dado que la cooperativa es una sociedad dotada de personalidad jurídica propia, en la que las personas socias responden de sus deudas hasta el límite de su aportación al capital social, parece razonable considerar que las pérdidas que reflejen las cuentas de la cooperativa son de esta y no, directamente, de las personas socias, a las que legalmente se les puede imputar todo tipo pérdidas generadas por la cooperativa en el desarrollo de su actividad, pero hasta el límite de su aportación al capital social[37]. Cuestión distinta, es que, como consecuencia de las relaciones contractuales que puedan existir entre la persona socia y la cooperativa, aquella esté obligada a responder con todo su patrimonio personal de las cantidades debidas a la cooperativa por los servicios que le hubiese prestado, pero esta será, en su caso, una responsabilidad por incumplimiento contractual, distinta a la responsabilidad *ex* art. 70 LSCCan por los resultados adversos (pérdidas) de la cooperativa,

---

35 La sentencia del TS, Sala de lo Civil, sección 1ª, de 2/3/2011 (Id Cendoj: 28079110012011100129) ofrece argumentos para sostener el carácter ilimitado de la responsabilidad de la persona socia por las pérdidas sociales que la cooperativa le haya podido imputar. En la doctrina, recientemente: Espelde Juaristi, M. “Nuevas fórmulas en torno a la responsabilidad de los socios de las cooperativas en Euskadi”, *CIRIEC-España. Revista Jurídica de Economía Social y Cooperativa,* nº 37/2020, pp. 149-158; Palau Ramírez, F., “La responsabilidad del socio de una sección cooperativa: Imputación de pérdidas y deuda bancaria”, *CIRIEC-España. Revista Jurídica de Economía Social y Cooperativa,* nº 39/2021, pp. 141-150.

36 Con todo, la similitud alcanza el grado de identidad con el texto del art. 89.3 LCCLM.

37 No obstante, en buena técnica legislativa, lo correcto hubiera sido que a LSCCan estableciese expresamente el carácter limitado de esta responsabilidad frente a la cooperativa, así como acompañarla de medidas legislativas que reforzasen la solvencia financiera de la cooperativa frente a terceros. En este sentido, Viteri Zubia, I., “La responsabilidad del socio cooperativista por las pérdidas sociales”, *CIRIEC-España, Revista Jurídica de Economía Social y Cooperativa,* nº 28/2016, p.33, propone para las leyes de cooperativas que opten por esta responsabilidad limitada por pérdidas sociales, medidas como la supresión de la posibilidad de imputar pérdidas a una cuenta especial para su amortización con cargo a futuros resultados positivos o la libertad de la cooperativa para fijar el anticipo.

de la que con fundamento tanto se puede defender su naturaleza ilimitada como limitada a la aportación al capital realizada por la persona socia.

III. BIBLIOGRAFÍA

Alfonso Sánchez, R./Sánchez García, Mª.L., "Capital social, aportaciones y régimen económico", en AA.VV., *Cooperativas de enseñanza. Régimen Jurídico y Económico: Aspectos estratégicos* (Dir. Alfonso Sánchez), Thomson Reuters Aranzadi, Cizur Menor, 2018, pp. 331-371.

Ángel Santos, M.,"La Ley 12/2015, de cooperativas de Cataluña (y II)", *Revista de Derecho Mercantil,* nº. 312, 2019, pp. 273-316.

Costas Comesaña, J., "Responsabilidade dos socios polas perdas da cooperativa (Anotación á sentenza do 2 de xullo de 2019 do Tribunal Superior de Xustiza de Navarra), *Cooperativismo e Economía Social,* núm. 42 (2019-2020), pp. 253-265.Insertar.

Costas Comesaña, J., "Responsabilidade dos socios polas perdas da cooperativa (Anotacion a sentenza do 2 de xullo de 2019 do Tribunal Superior de Xustiza de Navarra), Cooperativismo e Economía Social, num. 42 (2019-2020), pp. 253-265.

Espelde Juaristi, M. "Nuevas fórmulas en torno a la responsabilidad de los socios de las cooperativas en Euskadi", *CIRIEC-España. Revista Jurídica de Economía Social y Cooperativa,* nº 37/2020, pp. 149-158;

Fajardo García, I.G., *La gestión económica de la cooperativa: responsabilidad de los socios,* Tecnos, Madrid, 1997, pp. 113-120;

Hernández Cáceres, d. "El principio cooperativo de interés por la comunidad en la legislación. El Fondo de Educación y Promoción como principal instrumento para su implementación", *REVESCO, Revista de Estudios Cooperativos,* (144) 2023, pp. 1-23, DOI: https://doi.org/10.5209/reve.87970

Morillas Jarillo, Mª.J./Feliú Rey, M.I., *Curso de Cooperativas,* Tomo I, 3ª edición, Tecnos, Madrid, 2018, pp.544 y ss.;

Palau Ramírez, F., "La responsabilidad del socio de una sección cooperativa: Imputación de pérdidas y deuda bancaria", *CIRIEC-España. Revista Jurídica de Economía Social y Cooperativa,* nº 39/2021, pp. 141-150.

Paniagua Zurera, M., *La sociedad cooperativa. Las sociedades mutuas de seguros y las mutualidades de previsión social,* Marcial Pons, Madrid, 2005.

Paniagua Zurera, M., "La contabilidad social y el depósito de las cuentas anuales aprobadas. La determinación y la aplicación de los resultados económicos y las reservas legales (arts. 64-73 LSCA)", en AA.VV., *Retos y oportunidades de las sociedades cooperativas andaluzas ante su nuevo marco legal* (Dirs. Morillas jarillo, Mª.J./ Vargas Vasserot, C.), Dykinson, Madrid, 2017, pp. 407-457.

Paniagua Zurera, M., "Régimen Económico: VII. La determinación y la aplicación de resultados positivos y negativos", en AA. VV., *Tratado de Derecho de Sociedades Cooperativas* (Dir. Peinado Gracia, J.I.), Tomo I, 2ª edición, Tirant lo Blanch, Valencia, 2018, pp. 804-899.

Román Cervantes, C./Galván Sánchez, I./Domínguez Cabrera, Mª del P., "Los principales aspectos jurídico-económicos del Proyecto de Ley de sociedades cooperativas de Canarias, *CIRIEC-España. Revista Jurídica de Economía Social y Cooperativa*, nº 32/2018, pp. 1-26.

Vargas Vasserot, C./ Gadea Soler, E./ Sacristán Bergia, F., *Derecho de las sociedades cooperativas. Régimen económico, integración, modificaciones estructurales y disolución*, Wolters Kluver, Madrid, 2017.

Viteri Zubia, I., "La responsabilidad del socio cooperativista por las pérdidas sociales", *CIRIEC-España, Revista Jurídica de Economía Social y Cooperativa*, nº 28/2016, pp. 1-33.

Capítulo X.
El ejercicio económico

PABLO FERNÁNDEZ CARBALLO-CALERO
Catedrático de Derecho Mercantil. Universidad de Vigo
Consejero Académico HOYNG ROKH MONEGIER Madrid

I. CONCEPTO Y DURACIÓN DEL EJERCICIO ECONÓMICO

El término "ejercicio económico" en una sociedad cooperativa, al igual que en cualquier otra empresa, hace referencia a una fracción temporal concreta en la cual se ordenan las operaciones concluidas como consecuencia del desarrollo de la actividad y las correlativas variaciones patrimoniales. De acuerdo con el art. 74 de la *Ley 4/2022, de 31 de octubre, de Sociedades Cooperativas de Canarias* (LSCCan) "el ejercicio económico tendrá una duración de doce meses, excepto en los casos de constitución, fusión o extinción de la sociedad y, salvo que otra cosa dispusieren los estatutos, coincidirá con el año natural".

En consecuencia, el ejercicio económico se iniciará el 1 de enero y finalizará 31 de diciembre de cada año. No obstante, el carácter supletorio de la norma permite que aquellas cooperativas cuyo ejercicio no coincida con el año natural puedan establecer un período temporal distinto siempre y cuando tal mención figure expresamente en estatutos. Por lo demás, el precepto explicita que la regla general apuntada no resultará operativa en aquellos casos en los que la duración anual del ejercicio económico no sea factible por la propia naturaleza de las cosas (supuestos de constitución, fusión o extinción de la sociedad cooperativa)[1].

II. DOCUMENTACIÓN SOCIAL Y CONTABLE

La LSCCan regula en su art. 81, bajo la rúbrica "Documentación social y contable", las exigencias que en esta materia han de cumplir las sociedades cooperativas canarias. De todas formas, conviene apuntar que, al margen de los libros obligatorios que marca el precepto, las cooperativas podrán llevar cualesquiera otros libros voluntarios o facultativos que consideren oportunos[2]. Por otra parte, los libros específicamente relacionados tampoco son los únicos que, siempre y en todo caso, resultarán exigibles. En este sentido, la letra d) del artículo citado permite una eventual ampliación del elenco al imponer a las cooperativas la obligación de llevar "cualesquiera otros que sean exigidos por otras disposiciones legales".

En este contexto, el art. 81 LSCCan recoge una serie de libros obligatorios que, atendiendo a su función, pueden clasificarse en libros sociales y libros contables. Los primeros contienen la información relativa al funcionamiento interno de la sociedad mientras que los segundos tienen por objeto plasmar su situación económica.

1. Libros sociales

A) Libro de registro de personas socias y de aportaciones al capital social

El primer libro al que hace referencia el art. 81.1 en su letra a) es el "Libro de registro de personas socias y de aportaciones al capital social". Así las cosas, y a diferencia de otras normas autonómicas, la LSCCan no contempla dos libros distintos (el libro registro de socios y el libro registro

---

1 GADEA SOLER, E., "Régimen económico y financiero II. Los resultados del ejercicio económico", en AA.VV., *Cooperativas: régimen jurídico y fiscal* (Coord. FAJARDO GARCÍA), Tirant lo Blanch, Valencia, 2011, p. 175.

2 Véase, MORILLAS JARILLO, M.J., FELIÚ REY, M.I., *Curso de cooperativas,* Tomo I, 3ª ed., Tecnos, Madrid, p. 586, quienes apuntan que "como ejemplo de libro voluntario cuyo uso sigue estando muy extendido en la práctica, se puede citar el Libro mayor, que resume las cuentas por debe y haber y recoge, por tanto, los cargos y abonos que se realizan en ellas".

de aportaciones al capital), sino que opta por incorporar la información sobre las aportaciones sociales al libro de socios.

A diferencia de otras leyes autonómicas, la LSCCan no contiene ninguna especificación sobre el contenido de este libro. Sirva como ejemplo el art. 86.1.a) de la Ley 12/2015, del 9 de Julio, de Cooperativas de Cataluña (LCCat), en virtud del cual, el libro debe especificar "la identificación de los socios, los distintos tipos de socios y, en su caso, las secciones a las que pertenecen, junto con la fecha de admisión y de baja. En cuanto a las aportaciones al capital social, debe hacerse constar, al menos, la naturaleza, las sucesivas transmisiones, la actualización y el reembolso". Tal y como puede observarse, la información relativa a las aportaciones al capital social es una información mínima ("debe hacerse constar, al menos") y, de hecho, resulta aconsejable que en el libro figuren otros datos relevantes como la identificación del aportante, objeto de la aportación, valoración en el caso de que se trate de aportaciones no dinerarias, forma en que se ha acreditado la aportación, naturaleza obligatoria o voluntaria, origen de la aportación (estatutos, acuerdo de la Asamblea), desembolso, transmisión, actualización, retribución y reembolso[3].

B) El libro de actas

El art. 81.1 establece en su letra b) la necesidad de llevar el "libro de actas de la asamblea general y de las juntas preparatorias, del órgano de administración, de la liquidación y, en su caso, de los otros órganos que se prevean estatutariamente".

Por tanto, frente a otras normas autonómicas que exigen un libro especial para cada uno de los órganos, o dejan plena libertad para decidir cómo organizar internamente esta cuestión, la LSCCan exige un único libro para todos los órganos[4]. En ese único libro deberán recogerse las actas de la asamblea general y de las juntas preparatorias, del órgano de administración, de la liquidación y, en su caso, de los otros órganos que se prevean

---

3 Véase, MORILLAS JARILLO, M.J./FELIÚ REY, M.I., *Curso de cooperativas, cit.*, p. 577.

4 Si se opta por un único libro conjunto, el 67.3 del Decreto 203/2003, de 1 de agosto, sobre la estructura y el funcionamiento del Registro General de Cooperativas de Cataluña, exige la separación interior de las actas de los distintos órganos sociales de la cooperativa.

estatutariamente, entre los cuales podría incluirse, por ejemplo, el comité de recursos.

En lo que respecta al contenido de las actas, y al margen de las disposiciones específicas relativas a cada órgano (art. 42 para la asamblea general o art. 51.3.b para el consejo rector), las mismas deberán ajustarse a lo dispuesto en el art. 26 del Código de Comercio (C. de c.), por lo que reflejarán "al menos, todos los acuerdos tomados por las Juntas generales y especiales y los demás órganos colegiados de la sociedad, con expresión de los datos relativos a la convocatoria y a la constitución del órgano, un resumen de los asuntos debatidos, las intervenciones de las que se haya solicitado constancia, los acuerdos adoptados y los resultados de las votaciones".

2. Libros contables

El art. 25.1 C. de c. ("Sección primera. De los libros de los empresarios") establece que "todo empresario deberá llevar una contabilidad ordenada, adecuada a la actividad de su empresa que permita un seguimiento cronológico de todas sus operaciones, así como la elaboración periódica de balances e inventarios. Llevará necesariamente, sin perjuicio de lo establecido en las Leyes o disposiciones especiales, un libro de Inventarios y Cuentas anuales y otro Diario". En una misma línea, el art. 82 LSCCan señala que: "las sociedades cooperativas deberán llevar una contabilidad ordenada y adecuada a su actividad, de acuerdo con lo que establece el Código de Comercio y normativa contable con las singularidades de la naturaleza del régimen económico de las sociedades cooperativas". Al mismo tiempo, aclara que "las sociedades cooperativas pueden formular las cuentas anuales en modelo abreviado cuando concurran las mismas circunstancias establecidas en el Real Decreto Legislativo 1/2010, de 2 de julio, por el que se aprueba el texto refundido de la Ley de Sociedades de Capital o, en su caso, en la normativa que la sustituya. Finalmente, el texto canario contempla como libros contables obligatorios el "Libro de inventarios (y) cuentas anuales y libro diario." (art. 81.1.c)

Así las cosas, los libros contables de obligatoria llevanza para las sociedades cooperativas son dos: i) el Libro de Inventarios y Cuentas anuales y ii) el Libro Diario.

A) Libro de Inventarios y Cuentas anuales

En virtud del art. 28.1 del C. de c., “el libro de Inventarios y Cuentas anuales se abrirá con el balance inicial detallado de la empresa. Al menos trimestralmente se transcribirán con sumas y saldos los balances de comprobación. Se transcribirán también el inventario de cierre de ejercicio y las cuentas anuales”. En consecuencia, el libro de Inventarios y Cuentas anuales será un documento único compuesto por las transcripciones de los siguientes estados: i) balance inicial detallado de la empresa; ii) balances de comprobación trimestrales (balances de sumas y saldos); iii) inventario de cierre del ejercicio articulado en un balance de cierre; y iv) cuentas anuales. En relación a estas últimas, tal y como señala el art. 34.1 del C. de c., “al cierre del ejercicio, el empresario deberá formular las cuentas anuales de su empresa, que comprenderán el balance, la cuenta de pérdidas y ganancias, un estado que refleje los cambios en el patrimonio neto del ejercicio, un estado de flujos de efectivo y la memoria”.

Dicho esto, cabe matizar que el estado de cambios en el patrimonio neto y el estado de flujos de efectivo no serán obligatorios para las cooperativas que puedan formular balance y memoria abreviados (Real Decreto 1514/2007, de 16 de noviembre, por el que se aprueba el Plan General de Contabilidad)[5]. Del mismo modo, tampoco serán obligatorios para aquellas cooperativas que formulen sus cuentas siguiendo el PGC para PYMES (Real Decreto 1515/2007, de 16 de noviembre, por el que se aprueba el Plan General de Contabilidad de Pequeñas y Medianas Empresas y los criterios contables específicos para microempresas)[6]. En este sentido, es la norma decimotercera de la Orden EHA/3360/2010, de 21 de diciembre, por la que se aprueban las normas sobre los aspectos contables de las sociedades cooperativas, la que expresamente habilita a las sociedades cooperativas para elaborar las cuentas anuales de acuerdo con los modelos y normas establecidos en el Plan General de Contabilidad o en el PGC-PYMES según proceda.

La posibilidad de formular balance y memoria abreviados o de formular las cuentas de acuerdo con el PGC para PYMES únicamente será posible cuando durante dos ejercicios consecutivos las entidades reúnan, a la fecha

---

[5] Véase, “Primera Parte. Marco conceptual de la contabilidad. 1º. Cuentas anuales. Imagen fiel” y a su vez “Tercera Parte “Cuentas anuales. I. Normas de elaboración de las cuentas anuales. 1ª. Documentos que integran las cuentas anuales”

[6] Véase, “Primera Parte. Marco conceptual de la contabilidad. 1º. Cuentas anuales. Imagen fiel”

de cierre de cada uno de ellos, al menos dos de las circunstancias siguientes: i) Que el total de las partidas del activo no supere los cuatro millones de euros; ii) Que el importe neto de su cifra anual de negocios no supere los ocho millones de euros; iii) Que el número medio de trabajadores empleados durante el ejercicio no sea superior a 50[7]. En relación con esta cuestión, cabe destacar que las cooperativas perderán las opciones citadas si dejan de reunir, durante dos ejercicios consecutivos, a la fecha de cierre de cada uno de ellos, dos de las circunstancias mencionadas[8].

Así las cosas, cabe concluir que los cinco documentos que componen las cuentas anuales son obligatorios salvo que el balance y la memoria se formulen con el modelo abreviado del PGC o las cuentas se formulen siguiendo el PGC para PYMES. En este caso el estado de cambios en el patrimonio neto y el estado de flujos de efectivo no serán preceptivos. En cualquier caso, los documentos comprendidos en las cuentas anuales forman una unidad, recalcando el art. 34.2 del C. de c. que "las cuentas anuales deben redactarse con claridad y mostrar la imagen fiel del patrimonio, de la situación financiera y de los resultados de la empresa, de conformidad con las disposiciones legales. A tal efecto, en la contabilización de las operaciones se atenderá a su realidad económica y no sólo a su forma jurídica". Por lo demás, "cuando la aplicación de las disposiciones legales no sea suficiente para mostrar la imagen fiel, se suministrarán en la memoria las informaciones complementarias precisas para alcanzar ese resultado" (art. 34.3).

B) Libro Diario

Tal y como señala el art. 28.2 del C. de c., "el Libro Diario registrará día a día todas las operaciones relativas a la actividad de la empresa". Es, por tanto, el libro en el que se reflejan de forma ordenada las operaciones diarias con trascendencia contable. Dicho esto, el precepto permite "la anotación conjunta de los totales de las operaciones por períodos no superiores al

---

7 Véase, Tercera Parte, "Cuentas anuales", norma 4.ª del apartado I. "Normas de elaboración de las cuentas anuales" incluido en la tercera parte "Cuentas anuales" del Real Decreto 1514/2007, de 16 de noviembre, por el que se aprueba el Plan General de Contabilidad y el art. 2 "Ámbito de aplicación del Plan General de Contabilidad de Pequeñas y Medianas Empresas" del Real Decreto 1515/2007, de 16 de noviembre, por el que se aprueba el Plan General de Contabilidad de Pequeñas y Medianas Empresas y los criterios contables específicos para microempresas.

8 Véase, nota supra.

trimestre, a condición de que su detalle aparezca en otros libros o registros concordantes, de acuerdo con la naturaleza de la actividad de que trate".

3. Requisitos de los libros

A) Legalización

El art. 17 LSCCan establece como una de las funciones del Registro de Sociedades Cooperativas de Canarias la de "legalizar los libros obligatorios de las entidades cooperativas". Correlativamente, el art. 81.2 LSCCan establece que "todos los libros sociales y contables serán diligenciados y legalizados, con carácter previo a su utilización, por el Registro de Sociedades Cooperativas de Canarias. A su vez, el precepto matiza que "también serán válidos los asientos y las anotaciones realizados por procedimientos informáticos o por otros procedimientos adecuados que, posteriormente, serán encuadernados correlativamente para formar los libros obligatorios, los cuales serán legalizados por el Registro de Sociedades Cooperativas de Canarias en el plazo de cuatro meses desde la fecha de cierre del ejercicio. Por lo demás, el art. 81.3 determina que "los citados libros serán presentados por medios electrónicos ante el Registro de Sociedades Cooperativas de Canarias para su legalización, en los términos que se establezcan por reglamento".

Dicho esto, las disposiciones relativas a la legalización de los libros obligatorios debemos buscarlas, al menos por el momento, en el *Real Decreto 136/2002, de 1 de febrero, por el que se aprueba el Reglamento del Registro de Sociedades Cooperativas.* Y es que, según la disposición transitoria tercera de la LSCCan: "mientras no entre en vigor el Reglamento del Registro de Sociedades Cooperativas de Canarias, seguirá resultando de aplicación el vigente Reglamento del Registro de Sociedades Cooperativas del Estado, en lo que no se oponga a lo establecido en la presente ley".

Pues bien, a efectos de lo que aquí interesa, el art. 27.2 del Real Decreto citado establece que: la legalización será previa a la utilización de los correspondientes libros. Si se utilizasen medios informáticos o semejantes, al cierre del ejercicio se reflejarán, cronológica y correlativamente, todos los datos en soporte papel y en formato encuadernado, que se presentará ante el Registro de Sociedades Cooperativas de Canarias para su legalización en término de cuatro meses desde que corresponda el cierre del ejercicio. Por lo demás, en virtud del art. 27.3, el citado Registro legalizará los libros mediante diligencia en que conste la denominación de la sociedad, clase de libro, número que le corresponda de los de su clase, número de folios de que se compone y fecha de la diligencia, y procederá a sellar todos sus folios, que estarán numerados correlativamente.

Tal y como puede observarse, los libros sociales (esto es, el libro registro de personas socias y de aportaciones al capital social y el libro de actas) deben legalizarse antes de su utilización (*legalización a priori*) [se entiende que completamente en blanco y con las hojas numeradas correlativamente, bien encuadernados, bien formados por hojas móviles]. Nada dice la LSCCan sobre el *dies a quo* del plazo de legalización ni sobre la necesidad de finalizar completamente un libro para poder utilizar el siguiente. En este sentido, por ejemplo, la LCCat establece que la legalización de los libros debe solicitarse en el plazo de los tres meses siguientes a la inscripción de la constitución de la cooperativa. En caso de que la legalización se solicite fuera del plazo legal, la persona encargada del registro debe hacerlo constar en la diligencia del libro (art. 69.3). Cabe destacar al respecto que no se puede legalizar un nuevo libro de socios y sus aportaciones sociales, ni un nuevo libro de actas de un órgano social de la cooperativa hasta que no se acredite la íntegra utilización del anterior, si bien se admite como forma de acreditación de la íntegra utilización del libro anterior la declaración responsable hecha de forma conjunta por el presidente y el secretario de la sociedad cooperativa (art. 69.4). La regla señalada no opera si se ha denunciado la sustracción del libro correspondiente, se ha consignado en acta notarial su pérdida o destrucción o se produce el cierre anticipado contemplado en el art. 69.5[9].

Por lo demás -como no podía ser de otra forma-, la LSCCan otorga validez a los asientos y las anotaciones realizados por procedimientos informáticos o por otros procedimientos adecuados que, posteriormente, serán encuadernados correlativamente para formar los libros obligatorios, los cuales serán legalizados por el Registro de Sociedades Cooperativas de Canarias en el plazo de cuatro meses desde la fecha de cierre del ejercicio[10].

---

9 De acuerdo con este precepto, "el libro puede cerrarse mediante diligencia extendida por el secretario del consejo rector en el supuesto de que el consejo rector haya acordado, motivadamente, cambiar de sistema, como pasar del sistema de libro encuadernado en blanco a hojas móviles. Este motivo de cierre debe ser acreditado ante el registro mediante la correspondiente declaración responsable emitida en los términos indicados por el apartado 69.4".

10 Tal y como se ha destacado, la legalización a posteriori permite "practicar los asientos y las anotaciones por procedimientos mecánicos, informáticos o por

Así, una entidad cuya fecha de cierre de ejercicio coincida con la finalización del año natural (31 de diciembre) dispondrá hasta el 30 de abril del año siguiente. La posibilidad de una *legalización a posteriori* facilita la llevanza informática de la contabilidad[11] si bien habrá que esperar al Reglamento del Registro de Sociedades Cooperativas de Canarias para conocer en detalle los requisitos formales que deberán cumplir los libros[12].

B) Llevanza y conservación

El art. 81.4 LSCCan especifica que "los libros y los demás documentos de la sociedad cooperativa estarán bajo la custodia, vigilancia y responsabilidad del órgano de administración, que deberá conservarlos, al menos, durante los cinco años siguientes a la transcripción de la última acta o asiento o a la extinción de los derechos y obligaciones que contengan, respectivamente". En relación con esta cuestión, el art. 29.1 del C. de c. establece que: "todos los libros y documentos contables deben ser llevados, cualquiera que sea el procedimiento utilizado, con claridad, por orden de fechas, sin espacios en blanco, interpolaciones, tachaduras ni raspaduras. Deberán salvarse a continuación, inmediatamente que se adviertan, los errores u omisiones padecidos en las anotaciones contables. No podrán

---

otros medios adecuados, que posteriormente serán impresos y encuadernados correlativamente para formar los libros obligatorios, los cuales serán legalizados por el Registro de Sociedades Cooperativas". Véase, OLMEDO PERALTA, E., "Singularidades del régimen jurídico contable de las sociedades cooperativas", *CIRIEC-España, Revista Jurídica de Economía Social y Cooperativa*, núm. 24, 2013, p. 126.

11 GÁLVEZ DOMÍNGUEZ, E., "Documentación", en AA.VV., *Tratado de Derecho de Sociedades Cooperativas*, Tomo I, 2ª ed. (Dir. PEINADO GRACIA), (Coord. VÁZQUEZ RUANO), Tirant lo Blanch, Valencia, 2019, p. 924.

12 En Cataluña, por ejemplo, el art. 70 del Decreto 203/2003, de 1 de agosto, sobre la estructura y el funcionamiento del Registro General de Cooperativas de Cataluña (RGCCat) señala que: "El libro de inventarios, el libro de balances y el libro diario, cuyas anotaciones y asientos pueden realizarse por procedimientos informáticos o mediante otros procedimientos adecuados, deben presentarse para su legalización encuadernados de forma que no sea posible intercambiar o sustituir las hojas que los componen" (apartado 1º). "Los libros contables obligatorios indicados en el apartado 70.1 deben estar formados por hojas encuadernadas con posterioridad a la realización de asientos y anotaciones por procedimientos informáticos o por otros procedimientos adecuados, deben tener la primera hoja en blanco y las demás numeradas correlativamente y por el orden cronológico que corresponda a los asientos y anotaciones realizados. Los espacios en blanco deben ser convenientemente anulados" (apartado 2º).

utilizarse abreviaturas o símbolos cuyo significado no sea preciso con arreglo a la Ley, el Reglamento o la práctica mercantil de general aplicación". En virtud del art. 143.2.1.b) LSCCan, constituye una infracción leve "no llevar en orden y al día los libros sociales y de contabilidad, por tiempo inferior a tres meses, contados desde el último asiento practicado".

En este contexto, es el órgano de administración (persona administradora única o consejo rector ex art. 45) el encargado de la llevanza de los libros. En efecto, únicamente en período de liquidación el art. 97.1.b LSCCan establece que será competencia de las personas liquidadoras "llevar y custodiar los libros y la correspondencia de la sociedad y velar por la integridad de su patrimonio".

Por lo demás, en virtud del art. 81.4 citado, será el órgano de administración el responsable de la custodia, vigilancia y conservación de todos los libros y documentos de la cooperativa durante un plazo determinado, a saber, los cinco años siguientes a la transcripción de la última acta o asiento o a la extinción de los derechos y obligaciones que contengan, respectivamente". De esta forma, la LSCCan evita la aplicación del art. 30.1 del C. de c., en virtud del cual "los empresarios conservarán los libros, correspondencia, documentación y justificantes concernientes a su negocio, debidamente ordenados, durante seis años, a partir del último asiento realizado en los libros, salvo lo que se establezca por disposiciones generales o especiales"[13].

En caso de liquidación de la cooperativa, una vez aprobado el balance final y realizada la adjudicación del haber social por los liquidadores, éstos deben solicitar en la escritura pública de extinción o, en su caso, en la escritura de disolución y liquidación de la cooperativa, la cancelación de los asientos registrales de la sociedad. Ahora bien, los liquidadores tendrán el deber de conservar los libros y documentos relativos al tráfico de la cooperativa durante el plazo de seis años a contar desde la fecha del asiento de cancelación de la cooperativa. La escritura se inscribirá en el Registro de Sociedades de Cooperativas de Canarias (art. 101.2 LSCCan).

---

[13] Véase, MORILLAS JARILLO, M.J., FELIÚ REY, M.I., *Curso de cooperativas, cit.*, p. 588.

III. AUDITORÍA

1. Verificación interna de las cuentas

La LSCCan configura los interventores de cuentas como un órgano necesario y no meramente facultativo o voluntario. En efecto, el art. 15 ("Contenido de los estatutos sociales") establece en su apartado 1, letra n, que en los estatutos se hará constar, al menos: "Determinación y composición del órgano de administración y periodo de duración de los respectivos cargos. Asimismo, determinación del número y periodo de actuación de las personas interventoras y, en su caso, de los miembros del comité de recursos". Obsérvese pues que, a diferencia del comité de recursos, el órgano de verificación interna de las cuentas es preceptivo.

Respecto a la naturaleza de la "intervención", el art. 54.1 LSCCan señala que: "Las personas designadas para ejercer la función interventora constituyen el órgano de fiscalización de la sociedad cooperativa y ejercen dicha función de conformidad con esta ley y con los estatutos sociales. En el ejercicio de las funciones de intervención tienen derecho a consultar y a comprobar toda la documentación de la cooperativa y a hacer las verificaciones que estimen necesarias. En virtud del art. 54.2, "Los estatutos fijarán el número de personas interventoras titulares de la sociedad cooperativa, que no podrá ser superior al de personas consejeras, ni a tres, pudiendo, asimismo, establecer la existencia y número de suplentes".

El control interno de las cuentas corresponde, en principio, de manera exclusiva a los propios socios de la cooperativa, los cuales no necesitan poseer una determinada cualificación profesional en la materia ["Las personas que van a ejercer la función interventora, tanto en calidad de titulares como de suplentes, serán elegidas por la asamblea general mediante votación secreta y por mayoría simple *de entre las personas socias de la sociedad cooperativa*]. No obstante, "los estatutos podrán prever que un tercio de la intervención como máximo, cuando esté regulada la existencia de más de una persona, sea nombrado entre terceras personas no socias que, por su cualificación profesional o experiencia técnica, contribuyan al más eficaz cumplimiento de las funciones encomendadas a la intervención" (art. 54.3)

El precepto resulta criticable. En primer término porque, si el interventor es único no podrá contar con la colaboración de un tercero cualificado. Por lo demás, si son dos los interventores tampoco vemos cómo "un tercio de la intervención" podrá ser asumida por un tercero. Hubiese sido mucho más práctico señalar, como hace por ejemplo el art. 65.1 LCCat, que "si la persona o personas nombradas son socias y no poseen los conocimientos idóneos para el ejercicio del cargo, la asamblea general ha de autorizar su asesoramiento externo, con cargo a los fondos de la cooperativa". En virtud de esta circunstancia "se abre la posibilidad de que los interventores que no cuentan con conocimientos precisos dispongan de la ayuda de profesionales especializados, incluso en aquellos supuestos en los que no resulta precisa ni obligatoria una auditoría externa"[14].

En cualquier caso, junto a la opción de que los propios socios actúen como interventores, la LSCCan también admite que la censura interna de las cuentas la lleven a cabo personas que no reúnan dicha condición. El hecho de que se ofrezca la posibilidad de contar con asesoramiento externo e, incluso, expertos ajenos a la cooperativa, responde a la necesidad de paliar los eventuales riesgos que conlleva dejar la censura de las cuentas en manos de socios que, en la mayor parte de los casos, no disponen del grado de preparación suficiente para desempeñar su tarea[15].

Una vez recibidas las cuentas y el resto de documentos que van a ser sometidos a la aprobación de la Asamblea, los interventores disponen del plazo máximo de un mes para formular el correspondiente informe (art. 56.a LSCCan). La norma simplemente alude al plazo de elaboración del informe y no, como hubiese sido más conveniente para evitar equívocos, al plazo de entrega al órgano de administración. En cualquier caso, dicho informe ha de ponerse a disposición de los socios de la cooperativa, con un mínimo de quince días de antelación a la celebración de la asamblea general, para su consulta

En efecto, el art. 24.3.d) configura como un derecho de las personas socias, "examinar en el domicilio social y en aquellos centros de trabajo que determinen los estatutos, en el plazo comprendido entre la convocatoria de la asamblea y su celebración, los documentos que vayan a ser sometidos a la misma y, en particular, las cuentas anuales, el informe de gestión, la propuesta de distribución de resultados y *el informe de las personas intervento-*

---

14 Véase, TATO PLAZA, "Os órganos sociais", en AA.VV., *Estudios sobre a Lei de Cooperativas de Galicia*, EGAP, Santiago de Compostela, p. 101.

15 FERNÁNDEZ CARBALLO-CALERO, P., "Auditoría", en AA.VV., *Tratado de Derecho de Sociedades Cooperativas, cit.*, p. 953. Es más, desde la perspectiva de los propios interventores, el nivel de responsabilidad que puede generar el cargo de interventor lo convierte en una especie de «regalo envenenado del que nadie quiere hacerse cargo». Véase, TATO PLAZA, "Os órganos sociais", *cit.*, p. 98.

ras o el informe de auditoría, según los casos. Y el art. 37.3 prescribe que "la asamblea general se convocará con una antelación mínima de quince días naturales y máxima de dos meses a la fecha prevista para su celebración".

En el supuesto de que hubiese varios interventores y existiesen discrepancias a la hora de emitir el informe, deberán emitir el informe por separado (art. 56, letra a).

Por lo que respecta a la importancia del informe, la LSCCan aborda expresamente la problemática que plantearía la falta de informe por causas únicamente imputables a los interventores. Así, señala en su art. 56 que: "en tanto no se haya emitido el informe o transcurrido (*rectius* transcurra) el plazo para hacerlo, no podrá ser convocada la asamblea general para la aprobación de las cuentas anuales". La relevancia de este precepto radica en que, si los interventores omiten o dilatan la elaboración del informe —habiendo recibido la documentación necesaria para su preparación en tiempo y forma—, "no se exigiría como requisito para la convocatoria de la Asamblea el informe, ni sería impugnable por causa de nulidad el acuerdo de la Asamblea que aprueba las cuentas en ausencia del mismo, con lo que se evita que los censores paralicen voluntaria o deliberadamente el funcionamiento de la Asamblea e impidan la necesaria deliberación sobre la cuentas"[16].

Finalmente, llama negativamente la atención la ausencia de una previsión que obligue al órgano de administración a aportar las cuentas anuales con el informe de la persona interventora [salvo que, como hemos apuntado previamente, dicho informe no se hubiese emitido por causas exclusivamente imputables a los interventores] en aquellos casos en que la cooperativa no esté obligada a hacer auditar sus cuentas.

---

16 Véase, MORILLAS JARILLO/FELIU REY, *Curso de cooperativas, cit.*, p. 607. Como acertadamente destacan, "caso distinto es el de la falta de informe de la intervención por falta de entrega, entrega incompleta o tardía de la documentación por los administradores: no sería posible, en este caso, convocar la Asamblea hasta que, una vez puestos los interventores en condiciones de cumplir con su función, hubiera transcurrido el plazo de un mes".

2. Auditoría externa

A) El sometimiento a una auditoría externa

De acuerdo con el art 1.2 de la Ley 22/2015, de 20 de julio, de Auditoría de Cuentas (LAC)[17], se entenderá por auditoría de cuentas «la actividad consistente en la revisión y verificación de las cuentas anuales, así como de otros estados financieros o documentos contables, elaborados con arreglo al marco normativo de información financiera que resulte de aplicación, siempre que dicha actividad tenga por objeto la emisión de un informe sobre la fiabilidad de dichos documentos que pueda tener efectos frente a terceros»[18].

La obligación de auditar los documentos contables puede responder, en el caso de las sociedades cooperativas canarias, a diversas fuentes (art. 83.1)[19]. En efecto, de acuerdo con esta norma, "1. Las sociedades cooperativas vendrán obligadas a auditar las cuentas anuales y el informe de gestión en cualquiera de los casos siguientes: a) Cuando así resulte de la Ley 22/2015, de 20 de julio, de Auditoría de Cuentas, o norma que la sustituya, y de sus normas de desarrollo. b) Cuando lo prevean los estatutos o lo acuerde la asamblea general. c) Cuando lo establezca esta ley. 2. Las cuentas anuales también deberán someterse a auditoría realizada por auditor externo cuando lo soliciten por escrito al órgano de administración un

---

17 (BOE de 21 de julio de 2015, núm. 173)

18 En el art. 1.3 del anterior Texto Refundido de la Ley de Auditoría de Cuentas, aprobado por el Real Decreto Legislativo 1/2011, de 1 de julio. se especificaba que «la auditoría de las cuentas anuales consistirá en verificar dichas cuentas a efectos de dictaminar si expresan la imagen fiel del patrimonio, de la situación financiera y de los resultados de la entidad auditada, de acuerdo con el marco normativo de información financiera que resulte de aplicación; también comprenderá, en su caso, la verificación de la concordancia del informe de gestión con dichas cuentas».

19 En todo caso, hay que partir del hecho de que el art. 40 del Código de Comercio señala que: *"sin perjuicio de lo establecido en otras leyes que obliguen a someter las cuentas legales a la auditoría de una persona que tenga la condición legal de auditor de cuentas, y de lo dispuesto en los artículos 32 y 33 de este Código, todo empresario vendrá obligado a someter a auditoría las cuentas anuales ordinarias o consolidadas, en su caso, de su empresa, cuando así lo acuerde el Secretario judicial o el Registrador mercantil del domicilio social del empresario si acogen la petición fundada de quien acredite un interés legítimo. Antes de estimar la solicitud, el Secretario judicial o el Registrador mercantil deberán exigir al solicitante que adelante los fondos necesarios para el pago de la retribución del auditor".*

número de personas socias suficiente para poder exigir la convocatoria de la asamblea general, siempre que no hayan transcurrido tres meses desde la fecha del cierre del ejercicio a auditar. En este supuesto los gastos de la auditoría serán por cuenta de la sociedad cooperativa, a menos que el informe de las personas auditoras reconozca que las cuentas auditadas no tienen vicios o irregularidades de ningún tipo, en cuyo caso se imputarán a las solicitantes".

Así las cosas, la LSCCan establece en primer término que las sociedades cooperativas estarán obligadas a auditar sus cuentas (y el informe de gestión) cuando así resulte de la Ley 22/2015, de 20 de julio, de Auditoría de Cuentas, o norma que la sustituya, y de sus normas de desarrollo.

Pues bien, en la actualidad, la auditoría de cuentas está regulada en la Ley 22/2015, de 20 de julio, de Auditoría de Cuentas (LAC 2015), la cual ha sido desarrollada reglamentariamente en el año 2021 por el Real Decreto 2/2021, de 12 de enero, por el que se aprueba el Reglamento de desarrollo de la Ley 22/2015, de 20 de julio, de Auditoría de Cuentas (RLAC 2021).

En virtud de la Disposición Adicional Primera RLAC 2021, las entidades, cualquiera que sea su naturaleza jurídica, estarán obligadas a someter a auditoría las cuentas anuales de los ejercicios en los que no concurran las condiciones del art. 263.2 de la LSC. En consecuencia, en este momento, las condiciones previstas en el art. 263.2 de la LSC son de aplicación también a las sociedades cooperativas y los límites cuantitativos que se aplican a estas sociedades y a las sociedades de capital son los mismos sin distinciones ni diferencias[20]. En este sentido, de acuerdo con el art. 263 LSC:

> *"1. Las cuentas anuales y, en su caso, el informe de gestión, deberán ser revisados por auditor de cuentas.*
>
> *2. Se exceptúa de esta obligación a las sociedades que durante dos ejercicios consecutivos reúnan, a la fecha de cierre de cada uno de ellos, al menos dos de las circunstancias siguientes:*
>
> *a) Que el total de las partidas del activo no supere los dos millones ochocientos cincuenta mil euros.*

[20] Vid. ZUBIAURRE GURRUCHAGA, A., "Implicaciones de los últimos cambios normativos en la obligación de auditoría de las sociedades cooperativas de Euskadi", *CIRIEC-España, Revista Jurídica de Economía Social y Cooperativa,* nº. 43, 2023, p. 330.

b) Que el importe neto de su cifra anual de negocios no supere los cinco millones setecientos mil euros.

c) Que el número medio de trabajadores empleados durante el ejercicio no sea superior a cincuenta.

Las sociedades perderán esta facultad si dejan de reunir, durante dos ejercicios consecutivos, dos de las circunstancias a que se refiere el párrafo anterior.

3. En el primer ejercicio social desde su constitución, transformación o fusión, las sociedades quedan exceptuadas de la obligación de auditarse si reúnen, al cierre de dicho ejercicio, al menos dos de las tres circunstancias expresadas en el apartado anterior."

Al margen de la fuente citada, de acuerdo con el art. 83.1 LSCCan, las sociedades cooperativas canarias estarán obligadas a auditar sus cuentas cuando así lo establezcan los estatutos o lo acuerde la asamblea general. En este sentido, diversas leyes autonómicas recogen esta doble posibilidad, permitiendo algunas de ellas a su vez que otros órganos el consejo rector[21], los interventores[22], la Comisión de Vigilancia[23] o la Comisión de Control de la Gestión[24] puedan acordar la auditoría externa de la sociedad.

A su vez, la LSCCan establece la obligación de verificar las cuentas anuales del ejercicio económico por los auditores de cuentas, de conformidad con la legislación vigente en materia de auditoría, si así lo solicitan por escrito al órgano de administración un número de personas socias suficiente para poder exigir la convocatoria de la asamblea general, siempre que no hayan transcurrido tres meses desde la fecha del cierre del ejercicio a auditar [vid. art. 83.2]. Este derecho en favor de una minoría de socios es reflejado prácticamente en todas las leyes autonómicas, si bien los porcentajes exigidos varían en función de cada texto legal [de acuerdo con el art. 37.2: "La asamblea general extraordinaria será convocada a iniciativa del órgano de administración, a petición efectuada por un número de personas socias que representen el veinte por ciento del total de votos y, si lo prevén los estatutos, a solicitud de la persona interventora. Si el requerimiento de la convocatoria no fuera atendido por el órgano de administración dentro

21 Art. 66.1 LCCat

22 Art. 80.1 LCLR

23 Art. 72.1.c) LCPV

24 Art. 50.1.d) LCCV

del plazo de un mes, las personas solicitantes podrán instar del órgano judicial competente la convocatoria según establece la legislación estatal"].

Es importante subrayar que -en principio- la LSCCan hace correr con los gastos de la auditoría a la sociedad cooperativa. Dicho esto, si el informe de las personas auditoras reconoce que las cuentas auditadas no tienen vicios o irregularidades de ningún tipo, los gastos se imputarán a las solicitantes (art. 83.2). Me parece una buena solución. La exigencia que contemplan diversas leyes autonómicas de que los solicitantes afronten de inicio el coste de la auditoría resulta disuasoria y ello a pesar de que obtengan el reembolso si se detectan vicios o irregularidades sustanciales en la contabilidad". Por otra parte, la solución que acoge la ley canaria evita solicitudes de auditoría injustificadas.

Finalmente, la LSCCan obliga a ciertas clases de cooperativas a auditar sus cuentas. Así, de acuerdo con su art. 115, *"Las cooperativas de viviendas, antes de presentar las cuentas anuales a la aprobación de la asamblea general ordinaria, tienen que someterlas a una auditoría externa de cuentas sin perjuicio de lo que establece el artículo 83 de esta ley, en los siguientes supuestos: a) Que la cooperativa tenga en promoción, entre viviendas y locales, un número superior a cincuenta. b) Cualquiera que sea el número de viviendas y locales en promoción, cuando correspondan a distintas fases, o cuando se construyan en distintos bloques que constituyan, a efectos económicos, promociones diferentes. c) Que la cooperativa haya otorgado poderes relativos a la gestión empresarial a personas físicas o jurídicas, distintas de los miembros del consejo rector. d) Cuando lo prevean los estatutos o los acuerdos de la asamblea general"*. Al mismo tiempo, la LCCan obliga a auditar sus cuentas anuales a las sociedades cooperativas que dispongan de alguna sección (art. 9.4).

Ya para concluir este apartado, cabe subrayar que la LSCCan califica en su art. 143.2.2.d) como infracción grave: *"La falta de auditoría externa, cuando esta resulte obligatoria, legal o estatutariamente"*. Es un artículo que podríamos calificar como "tibio", tanto por la tipificación de la infracción como por su tenor literal. Sirva como ejemplo el contraste con el artículo 150.3 LCCat, que prescribe como infracción muy grave *"incumplir la obligación de someter las cuentas del ejercicio a verificación mediante una auditoría externa, si lo establecen la presente ley o los estatutos sociales, lo acuerda la asamblea general o el consejo rector o lo solicita, como mínimo, el 10% de los socios o bien cincuenta socios de la cooperativa"*.

B) Designación del auditor y revocación

Los auditores de cuentas son personas físicas o jurídicas- independientemente de la forma societaria adoptada- autorizadas para realizar auditorías de cuentas por el Instituto de Contabilidad y Auditoría de Cuentas —figurando inscritas en el Registro Oficial de Auditores de Cuentas— o por las autoridades competentes de un Estado miembro de la Unión Europea o de un tercer país (art. 3 LAC, apartados 3 y 4)[25].

La designación de los auditores corresponde en las sociedades cooperativas canarias a la Asamblea General. No obstante, cuando la asamblea general no hubiera nombrado oportunamente las personas auditoras, o en el supuesto de falta de aceptación, renuncia u otros que determinen la imposibilidad de que la persona auditora que se haya nombrado lleve a cabo su cometido, el órgano de administración y las restantes personas legitimadas para solicitar la auditoría podrán pedir al órgano del que dependa el Registro de Sociedades Cooperativas de Canarias que nombre una persona auditora para que efectúe la revisión de las cuentas anuales de un determinado ejercicio (art. 83.3).

En relación con la revocación del nombramiento, la competencia corresponde a la Asamblea General (art. 41.2 LSCCan), especificando el art. 83.4 que: *"una vez nombrada la persona auditora, no se podrá proceder a la revocación de su nombramiento, salvo por justa causa"*[26]. Así las cosas, se permite la destitución del auditor siempre y cuando dicha decisión esté justificada y no obedezca a motivos arbitrarios. Dicho esto, en realidad es suficiente la declaración de existencia de esa «justa causa» por parte de la Asamblea para que la sociedad pueda dar por finalizada la labor del auditor, sin que resulte necesaria la aprobación judicial respecto a la validez de la misma[27]. Cuestión distinta es que, posteriormente, los motivos aducidos para revo-

---

25 Toda la información relativa a los requisitos para ejercer la profesión de auditor, su régimen de responsabilidades, cuestiones relativas al deber de secreto y custodia, posibles infracciones y sanciones, etc., se recogen en la Ley de Auditoría de Cuentas y a la espera del Reglamento de desarrollo.

26 El art. 264.3 de la LSC dispone que "la junta general no podrá revocar al auditor antes de que finalice el período inicial para el que fue nombrado, o antes de que finalice cada uno de los trabajos para los que fue contratado una vez finalice el período inicial, a no ser que medie justa causa".

27 En este sentido, analizando la anterior Ley de Sociedades Anónimas, Véase, ARANA GONDRA, F.J. y ZUBIAURRE GURRUCHAGA, A., *Verificación de las cuentas anuales de la Sociedad Anónima*, Edersa, Madrid, p. 156.

car el nombramiento del auditor puedan ser sometidos a un control judicial encaminado a verificar su oportunidad. Así las cosas, las excesivas facultades que se conceden a la Asamblea en este punto pueden motivar una situación perjudicial para el auditor. En efecto, una vez revocado el nombramiento, si el juez competente determina finalmente que la destitución no respondió a una «justa causa»[28], el auditor afectado tendrá muy complicado volver a ejercer su cargo, quedando a salvo, claro está, la correspondiente indemnización de daños y perjuicios derivados de la resolución contractual.

C) Duración del cargo

La LSCCan se pronuncia sobre la duración del cargo de auditor en su art. 83.3. En virtud de este precepto, *"el nombramiento de las personas auditoras deberá hacerse por un período de tiempo determinado que no podrá ser inferior a tres años ni superior a nueve a contar desde la fecha en que se inicie el primer ejercicio a auditar, pudiendo ser reelegidas por la asamblea general anualmente una vez haya finalizado el período inicial"*. En este punto diversas leyes cooperativas autonómicas no contienen una regulación específica, por lo que resulta de aplicación el art. 22 LAC; de acuerdo con esta disposición, el nombramiento de los auditores deberá hacerse por un período de tiempo determinado que no podrá ser inferior a tres años ni superior a nueve, contando desde la fecha de inicio del primer ejercicio a auditar; una vez finalizado el período inicial, podrán ser reelegidos tácitamente por períodos máximos de tres años, esto es, tres ejercicios contables[29].

---

[28] Acerca de este concepto jurídico indeterminado, Véase, SÁNCHEZ-CALERO GUILARTE, J., "La revocación del auditor de cuentas en la sociedad anónima", *RdS,* núm. 2, 1994, p. 74, ILLESCAS, R., "Las cuentas anuales de la sociedad anónima", en AA.VV., *Comentario al régimen legal de las sociedades mercantiles,* Tomo VIII, Volumen 2, (Dirs. URÍA, MENÉNDEZ, OLIVENCIA), Civitas, Madrid, 1993, p. 83, OTERO RUBIN, J. L., "La revocación de los auditores: la justa causa", *La Ley,* núm. 1, 1993, p. 1010.

[29] Sobre la duración del cargo de auditor, Véase, IGLESIAS PRADA, J. L., "La duración del cargo de auditor. Consideraciones críticas", en AA.VV., *Estudios jurídicos en homenaje al Profesor Aurelio Menéndez,* Volumen II, (Coord. IGLESIAS PRADA), Civitas, Madrid, 1996, pp. 1895 y ss., PETIT LAVALL, Mª V., "La supresión de la regla de rotación obligatoria en el nombramiento de auditores de cuentas por la Ley 2/1995, de 23 de marzo, de Sociedades de Responsabilidad Limitada", *R.G.D.*, núm. 609, 1995, pp. 6903 y ss.

D) El informe de auditoría

La relación entre el auditor designado y la cooperativa constituye un contrato de arrendamiento de obra, cuyo fruto debe ser el informe de auditoría regulado en el art. 5 LAC[30].

El informe, que posee la naturaleza de documento mercantil, contendrá al menos los siguientes extremos: "*a) Identificación de la entidad auditada, de las cuentas anuales que son objeto de la auditoría, del marco normativo de información financiera que se aplicó en su elaboración, de las personas físicas o jurídicas que encargaron el trabajo y, en su caso, de las personas a quienes vaya destinado; así como la referencia a que las cuentas anuales han sido formuladas por el órgano de administración de la entidad auditada. b) Una descripción general del alcance de la auditoría realizada, con referencia a las normas de auditoría conforme a las cuales ésta se ha llevado a cabo y, en su caso, de los procedimientos previstos en ellas que no haya sido posible aplicar como consecuencia de cualquier limitación puesta de manifiesto en el desarrollo de la auditoría. Asimismo, se informará sobre la responsabilidad del auditor de cuentas o sociedad de auditoría de expresar una opinión sobre las citadas cuentas en su conjunto. c) Explicación de que la auditoría se ha planificado y ejecutado con el fin de obtener una seguridad razonable de que las cuentas anuales están libres de incorrecciones materiales, incluidas las derivadas del fraude. Asimismo, se describirán los riesgos considerados más significativos de la existencia de incorrecciones materiales, incluidas las debidas a fraude, un resumen de las respuestas del auditor a dichos riesgos y, en su caso, de las observaciones esenciales derivadas de los mencionados riesgos. d) Declaración de que no se han prestado servicios distintos a los de la auditoría de las cuentas anuales o concurrido situaciones o circunstancias que hayan afectado a la necesaria independencia del auditor o sociedad de auditoría, de acuerdo con el régimen regulado en las secciones 1.ª y 2.ª del capítulo III del título I. e) Una opinión técnica en la que se manifestará, de forma clara y precisa, si las cuentas anuales ofrecen la imagen fiel del patrimonio, de la situación financiera y de los resultados de la entidad auditada, de acuerdo con el marco normativo de información financiera que resulte de aplicación y, en particular, con los principios y criterios contables contenidos en el mismo. La opinión podrá revestir cuatro modalidades: favorable, con salvedades, desfavorable o denegada. Cuando no existan salvedades la opinión será favorable. En el caso de que existan tales salvedades, deberán reflejarse todas ellas en el informe y la opinión técnica será con salvedades, desfavorable o denegada. Asimismo, se indicarán, en su caso, las posibles incertidumbres significativas o materiales relacionadas con hechos*

---

30 Véase, ILLESCAS ORTIZ, "Las cuentas anuales de la sociedad anónima", *cit.*, p. 36.

o condiciones que pudieran suscitar dudas significativas sobre la capacidad de la entidad auditada para continuar como empresa en funcionamiento. También se hará referencia a las cuestiones que, no constituyendo una salvedad, el auditor de cuentas deba o considere necesario destacar a fin de enfatizarlas. f) Una opinión sobre la concordancia o no del informe de gestión con las cuentas correspondientes al mismo ejercicio, en el caso de que el citado informe de gestión acompañe a las cuentas anuales. Asimismo, se incluirá una opinión sobre si el contenido y presentación de dicho informe de gestión es conforme con lo requerido por la normativa que resulte de aplicación, y se indicarán, en su caso, las incorrecciones materiales que se hubiesen detectado a este respecto. g) Una declaración de si la entidad auditada estaba obligada a presentar, en el ejercicio previo al auditado, el informe relativo al impuesto de sociedades o impuestos de naturaleza idéntica o análoga al que se refiere la disposición adicional undécima de la presente ley. En caso de que estuviera obligada, una declaración de que la entidad publicó el informe en el Registro Mercantil y en la página web correspondiente, de conformidad con lo previsto en la citada disposición. h) Fecha y firma de quien o quienes lo hubieran realizado. La fecha del informe de auditoría será aquella en que el auditor y la sociedad de auditoría han completado los procedimientos de auditoría necesarios para formarse una opinión sobre las cuentas anuales".

El informe de auditoría deberá estar a disposición de los socios en el plazo comprendido entre la convocatoria de la Asamblea que haya de decidir sobre la materia y su celebración. Dicha previsión, que supone una manifestación del derecho de información que ha de asistir al socio, se recoge en la práctica totalidad de las leyes cooperativas de nuestro país. En concreto, el art. 24.3. LSCCan dispone que: *"toda persona socia de la sociedad cooperativa podrá ejercer el derecho de información en los términos previstos en esta ley, en los estatutos o en los acuerdos de la asamblea general y como mínimo, tendrá derecho a: [...] "Examinar en el domicilio social y en aquellos centros de trabajo que determinen los estatutos, en el plazo comprendido entre la convocatoria de la asamblea y su celebración, los documentos que vayan a ser sometidos a la misma y, en particular, las cuentas anuales, el informe de gestión, la propuesta de distribución de resultados y el informe de las personas interventoras o el informe de auditoría, según los casos (apartado d)".*

Ya en lo relativo al valor que presenta el informe de auditoría, y ante el silencio de la LSCCan, a pesar de que el art. 62 LCoop no condiciona la convocatoria de la Asamblea que va a debatir la aprobación de las cuentas a la previa emisión del informe de auditoría[31], en caso de que la cooperativa esté sujeta a una auditoría de cuentas, dicha auditoría deberá efectuarse con carácter previo[32].

Por último, y en virtud del art. 82 LSCCan, el órgano de administración presentará para su depósito en el Registro de Sociedades Cooperativas de Canarias, en el plazo de un mes desde su aprobación, certificado de los acuerdos de la asamblea general de aprobación de las cuentas anuales y de aplicación de los excedentes o imputación de las pérdidas. A dicho certificado habrá de adjuntarse un ejemplar de cada una de las cuentas aprobadas, así como, en su caso, el informe de gestión y el informe de auditoría, cuando la sociedad esté obligada a auditar sus cuentas o este se haya realizado a petición de la minoría. Si alguna o varias de las cuentas anuales se han formulado en forma abreviada, se hará constar en el certificado, con expresión de la causa (apartado 3º). La documentación reseñada en el apartado anterior deberá presentarse en soporte electrónico a través de los procedimientos telemáticos que se determinen por reglamento (apartado 4º).

IV. BIBLIOGRAFÍA

ARANA GONDRA, F.J./ZUBIAURRE GURRUCHAGA, A., *Verificación de las cuentas anuales de la Sociedad Anónima*, Edersa, Madrid, 2001.

DE LA VEGA GARCÍA, F. L., "Cuentas anuales y auditoría", en AA. VV., *La sociedad cooperativa en la ley 27/1999, de 16 de julio, de cooperativas* (Coord. ALONSO ESPINOSA), Comares, Granada, 2001.

FERNÁNDEZ CARBALLO-CALERO, P., "Auditoría", en AA.VV., *Tratado de Derecho de Sociedades Cooperativas*, Tomo I, 2ª ed. (Dir. PEINADO GRACIA), (Coord. VÁZQUEZ RUANO), Tirant lo Blanch, Valencia, 2019.

GADEA SOLER, E., "Régimen económico y financiero II. Los resultados del ejercicio económico", en AA.VV., *Cooperativas: régimen jurídico y fiscal* (Coord. FAJARDO GARCÍA), Tirant lo Blanch, Valencia, 2011.

---

31 A diferencia de lo que hace el art. 39.1 respecto a la censura de las cuentas por parte de los interventores.

32 MORILLAS JARILLO/FELIU REY, *Curso de cooperativas, cit.*, p. 612 y GOMEZA VILLA, "De la documentación social y contabilidad", *cit.*, p. 351, que justifica esta interpretación en el derecho de información del socio y en el art. 16.3.d) LC, que contempla expresamente la facultad del socio de «examinar…el informe de los interventores o el informe de la auditoría, según los casos».

GÁLVEZ DOMÍNGUEZ, E., "Documentación", en AA.VV., *Tratado de Derecho de Sociedades Cooperativas,* Tomo I, 2ª ed. (Dir. PEINADO GRACIA), (Coord. VÁZQUEZ RUANO), Tirant lo Blanch, Valencia, 2019.

GOMEZA VILLA, J. A., "De la documentación social y contabilidad", en AA. VV., *Comentarios a la Ley 27/1999, de 16 de julio,* (Coord. GARCÍA SÁNCHEZ, J. A), Colegios Notariales de España, Madrid, 2001.

ILLESCAS, R., "Las cuentas anuales de la sociedad anónima", en AA.VV., Comentario al régimen legal de las sociedades mercantiles, Tomo VIII, Volumen 2, (Dirs. URÍA, MENÉNDEZ, OLIVENCIA), Civitas, Madrid, 1993.

MORILLAS JARILLO, M. J., "El órgano de administración. Apoderamiento y Dirección (arts. 36-42 y 46-52 LSCA), en AA.VV., *Retos y oportunidades de las sociedades cooperativas andaluzas ante su nuevo marco lega*l, (Dirs. MORILLAS JARILLO, VARGAS VASSEROT) (Coord. CANO ORTEGA), Dykinson, Madrid, 2017.

MORILLAS JARILLO, M.J./FELIU REY, M.I., *Curso de cooperativas,* Tomo I, 3ª ed., Tecnos, Madrid, 2018.

OLMEDO PERALTA, E., "Singularidades del régimen jurídico contable de las sociedades cooperativas", *CIRIEC-España, Revista Jurídica de Economía Social y Cooperativa,* núm. 24, 2013.

OTERO RUBIN, J.L., "La revocación de los auditores: la justa causa", *La Ley,* núm. 1, 1993.

PETIT LAVALL, MªV., "La supresión de la regla de rotación obligatoria en el nombramiento de auditores de cuentas por la Ley 2/1995, de 23 de marzo, de Sociedades de Responsabilidad Limitada", *Revista General de Derecho,* núm. 609, 1995.

SÁNCHEZ-CALERO GUILARTE, J., "La revocación del auditor de cuentas en la sociedad anónima", *Revista de Derecho de Sociedades,* núm. 2, 1994.

SANTOS, M.A., "La Ley 12/2015, de 9 de julio, de Cooperativas de Cataluña, (Y II), *Revista de Derecho Mercantil,* núm. 312, 2019.

TATO PLAZA, A., "Os órganos sociais", en AA.VV., *Estudios sobre a Lei de Cooperativas de Galicia,* EGAP, Santiago de Compostela, 1999.

VELASCO FABRA, G., *Régimen jurídico de la verificación de las cuentas anuales. Propuestas de reforma,* Aranzadi, Cizur Menor, 2011.

VELASCO FABRA, G., *El auditor de cuentas,* Aranzadi, Cizur Menor, 2015.

ZUBIAURRE GURRUCHAGA, A., "Implicaciones de los últimos cambios normativos en la obligación de auditoría de las sociedades cooperativas de Euskadi", *CIRIEC-España, Revista Jurídica de Economía Social y Cooperativa,* nº. 43, 2023.

Capítulo XI.

La contabilidad de la sociedad cooperativa canaria

FERNANDO POLO GARRIDO

Profesor Titular de Economía Financiera y Contabilidad

Centro de Investigación en Gestión de Empresas. Universitat Politècnica de València

I. INTRODUCCIÓN

Dedicar un capítulo al estudio la contabilidad de la sociedad cooperativa canaria obliga a hacer una breve referencia a los primeros antecedentes que abordan la contabilidad de las cooperativas en España como Gardó[1] en la década de los 20 y Cerdá y Richart[2] en la década de los 40 ambas del pasado siglo XX[3].

---

1 GARDÓ, J., *Contabilidad para cooperativas,* Editorial Cultura, Barcelona,1925.

2 CERDÁ Y RICHART, B., Administración y contabilidad para cooperativas, Bosch, Barcelona, 1941.

3 Para un estudio de la evolución de la contabilidad de cooperativas desde sus orígenes hasta 2006 puede consultarse POLO GARRIDO, F., "La contabilidad de cooperativas en un proceso de armonización contable internacional. El caso de España." *REVESCO, Revista de Estudios Cooperativos,* n° 89, 2006, pp. 108-138.

Por no remontarnos muy atrás en el tiempo, como antecedentes normalizadores más inmediatos de la situación actual tenemos el anterior Plan General de Contabilidad de 1990 y las anteriores Normas sobre los Aspectos Contables de las Sociedades Cooperativas[4] (en adelante ONACC-2003), que supuso el primer caso de norma especial contable por razón del sujeto contable. Actualmente, como es bien sabido el vigente marco contable queda configurado básicamente para las cooperativas por el vigente PGC de 2007 y su normativa de desarrollo, especialmente las actuales ONACC.

Pero en relación con la contabilidad de cooperativas no sólo ha habido un desarrollo de normas contables, sino que además la profesión contable ha mostrado un interés por la misma. En este sentido, la Asociación Española de Contabilidad y Administración de Empresas (AECA) creó en 2007 la Comisión de Contabilidad de Cooperativas, actualmente denominada Comisión de Cooperativas y otras empresas de la Economía Social.

La citada Comisión ha emitido hasta la fecha tres documentos, cinco Notas Técnicas y cuatro Opiniones Emitidas. De todas estas publicaciones, son cinco las relacionadas con la contabilidad (información financiera) y la información de sostenibilidad (no financiera), la primera publicación de la Comisión fue sobre fondos propios en cooperativas[5], la segunda fue sobre el FEP[6]; ya en la segunda etapa de la Comisión se publicó la Nota Técnica sobre el estado de flujos de efectivo en las sociedades cooperativas[7], la Nota Técnica sobre la obligatoriedad del Estado de Información no Financiera en las Empresas de la Economía Social[8] y la Nota Técnica sobre las prácticas de divulgación de información no financiera en las cooperativas españolas de mayor dimensión[9].

---

4 ORDEN ECO/3614/2003, de 16 de diciembre, por la que se aprueban las normas sobre los aspectos contables de las Sociedades Cooperativas (en adelante ONACC-2003).

5 AECA, Comisión de Contabilidad de Cooperativas, *Fondos Propios en las Cooperativas.* Madrid, 2009.

6 AECA, Comisión de Contabilidad de Cooperativas, *El Fondo de Educación, Formación y Promoción.* Madrid, 2010.

7 AECA, Comisión de Cooperativas y otras empresas de la Economía Social, *El Estado de Flujos de Efectivo en las Sociedades Cooperativas.* Madrid, 2021.

8 AECA, Comisión de Cooperativas y otras empresas de la Economía Social, *Obligatoriedad del Estado de Información no Financiera en las Empresas de la Economía Social.* Madrid, 2021.

9 AECA, Comisión de Cooperativas y otras empresas de la Economía Social, *Prácticas de divulgación de información no financiera en las cooperativas españolas de mayor*

En el siguiente epígrafe desarrollamos el marco contable de las sociedades cooperativas, en el epígrafe tercero se desarrollan las Normas sobre los aspectos contables de las sociedades cooperativas y en el último epígrafe incluimos una breve nota sobre temas de actualidad que pueden afectar a la contabilidad de cooperativas.

II. MARCO CONTABLE

El art. 82 LSCCan establece que las cooperativas han de llevar una contabilidad ordenada y adecuada a su actividad, con sujeción al Código de comercio y a la normativa contable con las singularidades de la naturaleza del régimen económico de las sociedades cooperativas.

Por lo tanto, las cooperativas les es de aplicación la normativa general contable contenida en el Código de Comercio y en el Plan General de Contabilidad (PGC) y, cuando sea aplicable, y en caso de haber optado por el mismo, el Plan General de Contabilidad de Pequeñas y Medianas Empresas (PGC-PYMES), teniendo presente la normativa especial contable de las cooperativas, la Orden EHA/3360/2010, de 21 de diciembre, por la que se aprueban las Normas sobre los Aspectos Contables de las Sociedades Cooperativas (ONACC). Dicha Orden establece su aplicación obligatoria para todas las cooperativas, y en todo lo no modificado por estas normas contables especiales por razón del sujeto contable, seguirá siendo de aplicación el Plan General de Contabilidad, así como adaptaciones sectoriales y Resoluciones del Instituto de Contabilidad y Auditoría de Cuentas (ICAC).

Las cooperativas de crédito y de seguros se rigen por las disposiciones específicas contables sectoriales que les son de aplicación[10], siendo las ONACC aplicables únicamente en lo no previsto en aquéllas.

Para las cooperativas que dispongan de sección de crédito, en cuanto a dicha sección, seguirán la normativa contable específica que les sea de

---

dimensión: recomendaciones. Madrid, 2022.

[10] Para las cooperativas de crédito la Circular 4/2017, de 27 de noviembre, del Banco de España, a entidades de crédito, sobre normas de información financiera pública y reservada, y modelos de estados financieros, y para las cooperativas de seguros Real Decreto 1317/2008, de 24 de julio, por el que se aprueba el Plan de contabilidad de las entidades aseguradoras.

aplicación y, en su defecto, o para aquellos aspectos no contemplados en las mismas, las ONACC[11].

Como cierre de esta breve sección, únicamente hay que mencionar que las cooperativas canarias han depositar sus cuentas anuales en el registro de sociedades cooperativas de Canarias (art. 82.3 LSCCan).

III. LAS NORMAS SOBRE LOS ASPECTOS CONTABLES DE LAS SOCIEDADES COOPERATIVAS (ONACC)

En este epígrafe desarrollaremos cada una de las normas contenidas en las ONACC con referencias oportunas a consultas al ICAC.

1. Patrimonio neto

La norma primera se limita a definir el patrimonio neto como la parte residual de los activos una vez deducidos todos sus pasivos y a enumerar sus partidas (capital social, reservas y otras partidas). Una norma poco operativa para el registro contable, pues, aunque enumere esas partidas (capital social, reservas), lo cierto es que estarán en el patrimonio neto o en el pasivo en función de lo establecido en las restantes normas.

2. Capital social

La norma segunda establece el concepto del capital social como el definido como tal por la Ley[12], para acto seguido abordar su clasificación contable.

---

[11] Véase al respecto la Consulta al ICAC sobre el tratamiento contable de las pérdidas por deterioro de las inversiones realizadas por una sociedad cooperativa con sección de crédito (Boletín Oficial del Instituto de Contabilidad y Auditoría de Cuentas (en adelante BOICAC) 84 diciembre 2010, consulta nº 12).

[12] A este respecto conviene recordar lo establecido por la Disposición adicional única, "Capital cooperativo", que indica que las Normas sobre los aspectos contables de las sociedades cooperativas no afectarán a la calificación del capital social a los efectos regulados en la ley de cooperativas que resulte de aplicación, los estatutos sociales y la legislación mercantil en general. Es decir, el capital social de la sociedad cooperativa será el emitido como tal a efectos de la Ley de cooperativas, independientemente de que haya sido clasificado como fondos propios o como pasivo de acuerdo

El capital social de las cooperativas se calificará como patrimonio neto, en particular, como fondos propios, como un instrumento financiero compuesto, o como pasivo, en función de las características de las aportaciones de los socios o partícipes.

El capital se clasificará en el patrimonio neto, dentro del mismo en los fondos propios, cuando el reembolso en caso de baja pueda ser rehusado incondicionalmente por el órgano de administración[13], siempre que no obliguen a la sociedad cooperativa a pagar una remuneración obligatoria al socio o partícipe y el retorno sea discrecional.

Cumpliendo los requisitos anteriores, las aportaciones al capital se clasifican como fondos propios a pesar de que los estatutos sociales prevean:

a) Que las aportaciones obligatorias iniciales de las nuevas personas socias deban efectuarse mediante la adquisición de las aportaciones cuyo reembolso hubiese sido rehusado por la cooperativa.
b) Limitaciones sobre la distribución del resultado en tanto en cuanto existan aportaciones cuyo reembolso ha sido rehusado.
c) Que cuando en un ejercicio el importe de la devolución de las aportaciones supere un determinado porcentaje del capital social, los nuevos reembolsos estarán condicionados al acuerdo favorable del Consejo Rector o de la Asamblea General. En estos casos, se calificará como fondos propios el importe del capital social que supere el citado porcentaje[14].

Es de destacar la consulta 7 del BOICAC nº 87 de 2011 sobre la clasificación de las aportaciones de los socios al capital de una sociedad coo-

---

con lo dispuesto en las Normas sobre los aspectos contables de las sociedades cooperativas.

13 La LSCCan, art 63.1b establece que será el órgano de administración quien pueda rehusar el reembolso de las aportaciones "rehusables".

14 En este caso el derecho de la cooperativa a rehusar el reembolso es sobre una parte del capital social, a este respecto hay que tener presente la Consulta nº 6 publicada en el BOICAC nº 94/2013 que si el porcentaje a rehusar se establece sobre el capital social "*existente el primer día de cada ejercicio económico, cada año, en todo caso, puede llegar a reembolsarse ese porcentaje, lo que tendencialmente originará que transcurrido un determinado número de ejercicios la práctica totalidad de las aportaciones al capital social se pueden haber reembolsado por la mera previsión estatutaria en tal sentido*", clasificándose en el pasivo todo el capital social. Para su clasificación el patrimonio neto se requiere que ese porcentaje se vincule a una cifra fija del capital social o al capital social máximo que haya tenido la cooperativa a lo largo de su historia.

perativa cuando sean exigibles única y exclusivamente en el caso de baja obligatoria por incapacidad o jubilación por dos motivos, uno por su importancia, especialmente para cooperativas de trabajo asociado y segundo porque supone un desarrollo de los criterios de clasificación más que una interpretación de éstos. La consulta termina concluyendo, sobre la base de las cooperativas como sociedad de personas que cuando la actividad cooperativizada no pueda seguir desarrollándose por imposición legal, como sucede en los supuestos de incapacidad y jubilación, el ICAC considera que el derecho de reembolso no califica la aportación como un pasivo, si dichas circunstancias impiden la continuidad de la actividad cooperativizada, como pudiera ser el caso de las cooperativas de trabajo asociado.

También tendrá la calificación de fondos propios (patrimonio neto), el derecho del socio al retorno cooperativo en función de la actividad cooperativizada y el derecho a la remuneración al capital social, siempre que tengan naturaleza discrecional.

Las aportaciones al capital social se considerarán instrumentos financieros compuestos, cuando incluyan al menos un componente de patrimonio neto y un componente de pasivo financiero, de acuerdo con lo previsto en la presente Norma, en la norma de registro y valoración 9.ª Instrumentos financieros del Plan General de Contabilidad y en la norma de registro y valoración 9.ª Pasivos financieros del PGC-PYMES. Esto sucederá cuando la cooperativa esté obligada en alguno de los supuestos siguientes, reembolso de capital social, remuneración del capital social y retornos, y al mismo tiempo tenga discrecionalidad en algunos de ellos, por ejemplo, aportaciones cuyo reembolso no pueda ser rehusado por la cooperativa, su remuneración (interés) y el retorno sean discrecionales.

Las aportaciones al capital social se clasificarán como pasivos financieros en los supuestos no previstos en los apartados anteriores. Se trata de una definición residual de la clasificación. En la gran mayoría de los casos las aportaciones al capital social serán instrumentos compuestos o de patrimonio neto.

Respecto a la valoración de las aportaciones, cuando éstas se han clasificado como fondos propios, siguen pues la valoración de éstos. Las ONACC explicitan que será el importe de las aportaciones suscritas, minorado en la parte del capital no exigido, asimismo, los gastos de emisión que le sean directamente atribuibles se reconocerán minorando las reservas de la sociedad. Como fondos propios, la valoración posterior no cambia.

En el caso de que se clasifique como instrumento compuesto, la cooperativa reconocerá, valorará y presentará el instrumento en su conjunto como un pasivo financiero.

En el caso de que se clasifique como pasivo financiero, se incluirá en la categoría de "Pasivos financieros a coste amortizado" y dentro de ésta en "Débitos por operaciones no comerciales" (Norma de Registro y Valoración 9° del PGC).

La valoración inicial del pasivo será el importe de las aportaciones suscritas, minorado en la parte del capital no exigido. Los gastos de emisión que le sean directamente atribuibles se reconocerán en la cuenta de pérdidas y ganancias cuando se incurra en ellos, salvo que pueda realizarse una imputación fiable de acuerdo con un criterio financiero, en cuyo caso se seguirá este criterio[15].

La valoración posterior será al coste incrementado[16] en los intereses que se vayan devengando.

En relación con las cuentas anuales, las ONACC introducen un epígrafe en el balance para el capital social deuda, éste se presentará en un epígrafe del pasivo no corriente o corriente del balance, dependiendo de su vencimiento, denominado "Deudas con características especiales a largo plazo" y "Deudas con características especiales a corto plazo", en una partida creada al efecto con la denominación de "Capital reembolsable exigible", habilitando cuentas en los subgrupos 15 y 50 respectivamente.

Respecto de la remuneración de las aportaciones al capital social, si éstas se han calificado como fondos propios, la remuneración se considerará una distribución de resultados y, por lo tanto, supondrá una minora-

---

15 Una valoración fiable sólo podrá hacerse en casos muy limitados como en las cooperativas a término, socios temporales o socios con un periodo de permanencia mínimo. En esos casos se podrá aplicar un criterio financiero en el periodo determinado por la vida de la cooperativa a término el periodo de vinculación del socio temporal o el periodo de permanencia mínimo, permitiendo periodificar dichos gastos más allá del ejercicio en que se incurrieron.

16 Las ONACC han hecho uso del concepto coste incrementado que fue incluido en otros pronunciamientos del ICAC en la valoración de los préstamos participativos. El documento Fondos Propios de AECA (Obra *cit.*) emplea el novedoso criterio "importe a reembolsar" que incluye la cuota liquidativa al socio por su participación en los fondos propios, es decir reservas. En dicho documento no se trata como compartimentos estancos capital social y reservas, tal como si lo hacen las ONACC.

ción directa del patrimonio neto. Cuando las aportaciones se contabilicen como un pasivo financiero, su tratamiento contable dependerá de si es obligatoria o discrecional. Si la remuneración es obligatoria, motivará el registro de un gasto en la cuenta de pérdidas y ganancias de acuerdo con el coste incrementado y empleando la cuenta habilitada al efecto 6647 "Intereses y retorno obligatorio de las aportaciones al capital cooperativo y de otros fondos calificados con características de deuda". Si la remuneración es discrecional, se contabilizará como una distribución de resultados en la fecha en que la Asamblea General adopte el acuerdo de distribución en la medida que retribuye un componente de patrimonio neto.

Las reducciones del capital social cooperativo que tengan la consideración de fondos propios motivadas por el reembolso de las aportaciones al socio que cause baja producirán, desde el momento en que adquiera firmeza el acuerdo de la cooperativa por el que se formaliza dicho reembolso, el cambio de naturaleza de la partida, de forma que se calificará como deuda por el importe del valor acreditado de las aportaciones al capital social en la fecha en la que se produzca.

Si como consecuencia de la reducción de capital se reembolsase algún otro importe correspondiente a otras partidas de fondos propios, se calificará en los mismos términos que los señalados anteriormente.

El importe a reembolsar de las aportaciones al socio que cause baja se registrará en la partida "Deudas con socios", creada al efecto, dentro del epígrafe "Deudas con empresas del grupo, asociadas y socios", del pasivo no corriente o corriente del balance, dependiendo del vencimiento.

Si el capital social se ha contabilizado como pasivo financiero, las reducciones se consideran devoluciones o reembolsos de dicho pasivo financiero, considerando los intereses devengados hasta ese momento. Su importe se contabilizará, una vez hecho efectivo, minorando la partida que refleje el pasivo financiero.

Las deducciones a efectuar en los importes a reembolsar al socio derivadas de la existencia de pérdidas imputadas e imputables se reconocerán en partidas de reservas en todo caso. En cambio, cuando las deducciones traen causa de una baja no justificada se reconocerán en partidas de reservas cuando las aportaciones al capital social se hayan clasificado en los fondos propios y cuando dichas aportaciones se hayan clasificado como pasivos financieros las deducciones se tratarán como un ingreso financiero en la cuenta de pérdidas y ganancias de la cooperativa, sin perjuicio de su posterior dotación al Fondo de Reserva Obligatorio, cuando la ley así lo prevea.

3. Otras aportaciones de los socios no reintegrables

El importe exigido por la cooperativa a sus socios en concepto de aportaciones o cuotas no reintegrables, ya sean de carácter dinerario o no dinerario, se calificará como fondos propios cuando no constituya la contraprestación o retribución de los bienes o servicios prestados. Se distinguen:

a) "Cuotas de ingreso" de nuevos socios, en los términos legalmente establecidos, figurarán en el Fondo de Reserva Obligatorio (cuenta 112), dentro del epígrafe Reservas de los fondos propios, salvo que el Fondo de Reserva Obligatorio se haya clasificado como un pasivo atendiendo a la Norma cuarta de la ONACC

b) Aportaciones o cuotas que se exijan con la finalidad de compensar total o parcialmente pérdidas de la sociedad cooperativa. Figurarán en el epígrafe "Otras aportaciones de socios" en los Fondos propios, empleando la cuenta 1181 "Aportaciones de socios en cooperativas".

c) Aportaciones o cuotas destinadas directamente a incrementar los fondos de reserva de la cooperativa, se recogerán en la partida correspondiente del epígrafe "Reservas", de acuerdo con lo que al respecto haya acordado la sociedad cooperativa.

Según se indica en la introducción de la ONACC, apartado II punto 12º, Entre estas aportaciones reguladas en la Norma tercera y consideradas como reservas pueden estar las aportaciones de los socios a los fondos operativos de las cooperativas reconocidas como organizaciones de productores de frutas y hortalizas (OPFH).

4. Fondos de reserva específicos de las sociedades cooperativas

A) Fondo de Reserva Obligatorio

Fondo destinado a la consolidación, desarrollo y garantía de la sociedad cooperativa, por lo que se identifica con una partida de los fondos propios, calificándose como una reserva legal y clasificado tradicionalmente siempre en los fondos propios. No obstante, lo anterior, si es parcialmente repartible y reúne la definición de pasivo financiero tendrá tal calificación en la parte que corresponda.

La dotación del mismo a partir del excedente o resultados definidos en la Ley de cooperativas se tratará contablemente como una la aplicación del resultado de la cooperativa cuando el Fondo no sea exigible o cuando siendo exigible su dotación no sea obligatoria, y se tratará contablemente como un gasto en la cuenta de pérdidas y ganancias cuando el Fondo sea exigible y, además, la dotación sea obligatoria.

También se puede nutrir del importe que corresponda de la revalorización de balances cuando lo permita la ley de cooperativas, observando el cumplimiento de las obligaciones que se deriven de la correspondiente ley de actualización.

Con posterioridad a la dotación inicial, el "Fondo de Reserva Obligatorio" que deba calificarse como un pasivo financiero se medirá por su valor de reembolso.

El Fondo de Reserva Obligatorio (FRO) figurará generalmente en el patrimonio neto, en la subagrupación "Fondos propios", dentro del epígrafe "Reservas" en la partida "Fondo de Reserva Obligatorio".

Si el "Fondo de Reserva Obligatorio" se califica como pasivo financiero se mostrará en el pasivo no corriente o corriente del balance, en función de su vencimiento, en el epígrafe de "Deudas con características especiales a largo plazo" y "Deudas con características especiales a corto plazo", en la partida "Fondos especiales calificados como pasivos".

La ONACC habilita la cuenta 112 Fondo Reserva Obligatorio cuando se clasifica en los fondos propios y para su clasificación como pasivo las cuentas 1711 "Acreedores por Fondo de Reserva Obligatorio a largo plazo" y 5211 "Acreedores por Fondo de Reserva Obligatorio a corto plazo".

B) Fondo de Reembolso o Actualización

El Fondo de Reembolso o Actualización, partida generada por la sociedad cooperativa destinada a incrementar el valor de las aportaciones que se restituyan en el futuro, tendrá la consideración de fondos propios de la sociedad cooperativa siempre que no sea exigible; en caso contrario será un pasivo financiero.

La dotación al Fondo de Reembolso o Actualización se tratará contablemente como:

a) Una aplicación del resultado de la cooperativa, con cargo a la cuenta 129, en el caso de que la dotación sea discrecional o el fondo no sea exigible.

b) Como un gasto en la cuenta de pérdidas y ganancias en la cuenta 6647 "Intereses y retorno obligatorio de las aportaciones al capital cooperativo y de otros fondos calificados con características de deuda" si la dotación es obligatoria y el fondo es exigible.

Si de acuerdo con el Código de Comercio se promulgara una ley que permitiera la revalorización de activos, se generaría, en su caso, una reserva de revalorización; cuando ésta fuera disponible se incorporaría a este fondo la parte que correspondiera o, en su caso, lo que señalara la ley.

Con posterioridad a la dotación inicial, el "Fondo de Reembolso o Actualización" que deba calificarse como un pasivo financiero se medirá por su valor de reembolso.

En las cuentas anuales cuando se clasifique como fondo propio (Cuenta 1145 "Fondo de Reembolso o Actualización") figurará en el epígrafe reservas de los fondos propios y cuando se clasifique como pasivo figurará en el pasivo no corriente o corriente del balance, dependiendo de su vencimiento, en el epígrafe "Deudas a largo plazo con empresas de grupo, asociadas y socios" y "Deudas a corto plazo con empresas de grupo, asociadas y socios", en la partida "Fondos especiales calificados como pasivos" (cuentas 1712 "Acreedores por Fondo de Reembolso o Actualización a largo plazo" y 5212 "Acreedores por Fondo de Reembolso o Actualización a corto plazo").

C) Fondo de Reserva Voluntario

El Fondo de Reserva Voluntario constituye un fondo que se destina a la consolidación, desarrollo y garantía de la sociedad cooperativa, por lo que se identifica generalmente con una partida de los fondos propios, calificándose como una reserva voluntaria (cuenta 113 "Fondo de Reserva Voluntario"); ahora bien, si el Fondo de Reserva Voluntario es parcialmente repartible y reúne la definición de pasivo financiero, tendrá tal calificación en la parte que corresponda (cuentas 1713 "Acreedores por Fondo de Reserva Voluntario a largo plazo" y 5213 "Acreedores por Fondo de Reserva Voluntario a corto plazo").

La dotación del mismo, con cargo al excedente de la cooperativa según definido en la Ley de cooperativas, se tratará contablemente en todo caso como una distribución del resultado cuando la dotación sea voluntaria, y como un gasto contable (cuenta 6647) cuando la dotación sea obligatoria y se destine al Fondo exigible.

Con posterioridad a la dotación inicial, el Fondo de Reserva Voluntario que deba calificarse como un pasivo financiero se medirá por su valor de reembolso.

D) Fondos de sostenibilidad

La LSCCan (art. 80) prevé que los estatutos de la cooperativa puedan establecer unos fondos voluntarios que denomina de sostenibilidad con objeto de dotar a la cooperativa de estabilidad financiera con imputación individualizada a cada una de las personas socias.

Al ser la LSCCan posterior a las ONACC, éstas no abordan su clasificación contable. Habrá que estar a la regulación que establezcan los Estatutos sobre estos fondos, a nuestro juicio, el hecho de que estén individualizados no implica necesariamente que sean exigibles por el socio, aunque será seguramente el caso más habitual. Por ejemplo, la LSCCan explícitamente pone como ejemplo de funcionamiento el carácter rotatorio, retornándose parcialmente a la persona socia cada anualidad transcurrido un plazo no inferior a cinco años. En este caso estaremos ante un pasivo.

La cooperativa deberá habilitar cuentas en los subgrupos 11 en el caso de que se clasifique como patrimonio neto (fondos propios) o 17 o 52, dependiendo de su vencimiento, en el caso de que se clasifique como pasivo financiero. Para el caso de su clasificación como patrimonio neto podría habilitarse la cuenta 1146 Fondo de sostenibilidad y en caso de clasificarse como pasivo financiero podrían habilitarse las cuentas 1714 Acreedores por fondo de sostenibilidad a largo plazo y 5213 Acreedores por fondo de sostenibilidad a corto plazo.

5. Fondos subordinados con vencimiento en la liquidación de la cooperativa

A) Fondo de participaciones

Se trata de participaciones emitidas por las cooperativas suscritas por terceros o socios cuyo vencimiento no tendrá lugar hasta la aprobación de la liquidación de la cooperativa, que pueden ser reembolsadas discrecionalmente por las cooperativas, y que, a efectos de prelación de créditos, se situarán detrás de todos los acreedores comunes.

Se clasificarán contablemente como fondos propios cuando se cumplan ambas características: i) que únicamente exista obligación de reembolso en la liquidación de la cooperativa y ii) que no lleven aparejado el pago de una remuneración obligatoria por parte de la cooperativa. Figurarán en el epígrafe "Fondos capitalizados" dentro de los fondos propios. Para su registro se ha habilitado la cuenta 107 "Fondo de participaciones y otros fondos subordinados con vencimiento en la liquidación".

En los restantes casos se clasificarán como pasivos financieros, empleando las cuentas 1714 "Acreedores por fondos capitalizados a largo plazo" y 5214 "Acreedores por fondos capitalizados a corto plazo" y figurando respectivamente en las partidas creadas al efecto "Acreedores por fondos capitalizados a largo plazo" y "Acreedores por fondos capitalizados corto plazo", dentro del epígrafe "Deudas con características especiales a largo plazo" o del epígrafe "Deudas con características especiales a corto plazo", del pasivo no corriente y corriente del balance, según corresponda.

El tratamiento contable de su remuneración es el establecido para el capital social, es decir si dichos fondos se han calificado como fondos propios, la remuneración se considerará una distribución de resultados y, por lo tanto, supondrá una minoración directa del patrimonio neto. Si dichos fondos se han clasificado como un pasivo financiero, su tratamiento contable dependerá de si dicha remuneración es obligatoria o discrecional. Si es obligatoria, se tratará contablemente como un gasto en la cuenta de pérdidas y ganancias de acuerdo con el coste incrementado y empleando la cuenta 6647 "Intereses y retorno obligatorio de las aportaciones al capital cooperativo y de otros fondos calificados con características de deuda". Si la remuneración es discrecional, se contabilizará como una distribución de resultados.

B) Otros fondos subordinados

Se trata de fondos de financiación obtenidos por las cooperativas cuyo vencimiento no tendrá lugar hasta la aprobación de la liquidación de la cooperativa y que, a efectos de prelación de créditos, se situarán detrás de todos los acreedores comunes.

El tratamiento contable se realizará de acuerdo con lo previsto respecto de los fondos subordinados con vencimiento en la liquidación de la cooperativa.

6. Fondo de Educación, Formación y Promoción y otras contribuciones obligatorias similares

La predecesora de las actuales ONACC, las ONACC-2003 clasificaban el FEP en el balance en una partida intermedia entre los fondos propios y los pasivos, aunque su dotación como gasto hacía de su tratamiento más próximo a una provisión para riesgos y gastos (pasivo) que a los antiguos Ingresos a distribuir en varios ejercicios. Las actuales ONACC, como era previsible, clasifican el FEP como un pasivo, creando al efecto una partida específica del pasivo del balance y su dotación, tanto obligatoria como discrecional, como un gasto para la cooperativa.

Para su presentación en el balance se ha creado una partida específica ("Fondo de Educación, Formación y Promoción") en el largo o corto plazo según corresponda, habilitando para ello las cuentas 148 "Fondo de Educación, Formación y Promoción a largo plazo" y 5298 "Fondo de Educación, Formación y Promoción a corto plazo".

Para el registro contable de la dotación como gasto se ha habilitado la cuenta 657 "Dotación al Fondo de Educación, Formación y Promoción" y para el registro contable de los ingresos imputables al fondo se ha habilitado la cuenta 757 "Ingresos imputables al Fondo de Educación, Formación y Promoción" y cuatro subcuentas.

Cuando se registren ingresos imputables al FEP se empleará la cuenta anterior (757) motivando la correlativa dotación (gasto contable) del FEP.

Como novedad respecto de las anteriores ONACC-2003, se desarrolla el tratamiento contable en el caso de la aplicación del FEP con los propios medios de la cooperativa habilitando la cuenta 737 "Trabajos realizados para el Fondo de Educación, Formación y Promoción" que es abonada con cargo al FEP en el momento de su aplicación por los propios medios de la cooperativa. Este funcionamiento recuerda los movimientos del grupo 73 del PGC "Trabajos realizados para la empresa", pero en este caso no se está dando de alta un activo si no cancelando un pasivo (el FEP).

Asimismo, las ONACC también han entrado a desarrollar el movimiento contable el caso de que el fondo se materialice en la adquisición de un activo, estableciendo que desde una perspectiva estrictamente contable la aplicación del Fondo se producirá a medida que se amortice, deteriore o enajene el citado activo.

Para su presentación en la cuenta de pérdidas y ganancias las ONACC crean una partida con la denominación "Fondo de Educación, Formación y Promoción" en el resultado de explotación que mostrará de forma desagregada la dotación del ejercicio y los ingresos imputados al FEP.

Debemos destacar el Documento de la Comisión de Cooperativas de AECA destinado al FEP[17] que desarrolla aspectos no suficientemente claros en las ONACC como el momento del registro del gasto por la dotación discrecional, la aplicación del FEP a activos afectos al mismo, valoración posterior del FEP, subvenciones de capital imputables al FEP, así como la información a revelar en la memoria[18].

7. Resultado

Ésta norma es idéntica a las anteriores ONACC-2003, en síntesis, establece que el resultado del ejercicio económico de las sociedades cooperativas se determinará de acuerdo con los principios y normas de valoración contenidos en el PGC o en el PGC-PYMES, según proceda, y los criterios especiales contenidos en las ONACC. Establece explícitamente la autonomía del resultado contable respecto del resultado definido en la Ley de Cooperativas al que podemos denominar resultado societario.

Asimismo, establece explícitamente que la cuenta de pérdidas y ganancias de las cooperativas se ha de formular de acuerdo con las normas de elaboración y estructura del PGC (o PGC-PYMES, según proceda) y, por supuesto, con las reglas específicas contenidas en las ONACC (Norma Decimotercera). Por lo tanto, a efectos de cuentas anuales la cuenta de pérdidas y ganancias no ha de seguir la estructura o separación de partidas establecida en la legislación cooperativa. Las ONACC resuelven los requerimientos que establece la legislación cooperativa respecto de la cuenta de pérdidas y ganancias estableciendo información adicional en la memoria (Norma Decimotercera).

8. Adquisiciones de bienes a los socios

La norma octava regula el tratamiento del suministro de bienes del socio para la gestión cooperativa, teniendo presente la finalidad de la coo-

---

17 AECA, Comisión de Contabilidad de Cooperativas, *El Fondo de Educación, Formación y Promoción (op. cit.)*.

18 Sobre la información a revelar en memoria véase más adelante la norma de las ONACC sobre Cuentas Anuales.

perativa que es ofrecer el mejor servicio al mejor precio, trasladando al socio parte de las economías obtenidas por la cooperativa. La legislación cooperativa establece que dichos suministros son gastos para la cooperativa y establece criterios para su determinación (precio de liquidación, precio de mercado o con límite superior en éstos). La LSCCan establece que el importe de dichos bienes será en valor no superior a los precios reales de liquidación (art. 74.3.a).

La dinámica de las adquisiciones de bienes o entregas para la gestión cooperativa determina qué en el momento de la entrega, generalmente el precio no está establecido, sino que éste se determina en función de circunstancias futuras (e.g. el precio de venta). Por ejemplo, el referido en la legislación cooperativa como precio de liquidación supone deducir del precio de venta a terceros los costes necesarios para realizar la venta, o en su caso transformarlos. En la normativa contable nos recuerda el valor neto realizable.

La ONACC, reitera, como no podía ser de otro modo que estas adquisiciones se valoran por el precio de adquisición, único criterio valorativo admitido para esta clase de activos. Ahora bien, nos indica que si dicho precio se determina en función de circunstancias futuras ha de realizarse una estimación inicial.

Si a la entrega, el precio de adquisición estimado supere el importe pagado o comprometido a pagar en firme figurará, a efectos de su registro contable, en una partida acreedora del pasivo del balance (habilitando la cuenta 4007 "Proveedores socios cooperativos"). Si media un cierre de ejercicio desde la adquisición hasta la liquidación definitiva, la ONACC requiere que se realice una nueva estimación del precio a fecha de cierre de acuerdo con la información disponible; esta nueva estimación se efectuará también en el caso de elaboración de estados financieros intermedios.

Si operan límites sobre el precio de adquisición, bien impuestos por la Ley de Cooperativas o por pactos realizados entre la cooperativa y sus socios, y si finalmente el límite que opere sea menor que el precio de adquisición estimado inicialmente, la diferencia existente entre ambos minorará el valor de los bienes adquiridos, de forma que si se hubiera pagado o comprometido a pagar un importe superior al que finalmente se liquidará, se pondrá de manifiesto un crédito a favor de la cooperativa frente al socio (habilitando la cuenta 447 "Socios deudores: créditos por operaciones efectuadas con socios"), o un menor importe de la deuda inicialmente registrada.

Por el contrario, si el precio de adquisición estimado inicialmente es menor que el precio definitivo a pagar al socio finalmente determinado, la diferencia existente entre ambos aumentará el valor de los bienes adquiridos, y, como consecuencia, se registrará una partida acreedora con el socio en el pasivo del balance.

Para el registro del gasto se habilita la cuenta 605 "Compras efectuadas a los socios" y 617 "Variación de existencias adquiridas a socios" que se presentan en la cuenta de pérdidas y ganancias en un epígrafe independiente dentro de aprovisionamientos. Por otra parte, se habilita una cuenta específica de existencias (317 "Materias primas adquiridas a socios").

Además del desarrollo anterior, es decir la habitual entrega de bienes para la gestión cooperativa, la ONACC prevé el caso de entregas efectuadas por cuenta de los socios, es decir, actuando la cooperativa a modo de comisionista de forma que no se producen adquisiciones o ventas de los bienes, En este caso se registrarán los movimientos financieros correspondientes y, en su caso, la retribución que la cooperativa obtenga por el servicio de mediación prestado como un ingreso del ejercicio.

9. Adquisiciones de servicios de trabajo a los socios

Su tratamiento es el de gasto de personal habilitando la cuenta 647 "Retribución a los socios trabajadores". Para la valoración de los servicios de trabajo por los socios trabajadores se aplica el precio de adquisición con las reglas establecidas anteriormente para el caso en- que dicho precio se establezca en función de circunstancias futuras y operen límites sobre dicho precio. La LSCCan, del mismo modo que la LCoop, no establece límite sobre la valoración de los llamados anticipos societarios.

La ONACC reitera que el gasto por estas adquisiciones ha de obedecer a la corriente real asociada a los servicios (principio del devengo) con independencia de la corriente financiera (anticipos) y de que el precio de adquisición se cuantifique en función del resultado del ejercicio económico.

En la cuenta de pérdidas y ganancias se incorpora un epígrafe especifico dentro de los gastos de personal.

Cuando se adquieran servicios a los socios distintos a los de trabajo también se aplicará lo indicado anteriormente.

10. Ingresos consecuencia de operaciones con los socios

Esta norma establece que las aportaciones que constituyan la contraprestación efectuada por los socios a cambio de la entrega de bienes o prestación de servicios cooperativizados, presentes o futuros, se entienden realizadas en términos de compensación de costes. Aunque si bien la mención a que se realicen en términos de compensación de costes va a tener poca transcendencia práctica, más allá quizás de una salvaguarda para evitar transacciones por debajo del precio de coste.

En las ONACC-2003 se habilitaba una cuenta en el subgrupo 75 "Otros ingresos de explotación", las actuales ONACC hacen lo mismo (cuenta 756 "Ingresos de operaciones con socios"), pero acertadamente añaden que se empleará para el registro de operaciones que no tengan el carácter de actividades ordinarias y que para los ingresos derivados de las operaciones realizadas con socios que caen dentro de la actividad normal u ordinaria de la cooperativa formarán parte de la cifra de negocios.

11. Distribución de resultados

La distribución del resultado en cooperativas puede resultar ciertamente compleja al imbricarse la normativa sustantiva cooperativa y la contable, máxime aún si la cooperativa cuenta con secciones, la cuales suelen presentar distribución del resultado por secciones si así lo establecen sus estatutos.

Está norma de la ONACC prevé que cuando la cooperativa tenga establecida legalmente más de una sección de actividad, la distribución del resultado y la imputación de pérdidas se realizarán de forma separada para cada una de ellas siempre que la ley lo permita y los estatutos sociales así lo exijan.

Establece las siguientes reglas para la distribución del resultado positivo de la sociedad cooperativa (suma algebraica de los excedentes o beneficios cooperativos y de los beneficios extracooperativos y extraordinarios), siempre en los términos definidos en la ley:

a) La cuantificación del posible reparto al FRO y de la dotación al FEP se llevará a cabo de acuerdo con los porcentajes y bases de cálculo establecidos en la ley.

b) El beneficio disponible resultante de aplicar lo dispuesto anteriormente, esto es, una vez deducidos los importes establecidos en la ley, se destinará, según lo establecido en los estatutos o lo acordado por la Asamblea General, a:

b.1) Retorno cooperativo y remuneración discrecional a los socios. Habilitando la cuenta 526 "Retorno cooperativo y remuneración discrecional a pagar a corto plazo" figurando en el pasivo corriente del balance dentro del epígrafe "Deudas a corto plazo con empresas del grupo, asociadas y socios", en la partida "Deudas con socios" y la cuenta 1715 "Retorno cooperativo y remuneración discrecional a pagar a largo plazo" figurando en el pasivo no corriente del balance dentro del epígrafe "Deudas a largo plazo con empresas del grupo, asociadas y socios".

b.2) Fondos de reserva voluntarios.

b.3) Fondo de Reserva Obligatorio, en un importe superior al obligatorio.

b.4) Capital social, incrementando las aportaciones de los socios en los términos establecidos por la ley.

b.5) Otras partidas, de acuerdo con las características con que las configure la ley. Cuando la ley establezca que el importe de estas partidas sirva de base para el reconocimiento de "intereses" a los socios, dicha remuneración se registrará contablemente de acuerdo con lo dispuesto en la Norma Segunda Capital Social.

En el caso de que la cooperativa incurra en pérdidas, dicho importe se aplicará en el ejercicio siguiente en la partida "Resultados negativos de ejercicios anteriores" del epígrafe "Resultados de ejercicios anteriores" de los "Fondos propios".

El importe de la partida «Resultados negativos de ejercicios anteriores», se compensará:

a) Con cargo a reservas voluntarias

b) Con cargo al FRO en los términos previstos en la ley[19].

c) La cuantía restante, en su caso, que será imputada a las distintas clases de socios de la cooperativa de acuerdo con lo dispuesto en

---

19 Si ésta obliga a que cuando dicho Fondo resulte insuficiente se recoja en una partida especial, la diferencia existente figurará en la partida "Fondo de Reserva Obligatorio" con signo negativo, incorporando información específica en la memoria de las cuentas anuales.

la ley, se aplicará de alguna de las formas siguientes, salvo que los estatutos prevean de forma expresa su compensación con cargo a futuros resultados positivos:

Mediante su abono directo; pudiéndose aplicar las aportaciones o cuotas recogidas en la partida "Otras aportaciones de socios" referidas en la Norma Tercera.

Mediante disminución del capital social calificado como patrimonio neto o pasivo, reduciendo el importe de las aportaciones obligatorias y voluntarias de los socios.

Mediante deducción o compensación de cualquier partida representativa de las inversiones financieras realizadas por socios en la cooperativa.

Con cargo a los "retornos cooperativos" futuros en los términos establecidos en la ley. El citado retorno se registrará por su valor nominal en el activo del balance en la partida correspondiente a "Créditos a socios", y en una partida que figurará en el epígrafe "Otras aportaciones de socios" de la subagrupación "Fondos propios" del patrimonio neto, habilitando las cuentas 2527 "Créditos con socios por pérdidas a compensar a largo plazo" y 5427 "Créditos con socios por pérdidas a compensar a corto plazo", que serán cargadas con abono a la cuenta 1181 "Aportaciones de socios en cooperativas".

12. Gasto por impuesto sobre beneficios

Las cooperativas disponen de un régimen fiscal especial, a destacar aquí dentro del mecanismo de liquidación la compensación de cuotas integras (de resultados cooperativos y extracooperativos), es por este motivo que la ONACC-2003 incorporó una norma sobre el gasto por impuesto sobre beneficios, norma que se ha mantenido en las actuales ONACC sin contenido relevante.

Establece que la cuantificación de los respectivos activos y pasivos por impuestos diferidos se realizará teniendo en cuenta el tipo de gravamen, cooperativo o extracooperativo, que corresponda a la naturaleza de los resultados relacionados con dichos créditos y débitos, así como, en su caso, la calificación fiscal de protegida o especialmente protegida de que goce la cooperativa.

13. Cuentas anuales

Esta norma incorpora modelos de cuentas anuales normales y abreviados (anexos I y II de las ONACC).

Asimismo, establece los siguientes apartados a recoger en la memoria:

A. Separación de las partidas de la cuenta de pérdidas y ganancias» para la determinación de los distintos resultados.

B. Información separada por secciones

C. Fondo de Educación, Formación y Promoción

D. Operaciones con socios

E. Modificación del apartado 3 de la memoria el PGC, modelos normal y abreviado, “Aplicación de resultados”.

F. Modificación del apartado “Fondos propios” de la memoria de las cuentas anuales.

G. Inclusión de información en el apartado de la memoria “Situación Fiscal”, 12 de la memoria normal y 9 de la memoria abreviada.

Desarrollaremos a continuación sucintamente cada uno de ellos. Por otra parte, como documento elaborado por organizaciones profesionales cabe señalar el Modelo de memoria no abreviada de sociedades cooperativas elaborado por el Consejo General de Economistas (2022).

A) Separación de las partidas de la cuenta de pérdidas y ganancias» para la determinación de los distintos resultados

En este apartado se da respuesta al contenido de la legislación cooperativa sobre la separación de distintos resultados en la cuenta de pérdidas y ganancias. La LSCCan (art. 74.4) establece que figurarán en contabilidad separada (de los resultados cooperativos) los resultados extracooperativos, los obtenidos de actividades económicas o fuentes ajenas a los fines específicos de la sociedad cooperativa, los derivados de inversiones o participaciones financieras en sociedades o los extraordinarios procedentes de plusvalías que resulten de los elementos del activo inmovilizado con ciertas excepciones.

La ONACC toma como referencia la LCoop[20] y establece para la memoria normal informar de las partidas correspondientes a resultados cooperativos, resultados extracooperativos y resultados de actividades económicas distintas de la cooperativizada, incluidos los derivados de las fuentes ajenas que las financien, sin perjuicio de los gastos financieros que correspondan a los resultados cooperativos y extracooperativos que formarán parte de sus respectivos resultados.

Adicionalmente, se informará de forma específica sobre el importe de las partidas que forman el resultado derivado de inversiones o participaciones financieras en sociedades, enajenación del inmovilizado con las excepciones establecidas en la ley y acuerdos intercooperativos.

En el caso de que la cooperativa pueda formular el modelo abreviado de memoria o pueda optar por la aplicación del PGC-PYMES, se podrán agrupar las distintas partidas que afectan a los distintos resultados a que se han mencionado anteriormente.

La ONACC no solo establece la obligación de informar separadamente de estas partidas de la cuenta de pérdidas y ganancias, sino que aporta normas para su elaboración.

1. Así pues, la asignación de los ingresos y gastos directos y la imputación de los ingresos y gastos comunes se realizará teniendo en cuenta los siguientes criterios:
2. Se identificarán cada una de las actividades realizadas por la cooperativa de acuerdo con lo indicado anteriormente.
3. A cada actividad se le asignarán los gastos e ingresos que le correspondan de forma exclusiva o directa y se imputarán con criterios racionales los comunes a dos o más actividades.
4. La imputación de los gastos e ingresos comunes se basará en criterios o indicadores lo más objetivos posibles y que se ajusten a las prácticas más habituales a este respecto en el sector, siempre con la orientación de que los gastos e ingresos imputados a cada actividad sean lo más paralelos al coste o costes que tengan una relación funcional más importante con las actividades realizadas, en sintonía con la adecuada correlación de ingresos y gastos.

---

[20] La LSCCan también toma como referencia la LCoop para separar los distintos tipos de resultados.

5. De acuerdo con el principio de uniformidad, los criterios de asignación e imputación de gastos e ingresos deberán establecerse y aplicarse sistemáticamente, manteniéndose de manera uniforme a lo largo del tiempo.

La memoria ha de detallar los criterios de asignación e imputación utilizados y, en caso de que por razones excepcionales y justificadas se llegaran a modificar dichos criterios, se dará cuenta de dichas razones, así como de la incidencia cuantitativa de los cambios en la valoración, considerando que los cambios se producen al inicio del ejercicio.

B) Información separada por secciones

Los estatutos sociales (LSCCan art. 9) pueden establecer la existencia de secciones sin personalidad jurídica independiente, que desarrollen, dentro del objeto social, actividades económico-sociales específicas con autonomía de gestión, patrimonio separado y cuentas de explotación diferenciadas, sin perjuicio de la contabilidad general de la cooperativa.

Asimismo, los estatutos sociales de las sociedades cooperativas pueden establecer que la distribución del resultado se haga de forma diferenciada en cada una de las secciones. El resto de legislación cooperativa se expresa en similares términos, patrimonios separados y generalmente responsabilidad separada por sección sin perjuicio de la general de la cooperativa, resultados y su distribución separados.

Las ONACC atienden a estos requerimientos estableciendo la obligación, cuando la cooperativa tenga distintas secciones, de informar separadamente sobre activos, pasivos, gastos e ingresos correspondientes a cada una de las secciones de la sociedad cooperativa, teniendo en cuenta los estatutos y las siguientes reglas recogidas en las normas de elaboración de las cuentas anuales:

a) Se identificará cada una de las secciones constituidas por la sociedad cooperativa, definidas conforme a la normativa específica, siempre que sean significativas.

   Las operaciones financieras que no sean imputables específicamente a una sección de las indicadas anteriormente se imputarán a la «Sección general de la cooperativa».

b) A cada sección se le asignarán los activos, pasivos, gastos e ingresos que le correspondan de forma exclusiva o directa y se imputarán con criterios racionales, teniendo en cuenta lo indicado en las letras siguientes de esta Norma, los comunes a dos o más secciones.

c) En aquellos casos en que con criterios racionales no se pueda realizar la imputación específica a una o varias secciones de los activos, pasivos, ingresos y gastos derivados de:

- Inversiones financieras.
- Tesorería.
- Deudores por operaciones de tráfico.
- Patrimonio neto.
- Provisiones.
- Acreedores.
- Fondo de Educación, Formación y Promoción.

Su asignación se realizará a la «Sección general de la cooperativa», explicando en la memoria las circunstancias que motivan esta asignación.

d) La imputación de los activos, pasivos, gastos e ingresos comunes se basará en criterios o indicadores lo más objetivos posibles y que se ajusten a las prácticas más habituales a este respecto, siempre con la orientación de que los gastos e ingresos imputados a cada sección sean lo más paralelos al coste o costes que tengan una relación funcional más importante con las actividades realizadas.

e) Los criterios de asignación e imputación de activos, pasivos, gastos e ingresos deberán establecerse y aplicarse sistemáticamente, manteniéndose de manera uniforme a lo largo del tiempo.

f) La distribución del resultado, sea éste positivo o negativo, se realizará o no de forma diferenciada en cada una de las secciones, según los criterios de la Ley y de los estatutos.

Debiendo detallar en la memoria los criterios de asignación e imputación utilizados y, en caso de que por razones excepcionales y justificadas se llegaran a modificar dichos criterios, deberá darse cuenta asimismo en la memoria de dichas razones, así como de la incidencia cuantitativa de dichos cambios en la valoración, considerando que los cambios se producen al inicio del ejercicio.

La norma incorpora modelo normal y abreviado de información separada por secciones que incorporan modelos de separación de activos por secciones, separación de patrimonio neto y pasivo por secciones y cuenta de pérdidas y ganancias por secciones.

C) Fondo de Educación, Formación y Promoción

La norma establece requerimientos de información, en concreto un análisis del movimiento de esta agrupación, detalle de las dotaciones del ejercicio, con desglose de los conceptos integrantes, detalle de las aplicaciones del ejercicio, con desglose de los conceptos integrantes, activos afectos al FEP detallando elementos significativos, amortizaciones, provisiones y otras correcciones valorativas que les afecten. Si la ley lo exige se informará de la liquidación del presupuesto de ingresos y gastos del ejercicio anterior y del plan de inversiones y gastos para el ejercicio en curso.

D) Operaciones con socios

La norma establece para el modelo normal de memoria que se informe de la política seguida por la cooperativa respecto de las adquisiciones en operaciones con los socios, indicando en particular para cada tipo de operación significativa las partidas de la cuenta de pérdidas y ganancias relativas a las adquisiciones de los socios y el importe de adquisición con el desglose necesario de cada partida de acuerdo con su naturaleza.

Se informará sobre la política seguida por la cooperativa respecto de los ingresos obtenidos en operaciones con los socios, indicando en particular para cada tipo de operación las partidas de la cuenta de pérdidas y ganancias relativas a ingresos de socios y el coste de los bienes y servicios entregados.

En las cooperativas integrales la información anterior solo se referirá a las actividades cooperativizadas en función de las cuales se distribuya el resultado.

Si la cooperativa formula modelo abreviado de memoria o ha optado por aplicar el PGC-PYMES. únicamente se informará sobre las políticas seguidas por la cooperativa respecto a las operaciones cooperativizadas, activas y pasivas, realizadas con los socios. No habrá pues detalle de las partidas de cada una de ellas.

E) Modificación del apartado 3 de la memoria el PGC, modelos normal y abreviado, "Aplicación de resultados"

El apartado 3 de la memoria se denominará "Intereses del capital social y distribución del resultado que incluirá información sobre las características e importe de la remuneración de las aportaciones al capital social; cuantía de las remuneraciones de las aportaciones obligatorias y voluntarias al capital social, señalando su forma de cálculo; indicando, mención expresa que se cumplen los requisitos establecidos por la ley y que, en ningún caso, dicha remuneración excede de los límites establecidos legalmente y por último, cuantía de la remuneración de los fondos subordinados de las cooperativas que tenga la consideración de fondos propios.

Se ha de informar sobre la propuesta de distribución de beneficios de acuerdo al siguiente esquema:

Base de reparto	Importe
Pérdidas y ganancias (beneficio disponible)	
Remanente	
Fondo de reserva voluntario	
Otras Reservas......	
Total	------
Distribución o aplicación	Importe
A fondo de reserva obligatorio	
A fondo de reservas voluntario	
A fondo de reembolso o de actualización	
A retorno cooperativo a pagar	
A compensación de pérdidas de ejercicios anteriores	
(crédito por retornos cooperativo a compensar)	
A capital social Total	-------

Al respecto, cabe mencionar la propuesta realizada en el Documento sobre el FEP de la Comisión de contabilidad de cooperativas de AECA consistente en incluir en la base de reparto y en la de aplicación la dotación del FEP. Esto viene motivado por su clasificación contable como gasto y con objeto de presentar a los socios la magnitud a repartir. Del mismo modo, cuando la dotación obligatoria al FRO repartible se haya considerado gasto se incorporará en la base de reparto. Con la propuesta de AECA los cuadros base de reparto y aplicaciones/distribuciones quedaría así:

BASE DE REPARTO	IMPORTE
Saldo de la cuenta de pérdidas y ganancias	
Remanente	
Reservas voluntarias	
Otras reservas de libre disposición	
Dotación al FEFP	
Dotación obligatoria al FRO repartible (clasificado como pasivo)	
TOTAL BASE DE REPARTO	

APLICACIÓN	IMPORTE
A fondo de reserva obligatorio	
A reserva por fondo de comercio	
A reservas especiales	
A reservas voluntarias	
A FEFP	
A	
A retornos cooperativos	
A socios deudores por pérdidas de ejercicios anteriores	
TOTAL APLICACIONES	

F) Modificación del apartado Fondos propios de la memoria de las cuentas anuales

Se establecen requerimientos de información en el modelo de memoria normal, en concreto un análisis del movimiento durante el ejercicio de cada partida incluida en fondos propios e información sobre importe capital social mínimo, valoración incorporada por el Consejo Rector en caso de aportaciones no dinerarias, importe del capital social clasificado como pasivo financiero, etc.

En la memoria modelo abreviado se simplifican los requerimientos, remitimos al lector a la ONACC para su lectura.

G) Inclusión de información en el apartado de la memoria "Situación Fiscal", 12 de la memoria normal y 9 de la memoria abreviada

Se establece la obligación de informar sobre las cuotas íntegras negativas pendientes de compensar fiscalmente, indicando el plazo y las condiciones para poderlo hacer. Asimismo, se ha de identificar de forma separada el impuesto corriente, así como los respectivos activos y pasivos por impuestos diferidos, teniendo en cuenta el tipo de gravamen, cooperativo o extracooperativo, que corresponde a la naturaleza de los resultados relacionados.

IV. UNA BREVE NOTA SOBRE TEMAS DE ACTUALIDAD

En el momento en que se escriben estás líneas está pendiente en el plano nacional de que el ICAC decida si modificar o no el PGC para su adaptación a la NIIF 18 Presentación e información a revelar en los estados financieros. Como aspecto a destacar, la citada NIIF introduce una estructura específica para la cuenta de resultados con objeto de mejorar la comparabilidad, dicha estructura presenta diferencias con la estructura de la cuenta de resultados del PGC.

En el plano internacional, está en desarrollo el proyecto sobre instrumentos financieros con características de patrimonio neto. En junio de 2018 el IASB publicó un documento para la discusión[21]. Los principios sobre los que se basa la distinción suponen una clasificación de aportaciones al capital social de las cooperativas, incluidas aquellas cuyo reembolso puede ser rehusado incondicionalmente por la cooperativa como pasivo financiero. En el Documento para la Discusión, las aportaciones al capital social retienen la actual clasificación contable conforme a los criterios de la CINIIF 2 "Aportaciones de los socios de entidades cooperativas e instrumentos similares", aunque hay que destacar que se retienen los criterios de la CINIIF 2 como excepción a los criterios generales establecidos en el Documento para la Discusión. Para profundizar en las propuestas del Documento para la Discusión puede consultarse la carta de comentarios remitida por el autor que suscribe este capítulo[22], así como la carta de co-

21 IASB *Discussion Paper DP/2018/1 "Financial Instruments with characteristics of equity"*. 2018

22 POLO GARRIDO, F., Comments on the IASB's Discussion Paper of 28 June 2018 on the FICE project – IFRS Standards Discussion Paper DP/2018/1 Comment letter nº 42. 03/01/2019 Disponible en http://eifrs.ifrs.org/eifrs/comment_let-

mentarios enviada desde la Comisión de Contabilidad de Cooperativas de AECA[23].

Dentro del citado proyecto, el IASB publicó en 2023 un borrador de norma sujeto a comentarios[24], donde descarta reemplazar la NIC 32 y persigue modificar ciertos aspectos de dicha norma. No obstante, dicho borrador genera dudas sobre la clasificación de las aportaciones al capital social de las cooperativas a pesar de que era su propósito mantener los criterios de la CINIIF 2. Para abundar en la cuestión puede consultarse la carta de comentarios remitida por el autor que suscribe este capítulo[25]. Por consiguiente, hay que seguir de cerca las futuras modificaciones de la NIC 32.

V. BIBLIOGRAFÍA

AECA, Comisión de Contabilidad de Cooperativas, *Fondos Propios en las Cooperativas.* Madrid, 2009.

AECA, Comisión de Contabilidad de Cooperativas, *El Fondo de Educación, Formación y Promoción.* Madrid, 2010.

AECA, Comisión de Cooperativas y otras empresas de la Economía Social, *El Estado de Flujos de Efectivo en las Sociedades Cooperativas.* Madrid, 2021.

AECA, Comisión de Cooperativas y otras empresas de la Economía Social, *Obligatoriedad del Estado de Información no Financiera en las Empresas de la Economía Social.* Madrid, 2021.

AECA, Comisión de Cooperativas y otras empresas de la Economía Social, *Prácticas de divulgación de información no financiera en las cooperativas españolas de mayor dimensión: recomendaciones.* Madrid, 2022.

---

ters//478/478_25109_FERNANDOPOLOGARRIDOIndividual_0_CommentlettertoDPFICE_Fernando_Polo.pdf

23 AECA Comisión de Cooperativas y otras empresas de la Economía Social Comment letter regarding Discussion Paper DE/2018/01 (FICE), Comment letter nº 72. Disponible en: http://eifrs.ifrs.org/eifrs/comment_letters//478/478_25140_RicardoJServerIzquierdoTheCooperativeandotherbusinessentitiesoftheSocialEconomyCommitteeoftheSpanishAccountingandBusinessAdministrationAssociationAECA_0_CACAECACommentlettertoDPFICEv1.pdf

24 IASB *Exposure Draft IASB/ED/2023/5 "Financial Instruments with characteristics of equity. Proposed amendments to IAS 32, IFRS 7 and IAS 1".* 2023

25 POLO GARRIDO, F., Comments on the ED/2023/5 Financial instruments with characteristics of equity Comment letter nº 115. 29/03/2024 Disponible en: https://ifrs-springapps-comment-letter-api-1.azuremicroservices.io/v2/download-file?path=635_67964_FernandoPolo-Garrido_0_Comment-letter-ED-FICE-FPG.pdf

CERDÁ Y RICHART, B., *Administración y contabilidad para cooperativas,* Bosch, Barcelona,1941.

AECA Comisión de Cooperativas y otras empresas de la Economía Social Comment letter regarding Discussion Paper DE/2018/01 (FICE), Comment letter nº 72. Disponible en: http://eifrs.ifrs.org/eifrs/comment_letters//478/478_25140_RicardoJServerIzquierdoTheCooperativeandotherbusinessentitiesoftheSocialEconomyCommitteeoftheSpanishAccountingandBusinessAdministrationAssociationAECA_0_CACAECACommentlettertoDPFICEv1.pdf

CONSEJO GENERAL DE ECONOMISTAS (2022) *Modelo de memoria no abreviada se sociedades cooperativas.*

GARDÓ, J., *Contabilidad para cooperativas,* Barcelona, Editorial Cultura, 1925.

IASB *Discussion Paper DP/2018/1 "Financial Instruments with characteristics of equity"*. 2018

IASB *Exposure Draft IASB/ED/2023/5 "Financial Instruments with characteristics of equity. Proposed amendments to IAS 32, IFRS 7 and IAS 1"*. 2023

ICAC (2010) Consulta sobre el tratamiento contable de las pérdidas por deterioro de las inversiones realizadas por una sociedad cooperativa con sección de crédito. BOICAC nº 84, consulta nº 12.

ICAC (2011) Consulta sobre si las aportaciones de los socios al capital de una sociedad cooperativa pueden calificarse como fondos propios, cuando sean exigibles única y exclusivamente en el caso de baja obligatoria por incapacidad o jubilación. BOICAC nº 87, consulta nº 7.

ICAC (2013) Consulta sobre la consideración de patrimonio neto o pasivo financiero de determinadas aportaciones al capital social de una cooperativa. BOICAC nº 94, consulta nº 6.

POLO GARRIDO, F., "La contabilidad de cooperativas en un proceso de armonización contable internacional. El caso de España." *REVESCO, Revista de Estudios Cooperativos,* nº 89, 2006, pp. 108-138.

POLO GARRIDO, F., Comments on the IASB's Discussion Paper of 28 June 2018 on the FICE project – IFRS Standards Discussion Paper DP/2018/1 Comment letter nº 42. 03/01/2019 Disponible en http://eifrs.ifrs.org/eifrs/comment_letters//478/478_25109_FERNANDOPOLOGARRIDOIndividual_0_CommentlettertoDPFICE_Fernando_Polo.pdf

POLO GARRIDO, F., Comments on the ED/2023/5 Financial instruments with characteristics of equity Comment letter nº 115. 29/03/2024 Disponible en: https://ifrs-springapps-comment-letter-api-1.azuremicroservices.io/v2/download-file?path=635_67964_FernandoPolo-Garrido_0_Comment-letter-ED-FICE-FPG.pdf

Capítulo XII.

Modificaciones estatutarias y estructurales en la Ley de Sociedades Cooperativas de Canarias

MARÍA JOSÉ MORILLAS JARILLO
Catedrática de Derecho Mercantil
Universidad Carlos III de Madrid

I. CUESTIONES INTRODUCTORIAS Y GENERALES

Las sociedades cooperativas tienen una personalidad jurídica que viene determinada por su forma, su estructura patrimonial y su conformación personal, moldeada por los estatutos. Por esta razón, los cambios que afectan a sus normas de funcionamiento o a su estructura han sido rodeados de especiales cautelas por el legislador.

El EAC (art. 118.1) atribuye a la Comunidad Autónoma de Canarias, conforme con la legislación mercantil, la competencia exclusiva en materia de cooperativas.

En línea con lo ocurrido con otras leyes de cooperativas (la LCoop, sin ir más lejos), la LSCCan no regula de forma agrupada la regulación de las modificaciones estatutarias en un precepto especial, sino a lo largo del articulado: se conceptúa como un acto con forma escrita solemne y necesaria inscripción en el Registro de Sociedades Cooperativas de Canarias (art. 15.2); se reconoce el derecho del socio a recibir copia de la modificación de los estatutos sociales [art. 24.3, a)]; se otorga la competencia para esta modificación a la asamblea general de la cooperativa, con una mayoría reforzada [arts. 36.1, e) y 41.1, a)]; se atribuye al consejo rector la modificación de los estatutos que consista en el cambio del domicilio social dentro del mismo término municipal (art. 47.1); el régimen de modificación de los estatutos forma parte del contenido mínimo de los de las uniones, federaciones y confederaciones de cooperativas [art. 149.2, f)]; y se menciona la modificación de los estatutos en otros preceptos [arts. 85.3 y 149.3].

La mayoría exigida para la aprobación del acuerdo de modificación estatutaria rige de forma expresa para otras cuestiones: el cambio de la forma del órgano de administración (art. 45.2); la autorización para que pueda ser miembro del órgano de administración, la dirección o la intervención quien ejerza por cuenta propia o ajena actividades competitivas o complementarias a las de la cooperativa [art. 57.1, b)]; la transformación obligatoria de las aportaciones exigibles en aportaciones no exigibles y la transformación inversa (art. 63.1). Además, en la fusión por absorción (y en la escisión-fusión), la escritura debe contener las modificaciones estatutarias que la sociedad absorbente haya acordado con motivo de la fusión (arts. 88.4 y 92.3 LSCCan).

Alejadas de las "*simples modificaciones estatutarias*" están las mutaciones estructurales, esto es, "*aquellas alteraciones de la sociedad que van más allá (...) para afectar a la estructura patrimonial o personal de la sociedad, y que, por tanto, incluyen la transformación, la fusión, la escisión y la cesión global de activo y pasivo. También (...) el traslado internacional del domicilio social que, aunque no siempre presenta las características que permitan englobarlo dentro de la categoría de modificaciones estructurales, sus relevantes consecuencias en el régimen aplicable a la sociedad aconsejan su inclusión en el mismo texto legal*" (tomamos las expresiones entrecomilladas del Preámbulo de la derogada LME/2009).

La LSCCan, junto a las normas sobre disolución y liquidación, encuadra en el Capítulo VIII del Título I las modificaciones estructurales, a las que dedica los arts. 84 a 92, en los que regula la transformación, la fusión y la escisión; no menciona la cesión global de activo y pasivo ni contempla propiamente la segregación. Algo perfectamente posible, ya que, continuador del art. 2 LME/2009, el art. 2, párr. 2º, de la vigente LME/2023 señala que "*(L)as modificaciones estructurales de las sociedades cooperativas se regirán por su específico régimen legal*". Por esta razón, sólo sobre ellas trataremos en este Capítulo.

Permita el lector que hagamos un apunte crítico a la existencia de una más o menos completa regulación autonómica de las modificaciones estructurales de las cooperativas. Algo que pensamos que pudo tener sentido en el pasado, cuando el Ordenamiento español carecía de una regulación específica y avanzada en la materia pero no desde 2009, pues, tras la promulgación de la LME/2009 y, en la actualidad, con la LME/2023, existen normas que podían y pueden perfectamente colmar las necesidades de las sociedades cooperativas y buena parte de las exigencias regulatorias que reclama este tipo social. Por ello, creemos que (aunque utópico) habría sido más adecuado, coherente y beneficioso para las cooperativas canarias efectuar una remisión en bloque al régimen de la legislación mercantil y regular sólo las especialidades que exige el tipo sociedad cooperativa (como, por ejemplo, el destino de los fondos irrepartibles), al modo como aborda la regulación de esta materia la Propuesta de la Ponencia nombrada en el seno de la Comisión General de Codificación para la elaboración de un texto articulado de revisión del régimen jurídico de las cooperativas[1]. Como manifiesta en su Exposición de Motivos, con ello "*se consigue dar a las modificaciones en las que participen o intervengan sociedades cooperativas una base sólida que facilite la realización de los correspondientes procesos de modificación, al propio tiempo que se han resaltado sus peculiaridades específicas*".

La regulación de las mutaciones estructurales no se circunscribe exclusivamente a los arts. 84 a 92 LSCCan, sino que abundan las referencias fuera del Capítulo del que forman parte, con normas contenidas en otros preceptos. Volvemos a encontrarlas mencionadas dentro del catálogo de competencias exclusivas de la asamblea general [art. 36.1, g)]; se concep-

---

1 La Ponencia, que se desarrolló bajo la presidencia de la profesora VERGEZ SÁNCHEZ y de cuya vocalía, junto a los profesores EMBID IRUJO y PEINADO GRACIA, se honró en formar parte quien escribe estas páginas, terminó su trabajo en julio de 2017. El texto de la Propuesta es accesible en https://www.mjusticia.gob.es. Las modificaciones estructurales se contienen en la Sección segunda de su Capítulo VII, que se abre con este precepto: "*Artículo 7.2-1. Ámbito de aplicación y normativa aplicable. 1. Salvo disposición legal expresa en contrario, la sociedad cooperativa podrá participar sin restricción alguna en las modificaciones estructurales admitidas en el Derecho español, con independencia de la naturaleza de las sociedades que intervengan, resulten o sean beneficiarias. 2. Será de aplicación a tales procedimientos lo dispuesto en la Ley 3/2009, de 3 de abril, de modificaciones estructurales de las sociedades mercantiles, sin perjuicio de las normas contenidas en esta sección*". Derogada la LME/2009, la remisión debe entenderse efectuada al Libro Primero (arts. 1 a 126) del Real Decreto-ley 5/2023, de 28 de junio, por el que se adoptan y prorrogan determinadas medidas de respuesta a las consecuencias económicas y sociales de la Guerra de Ucrania, de apoyo a la reconstrucción de la isla de La Palma y a otras situaciones de vulnerabilidad; de transposición de Directivas de la Unión Europea en materia de modificaciones estructurales de sociedades mercantiles y conciliación de la vida familiar y la vida profesional de los progenitores y los cuidadores; y de ejecución y cumplimiento del Derecho de la Unión Europea. Que abreviadamente citamos como LME/2023.

túan la fusión, la escisión y la transformación de la cooperativa como actos de inscripción obligatoria y constitutiva en el Registro de Cooperativas (art. 16.3); se exige mayoría reforzada para la adopción de esos acuerdos, al imponer, como mínimo, el voto favorable de dos tercios de los votos presentes y representados [art. 41.1, a)]; se regula de forma expresa la transformación de una cooperativa de segundo o ulterior grado en una cooperativa de primer grado (art. 137.4); se atribuyen a las cooperativas que concentren sus empresas por fusión los beneficios de la legislación sobre agrupación y concentración de empresas (art. 141.2); y el régimen de la fusión forma parte del contenido mínimo de los estatutos de las uniones, federaciones y confederaciones de cooperativas [art. 149.2, f)].

El cambio de clase de cooperativa no se configura en la LSCCan como una mutación estructural, no se asimila a una simple modificación estatutaria ni siquiera genera derecho de separación del socio disconforme, a diferencia de lo que ocurre en otras leyes autonómicas[2]. Además, quedan huérfanas de especial regulación o de mención siquiera mutaciones estructurales como la cesión global de activo y pasivo o la segregación, entendida esta en el sentido con el que emplea el término la legislación estatal, como separación de partes del patrimonio, pero sin división de socios (art. 61 LME/2023). Y también otras modificaciones importantes y trascendentes para la configuración y la estructura de la cooperativa, como el traslado del domicilio social fuera de la Comunidad de Canarias o al extranjero y la creación o supresión de secciones.

Este vacío suscita el interrogante de si sería posible llevar a cabo modificaciones carentes de previsión legal. Aunque no podamos detenernos en esta interesante cuestión, tampoco queremos pasar de lado sin, al menos, recordar la vieja máxima jurídica de que "lo que no está prohibido está per-

[2] Como hemos señalado en MORILLAS JARILLO, M.J., "Capítulo II. Concepto y clases de cooperativas", en AA.VV., *Tratado de Derecho de Cooperativas* (Dir. PEINADO GRACIA), Tomo I, 2ª ed., Tirant lo Blanch, Valencia, 2019, p. 183, el cambio de clase de la cooperativa es una modificación estatutaria trascendente que genera, en la mayoría de las leyes de cooperativas (no así en la LSCCan), un derecho de separación del socio disconforme, considerándose su baja como justificada; y lo mismo ocurre con otras reformas, como el cambio del objeto social o el traslado del domicilio fuera de la comunidad autónoma. Véanse al respecto: art. 11.3 LCoop; art. 74.3 LSCAnd; art. 22, c) LCCAr; art. 105.4 LCPAs; art. 78.4 LCCant; art. 97.3 LCC-LM; art. 57.2 LCCyL; arts. 29.3 y 85.3 LSCEx; art. 74.3 LCG; art. 66.4 LCCM; arts. 13.2 y 30.5, a) LCRM; art. 26.7 LCEusk; art. 81.3 LCLR; art. 73.5 LCCV.

mitido"; que el silencio de la Ley no debe ser considerado como una prohibición; que, precisamente, en ausencia de una norma prohibitiva, aplicaremos el art. 1.255 C.c., si no existen los otros límites que marca el precepto; y, por último, que la falta de regulación especial en una ley autonómica no ha de impedir la aplicación supletoria, en esos casos, de la legislación estatal especial (LCoop) o general (LME/2023)[3]. Así lo puso de manifiesto, en relación con la derogada LSCAnd/1985, que no contemplaba la transformación heterogénea, la muy importante STS, Sala de lo Contencioso-Administrativo, sección 4ª, de 17-3-1999 (Id Cendoj 28079130041999100326), en un caso de transformación de una cooperativa andaluza en sociedad limitada, mutación regulada en la Ley de Sociedades Limitadas de 1995. Esta Sentencia realiza afirmaciones muy pertinentes para zanjar este debate: "si la legislación de una Comunidad Autonómica (...) prohibiese de manera explícita la transformación heterogénea (también denominada «transustanciación» en algunos sectores doctrinales) de una entidad cooperativa, a esa prohibición habríamos de atenernos"; "no existe ninguna razón sólida para entender que la ausencia de una normativa específica, en la legislación autonómica, reguladora del fenómeno de la transformación de las entidades cooperativas venga a significar el rechazo de esa posibilidad"; y "en el artículo 93.3 de la Ley de 23 de marzo de 1995 se sientan unas reglas generales relativas a la transformación de cooperativas en sociedades limitadas, precisamente en defecto de normas específicamente aplicables, defecto que ha de ser entendido tanto respecto a la legislación cooperativa estatal general como a la autonómica en la cual la normativa especial sobre la materia no regule la transformación, si no se quiere privar de sentido al precepto. Y es la existencia de esas reglas supletorias la que viene a permitir el que la transformación se efectúe -sin mengua de la competencia autonómica en la materia cuando haya sido transferida- en todos aquellos casos en los que la legislación, estatal o comunitaria, nada haya previsto sobre el tema". Como en el momento en que se llevó a cabo esa operación no estaba en vigor la Ley de sociedades limitadas de 1995, por lo que no podía ser aplicada supletoriamente, la Sala sustenta la validez de la operación en el art. 1.255 C.c. y manifiesta que debe "prevalecer el principio general de la libertad de pactos en orden a la transformación de la cooperativa en sociedad limitada, en un momento en el que no se derivaba de la normativa autonómica andaluza ningún óbice legal para ello".

---

3 MORILLAS JARILLO, M.J./FELIU REY, M.I., *Curso de Cooperativas*, 3.ª ed., Tecnos, Madrid, 2018, pp. 701 y 702.

Pese a que no sean nombrados de forma expresa en la LSCCan algunos de los antes citados decisivos cambios, no hay que olvidar que, al menos, esta asigna como competencia exclusiva e indelegable a la asamblea general "*(T)oda decisión que implique una modificación sustancial, según los estatutos, en la estructura económica, social, organizativa o funcional de la cooperativa*" [art. 36.1, i)]. Y tal carácter, sin duda, tienen los mencionados.

La LSCCan contiene referencias a la modificación sustancial del objeto social [arts. 36.1, i) y 41.1.b)] y a la integración en un grupo cooperativo (art. 138), que, al igual que los anteriores carentes de normas, tienen significación equivalente a una modificación estructural[4]. Pero, al parecer, no considera sustancial el segundo cambio, ya que señala: "*La aprobación de la incorporación al grupo cooperativo precisará el acuerdo de cada una de las entidades de base, conforme a sus propias reglas de competencia y funcionamiento*" (art. 138.1, *in fine*), por lo que no se trata de una competencia que la Ley atribuya de forma exclusiva al órgano de decisión de la cooperativa.

Las normas sobre modificaciones estatutarias y estructurales son de aplicación tanto a las cooperativas de primer grado, como a las de segundo y ulterior grado, sobre la base de la remisión general que efectúa el art. 137.4, *in fine*, LSCCan.

En cuanto a los acuerdos de la asamblea general de las cooperativas que por su naturaleza sean inscribibles, como ocurre con los de las modificaciones estatutarias y estructurales, se establece que el órgano de administración tendrá la responsabilidad de presentar los documentos necesarios para su inscripción en el Registro de Sociedades Cooperativas de Canarias en el plazo de un mes a partir del día siguiente al de la aprobación (art. 42.2 LSCCan).

Por lo que a este Registro respecta, la Disposición final segunda concede al Gobierno de Canarias el plazo de un año desde la entrada en vigor de la Ley (que se produjo el 10 de enero de 2023) para aprobar el Reglamento de Organización y Funcionamiento del Registro de Sociedades Cooperativas de Canarias. Hasta entonces, la Disposición transitoria tercera LSCCan establece: "*Reglamento del Registro de Sociedades Cooperativas de Canarias.*

---

4 En nuestra opinión, MORILLAS/FELIU, *Curso de Cooperativas, cit.*, p. 625, "(O)bviamente, en todos los citados supuestos es necesaria una modificación estatutaria, pero, al mismo tiempo, en muchos de ellos el cambio que se opera puede ser de tal trascendencia y afectar de tal modo a la <<base del negocio constitutivo originario>>" y a la <<propia estructura y finalidad>> de la entidad, que, sin duda estaremos también ante una modificación estructural".

Mientras no entre en vigor el Reglamento del Registro de Sociedades Cooperativas de Canarias, seguirá resultando de aplicación el vigente Reglamento del Registro de Sociedades Cooperativas del Estado, en lo que no se oponga a lo establecido en la presente ley". Los arts. 10.1 y 11 RRSC establecen que las solicitudes de inscripción de actos que afecten a sociedades cooperativas podrán realizarse por quienes ostenten su representación, cuando las actuaciones del Registro lo sean a instancia de la sociedad interesada. Dichos interesados formularán su solicitud, acompañada de una copia autorizada y una copia simple de la correspondiente escritura pública, entre otros supuestos, para la modificación de los estatutos de la sociedad, la formalización del acuerdo o los acuerdos de fusión, la inscripción de la nueva sociedad resultante, la formalización de la escisión y la transformación en una sociedad cooperativa.

La excepción en cuanto a la competencia de la asamblea general para la aprobación de estos acuerdos la constituye el traslado del domicilio dentro del término municipal, que puede inscribirse mediante certificación de la decisión del administrador único o del acuerdo del consejo rector, puesto que el órgano competente para llevar a cabo esta modificación estatutaria es el órgano de administración (art. 47.1, párr. 2º LSCCan), como veremos en el epígrafe II.3.

Una última y breve referencia al tratamiento fiscal de estas operaciones. De acuerdo con los arts. 6.1, 13 y 33.1 LRFC, las operaciones de ampliación de capital, fusión y escisión de las cooperativas protegidas disfrutarán de exención en el Impuesto sobre Transmisiones Patrimoniales y Actos Jurídicos Documentados por cualquiera de los conceptos que puedan ser de aplicación, salvo el gravamen relativo a las escrituras notariales.

II. LAS MODIFICACIONES ESTATUTARIAS

1. Causas de la modificación estatutaria

La modificación de los estatutos de una cooperativa canaria, podríamos decir de manera sintética, puede obedecer a razones de oportunidad, esto es, a la voluntad de los socios si consideran necesario o conveniente cambiar alguna norma de su sociedad; o a razones de legalidad, como ocurre con la adaptación de los estatutos al nuevo régimen jurídico surgido tras la promulgación de la Ley reguladora de este tipo social o su posterior reforma.

Nada diferencia ambos supuestos desde el punto de vista de los requisitos que deben cumplirse, pues la adaptación, aunque venga impuesta, comporta la modificación y son de aplicación los requisitos exigidos para esta, como bien señala la STS, Sala de lo Civil, de 3-5-1994 (Id Cendoj 28079110011994104170): "es inconcebible una adaptación que no implique modificación, (...), y los requisitos exigidos legalmente para ésta, en salvaguarda de los derechos de los cooperativistas, han de cumplirse en la adaptación sin que exista razón alguna para que pueda realizarse eliminando garantías tendentes a que aquéllos tengan conocimiento previo y exacto de los términos en que se efectúe, para así emitir su voto". Por esta razón, el Tribunal Supremo declaró la nulidad de la convocatoria de la asamblea general de la cooperativa, efectuada para la adaptación de los estatutos, ya que no incluyó el nuevo texto de los artículos que el consejo rector pretendía someter a votación: "el requisito incumplido (...) es esencial para la formación de la voluntad del órgano asambleario por cuanto el exacto conocimiento, previo a la celebración de la Asamblea y con la finalidad de que los socios dispongan de tiempo suficiente para formar criterio sobre la modificación estatutaria -el modo como se propone la adaptación a la nueva Ley y las alteraciones que comporta, en este supuesto-, es una insoslayable garantía de los derechos de los cooperativistas y no puede ser calificado de mera exigencia formalista cuya omisión sólo denote un procedimiento irregular sin trascendencia al resultado de la votación, de donde se sigue que el acuerdo adoptado, con la protesta de algunos socios por no haberse cumplido los requisitos legales de la convocatoria, se halla viciado de nulidad por contravenir lo previsto en una norma imperativa".

2. Requisitos de la modificación de los estatutos

A) Órgano competente, procedimiento y derechos de los socios

La modificación de los estatutos debe llevarse a cabo por un procedimiento especial, rodeado de cautelas, en garantía de los derechos de la cooperativa, de sus socios y de los terceros que con ellos se relacionan. No se somete a él la modificación del reglamento de régimen interior, aunque sea un desarrollo de los estatutos y la competencia para aprobarlo y modificarlo corresponda a la asamblea general [arts. 15.4 y 36.1, f) LSCCan].

La asamblea general de la cooperativa tiene atribuida con carácter exclusivo e indelegable la competencia para la modificación de los estatutos, pues su acuerdo es preceptivo [art. 36.1, e) y 36.2 LSCCan]. Con la excepción del cambio del domicilio dentro del término municipal (epígrafe II.3).

La propuesta de modificación debe constar en el orden del día de la asamblea que, debidamente convocada y constituida, tratará sobre ella, ya que no forma parte del listado de acuerdos que se pueden adoptar aunque no constaran en el orden del día, elenco que, como *numerus clausus* contienen los arts. 41.2, 50.3, 50.4 y 55.2 LSCCan. Sin embargo, si la asamblea general se ha constituido con carácter universal y todos los socios, presentes o representados, están conformes con la celebración y la discusión de la modificación estatutaria, podría esta llevarse a cabo en el seno de dicha reunión (arts. 35.4 y 41.2 LSCCan).

No se regula un especial derecho de información del cooperativista en caso de que se proponga la modificación de los estatutos sociales, ya que no se exige, a diferencia de otras leyes[5], un informe razonado de la propuesta elaborado por sus autores (que no siempre serán los administradores, ya que puede que ese punto del orden día haya sido incluido a requerimiento de los socios, en los términos en los que les otorga este derecho el art. 37.4 LSCCan). Tampoco se impone de forma expresa que en el anuncio de la convocatoria se haga constar el derecho de todos los socios a examinar el texto íntegro de la modificación y pedir la entrega o el envío gratuito de la copia de dichos documentos[6]. Este déficit garantista[7] de la Ley canaria sólo se puede paliar en parte mediante la aplicación de las normas generales sobre el derecho de información de los cooperativistas. Tienen derecho, con carácter previo a la celebración de la asamblea, a recibir copia de los documentos (la propuesta o propuestas de modificación, huérfanas normalmente de informe razonado) y a que se les amplíe toda la información que consideren necesaria y que esté relacionada con ese punto del orden del día (art. 24.3 LSCCan). Una vez aprobada la reforma estatutaria, los socios tienen derecho a recibir notificación de la modificación realizada

---

5 Art. 286 LSC; art. 105.1.a) LCPAs; art. 78.1, a) LCCant; art. 97.1, a) LCC-LM; art. 57.1, a) LCCyL; art. 85.1, a) LSCEx; art. 74.1, a) LCG; art. 66.1, a) LCCM; art. 78.1, a) LCEusk; art. 81.1, a) LCLR; art. 34.5 LCCV.

6 Art. 287 LSC; art. 105.1.c) LCPAs; art. 78.1, c) LCCant; art. 97.1, c) LCC-LM; art. 57.1, c) LCCyL; art. 85.1, c) LSCEx; art. 74.1, b) LCG; art. 66.1, c) LCCM; art. 78.1, c) LCEusk; art. 81.1, b) LCLR; art. 34.5 LCCV.

7 Compartimos la crítica a la ausencia de este tipo de normas en las leyes de cooperativas de VARGAS VASSEROT, C./GADEA SOLER, E./SACRISTÁN BERGIA, F., *Derecho de las sociedades cooperativas. Introducción, constitución, estatuto del socio y órganos sociales,* La Ley, Las Rozas, 2014, p. 179.

[art. 24.3, a) LSCCan]. Los estatutos de la cooperativa pueden perfectamente contemplar ambos extremos (informe justificativo de la propuesta y constancia en el orden del día del derecho a examinar) como de necesario cumplimiento.

Las modificaciones estatutarias deben ser aprobadas por mayoría de dos tercios de los votos presentes y representados [art. 41.1, a) LSCCan]. Se contempla la posibilidad de que los estatutos de la cooperativa aumenten esta mayoría, con el límite de cuatro quintas partes de los votos válidamente emitidos (art. 41.1 *in fine* LSCCan). No establece la Ley canaria que deba alcanzar esta mayoría reforzada el acuerdo de aprobación o de modificación del reglamento de régimen interior.

Tampoco plantea cómo puede debatirse la modificación estatutaria, a diferencia de lo que establece la LCCM (art. 66.2), que admite variaciones sobre la formulación inicial de la modificación siempre que resulten de los puntos anunciados en la convocatoria y del proceso de deliberación y discusión entre los socios. Pese al silencio de la Ley canaria, se podría admitir esa posibilidad como una manifestación de los derechos de propuesta y de participación de los socios en la asamblea general [arts. 24.2, a) y 37.4 LSCCan].

Como el resto de las leyes de sociedades, la LSCCan otorga derecho de separación a los socios disconformes con ciertas modificaciones de los estatutos, algo lógico si su trascendencia determina que exista prácticamente una novación objetiva del contrato que suscribieron al incorporarse a la sociedad. Se contempla el derecho del socio a darse de baja, que tendrá la consideración de justificada, en numerosos supuestos: disconformidad con cualquier acuerdo de la asamblea general que implique la asunción de obligaciones o cargas gravemente onerosas no previstas en los estatutos (art. 26.3 LSCCan); transformación obligatoria de las aportaciones exigibles en aportaciones no exigibles y la transformación inversa (art. 63.1); establecimiento o disminución del porcentaje máximo de capital social que se devolverá en concepto de rembolso en cada ejercicio económico y posibilidad de que el resto de los reembolsos que se deban realizar en ese mismo ejercicio estén condicionados al acuerdo favorable del órgano de administración (art. 63.1 LSCCan); exigencia de nuevas aportaciones obligatorias (art. 64.2 LSCCan); disconformidad con la prórroga de la sociedad (art. 94.1); y específicas causas de baja justificada de las personas socias de las cooperativas de viviendas (art. 114.1 LSCCan).

B) Publicidad del acuerdo

El acuerdo de modificación estatutaria es objeto de una publicidad reforzada, ya que debe ser inscrito en el Registro de Cooperativas.

A diferencia de lo que acontece con otras leyes de cooperativas, la LSCCan no añade a la publicidad registral otros mecanismos de difusión, como puede ser la publicación (en ciertos casos, con carácter previo a la inscripción registral) del acuerdo de modificación del domicilio en un diario de gran circulación en la Comunidad Autónoma[8] o en el *Diario Oficial* de la Comunidad Autónoma[9]. Sí que contempla el derecho de los socios a recibir copia de toda modificación estatutaria efectuada, con mención expresa del momento de la entrada en vigor [art. 24.3, a) LSCCan], pero no el de recibir una notificación expresa al respecto[10].

C) Efectos de la modificación estatutaria y efectos de su inscripción

La modificación de los estatutos produce efectos desde su inscripción en el Registro de Cooperativas, pues esta es constitutiva (arts. 16.3, párr. 3° y 41.3 LSCCan). Es decir, sólo se entiende efectuada a partir de la inscripción de la reforma estatutaria en él. No contiene la LSCCan ninguna excepción a este carácter constitutivo[11].

---

8 Art. 105.3 LCPAs; art. 75.2 LCC-LM; art. 74.2 LCG; art. 78.3 LCEusk; arts. 73.3 LCCV.

9 Art. 78.3 LCCant; art. 75.2 LCC-LM; art. 74.2 LCG.

10 Sí lo hace el art. 67 LCCM, para el cambio de domicilio social. Por su parte, el art. 66.7 LCCM establece que el órgano de administración debe comunicar la modificación del domicilio, del objeto social, o de la denominación, por correo certificado con acuse de recibo, a cada uno de los acreedores dentro de los quince días siguientes al de la inscripción en el Registro de Cooperativas; el incumplimiento de este requisito tan sólo acarreará, en su caso, la obligación de indemnizar los daños y perjuicios causados a los acreedores.

11 Es peculiar la LCCyL, cuyo art. 132, párr. 2°, establece que la inscripción de la escritura de modificación de los estatutos sociales tendrá carácter constitutivo, "*excepto el cambio de domicilio social previsto en el artículo 58*" (el que opera dentro del término municipal), que será declarativo. Sobre esta cuestión, MORILLAS JARILLO, M.J., "El traslado del domicilio social dentro del territorio nacional", en AA.VV., *Derecho de Sociedades y de los Mercados Financieros. Libro Homenaje a Carmen Alonso Ledesma* (Coord. FERNÁNDEZ TORRES/ARIAS VARONA/MARTÍNEZ ROSADO), Ed. Iustel, Madrid, 2018, pp. 621 y 622.

Pero no todas las modificaciones estatutarias tienen el mismo alcance. Algunas cambian las reglas que van a ser aplicables a situaciones nacidas incluso antes de la modificación, como, por ejemplo, la eliminación del carácter retribuido de las aportaciones obligatorias, es decir, la eliminación del derecho a percibir un interés por ellas, algo que afectará a las aportaciones ya realizadas y a las que se efectúen en el futuro.

Otras, sólo afectarán a las situaciones nacidas a partir de la inscripción. Esto acontece con el cambio consistente en atribuir carácter repartible al fondo de reserva obligatorio ya que, por expresa disposición del art. 77.2 LSCCan, dicho carácter repartible "*solo es de aplicación en relación con los fondos de reserva generados a partir de la inscripción en el Registro de Cooperativas de Canarias de la modificación de los estatutos que establezca ese carácter*". Esta norma plantea algunos interrogantes. Por un lado, no está claro cuándo se generan los fondos de reserva: pensamos que es con la aprobación de las cuentas del ejercicio, que el momento en el que se determinan los resultados y se dotan los fondos. Nada establece la LSCCan para el caso de que la modificación estatutaria consista en volver a atribuir el carácter de irrepartible a este fondo (hay que tener en cuenta que deben transcurrir al menos cinco años entre acuerdos de esta naturaleza, según establece el art. 77.3). Consideramos que esa irrepartibilidad se proyectará sobre todo el montante del fondo, incluyendo la parte generada durante el tiempo en que tuvo carácter repartible.

Incluso hay alguna modificación que, aun habiendo sido adoptada cumpliendo todos los requisitos legales e inscrita en el Registro de Cooperativas, no producirá efecto alguno. Nos referimos, de nuevo, al acuerdo consistente en atribuir carácter repartible al fondo de reserva obligatorio, que no producirá efecto alguno "*cuando se acuerde la liquidación o transformación de la cooperativa dentro de los tres años siguientes a la última modificación*" (art. 77.3 LSCCan). Como en el caso del párrafo anterior, si en el momento de la liquidación (o la transformación) rige la irrepartibilidad (porque así se hubiera acordado o porque no haya producido efectos la atribución del carácter de repartible, por no haberse consolidado en el tiempo), aunque hubiera habido períodos previos en los que los fondos generados fueron repartibles, no sería posible efectuar reparto alguno.

3. El cambio del domicilio social

El domicilio es una mención estatutaria obligatoria e importante, a muchos efectos, ya que forma parte del ámbito de aplicación de la Ley; marca la competencia territorial del Registro de cooperativas y, en su caso, del Registro mercantil donde debe ser inscrita la cooperativa para alcanzar su plena personalidad jurídica; es el lugar de ejercicio de importantes derechos del socio; es el lugar de reunión de la asamblea general y del anuncio de su convocatoria; y forma parte de la regulación de la publicidad de determinados asuntos mediante anuncios en diarios, entre otros aspectos (arts. 1, 4, 24, 37, 39, 63, 88, 94, 99 y 148 LSCCan). Es, además, el fuero general de la cooperativa (art. 51 LEC).

El traslado del domicilio es, en consecuencia, una modificación estatutaria y un acto de inscripción obligatoria en el Registro de Cooperativas. Según la razón por la que se produzca o del ámbito geográfico en que se efectúe, reviste especialidades.

Como el resto de las leyes de cooperativas, la Ley canaria atribuye al órgano de administración la competencia para acordar la modificación de los estatutos cuando consista en el cambio del domicilio social dentro del mismo término municipal (art. 47.1, párr. 2º). Aunque no añade que los estatutos pueden disponer lo contrario (como hacen otras leyes)[12], consideramos que esto es posible, es decir, que eliminen esa competencia del consejo rector (o del administrador único, en su caso) de manera que sea la asamblea la que ostente esta facultad[13]. Así, se puede decir que el traslado del domicilio dentro del término municipal es una competencia natural del órgano de administración, que cabía eliminar mediante disposición en contra en los estatutos.

Lo que no admite la Ley canaria (tampoco las restantes) es el traslado del domicilio dentro del territorio nacional como competencia del órgano de administración de la cooperativa. Algo lógico, si pensamos que ello podría implicar traspasar el límite territorial de la Comunidad Autónoma -con el cambio regulatorio que implica- y que existe la obligación de que las cooperativas sometidas a la LSCCan tengan su domicilio dentro del territorio de la Comunidad Autónoma de Canarias (art. 4). No resulta de aplicación a las sociedades cooperativas el Real Decreto-ley 15/2017, de 6 de octubre, de medidas urgentes en materia de movilidad de operado-

---

[12] Art. 106 LCPAs; art. 79 LCCant; art. 98 LCC-LM; art. 58 LCCyL; art. 85.4 LSCEx; art. 74.5 LCG; art. 67 LCCM; art. 13.3 LCRM; art. 79 LCEusk; art. 285.2 LSC.

[13] Así lo sostienen respecto de la LCoop (que, como la LSCCan, no contiene la matización de la disposición contraria de los estatutos), VARGAS/GADEA/SACRISTÁN, *Derecho de las sociedades cooperativas. Introducción, constitución, estatuto del socio y órganos sociales, cit.*, p. 178.

res económicos dentro del territorio nacional[14], que declara competente al órgano de administración para cambiar el domicilio social dentro del territorio nacional salvo disposición contraria de los estatutos, puesto que, pese al generoso título de esta disposición legal, sólo afecta a las sociedades de capital, lo que se pone de manifiesto por el hecho de que se limitó a modificar en este sentido el art. 285.2 LSC.

En consecuencia, será la asamblea general la que deberá decidir el cambio de domicilio fuera del término municipal, ya sea dentro, ya sea fuera de la Comunidad Autónoma, y ello siguiendo el procedimiento de modificación estatutaria. Aunque se trate de un traslado dentro de la Comunidad Autónoma, si cambia la provincia y varía el Registro territorial competente, sería necesario trasladar la hoja registral de la cooperativa.

El cambio del domicilio de una cooperativa fuera de la Comunidad Autónoma de Canarias tendría importantes consecuencias, ya que no podría aplicársele una Ley canaria (art. 9.11, 16, 28 y 41 C.c.)[15], lo que determinaría la pérdida de esa condición, y, de pretender mantenerla, la contravención del deber impuesto en el art. 4 LSCCan. Además, se rechazaría su inscripción, tanto en el Registro de origen, como en el Registro de destino. Realmente, no es una simple modificación estatutaria, sino que, por su trascendencia, significa *de facto* una transformación homogénea (sobre esta figura, véase el epígrafe III.3.A).

El traslado internacional del domicilio, redenominado -de conformidad con la Directiva (UE) 2019/2121 del Parlamento Europeo y del Consejo, de 27 de noviembre de 2019, por la que se modifica la Directiva (UE)

---

14 MORILLAS/FELIU, *Curso de Cooperativas, cit.*, p. 623. Sobre esta reforma, MORILLAS, "El traslado del domicilio social dentro del territorio nacional", *cit.*, pp. 603-622.

15 Como señala LEÓN SANZ, F., "Modificaciones estructurales de Sociedades Cooperativas: distribución de competencias entre el Estado y las Comunidades Autónomas", en AA.VV., *Estudios de Derecho Mercantil en Homenaje al Profesor Justino Duque Domínguez*, Volumen I, Universidad de Valladolid-Caja Duero, Valladolid, 1998, pp. 476 y 477, la aplicación de la legislación autonómica requiere de una vinculación de la sociedad cooperativa con su territorio y el traslado de domicilio a otra Comunidad Autónoma comportaría un cambio de la legislación aplicable, lo que afectaría a la sociedad, a los socios y a los terceros. La LCRM (arts. 13.2 y 30.5) conceptúa el traslado del domicilio fuera del territorio de la Comunidad Autónoma (competencia de la asamblea general de la cooperativa) como causa de separación del socio disconforme, lo que conlleva la calificación de su baja como justificada.

2017/1132 en lo que atañe a las transformaciones, fusiones y escisiones transfronterizas- "*transformación transfronteriza*", se conceptúa como una modificación estructural (arts. 28.2 y 96 a 100 LME/2023). Aunque la regulación de todas las modificaciones estructurales se reenvía, en el caso de las cooperativas, a su específico régimen legal (art. 2, párr. 2º, LME/2023), ninguna referencia encontramos en la LSCCan a esta modificación[16], que determinaría la deslocalización de la cooperativa, con pérdida no sólo de su "regionalidad", sino también de la nacionalidad española.

Por último, cuando el cambio de domicilio no sea algo material, real o físico, sino simplemente formal, debido a una variación de la denominación de la vía pública o del municipio, será suficiente para inscribir la modificación aportar una certificación emitida por la autoridad competente de la entidad local correspondiente. Estos casos, a los que habría que añadir el cambio de numeración de la calle y la alteración del término municipal, no deberían ser conceptuados como modificación estatutaria ni habría que cumplir sus trámites legales para llevarlos a cabo, aunque serán objeto de inscripción registral[17].

4. La adaptación de los estatutos a la Ley 4/2022, de 31 de octubre, de Sociedades Cooperativas de Canarias

La LSCCan concede un plazo a las cooperativas existentes en el momento de su entrada en vigor para que adapten sus estatutos a la nueva regulación y establece reglas especiales para la convocatoria de la asamblea general que debe adoptar la modificación, además de contemplar una drástica sanción en caso de incumplimiento (Disp. trans. segunda).

En el plazo de tres años, a contar desde la entrada en vigor de la Ley (que se produjo el 10 de enero de 2023), las sociedades cooperativas constituidas con anterioridad deberán adaptar a ella las disposiciones de las escrituras o de los estatutos sociales. El acuerdo de adaptación de los estatutos sociales se adoptará en asamblea general, pero, como excepción a la regla general para la aprobación del acuerdo de modificación de los estatu-

---

16 Tampoco en las restantes leyes de cooperativas: únicamente el art. 3.2 LCRM menciona la posibilidad de que la cooperativa establezca sucursales "en cualquier territorio nacional o extranjero", y declara competente a la asamblea general para acordar la creación, supresión o traslado de las sucursales.

17 MORILLAS, "El traslado del domicilio social dentro del territorio nacional", *cit.*, p. 605.

tos, en lugar de dos tercios, es suficiente el voto a favor de más de la mitad de las personas socias presentes y representadas. Cualquier miembro del consejo rector o cualquier socio estará legitimado para solicitar del órgano de administración la convocatoria de la asamblea general con dicha finalidad. Transcurridos dos meses desde la solicitud, si no se hubiese realizado la convocatoria, se podrá solicitar esta a la Administración pública de la Comunidad Autónoma de Canarias, al órgano administrativo competente en materia de cooperativas, que acordará lo que proceda designando, en su caso, a la persona que habrá de presidir la asamblea general, previa audiencia al órgano de administración.

Con los mismos requisitos y condiciones establecidos para la calificación previa del proyecto de estatutos de la cooperativa, se podrá solicitar del Registro de Sociedades Cooperativas de Canarias la del proyecto de adaptación de los estatutos a la Ley. Estos requisitos, según establece el art. 15.3 LSCCan, se remiten al posterior desarrollo reglamentario, esto es, al futuro Reglamento de Organización y Funcionamiento del Registro de Sociedades Cooperativas de Canarias. En el ínterin, como sigue siendo de aplicación el RRSC, hay que tener en cuenta que su art. 32.1 contempla la calificación previa del proyecto de estatutos, que pueden solicitar los administradores acompañando a la solicitud el texto íntegro del proyecto de los estatutos que sometan a consulta, por duplicado.

III. LAS MODIFICACIONES ESTRUCTURALES

La legislación cooperativa canaria muestra pocos signos de modernidad en la concepción de las mutaciones estructurales, que sigue contemplando al modo tradicional, circunscritas a los tres supuestos clásicos y básicos: fusión, escisión y transformación. Aunque sí que debe destacarse de forma positiva que se haya sumado a la tendencia aperturista que admite la participación en estos procedimientos de sociedades no cooperativas. También, en cuanto que permite que lleve a cabo alguna de estas operaciones una cooperativa en liquidación. A lo que hay que añadir, pese a que no lo exprese la LSCCan, que, declarado el concurso de una cooperativa, podrá esta participar en una modificación estructural de acuerdo con lo establecido en la legislación concursal[18]; de la misma forma, también las coopera-

---

[18] Esta aclaración viene contemplada en el art. 7.2-2 de la ya citada Propuesta de la Ponencia para la elaboración de un texto articulado de revisión del régimen jurídico de las cooperativas, de julio de 2017. Sobre la participación de la cooperativa

tivas sometidas a un plan de reestructuración o a un plan de continuación, podrán hacerlo. En los tres casos, la formación de la voluntad social, los derechos de los socios y la protección de los acreedores se ajustarán a lo previsto en la LCON (art. 3.2 LME). Como excepción, una vez abierta la fase de liquidación concursal, la sociedad concursada no podrá llevar a cabo una transformación transfronteriza (art. 3.4 LME).

La regulación de cada uno de estos procedimientos se lleva a cabo de forma separada, siendo más numerosos y detallados los preceptos que se ocupan de la fusión.

Habida cuenta de las limitadas competencias en materia de sociedades que tiene la Comunidad Autónoma, el legislador canario debía ser extraordinariamente escrupuloso para no extralimitarse. Por ello, se lleva a cabo la regulación extensa de los procedimientos homogéneos (en los que la participación de cooperativas es exclusiva), absteniéndose de regular las actuaciones que se deben desarrollar en el seno de otras sociedades o entidades no cooperativas, que quedan sometidas a su regulación propia. Así se pone de manifiesto en los arts. 84.1, 84.3, 85.3, 85.4 y 91.2 LSCCan. No se menciona, pero es necesario salvar la preferente aplicación de las normas sectoriales (sobre cooperativas de crédito y de seguro, por ejemplo).

Una importante característica común a los tres procedimientos es el hecho de que, tal y como establece el art. 32.3 LAU, en los arrendamientos para uso distinto al de vivienda, no se reputa cesión el cambio producido en la persona del arrendatario "*por consecuencia de la fusión, transformación o escisión de la sociedad arrendataria*", pero el arrendador tiene derecho a la elevación de la renta.

1. La fusión

Regulada en los arts. 86 a 91 LSCCan, estamos, como viene siendo tradicional en la legislación de sociedades, ante el paradigma de las mutaciones estructurales, habida cuenta de que hay una remisión a ella al regularse la escisión (art. 92.3 LSCCan), en línea con lo establecido en el art. 63 LME/2023.

---

concursada en una fusión, CANO ORTEGA, C., *La fusión de cooperativas*, Marcial Pons, Madrid-Barcelona-Buenos Aires-Sao Paulo, 2015, pp. 336-342.

A) Concepto y clases de fusión

La fusión se puede definir -tomando como modelo el art. 33 LME/2023- como una modificación estructural en virtud de la cual dos o más sociedades se integran en una, mediante la transmisión en bloque de sus patrimonios y la atribución a los socios de las sociedades que se extinguen de acciones, participaciones o cuotas de la resultante, que puede ser de nueva creación o una de las sociedades que se fusionan.

Referida a las cooperativas, consiste en la transmisión del patrimonio de la cooperativa a una sociedad (cooperativa o no) de nueva creación o a una sociedad (cooperativa o no) absorbente, con extinción de la personalidad de las sociedades fusionadas o absorbidas. Se trata de una extinción sin liquidación, ya que sus patrimonios se traspasan en bloque a la nueva sociedad que se crea o a la absorbente, que asume todos los derechos y obligaciones de las entidades disueltas, por sucesión universal. Los fondos sociales obligatorios o voluntarios de las cooperativas disueltas pasarán a integrarse en los de igual clase de la sociedad cooperativa nueva o absorbente (art. 86.3 LSCCan), con matices en caso de ejercicio del derecho de separación de los socios. de las cooperativas fusionadas participarán en la sociedad resultante de la fusión o en la sociedad absorbente no sólo en la medida del valor de sus aportaciones al capital social, sino también de su participación en las reservas repartibles de la extinta cooperativa y sin olvidar que deberá tenerse en cuenta su participación en la actividad cooperativizada. Aunque el art. 87.2, b) dice textualmente "*reservas voluntarias repartibles*", a nuestro juicio, también debe tomarse en consideración a los efectos de computar la participación del socio en la nueva sociedad la posible existencia de *reservas obligatorias repartibles.*

La fusión se puede clasificar con arreglo a diversos criterios.

Desde el punto de vista de la prexistencia o no de la sociedad resultante del proceso, se distingue la *fusión por absorción*, que tiene lugar si una de las participantes en la fusión (en este momento no nos preocupa que sea o no cooperativa) absorbe a las restantes; de la *fusión por creación de una nueva sociedad*, si todas las participantes en la fusión se disuelven y crean una nueva sociedad (a los efectos de esta clasificación, con independencia de que esta sea o no cooperativa).

Si atendemos a la forma jurídica de las sociedades que participan en el proceso y de la resultante del mismo, podemos hablar de *fusión homogénea,* cuando todas son cooperativas -las absorbidas, la absorbente, las fusionadas, la sociedad de nueva creación-, caso en el que está pensando el legislador canario al enunciar las modalidades de fusión por absorción y por creación de una nueva sociedad en el art. 86; o de *fusión heterogénea* o *"Fusión de sociedades cooperativas con otras sociedades"*, rúbrica del art. 91 LSCCan, cuando la resultante de la fusión o la absorbente no sean cooperativas o no tengan esta naturaleza todas las participantes en el proceso.

Si tomamos en consideración el ámbito geográfico o, más bien, competencial, podemos distinguir las *fusiones intraautonómicas* de las *fusiones transregionales*, según que, respectivamente, participen en el procedimiento sociedades cooperativas inscritas en Registros de la misma o de diferentes Comunidades Autónomas. No contempla la LSCCan de forma expresa este peculiar (pero no extraño[19]) supuesto, que consideramos asimilable a una fusión heterogénea[20].

Una o varias cooperativas canarias pueden participar en una fusión que implique la constitución de una sociedad cooperativa europea (art. 18.6 LME/2023), procedimiento que deberá acometerme cumpliendo lo establecido en los arts. 2.1 y 19 a 34 RSCE y, en caso de quedar domiciliada en España, en los arts. 6 a 9 LSCE[21].

Se admite de forma expresa que participen en la fusión cooperativas disueltas y en liquidación, siempre y cuando "*no haya comenzado el reembolso de las aportaciones al capital social*" (art. 86.1 LSCCan)[22].

---

19 Pensemos en la fusión por absorción en 2014 del Grupo Cooperativo BACO, con sede en Alcázar de San Juan (Ciudad Real) por DCOOP, Sociedad Cooperativa Andaluza con sede en Antequera (Málaga).

20 Sobre este supuesto, RIVERO SÁNCHEZ-COVISA, F.J., "Capítulo VII. De la fusión, escisión y transformación. Sección 1.ª De la fusión", en AA.VV., *Cooperativas. Comentarios a la Ley 27/1999, de 16 de julio* (Coord. GARCÍA SÁNCHEZ), I, Colegios Notariales de España, Madrid, 2001, pp. 440-442.

21 Dado que excede con mucho los límites de este Capítulo y porque no tiene demasiada utilidad práctica a la luz del escaso éxito hasta el momento del tipo SCE, remitimos a los interesados a: PASTOR SEMPERE, C., "La Sociedad Cooperativa Europea", *REVESCO Revista de Estudios Cooperativos*, nº 74, 2001, pp. 181-200; ANDREU MARTÍ, M.M., "Constitución de la sociedad cooperativa europea domiciliada en España mediante fusión", en AA.VV., *La sociedad cooperativa europea domiciliada en España* (Dir. ALFONSO SÁNCHEZ), Thomson Aranzadi, Cizur Menor, 2008, pp. 183-210; FICI, A., "La Sociedad Cooperativa Europea: cuestiones y perspectivas" *CIRIEC-España Revista Jurídica*, nº 25/2014 , pp. 1-54.

22 Para VARGAS VASSEROT, C./GADEA SOLER, E./SACRISTÁN BERGIA, F., *Derecho de las sociedades cooperativas. Régimen económico, integración, modificaciones estructurales y disolución*, La Ley, Las Rozas, 2017, p. 258, más propiamente, debe entenderse que la posibilidad expira, no con el inicio de reparto, sino con la

B) El procedimiento de fusión homogénea

La importancia, variedad y complejidad de esta modificación estructural justifica que el legislador canario regule de manera pormenorizada su procedimiento, en el que se distinguen tradicionalmente cuatro fases, que recorre al disciplinarla: las fases preparatoria, decisoria, de pendencia y ejecutoria. Marcadas todas ellas por los correspondientes hitos regulatorios: el proyecto de fusión (art. 87.1 a 3 LSCCan); la aprobación por acuerdo de la asamblea general, debidamente convocada y constituida (arts. 87.4 y 88.1 a 3 LSCCan); la etapa de paralización o pendencia en la que cabe que socios y acreedores ejerciten sus derechos (arts. 89 y 90.1 y 2 LSCCan); y la ejecución de la fusión mediante su elevación a escritura pública y su inscripción registral (arts. 88.4 y 90.3 LSCCan).

a) El proyecto de fusión y la documentación complementaria

La iniciativa de la fusión puede partir tanto de los socios como de los administradores o liquidadores, pero la formal puesta en marcha del procedimiento está reservada al órgano de administración o de liquidación de las cooperativas involucradas en el proceso, único competente para elaborar el proyecto de fusión, por lo que los socios carecen de derecho de propuesta en esta materia[23].

Tras las habituales y necesarias negociaciones, tratos preliminares y contactos entre los administradores de las cooperativas interesadas y la elaboración de los documentos preparatorios, como protocolos o borradores de fusión[24], los administradores de cada una de las sociedades elaboran

---

aprobación del balance final de liquidación, que obliga a los liquidadores a hacer efectiva la adjudicación del haber social, reintegrando a los socios sus aportaciones, conforme a los arts. 74 y 75 LCoop, preceptos que se corresponden con los arts. 99 y 100 LSCCan. Por el contrario, RIVERO, "Capítulo VII. De la fusión, escisión y transformación. Sección 1.ª De la fusión", *cit.*, pp. 362 y 363, considera que hay que atender al reparto o reembolso, momento que está avalado por el art. 74.2 de la propia LCoop, que admite pagos a cuenta anticipados en el proceso de liquidación, anteriores a la firmeza del balance final de liquidación.

23 SANTOS DOMÍNGUEZ, M.A., *El poder de decisión del socio en las sociedades cooperativas: la asamblea general,* Civitas-Thomson Reuters, Cizur Menor, 2014, p. 761.

24 Sobre los tratos previos al proyecto de fusión, CANO, *La fusión de cooperativas, cit.*, pp. 179-183. Estas negociaciones deben llevarse a cabo de buena fe y su quebrantamiento puede hacer que se incurra en responsabilidad precontractual: MARTÍ MOYA, V., "La configuración de los tratos preliminares y la responsabilidad precontractual en los procedimientos de fusión de sociedades", *Revista de Derecho Mercantil,* nº 258, 2005, pp. 1641-1658.

el proyecto de fusión, que aprobarán internamente del modo que corresponda a la forma que adopte el órgano de administración en cada una de las cooperativas partícipes en la fusión[25]: en el caso canario, en el seno del consejo rector y con arreglo a sus reglas de funcionamiento o por el administrador único (arts. 45, 46 y 51 LSCCan). Conjuntamente, suscribirán los administradores de las cooperativas partícipes dicho proyecto mediante un convenio previo (art. 87.1 LSCCan). Se trata de un proyecto único para cada operación, sin perjuicio de que puedan existir con antelación y en el marco de la negociación preliminar de la fusión, distintos protocolos de fusión, de que haya diferentes versiones previas y de que, acordado el proyecto, existan varios ejemplares del mismo, puesto que deberá facilitarse a los socios que participen en la fusión y cada una de las asambleas generales de las sociedades involucradas deberá aprobarlo. Esa pluralidad no será más que formal, porque el proyecto de fusión debe estar redactado y deberá ser posteriormente aprobado en los mismos términos por cada una de las cooperativas que participan en la fusión.

Pese a su carácter provisional y no vinculante para las sociedades fusionadas (en tanto sus órganos de decisión no lo aprueben, tal y como aclara el art. 88.3 LSCCan, que las declara obligadas a *continuar el procedimiento de fusión* sólo una vez que haya sido aprobado por las asambleas generales de todas y cada una de las sociedades partícipes en la fusión[26]), el proyecto de fusión sí que vincula a los administradores. Sus deberes de diligencia, lealtad y secreto se van a proyectar sobre esta operación de fusión en ciernes, de manera que deben abstenerse de realizar actos o formalizar contratos que puedan obstaculizar la aprobación del proyecto por las cooperativas o que supongan modificar sustancialmente la proporción de los socios de las extinguidas en la nueva sociedad o en la absorbente (art. 87.3 LSCCan)[27]. Y tampoco hay que olvidar que el consejo rector o el administrador único actúan en nombre de la cooperativa, por lo que deberán ser de aplicación las reglas sobre responsabilidad precontractual o *in contrahendo* y podría ser

---

25 MORILLAS/FELIU, *Curso de Cooperativas, cit.*, pp. 640 y 645.

26 COMISIÓN DEL COLEGIO NOTARIAL DE BILBAO, "CAPÍTULO X. De la fusión y escisión", en AA.VV., *Comunidades de bienes, cooperativas y otras formas de empresa,* II, Colegios Notariales de España, Madrid, 1996, pp. 960 y 961; RIVERO, "Capítulo VII. De la fusión, escisión y transformación. Sección 1.ª De la fusión", *cit.*, p. 402.

27 VARGAS/GADEA/SACRISTÁN, *Derecho de las sociedades cooperativas. Régimen económico, integración, modificaciones estructurales y disolución, cit.*, pp. 272 y 273; MORILLAS/FELIU, *Curso de Cooperativas, cit.*, pp. 636, 641 y 642.

la propia sociedad declarada responsable si actuó de mala fe, poniendo fin a las negociaciones de forma injustificada o abusiva[28].

El proyecto de fusión debe tener el contenido mínimo que marca la Ley (art. 87.2 LSCCan), muy centrado en propiciar la adecuada información de los socios que, en el seno de las asambleas generales correspondientes, deberán votarlo: la denominación, clase, ámbito y domicilio de las cooperativas que participan en la fusión con todos los datos identificativos de su inscripción en el Registro de Cooperativas; el sistema para fijar la cuantía que se reconoce a cada socio de las cooperativas que se extinguen como aportación al capital de la cooperativa nueva o absorbente, contando, cuando existan, las reservas de carácter repartible; los derechos y obligaciones que se reconozcan a los socios de la cooperativa extinguida en la cooperativa nueva o absorbente; la fecha a partir de la cual las operaciones de las cooperativas que se extinguen se consideran realizadas, a efectos contables, por cuenta de la cooperativa nueva o absorbente; los derechos que, en su caso, se reconozcan en la nueva cooperativa o en la absorbente a los titulares de participaciones especiales, títulos participativos u otros similares de las sociedades que se extinguen. A estas menciones se pueden sumar las que los redactores del proyecto consideren oportunas.

Los administradores de cada una de las sociedades, ahora de forma individual, deben redactar un informe donde quede motivada jurídica y económicamente la conveniencia y los efectos de la fusión proyectada [art. 87.4, b) LSCCan].

Los interventores, así como los auditores de cada una de las sociedades cooperativas que estén obligadas a auditar sus cuentas elaborarán -por separado- un informe sobre la situación económica y financiera de las cooperativas que intervienen en la fusión y la situación previsible de la cooperativa (absorbente o de nueva creación) resultante [art. 87.4, c) LSCCan].

b) El acuerdo de fusión

La fusión debe ser aprobada por la asamblea general de todas y cada una de las sociedades cooperativas involucradas en el proceso (art. 88.1 LSCCan). La convocatoria de la asamblea, efectuada por los administradores respectivos, debe cumplir los requisitos legales y estatutarios (art. 37.3 y 4 LSCCan).

28 CANO, *La fusión de cooperativas, cit.*, pp. 134-139 y 184-189.

Cuando se publique el anuncio de la convocatoria de la asamblea general que va a aprobar la fusión o en el momento de hacer la comunicación individual de ese anuncio a los socios, el órgano de administración debe insertar dicho anuncio en la página web de la sociedad inscrita en el Registro de Sociedades Cooperativas de Canarias, con la posibilidad de descargarlo e imprimirlo, o, si no tuviera página web, deberá ponerlo a disposición de los socios en el domicilio social de cada una de las sociedades que participan en la fusión (art. 87.4 LSCCan).

La publicidad del anuncio de la convocatoria de la asamblea se acompaña de una documentación complementaria, que integra la información mínima sobre la fusión que deben tener a su disposición los socios para que puedan emitir el voto con conocimiento de causa (y los acreedores para ejercitar, en su caso, el derecho de oposición). El dosier de documentos es el siguiente: las cuentas anuales de los tres últimos ejercicios de las cooperativas que participen en la fusión, los informes de la intervención de cuentas de todas ellas y, en su caso, el informe de auditoría antes mencionados; el proyecto de fusión; el balance de fusión de cada una de las sociedades cooperativas si es diferente del último balance anual aprobado (podrá considerarse balance de fusión el último aprobado, si no se ha cerrado más de seis meses antes de la fecha de la asamblea que decidirá sobre la fusión); el proyecto de estatutos de la nueva sociedad cooperativa o el texto resultante de las modificaciones que hayan de introducirse en el de la sociedad cooperativa absorbente; los estatutos vigentes de las sociedades cooperativas que intervengan en la fusión; y un informe sobre el órgano de administración de la sociedad resultante de la fusión, en el que se indique el tipo de órgano de gestión y los miembros que lo integrarán.

Estas normas no impiden que sea posible acordar la fusión en el seno de una asamblea general universal, como admite de forma expresa el art. 9 LME/2023[29], pero esta sede de aprobación no evita el cumplimiento de los requisitos del derecho de información.

Dependiendo del tipo de fusión de que se trate, el acuerdo de fusión deberá cumplir las exigencias legales para constituir una nueva cooperativa; y el acuerdo de fusión de la cooperativa absorbente, los requisitos para llevar a cabo la necesaria modificación de sus estatutos.

La aprobación de la fusión requiere una mayoría reforzada de dos tercios de los votos presentes y representados, mayoría que los estatutos pue-

29 MORILLAS/FELIU, *Curso de Cooperativas, cit.*, pp. 648 y 649.

den elevar, sin rebasar las cuatro quintas partes de los votos válidamente emitidos (arts. 41.1 y 88.1 LSCCan). Ha de ajustase fielmente al proyecto de fusión, que deberá ser validado en sus exactos términos, sin poder introducir modificación o cambio unilateral alguno (art. 88.1 LSCCan; art. 47.1 LME/2023).

Se echa en falta en sede de fusión una norma que encontramos en la regulación de la transformación y es la que establece que la asamblea general debe aprobar "*la cuota que corresponde a cada persona socia en el capital social de la nueva sociedad, que será proporcional a la participación que tuviera en el capital social de la cooperativa que transforma*" [art. 84.2, a) LSCCan]. Pensamos que igual de necesaria es la conservación de la posición del socio en la sociedad resultante de la fusión (véase en este sentido, el art. 93.2 LSCEx), por lo que debe efectuarse una autointegración normativa en este caso[30].

La fusión no podrá continuar con las restantes si en el seno de alguna de las asambleas no se alcanza el acuerdo y esa sociedad se descuelga del proceso. En la línea de otras leyes de cooperativas (señaladamente, el art. 63.6 LCoop), contempla la LSCCan el plazo de caducidad o de pérdida de efecto del proyecto de fusión si en el transcurso de seis meses desde la fecha del proyecto no se aprueba por las asambleas generales de todas las cooperativas que participen en la fusión (art. 87.3, párr. 2º). Transcurrido ese plazo, deberían los administradores de las sociedades participantes renovar su consentimiento sobre el proyecto decaído o ponerse de acuerdo sobre un nuevo proyecto de fusión[31].

Debe valorarse de forma positiva que la Ley de Cooperativas de Canarias, en línea con algunas otras leyes autonómicas[32], establezca que los órganos de administración de las sociedades cooperativas que se fusionen están obligados, en el plazo máximo de tres meses desde la adopción del acuerdo de fusión, a informar a la asamblea general de su sociedad sobre cualquier modificación importante que se haya producido en la estructura patrimonial de las sociedades participantes, acaecida entre la fecha de suscripción del proyecto de fusión y la de celebración de la asamblea que vaya a decidir sobre el mismo (art. 88.2 LSCCan).

---

30 Sobre las carencias de la legislación en este aspecto, VARGAS/GADEA/SACRISTÁN, *Derecho de las sociedades cooperativas. Régimen económico, integración, modificaciones estructurales y disolución, cit.*, pp. 268-271.

31 MORILLAS/FELIU, *Curso de Cooperativas, cit.*, pp. 642 y 643.

32 Art. 62.2 RLSCAnd; art. 105.3 LCIB; art. 96.2 LSCEx.

Para salvaguardar los derechos de los socios y de los acreedores, debe darse publicidad al (único) acuerdo de fusión[33] (art. 88.1 LSCCan) mediante su publicación "*en un único anuncio*" en el "*Boletín Oficial de Canarias*" y "*en un diario de gran circulación en la provincia del domicilio social*". No se aclara si el domicilio social es el de la sociedad absorbente, el de la nueva sociedad creada tras la fusión o, como especifican otras leyes, el de cada una de las sociedades que participan en el proceso[34]. A nuestro juicio, teniendo en cuenta la finalidad de la publicación, esta última es la interpretación correcta[35], por lo que bastará un solo anuncio si el diario elegido es de gran circulación en todas las provincias en las que se ubique el domicilio de todas las sociedades participantes. Tampoco se contempla la posibilidad de reemplazar la publicación en un diario por la inserción en las webs corporativas de las sociedades cooperativas que participen en la fusión. En cualquier caso, esta publicidad no es necesaria si se ha notificado el acuerdo de forma individual a todos los socios y a los acreedores de las sociedades partícipes en la fusión, mediante un procedimiento que asegure la recepción en el domicilio que figure en la documentación de la sociedad.

c) Los derechos de los acreedores y de los socios de la cooperativa

La trascendencia de la fusión para las sociedades intervinientes, sus socios y sus acreedores explica los derechos que la Ley otorga, señaladamente el derecho de separación de los socios disconformes y el derecho de oposición de los acreedores. Su existencia supone que la fusión (que se opera verdaderamente con la inscripción de la escritura pública en el Registro de Cooperativas) quedará en suspenso, en el sentido de que no podrá llevarse a cabo o culminarse temporalmente, mientras dura el plazo de su ejercicio.

- El derecho de información

No se contiene en la Ley canaria, a diferencia de lo que ocurre en otras leyes[36], la previsión de que, en los anuncios (y creemos que también en la notificación personal del acuerdo de fusión que los sustituya), deba hacerse constar el derecho de los socios y de los acreedores a obtener el texto

---

33 MORILLAS/FELIU, *Curso de Cooperativas, cit.*, p. 647; VARGAS/GADEA/SACRISTÁN, *Derecho de las sociedades cooperativas. Régimen económico, integración, modificaciones estructurales y disolución, cit.*, p. 278.

34 Art. 105.2 LCIB; art. 94.5 LCCat; art. 96.1, c) LSCEx; art. 78.1, c) LCG; art. 88.4 LCRM, art. 83.6 LCEusk; art. 75.2, b) LCCV.

35 Así, respecto al art. 64.2 LCoop, de igual redacción, MORILLAS/FELIU, *Curso de Cooperativas, cit.*, p. 647.

36 Art. 83.4 LCCant; art. 94.5 LCCat; y art. 88.4 LCRM.

íntegro del acuerdo adoptado y del balance de fusión, así como el derecho de oposición que corresponde a los acreedores.

- El derecho de separación de los socios

Tienen derecho de separación los socios que no hayan votado a favor del acuerdo de fusión (art. 89.1 LSCCan). Se trata, a nuestro juicio, de un derecho distinto al de baja voluntaria (este último, manifestación del principio de puerta abierta), ya que refleja la reacción del socio ante el cambio del contrato social acordado por la mayoría, pero sin su anuencia[37]. Dado el tenor literal de esta Ley, parece claro, en primer lugar, que no se exige la presencia y el voto en contra, por lo que quedaría incluida la inasistencia a la asamblea (sin que se exija que el socio exprese su disconformidad), la abstención, el voto en blanco y el voto nulo. Esta regulación es, sin duda, más amplia que la existente en otras Comunidades Autónomas y resuelve, además, la situación de los socios que hayan sido privados de su derecho de voto de forma legítima (pensemos en los socios que lo tengan suspendido, como admiten los arts. 27, 31 y 32 LSCCan) o ilegítimamente (se les impidió votar).

Los socios pueden ejercitar este derecho en el plazo de cuarenta días, mediante escrito dirigido al órgano de administración (art. 89.1 LSCCan). El *dies a quo* es la "*publicación del anuncio del acuerdo de fusión*": no aclara la Ley si es el anuncio en el *Boletín Oficial de Canarias* o en el diario de gran circulación en la provincia del domicilio social. A nuestro juicio, debe entenderse que, si no son simultáneas, debe tomarse en cuenta la fecha de la última publicación[38]. Si no ha habido publicación por medio de anuncio, el plazo cuenta desde la "*comunicación por escrito*", al socio hay que entender. Se trata de un plazo máximo, por lo que es perfectamente posible que envíen su escrito antes de empiece a contar dicho plazo (el mismo día de la asamblea que acordó la fusión, por ejemplo)[39].

Si lo hacen, causarán baja justificada en la cooperativa, pero la LSC-Can, al igual que las restantes leyes y a diferencia del art. 95.2 LCCat, no condiciona la formalización de la fusión a que se garantice a estos socios la devolución de sus aportaciones con derecho a reembolso. La efectiva devolución de las aportaciones la llevará a cabo la sociedad de nueva creación

---

37 MORILLAS/FELIU, *Curso de Cooperativas, cit.*, p. 271.

38 RIVERO, "Capítulo VII. De la fusión, escisión y transformación. Sección 1.ª De la fusión", *cit.*, p. 430.

39 MORILLAS/FELIU, *Curso de Cooperativas, cit.*, p. 657.

o la sociedad absorbente, dependiendo del tipo de fusión que se haya producido, en el plazo y condiciones establecidos para las bajas justificadas, conforme a lo dispuesto en los estatutos de la sociedad de la que formaban parte, plazo para el que la Ley establece un máximo de cinco años (arts. 70.3 y 89.2 LSCCan). El socio que, disconforme con la fusión, se separe se enfrenta al peor escenario posible, de manera que parece que el propio legislador trata de apoyar el mecanismo de fusión no incentivando la huida de los socios.

La acción para exigir el pago prescribe por el transcurso del plazo general de prescripción de las acciones personales, tal como indican las SSTS, Sala de lo Civil, de 12-4-1994 (Id Cendoj: 28079110011994103130) y de 22-7-1994 (Id Cendoj: 28079110011994101957) y la SAP de Madrid, sección 28°, de 28-4-2014 (Id Cendoj: 28079370282014100114), plazo que, según la actual redacción del artículo 1.964 C.c., es de cinco años.

- El derecho de oposición de los acreedores

Los acreedores de cualquiera de las cooperativas canarias que tomen parte en una fusión tienen reconocido el derecho de oposición, por lo que debe entenderse que están legitimados todos, también los de las sociedades que subsisten tras la misma, como es el caso de la cooperativa absorbente. Ha de tratarse de acreedores con créditos nacidos antes del anuncio de la fusión (de nuevo, habrá que entender que se trata de la última publicación en el *Boletín Oficial de Canarias* o en el diario de gran circulación en la provincia del domicilio social) o del último envío de la comunicación "*y que no estén adecuadamente garantizados*". Es decir, pueden ser tanto acreedores ordinarios como acreedores con garantía, siempre que esta no sea suficiente[40]; siendo indiferente que se trate de un crédito firme o de uno litigioso[41]. Tampoco es necesario que el crédito que ostente el acreedor esté vencido, como se desprende del tenor de la Ley, que indica que "*no podrán oponerse al pago aunque se trate de créditos no vencidos*" (art. 90.1, *in fine*, LSCCan).

De nuevo, se paraliza la culminación de la fusión, ya que esta no puede llevarse a cabo antes de un mes desde la fecha de publicación del último anuncio o del envío de la comunicación "*a la última persona socia o a la última persona acreedora*" (art. 90.1 LSCCan). En este plazo, los acreedores se

---

40 RIVERO, "Capítulo VII. De la fusión, escisión y transformación. Sección 1.ª De la fusión", *cit.*, p. 426.

41 VARGAS/GADEA/SACRISTÁN, *Derecho de las sociedades cooperativas. Régimen económico, integración, modificaciones estructurales y disolución, cit.*, p. 281.

pueden oponer por escrito a la fusión. El problema es cómo van a saber los acreedores cuándo se ha notificado al último socio o al último acreedor, por lo que lo lógico habría sido que se tuviera en cuenta la fecha de su notificación (como hemos interpretado el art. 89.1 LSCCan), no la de la última. Aunque no se especifica, el escrito debe dirigirse al administrador único o al presidente del consejo rector de la cooperativa deudora.

Si esto ocurre, no podrá tener efecto la fusión hasta que sus créditos sean totalmente satisfechos o se aporte garantía suficiente de los mismos mediante fianza solidaria o aval (entendemos que también solidario) a su favor. Aunque nada dice la Ley, consideramos que debe ser la cooperativa deudora la que pague u otorgue la garantía, pero pueden hacerlo la sociedad absorbente o la resultante de la fusión; y quien la preste asumirá los gastos financieros[42].

Cabe que la cooperativa deudora, de antemano y *motu proprio*, salde la deuda o proporcione la garantía suficiente mediante la prestación de fianza o aval solidarios a favor del acreedor, para así evitar el ejercicio del derecho de oposición.

d) Escritura e inscripción de la fusión

El acuerdo de fusión, aprobado en el seno de las asambleas generales de las sociedades que participan en el proceso, debe elevarse a escritura pública otorgada por todas ellas, escritura que, como bien aclara la LSCCan (zanjando los debates al respecto) es única (art. 88.4).

En dicha escritura, queda reflejado el *iter* del proceso de fusión, ya que deben constar (arts. 88.4 y 90.3 LSCCan) los acuerdos y el balance de fusión de cada una de las sociedades que se extinguen y la expresa manifestación de los otorgantes de que no se ha producido oposición por los acreedores que tengan derecho a la misma y, si ha existido, de que los respectivos créditos han sido pagados o garantizados, identificando en tal caso a los acreedores, los créditos y las garantías prestadas. Algunas de las menciones de la escritura dependen de la clase de fusión que se haya operado. Si es una fusión por creación de una nueva cooperativa, ha de contener, además, las prescripciones legales exigibles para constituirla según la normativa aplicable en función de su ámbito de actuación principal, esto es, entre otras, los estatutos que regularán el funcionamiento de la nueva sociedad y la identidad de las personas que formarán parte del órgano de administración y de la intervención de cuentas. En caso de que la sociedad

---

42 MORILLAS/FELIU, *Curso de Cooperativas, cit.*, p. 661.

de nueva creación desarrolle total o principalmente su actividad cooperativizada en la Comunidad Autónoma de Canarias (art. 1 LSCCan), todas las del art. 14.1 de la Ley. Si se llevó a cabo una fusión por absorción, debe expresar las modificaciones estatutarias que se hayan acordado para la cooperativa absorbente.

La fusión es un acto complejo de inscripción obligatoria y constitutiva (arts. 16.3, párr. 3º y 88.4 LSCCan), por lo que su eficacia queda supeditada a la inscripción de la escritura de fusión, lo que implica la inscripción, según cada caso, de la constitución de la nueva cooperativa, de la modificación estatutaria de la cooperativa absorbente y de la extinción y cancelación de los asientos de las cooperativas absorbidas.

En la fusión por creación de una nueva cooperativa, se abrirá a esta la hoja en el Registro que corresponda y se practicará una primera inscripción, donde se recogerá el contenido legalmente exigido para la constitución de una nueva sociedad, así como datos los referentes al acuerdo de fusión. Si la fusión se verifica por absorción, en la hoja abierta a la sociedad absorbente, se inscribirán las modificaciones estatutarias que se hayan producido.

Una vez inscrita la fusión, se cancelan de oficio los asientos registrales de las cooperativas extinguidas, cuyos patrimonios (incluidos los fondos sociales obligatorios y voluntarios) no se liquidan, sino que, como hemos señalado, se traspasan en bloque a la nueva sociedad cooperativa que se crea o a la absorbente, que adquiere todos los derechos y obligaciones de las entidades disueltas, por sucesión universal [arts. 87.2, b), 88.4 y 86.3 LSCCan].

C) La fusión especial o heterogénea

Las cooperativas canarias se pueden fusionar "*con otro tipo de sociedades*", mecanismo de fusión regulado en el art. 91 LSCCAN y que otras leyes denominan "*fusión especial*"[43], con lo que se consolida en la legislación cooperativa[44] una amplia libertad y flexibilidad para acometer procesos de integración empresarial.

---

[43] Art. 67 LCoop; art. 113 LCPAs; art. 87 LCCant; art. 85 LCCyL; art. 98 LCCat; art. 75 LCCM; art. 87 LCEusk; art. 89 LCLR; art. 76 LCCV.

[44] La excepción la constituyen la LCIB, la LCG y la LFCN.

Las cooperativas canarias se pueden fusionar con sociedades no cooperativas. Utiliza la Ley que comentamos el término *sociedades* y no el de *entidades*, de ámbito más amplio, que habría despejado las dudas acerca de la posibilidad de que se lleve a cabo con asociaciones o con agrupaciones de interés económico. Pero, a nuestro juicio, nada obsta a que este mecanismo esté abierto a cualquier tipo de persona jurídica, salvo prohibición legal o estatutaria expresa.

Y la resultante de la fusión (la absorbente o la de nueva creación) tampoco tiene que ser una cooperativa: "*podrá ser una sociedad cooperativa o de otra clase*" (art. 91.1 LSCCan).

No contiene la LSCCan la cautela "*siempre que no exista una norma legal que lo prohíba*", presente en otras leyes[45] pero será posible en todo caso la denegación de autorización de este tipo de fusiones a las cooperativas de crédito y de seguros (art. 30 RLCCr; art. 90 LOSSEAR) o por la aplicación de las normas sobre competencia (pensemos, sin ir más lejos, en las relativas al control de concentraciones)[46].

La complejidad del procedimiento de fusión se incrementa en este caso debido a la diversidad de formas jurídicas de las entidades que participan y a la necesidad de aplicar leyes diferentes.

Precisamente, el legislador canario atiende en primer lugar a la cuestión de la ley aplicable cuando establece que este proceso se regirá por la normativa reguladora de la sociedad absorbente o de la que se constituya a partir de la fusión. Aunque se extralimita el legislador autonómico al establecer la norma de conflicto (competencia exclusiva del Estado, *ex* art. 149.1.8ª CE), la elección es la adecuada, porque reproduce la norma del art. 67 LCoop, con sus dos importantes excepciones, que persiguen salvaguardar algunos de los derechos de los cooperativistas y de los acreedores: los requisitos para adoptar el acuerdo de fusión y los derechos de los acreedores y de los socios disconformes se rigen por lo dispuesto en la LSCCan (art. 91.2, que remite a los arts. 88 a 90). Con estas excepciones, como vemos, se respeta el régimen de mayorías exigibles y otros pormenores del acuerdo de fusión, pero sólo se atiende al derecho propio o genuino de los socios disconformes, el de separación, obviando un derecho general y

---

45 Art. 67 LCoop; art. 75.6 LSCAnd; art. 113 LCPAs; art. 87 LCCant; art. 85.1 LCCyL; art. 89.1 LCCat; art. 100.1 LSCEx; art. 75.2 LCCM; art. 92.1 LCRM; art. 87.1 LCEusk; art. 89.1 LCLR; art. 76 LCCV.

46 MORILLAS/FELIU, *Curso de Cooperativas, cit.*, p. 664.

fundamental de todos los socios (también de los conformes), como es el derecho de información, regulado en el art. 87 LSCCan, que no queda comprendido en la imperativa remisión, lo que debe ser objeto de crítica[47]. Esta norma consigue, al menos, que se mantengan los derechos de separación de los socios y de oposición de los acreedores, derechos que no están presentes en todas las legislaciones[48].

Es la sociedad cooperativa resultante de la fusión la que asume la obligación de pagar la liquidación de sus aportaciones a los socios que hubieran ejercitado el derecho de separación en el plazo y condiciones previstos en la Ley para las bajas justificadas -plazo para el que establece un máximo de cinco años (art. 70.3 LSCCan)- y conforme a lo dispuesto en los estatutos de la cooperativa de la que eran socios (arts. 89.2 y 91.2 LSCCan).

En cuanto a quién debe efectuar la devolución en caso de que la nueva sociedad o la absorbente no sea una cooperativa, se reproduce casi de forma literal lo establecido en el art. 67 LCoop: "*Si la entidad resultante de la fusión no fuera una sociedad cooperativa, la liquidación de sus aportaciones a las personas socias que ejerciten el derecho de separación deberá tener lugar dentro del mes siguiente a la fecha en que haga uso del mismo. Hasta que no se hayan pagado estas liquidaciones, no podrá formalizarse la fusión*" (art. 91.2 LSCCan). En consecuencia, parece que debe ser su cooperativa la que le liquide sus aportaciones puesto que hasta que no se haga efectivo el pago no podrá llevarse a cabo la fusión[49]. No se especifica que la liquidación será sólo de las

---

47 Idéntica crítica, respecto de la LCoop, VARGAS/GADEA/SACRISTÁN, *Derecho de las sociedades cooperativas. Régimen económico, integración, modificaciones estructurales y disolución, cit.*, pp. 266 y 267.

48 Solo se reconoce a los socios de las sociedades mercantiles que hayan votado en contra y a los socios sin voto el derecho de enajenación de las acciones o participaciones con compensación en efectivo en las fusiones por absorción de sociedad participada al 90% cuando no se elaboren los informes de administradores y de expertos sobre el proyecto de fusión y en las fusiones transfronterizas si el domicilio de la sociedad resultante no queda establecido en España, esto es, cuando los socios vayan a quedar sometidos a una ley extranjera (arts. 12.1 y 86 LME/2023). Sobre la protección de los acreedores, véanse los arts. 13 y 87 LME/2023, preceptos que reemplazan el régimen de oposición por la posibilidad de manifestar su disconformidad respecto a las garantías, mediante un sistema que "no paralizará la operación de modificación estructural ni impedirá su inscripción en el Registro Mercantil".

49 Así interpretan el art. 67 LCoop VARGAS/GADEA/SACRISTÁN, *Derecho de las sociedades cooperativas. Régimen económico, integración, modificaciones estructurales y disolución, cit.*, pp. 267 y 268.

aportaciones reembolsables; y ello, a nuestro juicio, de forma correcta porque cuando la absorbente o la sociedad resultante de la fusión especial no sean una sociedad cooperativa, al socio saliente deberán serles reintegradas todas sus aportaciones, ya que en la nueva sociedad -no cooperativa- no va a existir la diferenciación entre aportaciones con derecho a reembolso y aportaciones cuyo reembolso puede ser rechazado incondicionalmente por el órgano de administración en caso de baja.

En cuanto al pago o la garantía de los créditos de los acreedores que se hayan opuesto, la LSCCan remite a la regulación de tal derecho (arts. 90 y 91.2), por lo que, tal y como manifestamos al comentar el primero de esos preceptos y aplicando la misma lógica, hay que entender que es la cooperativa deudora la que debe saldar la deuda o garantizar el crédito, pero es posible que tanto la sociedad absorbente como la resultante de la fusión lo hagan; y quien lo efectúe, asumirá los gastos.

Los fondos irrepartibles de las cooperativas que se extingan en el proceso de fusión especial tendrán el mismo destino que en el caso de disolución y liquidación de la cooperativa (art. 91.3 LSCCan). Es decir, se pondrán a disposición de la entidad prevista estatutariamente o por acuerdo de la asamblea general y, si no se designase ninguna entidad asociativa en particular, se ingresarán en la unión o federación o asociación de economía social a la que esté asociada, y en su defecto, en la Tesorería de la Administración de la Comunidad Autónoma de Canarias para destinarlos a la promoción del cooperativismo [art. 100.2, a) LSCCan].

Entre los fondos irrepartibles en caso de fusión especial están el de educación y promoción y los fondos voluntarios que tengan tal carácter (arts. 78.3 y 79.3 LSCCan). Y debe encuadrarse también en su totalidad el fondo de reserva obligatorio (art. 91.3 LSCCan), porque la Ley canaria establece que puede repartirse sólo "*en el momento de la liquidación de la cooperativa o en el caso de la transformación de esta en otro tipo de sociedad*"; en este segundo caso, "*el fondo solo se puede repartir en forma de participaciones o acciones de la nueva sociedad en función de la actividad cooperativizada*" (art. 77.2 LSCCan). Por lo tanto, no es repartible en caso de fusión especial, aunque exista identidad de razón si la resultante de la fusión o la absorbente no es una cooperativa.

2. La escisión

A) Concepto y clases de escisión

La escisión es la división del patrimonio y, en su caso, del colectivo social, en todo o en parte.

Se trata de un mecanismo que puede servir a muy diferentes propósitos: la reorganización empresarial o la reestructuración de la cooperativa, su saneamiento, la obtención de liquidez, la resolución de conflictos entre los socios, etc.

En la legislación mercantil (art. 58.1 LME/2023), se distinguen tres clases de escisión: la escisión total, la escisión parcial y la segregación. Si la escisión es total, la sociedad escindida se extingue y las partes en las que se dividide su patrimonio pasan a integrar el de varias sociedades de nueva creación o a engrosar el de sociedades preexistentes, a las que se incorporan los socios de la sociedad que se extingue. En la escisión parcial, la sociedad escindida no se extingue, sino que pervive con el resto de su patrimonio reduciendo su capital social y recibiendo *sus socios* títulos o cuotas sociales equivalentes de la o las beneficiarias de la escisión, en proporción a su participación en la sociedad escindida. En la segregación (también denominada por la doctrina escisión impropia), se produce el traspaso en bloque por sucesión universal de una o varias partes del patrimonio de una sociedad, cada una de las cuales forme una unidad económica, a una o varias sociedades, recibiendo a cambio *la sociedad segregada* las acciones, participaciones o cuotas de las beneficiarias de la segregación, es decir, sin que los socios de la sociedad segregada se integren en la sociedad beneficiaria de la segregación.

La LSCCan, transcribiendo el art. 68 LCoop, no contempla todas las anteriores modalidades y, además, cuando lo hace, las denomina de forma diferente (art. 92.1), empleando los términos "*extinción*", "*escisión-fusión*" y "*segregación*". Señaladamente, pese a que utiliza la misma palabra, no regula la que la legislación mercantil estatal denomina "*segregación*", pues la Ley de Canarias alude a la división tanto del patrimonio como de los socios. Este silencio sobre la genuina segregación puede ser interpretado como prohibición de una modificación estructural de este tipo, habida cuenta de que el legislador canario conceptúa la escisión como un mecanismo de división del patrimonio y de los socios de la cooperativa[50]. Sin embargo, consideramos posible una verdadera segregación porque no está prohibida de forma expresa, como hemos manifestado (véase el epígrafe I).

Sin llamarla escisión total, la Ley señala que la escisión puede consistir en la "*extinción*" de la cooperativa sin liquidación previa, mediante la división de su patrimonio y del colectivo de sus socios y colaboradores en dos o más partes, cada una de las cuales se traspasa en bloque a otra u otras cooperativas de nueva creación, es absorbida por otra u otras cooperativas ya existentes o se integra con las partes escindidas de otras sociedades cooperativas en una de nueva creación. A estos dos últimos supuestos los denomina "*escisión-fusión*". Elude el calificativo de escisión parcial, y en su lugar habla de la "*segregación*" de una o varias partes del patrimonio y de los socios y colaboradores de la cooperativa, sin extinguirse, traspasándose en bloque o en la parte o las partes segregadas a otras cooperativas de nueva creación o ya existentes.

Por último, por su remisión a las normas de la fusión (art. 92.3 LSCCan), se puede considerar que admite la escisión total o parcial heterogénea, esto es, la que se lleva a cabo cuando una cooperativa canaria se divide con traspaso a otras entidades no cooperativas de una o varias partes de su patrimonio y de sus socios y colaboradores, sin disolución ni liquidación. En virtud del mismo reenvío, aunque no contempla de forma expresa la Ley la escisión de cooperativas en liquidación o en concurso de acreedores, pensamos que dicha posibilidad existe también en la escisión (arts. 86.2 y 92.3 LSCCan).

Por lo tanto, bajo la LSCCan, la escisión se puede clasificar atendiendo:

1°) Al grado de división del patrimonio y de los socios y colaboradores de la escindida (escisión total y escisión parcial).

En la *escisión total*, se dividen por completo el patrimonio y los socios y colaboradores de la cooperativa escindida en dos o más partes (habrá un mínimo de dos entidades beneficiarias de la escisión, porque, en caso contrario, la cooperativa estaría llevando a cabo una fusión por absorción o una transformación) y la cooperativa escindida se extingue.

---

50 En este mismo sentido, respecto al silencio sobre la segregación en la LCoop, VARGAS/GADEA/SACRISTÁN, *Derecho de las sociedades cooperativas. Régimen económico, integración, modificaciones estructurales y disolución*, *cit.*, p. 286.

En la *escisión parcial*, se separan una o varias partes del patrimonio (y, en su caso, del colectivo de socios y colaboradores) de la cooperativa escindida, que subsiste con el resto. Le es indiferente al legislador canario[51] la conservación de la empresa, ya que no exige que la parte escindida constituya una unidad económica, a diferencia de lo que les preocupa e imponen el legislador extremeño (art. 103 LSCEx) y el estatal (art. 60 LME/2023).

2º) A la creación o no de nuevas entidades (escisión-constitución y escisión-fusión por absorción y por constitución).

En la *escisión-constitución*, el patrimonio y, en su caso, los socios y colaboradores de la cooperativa escindida se incorporan a dos o más sociedades de nueva creación, que se constituyen por el procedimiento que corresponda a su forma jurídica.

En la *escisión-fusión por absorción*, sociedades preexistentes llevan a cabo la incorporación del patrimonio (y, en su caso, de los socios y colaboradores) de la cooperativa escindida mediante el procedimiento de fusión por absorción.

En la *escisión-fusión por constitución*, se crean nuevas sociedades mediante las partes previamente escindidas y fusionadas de otras sociedades.

3º) A la naturaleza de las sociedades que participan en el procedimiento (escisión homogénea y escisión heterogénea que, siguiendo la terminología de la fusión, podemos llamar también escisión especial).

La *escisión homogénea* es la que tiene lugar entre sociedades cooperativas, naturaleza que tendrá tanto la escindida como la beneficiaria o beneficiarias de la escisión.

La *escisión heterogénea o especial* tiene lugar cuando la beneficiaria de la escisión no es una sociedad cooperativa o no lo son la totalidad de las beneficiarias, en caso de ser varias.

Las combinaciones de estos tipos de escisión son múltiples: pensemos en el caso de una escisión total o parcial en la que las partes escindidas se incorporan a una cooperativa preexistente o de nueva creación y a entidades no cooperativas o de nueva creación, supuesto que podríamos denominar como *escisión mixta*.

---

[51] También a la LCoop, algo criticado por VARGAS/GADEA/SACRISTÁN, *Derecho de las sociedades cooperativas. Régimen económico, integración, modificaciones estructurales y disolución, cit.*, p. 287; y por MORILLAS/FELIU, *Curso de Cooperativas, cit.*, p. 670.

Como requisito común a todas las modalidades, establece la LSCCan que solo podrá acordarse la escisión si las aportaciones al capital de la sociedad cooperativa que se escinde se encuentran desembolsadas íntegramente (art. 92.4).

B) El procedimiento de escisión homogénea

A pesar de lo complicado del procedimiento, su regulación es escasa en la LSCCan, que remite a las normas de la fusión (art. 92.3) y sólo contempla contadas especialidades.

Esta complejidad viene determinada por el hecho de que, junto a la escisión en sí (que, obviamente, sólo se lleva a cabo en la cooperativa o cooperativas escindidas), tendrán lugar procedimientos de constitución de nuevas sociedades o procedimientos de fusión por absorción -y la correlativa modificación estatutaria- o de fusión por constitución de una nueva sociedad, en los tres casos, de las beneficiarias de la escisión. Es decir, deberá acometerse la constitución de las cooperativas de nueva creación o bien, en el seno de las cooperativas beneficiarias de la escisión, deberán llevarse a cabo los procedimientos de fusión por absorción. Remitimos a lo ya tratado sobre esos supuestos y, en los epígrafes que siguen, sólo nos referiremos a los trámites de los que es protagonista la cooperativa escindida.

a) El proyecto de escisión y la documentación complementaria

Esta modificación estructural, tras los habituales tratos preliminares si en ella participan otras sociedades preexistentes, comienza procedimentalmente con el proyecto de escisión, elaborado exclusivamente por el órgano de administración de la cooperativa que se escinde si la beneficiaria (o las beneficiarias) de la escisión es una sociedad de nueva creación, mientras que, en caso contrario, deberá ser suscrito también por los administradores de las restantes cooperativas que participen en la escisión.

Su contenido es coincidente con el del proyecto de fusión (para evitar reiteraciones, remitimos al epígrafe III.1.B.a), con el añadido de la propuesta detallada de la parte del patrimonio y de las personas socias y colaboradoras que vayan a transferirse a las sociedades cooperativas resultantes o absorbentes. No se especifica que la propuesta debe indicar el destino de los fondos de la cooperativa escindida[52] y las participaciones que corresponderán a los transferidos en el capital de las sociedades beneficiarias, con

52 Cosa que sí hace el art. 76.3 LSCAnd.

aplicación del criterio de equivalencia con el capital y las reservas repartibles y con la actividad cooperativizada que cada uno hubiera llevado a cabo en la cooperativa de origen[53]. La Ley canaria no contiene orientación alguna sobre cómo se lleva a cabo la división y distribución de los socios y colaboradores, pero el proyecto debe detallar esta importante consecuencia de la escisión y justificar y motivar la forma elegida[54]. Tampoco contempla el problema de los activos o pasivos ocultos o no distribuidos, silencio que debe colmarse aplicando analógicamente el art. 65 LME/2023, que dispone que se distribuirá ese elemento del activo o su contravalor entre todas las sociedades beneficiarias de manera proporcional al activo atribuido a cada una de ellas en el proyecto de escisión; mientras que, si se trata de un elemento del pasivo, se establece la responsabilidad solidaria de todas las sociedades beneficiarias[55].

b) El acuerdo de escisión

Nada se dice en el precepto que regula la escisión, pero es evidente que la asamblea general de la sociedad escindida debe adoptar ese acuerdo, como órgano competente en exclusiva [art. 36.1, g) LSCCan], sobre la base del proyecto de escisión y sin alterarlo, con la mayoría reforzada de las dos terceras partes de los votos presentes y representados [art. 41.1, a) LSCCan)]. Se aplicarán las normas que sean compatibles del acuerdo de fusión (art. 92.3 LSCCan; véase epígrafe III.1.B.b).

c) Los derechos de los socios y de los acreedores de la cooperativa escindida. La responsabilidad y la garantía del cumplimiento de las obligaciones por las sociedades que participan en la escisión

---

53 Art. 100.9 LCCat. Esta Ley establece la proporción con el capital desembolsado, algo que no sería necesario en nuestro caso, puesto que, como hemos señalado, solo podrá acordarse la escisión si las aportaciones al capital de la sociedad cooperativa que se escinde se encuentran desembolsadas íntegramente (art. 92.4 LSCCan).

54 MORILLAS/FELIU, *Curso de Cooperativas, cit.*, p. 670. Como indican VARGAS/GADEA/SACRISTÁN, *Derecho de las sociedades cooperativas. Régimen económico, integración, modificaciones estructurales y disolución, cit.*, pp. 285, 286, 288 y 289, los criterios de distribución serán los que apruebe la mayoría de los socios en la asamblea general al pronunciarse sobre el contenido del proyecto de escisión.

55 En idéntico sentido respecto a la LCoop, MORILLAS/FELIU, *Curso de Cooperativas,* cit., p. 670; VARGAS/GADEA/SACRISTÁN, *Derecho de las sociedades cooperativas. Régimen económico, integración, modificaciones estructurales y disolución, cit.*, p. 289.

Por expresa disposición de la Ley canaria (art. 92.3 LSCCan), los socios y los acreedores de las sociedades participantes en la escisión ostentan los mismos derechos que se les atribuyen en caso de fusión, es decir, el derecho de información, el derecho de separación de los socios y el derecho de oposición de los acreedores, por lo que resultarán de aplicación las normas reguladoras de los mismos (arts. 87, 89 y 90 LSCCan, de los que nos hemos ocupado en el epígrafe III.1.B.c)[56].

Peculiar resulta, por el contrario, el establecimiento de un especial régimen para las sociedades que participan en la escisión, como medida extra de protección de los acreedores (art. 92.2, párr. 2º LSCCan), que está también presente en el art. 68.4 LCoop y en el art. 70.1 LME/2023. En primer lugar, responderá la entidad beneficiaria que hubiera asumido la obligación en virtud de la escisión. Si esta no cumple, garantizan el cumplimiento de dicha obligación de manera subsidiaria, pero solidariamente (entre sí y con esa beneficiaria asuntora, a nuestro juicio), las restantes entidades beneficiarias, hasta el importe del activo neto atribuido en la escisión a cada una de ellas. Además, en caso de escisión parcial, es decir, si la cooperativa escindida sobrevive a la escisión, también ella será garante, en este caso, de la totalidad de la obligación, pero entendemos que de forma subsidiaria respecto de la beneficiaria que hubiera asumido la obligación en virtud de la escisión y, si la sociedad escindida pagó, podría repetir contra la incumplidora y contra las restantes beneficiarias, aunque, respecto de estas últimas, hasta el límite del importe del activo neto recibido[57].

---

56 Añadimos en este punto que los arts. 112 y 113 LME/2023 regulan las escisiones de sociedades mercantiles cuando las sociedades beneficiarias preexisten. El primero de esos preceptos establece que las reglas sobre protección de socios en la relación de canje y protección de acreedores serán también aplicables a los socios y acreedores de la sociedad beneficiaria española y la responsabilidad legal de todas las sociedades participantes frente a los acreedores de la sociedad escindida al tiempo de la escisión se regirá por la ley personal de esta sociedad. Además, conforme al art. 12 LME/2023, en las operaciones transfronterizas cuando vayan a quedar sometidos a una ley extranjera, los socios que hayan votado en contra y los socios sin voto tendrán el derecho a enajenar sus acciones, participaciones o cuotas a cambio de una compensación en efectivo adecuada.

57 MORILLAS/FELIU, *Curso de Cooperativas, cit.*, p. 672. Por el contrario, para VARGAS/GADEA/SACRISTÁN, *Derecho de las sociedades cooperativas. Régimen económico, integración, modificaciones estructurales y disolución, cit.*, p. 291, si la sociedad escindida paga, no podría reclamar a las sociedades beneficiarias. En el mismo sentido, PUY FERNÁNDEZ, G./RODRÍGUEZ SÁNCHEZ, S., "Capítulo IX. Modificaciones estructurales. III. Escisión", en AA.VV., *Tratado de Derecho de Cooperativas* (Dir. PEINADO GRACIA), Tomo I, 2ª ed., Tirant lo Blanch, Valencia, 2019, p. 1032,

d) Escritura e inscripción de la escisión

El acuerdo de escisión debe ser elevado a escritura pública, con las mismas menciones que la escritura de fusión, entre otras, las exigidas para la constitución de la nueva o las nuevas cooperativas o las modificaciones estatutarias que la cooperativa o las cooperativas absorbentes hayan acordado con motivo de la escisión-fusión (art. 88.4 LSCCan). La inscripción de la escisión, que es obligatoria y constitutiva (art. 16.3, párr. 3º LSCCan), también se rige por las normas que regulan la fusión[58].

En caso de escisión total, al producirse la extinción de la cooperativa escindida, el Registro en el que estaba inscrita tendrá que cancelar sus asientos, una vez abiertas en el Registro o Registros competentes nuevas hojas e inscritas en ellas las cooperativas resultantes de la escisión; o, en el caso de la absorción por cooperativas ya existentes, la anotación se llevará a cabo en las hojas correspondientes a las cooperativas absorbentes. Una vez inscrita la escisión parcial en la hoja abierta a la cooperativa escindida, el Registro o Registros competentes tendrán que inscribir la nueva o nuevas cooperativas resultantes o, en el caso de absorción por una o varias cooperativas ya existentes, anotarlo en su hoja o sus hojas correspondientes.

Nada se especifica en la Ley sobre el destino de los fondos de la cooperativa escindida. En caso de escisión homogénea total, se aplican supletoriamente las normas de la fusión en lo relativo a los fondos obligatorios y voluntarios (arts. 86.3 y 92.3 LSCCan), lo que determina que el patrimonio de la cooperativa que se disuelve, que no entra en liquidación, se traspasa (incluidos los fondos no repartibles) a las nuevas sociedades cooperativas que se creen o a las absorbentes, pensamos que en la misma proporción en que reciben el resto del patrimonio de la sociedad escindida. Si la escisión es parcial, estos fondos deberán permanecer en parte en la cooperativa escindida, mientras que el destino de la porción proporcional al patrimonio escindido sería el antes señalado.

---

consideran que el derecho de repetición de la sociedad escindida únicamente se podría ejercitar contra la beneficiaria de la escisión que asumió esa deuda; por el contrario, la sociedad beneficiaria que pagó podría reclamar a la sociedad deudora que asumió la obligación, al resto de beneficiarias "la parte que a cada una corresponda" (en proporción al activo neto atribuido en la escisión a cada una de ellas), e incluso, a la sociedad escindida, la totalidad de la obligación. A nuestro juicio, con estas afirmaciones, en definitiva, se exonera de responsabilidad (al menos, en las relaciones internas) al resto de beneficiarias de la escisión, al impedir que la sociedad escindida repita contra ellas.

58 Sobre ambas cuestiones, véase el epígrafe III.1.B.d.

C) La escisión heterogénea o especial

Este tipo de escisión, a diferencia de lo que establecen otras leyes de cooperativas, no se rige por las normas relativas a la transformación de una sociedad cooperativa en otra persona jurídica[59], sino por las normas de la fusión (art. 92.3 LSCCan). Si se trata de una escisión total o parcial en la que la parte o las partes escindidas se incorporan tanto a cooperativas como a entidades no cooperativas preexistentes o de nueva creación (la que hemos denominado *escisión mixta*), habrá que combinar las normas de las fusiones homogéneas con las de las fusiones especiales.

Si se lleva a cabo una escisión heterogénea total, los fondos irrepartibles de la cooperativa que se extingue tendrán el mismo destino que en caso de disolución y liquidación de la cooperativa (art. 91.3 LSCCan). Es decir, se pondrán a disposición de la entidad prevista estatutariamente o por acuerdo de la asamblea general y, si no se designase ninguna entidad asociativa en particular, se ingresarán en la unión o federación o asociación de economía social a la que esté asociada, y en su defecto, en la Tesorería de la Administración de la Comunidad Autónoma de Canarias para destinarlos a la promoción del cooperativismo [art. 100.2, a) LSCCan]. Entre los fondos irrepartibles están el de educación y promoción y los fondos voluntarios que tengan tal carácter (arts. 78.3 y 79.3 LSCCan). Debe encuadrarse también en su totalidad el fondo de reserva obligatorio, porque la Ley canaria establece que puede tener carácter repartible sólo *en caso de liquidación o de transformación de la cooperativa en otro tipo de sociedad* (en este caso, se podría repartir en forma de participaciones o acciones de la nueva sociedad en función de la actividad cooperativizada, *ex* art. 77.2 LSCCan). Por lo tanto, no es repartible en caso de escisión, aunque exista identidad de razón si las nuevas sociedades o las absorbentes no son cooperativas.

---

[59] Art. 114.2 LCPAs; art. 99.4 LCCat.

3. La transformación

A) Concepto y clases de transformación

La transformación es el cambio de tipo social de la cooperativa sin pérdida de su personalidad jurídica[60] y con el ahorro del tiempo y los costes aparejados a la disolución, la liquidación y la constitución del nuevo tipo. En su virtud, el patrimonio de la cooperativa (con excepciones en cuanto a los fondos y las consecuencias económicas del ejercicio del derecho de separación de los socios disconformes) se traspasa en bloque a la nueva sociedad fruto de la transformación.

La LME/2023 establece: "*Una sociedad cooperativa podrá transformarse en sociedad mercantil, y una sociedad mercantil inscrita en sociedad cooperativa*" (art. 18.5); y "*(U)na sociedad cooperativa podrá transformarse en sociedad cooperativa europea y una sociedad cooperativa europea podrá transformarse en sociedad cooperativa*" (art. 18.6). Limitada visión que hay que poner en conexión con lo dispuesto en la LME/2023, que, más correctamente, manifiesta: "*Las modificaciones estructurales de las sociedades cooperativas se regirán por su específico régimen legal*" (art. 2, párr. 2º).

La LSCCan toma en consideración que la forma cooperativa sea el origen o el resultado de la transformación y distingue la transformación de la cooperativa canaria en una sociedad civil o mercantil de cualquier clase, de la transformación de una sociedad civil o mercantil o de una asociación en cooperativa canaria (arts. 84 y 85). Se trata, en ambos casos, de una *transformación heterogénea* (no es una denominación redundante, como veremos a continuación). A estas normas habrá que añadir necesariamente las reguladoras de la entidad de origen o resultado de la transformación: así, el art. 218 RRM, si la cooperativa canaria se transforma en una sociedad de responsabilidad limitada; el art. 224 RRM, si lo hace en una sociedad mercantil de otro tipo; y el art. 222 RRM, si una sociedad limitada se transforma en cooperativa canaria.

---

60 El Preámbulo de la derogada Ley 4/1999, de 30 de marzo, de Cooperativas de la Comunidad de Madrid señalaba: "*se ha sustituido la secular afirmación de la legislación de que la transformación no cambia la personalidad jurídica, por la más correcta dogmáticamente de que no se producirá en ningún momento la discontinuidad o alteración de la titularidad de los derechos y obligaciones*".

Pensamos que, por la trascendencia de estas mutaciones, cabe considerar como supuestos de transformación, *transformación homogénea*, el paso de cooperativa canaria a cooperativa estatal, y viceversa; la conversión de cooperativa de primer grado en cooperativa de segundo grado y viceversa; así como la transformación de sociedades cooperativas canarias en sociedades cooperativas europeas y viceversa. De todas ellas, la LSCCan sólo regula la transformación de una cooperativa de segundo grado en una de primer grado (art. 137.4).

La transformación de una cooperativa canaria existente en sociedad cooperativa europea se rige por lo dispuesto en el RSCE (arts. 2.1 y 35) y, en caso de quedar domiciliada en España, por el art. 10 LSCE (vid. también su art. 1.2)[61]. A su vez, una cooperativa europea se puede transformar en una cooperativa nacional "*sujeta al ordenamiento jurídico del Estado miembro de su domicilio social*" (art. 76 RSCE). Esto es, cabe la transformación de una sociedad cooperativa europea en una cooperativa sujeta a la LCoop o, en su caso, la transformación de una sociedad cooperativa europea en una cooperativa canaria.

La LSCCan menciona la posible transformación de las cooperativas canarias "*en sociedades civiles o mercantiles de cualquier clase*" (art. 84.1). Nótese que, al igual que la LCoop (art. 69.1), no alude más que a las sociedades, mientras que, cuando se refiere a la transformación en cooperativa canaria, la LSCCan añade a las asociaciones (art. 85.1) y la LCoop, a las asociaciones y a las agrupaciones de interés económico (art. 69.1). A nuestro juicio, nada obsta a que, en el origen o en el destino de la transformación, esté cualquier tipo de persona jurídica, salvo prohibición legal expresa[62].

---

[61] Dado que excede con mucho los límites de este Capítulo y no tiene demasiada utilidad práctica a la luz del escaso éxito hasta el momento del tipo SCE, remitimos a los interesados a ALFONSO SÁNCHEZ, R., "Constitución de una sociedad cooperativa europea domiciliada en España por transformación", en AA.VV., *La sociedad cooperativa europea domiciliada en España* (Dir. ALFONSO SÁNCHEZ), Thomson Aranzadi, Cizur Menor, 2008, pp. 211-260; ÍDEM, "Capítulo IX. Modificaciones estructurales. IV. Transformación", en AA.VV., *Tratado de Derecho de Cooperativas* (Dir. PEINADO GRACIA), Tomo I, 2ª ed., Tirant lo Blanch, Valencia, 2019, pp. 1066-1097.

[62] Incluso cabe plantearse si una entidad asociativa sin personalidad puede transformarse en sociedad cooperativa: MORILLAS/FELIU, *Curso de Cooperativas, cit.*, pp. 699 y 670; FELIU REY, M.I., "¿Es posible la transformación de una asociación en cooperativa?", en AA.VV., Estudios Jurídicos en Homenaje al Profesor Luís Díez-Picazo, Tomo I, Thomson-Civitas, Madrid, 2003, pp. 517-530.

B) La transformación de una cooperativa canaria

a) El acuerdo de transformación

Esta mutación debe acordarla la asamblea general de la cooperativa, única competente [arts. 36.1, g) y 84.2, a) LSCCan], tras ser debidamente convocada y constituida. Como las anteriores modificaciones, también la transformación puede acordarse en una asamblea general universal.

La LSCCan establece que el acuerdo de transformación "*deberá ser adoptado por la asamblea general, con los requisitos y formalidades establecidas para la modificación de los estatutos*" [art. 84.2, a)]. Lo que ocurre es que esta Ley, como hemos señalado, no contiene una regulación detallada de la modificación estatutaria con uno o varios preceptos dedicados, entre otras materias, a las especialidades del acuerdo de modificación. La explicación de este desfase hay que buscarla en el hecho de que, en este punto como en tantos otros, la Ley canaria copia otras leyes, leyes que, a diferencia de la LSCCan, sí que regulan los pormenores de la modificación estatutaria[63]. En consecuencia, se produce un déficit garantista en lo que a los derechos de los socios respecta, que sólo puede suplirse en parte con el régimen general de su derecho de información (véase el epígrafe III.1.B.c).

La asamblea, junto con el acuerdo de transformación, debe aprobar: el balance de transformación, cerrado el día anterior al del acuerdo; los requisitos que la legislación aplicable exija para la constitución de la entidad fruto de la transformación; y la cuota que corresponde a cada socio en su capital social, proporcional a la participación que tuviera en el capital social de la cooperativa que se transforma[64].

La aprobación del acuerdo exige la mayoría reforzada de las dos terceras partes de los votos presentes y representados [art. 41.1, a) LSCCan].

La LSCCan no se pronuncia sobre si se mantiene en la sociedad fruto de la transformación la responsabilidad de los socios si asumían las deudas de la cooperativa en alguna medida. El art. 32.2 LME/2023 establece que dicha responsabilidad por las deudas anteriores subsistirá salvo que

---

[63] Arts. 78 y 89.2, a) LCCant; arts. 97 y 100.2, b) y LCC-LM; arts. 85 y 87, a) LSCEx; arts. 74 y 84.2, a) LCG; arts. 66 y 83.1 LCCM; arts. 78 y 89.1, b) LCEusk; arts. 81 y 91.5, a) LCLR.

[64] El art. 107.9 LCIB y el art. 100.9 LCCat añaden que la proporción será con el capital desembolsado y la actividad cooperativizada que hayan realizado.

los acreedores hubieran consentido expresamente la transformación, cosa que pueden hacer en aplicación del art. 1.205 Cc.

La Ley canaria se ocupa de aclarar qué ocurre con el fondo de reserva obligatorio, el fondo de educación y promoción cooperativa y cualquier otro de la sociedad que se transforma que no sea total o parcialmente repartible. Hay que tener en cuenta que los estatutos pueden establecer el carácter parcialmente repartible del fondo de reserva obligatorio, reparto que puede tener lugar *"en caso de transformación de la cooperativa en otro tipo de sociedad"* (art. 77.2, párr. 3º LSCCan). Además, la Ley establece que, aprobado el carácter repartible del fondo de reserva obligatorio, no puede modificarse de nuevo hasta transcurridos cinco años del anterior acuerdo y *"en ningún caso, tiene efectos jurídicos el cambio de criterio de no repartible a repartible cuando se acuerde la liquidación o transformación de la cooperativa dentro de los tres años siguientes a la última modificación"* (art. 77.3).

Los fondos irrepartibles tendrán el mismo destino que en el caso de liquidación de la cooperativa (art. 84.4 LSCCan). Es decir, se pondrán a disposición de la entidad prevista estatutariamente o por acuerdo de la asamblea general; si no se designase ninguna entidad asociativa en particular, se ingresarán en la unión o federación o asociación de economía social a la que esté asociada, y en su defecto, en la Tesorería de la Administración de la Comunidad Autónoma de Canarias para destinarlos a la promoción del cooperativismo.

El acuerdo de transformación de la sociedad cooperativa canaria debe publicarse en el *Boletín Oficial de Canarias* y en uno de los diarios de mayor circulación en la provincia del domicilio social de la cooperativa. Como viene siendo habitual en esta sede, la publicación no será necesaria si el acuerdo ha sido comunicado individualmente por escrito a todos los socios y acreedores mediante un procedimiento que asegure su recepción en el domicilio que figure en la documentación de la sociedad [art. 84.2, c) LSCCan]; la notificación ha de ser fehaciente y efectiva [art. 84.2, d) LSCCan].

b) El derecho de separación de los socios y el inexistente derecho de oposición de los acreedores de la cooperativa que se transforma

Las normas sobre publicidad del acuerdo de transformación tienen también en este caso por finalidad dar a conocer a los socios el cambio trascendente que se va a operar, para que puedan decidir sobre el ejercicio de los derechos que la Ley les otorga. Y decimos a los socios porque la Ley canaria no reconoce a los acreedores un derecho de oposición que paralice el proceso, a diferencia de lo que ocurre en los supuestos de fusión y de escisión (arts. 90 y 92.3 LSCCan); tampoco la legislación estatal de modificaciones estructurales, aunque esta sí que articula otro sistema de protección (arts. 13 y 32.3 LME/2023)[65]. Sin embargo, como hemos señalado, se establece el deber de comunicación fehaciente, efectiva y personal a los acreedores en el domicilio que figure en la documentación de la sociedad [arts. 84.2, c) y d)].

Se reconoce derecho de separación a los socios que hayan votado en contra y a quienes, no habiendo asistido a la asamblea, expresen su disconformidad mediante escrito dirigido al órgano de administración. También deben entenderse legitimados quienes asistieron y no pudieron votar, ya sea porque fueron ilegítimamente privados de su derecho, ya sea porque dicho derecho estaba suspendido. Por ello, habría sido más adecuado que se hubiera utilizado la misma regla que en caso de fusión, esto es, legitimar a quienes no hubieran votado a favor (art. 89.1 LSCCan).

Para ejercitar este derecho, se establece el plazo de un mes *"desde la publicación del último anuncio del acuerdo o, si procede, la última comunicación"* [art. 84.2, b) LSCCan]. Esto de la *última comunicación* resulta equívoco. Parece que es la realizada al último socio al que se le haya notificado (como en el art. 90.1 LSCCan), cuando lo lógico es que se tenga en cuenta la fecha de la comunicación efectuada al socio en concreto (como entendemos el art. 89.1 LSCCan), ya que el socio difícilmente va a conocer cuál es la fecha de la última comunicación, sino que solo sabrá de la suya.

De nuevo, se considerará la separación del socio como una baja justificada. Nada se dice acerca de qué sociedad será la responsable de reembolsar las aportaciones a los socios ni el plazo en el que deberá llevarse a cabo el pago. La autointegración con lo establecido en el caso de la fusión plantea la necesidad de elegir una de las dos reglas: la de las fusiones homogéneas o la de las fusiones especiales (cuando la resultante no es una sociedad cooperativa). O lo que es lo mismo, determinar si es la sociedad resultante de la transformación la que debe efectuar el reembolso en el plazo de cinco años, que es el establecido para el caso de baja (arts. 70.3 y 89.2 LCCan); o si es la sociedad cooperativa que se transforma la que debe reintegrar al socio todas sus aportaciones en el plazo de un mes, antes de lo cual no podría llevarse a cabo la transformación (art. 91.2 LSCCan). La LCoop, al regular el derecho de separación en caso de transformación de una cooperativa en otro tipo social remite al derecho de separación del socio en casos de fusión homogénea (véanse sus arts. 65 y 69.2), esto es, establece

---

65 La única ley autonómica que reconoce un genuino derecho de oposición a los acreedores es la LCIB (art. 107.3).

el deber de reembolso a cargo de la sociedad resultante de la fusión, en el plazo de cinco años. Sin embargo, a la vista de que, salvo en los casos que hemos denominado *transformación homogénea*, la sociedad resultante de la transformación no será una cooperativa, debería garantizarse el derecho del socio de la cooperativa que se transforma a que se le devuelvan sus aportaciones en el plazo más breve, de un mes, y que sea la cooperativa que se transforma quien asuma la obligación de reintegrar al socio saliente tanto las reembolsables como las rehusables, por lo que nos inclinamos por la aplicación del art. 91.2 LSCCan. A diferencia de la LCCat (art. 100.8), la Ley canaria no establece que no puede formalizarse la transformación de la sociedad cooperativa hasta que se garantice el reembolso de las aportaciones de los socios que hayan ejercitado el derecho de separación con motivo de este acuerdo.

c) Escritura e inscripción de la transformación

El acuerdo de transformación ha de elevarse a escritura pública, con las menciones necesarias para la constitución de la sociedad resultante de la transformación [art. 84.2, d) LSCCan; art. 30.2 LME/2023; arts. 218 y 224 RRM]. Además, debe indicar, en primer lugar, la relación de socios que hayan hecho uso del derecho de separación y el capital que representen o, en su caso, la declaración de los miembros del órgano de administración, bajo su responsabilidad, de que ningún socio ha ejercitado aquel derecho dentro del plazo del mes. Si se ha sustituido la publicación del acuerdo por la notificación fehaciente y efectiva a socios y acreedores, la escritura pública ha de expresarlo[66]. También ha de "*especificar el destino de los fondos irrepartibles*"[67].

Debe acompañarse el balance cerrado el día anterior al acuerdo de transformación (auditado, en su caso, añadimos nosotros), un balance final elaborado por el órgano de administración y cerrado el día anterior al otorgamiento de la escritura y, si la sociedad resultante de la transformación fuera limitada, anónima o comanditaria por acciones, el informe de expertos independientes sobre el patrimonio social no dinerario. Por el

---

66 El art. 86.1, c) LCCM dispone que en la escritura se expresará la fecha del envío de la comunicación prevista a cada uno de los socios que no hubiesen votado a favor. En la legislación catalana, debe acreditarse la publicación mediante fotocopia [art. 60.1, a) RGCCat]; y, en la LCLR, mediante copia de los anuncios [art. 91.6, c) LCLR].

67 Otras leyes añaden más precisiones al respecto: art. 100.9 y 10 LCCat; art. 87, f) LSCEx; art. 84.2, e) y 84.4 LCG.

contrario, el art. 22 LME/2023 establece que el informe del experto independiente *"solo será necesario en los casos de transformación en sociedad anónima o sociedad comanditaria por acciones y tendrá como único objeto la valoración de las aportaciones no dinerarias"*, esto es, no lo considera preciso en caso de transformación en una sociedad de responsabilidad limitada.

La escritura ha de ser otorgada por quienes representan a la sociedad cooperativa y por todas las personas socias que pasen a responder personalmente de las deudas sociales (régimen de responsabilidad que rige para los socios colectivos de las sociedades colectivas y comanditarias, para los socios de las sociedades civiles y de las agrupaciones de interés económico)[68]. No aclara la Ley canaria qué ocurre con las personas que, a pesar de pasar a responder personalmente de las deudas sociales, no firmen la escritura, pero hay que entender que quedarán automáticamente separadas de la nueva sociedad y si no ejercitaron en tiempo y forma su derecho de separación, su baja podría considerarse no justificada[69].

La inscripción de la escritura de transformación en el Registro de Cooperativas es obligatoria y constitutiva (arts. 16.3, párr. 3° LSCCan). Este, una vez calificada favorablemente, procede a inscribir la baja correspondiente. A continuación, se presentará en el Registro Mercantil o en el Registro público competente para la inscripción de la entidad cuya forma se adopte, a cuyo efecto el Registro de Sociedades Cooperativas de Canarias emitirá certificación en la que conste la declaración de inexistencia de obstáculos para la inscripción de la transformación y, en su caso, la transcripción literal de los asientos vigentes de la sociedad cooperativa que se transforma, tal y como se establece en la legislación estatal (art. 31 LME/2023).

La inscripción de la escritura pública de transformación de la sociedad cooperativa en el Registro Mercantil o en el Registro público competente se regirá por la legislación estatal básica relativa a la ordenación de los registros (art. 84.3, párr. 2° LSCCan).

---

68 Algunas leyes establecen que los socios que pasen a responder de las deudas de la sociedad transformada responderán también de las contraídas antes de la transformación: art. 69.5 LCoop; art. 65.8 RLSCAnd; arts. 89 y 91.2 LSCEx; art. 84.5 LCG; art. 32.1 LME/2023.

69 Para LORA-TAMAYO RODRÍGUEZ, I., "Capítulo VII. De la fusión, escisión y transformación. Sección 3.ª De la transformación", en AA.VV., *Cooperativas. Comentarios a la Ley 27/1999, de 16 de julio* (Coord. GARCÍA SÁNCHEZ), I, Colegios Notariales de España, Madrid, 2001, pp. 499 y 500, causarán baja obligatoria en la sociedad y será de aplicación el procedimiento previsto para tal baja forzosa.

El art. 218 RRM detalla el régimen de transformación de una cooperativa en sociedad de responsabilidad limitada. Establece que la escritura pública de transformación no podrá inscribirse sin que conste el consentimiento de todos los socios que tengan en la cooperativa algún tipo de responsabilidad personal por las deudas sociales y la manifestación de los otorgantes, bajo su responsabilidad, de que el patrimonio cubre el capital social quedando este totalmente desembolsado y, si los acreedores sociales hubieren consentido expresamente la transformación, los otorgantes lo manifestarán igualmente bajo su responsabilidad. En la escritura se expresarán también las normas que han sido aplicadas para la adopción del acuerdo de transformación, así como el destino que se haya dado a los fondos o reservas que tuviere la entidad. Como la LSCCan reconoce a los socios el derecho de separación, la escritura debe contener la relación de quienes hayan hecho uso del mismo y el capital que representen, así como el balance final cerrado el día anterior al de su otorgamiento. A la escritura se acompañarán, para su depósito en el Registro Mercantil, además del balance general de la cooperativa, cerrado el día anterior al del acuerdo de transformación, los siguientes documentos: a) La certificación del Registro de Cooperativas de Canarias en la que consten la declaración de inexistencia de obstáculos para la inscripción de la transformación y, en su caso, la transcripción literal de los asientos que hayan de quedar vigentes. En la propia certificación se hará constar que el encargado del Registro ha extendido nota de cierre provisional de la hoja de la cooperativa que se transforma. b) Como la LSCCan exige publicidad escrita del acuerdo de transformación, los ejemplares de las publicaciones que la hayan realizado. Hay que recordar que esta publicidad se puede reemplazar por la notificación personal a socios y acreedores, por lo que debería acreditarse la realización de dichas notificaciones, en lugar de la publicación de los anuncios en el *Boletín Oficial de Canarias* y en un diario de gran circulación. Una vez inscrita la transformación de la cooperativa, el Registrador Mercantil lo comunicará de oficio al Registro de Cooperativas de Canarias para que proceda a la inmediata cancelación de los asientos de la sociedad.

Es en el art. 224 RRM, dentro de "Otros supuestos de transformación", en el que se puede encuadrar la transformación de una cooperativa canaria en una sociedad anónima, en una sociedad comanditaria simple o por acciones, en una sociedad colectiva, en una agrupación de interés económico o en una sociedad civil. Dicho precepto establece que la escritura pública será otorgada por la sociedad y por todos los socios que, en virtud de la transformación, pasen a asumir cualquier clase de responsabilidad personal por las deudas sociales. En ella se expresarán todas las menciones legales y reglamentarias exigibles para la constitución de la sociedad cuya forma se adopte y, en su caso, para la transformación de la sociedad afectada. La inscripción de la baja definitiva en el Registro de Cooperativas de Canarias se efectuará una vez que se haya inscrito en el Registro correspondiente la entidad resultante de la transformación de la cooperativa.

C) La transformación de una cooperativa canaria de segundo o ulterior grado en cooperativa de primer grado

La LSCCan establece que las sociedades cooperativas de segundo o ulterior grado pueden *transformarse* en sociedades cooperativas de primer grado, "*quedando absorbidas las sociedades cooperativas socias mediante el procedimiento establecido en la presente Ley*" (art. 137.4). Se trata de un supuesto que, de nuevo, transcribe casi de forma literal el enigmático art. 77.5 LCoop[70], hasta ahora carente de réplica autonómica. Lo cierto es que ninguna de las dos leyes regula un procedimiento específico ni tampoco contempla la posibilidad contraria, esto es, la transformación de una cooperativa de primer grado (integrada al menos por dos cooperativas) en una cooperativa de segundo grado, aunque este cambio también es posible[71].

Cabe entender que la asamblea general de la cooperativa de segundo grado debe aprobar ese "*acuerdo de transformación*", para el que se requiere la mayoría reforzada de dos tercios de los votos presentes y representados [art. 41.1, a) LSCCan]. El acuerdo deberá contener los cambios precisos en los estatutos para cumplir con las exigencias legales referentes a las cooperativas de primer grado.

Por otro lado, las cooperativas socias de la que se transforma deberán aprobar su incorporación como socias de la cooperativa de primer grado, esto es, lo que la Ley llama el "*acuerdo de absorción*". Es esta una denominación equívoca, puesto que no se trata de una fusión por absorción, ya que la cooperativa mantiene su personalidad y estructura, y, en ese caso, lo que cambia es que, en lugar de ser socia de una cooperativa de segundo grado, lo va a ser de una de primer grado[72]. Para la aprobación de este

---

70 MORILLAS/FELIU, *Curso de Cooperativas, cit.*, p. 674.

71 Para ALFONSO SÁNCHEZ, R., *La transformación de la sociedad cooperativa*, Edersa, Madrid, 2002, p. 82, se articularía mediante una modificación de estatutos.

72 Por el contrario, para ROMERO CANDAU, P.A, "Capítulo IX. De las cooperativas de segundo grado, grupo cooperativo y otras formas de colaboración económica", en AA.VV., *Cooperativas. Comentarios a la Ley 27/1999, de 16 de julio* (Coord. GAR-

acuerdo bastará la mayoría ordinaria, es decir, la mitad de los votos válidamente expresados, no siendo computables los votos en blanco, los nulos y las abstenciones, por analogía con la requerida para la incorporación a una cooperativa de segundo grado[73], salvo que los estatutos exijan una mayoría superior (art. 41.1 LSCCan).

Tanto las cooperativas socias de la de segundo o ulterior grado como los socios de estas que estén disconformes con los acuerdos de transformación y absorción podrán separarse mediante escrito dirigido, según proceda, al consejo rector (o al administrador único) de la sociedad cooperativa de segundo grado (si la que ejercita el derecho de separación es la cooperativa socio) o de primer grado (si quien separa no es la cooperativa socia sino un socio de ella) en el plazo de un mes contado a partir de la fecha de publicación del anuncio de transformación y absorción (art. 137.4, párr. 2º, LSCCan).

Las cooperativas socias de la de segundo o ulterior grado que no ejerciten su derecho de separación y sus socios que no se hayan separado quedarán incorporados a la cooperativa de primer grado resultante de la transformación.

Nada se dice de otros posibles socios de la cooperativa de segundo o ulterior grado, a saber, los socios de trabajo, las personas jurídicas públicas o privadas y los empresarios individuales (art. 137.2 LSCCan), pero consideramos que, sobre la base del derecho de igualdad, tanto ellos como sus socios y miembros deben tener derecho de separación[74]. Salvo que lo ejerciten, quedarán integrados en la cooperativa de primer grado, como socios directos o como socios o miembros de esas personas jurídicas públicas o privadas.

CÍA SÁNCHEZ), I, Colegios Notariales de España, Madrid, 2001, p. 564, "se trata más bien de un supuesto de fusión, pues necesariamente se producirá la desaparición de dos cooperativas, las dos que como mínimo han de formar esta entidad, para dar lugar a una sola persona jurídica, la cooperativa de segundo convertida en de primer grado".

73 Así, respecto a la LCoop, ALFONSO, *La transformación de la sociedad cooperativa, cit.*, p. 80, nota 134.

74 Critica esta omisión en la LCoop ALFONSO, *La transformación de la sociedad cooperativa, cit.*, pp. 81 y 82, para quien "sería conveniente la inclusión de una cláusula estatutaria que extendiera este régimen a todos los socios, sin excepción". Sin embargo, no se pronuncia sobre qué ocurrirá en ausencia de tal previsión estatutaria.

D) La transformación en sociedad cooperativa canaria

La Ley canaria manifiesta su talante aperturista declarando que las sociedades civiles y mercantiles y las asociaciones pueden transformarse en sociedades cooperativas canarias, sin que la transformación afecte a la personalidad jurídica de la sociedad transformada (art. 85.1 LSCCan) ni libere por sí sola a los socios del cumplimiento de sus obligaciones frente a la sociedad (art. 25.1 LME/2023).

No añade la LSCCan la coletilla *"salvo que exista algún precepto legal que lo prohíba expresamente"*, presente en otras leyes[75], pero es necesaria, puesto que será la ley aplicable a la entidad que pretende convertirse en cooperativa la que tendrá que admitir y regulará esta posibilidad. Por ello, resultan no solo superfluas por obvias, sino también improcedentes buena parte de las consideraciones que contiene el art. 85 LSCCan, en particular las de su apartado cuarto, que establece que el acuerdo de transformación en sociedad cooperativa ha de ser adoptado por el órgano social competente de la sociedad (o asociación, habría que añadir) que se transforma, cumpliendo los requisitos que estén previstos en la legislación aplicable a la entidad que se transforma. Mucho mejor habría sido que la LSCCan reenviara la regulación de este supuesto a la legislación estatal, porque esto es algo que ya dispone el art. 23.1 LME/2023.

Sí que establece la Ley canaria que se han de cumplir los requisitos de la legislación sectorial y los respectivos miembros han de poder asumir la posición de personas cooperadoras en relación con el objeto social previsto para la entidad resultante de la transformación (art. 85.1 LSCCan).

Puesto que la LSCCan exige el desembolso íntegro del capital social establecido en los estatutos (art. 63.2), antes del acuerdo de transformación, si la sociedad transformada admitía el desembolso parcial (como es posible para las sociedades anónimas y las comanditarias por acciones), habrá de procederse al desembolso o, en su caso, a una reducción de capital con la finalidad de condonar los dividendos pasivos. En el primer caso, la realidad de los desembolsos efectuados se acreditará ante el notario autorizante de la escritura pública y los documentos acreditativos se incorporarán a la misma en original o por testimonio (art. 25.2 LME/2023).

---

[75] Art. 66.1 LCAR; art. 108.1 LCIB; art. 90.1 LCCant; art. 99.1 LCC-LM; art. 101.1 LCCat; art. 92.1 LSCEx; art. 85.1 LCG; art. 82 LCCM; art. 59.2 LFCN; art. 90.1 LCEusk; art. 92.1 LCLR; art. 80.1 LCCV.

Si se trata de la transformación de una sociedad de capital en sociedad cooperativa, a cada accionista o partícipe se le asignarán aportaciones al capital social de la cooperativa equivalentes al valor de su participación en la sociedad que se transforma[76]. El acuerdo de transformación no podrá modificar la participación social de los socios si no es con el consentimiento de todos los que permanezcan en la sociedad (art. 26.1 LME/2023). Salvo que los acreedores sociales hayan consentido expresamente la transformación, subsistirá la responsabilidad de los socios que respondían personalmente de las deudas de la sociedad transformada por las deudas sociales contraídas con anterioridad a la transformación, responsabilidad que prescribirá a los cinco años a contar desde la publicación de la transformación en el *Boletín Oficial del Registro Mercantil* (art. 32.2 LME/2023).

El acuerdo de transformación se elevará a escritura pública, que contendrá las menciones previstas para la constitución de la sociedad cooperativa e indicará la participación del capital social que corresponde a cada uno de los socios (arts. 14 y 85.2 LSCCan; art. 30.2 LME/2023; art. 225 RRM).

La legislación de modificaciones estructurales de las sociedades mercantiles, en las operaciones transfronterizas cuando vayan a quedar sometidos a una ley extranjera y en las transformaciones internas, reconoce a los socios que hayan votado en contra y a los titulares de acciones o participaciones sin voto "*el derecho el derecho a enajenar sus acciones, participaciones o cuotas a cambio de una compensación en efectivo adecuada*" (art. 12.1 LME/2023; art. 346.3 LSC), modalidad de derecho de separación por la forma de la contraprestación. Para ello, deberán comunicarlo a la sociedad en el plazo de 20 días desde la fecha de la junta general que haya aprobado el acuerdo de transformación y la compensación en efectivo se abonará dentro del plazo de dos meses a contar desde la fecha en que surta efecto tal modificación (art. 12.2 y 3 LME/2023). Es posible que los estatutos de la sociedad que se transforma amplíen los términos del derecho de enajenación y contemplen un derecho de separación en otros casos, con distinta forma y plazo de ejercicio (art. 347 LSC).

La escritura pública de transformación contendrá la relación de los socios que han hecho uso de estos derechos y el capital que representan (art. 85.3 LSCCan; art. 30.2 LME/2023; arts. 222 y 224 RRM).

---

[76] Este tipo de transformación plantea menos problemas porque el patrimonio social es íntegramente repartible: MORILLAS/FELIU, *Curso de Cooperativas*, cit., p. 692.

La transformación no podrá tener lugar si, dentro del mes siguiente a la publicación en el *Boletín Oficial del Registro Mercantil* del acuerdo de transformación o del envío de la comunicación individual por escrito, se opusieran titulares de derechos especiales distintos de las acciones, de las participaciones o de las cuotas que no puedan mantenerse después de la transformación (art. 28 LME/2023).

La escritura de transformación se presentará para su inscripción en el Registro de Sociedades Cooperativas de Canarias, acompañada de: el balance de situación de la sociedad cerrado el día anterior a la fecha del acuerdo de transformación y el balance final cerrado el día anterior al del otorgamiento de la escritura; una certificación del Registro público en el que figurara inscrita la sociedad que se transforma en la que conste la transcripción literal de los asientos que hayan de quedar vigentes, una declaración de inexistencia de obstáculos para la inscripción de la transformación y haberse extendido diligencia de cierre provisional de su hoja; y el informe de uno o varios expertos independientes sobre el valor del patrimonio no dinerario (art. 85.2 LSCCan; arts. 222 y 224 RRM).

Inscrita la transformación en el Registro de Sociedades Cooperativas de Canarias, este lo comunicará de oficio al Registro correspondiente, para la cancelación definitiva en él de los asientos relativos a la sociedad y, en su caso, la publicación de la transformación en su *Boletín Oficial*.

El RRM contiene en su art. 222 normas específicas sobre la transformación de una sociedad limitada en sociedad cooperativa, algunas de ellas reiterativas de los requisitos antes reseñados. En la escritura de transformación, si hubo socios con derecho de enajenación o separación, se incluirá la fecha de publicación del acuerdo en el *Boletín Oficial del Registro Mercantil* o, en su caso, la fecha en que se envió a cada uno de los socios disconformes y a los socios sin voto la comunicación sustitutiva de dicha publicación. Se hará constar la identidad de los socios que han hecho uso en plazo de tal derecho y el capital que representan o, en su caso, la declaración de los administradores, bajo su responsabilidad, de que ningún socio lo ha ejercitado dentro del plazo. Si algún socio ejercitó el derecho de separación y se documenta en la misma escritura la reducción del capital, se hará constar en ella el reembolso de sus participaciones o la consignación de su importe y la fecha en que se hayan efectuado, expresando las participaciones amortizadas y la cifra a que hubiere quedado reducido el capital social, así como la nueva redacción de los artículos de los estatutos que resultan afectados por la reducción. Por último, expresará que la Ley de Cooperativas de Canarias permite la transformación en su art. 85 y que al Registro de Cooperativas de Canarias le corresponde la inscripción de la sociedad transformada en cooperativa. A la escritura de transformación se incorporará la certificación del Registro Mercantil en la que consten la declaración de inexistencia de obstáculos para la inscripción de la transformación; y, en su caso, la transcripción literal de los asientos que hayan de quedar vigentes. En la propia certificación, el Registrador Mercantil hará constar que ha extendido nota de cierre provisional de la hoja de la sociedad que se transforma. La escritura se presentará para su inscripción en el Registro de Cooperativas de Canarias acompañada del balance de la sociedad cerrado el día anterior a la fecha del acuerdo de transformación y del balance final cerrado el día anterior al del otorgamiento de la escritura. Inscrita la transformación, el encargado del Registro de Cooperativas lo comunicará de oficio al Registrador Mercantil, quien procederá de inmediato a la cancelación definitiva de los asientos relativos a la sociedad limitada transformada y a la publicación de la transformación en el *Boletín Oficial del Registro Mercantil*.

IV. BIBLIOGRAFÍA

ALFONSO SÁNCHEZ, R., *La transformación de la sociedad cooperativa*, Edersa, Madrid, 2002.

ALFONSO SÁNCHEZ, R., "Constitución de una sociedad cooperativa europea domiciliada en España por transformación", en AA.VV., *La sociedad cooperativa europea domiciliada en España* (Dir. ALFONSO SÁNCHEZ), Thomson Aranzadi, Cizur Menor, 2008, pp. 211-260.

ALFONSO SÁNCHEZ, R., "Capítulo IX. Modificaciones estructurales. IV. Transformación", en AA.VV., *Tratado de Derecho de Cooperativas* (Dir. PEINADO GRACIA), Tomo I, 2ª ed., Tirant lo Blanch, Valencia, 2019, pp. 1033-1097.

ANDREU MARTÍ, M.M., "Capítulo Sexto. Constitución de la sociedad cooperativa europea domiciliada en España mediante fusión", en AA.VV., *La sociedad cooperativa europea domiciliada en España* (Dir. ALFONSO SÁNCHEZ), Thomson Aranzadi, Cizur Menor, 2008, pp. 183-210.

CANO ORTEGA, C., *La fusión de cooperativas*, Marcial Pons, Madrid-Barcelona-Buenos Aires-Sao Paulo, 2015.

COMISIÓN DEL COLEGIO NOTARIAL DE BILBAO, "CAPÍTULO X. De la fusión y escisión", en AA.VV., *Comunidades de bienes, cooperativas y otras formas de empresa*, II, Colegios Notariales de España, Madrid, 1996, pp. 951-975.

FELIU REY. M.I., "¿Es posible la transformación de una asociación en cooperativa?", en AA.VV., *Estudios Jurídicos en Homenaje al Profesor Luís Díez-Picazo*, Tomo I, Thomson-Civitas, Madrid, 2003, pp. 517-530.

FELIU REY, M.I./ZORNOZA SOMOLINOS, A., "Capítulo IX. Modificaciones estructurales. I. Las mutaciones estructurales en la sociedad cooperativa", en AA.VV., *Tratado de Derecho de Cooperativas* (Dir. PEINADO GRACIA), Tomo I, 2ª ed., Tirant lo Blanch, Valencia, 2019, pp. 965-987.

FERRANDO VILLALBA, L., "La transformación heterogénea. En especial, la transformación de y en sociedades cooperativas", *Revista Aranzadi de Derecho Patrimonial,* nº 25, 2010, pp. 107-132.

FICI, A., "La Sociedad Cooperativa Europea: cuestiones y perspectivas" *CIRIEC-España Revista Jurídica de Economía Social y Cooperativa,* nº 25/2014, pp. 1-54.

GARCÍA SANZ, A., "Capítulo IX. Modificaciones estructurales. II. Fusión", en AA.VV., *Tratado de Derecho de Cooperativas* (Dir. PEINADO GRACIA), Tomo I, 2ª ed., Tirant lo Blanch, Valencia, 2019, pp. 987-1002.

LÁZARO SÁNCHEZ, E.J., "Fusión, escisión y transformación", en AA.VV., *La Sociedad Cooperativa en la Ley 27/1999, de 16 de julio* (Coord. ALONSO ESPINOSA), Comares, Granada, 2001, pp. 273-307.

LEÓN SANZ, F., "Fusión, transformación y otras modificaciones estructurales de sociedades cooperativas", *Revista de Derecho de Sociedades,* nº 9, 1997, pp. 25-60.

LEÓN SANZ, F., "Modificaciones estructurales de Sociedades Cooperativas: distribución de competencias entre el Estado y las Comunidades Autónomas", en AA.VV., *Estudios de Derecho Mercantil en Homenaje al Profesor Justino Duque Domínguez,* Volumen I, Universidad de Valladolid-Caja Duero, Valladolid, 1998, pp. 465-488.

LORA-TAMAYO RODRÍGUEZ, I., "Capítulo VII. De la fusión, escisión y transformación. Sección 3.ª De la transformación", en AA.VV., *Cooperativas. Comentarios a la Ley 27/1999, de 16 de julio* (Coord. GARCÍA SÁNCHEZ), I, Colegios Notariales de España, Madrid, 2001, pp. 483-513.

MACÍAS RUANO, A.J., "Consideraciones críticas sobre la fusión, escisión y transformación en la Ley 27/1999, de 16 de julio, de Cooperativas", *REVESCO, Revista de Estudios Cooperativos,* nº 78, 2002, pp. 51-87.

MARTÍ MOYA, V., "La configuración de los tratos preliminares y la responsabilidad precontractual en los procedimientos de fusión de sociedades", *Revista de Derecho Mercantil,* nº 258, 2005, pp. 1641-1658.

MORILLAS JARILLO, M.J., "El ámbito de aplicación de las Leyes de Sociedades Cooperativas", en AA.VV., *Derecho de Sociedades. Libro Homenaje a Fernando Sánchez Calero,* Volumen V, McGraw-Hill, Madrid, 2002, pp. 4745-4812.

MORILLAS JARILLO, M.J., *Las sociedades cooperativas,* Ed. Iustel, Madrid, 2008.

MORILLAS JARILLO, M.J., "El traslado del domicilio social dentro del territorio nacional", en AA.VV., *Derecho de Sociedades y de los Mercados Financieros. Libro Homenaje a Carmen Alonso Ledesma* (Coord. FERNÁNDEZ TORRES/ARIAS VARONA/MARTÍNEZ ROSADO), Ed. Iustel, Madrid, 2018, pp. 603-622.

MORILLAS JARILLO, M.J., "Capítulo II. Concepto y clases de cooperativas", en AA.VV., *Tratado de Derecho de Cooperativas* (Dir. PEINADO GRACIA), Tomo I, 2ª ed., Tirant lo Blanch, Valencia, 2019, pp. 145-188.

MORILLAS JARILLO, M.J./FELIU REY, M.I., *Curso de Cooperativas,* 3.ª ed., Tecnos, Madrid, 2018.

NAGORE APARICIO, I., *La transformación de la sociedad cooperativa en sociedad de responsabilidad limitada,* Dykinson, Madrid, 2001.

PANIAGUA ZURERA, M., *La sociedad cooperativa. Las sociedades mutuas de seguros y las mutualidades de previsión social,* Marcial Pons, Madrid, Barcelona, 2005.

PASTOR SEMPERE, C., "La Sociedad Cooperativa Europea", *REVESCO Revista de Estudios Cooperativos,* nº 74, 2001, pp. 181-200.

PEÑAS MOYANO, M.J., "Capítulo 6. Transformación de sociedades cooperativas (cooperativa nacional y cooperativa europea)", en AA.VV., *Modificaciones estructurales de sociedades mercantiles* (Dir. RODRÍGUEZ ARTIGAS ET AL), Volumen II, Thomson Reuters, Cizur Menor, 2009, pp. 249-305.

PUY FERNÁNDEZ, G./RODRÍGUEZ SÁNCHEZ, S., "Capítulo IX. Modificaciones estructurales. III. Escisión", en AA.VV., *Tratado de Derecho de Cooperativas* (Dir. PEINADO GRACIA), Tomo I, 2ª ed., Tirant lo Blanch, Valencia, 2019, pp. 1002-1033.

RIVERO SÁNCHEZ-COVISA, F.J., "Capítulo VII. De la fusión, escisión y transformación. Sección 1.ª De la fusión", en AA.VV., *Cooperativas. Comentarios a la Ley 27/1999, de 16 de julio* (Coord. GARCÍA SÁNCHEZ), I, Colegios Notariales de España, Madrid, 2001, pp. 361-476.

RODRÍGUEZ ARTIGAS, F., "Transformación de sociedades cooperativas", *Revista de Derecho de Sociedades,* nº 16, 2001, pp. 13-38.

ROMERO CANDAU, P.A, "Capítulo IX. De las cooperativas de segundo grado, grupo cooperativo y otras formas de colaboración económica", en AA.VV., *Cooperativas. Comentarios a la Ley 27/1999, de 16 de julio* (Coord. GARCÍA SÁNCHEZ), I, Colegios Notariales de España, Madrid, 2001, pp. 553-572.

SACRISTÁN BERGIA, F., "La transformación de la sociedad cooperativa", *Boletín de la Asociación Internacional de Derecho Cooperativo,* nº 44, 2010, pp. 177-194.

SANTOS DOMÍNGUEZ, M.A., *El poder de decisión del socio en las sociedades cooperativas: la asamblea general,* Civitas-Thomson Reuters, Cizur Menor, 2014.

VARGAS VASSEROT, C./GADEA SOLER, E./SACRISTÁN BERGIA, F., *Derecho de las sociedades cooperativas. Introducción, constitución, estatuto del socio y órganos sociales,* La Ley, Las Rozas, 2014.

VARGAS VASSEROT, C./GADEA SOLER, E./SACRISTÁN BERGIA, F., *Derecho de las sociedades cooperativas. Régimen económico, integración, modificaciones estructurales y disolución,* La Ley, Las Rozas, 2017.

Capítulo XIII.

Disolución, liquidación, extinción y reactivación de la sociedad cooperativa canaria

TRINIDAD VÁZQUEZ RUANO

Catedrática de Derecho mercantil

Universidad de Jaén

SUMARIO: I. INDICACIONES SOBRE LA EXTINCIÓN DE UNA SOCIEDAD COOPERATIVA. II. MOTIVOS QUE HACEN DISOLVER UNA ENTIDAD COOPERATIVA. 1. LA DISOLUCIÓN *IPSO IURE* DE LA SOCIEDAD COOPERATIVA CANARIA. 2. CAUSAS DE DISOLUCIÓN QUE HAN DE SER CONFIRMADAS POR EL ACUERDO DE LA ASAMBLEA GENERAL. 3. EL ACUERDO DE REACTIVACIÓN DE LA SOCIEDAD COOPERATIVA DISUELTA. III. LA CONSIGUIENTE FASE DE LIQUIDACIÓN DE LA COOPERATIVA. 1. LA FIGURA DE LAS PERSONAS LIQUIDADORAS Y LA POSIBLE DESIGNACIÓN DE LAS INTERVENTORAS. 2. COMETIDOS DE LAS PERSONAS LIQUIDADORAS E INTERVENTORAS DE LAS COOPERATIVAS CANARIAS EN LIQUIDACIÓN. 3. BALANCE FINAL Y ADJUDICACIÓN DEL HABER SOCIAL EN LA LIQUIDACIÓN DE LAS COOPERATIVAS. 4. LA FINALIZACIÓN DE LA FASE LIQUIDATORIA DE LA COOPERATIVA. IV. EXTINCIÓN DE LA SOCIEDAD COOPERATIVA CANARIA. V. BIBLIOGRAFÍA.

I. INDICACIONES SOBRE LA EXTINCIÓN DE UNA SOCIEDAD COOPERATIVA

El cese de la sociedad cooperativa supone la pérdida de la personalidad jurídica como entidad, razón que justifica que dicha extinción sea consecuencia de un proceso[1]. La primera etapa del mismo es la disolución, bien sea de pleno derecho, bien porque converja alguna de las causas preceptuadas en las previsiones normativas o, en su caso, en los estatutos sociales[2].

---

[1] Capítulo VIII de la Ley 27/1999, de 16 de julio, de Cooperativas (LCoop) sobre la extinción de la cooperativa y Capítulo VIII de la Ley 4/2022, de 31 de octubre, de Sociedades (LSCCan).

[2] Art. 93 LSCCan, equivalente a lo previsto en el art. 70 LCoop.

Tras la aseveración de la disolución de la sociedad cooperativa, ésta ha de proceder a su liquidación, fase en la que se desarrollan las concretas actuaciones liquidatorias a fin de concluir con la existencia de la entidad[3]. La apertura de la liquidación de la cooperativa implica no sólo que finalicen las relaciones jurídicas pendientes, sino ademas que se adjudique el haber social sobrante y que se haga la pertinente transferencia de fondos. Sin embargo, y como es sabido, estas indicaciones quedan exceptuadas en el caso de la fusión de cooperativas en una nueva entidad o que sean absorbidas por una ya existente[4], pues las sociedades cooperativas quedan disueltas, pero sus patrimonios pasan a formar parte de la nueva entidad o de la absorbente, la cual asume los derechos y obligaciones de las cooperativas disueltas, sin que se abra la fase liquidatoria[5]. Así como, también, acontece si se produce la escisión total de la entidad o, lo que es lo mismo, la división completa del patrimonio de una cooperativa o de sus socios en dos o más

[3] Aunque la norma canaria no lo ha previsto, aun cuando el objetivo de la liquidación es concluir con la existencia de la cooperativa, es posible conservarla mediante la cesión global del activo y del pasivo a una o varias personas socias, a otras cooperativas e, incluso, a terceras personas. La cesión global es la transmisión íntegra del patrimonio de la sociedad a cambio de una contraprestación, pero la entidad persiste con el conjunto de sus socios y con el patrimonio que la contraprestación del beneficiario le hubiera generado. Para ampliar esta materia: AURIOLES MARTIN, A., "Capítulo IX. Extinción de la cooperativa", en AA.VV., *Tratado de Derecho de Cooperativas,* (Dir. PEINADO GRACIA, J. I./Coord. VÁZQUEZ RUANO, T.), Tirant lo Blanch, Valencia, 2013, pp. 919-920; GARCÍA SANZ, A., "Capítulo X. Extinción de la cooperativa", en AA.VV., *Tratado de Derecho de Sociedades Cooperativas,* (Dir. PEINADO GRACIA, J. I./Coord. VÁZQUEZ RUANO, T.), Tirant lo Blanch, Valencia, 2019, pp. 1199-1214; y en la misma obra FELIÚ REY, M.I./ZORNOZA SOMOLINOS, A., "Capítulo IX. Modificaciones estructurales", pp. 973-975; MARTÍNEZ GUTIÉRREZ, Á./VÁZQUEZ RUANO, T., "Disolución y liquidación", en AA.VV., *Retos y oportunidades de las sociedades cooperativas andaluzas ante su nuevo marco legal. Comentario a la Ley 14/2011, de Sociedades Cooperativas Andaluzas, y a su Reglamento de desarrollo (Decreto 123/2014),* (Dirs. MORILLAS JARILLO, Mª. J./ VARGAS VASSEROT, C.), Dykinson, Madrid, 2017 pp. 503-525: MUÑOZ MARTÍN, N., *Disolución y derecho a la cuota de liquidación en la sociedad anónima,* Valladolid, 1991, p. 117.

[4] Arts. 63-67 LCoop respecto a la fusión. Por su parte, el art. 86 LSCCan establece que la fusión de cooperativas (o con otras entidades, art. 91) es posible si los objetos sociales no son incompatibles.

[5] De este modo, la posición ocupada por la persona socia de la cooperativa fusionada pasa a la resultante o absorbente, manteniendo el derecho al reembolso de las aportaciones que fuesen desembolsadas en la anterior cooperativa y el de utilizar los servicios que le ofrece la nueva entidad.

partes[6], traspasándose cada una de ellas en bloque a otras cooperativas de nueva creación, a las ya existentes o integrándose con las partes escindidas de otras cooperativas en una nueva. En cuyo planteamiento, cabe recordar, que la cooperativa originaria se disolverá, aunque no se produzca su liquidación. Razón que lleva a considerar que la fusión y la escisión total de las sociedades cooperativas van a ser operaciones de concentración que salvan la liquidación societaria, al causar directamente la extinción de las sociedades que participan en el proceso[7].

En último término, la conclusión de la cooperativa supone el cumplimiento de las formalidades que dan lugar a la extinción de la misma. Por tanto, corresponde otorgar la necesaria escritura pública y proceder a su inscripción en el registro para la cancelación de los asientos registrales. Al tiempo que deberá publicarse en uno de los diarios de mayor circulación de la provincia del domicilio social de la entidad.

II. MOTIVOS QUE HACEN DISOLVER UNA ENTIDAD COOPERATIVA

La disolución de una sociedad cooperativa, como se ha apuntado, conforma la etapa inicial del proceso de extinción de la entidad. La consideración de una cooperativa disuelta se produce con la concurrencia de alguna de las causas previstas en la norma o, en su caso, vía estatutaria y que han de entenderse como actos que cuentan con efectos disolutorios. Salvo las excepciones apuntadas, la disolución de la cooperativa provoca la apertura

---

6 Véase el art. 68 LCoop y el art. 92 LSCCan en cuanto a la escisión. En este planteamiento, también es posible que se segregue una o más partes del patrimonio y del colectivo de personas socias de una cooperativa sin su disolución y el traspaso en bloque o en parte o partes segregadas a otras sociedades cooperativas de nueva constitución o ya existentes.

7 *Vid.*, CORONADO FERNÁNDEZ, F., “Disolución, liquidación y extinción”, en AA.VV., *La sociedad Cooperativa en la Ley 27/1999, de 16 de julio, de Cooperativas,* (Coord. ALONSO ESPINOSA F.J.), Granada, 2001, p. 321; FAJARDO GARCIA, G., “La fusión de cooperativas en la legislación española”, *CIRIEC - España. Revista jurídica de economía social y cooperativa,* 2006, 17, pp. 35-84 y en “Aspectos de la transformación de las cooperativas de crédito tras la Ley de Modificaciones Estructurales de 2009”, en AA.VV., *Estudios de Derecho del Mercado Financiero: Homenaje al Profesor Vicente Cuñat Edo* (Coords. GONZÁLEZ CASTILLA, F./MARIMÓN DURÁ, R.), Valencia, 2010, pp. 67-92.

de la fase de liquidación[8], pero no su extinción, ni tampoco la paralización de la actividad cooperativizada.

La naturaleza de las causas con eficacia resolutoria que dan lugar a la disolución de la cooperativa puede ser legal o estatutaria y sus efectos generales van desde la disolución de la entidad de pleno derecho (disolución automática) o, por el contrario, que requieran de la adopción de un acuerdo social de la asamblea general o, cuando corresponda, de una resolución judicial o administrativa[9]. Esto es, cuando no se hubiera alcanzado el acuerdo de la asamblea general o no se haya convocado la misma, cualquier interesado tiene la facultad de requerir la disolución judicial de la cooperativa al juez de lo mercantil que proceda[10]. Si bien, en el caso de las cooperativas canarias, el órgano competente para convocar la asamblea general es el órgano de administración, pudiendo cualquier persona socia instarle a que lo haga si considera la concurrencia de alguna de las causas de disolución de la entidad[11]. En igual sentido, la solicitud de la disolución judicial, también se recoge en la reglamentación canaria como un deber del órgano de administración y una facultad de cualquier persona socia, en los supuestos que se detallan seguidamente, a saber: que no se hubiera convocado la asamblea general (bien por el órgano de administración conocedor de la causa de disolución o por no haber atendido el reque-

---

8 Art. 96 LSCCan. *Vid.*, entre otros: BOTANA AGRA, M., "As modificacións estructurais da sociedade", en AA.VV., *Estudios sobre a Lei de Cooperativas de Galicia,* (Coords. GÓMEZ SEGADE, J. A./BOTANA AGRA, M./FERNÁNDEZ ALBOR, Á./TATO PLAZA, A.), Xunta de Galicia, Santiago de Compostela, 1999, pp. 187-189; CORONADO FERNÁNDEZ, *Disolución... op. cit.*, pp. 309-332; GALLEGO SÁNCHEZ, E., "La disolución de la sociedad cooperativa", *Práctica de Tribunales: Revista de Derecho procesal civil y mercantil,* 2008, 50, pp. 6-25; MORILLAS JARILLO, Mª.J./FELIÚ REY, M.I., *Curso de cooperativas,* Tecnos, Madrid, 2018, pp. 708-722.

9 Existe una tendencia doctrinal que distingue entre causas con eficacia constitutiva y las que tienen eficacia declarativa (*vid.*, BOTANA AGRA, M./MORENO LISO, Mª.L., "Extinción de la cooperativa. Disolución", en *Tratado de Derecho de Sociedades Cooperativas,* (Dir. PEINADO GRACIA, J. I./Coord. VÁZQUEZ RUANO, T.), Tirant lo Blanch, Valencia, 2019, p. 1155).

10 Pueden consultarse los arts. 23 y 24 LCoop. Esto es, cuando no se hubiera alcanzado dicho acuerdo por la asamblea general o no se haya convocado la misma, cualquier interesado tiene determinada la facultad de requerir la disolución judicial de la cooperativa al juez de lo mercantil que proceda [apartado 1º del art. 86 *bis* de la Ley Orgánica 6/1985, de 1 de julio, del Poder Judicial y al proceso declarativo de aplicación (arts. 248-255 Ley 1/2000, de 7 de enero, de Enjuiciamiento Civil)].

11 Apartados 2º y 3º del art. 94 LSCCan.

rimiento de cualquiera de las personas socias a tal fin[12]), que ésta no se hubiera celebrado en el tiempo indicado en los estatutos sociales[13], cuando no se pueda adoptar el acuerdo de disolución o en la hipótesis de que dicho acuerdo resulte opuesto a declarar la disolución de la cooperativa. No siendo factible, según los términos sustantivos, la iniciativa de oficio del órgano judicial competente para la resolución de la disolución de la entidad de que se trate. El acuerdo de disolución de la cooperativa canaria habrá de adoptarse por la mayoría de dos tercios de los votos de los presentes y representados en la asamblea[14], superando esta exigencia la norma general de la adopción de los acuerdos sociales por la mayoría simple de los votos válidos.

Aprobada la disolución de la cooperativa en el ámbito canario han de atenderse dos presupuestos formales que, aunque con alguna anotación, siguen la tendencia regulatoria nacional. De un lado, la publicación de la propia disolución en uno de los diarios de mayor circulación de la provincia del domicilio social de la entidad. No obstante, no se trata de una imposición preceptiva, pues queda salvada si se hubiera notificado de manera individual y por escrito a todas las personas socias y acreedoras mediante un procedimiento que asegure dicha recepción en el domicilio pertinente. De otro, el acuerdo de disolución habrá de ser elevado a escritura pública o, si conviene, la resolución judicial o administrativa correspondiente a fin de inscribirla en el Registro de Sociedades Cooperativas de Canarias en el plazo de un mes para que provea sus efectos jurídicos[15]. Además, y teniendo en cuenta que el propósito de dicho acuerdo de disolución es la apertura de la fase de liquidación en la que la entidad deja de realizar la actividad social en favor de las actuaciones liquidatorias, se precisa que aquél incluya el nombramiento de la persona o personas liquidadoras de la misma[16], como se analizará a posteriori[17].

---

12 En cuyo caso, es posible la imputación de la correspondiente responsabilidad por las deudas sociales al no promover la disolución de la cooperativa y que pesará sobre los integrantes del órgano de gestión.

13 El art. 94 LSCCan se refiere a treinta días.

14 Art. 41.1° LSCCan.

15 Apartado 4° del art. 70 LCoop, exigencias que se incluyen en el art. 94 LSCCan. Este último contempla la notificación individual del acuerdo.

16 Apartado 4° del art. 94 LSCCan.

17 *Infra 1. La figura de las personas liquidadoras y la posible designación de las interventoras.*

1. La disolución ipso iure de la sociedad cooperativa canaria

Las causas legales de disolución de pleno derecho de una sociedad cooperativa lo son de modo concluyente[18]. Por regla general, éstas se refieren al cumplimiento del término fijado en los estatutos por la propia voluntad social, al acuerdo de disolución adoptado por la asamblea general de socios con la mayoría establecida para ello y a la descalificación de la entidad cooperativa[19].

Siguiendo las previsiones ordinarias, el legislador canario reconoce que la consumación del término fijado en los estatutos sociales constituye una causa de disolución de la cooperativa de forma automática (o *ipso iure*) en la medida en que la duración de la entidad esté determinada en los mismos con un plazo de vigencia o en base a una permanencia vinculada a ciertas circunstancias. Por tanto, superado dicho plazo temporal, la cooperativa quedará disuelta de pleno derecho y se abrirá la consiguiente etapa de liquidación. No obstante, cabe el acuerdo de prórroga de la entidad cooperativa, el cual ha de ser previo a la conclusión del período de vigencia de la sociedad y tiene que haberse inscrito en el Registro de Sociedades Cooperativas de Canarias para que surta los correspondientes efectos[20]. A este respecto, la persona socia disconforme con esta posibilidad goza del derecho a causar baja justificada de la entidad, presentando la mencionada

---

18 Sobre ello, BOTANA AGRA, M., "Capítulo IX. Extinción de la cooperativa", en AA.VV., *Tratado de Derecho de Cooperativas,* (Dir. PEINADO GRACIA, J. I./Coord. VÁZQUEZ RUANO, T.), Tirant lo Blanch, Valencia, 2013 pp. 926-931; DE LA ROCHA, E., *Disolución y liquidación. De las comunidades de bienes. Comunidades de bienes en uniones de hecho extramatrimoniales. Sociedades civiles, sociedades mercantiles y cooperativas,* Comares, Granada, 1998, p. 296.

19 Arts. 70 y 116.3° LCoop y arts. 93 y 145 LSCCan. Algunos autores también incluyen la declaración de nulidad de la cooperativa en aplicación de la norma societaria, sobre ello SANZ GARCÍA, A., "La disolución y la liquidación de las Sociedades Cooperativas en Euskadi: enumeración de los antecedentes normativos y su actual regulación en la Ley 11/2019, de 20 de diciembre, de Cooperativas de Euskadi. Propuestas de mejora", *GIZAEKOA - Revista Vasca de Economía Social,* 2022, 19, p. 55. Y la posibilidad de que recayera una sentencia judicial por un supuesto de vulneración del derecho de marca que impusiera a la entidad el cambio de denominación social y éste no se efectuara en el plazo de un año. A este respecto, la normativa marcaria precisa como medida sancionatoria la disolución de pleno derecho de la sociedad (D. A. 17ª de la Ley 17/2001, de 7 de diciembre, de Marcas).

20 Apartado 1° del art. 94 LSCCan, siguiendo el art. 28 LCoop (sobre ello MARTÍNEZ GUTIÉRREZ/ VÁZQUEZ RUANO, *Disolución… op. cit.,* pp. 507-523).

solicitud ante el órgano de administración en el plazo de cuarenta días tras la recepción del acuerdo[21].

En igual sentido, las cooperativas canarias constituidas antes de enero de 2023, disponen de un plazo de tres años para adaptar a la actual regulación las previsiones de las escrituras o de sus estatutos sociales, en caso contrario, la falta de presentación de los estatutos adaptados en el Registro de Sociedades Cooperativas de Canarias, va a dar lugar a la disolución de pleno derecho de la entidad y a la apertura de la consiguiente liquidación[22], salvo que se acuerde la reactivación de la misma.

Por su parte, en lo que hace a la disolución de la cooperativa canaria por la propia voluntad de las personas socias que la integran, el acuerdo de disolución de la asamblea general habrá de adoptarse por la mayoría de dos tercios de los votos presentes y representados[23]. La justificación de esta disposición se halla en que la aprobación del pertinente acuerdo, como se ha indicado, conlleva la disolución automática de la sociedad, por lo que se franquea el régimen general de la mayoría de los votos (la mitad de los votos válidos, sin computar los votos en blanco y las abstenciones). Del mismo modo, la persona socia disconforme con este acuerdo podrá ejercer su derecho a darse de baja voluntaria en la cooperativa presentando el escrito que proceda. En todo caso, la adopción del acuerdo de disolución ha de elevarse a escritura pública e inscribirse en el Registro de Sociedades Cooperativas de Canarias, debiendo publicarse también en uno de los diarios de mayor circulación de la provincia del domicilio social de la entidad para darle la publicidad necesaria[24].

El último planteamiento que da lugar a la disolución forzosa de la cooperativa canaria se concreta en la descalificación firme de la misma, circunstancia que traerá como consecuencia el inicio de la fase liquidatoria[25]. Los motivos que hacen factible la descalificación de la cooperativa, no dis-

---

21 No pudiendo ser superior a un año, según el art. 26 LSCCan.

22 De acuerdo con la D.T. 2ª LSCCan.

23 Al ser una de las competencias de la asamblea (letra g) del art. 36 LSCCan), equivalente al art. 28 LCoop. Aunque se cuestiona su posible inclusión como causa de disolución o, de mantenerse en dicho precepto, parece requerir la atención a otros requisitos relacionados con la viabilidad económica (BOTANA AGRA/ MORENO LISO, *Extinción... op. cit.*, pp. 1137-1138).

24 Apartados 4º y 5º del art. 94 LSCCan y 4º del art. 70 LCoop.

25 Art. 145 LSCCan.

tan de los reconocidos en las previsiones nacionales[26], así van a referirse a la pérdida o incumplimiento de los presupuestos necesarios para la conceptualización de la sociedad como una cooperativa, o a la realización de infracciones muy graves que generen (o puedan hacerlo) importantes perjuicios de carácter económico o social que evidencien la vulneración reiterada y fundamental de los principios cooperativos. Estas últimas se concretan en las siguientes[27]: la paralización de la actividad cooperativizada o la falta de actividad de los órganos sociales durante dos años, la contravención de las previsiones imperativas o prohibitivas de la norma con una intención lucrativa o para obtener ficticiamente subvenciones y otras bonificaciones fiscales, el impedimento del desenvolvimiento de la función inspectora, así como destruir y ocultar documentos o datos solicitados, y el incumplimiento de la normativa sobre igualdad del régimen de trabajo.

La competencia para acordar la descalificación cooperativa canaria recae sobre el titular de la consejería competente en la materia que habrá de resolver de forma motivada. Antes de dicha resolución, será precisa la audiencia de la cooperativa afectada y el informe obligatorio del órgano directivo del que dependa el Registro de Sociedades Cooperativas de Canarias. Una vez que la resolución administrativa adquiera firmeza, la descalificación de la entidad implica no sólo que surta los precisos efectos registrales de oficio, sino también la disolución de la cooperativa de manera forzosa, y sin que sea necesario que la asamblea general adopte el acuerdo de disolución que corresponde[28]. De este modo, los miembros del órgano de administración y, en su caso, las personas que ostenten el cargo de liquidadoras responderán personal y solidariamente de las deudas sociales producidas después de haberse incoado el procedimiento de liquidación, o desde la firmeza de la descalificación de la cooperativa[29]. No obstante, los integrantes del órgano gestor de la entidad podrán convocar la asamblea general para acordar la transformación de la cooperativa en otro tipo social.

---

26 Art. 116 LCoop.

27 Véase el apartado 2º del art. 143 LSCCan.

28 Téngase en cuenta que la descalificación de la sociedad cooperativa seguirá, en líneas generales, el proceso previsto en la Ley 39/2015, de 1 de octubre, del Procedimiento Administrativo Común de las Administraciones Públicas.

29 Aunque nada obsta que los miembros del órgano de administración puedan convocar la asamblea para acordar la transformación de la cooperativa (apartado 4º del art. 145 LSCCan).

2. *Causas de disolución que han de ser confirmadas por el acuerdo de la asamblea general*

La norma cooperativa canaria recoge un elenco de posibles causas disolutorias de la entidad que requieren de un acuerdo de la asamblea general que confirme la disolución o, en su caso, de una resolución judicial de disolución[30]. Salvando la referida voluntad de las personas socias y la declaración de concurso de la cooperativa[31], las disposiciones legales se refieren a las que seguidamente se detallan.

La *conclusión de su objeto social o la imposibilidad manifiesta de realizar la actividad cooperativizada*. Esto es, por un lado y en sentido positivo, se estima como motivo de disolución que hubiera finalizado la empresa que justificó la creación de la cooperativa canaria. Ello supone haber realizado la actividad cooperativizada constitutiva del objeto social recogido en los estatutos. Planteamiento que, necesariamente, va a implicar la observancia particular de cada caso concreto[32]. Mientras que, por otro lado, y en una concepción negativa, el legislador canario se refiere a la patente dificultad de cumplir el objeto social de la cooperativa. Entendemos que ello habrá de traer

---

30 Arts. 93-94 LSCCan, de contenido similar al art. 70 LCoop. Para ampliar esta materia vuélvase sobre BOTANA AGRA, *Capítulo IX... op. cit.*, pp. 931-942; GALLEGO SÁNCHEZ, *La disolución... op. cit.*, pp. 6-25.

31 Según lo previsto en el art. 102 LSCCan a las sociedades cooperativas canarias se les aplica la normativa vigente en materia concursal y deberán inscribirse en el Registro de Sociedades Cooperativas de Canarias las resoluciones judiciales que constituyan, modifiquen o extingan las situaciones concursales que afecten a la sociedad. Sobre esta materia: GRIMALDOS GARCIA, Mª.I., “El concurso de la cooperativa y su repercusión en el patrimonio personal de los socios”, *Revista de Derecho concursal y paraconcursal: Anales de doctrina, praxis, jurisprudencia y legislación*, 2009, 11, pp. 323-343; ITURRIOZ DEL CAMPO, J., “Los procesos concursales en situación de crisis: características de su aplicación a las sociedades cooperativas”, *REVESCO: revista de estudios cooperativos*, 2010, 100, pp. 134-159; VILLAFÁÑEZ PÉREZ, I., *Cooperativa y concurso. Estudio de las relaciones jurídicas con sus socios*, Marcial Pons, Madrid, 2014, pp. 105-142. La norma canaria recoge como causa concreta de disolución la apertura de la fase de liquidación de la cooperativa declarada en concurso (art. 93) y, como se ha indicado, la aplicación de la normativa concursal a las cooperativas (art. 102).

32 El problema se plantea en los casos en los que se hubiera previsto un objeto social demasiado amplio o complejo y carente de elementos que permitan precisarlo con determinación. A este respecto, BOTANA AGRA/MORENO LISO, *Extinción... op. cit.*, pp. 1149-1150.

causa en razones externas a la propia sociedad[33] y que será el acuerdo de la asamblea general el que justifique la explicación del imposible cumplimiento según cada supuesto particular.

Asimismo, será causa de disolución de la cooperativa canaria la *reducción del número de personas socias por debajo del mínimo legalmente necesario para constituir la cooperativa sin que se restablezca en el plazo de un año*[34]. Al igual que acontece en cuanto a la *reducción de la cifra del capital social por debajo del mínimo* señalado en los estatutos sociales si no se restituye en equivalente plazo temporal, o no se actuase conforme a las previsiones de la regulación canaria[35]. En lo que hace a la primera hipótesis, hemos de partir de la necesidad de que el número mínimo de personas socias para conformar una entidad cooperativa en Canarias es de, al menos, tres que presten actividad cooperativizada de duración indefinida en las cooperativas de primer grado[36] y de, al menos, dos cooperativas de primer grado en las de segundo. Teniendo en cuenta estas indicaciones, lo que el contenido sustantivo trata de superar con el reconocimiento de esta causa de disolución es el caso de posibles reducciones del número de personas socias puntual y que es factible resolver en un tiempo exiguo[37].

Respecto a la reducción de la cifra del capital social de la cooperativa por debajo del recogido en la pertinente previsión estatutaria, al no establecerse mínimo legal alguno de capital social necesario para que aquélla se constituya, esta causa disolutoria está amparada en un carácter económico. Así, cuando el capital social de la cooperativa canaria se halle por debajo de la cifra determinada en los estatutos sociales y no se hubiera recuperado en el plazo de un año, la asamblea general podrá acordar la disolución de la entidad o, si procede, la reducción del capital social mínimo para

---

33 Por lo general, dichas razones van a ser de naturaleza técnica o económica, además de concluyentes (DE LA ROCHA, *Disolución... op. cit.*, p. 297).

34 Letra d) del art. 93 LSCCan. No obstante, algún sector de la doctrina aboga por la necesaria revisión de esta causa de disolución al puntualizar que, de concurrir la disminución de los socios por debajo del mínimo legal y transcurrido el plazo de un año sin que se hubiera incrementado, no sea necesario el acuerdo de la asamblea, sino que ésta se produce de modo automático. Sobre ello, BOTANA AGRA/ MORENO LISO, *Extinción... op. cit.*, pp. 1145-1146; SANZ GARCÍA, *La disolución... op. cit.*, p. 53.

35 Letra e) del art. 93 LSCCan.

36 Salvo las cooperativas de trabajo asociado que estarán integradas por un mínimo de dos personas socias trabajadoras de duración indefinida (art. 12 LSCCan).

37 Tal es el caso de causar baja obligatoria.

alcanzar el adecuado equilibrio, obviamente mediante la correspondiente modificación de los estatutos. Si bien, se confirma la causa de disolución de la entidad si el capital estuviera por debajo del mínimo recogido en los estatutos en razón del reembolso de las aportaciones al capital social o de las deducciones que se realicen por la imputación de pérdidas a las personas socias, siempre que haya pasado un año sin que se hubiera recuperado[38].

También se recoge como causa de disolución de la cooperativa canaria, en sentido subjetivo[39], la *falta de actividad de los órganos sociales necesarios* y, objetivamente, que *no se lleve a cabo la actividad cooperativizada* o el objeto social, durante un período temporal de dos años sucesivos en ambas situaciones[40]. En la primera acepción, el tenor reglamentario autonómico resulta más preciso que la norma estatal al señalar que ha de tratarse de la inactividad de los órganos cooperativos preceptivos, en la medida en que la pasividad de los mismos va a implicar un obstáculo para el propio funcionamiento de la cooperativa. Nos referimos, a la asamblea general, al órgano de administración y a la intervención[41]. Respecto al alcance objetivo de la previsión que nos ocupa, la no realización de la actividad cooperativizada se focaliza en la falta de actividad objeto de la cooperativa en los términos en los que se hubiera previsto en los estatutos sociales. La interpretación de la literalidad preceptuada requiere, de un lado, que se adopte como referencia el comienzo de la actividad cooperativa que, salvo que la entidad esté 'en constitución', se corresponde con el de la inscripción en el Registro de Sociedades Cooperativas de Canarias[42]. De otro, la evidencia en cuanto a la estimación de la no realización de la actividad cooperativizada, lo que supone que ésta no podrá fundarse en dificultades puntuales[43]. Además, cabe convenir la disgregación entre el detenimiento de la activi-

---

38 Apartado 4º del art. 63 LSCCan.

39 Al respecto, BATALLER GRAU, J., "Disolución", en *Comentarios de la Ley de Sociedades de Capital,* (Dir. ROJO, Á./ Coord. BELTRÁN, E.), Civitas, Madrid, 2012, tomo II, título X, capítulo I, pp. 2552-2553; BOTANA AGRA/ MORENO LISO, *Extinción... op. cit.,* p. 1142; DE LA ROCHA, *Disolución... op. cit.,* p. 297.

40 Autores como CORONADO FERNÁNDEZ, *Disolución... op. cit.,* pp. 317-318, prevén como posible mecanismo de confirmación de esta causa de disolución la revisión de las sesiones en los libros de actas.

41 *Vid.,* art. 33 LSCCan.

42 Arts. 11 y 13 LSCCan, sobre la cooperativa en constitución. Recuérdese que de los actos y contratos que se celebren en nombre de la cooperativa antes de haberse inscrito, deben responder de modo solidario quienes los hubieran celebrado.

43 Sobre esta materia, BOTANA AGRA/ MORENO LISO, *Extinción... op. cit.,* p. 1144.

dad cooperativizada originario y el que lo sea de forma sobrevenida, en cuyo caso debiera puntualizarse el momento en el que concurre el hecho o evento que impide su consecución no justificada y, en consecuencia, a partir del que se computaría el período temporal exigido para estimar la causa de disolución de la entidad[44].

La reglamentación de las causas de disolución de las cooperativas canarias que precisan del acuerdo de la asamblea general que las confirme no es taxativa, pues se incluye un último apartado para incorporar cualquier otra causa legal o establecida en los estatutos de la cooperativa[45]. No obstante, la referencia a la posibilidad de que vía estatutaria se reconozcan otros factibles motivos disolutorios va a quedar circunscrita a la observancia de los principios cooperativos y, en todo caso, al interés social que es propio de este tipo societario.

3. El acuerdo de reactivación de la sociedad cooperativa disuelta

La reactivación de una cooperativa disuelta supone, como es sabido, la continuidad de la entidad, pese a la situación de disolución y, aun cuando, se hubiera abierto la fase liquidatoria. El razonamiento que ampara esta posibilidad es el mantenimiento de la personalidad jurídica de la sociedad para poder efectuar las operaciones específicas que corresponden a la fase de liquidación y hasta tanto se proceda a la cancelación de los asientos registrales.

La sistemática canaria reconoce la contingencia de que la asamblea general acuerde la reanudación de la cooperativa disuelta a su actividad social, y excluye de esta eventualidad únicamente los supuestos de disolución judicial o administrativa. En el resto de casos, sin excepción[46], va a ser factible esta oportunidad atendiendo a ciertos condicionantes de carácter concurrente. Nos referimos, de un lado, al régimen de la mayoría y al cese de la causa que llevó a la entidad cooperativa canaria a la disolución. Esto es,

---

44 En consecuencia, parece que la asamblea no aprobaría la disolución de la cooperativa en los casos en los que el órgano social o la actividad de la entidad hubiera dejado de llevarse a cabo en base a un motivo justificado o de forma circunstancial, no superándose el período temporal previsto.

45 Letra h) del art. 93 LSCCan.

46 Incluso si la cooperativa se constituyó antes de enero de 2023 y en el plazo de tres años no hubieran adaptado sus estatutos en el Registro de Sociedades Cooperativas de Canarias (D.T. 2ª LSCCan).

que el acuerdo de la asamblea general a tal fin se apruebe, necesariamente, por la mayoría de dos tercios de los votos presentes y representados. Así como, en segundo término, el requerimiento de que el capital social no sea inferior al capital mínimo y que no se hubiera comenzado el reembolso de las aportaciones sociales[47].

Los presupuestos conminados para que pueda adoptarse el acuerdo de reactivación de la cooperativa en el ámbito canario precisan, inicialmente y como es evidente, de la dilución de la causa que motivó la disolución[48]. Esta circunstancia es más factible y habitual que opere cuando concurre alguna de los motivos disolutorios que presentan cierto margen temporal, como sucede con la realización del objeto social, la imposibilidad de concluir la actividad cooperativizada o, como de forma expresa se prevé, la falta de adaptación a la actual regulación de las escrituras o de los estatutos sociales de las cooperativas constituidas con anterioridad, entre otros planteamientos[49]. Exigiéndose, también, que el capital de la entidad no sea inferior al capital social mínimo según la cifra determinada en los estatutos sociales y que no se hubiera comenzado el reembolso de las aportaciones a las personas socias. Salvedad que permite afirmar que la reactivación de la cooperativa ha de apreciarse en el tiempo que media entre la disolución de la sociedad y el inicio de las operaciones liquidatorias, puesto que desde que se comienza a ejercer el derecho al reintegro de las aportaciones sociales a los que forman parte de la misma, el patrimonio de la cooperativa queda segregado, y ello va a imposibilitar la ejecución de la actividad cooperativizada en similares términos a los que se venía desarrollando previamente.

A este respecto, la norma sustantiva autonómica ha sido amplia en su consideración acerca de la factible reactivación de la cooperativa canaria si desaparece la causa que motivó la disolución, por cuanto no sólo recoge los supuestos en los que hubiera concurrido una causa de disolución de las que precisan la ratificación por el acuerdo de la asamblea general (con independencia de la causa de que se trate), sino también la hipótesis de la disolución de pleno derecho cuando la cooperativa canaria constituida con anterioridad no hubiera procedido a la adaptación de las escrituras o de los estatutos sociales a la reglamentación vigente. Aunque se añade el

---

47 Art. 95 LSCCan.

48 No pudiendo llegarse a esta misma conclusión cuando la disolución es de pleno derecho.

49 *Vid.* BOTANA AGRA/ MORENO LISO, *Extinción... op. cit.*, p. 1161, en cuyo caso se incluye el pronunciamiento del TS, STS de 2 de junio de 1997 (RA 1997/4775).

imperativo de que no se haya comenzado el reembolso de las aportaciones a las personas socias[50].

Atendidos estos requerimientos, la asamblea general deberá adoptar el acuerdo de reactivación por la mayoría reforzada que es exigida para ello. Si bien, la eficacia jurídica de la reactivación de la sociedad cooperativa implica no sólo la observancia de la mencionada mayoría reforzada en su conformidad, sino además que el acuerdo se eleve a escritura pública para proceder a su inscripción en el Registro de Sociedades Cooperativas de Canarias[51]. A este respecto, y aun cuando la norma no lo reitera de manera literal en su previsión, ha de estimarse que la persona socia disconforme con el acuerdo de reactivación dispone de la facultad de causar baja de la entidad, la cual se entenderán justificada.

III. LA CONSIGUIENTE FASE DE LIQUIDACIÓN DE LA COOPERATIVA

La apertura de la fase de liquidación de una sociedad cooperativa, en general, se produce por la convergencia de una de las causas que producen la disolución de la entidad bien sea de pleno derecho, bien cuando ha de ser confirmada por el acuerdo de la asamblea general o, en su caso, por una resolución judicial o administrativa en dicho sentido[52]. No obstante, de esta regla general quedaría excepcionado el supuesto en el que se hubiera acordado la reactivación de la sociedad y los procesos de fusión, absorción o escisión total de la misma, como hemos tenido ocasión de indicar con anterioridad[53]. Durante la fase liquidatoria, la cooperativa mantiene su personalidad jurídica, la cual va a perdurar hasta la cancelación de los asientos registrales correspondientes, siempre que el proceso de liquidación se hubiera realizado siguiendo las exigencias reglamentarias aplicables. Esta circunstancia permite a la sociedad la realización de los actos propios de la liquidación conviniendo la adjudicación del haber social, como lo son: la conclusión de las relaciones pendientes de la cooperativa con terceros y con las personas socias y acreedoras, la adjudicación del haber social so-

[50] Cuya necesidad ya habían señalado, entre otros, BOTANA AGRA/ MORENO LISO, *Extinción... op. cit.,* pp. 1160-1161.

[51] En el plazo de un mes.

[52] Art. 71 LCoop.

[53] Siguiendo el art. 96 LSCCan.

brante, y la realización de la transferencia de fondos que sea procedente, según el caso.

Las resultas de esta etapa liquidatoria en el marco canario se manifiestan no sólo en la denominación social de la cooperativa, en cuyo caso la norma exige expresamente que se incluya que la entidad se encuentra 'en liquidación', sino también en la alteración de los órganos sociales de la entidad[54] y en la llevanza de su contabilidad[55]. Y ello por cuanto la sociedad cooperativa se ve alterada en su funcionamiento habitual, en la medida en que el fin social va a sustituirse por el liquidatorio y las funciones que la entidad va a ejercitar serán las precisas para proceder a su liquidación[56]. Sin embargo, va a resultar evidente el mantenimiento invariable del funcionamiento de la asamblea general[57].

1. La figura de las personas liquidadoras y la posible designación de las interventoras

La apertura de la fase de liquidación tiene un reflejo directo en los órganos de la sociedad cooperativa, en cuyo caso se hace necesario el nombramiento de las personas que se van a ocupar de la liquidación de la entidad[58]. Las previsiones canarias eluden el reconocimiento expreso de la posibilidad de que la determinación de las personas que han de llevar a término las actuaciones de liquidación se hubiera previsto vía estatutaria. De este modo, como norma ordinaria, se reconoce la competencia de la asamblea

---

54 Art. 96 LSCCan.

55 Es decir, habrá de elaborarse un inventario y un balance y formular y aprobar un balance final, un informe de gestión sobre las operaciones liquidatorias y un proyecto de distribución del activo sobrante.

56 Apartado 2º del art. 73 LCoop.

57 La asamblea general ha de nombrar a los liquidadores y, en su caso, darle las pertinentes instrucciones, también ha de aprobar el balance final, el informe de gestión y el proyecto de distribución del activo sobrante que hubieran presentado los liquidadores (art. 74 LCoop), entre otros acuerdos. Par ampliar esta materia, BRENES CORTÉS, J., "Extinción de la cooperativa. Liquidación", en *Tratado de Derecho de Sociedades Cooperativas,* (Dir. PEINADO GRACIA, J. I./Coord. VÁZQUEZ RUANO, T.), Tirant lo Blanch, Valencia, 2019, pp. 1164-1165; MORILLAS JARILLO/FELIÚ REY, *Curso de... op. cit.,* pp. 710-715.

58 Véase el apartado 2º del art. 96 LSCCan, similar al apartado 6º del art. 73 LCoop. Si bien, hasta su designación, el órgano rector seguirá desempeñando tales funciones.

general para dicha designación, debiendo ser la votación por mayoría de votos y, en todo caso, secreta[59]. Manteniéndose las disposiciones generales en lo que respecta a la convocatoria y constitución de la asamblea, aunque con la especialidad de la indicada votación secreta y por mayoría, y siempre que el nombramiento se haga en un número impar[60]. Esta última cuantificación cabe entenderla justificada en el hecho de impedir que existan desacuerdos que no puedan solventarse y que supongan una limitación a la actuación de las personas liquidadoras y, por ende, del adecuado desempeño del proceso liquidadorio. Aun cuando se admite que el liquidador sea único, en el supuesto de que fuesen tres o más personas las designadas en dicho cargo se requiere que actúen de forma colegiada y que la toma de decisiones por parte de los mismos se haga por mayoría. El nombramiento de las personas liquidadoras se hará de entre las personas que ostenten la condición de socias de la cooperativa que habrán de aceptar el cargo y éste deberá inscribirse en el Registro de Sociedades Cooperativas de Canarias. Se guarda silencio, sin embargo, sobre la manera en la que se hará dicha aceptación, pero entendemos que es admisible que se haga expresa o tácitamente, y no siendo posible la inactividad del candidato/s[61]. En el caso de que no se aceptara la elección, la nueva designación podrá recaer en personas no socias de la entidad.

No obstante, en la norma autonómica, se prevé la eventualidad de reconocer la facultad directa de designación de las personas liquidadoras a los integrantes del órgano de administración de la cooperativa (sin precisar la formalización en escritura pública), cuando la asamblea general no lo hubiera hecho. Obviando esta previsión la salvedad dispuesta en la LCoop que reconoce la competencia al juez de primera instancia del domicilio

---

59 Es posible que la asamblea los designe en la misma reunión en la que se hubiere acordado la disolución de cooperativa (MERINO HERNÁNDEZ, S., "Extinción de la cooperativa: Disolución y Liquidación", en *Manual de Derecho de Sociedades Cooperativas,* (Dir. MERINO HERNÁNDEZ, S.), Vitoria-Gasteiz, Consejo Superior de cooperativas de Euskadi, 2008, p. 250).

60 Art. 93 LSCCan y art. 71 LCoop, aunque nada impide que se designe a un solo liquidador.

61 *Vid.* URÍA GONZÁLEZ, R./ MENÉNDEZ MENÉNDEZ, A./ BELTRÁN SÁNCHEZ, E., "Disolución y liquidación de la sociedad anónima (Artículos 260 a 281 de la Ley de Sociedades Anónimas)", en *Comentario al régimen legal de las sociedades mercantiles,* (Dirs. URÍA GONZÁLEZ, R./ MENÉNDEZ MENÉNDEZ, A./ OLIVENCIA RUÍZ, M.) Madrid, 1992, pp. 124-125.

social de la entidad a petición del órgano rector o de cualquier persona socia de la cooperativa[62].

La aceptación de la condición de liquidador/es supone que el órgano de administración de la sociedad cooperativa canaria deje de desempeñar sus funciones. En la medida en que van a ser las personas liquidadoras las que desarrollen las operaciones requeridas para liquidar la cooperativa, asumiendo el régimen de responsabilidad de los administradores sociales[63] y debiendo dar explicaciones de ellas a la asamblea general que es el órgano societario al que corresponde el seguimiento del balance y su aprobación oportuna[64].

Junto a la designación de las personas liquidadoras, la sistemática canaria siguiendo las previsiones generales, determina la posibilidad de instar el nombramiento de personas interventoras[65], al objeto de que fiscalicen las operaciones de liquidación. Por lo que es éste un órgano potestativo de la sociedad cooperativa en liquidación, pero que en el caso de que se hubiera previsto, los actos de liquidación sin su participación no tendrán validez. La facultad para designar a las personas interventoras recae sobre la consejería del Gobierno de Canarias con competencias en materia cooperativa y no en el juez de primera instancia del domicilio social que corresponda, y se nombrarán bien a instancia de las personas socias que representen el diez por ciento del conjunto de los votos sociales[66] o, en su caso, de oficio o a instancia de la parte interesada. Esta última previsión se concreta en

---

62 Art. 71.3º LCoop. En defecto de nombramiento estatutario de los liquidadores y de nombramiento por parte de la asamblea general, se prevé la designación por el juez de primera instancia del domicilio social de la cooperativa (*vid.* BRENES CORTES, *Extinción...op.cit.,* pp. 1171-1172; MORILLAS JARILLO/ FELIÚ REY, *Curso de... op. cit.,* pp. 705-720, aclaran que el referido nombramiento judicial ha de hacerse sobre técnicos con experiencia en liquidación).

63 Art. 41 LCoop. Al igual que en cuanto al régimen de elección, incapacidad, revocación, incompatibilidad y responsabilidad de los liquidadores de la cooperativa que atenderá al contenido de las disposiciones que les son de aplicación y que se corresponden con las pertinentes respecto de los que forman parte del órgano de administración de la entidad. Tampoco se establece nada respecto al cese de su cargo (pudiendo ser aplicables las disposiciones sobre las sociedades de capital en este sentido, ver BRENES CORTES, *Extinción... op. cit.,* p. 1175).

64 Art. 96.4º LSCCan.

65 Art. 98 LSCCan.

66 La norma nacional indica que lo solicite un número de personas socias que represente el veinte por ciento de los votos sociales (aunque no se corresponda con el veinte por ciento de los votos totales de la cooperativa, art. 72).

supuestos cooperativos en los que el patrimonio a liquidar resulte cuantioso, o haya un elevado número de personas socias, inversoras u obligaciones afectadas, o la liquidación sea de importancia. El debate doctrinal que se plantea en este sentido trae causa en la posible solicitud de un nuevo nombramiento por parte de un conjunto de socios que mantengan la representación indicada. La tendencia interpretativa resulta contradictoria: de un lado, se manifiestan los que niegan esta posibilidad y abogan por una lectura restrictiva del contenido preceptuado, pues se estima que efectuado el nombramiento de la persona/s interventora/s no sería posible repetirlo a solicitud de otro grupo distinto de personas socias de la entidad[67]. Mientras que, de otro, se posicionan los que hacen una interpretación permisiva. Es decir, aprecian la contingencia de una nueva elección si así se solicita por parte del conjunto de personas socias concretado[68]. Argumento que no puede sino respaldarse en las específicas funciones que estos sujetos interventores están llamados a desempeñar en la fase de liquidación de la cooperativa y, esencialmente, en la garantía de los intereses de las personas socias que la conforman.

2. Cometidos de las personas liquidadoras e interventoras de las cooperativas canarias en liquidación

Las personas que aceptan la designación como liquidadoras de las cooperativas canarias van a ser las encargadas de realizar el conjunto de operaciones precisas para la liquidación de la entidad, así como la posterior cancelación de los asientos registrales[69]. No obstante, siguiendo el contenido de la LCoop, no se ha establecido un criterio genérico de facultades de las personas liquidadoras focalizado en la realización de las actuaciones y operaciones necesarias para la liquidación cooperativa. Sino que se ha hecho una mención específica a las mismas incluyendo otras funciones propias de la actividad societaria. De este modo, consideramos que conviene distinguir las encomiendas propiamente liquidatorias, de las concernientes a la representación y gestión de la cooperativa. En el primer caso, y pese a que ha de hacerse junto al órgano de administración cooperativo,

---

67 Véanse BRENES CORTÉS, *Extinción... op. cit.*, p. 1167; MUÑOZ MARTÍN, *Disolución...op.cit.*, pp. 264-265; URÍA GONZÁLEZ/ MENÉNDEZ MENÉNDEZ/ BELTRÁN SÁNCHEZ, *Disolución... op. cit.*, p. 131.

68 Sobre ello MORILLAS JARILLO/FELIÚ REY, *Curso de...op.cit.*, pp. 737-738; SANZ GARCÍA, *La disolución... op. cit.*, p. 68.

69 Art. 97 LSCCan (equivalente a los arts. 71.1°, 73.2° y 76 LCoop).

cabe encuadrar la precisa suscripción del inventario y del balance en el momento en el que se inicia la fase liquidatoria. Así como, efectuar las operaciones comerciales que hubiera pendientes y las indispensables de la liquidación[70]; solicitar los créditos pendientes y percibirlos, al igual que los dividendos pasivos; convenir transacciones y otros compromisos que importen a la entidad; y, finalmente, abonar a las personas acreedoras y socias y transferir el fondo de educación y promoción y el sobrante del haber social líquido de la cooperativa[71]. Ello implica proceder a la liquidación del activo y del pasivo de la entidad, actuación que viene referida a la ejecución de las operaciones pendientes y las nuevas precisas para la liquidación, como lo son el cobro de los créditos y el pago de las deudas de la sociedad. En cuanto a las primeras, se concretan en las actuaciones particulares de una liquidación adecuada, pudiendo proceder incluso a la enajenación de los bienes sociales de la misma. La tendencia mayoritaria hace una interpretación amplia de esta exégesis tanto en lo que afecta a las actuaciones necesarias, como en lo que concierne a la posible venta de los bienes cooperativos[72]. El recaudo de los créditos a favor de la cooperativa engloba los que están pendientes frente a terceros y, también, contra las personas socias o asociadas[73]. Las personas liquidadoras podrán cobrarlos de acuerdo con los procesos que les ofrece el ordenamiento, pero en todo caso sin perjudicar los intereses de la entidad en esta fase de la liquidación. Bajo el riesgo de la correspondiente imputación de responsabilidad ante la cooperativa, las personas socias y las acreedoras. En la hipótesis de que los créditos no estuvieran aun vencidos, deberá efectuarse el cobro a la fecha de su vencimiento. Por su parte, quien ostenta el cargo de liquidador también está facultado para pactar transacciones y compromisos en representación de la cooperativa cuando convenga a los intereses sociales

---

70 Incluyendo la posible enajenación de los bienes sociales.

71 Según lo previsto en el art. 100 LSCCan.

72 *Vid.* BRENES CORTÉS, *Extinción...op.cit.*, pp. 1182-1183; MORILLAS JARILLO/ FELIÚ REY, *Curso de... op. cit.*, pp. 710-720; URÍA GONZÁLEZ/ MENÉNDEZ MENÉNDEZ/ BELTRÁN SÁNCHEZ, *Disolución...op. cit.*, pp. 152-157.

73 Art. 73.3º LCoop. Por ejemplo, en concepto de aportaciones al capital social pendientes de desembolso (MARÍN HITA, L., "Sentencia de 6 de febrero de 2014. Cooperativa de Castilla-La Mancha: criterios para la determinación de la liquidación a que tiene derecho socio que causa baja", *Cuadernos Civitas de jurisprudencia civil,* 2014, 96, pp. 215-240; URÍA GONZÁLEZ/ MENÉNDEZ MENÉNDEZ/ BELTRÁN SÁNCHEZ, *Disolución...op. cit.*, pp. 160-162).

y al objeto de solventar posibles controversias que se susciten en la fase de liquidación[74].

En cuanto a las funciones más centradas en la gestión y representación de la cooperativa, compete a las personas liquidadoras la llevanza y custodia de los libros y correspondencia de la entidad[75] y, al mismo tiempo, velar por la integridad de su patrimonio durante esta fase del proceso de extinción, en razón de la continuidad de la sociedad. Además de su representación en juicio y fuera de él al objeto de atender las previsiones de la etapa liquidatoria[76]. Por su parte, si la entidad se halla en un estado de insolvencia, las personas liquidadoras tienen el deber de solicitar la requerida declaración de concurso, siguiendo las disposiciones específicas en la materia[77]. Asimismo, al momento de conclusión de la liquidación, como se comprobará, las personas liquidadoras han de otorgar la escritura pública de extinción o, si procede, de disolución o liquidación de la cooperativa y solicitar la pertinente cancelación de los asientos registrales e inscribirla en el Registro de Sociedades Cooperativas de Canarias[78].

En otro orden, la atribución esencial que asumen las personas interventoras en la liquidación, en el caso de que sean nombradas, es la fiscalización de las cuentas de la cooperativa. Y ello en razón de la tutela de los intereses del sector minoritario de la sociedad, por cuanto su actuación permite garantizar que estarán debidamente informados de las operaciones de liquidación de la sociedad y del estado en el que ésta se encuentra. También, es facultad de las personas interventoras llevar a término diversas funciones relevantes en lo que hace a la revisión de las cuentas anuales y otros documentos contables de la cooperativa, nos referimos a la obligación de censurar el balance final, el informe de gestión que se hubiese realizado, y el proyecto de distribución del activo sobrante[79].

---

74 A este respecto, BRENES CORTÉS, *Extinción... op. cit.*, p. 1185; MORILLAS JARILLO/ FELIÚ REY, *Curso de... op. cit.*, pp. 717-719.

75 De acuerdo con lo dispuesto en el art. 25 Ccom.

76 Siguiendo esta norma autonómica, las posibles discrepancias o controversias que puedan plantearse en las sociedades cooperativas, incluso en la fase de liquidación, podrán ser sometidas a arbitraje (D.A. 4ª LSCCan).

77 Según el art. 102 LSCCan.

78 Art. 101 LSCCan.

79 Apartado 1º del art. 99 LSCCan, siguiendo el art. 74 LCoop. Para ampliar esta materia: MORILLAS JARILLO/ FELIÚ REY, *Curso de... op. cit.*, pp. 709-719; SANZ GARCÍA, *La disolución...op. cit.*, p. 68 (que atribuye una función de vigilancia, a pesar de la existencia de otros órganos sociales).

3. Balance final y adjudicación del haber social en la liquidación de las cooperativas

La sociedad cooperativa que se encuentra en liquidación, junto a la variación de los órganos sociales, presenta el cambio que afecta a la llevanza de la contabilidad social y a la ejecución de las actuaciones que le son propias. Sobre la contabilidad, la formulación y aprobación de las cuentas anuales se sustituye por la realización de un inventario y un balance al inicio del período liquidatorio. Así como, al finalizar la liquidación, la formulación y aprobación de un balance final, un informe de gestión sobre las operaciones de liquidación y un proyecto de distribución del activo sobrante. El balance va a reflejar la situación contable de la sociedad cooperativa al inicio de la liquidación[80]. Es decir, la suscripción del inventario y del balance inicial de la misma[81], la enajenación del activo y el pago o el aseguramiento de las deudas sociales, la aprobación del balance final, del informe de gestión sobre las operaciones realizadas y de la propuesta de distribución del activo residual por parte de la asamblea general. Lo expuesto se concreta en la adjudicación del haber social neto y la adjudicación del haber social resultante para culminar el proceso de extinción definitiva de la entidad cooperativa.

Las personas que ostentan el cargo de liquidadoras en el supuesto de las cooperativas canarias habrá de someter dichos documentos a la aprobación de la asamblea general y, en el caso de haberse designado personas interventoras, a su censura previa. Asimismo, es preciso cumplir con el requisito de la publicidad del balance final y del proyecto de distribución[82], esto es su difusión en uno de los diarios de mayor circulación de la provincia del domicilio social de la cooperativa, salvo que se hubiera notificado

---

80 Así, han de seguirse las normas de valoración previstas para la formulación de las cuentas anuales, como indican, entre otros: MORILLAS JARILLO/ FELIÚ REY, *Curso de... op. cit.*, p. 708; URÍA GONZÁLEZ/ MENÉNDEZ MENÉNDEZ/ BELTRÁN SÁNCHEZ, *Disolución...op. cit.*, pp. 143-144.

81 El inventario estará conformado por los bienes y derechos de los que dispone la cooperativa al momento de disolverse y las obligaciones de la misma, es decir desde que se inicia la liquidación y antes de que los liquidadores comiencen sus operaciones.

82 En el caso canario, cuando la cooperativa no tenga personas acreedoras distintas de las personas socias, cabe acordar en una misma asamblea la disolución y la liquidación, pudiendo inscribirse mediante una única escritura pública. *Vid.*, URÍA GONZÁLEZ/ MENÉNDEZ MENÉNDEZ/BELTRÁN SÁNCHEZ, *Disolución... op. cit.*, p. 181.

de manera individual y por escrito a todas las personas socias y acreedoras mediante un procedimiento que asegure dicha recepción en el domicilio facilitado pertinentemente.

En este sentido, y junto a las mencionadas previsiones, la norma canaria se limita a precisar los sujetos legitimados para impugnar el acuerdo de la asamblea general por el que se aprobó el balance y el proyecto, referidos a las personas socias agraviadas y a las acreedoras con créditos no satisfechos o garantizados, pero mantiene aplicable el régimen general sobre la impugnación de los acuerdos sociales en el ámbito cooperativo[83]. Hecho que nos permite afirmar que aquéllas disponen de un plazo temporal de cuarenta días desde la publicación del acuerdo para su posible impugnación[84]. No obstante, no va a ser factible el reparto del activo resultante hasta que no se hubiera superado el plazo de impugnación o se hayan resuelto las posibles reclamaciones presentadas. Pese a esta limitación, la sistemática canaria se hace eco del reconocimiento expreso de la posibilidad de que las personas liquidadoras realicen repartos del haber social sin que hubiera concluido dicho proceso de impugnación, aunque en esta hipótesis concreta haya de garantizarse la previsión de un remanente suficiente para atender las reclamaciones o las impugnaciones que se lleven a término[85].

El hecho de adjudicar el haber social, por tanto, se halla acotado por una medida restrictiva, cuál es que no será factible su distribución hasta tanto no se hayan satisfecho íntegramente las deudas sociales[86], y se haya consignado o asegurado el pago a las personas acreedoras de los créditos no vencidos[87]. Esto es, la eliminación del pasivo societario. Se trata, pues, de un requisito de necesario cumplimiento previo a la distribución del haber social entre las personas socias de la entidad. Saldadas las deudas

---

83 Art. 99 LSCCan. Sobre ello, BRENES CORTÉS, *Extinción... op. cit.*, pp. 1187-1190.

84 En análogo sentido, MORILLAS JARILLO/ FELIÚ REY, *Curso de... op. cit.*, pp. 717-721.

85 Apartado 4º del art. 99 LSCCan. A este respecto, autores como MORILLAS JARILLO/ FELIÚ REY, *Curso de... op. cit.*, pp. 719-721, afirman que con esta regulación se consigue ponderar las expectativas de los acreedores sociales insatisfechos, con los legítimos derechos de los socios cooperativistas al reembolso de sus aportaciones.

86 Es preciso que los liquidadores satisfagan las deudas sociales vencidas (MORILLAS JARILLO/ FELIÚ REY, *Curso de... op. cit.*, p. 608) y, después, las no vencidas en el momento en el que se cumpla su vencimiento (URÍA GONZÁLEZ/ MENÉNDEZ MENÉNDEZ/BELTRÁN SÁNCHEZ, *Disolución...op. cit.*, p. 163).

87 Art. 100 LSCCan y art. 75.1º LCoop.

sociales, cabe la adjudicación del haber social de la liquidación, aunque no puede afirmarse que la persona socia tenga reconocido un derecho a una cuota de liquidación de la totalidad del mismo, en la medida en que habrá una parte del patrimonio de la cooperativa que no se pueda repartir y que se destine al fortalecimiento cooperativo y al cumplimiento de los distintos objetivos inherentes a esta modalidad societaria. La satisfacción a las personas socias se va a concretar en la cuota integrada por el remanente de sus aportaciones al capital social y la correspondiente a los fondos de reserva voluntarios que sean repartibles, a menos que se hubiere establecido una disposición estatutaria en contrario.

Por consiguiente, abonadas las deudas sociales, las personas que ocupen el cargo de liquidadoras en las cooperativas canarias tienen el deber de respetar en la adjudicación del haber social el orden previsto a continuación y que se corresponde con el contenido de los principios cooperativos. En primer lugar, el fondo de educación y promoción que se pondrá a disposición de la entidad asociativa que se hubiera indicado o, en su defecto, se destinará a la unión o federación o asociación de economía social a la que esté asociada o a la Tesorería de la Administración de la Comunidad autónoma de Canarias para impulsar el cooperativismo. Después, mientras no se reembolsen las aportaciones no exigibles, los que hayan causado baja y solicitado el reembolso de su aportación van a participar en la adjudicación del haber social una vez satisfecho el importe del fondo de educación y promoción y antes del reintegro de las restantes aportaciones a las personas socias. A continuación, se restituirá el importe de las aportaciones al capital social actualizadas tras haberse deducido los beneficios o pérdidas correspondientes a ejercicios anteriores, resultando preferentes las de las personas socias colaboradoras, luego las voluntarias y, por último, las obligatorias. Circunstancia justificada en la exigencia igualitaria de estas últimas al conjunto de todas las personas socias, a diferencia de las voluntarias que pueden haber sido realizadas por las que contribuyen en mayor medida a la financiación de la cooperativa[88]. Tras ello, se reintegrará a las personas socias su participación en los fondos de reserva voluntarios con carácter repartible en los términos de la normativa canaria de aplicación[89].

---

88 *Vid.* MORILLAS JARILLO/ FELIÚ REY, *Curso de... op. cit.*, p. 719; VARGAS VASSEROT, C./ GADEA SOLER, E./ SACRISTÁN BERGIA, F., *Derecho de las sociedades cooperativas: régimen económico, integración, modificaciones estructurales y disolución*, La Ley, Madrid, 2017, pp. 300-350.

89 Art. 79 LSCCan. Si el fondo de reserva obligatorio tuviera carácter parcialmente repartible, el porcentaje disponible del fondo se distribuirá entre las personas

En último término, si hubiere haber líquido sobrante, se pondrá a disposición de la entidad procedente para destinarlo al fondo de educación y promoción[90]. La reglamentación canaria, además, determina que si la entidad designada fuera una cooperativa, lo habrá de incluir en el fondo de reserva obligatorio, comprometiéndose a que durante cinco años no sea disponible y sin que tampoco sea posible que sobre este importe se puedan imputar pérdidas de la cooperativa. En el caso de que se trate de una entidad asociativa, ésta deberá destinarlo a apoyar finalidades sobre la educación y la formación de las personas socias y trabajadoras en los principios cooperativos y en sus valores, la difusión del cooperativismo, la promoción de las relaciones intercooperativas, la potenciación de estructuras asociativas del movimiento cooperativo y el apoyo a nuevas experiencias cooperativas, el impulso cultural, profesional y asistencial del entorno local o de la comunidad, la mejora de la calidad de vida y del desarrollo comunitario, y las acciones de protección medioambiental, o el fomento de una política efectiva de igualdad de género y de sostenibilidad empresarial. Por su parte, si se produce la liquidación de sociedades cooperativas de segundo o ulterior grado en Canarias, el activo sobrante será distribuido entre las personas socias en proporción al importe del retorno percibido en los últimos cinco años o, en su defecto, a su participación en la actividad cooperativizada en dicho período o desde su constitución si no se alcanzase este término temporal[91].

Las previsiones autonómicas que nos ocupan, apoyándose en la norma general estatal, reconocen la posibilidad a cualquier persona socia de una cooperativa en liquidación que proyecte incorporarse a otra cooperativa, de exigir que la parte proporcional del haber líquido sobrante de la liquidación, calculada sobre todas las personas socias, se ingrese en el fondo de reserva obligatorio de la cooperativa a la que vaya a incorporarse. Al objeto de atender esta prerrogativa especial, se exige a la persona interesada que

---

socias en función del tiempo de permanencia en la cooperativa (cinco años como mínimo), y también según la actividad desarrollada en la misma.

90 Es decir, la entidad asociativa que se hubiera previsto estatutariamente o por acuerdo de la asamblea general. Si no se designase ninguna, será la unión o federación o asociación de economía social a la que esté asociada, y en su defecto, a la Tesorería de la Administración de la Comunidad autónoma de Canarias.

91 Art. 137.4º LSCCan, similar al art. 77 LCoop.

lo solicite con anterioridad a la fecha de la celebración de la asamblea general que deba aprobar el balance final de la liquidación societaria[92].

4. La finalización de la fase liquidatoria de la cooperativa

Las operaciones finales de la liquidación de una sociedad cooperativa se corresponden con las que se realizan una vez que han concluido las que eliminan el pasivo de la entidad. De este modo, las personas liquidadoras han de otorgar escritura pública de extinción o, cuando sea procedente, de disolución o liquidación de la sociedad. De acuerdo con las previsiones canarias, en dicha escritura quedará constancia del balance final de liquidación o cuenta de cierre y del acuerdo de distribución de activo sobrante[93]. La finalidad principal de ello no es otra que ser el reflejo contable de las operaciones de liquidación patrimonial de la cooperativa, la precisión del estado patrimonial de la misma y la especificación del patrimonio social repartible y el derecho que cada socio ostenta sobre él, como se ha indicado con anterioridad.

En consecuencia, los mencionados documentos han de ser aprobados por la asamblea general[94], tras ser fiscalizados por las personas interventoras de la liquidación, en el caso de que se hubieran designado, y atender a las exigencias de publicidad o notificación recogidas en la norma.

Asimismo, ha de quedar constancia de que se ha superado el plazo de impugnación del acuerdo pertinente, sin que haya habido impugnaciones o que son firmes las sentencias que las hubieren resuelto. Y, a su vez, que se ha realizado la adjudicación del haber social sobrante de acuerdo con las disposiciones sustantivas y asignadas las cantidades correspondientes a las personas acreedoras, a las socias y a las entidades que deban recibir el

---

92 Véase el apartado 4º del art. 100 LSCCan. Así como, el último apartado del art. 75 LCoop.

93 Art. 101 LSCCan, los cuales han sido aprobados por la asamblea y han observado los presupuestos de publicación o notificación exigidos. Se trata más de una cuenta de cierre que de un balance en sentido estricto al no reflejar deudas ni créditos, con esta opinión pueden consultarse: BRENES CORTÉS, *Extinción... op. cit.*, p. 1187; URÍA GONZÁLEZ/ MENÉNDEZ MENÉNDEZ/ BELTRÁN SÁNCHEZ, *Disolución... op. cit.*, p. 177.

94 Pasados tres años desde la apertura de la liquidación sin que se hubiera presentado a la asamblea el balance final de liquidación para su aprobación, cualquier persona socia o con interés legítimo está facultada para solicitar del juez la separación de los liquidadores.

sobrante del fondo de educación y promoción y del haber líquido restante, en los términos que ya se han referido con anterioridad y que no procede reproducir de nuevo en este momento.

La escritura pública mencionada llevará incorporado, también, el balance final de la fase liquidatoria de la sociedad cooperativa canaria, el acuerdo de distribución del activo y el correspondiente certificado del acuerdo adoptado por la asamblea general.

IV. EXTINCIÓN DE LA SOCIEDAD COOPERATIVA CANARIA

El proceso de extinción de la sociedad cooperativa finaliza con el otorgamiento de la escritura pública de conclusión de la entidad, la cual deberá ser inscrita en el Registro de Sociedades Cooperativas de Canarias.

Las personas que ostenten el cargo de liquidadoras de la sociedad cooperativa, además de las facultades indicadas en los apartados previos, quedan obligadas a la extinción de la entidad. De este modo, concluida la fase liquidatoria, les corresponde el otorgamiento de la escritura pública de extinción de la cooperativa en los términos señalados y la solicitud en la misma de la cancelación de los asientos registrales[95]. Así como, declarar la obligación de conservar los libros y documentos concernientes al tráfico de la cooperativa durante seis años desde la fecha del asiento de cancelación de la entidad. A tal fin, es preciso que se presente el certificado del acta o la escritura pública, en su caso, donde conste el balance final de la liquidación y las operaciones de ésta, por lo que cabe afirmar que la inscripción registral de la escritura pública de extinción tiene efectos constitutivos. Por consiguiente, dicha inscripción es un presupuesto necesario para apreciar la extinción legal de la cooperativa y no cabe admitirla por el simple hecho de haber finalizado la liquidación en un sentido material. A mayor abundamiento, algún sector de la doctrina razona que para que se produzca la definitiva extinción de la sociedad cooperativa mediante la cancelación de los asientos del Registro, se requiere la valoración de que el proceso liquidatorio se ha llevado a término de acuerdo con las previsiones normativas aplicables y de forma correcta[96].

---

95 Art. 101.2º LSCCan Para ampliar esta materia, AURIOLES MARTIN, *Capítulo IX... op. cit.*, pp. 921-923.

96 Autores como VICENT CHULÍA, *La Ley General... op. cit.*, p. 543, ponen de manifiesto la posibilidad de que -una vez inscrita la escritura pública de extinción de la

Sin embargo, nada obsta que una vez inscrita la escritura pública de extinción de la sociedad cooperativa se produzca la reapertura de la fase de liquidación, la cual puede traer causa en la reclamación realizada por parte de una persona acreedora insatisfecha. Esta posibilidad es viable si tenemos en cuenta que para que la cancelación registral produzca la extinción definitiva de la cooperativa debe cumplirse, como presupuesto ineludible, la conclusión de una correcta liquidación societaria.

V. BIBLIOGRAFÍA

AURIOLES MARTIN, A., "Capítulo IX. Extinción de la cooperativa", en AA.VV., *Tratado de Derecho de Cooperativas,* (Dir. PEINADO GRACIA, J. I./Coord. VÁZQUEZ RUANO, T.), Tirant lo Blanch, Valencia, 2013, pp. 919-923.

BATALLER GRAU, J., "Disolución", en *Comentarios de la Ley de Sociedades de Capital,* (Dir. ROJO, Á./ Coord. BELTRÁN, E.), Civitas, Madrid, 2012, tomo II, título X, capítulo I, pp. 2531-2590.

BOTANA AGRA, M., "As modificacións estructurais da sociedade", en AA.VV., *Estudios sobre a Lei de Cooperativas de Galicia,* (Coords. GÓMEZ SEGADE, J. A./ BOTANA AGRA, M./ FERNÁNDEZ ALBOR, Á./ TATO PLAZA, A.), Xunta de Galicia, Santiago de Compostela, 1999, pp. 173-194.

BOTANA AGRA, M., "Capítulo IX. Extinción de la cooperativa", en *Tratado de Derecho de Cooperativas,* (Dir. PEINADO GRACIA, J. I./Coord. VÁZQUEZ RUANO, T.), Tirant lo Blanch, Valencia, 2013, pp. 924-950.

BOTANA AGRA, M./MORENO LISO, Mª. L., "Extinción de la cooperativa. Disolución", en AA.VV., *Tratado de Derecho de Sociedades Cooperativas,* (Dir. PEINADO GRACIA, J.I./Coord. VÁZQUEZ RUANO, T.), Tirant lo Blanch, Valencia, 2019, pp. 1134-1162.

BRENES CORTÉS, J., "Extinción de la cooperativa. Liquidación", en AA.VV., *Tratado de Derecho de Sociedades Cooperativas,* (Dir. PEINADO GRACIA, J.I./Coord. VÁZQUEZ RUANO, T.), Tirant lo Blanch, Valencia, 2019, pp. 1162-1195.

CORONADO FERNÁNDEZ, F., "Disolución, liquidación y extinción", en AA.VV., *La sociedad Cooperativa en la Ley 27/1999, de 16 de julio, de Cooperativas,* (Coord. ALONSO ESPINOSA F. J.), Granada, 2001, pp. 309-354.

DE LA ROCHA, E., *Disolución y liquidación. De las comunidades de bienes. Comunidades de bienes en uniones de hecho extramatrimoniales. Sociedades civiles, sociedades mercantiles y cooperativas,* Comares, Granada, 1998.

FAJARDO GARCÍA, G., "La fusión de cooperativas en la legislación española", *CIRIEC - España. Revista jurídica de economía social y cooperativa,* 2006, 17, pp. 35-84.

---

cooperativa- se reabra la fase de liquidación si un acreedor reclama.

FAJARDO GARCÍA, G., "Aspectos de la transformación de las cooperativas de crédito tras la Ley de Modificaciones Estructurales de 2009", en AA.VV., *Estudios de Derecho del Mercado Financiero: Homenaje al Profesor Vicente Cuñat Edo,* (Coords. GONZÁLEZ CASTILLA, F./MARIMÓN DURÁ, R.), Valencia, 2010, pp. 67-92.

FELIÚ REY, M.I./ZORNOZA SOMOLINOS, A., "Capítulo IX. Modificaciones estructurales", en *Tratado de Derecho de Sociedades Cooperativas,* (Dir. PEINADO GRACIA, J.I./Coord. VÁZQUEZ RUANO, T.), Tirant lo Blanch, Valencia, 2019, pp. 965-987.

GALLEGO SÁNCHEZ, E., "La disolución de la sociedad cooperativa", *Práctica de Tribunales: Revista de Derecho procesal civil y mercantil,* 2008, 50, pp. 6-25.

GARCÍA SANZ, A., "Capítulo X. Extinción de la cooperativa", en AA.VV., *Tratado de Derecho de Sociedades Cooperativas,* (Dir. PEINADO GRACIA, J.I./Coord. VÁZQUEZ RUANO, T.), Tirant lo Blanch, Valencia, 2019, pp. 1199-1214.

GRIMALDOS GARCIA, Mª.I., "El concurso de la cooperativa y su repercusión en el patrimonio personal de los socios", *Revista de Derecho concursal y paraconcursal: Anales de doctrina, praxis, jurisprudencia y legislación,* 2009, 11, pp. 323-343.

ITURRIOZ DEL CAMPO, J., "Los procesos concursales en situación de crisis: características de su aplicación a las sociedades cooperativas", *REVESCO: revista de estudios cooperativos,* 2010, 100, pp. 134-159.

MARÍN HITA, L., "Sentencia de 6 de febrero de 2014. Cooperativa de Castilla-La Mancha: criterios para la determinación de la liquidación a que tiene derecho socio que causa baja", *Cuadernos Civitas de jurisprudencia civil,* 2014, 96, pp. 215-240.

MARTÍNEZ GUTIÉRREZ, Á./VÁZQUEZ RUANO, T., "Disolución y liquidación", en AA.VV., *Retos y oportunidades de las sociedades cooperativas andaluzas ante su nuevo marco legal. Comentario a la Ley 14/2011, de Sociedades Cooperativas Andaluzas, y a su Reglamento de desarrollo (Decreto 123/2014),* (Dirs. MORILLAS JARILLO, Mª. J./VARGAS VASSEROT, C.), Dykinson, Madrid, 2017, pp. 503-525.

MERINO HERNÁNDEZ, S., "Extinción de la cooperativa: Disolución y Liquidación", en AA.VV., *Manual de Derecho de Sociedades Cooperativas,* (Dir. MERINO HERNÁNDEZ, S.), Vitoria-Gasteiz, Consejo Superior de cooperativas de Euskadi, 2008, pp. 247-252.

MORILLAS JARILLO, Mª.J./FELIÚ REY, M.I., *Curso de cooperativas,* Tecnos, Madrid, 2018.

MUÑOZ MARTÍN, N., *Disolución y derecho a la cuota de liquidación en la sociedad anónima,* Valladolid, 1991.

SANZ GARCÍA, A., "La disolución y la liquidación de las Sociedades Cooperativas en Euskadi: enumeración de los antecedentes normativos y su actual regulación en la Ley 11/2019, de 20 de diciembre, de Cooperativas de Euskadi. Propuestas de mejora", *GIZAEKOA - Revista Vasca de Economía Social,* 2022, 19, pp. 45-85.

URÍA GONZÁLEZ, R./ MENÉNDEZ MENÉNDEZ, A./BELTRÁN SÁNCHEZ, E., "Disolución y liquidación de la sociedad anónima (Artículos 260 a 281 de la Ley de Sociedades Anónimas)", en AA.VV., *Comentario al régimen legal de las sociedades mercantiles* (Dirs. URÍA GONZÁLEZ, R./MENÉNDEZ MENÉNDEZ, A./OLIVENCIA RUÍZ, M.) Madrid, 1992.

VARGAS VASSEROT, C./GADEA SOLER, E./SACRISTÁN BERGIA, F., *Derecho de las sociedades cooperativas: régimen económico, integración, modificaciones estructurales y disolución,* La Ley, Madrid, 2017.

VILLAFÁÑEZ PÉREZ, I., *Cooperativa y concurso. Estudio de las relaciones jurídicas con sus socios,* Marcial Pons, Madrid, 2014.

Capítulo XIV.

De las clases de cooperativas

CARMEN BOLDÓ RODA
Catedrática de Derecho Mercantil
Universidad Jaume I

I. INTRODUCCIÓN

La Ley de Sociedades Cooperativas de Canarias (LSCCan)[1], al contrario que la norma estatal sobre cooperativas y las otras normas de ámbito

[1] ROMÁN CERVANTES, R., GALVÁN SÁNCHEZ, I., DOMINGUEZ CABRERA, M.P., "Los principales aspectos jurídico-económicos del proyecto de Ley de Sociedades Cooperativas de Canarias", *CIRIEC - España. Revista jurídica de economía social y cooperativa*, Nº. 32, 2018, Según estos autores, "*la oportunidad que la Comunidad Autónoma de Canarias, disponga de su propia Ley de Cooperativas es algo que en los últimos años ha suscitado un interesante debate entre los expertos en el ámbito empresarial y jurídico. Hay opiniones que insisten que la Ley Nacional es lo suficientemente oportuna, y eficiente, en términos de favorecer la creación de este tipo de empresa, que quizás sería conveniente seguir aplicándola. Por otra parte, cada vez un mayor número de expertos propugnan*

autonómico, no comienza por establecer un listado de entidades especializadas. Es a lo largo del articulado (art. 103-132) donde se recogen en distintas secciones, los diferentes tipos de cooperativas que la ley contempla y su particular regulación.

Parece que la clasificación que la normativa recoge a través de dicho articulado es una lista cerrada, al contrario de lo que ocurre en alguna otra norma autonómica que sí recoge la libertad de objeto social con arreglo a los principios cooperativos[2].

La diferenciación y especialización en materia de cooperativas es un fenómeno que se produce desde el mismo origen de las mismas[3]. Desde el punto de vista del Derecho español, en el ámbito estatal ya la Ley de Cooperativas de 1931 y su Reglamento recogían las cooperativas de consumidores (categoría que subsumía las de suministros especiales, las sanitarias, las de servicios diversos y las de vivienda) las de productores (de trabajadores y de profesionales), las de crédito, las de ahorro y de seguros; asimismo el Reglamento también recogía las cooperativas mixtas (aquellas que ejercen funciones diferentes sin que haya una que sobresalga frente a las demás) y las indeterminadas. Estas dos últimas categorías fueron suprimidas de forma expresa por el art. 4 de la Ley de 1930, a fin de evitar el confusionismo, aunque las otras clases se conservaron. La ley de 1942 regulaba las cooperativas del campo, del mar, de artesanía, industriales, de viviendas protegidas y de consumo. La Ley de Cooperativas de 1974, en su art. 49 delegaba al desarro-

---

la necesidad urgente que Canarias tenga su propia normativa. Los autores argumentan la necesidad que el archipiélago disponga de su propia legislación, más aún si se tienen en cuenta las características del territorio, sus condicionantes medioambientales, humanos, sociales, así como la especial rigidez de su mercado de trabajo. Un territorio frágil y fragmentado, debe tener su reflejo en un texto que sea clave en la dinamización de las relaciones laborales y en la facilidad para la creación de cooperativas, ya que además Canarias necesita impulsar acciones que deriven en el fomento del autoempleo."

2 Es lo que ocurre, por ejemplo, en la LCCat. *Vid.*, al respecto, MORILLAS JARILLO, M.J., *Las sociedades cooperativas*, Iustel, Madrid 2008, p.43; y más recientemente MORILLAS JARILLO, M.J. y FELIU REY, M.I., *Curso de cooperativas*, tomo I Tecnos Madrid 1918, pp. 126-132.

3 Como señala MORILLAS JARILLO, M.J., ("Concepto y clases de cooperativas", en AAVV *Tratado de Derecho de Cooperativas*, Tomo I (Dir. PEINADO GRACIA, VAZQUEZ RUANO) Tirant Lo Blanc, Valencia, 2013, pp. 133 y ss.) *"las cooperativas de consumo, cuyo comienzo se asocia a los "pioneros de Rochdale": las cooperativas de trabajo que tuvieron su primer impulso en Francia; las cooperativas de crédito, que comenzaron principalmente en Alemania; las cooperativas de servicios (cooperativas de vivienda, sanitarias…) que nacen a finales del XIX en varias partes de Europa".*

llo reglamentario la clasificación de las sociedades cooperativas "en grupos, ramas y tipos, de acuerdo con su objeto social" (art. 49)[4]. El art. 116 de la Ley General de Cooperativas de 1987 clasificaba las cooperativas en trece clases (de trabajo asociado, de consumidores y usuarios, de viviendas, agrarias, de explotación comunitaria de la tierra, de servicios, del mar, de transportistas, de seguros, sanitarias, de enseñanza, educacionales, y de crédito). Dicha clasificación (salvo las educacionales), ha pasado al art. 6 de la vigente Ley de Cooperativas de 1999[5].

Del mismo modo, las leyes autonómicas recogen listados de cooperativas estableciendo como criterio clasificatorio la actividad que llevan a cabo o su objeto y finalidad. Hay que destacar, sin embargo, una importante excepción a este principio, cual es la de la LSCA que señala abiertamente que los criterios que determinan la inclusión de cada cooperativa en uno u otro tipo "*responderán a la cualidad de las personas socias o a la actividad que estas desarrollen en la empresa, en ningún caso a su objeto social* "(art. 83.2) lo cual, se ha indicado[6], llama la atención ya que el objeto o actividad que desarrolla la cooperativa es uno de los criterios que utiliza el propio legislador andaluz para tipificar algunas de las clases de cooperativas.

Sin embargo, hay que destacar, pese a la rigidez de los listados legales, que se impone en el ámbito autonómico una flexibilización sobre la base de la regla general de la aplicación de la regla de la libertad de empresa a las cooperativas que en caso que nos ocupa de las cooperativas canarias no viene reflejada expresamente en la norma autonómica. Cabría plantearse, por lo tanto, si se admite la constitución de cooperativas canarias que no se ajusten directamente a ninguna de las clases en ellas contempladas, o se permite la realización de actividades simultáneas que sean propias de otras clases.[7] Lo que sí queda claro es que es posible el desarrollo por una sola cooperativa de actividades de varias clases a un tiempo, siendo un tipo

---

4 Esa delegación la desarrolló el Reglamento de 1978 en sus arts. 96 a 123.

5 Ley 27/1999, de 16 de julio de Cooperativas (LCoop). Al respecto *vid.*, FAJARDO GARCÍA, G., en AAVV (Coord., FAJARDO GARCÍA, G.), *Cooperativas: Régimen jurídico y fiscal,* Tirant Monografías, Valencia 2011, p. 14 y ss.

6 MORILLAS JARILLO, M.J., "Concepto y clases" *op. cit.,* p. 135. Vid. BOLDO RODA, C., "Clases de cooperativas de primer grado", (dir. Alfonso Sánchez, R.) Régimen Jurídico de las sociedades cooperativas catalanas, Atelier 2020, pp. 427-470

7 Sobre la importancia del movimiento cooperativo en Canarias, *vid.,* CARNERO LORENZO, F., "Las dimensiones socioeconómicas del Tercer Sector en Canarias", *CIRIEC-ESPAÑA, Revista de Economía Pública, Social y Cooperativa,* nº. 89, 2017, pp. 119-226.

de cooperativa que se caracteriza por tener un objeto social plural, y que en la norma autonómica canaria viene expresamente contemplada como cooperativa integral en el art. 135 LSCCan[8].

Sin embargo, la LSCCan no clasifica a las cooperativas por el tamaño, como sin embargo si lo hacen otras normas autonómicas. Algunas contemplan un régimen especial para las pequeñas cooperativas, pero sólo en relación a algunas de sus clases (cooperativas de trabajo asociado; art 72.2 y 4 LCAR; cooperativas de trabajo asociado o explotación comunitaria de la tierra; art. 2.3, 10.2 11.3 y Disp. Final 2ª LSCC-LM y Ley 6/2008, de 25 de junio, de las Sociedad Cooperativa pequeña de Euskadi) y con excepción de la Ley 8/2006, de 23 de diciembre, de Sociedades Cooperativas Especiales de Extremadura[9].

Por lo que atañe a algunas cuestiones que se había planteado la doctrina[10], y en relación a si sería posible que en la Comunidad Autónoma de Canarias se constituyera una clase de cooperativa prevista en la ley de otra comunidad autónoma, creemos que la respuesta ha de ser negativa, dado el carácter cerrado que suponemos tiene la clasificación utilizada en la norma al contrario de lo que ocurre en la normativa de alguna otra comunidad autónoma[11].

A las sociedades cooperativas canarias les será de aplicación la normativa específica fijada para la clase de cooperativa de que se trate, de conformidad con el capítulo IX del título I de la LSCCan y con las normas de carácter general establecidas en la misma. En todo caso, las sociedades cooperativas canarias quedarán sujetas a la legislación específica aplicable en función de la actividad empresarial que desarrollen[12].

---

[8] Otras normas de cooperativas de carácter autonómico hablan también de cooperativas mixtas (art. 106.1 LSCAn; art. 71 .3 LCAr) cooperativas polivalentes (art. 83 LCCV) o con la misma denominación de cooperativas integrales (art. 105 LCoop; art. 185 LCPAs; art. 153 LCC-LM; art. 122 LCCM; art, 80 LFCN; art. 140 LCIB; art. 129 LCRM; Disp.Ad. 4ª LCLR; y art. 24 del RLCPV, aprobado por Decreto 58/2005, de 9 de marzo).

[9] En esta última se contempla un régimen peculiar, más flexible de constitución, inscripción y funcionamiento, con especialidades en órganos sociales y régimen económico, entre otras cuestiones.

[10] MORILLAS JARILLO, M.J., "Concepto y clases", *op. cit.,* p.138.

[11] Claramente, por ejemplo, en la LCCat, en virtud del principio de libertad de forma recogido en su art. 109.

[12] Sobre cooperativas canarias, son de interés los estudios de DOMÍNGUEZ CABRERA, M.P., "Principales aspectos jurídicos del derecho de información del socio en

II. COOPERATIVAS DE TRABAJO ASOCIADO

1. Objeto

La LSCCan define las cooperativas de trabajo asociado como *"las que tienen por objeto proporcionar a sus personas socias un puesto de trabajo, mediante su esfuerzo personal y directo, a tiempo parcial o completo, para realizar cualquier actividad económica o profesional y producir en común bienes y servicios destinados a terceros. La relación de las personas socias trabajadoras con la sociedad cooperativa tendrá naturaleza societaria"* (art.103.1)[13]. Como acertadamente se ha señalado[14], ha de ponerse de relieve que lo esencial es que han de ser verdaderas terceras personas y por lo tanto darse la condición de ajenidad, debiendo abandonar la práctica de algunas pequeñas y medianas empresas que en ocasiones han promocionado la constitución de cooperativas de trabajo asociado cautivas, agrupando en ellas trabajadores que realizaban una determinada actividad dentro del circuito de una producción[15]. Por lo tanto, el trabajo ha de ser profesional, personal y permanente. Se entiende por actividad cooperativizada en las cooperativas de trabajo asociado el trabajo que prestan en ellas los socios trabajadores y los trabajadores con contrato de trabajo, siempre que se respeten los límites legales de contratación que regula el art. 103 y ss., y que ahora examinaremos.

Como se ha puesto de manifiesto, las cooperativas de trabajo asociado han sido mantenidas por el legislador canario en primer orden en su clasificación, con la previsión de un periodo de prueba societario para estas

---

la cooperativa", *CIRIEC-España. Revista jurídica de economía social y cooperativa,* nº. 21, 2010, pp. 9-35. *Idem,* "La promoción de la igualdad de género como principio de la economía social en las cooperativas canarias", *Revista Boliviana de Derecho,* nº. 21, 2016, pp. 375-395. *Idem,* "La promoción de la economía social en las cooperativas canarias", *Revista de Derecho Privado,* nº. 98, 11-12, 2014, pp. 45-59.

13 Sobre esta clase de cooperativas vid. entre otros, los siguientes trabajos: BARRERA CEREZAL, *Gestión empresarial de la Cooperativa de Trabajo Asociado,* Ministerio de Trabajo y de Seguridad Social, Madrid 1985; BORJABAD GONZALO, P., *La sociedad cooperativa de trabajo asociado,* EFOCA, Santa Cruz de Tenerife, 1994, CELAYA ULIBARRI "Estructura y problemática jurídica de la Corporación MCC" *Anuario de estudios Cooperativos de la Universidad de Deusto,* Bilbao 1992.

14 BORJABAD GONZALO, P., *La sociedad cooperativa", op. cit.,* p 275.

15 Como señala BORJABAD GONZALO, P., (*La sociedad cooperativa, op. cit.* p. 275) estos supuestos se dieron con alguna frecuencia en los sectores de la confección y del cableado del automóvil, llegando incluso algunos casos a los tribunales.

empresas, que se establece como opcional mediante su previsión estatutaria. Así, un nuevo socio trabajador lo será en situación de prueba, pudiendo ser reducido o suprimido el período de prueba por mutuo acuerdo. La LSCCan mantiene la concepción de relación de los socios trabajadores con la cooperativa de trabajo asociado, con el calificativo de laboralizada, frente a otras leyes cooperativas que han admitido expresamente que esa relación es societaria[16].

Se han destacado algunos rasgos específicos de estas cooperativas. En primer lugar, en este tipo de cooperativas sólo pueden ser socios trabajadores las personas físicas, y ello es así porque la esencia de las cooperativas de trabajo asociado está en la aportación por sus socios de trabajo mediante su esfuerzo personal y directo, lo cual sólo está al alcance de las personas físicas. Tampoco por esa razón pueden ser nunca cooperativas de segundo o ulterior grado, aunque las cooperativas de trabajo asociado pueden formar, junto a otras cooperativas, cooperativas de segundo grado. En segundo lugar, que la actividad cooperativizada es la prestación por los socios de su trabajo, por lo que la diferencia esencial entre estas y otras clases de cooperativas estriba en la peculiar relación de actividad cooperativizada, que es el trabajo, esto es, una actividad interna a la actividad productiva[17]. En tercer lugar, que la finalidad de la cooperativa es satisfacer las necesidades laborales de los socios, es decir, en proporcionar puestos de trabajo a esos socios, lo que no quita perseguir un fin puramente lucrativo, el de repartir, en caso de existir, sus “excedentes netos”. Por último, esta clase de cooperativa realiza actividades empresariales a través de la organización en común de la producción de bienes o servicios para terceros. Ello supone que, desde un punto de vista económico, esta clase de cooperativa no ofrece diferencia alguna con el resto de sociedades respecto a su objeto social, por lo que se ha llegado a afirmar que no pueden considerarse mutualistas por su objeto societario, puesto que como personas jurídicas productivas están abiertas a la mediación mercantil de todo tipo[18].

---

16 ROMÁN CERVANTES, R., GALVÁN SÁNCHEZ, I., DOMINGUEZ CABRERA, M.P., *op. cit.* p. 34.

17 MONZÓN CAMPOS, I., *Las cooperativas de Trabajo Asociado en la literatura económica y en los hechos,* Ministerio de Trabajo, Madrid 1989, p. 179.

18 CHAVES RIVAS, A., “Las cooperativas de Trabajo Asociado”, *Cooperativas. Comentarios a la Ley 27/1999 de 16 de julio* tomo I, Consejo General del Notariado, Madrid 2001, p. 582.

2. Límites a la contratación

El número de horas al año realizadas por las personas socias trabajadoras con contrato de trabajo no puede superar el 30% del total de horas al año realizadas por las personas socias trabajadoras. Después de consagrar esa regla general, la ley establece una serie de supuestos que no se computan entre las horas realizadas por personas socias trabajadoras por cuenta ajena. Tal enumeración parece tener un carácter de *numerus clausus*, sin que en principio puedan incluirse otros supuestos distintos. En el cálculo de este porcentaje, por lo tanto, no debe tenerse en cuenta a: a) las personas trabajadoras integradas en la cooperativa por subrogación legal y los que se incorporen en actividades sometidas a esta subrogación. b) Las personas trabajadoras que se nieguen explícitamente a ser socias trabajadoras. c) Las personas trabajadoras que sustituyan a personas socias trabajadoras o asalariadas en situación de excedencia o incapacidad temporal o baja por maternidad, adopción o acogimiento. d) Las personas trabajadoras que presten servicio en centros de trabajo de carácter subordinado o accesorio. Se entiende, en todo caso, como servicio prestado en centro de trabajo subordinado o accesorio, el servicio prestado directamente a la administración pública o autonómica y a entidades que coadyuven el interés general, cuando es realizado en locales o espacios de titularidad pública. e) Las personas trabajadoras con contratos de trabajo en prácticas y para la formación. f) Las personas trabajadoras contratadas en virtud de cualquier disposición de fomento de ocupación de personas con discapacidad. g) Las personas trabajadoras contratadas para ser puestos a disposición de empresas usuarias cuando la cooperativa actúa como empresa de trabajo temporal. h) Las personas trabajadoras que, por razones vinculadas al objeto y a la finalidad de una contratación pública, tengan que ser contratadas para prestar adecuadamente el servicio, según las prescripciones establecidas en los pliegos de condiciones económico-administrativas generales o particulares o, en su caso, en el pliego de condiciones técnicas[19].

3. Régimen de trabajo

La persona socia trabajadora es la figura clave dentro de la Cooperativa de Trabajo Asociado, pues ésta puede existir sin trabajadores por cuenta

---

19 Para un análisis detallado de los distintos supuestos vid. CHAVES RIVAS, A., "Las cooperativas de Trabajo Asociado", AA.VV., *Cooperativas. Comentarios, op. cit.*, p. 583.

ajena ni colaboradores, pero no sin un mínimo de dos personas socias trabajadoras. Como cuestiones generales, la LSCCan establece que podrán ser personas socias trabajadoras quienes legalmente tengan capacidad para contratar la prestación de su trabajo. Las personas extranjeras podrán ser personas socias trabajadoras de acuerdo con lo previsto en la legislación específica sobre la prestación de su trabajo en España. Con respecto a la pérdida de la condición de persona socia trabajadora, tiene como consecuencia el cese definitivo de la prestación de trabajo en la sociedad cooperativa.

En lo que respecta a la remuneración por su trabajo, las personas socias trabajadoras tienen derecho a percibir periódicamente, en plazo no superior a un mes, percepciones a expensas de los excedentes de la sociedad cooperativa denominados anticipos societarios, que no tienen la consideración de salario, según su participación en la actividad cooperativizada.

De un modo general, serán de aplicación en todos los centros de trabajo de la sociedad cooperativa y a todas las personas socias de la misma las normas sobre salud laboral y prevención de riesgos laborales[20], así como la legislación laboral en lo referente a las limitaciones de edad para trabajos nocturnos, insalubres, penosos, nocivos o peligrosos (art. 103.2 LSCCan)[21].

4. Periodo de prueba para la admisión de nuevas personas socias

Los estatutos sociales pueden establecer como requisito para la admisión por el órgano de administración de nuevos socios un período de prue-

---

20 Las cooperativas de trabajo asociado deben optar en los Estatutos entre que sus socios estén todos en el Régimen General de la Seguridad Social o que estén todos en el Régimen Especial de Trabajadores Autónomos. Hay que tener en cuenta el RDLgtvo 1/1994, TR de la General de la Seguridad Social; el RD 225/1989 de Incorporación a la Seguridad Social de los Socios Trabajadores de Cooperativas de Trabajo Asociado y el RD 1278/2000 que adapta determinadas Disposiciones de Seguridad Social para su aplicación a las sociedades cooperativas. Cuando en los estatutos de la Cooperativa de Trabajo Asociado se haya optado por asimilar a sus socios trabajadores a trabajadores por cuenta ajena, corresponderá a las citadas cooperativas las obligaciones que en materia de Seguridad Social se atribuyen al empresario, incluyendo el deber de responder del recargo por falta de medidas de seguridad (STSJ de Andalucía, Sala de lo Social, de 8 de febrero de 2002).

21 *Vid.*, Ley 31/1995 de 8 de noviembre, de prevención de riesgos laborales, modificada por la Ley 33/1999, el RDLegistativo 5/2000 y la Ley 54/2003. *Vid.*, asimismo el Reglamento de los servicios aprobado por RD 39/1997, modificado por el RD 780/1998.

ba, pudiendo ser reducido o suprimido el período de prueba por mutuo acuerdo. En todo caso, dicho período de prueba no excederá los seis meses y será fijado por el órgano de administración, salvo que el desempeño del puesto de trabajo exija condiciones profesionales especiales. En este caso, el período de prueba podrá ser de hasta un año (art. 104 LSCCan)[22].

Se establece asimismo una limitación en el número de personas socias trabajadoras en período de prueba que no excederá del veinte por ciento del total de personas socias trabajadoras de la sociedad cooperativa, salvo para las cooperativas con menos de 10 personas socias trabajadoras, que podrán contar hasta con dos personas trabajadoras en periodo de prueba.

Las personas socias aspirantes durante el período de prueba tendrán los mismos derechos y obligaciones que las personas socias trabajadoras, con algunas las particularidades[23].

5. SUSPENSIÓN O BAJA OBLIGATORIA DE LOS SOCIOS TRABAJADORES

La LSCCan contempla en su art. 107 las causas por las cuales en las cooperativas de trabajo asociado se suspenderá temporalmente la obligación y el derecho de la persona socia trabajadora a prestar su trabajo, lo que implica la perdida los derechos y obligaciones económicas de la prestación. Son las siguientes: a) incapacidad temporal. b) Paternidad o maternidad de la persona socia trabajadora, riesgo durante el embarazo, riesgo durante la lactancia natural de un menor de nueve meses y adopción y acogimiento tanto preadoptivo como permanente o simple, con los requisitos y en la forma prevista en la legislación laboral. c) Ejercicio de cargo público representativo o en el movimiento cooperativo que imposibilite la asistencia al

---

22 Es un plazo habitual, *vid.*, CHAVES RIVAS, A., “Las cooperativas de Trabajo Asociado”, en AA.VV., *Cooperativas. Comentario, op. cit.* p. 604.

23 Las particularidades son las siguientes: (art. 104 .4): a) podrán resolver la relación por libre decisión unilateral, facultad que también se reconoce al órgano de administración de la cooperativa. b) No podrán ser elegidos para ocupar los cargos de los órganos de la cooperativa. c) No podrán votar, en la asamblea general, ningún punto que les afecte personal y directamente. d) No estarán obligados ni facultados para hacer aportaciones al capital social ni para desembolsar la cuota de ingreso. e) No les alcanzará la imputación de pérdidas que se produzcan en la cooperativa durante el período de prueba ni tendrán derecho al retorno cooperativo.

trabajo. d) Privación de libertad mientras no haya sentencia condenatoria. e) Suspensión de anticipo laboral y empleo por razones disciplinarias. f) Causas económicas, técnicas, organizativas o de producción y las derivadas de fuerza mayor. g) Las consignadas válidamente en los estatutos sociales.

Sin embargo, se advierte en el art. 106.2 LSCCan que, si desaparecen las causas legales de suspensión, la persona socia trabajadora recobrará la plenitud de sus derechos y obligaciones, y además tendrá derecho a reincorporarse en el puesto de trabajo reservado.

En los supuestos de suspensión por causas económicas, técnicas, organizativas, de producción o de fuerza mayor, la asamblea general, salvo previsión estatutaria, tiene que declarar que pasen a la situación de suspensión la totalidad o parte de las personas socias trabajadoras que integran la cooperativa, designándolas concretamente, así como establecer el tiempo que ha de durar la suspensión. Las personas socias suspendidas estarán facultados para solicitar la baja voluntaria a la entidad, que se calificará como justificada[24].

Del mismo modo, salvo en el caso de suspensión por causas económicas, técnicas, organizativas o de producción y las derivadas de fuerza mayor, las cooperativas de trabajo asociado podrán celebrar contratos de trabajo de duración determinada para sustituir a las personas socias trabajadoras en situación de suspensión, de acuerdo con la legislación estatal aplicable, con personas trabajadoras asalariadas siempre que el contrato especifique el nombre de la persona socia trabajadora sustituida y la causa de la sustitución (art.106.3 LSCCan).

Se regula también la situación de excedencia voluntaria, que podrán disfrutar las personas socias trabajadoras de una cooperativa de trabajo asociado con, al menos, dos años de antigüedad en la entidad. Esta excedencia voluntaria tendrá la duración máxima que determine el órgano de administración, siempre que lo prevean los estatutos sociales, que también determinarán sus derechos y las obligaciones (art. 106.4 LSCCan).

Por último, se hace referencia al supuesto de baja obligatoria por causas económicas, técnicas, organizativas, de producción o derivadas de fuerza mayor, para mantener la viabilidad empresarial de la cooperativa. En esos

---

24 Se señala, asimismo, que "*las personas socias trabajadoras que están incluidos en los supuestos a), b), d) y f) del apartado 1 de este artículo, mientras estén en situación de suspensión, conservarán el resto de sus derechos y obligaciones como personas socias*" (art 170.2 último inciso).

casos, la asamblea general puede considerar conveniente reducir con carácter definitivo el número de personas socias trabajadoras de la cooperativa, designando a las mismas y teniendo la consideración de baja obligatoria justificada[25]. Las personas socias trabajadoras en esa situación tendrán derecho a la devolución de todas sus aportaciones al capital social en el plazo máximo de un año, dividida en mensualidades, y conservarán el derecho preferente al reingreso si en los dos años siguientes a la baja se crean nuevos puestos de trabajo de contenido similar al que ocupaban. Si son titulares de las aportaciones previstas en el art. 63.1, letra b), de esta ley y la sociedad cooperativa no acuerde su reembolso inmediato, las personas socias que permanezcan en la misma deberán adquirir estas aportaciones en el plazo máximo de seis meses a partir de la fecha de la baja, en los términos que acuerde la asamblea general (art. 107 LSCCan)[26].

6. Sucesión de empresas, contratos y concesiones y régimen disciplinario

Si una cooperativa de trabajo asociado cesa, por causas que no le son imputables, en un contrato de servicios o concesión administrativa y una nueva empresa se hace cargo de la misma, los socios trabajadores afectados porque están desarrollando en ella su actividad tienen los mismos derechos y deberes que les habrían correspondido si hubiesen sido trabajadores por cuenta ajena y si llevan al menos dos años en la empresa anterior no se les puede exigir el periodo de prueba (art. 108 LSCCan).

Se ha destacado que en estos supuestos en los que la Cooperativa de Trabajo Asociado cesa en una contrata de servicios o concesión administrativa por causas no imputables a la misma, la asimilación entre socios de esta clase de cooperativas y los trabajadores por cuenta ajena se introduce en la esfera jurídica, de tal modo que aquellos tendrán los mismos derechos y deberes que, de acuerdo con la normativa laboral, correspondan a éstos. Ahora bien, debemos poner de manifiesto que, para evitar posibles fraudes[27], el legislador canario señala que ese cese en la contrata o concesión

---

25 Será, en estos casos, la autoridad laboral la que constatará las causas mencionadas, de acuerdo con lo que dispone el procedimiento establecido en la legislación estatal aplicable.

26 Cuestión similar presenta la LCoop, comentada por CHAVES RIVAS, A., "Las cooperativas", en AA.VV., *Cooperativas. Comentario, op. cit.*, p. 618.

27 Por ejemplo, una cooperativa en mala situación económica, ante el interés de otra empresa, cesa en la contrata o concesión y los socios mantienen su trabajo.

debe producirse por causas no imputables a la propia cooperativa, es decir, que no dependa de la propia voluntad de la cooperativa e indirectamente, por lo tanto, de los socios que son los beneficiarios de la protección legal[28].

Por último, se establece que serán los estatutos los que establezcan el régimen disciplinario regulando los tipos de infracciones que puedan producirse en la prestación del trabajo, las sanciones, los órganos y las personas con facultades sancionadoras delegadas. También regularán los procedimientos sancionadores con expresión de los trámites, al menos, el de audiencia a las personas interesadas, así como los recursos y los plazos de impugnación de los acuerdos sociales. La expulsión de las personas socias trabajadoras solo podrá acordarla el órgano de administración (art. 109 LSCCan).

III. COOPERATIVAS DE PERSONAS CONSUMIDORAS Y USUARIAS

Si se atiende a la causa o interés económico que hace nacer la cooperativa entre sus miembros. una de las categorías que siempre se presenta es la de consumidores y usuarios. Desde los comienzos del movimiento cooperativo, con más o menos éxito, surgen las cooperativas de consumo, que alcanzan un papel fundamental en toda Europa en los años cuarenta. Sin embargo, a partir de esos años. el desarrollo del mercado y especialmente, el crecimiento de la industria alimentaria, que alcanza grandes dimensiones, altera la situación[29]. De esta forma el interés en esta clase de cooperativas, aunque siguen teniendo cierta importancia económica, ha ido inclinándose hacia principios y movimientos generales de protección a los consumidores, con especial incidencia en las actividades de publicidad, información y control de calidad, más que en proporcionar una alternativa al sistema de distribución de artículos domésticos[30].

---

28 CHAVES RIVAS, A., "Las cooperativas", en AA.VV., *Cooperativas. Comentario, op. cit.*, p. 620. Señala este autor que aunque la ley (en referencia a la LCoop) no regule la "cesión ilegal de trabajadores". de acuerdo con su postura, será de aplicación la normativa laboral contenida fundamentalmente en el art. 43 ET.

29 En este sentido, como indica ROMERO CANDAU, P.A., ("De las Cooperativas de Consumidores y Usuarios", en AA.VV., *Cooperativas. Comentario, op. cit.*, p. 640), las cooperativas de consumo sólo se justifican en cuanto representan movimientos de gran amplitud o si, con grandes costes, agrupan pequeños puntos de venta de difícil acceso para multinacionales del sector.

30 Al respecto, *vid.*, VARGAS VASEROT, C., GADEA SOLER, E., SACRISTÁN BERGIA, F., *Derecho de las sociedades cooperativas*, Wolters Kluwer, Madrid 2017, p. 103.

1. Objeto

La LSCCan restringe el objeto de estas cooperativas a lo dispuesto en el art. 110, limitando por lo tanto la clasificación que algún sector doctrinal había ampliado a aquellas cooperativas que no son de trabajo asociado.[31], De este modo, concreta la norma que "*las cooperativas de personas consumidoras y usuarias tienen por objeto primordial el suministro de bienes y de servicios adquiridos a terceras personas o producidos por sí mismas para facilitar el uso o consumo de las personas socias y de quienes convivan con ellos, con la finalidad social de facilitarles el consumo o el uso en las condiciones de precio, calidad e información más favorables para sus personas socias, así como la educación, la formación y la defensa de los derechos de las personas socias en particular, y de las personas consumidoras y usuarias en general*" (art. 110 LSCCan)[32]. Parece que con la simplificación del concepto se busca la aproximación del sujeto propio de estas cooperativas al de la legislación de defensa del mismos.

El precepto, al igual de lo que ocurre en el art. 88.1 LCoop, da la posibilidad de que puedan ser socios, además de las personas físicas "*las entidades que tengan el carácter de destinatarios finales*". Da la cabida, por tanto, al igual que la norma estatal, a las personas jurídicas. Para definir lo que se entiende como destinatario final deberá de acudirse a la legislación general de defensa de consumidores y usuarios, de manera que deberán ser excluidas aquellas entidades u organizaciones cuyo acto adquisitivo no les proporciones un destino final, sino su incorporación directa o indirecta al proceso productivo. Además, las cooperativas de personas consumidoras y usuarias podrán realizar operaciones cooperativizadas con terceras personas no socias, dentro del ámbito territorial, si lo prevén los estatutos.

Su objeto ha de ser el suministro de bienes o servicios adquiridos a terceros o producidos por sí mismas, para uso o consumo de los socios y de quienes con ellos conviven, así como la educación, formación y defensa de los derechos de sus socios y de los consumidores y usuarios en general. De este modo, la actividad productiva o la de adquisición de los bienes o servicios es auxiliar de su objeto principal, su suministro a los socios. La promoción de la educación, formación y defensa de los derechos de sus socios y de los consumidores y usuarios en general, no se contempla como

---

31 BORJABAD GONZALO, P., *op. cit.*, 265.

32 Sobre esta clase de cooperativas *vid.*, entre otros; CASTAÑO COLOMER, J., *La cooperativa de consumo,* CEAC, Barcelona 1982 y FAURA, I., *Consumidores activos: experiencias cooperativas para el siglo XXI,* Icaria Editorial SA, Barcelona 2002.

necesaria en toda cooperativa de consumidores, y por otro lado este objeto derivaría del nacimiento y formación misma del movimiento cooperativo consumerista[33].

Inicialmente la cooperativa de consumo nace para suprimir o reducir los costes de intermediación. Cuando la cooperativa adquiría mayor potencia económica se enfrentaba a la actividad productiva de los mismos bienes y servicios con la misma finalidad reductora del gasto. A esta alternativa se refiere la norma. Pero hay que tener en cuenta que la actividad principal es el consumo, de manera que la finalidad de producción es de carácter instrumental y su organización dentro de la cooperativa de consumo, acorde a ese carácter. Lo que no será viable es que integre en ella como socios a empresarios o profesionales con la finalidad de producción para ella, pues tales socios no reunirían los requisitos que la ley exige para serlo en esta clase de cooperativas. Ello no obsta a celebrar todo tipo de convenios o contratos, incluso asociarse a través de de los procedimientos de integración cooperativa[34].

2. Condición de mayoristas

En sus comienzos las cooperativas de consumo limitaban sus operaciones a sus socios, o a lo sumo, a personas vinculadas a ellos. Posteriormente, el desarrollo de las industrias de distribución alimentaria y de artículos domésticos en general los principios de libre mercado y de competencia y en ocasiones, la importancia sectorial de determinadas cooperativas, fueron haciendo necesaria la ampliación de supuestos en los que una cooperativa podía operar con terceros.

De este modo, y en consonancia con la normativa cooperativa, la Ley canaria establece que las cooperativas de consumidores y usuarios tienen la condición de mayoristas, pudiendo vender al detalle o al por menor como minoristas. A todos los efectos, se entenderá que en el suministro de bienes y servicios de la sociedad cooperativa a sus personas socias no hay propiamente transmisiones patrimoniales, sino que son las mismas personas socias quienes, como consumidoras directas, los han adquirido conjuntamente a terceras personas. De hecho, la misma sociedad coopera-

---

33 ROMERO CANDAU, P.A., "De las Cooperativas de Consumidores y Usuarios", AA.VV., *Cooperativas. Comentario, op. cit.*, p. 642.

34 ROMERO CANDAU, P.A., "De las Cooperativas de Consumidores y Usuarios", AA.VV., *Cooperativas. Comentario, op. cit.*, p. 643.

tiva será considerada a efectos legales como consumidor directo (art. 111 LSCCAN)[35].

IV. COOPERATIVAS DE VIVIENDAS

1. Objeto

En el ámbito cooperativo, la construcción de viviendas puede llevarse a cabo tanto por trabajadores de la construcción que se integren en una cooperativa de trabajo asociado para proporcionar viviendas a terceros, como por necesitados de vivienda que se agrupen para conseguir una encargando su construcción a profesionales del sector a través de la conveniente vinculación contractual[36].

La cooperativa de vivienda que regula la LSCCan hace referencia a ese segundo modelo, y en ese sentido, establece que son cooperativas de viviendas aquellas que tienen por objeto procurar exclusivamente a las personas socias, viviendas o locales, edificaciones o servicios complementarios, construidos o rehabilitados por terceros; mejorar, conservar y administrar dichos inmuebles y los elementos comunes; crear y prestar los servicios correspondientes, pudiendo también realizar la rehabilitación de viviendas, locales y otras edificaciones e instalaciones destinadas a las mismas (art. 112 LSCCan).

Las cooperativas de viviendas también podrán tener como objeto promover la construcción de edificios para las personas socias en régimen de uso y disfrute, ya sea para descanso o para vacaciones, ya sea para destinar a residencias para personas socias de la tercera edad o personas con discapacidad o dependencia.

---

35 Sobre la distinción entre cooperativas de consumo y de producción *vid.*, TRUJILLO DIEZ, I. J., *Cooperativas de Consumo y Cooperativas de Producción,* Aranzadi, 2000, *passim.*

36 Sobre esta clase de cooperativas, *vid.*, entre otros, los siguientes estudios: ELENA DIAZ, F., "Tendencias actuales del cooperativismo de viviendas", en "Jornadas de estudio sobre cooperativismo", pp. 201.-250, *Servicio de Publicaciones del Ministerio de Trabajo,* Madrid 1978; FEDERACIÓ DE COOPERATIVES D'HABITATGES DE CATALUNYA, *Manual per a les Cooperatives d'habitatges,* Barcelona 1986; MAGRIÑÁ, J., *La cooperativa de vivienda,* CEAC, Barcelona 1989.

Respecto a quienes podrán ser socias de las cooperativas de viviendas, lo serán las personas físicas que necesiten alojamiento para sí y sus familiares, así como los entes públicos y las entidades sin ánimo de lucro que precisen alojamientos para aquellas personas que, dependientes de ellos, tengan que residir por razón de su trabajo o función en el entorno de una promoción cooperativa o que precisen locales para desarrollar sus actividades.

Son muchas las posibilidades que presentan las cooperativas de viviendas. Por un lado, podrán adquirir, parcelar y urbanizar terrenos y, en general, desarrollar todas las actividades y trabajos que sean necesarias para el cumplimiento del objeto social, respetando, en su caso, la normativa de accesibilidad y supresión de barreras arquitectónicas. Por otro lado, podrán enajenar o arrendar a terceros no socios los locales comerciales y las instalaciones y edificaciones complementarias de su propiedad, pero no las viviendas. En este sentido, será la asamblea general la que acuerde el destino del importe obtenido por enajenación o arrendamiento de los mismos.

La propiedad o el uso y disfrute de las viviendas y de los locales podrán ser adjudicados o cedidos a las personas socias mediante cualquier título admitido en derecho, ya sea para el uso habitual o permanente, ya sea para descanso o vacaciones, ya sean destinadas a residencias para personas de la tercera edad o con discapacidad o dependencia. También podrán enajenar o arrendar a terceros no socios los locales comerciales y las instalaciones y edificaciones complementarias de su propiedad, pero no las viviendas. En este sentido, será la asamblea general la que acuerde el destino del importe obtenido por enajenación o arrendamiento de los mismos.

Por último, cuando la sociedad cooperativa retenga la propiedad de las viviendas y/o locales, los estatutos establecerán las normas a que han de ajustarse tanto su uso y disfrute por las personas socias como los demás derechos y obligaciones de estas y de la sociedad cooperativa[37]. Asimismo, se prevé que puedan acoger sus promociones a los beneficios que otorgan las disposiciones para las denominadas viviendas protegidas de promoción privada u otras tipologías a las que pudieran tener acceso legalmente. También podrán acogerse a cualquier otro régimen de financiación pública, cumpliendo las obligaciones que como promotora le correspondan según la legislación específica.

[37] En este sentido, los estatutos podrán prever y regular la posibilidad de cesión o permuta del derecho de uso y disfrute de la vivienda y/o local con personas socias de otras cooperativas de viviendas que tengan establecida la misma modalidad.

2. Construcción por fases o promociones

La LSCCan (art. 113) dedica una atención especial al supuesto de que la cooperativa de viviendas desarrolle más de una promoción o fase separada. En ese caso, estará obligada a dotar a cada una de ellas de autonomía de gestión y patrimonial, lo que obliga a llevar una contabilidad diferenciada con relación a cada una, además de la general de la cooperativa, individualizando todos los justificantes de cobros o pagos que no sean generales. Cada promoción o fase se identificará con una denominación específica que deberá figurar de forma clara y destacada no sólo en en toda la documentación relativa a la misma, incluyendo permisos, inscripciones registrales o licencias administrativas y cualquier contrato celebrado con terceros sino también en la inscripción en el Registro de la Propiedad de los terrenos o solares a nombre de la cooperativa, en la que se hará constar la promoción o fase a que están destinados y si ese destino se acordase con posterioridad a su adquisición, se hará constar por nota marginal a solicitud de los representantes legales de la cooperativa.

Asimismo, se establece la obligación de constituirse por cada fase o promoción juntas especiales de personas socias, cuya regulación deberá contener los estatutos, siempre respetando las competencias propias de la asamblea general sobre las operaciones y compromisos de la cooperativa y sobre lo que afecta a más de un patrimonio separado o a los derechos u obligaciones de las personas socias no adscritas a la fase respectiva. La convocatoria de las juntas se hará en la misma forma que las de la asamblea general. Por último, abundando en el ánimo del legislador canario de mantener diferenciadas cada fase o promoción, se establece que los bienes que integran el patrimonio contabilizado de una promoción o fase no responderán de las deudas de las restantes.

3. Baja de las personas socias

La norma canaria distingue entre baja justificada y no justificada de las personas socias. Serán causas de baja justificada de las personas socias de las cooperativas de viviendas, además de las generales previstas en esta ley y en los estatutos las siguientes: a) los cambios del centro o lugar de trabajo de la persona socia a un municipio alejado más de 40 kilómetros del emplazamiento de la promoción. b) Las situaciones sobrevenidas de desempleo, grave enfermedad u otra circunstancia familiar o personal que impidan hacer efectivas las aportaciones comprometidas en la promoción. c) Un aumento superior al veinte por ciento de la cuantía total de las aportaciones previstas por la cooperativa para la financiación de las viviendas. d) El retraso en la entrega de las viviendas que supere los dieciocho meses a la fecha prevista por la cooperativa. e) La modificación sustancial del contrato de adjudicación. (art. 114 LSCCan)[38].

Fuera de estas causas tasadas de baja justificada, en caso de baja no justificada, el consejo rector podrá acordar las deducciones que se establezcan estatutariamente[39]. Estas cantidades podrán ser retenidas por la cooperativa hasta que la persona socia saliente sea sustituida en sus derechos y obligaciones por otra persona socia. En todo caso, el plazo de reembolso no podrá exceder de cinco años a partir de la fecha de la baja no justificada o de tres años si la baja fuese justificada. En caso de fallecimiento de la persona socia, el reembolso a los causahabientes deberá realizarse en un plazo no superior a un año.

4. Auditoría de cuentas

La exigencia de auditar las cuentas de la cooperativa de viviendas supone una garantía para el socio de transparencia en la gestión. El art. 115 LSCCan establece en ese sentido que las cooperativas de viviendas, antes de presentar las cuentas anuales a la aprobación de la asamblea general ordinaria, tienen que someterlas a una auditoría externa de cuentas[40] en los siguientes supuestos: a) Que la cooperativa tenga en promoción, entre viviendas y locales, un número superior a cincuenta. b) Cualquiera que sea el número de viviendas y locales en promoción, cuando correspondan a distintas fases, o cuando se construyan en distintos bloques que constituyan, a efectos económicos, promociones diferentes. c) Que la cooperativa haya otorgado poderes relativos a la gestión empresarial a personas físicas o jurídicas, distintas de los miembros del consejo rector. d) Cuando lo prevean los estatutos o los acuerdos de la asamblea general. Se trata, por lo tanto, de supuestos específicos que requieren una especial transparencia y control por lo que a las cuentas se refiere.

---

[38] Resulta muy llamativo que el contenido del art. 114 LSCCan sea reproducido literalmente por el art. 117 LSCCan entendemos que en un descuido inexplicable del legislador.

[39] Cantidades que, como dice la norma. no podrán ser superior al veinte por ciento de las cantidades entregadas en concepto de capital social y al diez por ciento de las cantidades entregadas para financiar el pago de la vivienda y locales.

[40] Sin perjuicio de lo que establece el art. 83 LSCCan, que regula el régimen general de la auditoria de las cooperativas canarias.

5. Transmisión de derechos

En relación a la transmisión de derechos sobre las viviendas parece que cuando se produce por título de compraventa hace nacer los derechos de tanteo y retracto. Pero se ha señalado que los demás supuestos de transmisión pueden considerarse como dudosos en base a que la postura más equilibrada supone huir tanto del criterio expansivo, ya que estos derechos de adquisición preferente, en cuanto limitativos de la facultad de libre disposición merecen una interpretación restrictiva, como del criterio excesivamente negativo, que parece en contradicción con los términos más amplios utilizados por la ley canaria al hablar de transmisión *inter vivos*. Así se incluiría la dación en pago, por su naturaleza onerosa que la aproxima a la compraventa. En caso de la donación, por el contrario, parece que debería rechazarse el surgimiento de los derechos de tanteo y retracto, ya que es anómalo (únicamente contemplado en la legislación de arrendamientos rústicos) y estos derechos únicamente surgen en situaciones en las que es indiferente la sustitución de un adquirente por otro, desde el punto de vista del adquirente. También se consideran rechazables los derechos de tanteo y retracto en todos los casos en los que se admita que el derecho transmitido no sea el mismo derecho adquirido por un socio de la cooperativa sino uno cualitativa o cuantitativamente distinto: por ejemplo, el socio que adquirió de la cooperativa el pleno dominio de una vivienda y dentro del plazo de vigencia de los derechos de tanteo y retracto la arrienda o transmite el usufructo o una porción indivisa. Ni tampoco surge en los casos de adjudicación a uno de los cónyuges en el supuesto de liquidación de la sociedad de gananciales, ya que se trata de un acto debido que surge tras la disolución de la sociedad de gananciales que es un acto de derecho de familia y no de derecho patrimonial. Por último, también debe rechazarse el juego de estos derechos de adquisición preferente en el caso de aportación a la sociedad de la vivienda o local comercial, tanto en constitución de la sociedad como en el de aumento de capital, tanto desde un punto de vista teórico. pues no se considera como una verdadera transmisión *inter vivos* y el aportante pretende obtener acciones o participaciones, y la percepción del dinero que le entregue el retrayente no le satisface[41].

---

41 ORTIZ RODRIGUEZ, J., "De las cooperativas de viviendas", en AA.VV., *Cooperativas. Comentario, op. cit.*, p.665. Este autor plantea interesantes cuestiones acerca de estos derechos, como si los solicitante de admisión transmiten a sus herederos los derechos de adquisición preferente, algo que niega razonadamente, al no haberse producido antes del fallecimiento la transmisión o comunicación, o si las posteriores enajenaciones hechas por quien adquirió del socio hacen surgir

5.1. Transmisión del uso *inter vivos*

Al contrario de lo que ocurre en alguna otra norma autonómica de cooperativas el art. 116 LSCCan prohíbe la transmisión *inter vivos* del derecho de uso y disfrute en las cooperativas de viviendas en régimen de cesión de uso. En caso de baja de la persona socia su derecho de uso se pondrá a disposición de la cooperativa, que lo cederá, por riguroso orden de antigüedad, a las socias expectantes. Solo en dos supuestos se altera ese orden: en primer lugar, cuando la transmisión del derecho de uso se produzca entre cónyuges decretadas o aprobadas judicialmente en los casos de separación o divorcio y, en segundo lugar, si así lo fijan los estatutos, en los supuestos de baja voluntaria justificada o baja obligatoria, a favor de los componentes de la unidad de convivencia.

5.2 Transmisión del *uso mortis* causa

En el caso de transmisiones *mortis causa*, el derecho de uso es transmisible a quienes sean causahabientes de la persona socia fallecida, si previamente se admiten como personas socias, de conformidad con los requisitos generales[42]. De no ser admitidas, tendrán derecho a la liquidación del crédito correspondiente. En el supuesto de ser varios los causahabientes, la cooperativa podrá exigir que el derecho a solicitar la condición de persona socia sea ejercitado por una sola de ellas y, por otro lado, con una visión contemporánea, se establece que los estatutos podrán prever la transmisión mortis causa a los miembros de la unidad de convivencia de la persona socia fallecida.

5.3 Tanteo y retracto en caso de transmisión de la propiedad

Por lo que respecta al tanteo, el art. 116.2 LSCCan establece que la persona socia que pretenda transmitir *inter vivos* sus derechos de propiedad sobre la vivienda antes de haber transcurrido cinco años u otro plazo superior fijado por los estatutos[43], deberá ponerlos a disposición de la cooperati-

---

nuevos derechos de adquisición preferente, algo que no ve viable, o por último, en cuanto a la posible colisión de los derechos de tanteo y retracto, cuestión que se analiza en los distintos supuestos en que se puede presentar.

42 Tienen que solicitarlo en el plazo de tres meses.

43 El plazo fijado en los estatutos no podrá ser superior a diez años desde la fecha de concesión de la licencia de la primera ocupación de la vivienda o local, o del docu-

va, que los ofrecerá por riguroso orden de antigüedad a las personas socias expectantes. Por lo que atañe al precio de tanteo, será igual a la cantidad desembolsada por la persona socia que transmite sus derechos sobre la vivienda o local, incrementada con la revalorización que haya experimentado de acuerdo con el índice de precios al consumo, durante el período comprendido entre las fechas de los diferentes desembolsos parciales y la fecha de la comunicación a la cooperativa de la intención de la persona socia de transmitir sus derechos sobre la vivienda o local. Por último, si transcurren tres meses desde que la persona socia ha puesto en conocimiento del órgano de administración el propósito de transmitir sus derechos sobre la vivienda o local, sin que ninguna persona socia expectante solicitante de admisión como socia por orden de antigüedad haga uso del derecho de preferencia para adquirirlos, la persona socia queda autorizada para transmitirlos, *inter vivos*, a terceras personas no socias.

Por lo que respecta al retracto, se establece en el art. 116.4 LSCCan que si la persona socia no cumple los requisitos que se establecen y transmite a terceras personas sus derechos sobre la vivienda o local, la cooperativa, si quisiera adquirirlos alguna persona socia expectante, ejercerá el derecho de retracto, debiendo reembolsar al comprador el precio de tanteo incrementado con los gastos a que se refiera el art. 1518.2 C.c. Los gastos previstos en el art. 1518.1 C.c. serán a cargo de la persona socia que incumplió lo establecido en los puntos anteriores del art.116 LSCCan[44].

Estas limitaciones no serán de aplicación a las transmisiones realizadas a favor de los descendientes o de los ascendientes, así como en las transmisiones entre cónyuges decretadas o aprobadas judicialmente en los casos de separación o divorcio, o entre parejas de hecho.

Para finalizar se refiere la norma al caso de que la cooperativa promueva viviendas de promoción pública. En este supuesto, la transmisión *inter vivos* de la vivienda o local como es obvio, estará sujeta a las limitaciones y derechos de adquisición preferente previstos en el correspondiente régimen administrativo y, en su defecto, por la normativa general supletoria sobre cooperativas de viviendas.

---

mento que legalmente le sustituya, y de no existir, desde la entrega de la posesión de la vivienda o local.

44 El plazo para ejercitar el derecho de retracto será de un año, contado desde la inscripción de la transmisión en el Registro de la Propiedad o, en su defecto, durante tres meses, contados desde que el retrayente tuviese conocimiento de la transmisión.

6. Garantías especiales y consejo rector

El art. 118 LSCCan recoge el supuesto de que se solicite por parte de la cooperativa cantidades anticipadas para financiar la construcción de las viviendas. En ese caso, las referidas cantidades deberán estar garantizadas mediante el correspondiente contrato de aval o seguro que indemnice en caso de incumplimiento de contrato. Con carácter previo al ingreso de cantidades de las personas socias para financiar la promoción a la que estén adscritas, esta deberá estar definida y dotada de unas reglas básicas denominadas «normas de la promoción».

También se establece la conformación y normas que rigen el órgano de administración de las cooperativas de viviendas que necesariamente adoptará la forma de consejo rector. No se puede desempeñar simultáneamente el cargo de miembro del consejo rector en más de una cooperativa de viviendas. El cargo es obligatoriamente gratuito, sin perjuicio del derecho a ser resarcido por los gastos que se pudieran originar.

7. Personas socias expectantes

La ley considera personas socias expectantes aquellas que, habiendo sido admitidas como socias y habiendo efectuado la suscripción de su aportación obligatoria al capital social, aún no están adscritas a una promoción, quedando a la espera de que eventualmente se produzca tal circunstancia, en los siguientes supuestos contemplados en el art, 119 LSCCan: a) por existir más personas socias que viviendas en promoción. b) Por permanecer a la espera del lanzamiento de una promoción que, por localización, condiciones económicas, tipología, etc. sea de su interés. c) Por permanecer a la espera de la baja de una persona socia en las promociones de cooperativas en régimen de cesión de uso.

Es la fecha de ingreso en la cooperativa la que determina la preferencia para la adjudicación o cesión de las viviendas, edificaciones y obras complementarias, garantizándose en todo caso la preferencia de los descendientes y ascendientes del transmitente, así como del cónyuge separado o divorciado en aplicación de sentencia o convenio judicial[45].

---

[45] En el supuesto de promociones acogidas al régimen de viviendas protegidas de promoción privada u otras tipologías a las que por ley pudieran tener acceso, la forma de adjudicación vendrá determinada por la normativa de aplicación.

Las personas socias expectantes figurarán inscritas con tal carácter en el libro registro de personas socias. El régimen de derechos y obligaciones será el establecido con carácter general para las personas socias, con las siguientes particularidades: en primer lugar, no se les podrá exigir la entrega de cantidades para financiar el pago de viviendas o locales y en segundo lugar, el conjunto de los votos a ellas correspondientes, sumados entre sí, no podrán superar el veinte por ciento en los órganos sociales de la cooperativa.

V. COOPERATIVAS AGROALIMENTARIAS

La LSCCan distingue entre cooperativas agroalimentarias[46] (art. 120), ampliando así la denominación tradicional de cooperativas agrarias, y cooperativas de explotación comunitaria de la tierra, a las que dedica los arts. 121 a 124[47]. La regulación de las primeras es acorde, a la de la LCoop que les dedica un precepto, el art. 93[48]. La importancia de las cooperativas agrarias (en la LSCCan agroalimentarias) en nuestro ordenamiento se muestra desde cuatro puntos de vista: históricamente, las cooperativas agrarias han estado en el origen y desarrollo del cooperativismo en nuestro país; técnicamente son instrumentos decisivos para el desarrollo, reforma de estructuras y modernización de la agricultura; socialmente, puesto que contribuyen a elevar económico-social de los agricultores; y por último, económicamente, puesto que su importancia en la producción es innegable[49].

---

46 Sobre la evolución de la figura *vid.*, CARNERO LORENZO, F., NUEZ YÁNEZ, J.S., "La adaptación de las cooperativas agrarias canarias a los cambios económicos acaecidos en el último siglo", *Anuario de Estudios Atlánticos,* nº. 61, 2015, pp. 1-14.

47 La LCoop también distingue entre cooperativas agrarias y cooperativas de explotación comunitaria de la tierra. No así otras leyes de cooperativas como la LCCat, que no establece distinción entre Cooperativas Agrarias y Cooperativas de Explotación comunitaria de Tierras y Ganados, como ha venido distinguiendo la normativa estatal, por entender que se trata de dos clases diferentes. La cooperativa agraria catalana también puede llevar a cabo, entre otras actividades, la explotación comunitaria de una tierra y el aprovechamiento de ganado, tierras e inmuebles susceptibles de explotación agraria.

48 Estas cooperativas son las herederas de las Cooperativas del campo de la Ley de 1942 y sus Reglamentos de 1943 y 1971, que sustituyeron a los sindicatos agrícolas de la Ley de 1906.

49 CORONADO FERNÁNDEZ, F., "De las cooperativas agrarias", en AA.VV., *Cooperativas. Comentarios a la Ley 27/1999 de 16 de julio* tomo I, Consejo General del Notariado, Madrid 2001, p. 695.

Se trata de una figura[50] que permite asociar a titulares de explotaciones agrícolas, ganaderas o forestales, que tienen como objeto la realización de cualquier tipo de actividades y operaciones encaminadas a la mejora de las explotaciones de los socios, de sus elementos o componentes y de la cooperativa, así como de la población agraria y del mundo rural, y a cualquier otra finalidad o servicio propio de la actividad agraria, ganadera o forestal o directamente relacionado con la misma[51].

1. Definición y objeto

La LSCCan comienza definiendo la cooperativa agroalimentaria[52] en el primer epígrafe del art. 120. Señala en este sentido que "*Son cooperativas agroalimentarias las que asocian a personas físicas o jurídicas, titulares de explotaciones agrícolas, forestales, ganaderas o de actividades conexas a las mismas que tienen como objeto la realización de todo tipo de actividades y operaciones encaminadas al mejor aprovechamiento de las explotaciones de las personas socias, de los elementos o componentes de la cooperativa y a la mejora de la población agraria y del desarrollo del mundo rural, así como atender a cualquier otro fin o servicio que sea propio de la actividad agraria, ganadera, forestal o estén directamente relacionados con ellas..*"

Podemos decir, a tenor de lo señalado en el concepto de cooperativa agroalimentaria, que nos encontramos ante un concepto muy amplio, que supera al contenido en la LSCCan respecto a las cooperativas agrarias y al de otras leyes autonómicas. No sólo pueden ser socios de la cooperativa agroalimentaria las personas físicas o jurídicas señaladas en ese concepto, sino que en el segundo párrafo del artículo 120.1 LSCCan se amplía a las sociedades agrarias de transformación, las comunidades regantes, las comunidades de aguas, las comunidades de bienes, las sociedades civiles, las sociedades mercantiles y sociedades cooperativas, siempre que, agrupando

---

50 Este tema ha sido tratado en numerosos trabajos, entre ellos: JULIA IGUAL, J.F. Y SEGURA GARCÍA DEL RIO, "El cooperativismo agrario en España y la integración en las Comunidades Europeas" pp. 57-76, *CIRIEC* Valencia 1987; SALINAS RAMOS, F., *La cooperativa agraria,* CEAC, Barcelona 1987; SOLDEVILLA, A.D., *La empresa agraria,* Valladolid 1982.

51 BORJABAD PRIMITIVO, G., *Derecho Cooperativo Catalán,* Lleida 2005, p.260.

52 Con un planteamiento muy completo *vid.,* ROMÁN CERVANTES, C., GARCÍA PÉREZ,A.M., GARCÍA MARTÍNEZ, M., " De la cooperativa agroalimentaria a la *learning netchain*: hacia un planteamiento teórico interorganizativo e interpersonal", *REVESCO. Revista de Estudios Cooperativos,* 121, 2016, pp. 114-144.

a titulares de explotaciones agrarias, realicen actividades empresariales afines a las de la propia cooperativa[53].

El objeto social puede ser cualquier servicio o actividad empresarial ejercidos en común, de interés a los socios y a la población agraria, especialmente las actividades de consumo y los servicios para los socios y para los miembros de su entorno social y el fomento de las actividades encaminadas a la población y mejora de la población agraria y del medio rural[54].

En concreto, pueden dedicarse a las siguientes actividades:

a) Adquirir, elaborar, producir y fabricar por cualquier procedimiento, para la cooperativa o para las explotaciones de sus personas socias, animales, piensos, abonos, plantas, semillas, insecticidas, materiales, instrumentos, maquinaria, instalaciones y cualesquiera otros elementos necesarios o convenientes para la producción y fomento agrario, alimentario y rural.

b) Conservar, tipificar, manipular, transformar, transportar, distribuir, comercializar, incluso directamente al consumidor, los productos procedentes de las explotaciones de la cooperativa y de sus personas socias, así como los adquiridos a terceras personas, en su estado natural o previamente transformados.

c) Adquirir, parcelar, sanear y mejorar terrenos destinados a la agricultura, la ganadería o bosques, así como la construcción y explotación de las obras e instalaciones necesarias a estos fines.

d) Cualesquiera otras actividades que sean necesarias o convenientes o que faciliten el mejoramiento económico, técnico, laboral o medioambiental de la cooperativa o de las explotaciones de las per-

---

[53] Lo que hace el precepto es recoger de forma implícita el concepto legal de titular de la explotación agraria, al que la doctrina añade no sólo los propietarios, sino los titulares de cualquier derecho que genere aprovechamiento, en concordancia con el art. 152 LSCAn.

[54] BORJABAD GONZALO, P., "Les societats cooperatives del camp", *Monografíes Cooperatives* nº 1, AEC, Lleida 1994: "la empresa agraria; distintas clases de empresario" *Monografíes cooperatives* nº 4, pp. 83-106 AEC, LLeida 1986.; "Explotacións comunitaries de terres y bestiar en societat cooperativa", Règim juridic-economic", *Monografíes Cooperatives* nº 7, Lleida 1989; "La cooperativa agraria como instrumento de desarrollo rural en el marco de la Economía social: algunos aspectos de su régimen económico jurídico desde la información que nos proporciona la contabilidad. *Anuario de la Fundación "Ciutat de Lleida"*, 1990, pp. 25-50; "El Derecho Agrario Catalán" *Anuario de la Fundación "Ciutat de Lleida"*, 1992, pp. 21-52, Lleida 1992.

sonas socias, entre otras, la prestación de servicios por la cooperativa y con su propio personal que consista en la realización de labores agrarias u otras análogas en las mencionadas explotaciones y a favor de las personas socias de la misma.

e) Realizar actividades de consumo y servicios para sus personas socias y demás miembros del entorno social y fomentar aquellas actividades encaminadas a la promoción y mejora de la población agraria y el medio rural, en particular, servicios y aprovechamientos forestales, servicios turísticos y artesanales relacionados con la actividad de la cooperativa, asesoramiento técnico de las explotaciones de la producción, comercio y transformación agroalimentaria, y la conservación, recuperación y aprovechamiento del patrimonio y de los recursos naturales y energéticos del medio rural.

Vemos que se trata de una lista abierta, idéntica a la de la norma estatal, por lo que pueden llevarse a cabo otra clase de servicios o actividades, entendemos que siempre que estén relacionados con la actividad agroalimentaria. No obstante, como se ha señalado, lo expuesto hasta ahora no impide que los estatutos de la cooperativa establezcan los límites que estimen oportunos a la posibilidad de asociación a una cooperativa, que pueden incidir bien en la cualidad del titular, bien en las condiciones objetivas de la explotación misma.[55] Por último se establece que el volumen de operaciones de la cooperativa por las actividades señaladas no podrá exceder del cincuenta por ciento del volumen total de sus operaciones[56].

---

55 CORONADO FERNÁNDEZ, F., "De las cooperativas agrarias", en AA.VV., *Cooperativas. Comentarios, op. cit.*, p. 651. Como señala ROMERO CANDAU, P.A, *Cooperativas. Comentarios, op. cit.*, p. 690, lo expuesto hasta ahora no impide que los estatutos de la cooperativa establezcan los límites que estimen oportunos a la posibilidad de asociación a una cooperativa, que puede recaer bien en la cualidad del titular, bien en las condiciones objetivas de la explotación misma.

56 La norma es muy laxa al señalar que las cooperativas agroalimentarias pueden llevar a cabo, como actividad accesoria, cualquier servicio o actividad empresarial ejercidos en común, de interés de los socios y de la población agraria, muy especialmente las actividades de consumo y los servicios para los socios y para los miembros de su entorno social y el fomento de las actividades encaminadas a la promoción y mejora de la población agraria y del medio rural. Y establece que para cumplir los mencionados objetivos, las cooperativas agrarias pueden, entre otras actividades, prestar servicios para la propia cooperativa y con el personal propio, que consistan en la realización de trabajos agrarios u otras tareas análogas en las explotaciones y en favor de los socios, de acuerdo con la legislación estatal de aplicación. Podríamos distinguir varios tipos de negocios que podrían llevarse

2. *Ámbito territorial y operaciones con terceros*

Se recogen en el art. 120.4 y 5 LSCCan dos limitaciones en torno al ámbito territorial y a las operaciones con terceros. Por lo que respecta al primero, se señala que las explotaciones agrarias de las personas socias, para cuyo mejoramiento la cooperativa agraria presta sus servicios y suministros, deberán ubicarse en el ámbito territorial de la cooperativa señalado en sus estatutos. Por lo que respecta a las operaciones con terceros, se indica que las cooperativas agroalimentarias podrán desarrollar operaciones con terceras personas no socias hasta un límite máximo del cincuenta por ciento del volumen total de operaciones de cooperativa. Sin embargo, esa limitación no será aplicable respecto de las operaciones de distribución al por menor de productos petrolíferos a terceras personas no socias.

VI. COOPERATIVAS DE EXPLOTACIÓN COMUNITARIA DE LA TIERRA

1. *Objeto y ámbito*

La ley recoge la nomenclatura de la LCoop y las acerca a las cooperativas agrarias. Las define como aquellas que *"asocian a titulares de derechos de uso y aprovechamiento de tierras u otros bienes inmuebles susceptibles de explotación agraria, que ceden estos derechos a la sociedad cooperativa y que prestan o no su trabajo en la misma para la explotación en común de los bienes cedidos por las personas socias y de los demás que posea la sociedad cooperativa por cualquier título, así como desarrollar las actividades recogidas en el artículo 120.2 LSCCan"*, que son las que antes hemos señalado como propias de las cooperativas agrícolas.

Estas cooperativas pueden realizar operaciones con terceras personas en los mismos términos y con las mismas condiciones establecidas en esta ley para las cooperativas agroalimentarias y sus estatutos establecen el ámbito geográfico en el cual las personas socias trabajadoras de la sociedad

---

a cabo en el ámbito de dicha prestación accesoria de servicios o suministros a los socios. En primer lugar, una actividad comercial en la que la cooperativa adquiere productos a terceros que luego transfiere de forma directa a los socios. Y, en segundo lugar, un segundo tipo de actividades en la industrial de adquisición a terceros de productos y su elaboración por la cooperativa antes de venderlos a los socios.

cooperativa pueden desarrollar habitualmente su actividad cooperativizada de prestación de trabajo, dentro del cual han de estar situados los bienes integrantes de la explotación.

2. *Régimen de las personas socias*

Se establecen dos tipos de personas socias (art. 121 LSCCan):

a) Las personas físicas y jurídicas, titulares de derechos de uso y aprovechamiento de tierra u otros bienes inmuebles susceptibles de explotación agraria que cedan estos derechos a la sociedad cooperativa, prestando o no su trabajo en la misma y que, en consecuencia, tendrán simultáneamente la condición de socias cedentes del disfrute de bienes a la sociedad cooperativa y de personas socias trabajadoras, o únicamente la primera[57].

b) Las personas físicas que, sin ceder a la sociedad cooperativa derechos de disfrute sobre bienes, presten trabajos en la misma y que tendrán únicamente la condición de socias trabajadoras.

Se asimila el régimen de las personas socias trabajadoras de las cooperativas de explotación comunitaria de la tierra, que cedan o no simultáneamente el disfrute de bienes a la sociedad cooperativa, a las personas socias trabajadoras de las cooperativas de trabajo asociado, con algunas excepciones. Por otro lado, el número de horas por año realizadas por personas trabajadoras con contrato de trabajo por cuenta ajena no podrá superar los límites establecidos en el art. 103.3 LSCCan.

---

57 En relación a los primeros, los titulares de explotaciones agrícolas, ganaderas o forestales, pueden también ser personas jurídicas. Parece que se recoge el criterio de interpretación de la Ley de Modernización de Explotaciones Agrícolas, debe incluirse y se entiende por tanto que el concepto de titular, junto con el propietario, incluye a cualquier otro sujeto que tenga una relación real o legal con la explotación, que le permita su cultivo o aprovechamiento. Lo decisivo es que la titularidad lo sea de la explotación, lo que, en cierto modo, relaciona el concepto mismo de titularidad con el de aprovechamiento o ejercicio de la actividad económica derivada de la explotación. La Ley de Modernización considera agricultor profesional a la persona física que, siendo titular de una explotación agraria, al menos el cincuenta por ciento de las actividades de su renta total la obtenga de actividades agrarias, siempre que además se cumplan otras exigencias de la propia norma.

3. Cesión del uso y aprovechamiento de bienes

Los estatutos deberán establecer el tiempo mínimo de permanencia en la sociedad cooperativa de las personas socias en su condición de cedentes del uso y aprovechamiento de bienes, que no podrá ser superior a quince años (art. 123 LSCCan). Sin embargo, cumplido ese plazo, si los estatutos lo prevén, podrán establecerse nuevos períodos sucesivos de permanencia obligatoria, por plazos no superiores a cinco años[58]. Aunque por cualquiera causa la persona socia cese en la sociedad cooperativa en su condición de cedente del disfrute de bienes, se recoge la posibilidad de que la sociedad cooperativa pueda conservar los derechos de uso y aprovechamiento que fueron cedidos por el tiempo que le falte para terminar el período de permanencia obligatoria en la sociedad cooperativa, siempre que abone en compensación a la persona socia cesante la renta media de la zona de los bienes mencionados.

Se recoge el derecho de cesión, por parte del arrendatario y el resto de titulares de un derecho de disfrute, del uso y el aprovechamiento de los bienes por el plazo y condiciones establecidas en la legislación estatal en materia de cooperativas. En este supuesto, la sociedad cooperativa puede dispensar el cumplimiento del plazo estatutario de permanencia obligatoria siempre que el titular de los derechos de uso y aprovechamiento se comprometa a cederlos por el tiempo que alcance su título jurídico.

Los estatutos podrán recoger varios extremos de relevancia. En primer lugar, el procedimiento para obtener la valoración de los bienes susceptibles de explotación e común. Se establece el límite del tercio del valor total de las tierras o de otros bienes inmuebles integrados en la explotación los que una persona socia podrá ceder a la sociedad cooperativa en usufructo, salvo que se trate de entes públicos o sociedades en cuyo capital social los entes públicos participen mayoritariamente.

En segundo lugar, también los estatutos podrán regular el régimen de obras, mejoras y servidumbres que puedan afectar a los bienes cuyo disfrute ha sido cedido y sean consecuencia del plan de explotación comunitaria

---

[58] Estos plazos se aplicarán automáticamente, salvo que la persona socia comunique su decisión de causar baja, con una anticipación mínima de seis meses a la finalización del respectivo plazo de permanencia obligatoria. En todo caso, el plazo para reembolsar las aportaciones al capital social a las (art. 63.1.a) LSCCan), empezará a computarse desde la fecha en que termine el último plazo de permanencia obligatoria.

de los mismos y el régimen de indemnizaciones que procedan de las mismas. Si los estatutos lo prevén y la persona socia cedente del disfrute tiene titularidad suficiente para autorizar la modificación, no podrá oponerse a la realización de la obra o mejora o a la constitución de la servidumbre[59].

Por último, los estatutos podrán establecer que las personas socias que hayan cedido a la sociedad cooperativa el uso y aprovechamiento de bienes queden obligadas a no transmitir a terceros derechos sobre estos bienes que impidan el uso y aprovechamiento de estos por la cooperativa durante el tiempo de permanencia obligatoria de la persona socia de la misma.

Una última cuestión regulada por el art. 123 LSCCan hace referencia a la persona socia cuya baja, obligatoria o voluntaria, en la sociedad cooperativa sea calificada de justificada. Ésta podrá transmitir sus aportaciones al capital social de la sociedad cooperativa a su cónyuge, ascendientes o descendientes, si estas son personas socias o adquieren tal condición en el plazo de tres meses desde la baja de aquella.

4. Régimen económico

Los estatutos fijarán la aportación obligatoria mínima al capital social para ser persona socia, distinguiendo la que ha de realizar en su condición de cedente del disfrute de bienes y en la de persona socia trabajadora. De este modo, la persona socia que, teniendo la doble condición de cedente del disfrute de bienes y de trabajadora, cause baja en una de ellas, tendrá derecho al reembolso de las aportaciones, cuando estas sean exigibles, realizadas en función de la condición en que cesa en la cooperativa, sea esta la de cedente de bienes o la de persona socia trabajadora.

Respecto al régimen de los anticipos societarios, las personas socias en su condición de trabajadoras los percibirán de acuerdo con lo que se esta-

[59] Cuando sea necesario para el normal aprovechamiento del bien afectado, la servidumbre se mantendrá aunque la persona socia cese en la cooperativa o el inmueble cambie de titularidad, siempre y cuando esta circunstancia se haya hecho constar en el documento de constitución de la servidumbre. En todo caso, será de aplicación la facultad de variación recogida en el párrafo segundo del art. 545 C.C. Para adoptar acuerdos relativos a lo que establece este punto, será necesario que la mayoría prevista en el artículo 41 de esta ley comprenda el voto favorable de las personas socias que representen, al menos, el cincuenta por ciento de la totalidad de los bienes, cuyo uso y disfrute haya sido cedido a la cooperativa (art. 123.3 LSCCan).

blece para las cooperativas de trabajo asociado. En su condición de cedente del uso y aprovechamiento de bienes en la cooperativa, percibirán por esta cesión la renta usual en la zona para fincas análogas. Las cantidades percibidas por los anticipos societarios y rentas lo serán a cuenta de los resultados finales del ejercicio de la actividad económica de la sociedad cooperativa[60].

En lo que respecta a los retornos cooperativos a las personas socias se establecen las normas para acreditarlos[61]; esas normas regirán asimismo para la imputación de las pérdidas[62].

VII. COOPERATIVAS DE SERVICIOS

El art. 125.1 LSCCan comienza por dar una definición de las mismas: "*Son cooperativas de servicios las que asocian a personas físicas o jurídicas, titulares de explotaciones industriales o de servicios y a profesionales o artistas que ejercen su actividad por cuenta propia, y que tienen por objeto prestar suministros y servicios, producir bienes y realizar operaciones encaminadas a la mejora económica y técnica de las actividades profesionales o de las explotaciones de las personas socias"63.*

---

60 A efectos de lo que establece el art. 74.3.a) LSCCan, tanto los anticipos societarios como las rentas mencionadas, tendrán la consideración de gastos deducibles.

61 "a) *Los excedentes disponibles que tengan su origen en los bienes incluidos en la explotación por títulos diferentes a la cesión a la cooperativa de su disfrute por las personas socias, se imputarán a quienes tengan la condición de personas socias trabajadoras, de acuerdo con las normas establecidas para las cooperativas de trabajo asociado. b) Los excedentes disponibles que tengan su origen en los bienes cuyo disfrute haya sido cedido por las personas socias a la sociedad cooperativa, se imputarán a las personas socias en proporción a su respectiva actividad cooperativa, en los términos que se señalan a continuación: 1) La actividad consistente en la cesión a favor de la cooperativa del disfrute de las fincas se valorará tomando como módulo la renta usual en la zona para fincas análogas. 2) La actividad consistente en la prestación de trabajo por la persona socia será valorada conforme al salario del convenio sectorial vigente para su puesto de trabajo, aunque haya percibido anticipos societarios de cuantía diferente."* (art. 124 LSCCan).

62 *"No obstante, si la explotación de los bienes cuyo disfrute ha sido cedido por las personas socias da lugar a pérdidas, las que correspondan a la actividad cooperativizada de prestación de trabajo sobre los bienes mencionados se imputarán en su totalidad a los fondos de reserva y, en su defecto, a las personas socias en su condición de cedentes del disfrute de bienes, en la cuantía necesaria para garantizar a personas socias trabajadoras una compensación mínima igual al setenta por ciento de las retribuciones satisfechas en el convenio del sector y, en todo caso, no inferior al importe del salario mínimo interprofesional"* (art. 124.4 LSCCan).

63 La regulación de las cooperativas de servicios es idéntica a la LCoop, art. 98.

Se trata de agrupar a agentes económicos independientes que no tengan el carácter de usuarios o consumidores finales y no compartan un interés o necesidad común para atender el mismo siempre mediante la aplicación de los principios cooperativos. La cooperativa puede asociar a cualquier persona física o jurídica, incluso a otras cooperativas que cumplan con los requisitos que recoge el art. 125.LSCCan. Además, los titulares de explotaciones o profesionales y artistas no tendrán que pertenecer a al mismo sector económico[64].

No podrá ser clasificada como cooperativa de servicios aquella en cuyas personas socias y objeto concurran circunstancias o peculiaridades que permitan clasificarla de acuerdo con lo establecido en otro tipo de cooperativa que contempla la LSCCan.

Las cooperativas de servicios podrán realizar actividades y servicios cooperativizados con terceras personas no socias, hasta un cincuenta por ciento del volumen total de la actividad cooperativizada realizada con las personas socias. A diferencia de otras clases de cooperativas, la norma no exige que los Estatutos autoricen expresamente la realización de tales actividades, sino que se limita a establecer un límite *ex lege* cuya disminución no podrá realizarse por los estatutos. Se puede cuestionar si ese límite puede ser aumentado por los estatutos o si se trata de una norma imperativa sustraída al ámbito negocial de los estatutos, opción que parece más coherente con el tenor literal del precepto y el carácter excepcional de este límite ya bastante amplio[65].

VIII. COOPERATIVAS DEL MAR

Vienen reguladas en el art. 126 LSCCan, que recoge en primer lugar su concepto, y en segundo lugar, cuál va a ser su objeto. De este modo, son cooperativas del mar "*las que asocian a pescadores, armadores de embarcaciones, cofradías, organizaciones de productores pesqueros, titulares de viveros de algas, de cetáreas, mariscadores y familias marisqueras, concesionarios de explotaciones de pesca y de acuicultura y, en general, a personas físicas o jurídicas titulares de explotaciones dedicadas a actividades pesqueras o de industrias marítimo-pesqueras*

[64] ROMERO CANDAU, P.A., "Cooperativas de servicios", en AA.VV., *Cooperativas. Comentarios, op. cit.*, p. 739.

[65] Es también la opinión de ROMERO CANDAU, P.A., "Cooperativas de servicios", AA.VV., *Cooperativas. Comentarios,* op. cit., p. 738.

y derivadas, y a profesionales por cuenta propia de las actividades mencionadas, y que tienen por objeto prestar suministros y servicios así como realizar operaciones encaminadas a la mejora económica, técnica o social de las actividades profesionales de las explotaciones de las personas socias, de la propia sociedad cooperativa y del medio marino'[66].

Este tipo de cooperativas pueden tener por objeto cualquier servicio o actividad empresarial de interés de los socios, ejercido en común, muy especialmente llevar a cabo actividades de consumo y servicios para los socios y para los miembros de su entorno social, y fomentar las actividades de promoción y mejora de las condiciones de la población del entorno. Concretamente podrán: a) adquirir, elaborar, producir, fabricar, reparar, mantener y desguazar instrumentos, útiles de pesca, maquinaria, instalaciones, sean o no frigoríficas, embarcaciones de pesca, animales, embriones y ejemplares para la reproducción, pasto y cualesquiera otros productos, materiales y elementos necesarios o convenientes para la cooperativa y para las actividades profesionales o de las explotaciones de las personas socias. b) Conservar, tipificar, transformar, distribuir y comercializar, incluso hasta el consumidor, los productos procedentes de la cooperativa y de la actividad profesional o de las explotaciones de las personas socias. c) En general, cualesquiera otras actividades que sean necesarias o convenientes o que faciliten el mejoramiento económico, técnico, laboral o ecológico de la actividad profesional o de las explotaciones de las personas socias, de los elementos de estas o del medio marino.

La determinación de los sujetos supone una notable variedad, junto a personas físicas dedicadas personal y directamente a estas actividades, aparecen empresarios mercantiles, titulares de derechos pesqueros e incluso hasta personas jurídicas de Derecho público de carácter corporativo (cofradías de pescadores). La enumeración no es limitativa y hay que entender que estas cooperativas pueden asociar a todo tipo de personas físicas o jurídicas titulares de explotaciones pesqueras o industriales marítimo-pesqueras y derivadas[67]. En cuanto operaciones con terceros, parece que habrá que aplicar el mismo régimen que a las cooperativas agrarias.

---

66 Salvo alguna diferencia de redacción y la utilización del lenguaje inclusivo, se trata de una regulación casi idéntica a la que proporciona el art. 99 LCoop.

67 ROMERO CANDAU, P.A., "Cooperativas de servicios", en AA.VV., *Cooperativas. Comentario, op. cit.,* p. 740.

IX. COOPERATIVAS DE TRANSPORTISTAS

La LCoop regula las cooperativas de transportistas en su art. 100 ofreciendo un concepto amplio de las mismas. El precepto define a las cooperativas de transportistas como aquellas *"que asocian a personas físicas o jurídicas, titulares de empresas del transporte o profesionales que puedan ejercer en cualquier ámbito, incluso el local, la actividad de transportistas, de personas o cosas o mixto, y tienen por objeto la prestación de servicios y suministros y la realización de operaciones, encaminadas al mejoramiento económico y técnico de las explotaciones de sus socios. Las cooperativas de transportistas también podrán realizar aquellas actividades para las que se encuentran expresamente facultadas por la Ley 16/1987, de 30 de julio, de Ordenación de los Transportes Terrestres, en los términos que en la misma se establecen. 2. Las cooperativas de transportistas podrán desarrollar operaciones con terceros no socios siempre que una norma específica así lo autorice. 3. El ámbito de esta clase de cooperativas será fijado estatutariamente."*

En el plano autonómico, las cooperativas de transportistas no han sido objeto de una regulación uniforme. Podemos clasificar las leyes autonómicas en tres grandes grupos: a) aquellas que contienen una regulación específica de las cooperativas de transportistas; b) las que reconocen las cooperativas de transportista, pero se remiten a otra clase de cooperativas para su regulación; y c) leyes que no mencionan esta clase de cooperativa. Dentro del primer grupo, las comunidades que reconocen y regulan las cooperativas de transportistas, nos encontramos con Castilla y León, Castilla-La Mancha, Comunidad de Madrid, Comunidad Valenciana, Extremadura, Galicia, Islas Baleares y La Rioja. En el segundo grupo, comunidades que reconocen la figura, pero no la dotan de una regulación específica, se encuentran Aragón, la Comunidad Foral de Navarra y el País Vasco. Por último, existe un tercer grupo de comunidades autónomas que no aluden a esta clase de cooperativas, entre las que se encuentran las comunidades de Andalucía y Cataluña.

En la diversidad de posturas adoptadas por los legisladores autonómicos subyace la antigua polémica doctrinal acerca de la necesidad de regular las cooperativas de transportistas como una modalidad independiente de las denominadas cooperativas de servicios[68]. En efecto, hoy la mayoría de nuestra doctrina considera un error la decisión del legislador de 1999 de continuar la línea marcada por su predecesor de 1987 que ya regulaba de

---

68 GARCÍA CACHAFEIRO, F., "Las cooperativas de transportistas" *AFDUDC,* 10, 2006, pp. 419-429.

manera expresa la figura. Las críticas se centran en que apenas existen particularidades entre las cooperativas de transportistas y la más amplia categoría de cooperativa de servicios, por lo que su régimen jurídico bien podía estar contemplado por aquéllas[69].

En relación a la Comunidad Autónoma de Canarias, vemos que la LSC-Can le dedica a las cooperativas de transportistas un solo precepto, el art. 127, por lo que cabría englobarla en el segundo grupo de los mencionados más arriba, ya que aunque contempla esta figura, no la regula de forma distinta a como lo hace la ley estatal. En ese sentido, define estas cooperativas como "*aquellas que asocian a personas físicas o jurídicas, titulares de empresas de transporte o profesionales que ejercen en cualquier ámbito, incluso local, la actividad de transportista de personas, cosas o mixto, y tienen por objeto prestar servicios y suministros y realizar operaciones encaminadas a la mejora económica y técnica de las explotaciones de las personas socias*". Al igual que en la norma estatal indica el precepto que las cooperativas de transportistas también podrán realizar aquellas actividades para las que se encuentran expresamente facultadas por la legislación vigente en materia de transporte terrestre en los términos que se establecen en la misma.

La particularidad más relevante de la norma canaria en relación con las cooperativas de transportistas es la posibilidad de previsión en los estatutos de que las cooperativas de transportistas puedan desarrollar actividades y servicios cooperativos que no estén sujetos a limitaciones legales con terceras personas no socias hasta un cincuenta por ciento de las realizadas con sus personas socias, sin perjuicio de aquellas otras que puedan ser autorizadas por sus normas específicas. En este caso no sólo se autorizan este tipo de actividades con personas no socias, sino que se establece un límite para su participación, dando así encaje legal a la previsión de la Ley estatal.

X. COOPERATIVAS DE SEGUROS

El art. 128 LCoop se limita a señalar que son cooperativas de seguros[70] "*las que tienen por objeto el ejercicio de la actividad aseguradora y de producción de*

---

69 Vid., entre otros, ROMERO CANDAU, P.A., "De las cooperativas de transportistas", en AA.VV., *Cooperativas: Comentarios, pp. cit.*, p. 742; y DÁVILA MILLÁN, E., "As cooperativas de transportistas", AA.VV. (Dir. D. Bello Janeiro), *Estudios sobre a Lei de cooperativas de Galicia*, Santiago de Compostela, 1999, p. 262.

70 Sobre este tipo de cooperativas, entre otros: CLUA MIQUEL, D., Las cooperativas de seguros en la legislación vigente española. *Monografías cooperativas* nº 10, AEC

seguros en los ramos y con los requisitos establecidos en la normativa reguladora del seguro y, con carácter supletorio, por la presente ley"[71].

Como se ha señalado, desde un punto de vista teórico sería factible que la actividad aseguradora pudiera llevarse a cabo también por Cooperativas de Consumidores y por Cooperativas de Trabajo Asociado. Sin embargo, esta posibilidad no es contemplada por la Ley, ya que las Cooperativas de Seguros tienen que realizar su actividad aseguradora conforme a la Ley 20/2015, de 14 de julio, de ordenación, supervisión y solvencia de las entidades aseguradoras y reaseguradoras. De este modo, y a tenor de lo dispuesto en esta norma, la actividad aseguradora únicamente podrá ser realizada por entidades privadas que adopten alguna de las siguientes formas: sociedad anónima, sociedad anónima europea, mutua de seguros, sociedad cooperativa, sociedad cooperativa europea, mutualidad de previsión social. Las mutuas de seguros, las sociedades cooperativas y las mutualidades de previsión social únicamente podrán operar a prima fija[72].

Las entidades aseguradoras se constituirán mediante escritura pública, que deberá ser inscrita en el Registro Mercantil. En el caso de Cooperativa de seguros, en el correspondiente Registro de Cooperativas. Tras la inscripción, deben obtener autorización administrativa del Ministerio de Economía y Hacienda, que les permitirá ejercer en todo el Espacio Económico Europeo y se concederá por ramos determinados.

Las cooperativas de seguros, que tienen por objeto la cobertura a los socios de los riesgos asegurados mediante una prima fija pagadera al comienzo del período del riesgo, se regirán por las siguientes reglas (art. 42 Ley 20/2015):

a) La condición de socio cooperativista será inseparable de la de tomador del seguro o de asegurado, siempre que este último sea el pagador final de la prima.

Lleida 1991; MORENO RUIZ, R., *Mutualidades, cooperativas de seguros y previsión,* CES, Madrid 2000.

71 FERRER CAZORLA, I., "De las cooperativas de seguros", en AA.VV., *Cooperativas. Comentario, op. cit.,* p. 743 y ss.

72 Art. 27 Ley 20/2015, de 14 de julio, de Ordenación, Supervisión y Solvencia de las Entidades Aseguradoras y Reaseguradoras. También podrán realizar la actividad aseguradora y reaseguradora las entidades que adopten cualquier forma de derecho público, siempre que tengan por objeto la realización de operaciones de seguro o reaseguro en condiciones equivalentes a las de las entidades aseguradoras o reaseguradoras privadas.

b) Salvo disposición contraria de los estatutos sociales, los cooperativistas no responderán de las deudas de la sociedad. En el caso de que, conforme a los estatutos sociales, los cooperativistas respondieran de las deudas de la sociedad, su responsabilidad se limitará a una cantidad igual al importe de la prima anual correspondiente a cada uno de ellos. La cláusula estatutaria sobre responsabilidad personal del socio cooperativista por las deudas sociales deberá figurar en las pólizas de seguro de forma destacada.

c) La inscripción en el Registro Mercantil y registro de sociedades cooperativas correspondiente deberá tener lugar con carácter previo a la autorización administrativa.

d) En lo demás, se regirán por las disposiciones de la Ley 20/2015, su desarrollo reglamentario, y por los preceptos del texto refundido de la Ley de Sociedades de Capital a los que se remite, así como por las disposiciones reglamentarias que la desarrollen y, supletoriamente, por la legislación de cooperativas.

Como hemos visto la LSCCan se limita, en el caso de las cooperativas de seguros, a remitirse al régimen general de la normativa de seguros, por lo que no presenta ninguna particularidad al respecto.

Las entidades aseguradoras están sujetas al control y supervisión por parte del Ministerio de Economía a través de la Dirección General de Seguros, a la que deberán suministrar la documentación e información necesaria. Este control administrativo abarca el ejercicio de la actividad, la publicidad, la situación financiera y el estado de solvencia, así como las condiciones generales de los contratos y las tarifas de primas utilizables. No obstante, hay que tener en cuenta que algunas comunidades autónomas han asumido competencias en la ordenación de seguros.

XI. COOPERATIVAS SANITARIAS

Su aparición es relativamente reciente, en el contexto de las empresas que se dedican a la prestación de servicios sanitarios[73]. Debido a su comple-

73 Sobre esta clase de cooperativas, *vid.*, entre otros, los siguientes trabajos de ALONSO SOTO, F., *La alternativa del cooperativismo sanitario,* Gabinete de Estudios y Promoción del Cooperativismo Sanitario, Madrid 1989; “Las clases de cooperativas. Especial referencia a las cooperativas sanitarias” *Revista de Estudios Sociales y de Sociología Aplicada* nº 68, Madrid 1987; “El cooperativismo sanitario en la Ley

jidad y a la intención de promover su constitución por parte de los poderes públicos, han sido objeto de tratamiento doctrinal abundante[74].

La LSCCan dedica a las cooperativas sanitarias un solo precepto, el art. 129, en el que las define e indica cuáles serán las normas aplicables. La normativa autonómica acerca de las cooperativas sanitarias es la misma que la de la LCoop, que contempla esta figura en su art. 102. Señala el art. 129.1 LSCCan que *"son cooperativas sanitarias las que desarrollan su actividad en el área de la salud y pueden estar constituidas por los prestadores de la asistencia sanitaria, por las personas destinatarias o por unos y por otros. Podrán realizar también actividades complementarias y conexas, incluso de tipo preventivo, general o para grupos o colectivos determinados".*

Como puede apreciarse, este concepto ofrece un amplio abanico de posibilidades, lo que se traduce en diversas especies de cooperativas sanitarias, pudiendo ser socios por un lado profesionales de la medicina, o ser éstos mismos profesionales los receptores de la asistencia sanitaria. Como se trata de casos muy diferentes, también serán distintas la normas aplicables, pues pueden ser las de cooperativas de trabajo asociado o las de servicios, según proceda, sin dejar de lado que la cooperativa de servicios tiene una estructura y una aplicación residual[75].

Si la atención sanitaria constituye una prestación para los socios, estaremos ante una cooperativa de consumidores, aunque presente ligeras diferencias. Incuso ante una cooperativa integral, si tiene objeto plural o al menos doble y proyecta esa pluralidad en su estructura orgánica.

Así lo recoge el precepto "*2. A las cooperativas sanitarias les serán de aplicación las normas establecidas en esta ley para las de trabajo asociado o para las de servicios, según sea procedente, cuando las personas socias sean profesionales de la medicina. Cuando las personas socias sean las destinatarias de la asistencia sanitaria se aplicarán a la sociedad las normas sobre cooperativas de personas consumidoras y usuarias. Cuando se den las condiciones previstas en el artículo 135 de esta ley, se aplicará la normativa sobre cooperativas integrales. Si fueran organizadas como empresas aseguradoras, se ajustarán, además, a la normativa mencionada en el artículo 128 de esta ley.*"

General de Cooperativas" en *Ensayo sobre la Ley General de Cooperativas,* pp. 189-224, UNED, Madrid 1990.

74 BORJABAD GONZALO, P., *Monografies cooperatives, op. cit.,* p. 273.

75 CARPIO MATEOS, F., "Cooperativas sanitarias", en AAVV, *Cooperativas. Comentario,* op. cit. p. 747 y ss.

Mas alejada todavía de los principios cooperativos es la hipótesis de que la cooperativa en cuestión no pueda desarrollar la actividad aseguradora, en cuyo caso la actividad ha de transcurrir mediante sociedades mercantiles cuyas acciones o participaciones correspondan le correspondan mayoritariamente, o sean de la cooperativa o cooperativas sanitarias[76]. De este modo, continua el art. 129.2: "*Cuando por imperativo legal no puedan desarrollar la actividad aseguradora, esta deberá realizarse por sociedades mercantiles que sean propiedad, al menos mayoritaria, de las cooperativas sanitarias. A los resultados derivados de la participación de las cooperativas sanitarias en estas sociedades mercantiles les será de aplicación lo que dispone el artículo 74.3, letra a), de esta ley.*"

Por último, en cuanto a la denominación de una cooperativa de segundo grado, se establece en el art. 129.3 LSCCan que si integra al menos una cooperativa sanitaria, aquella podrá incluir en su denominación el término sanitaria.

XII. COOPERATIVAS DE ENSEÑANZA

En la Comunidad Canaria la enseñanza puede estar tanto en manos de instituciones públicas como en manos de entidades privadas de distinta naturaleza. No hay en este sentido, un único modelo de cooperativa, ya que puede tener distintos fines como agrupar a los profesionales que se dedican a la misma, o a los receptores mediante cooperativas de consumo o también a los titulares de otros intereses colectivos mediante una cooperativa de trabajo asociado[77].

Están reguladas en el art. 130 LSCCan. En su primer párrafo, se limita a señalar el objeto de estas cooperativas, señalando que son las que desarrollan actividades docentes, en sus distintos niveles y modalidades, en cualquier rama del saber o de la formación técnica, artística, deportiva u otras. Asimismo, les posibilita a realizar también actividades conexas o que faciliten las actividades docentes, como complementarias de la principal. En este sentido, se observa una regla general o de normalidad, contenida

---

76 Cumple así una función de "cajón de sastre", para acoger cualquier iniciativa cooperadora entre unidades económicas autónomas que no permitan su clasificación en cualquier otra de las clases recogidas por la ley (PAZ CANALEJO, N., y VICENT CHULIA, F., L*ey General de Cooperativas, Comentarios al Código de Comercio y a la Legislación Mercantil Especia*l…., Edersa 1994, p. 1911).

77 BORJABAD GONZALO. P. *Monografies cooperatives,* op. cit. p. 267.

en este primer párrafo, acorde con la inexistencia de personas o actividades asociadas[78].

En los párrafos siguientes del artículo se producen alianzas y sinergias que afectan a la tipología de cada cooperativa. De esta manera, se distinguen distintos tipos según las personas que se agrupen, y dependiendo de ellas, la remisión al régimen de otro tipo de cooperativas:

a) Cuando se asocien a los padres y las madres del alumnado, a sus representantes legales o a personas del propio alumnado, a las cooperativas de enseñanza les serán de aplicación las normas establecidas para las cooperativas de personas consumidoras y usuarias.

b) Cuando asocie a docentes y a personal no docente y de servicios, les serán de aplicación las normas que regulan las cooperativas de trabajo asociado.

c) Cuando la cooperativa de enseñanza esté integrada por quienes imparten la enseñanza, personal no docente y por quienes reciben las prestaciones docentes o los representantes del alumnado, podrá tener el carácter de cooperativa integral, si así lo prevén los estatutos.

Este régimen de remisiones es similar, aunque con algunas modificaciones, al que utiliza el art. 103 LCoop[79]. Lo más significativo es que la norma estatal, en tercero de los supuestos, cuando la cooperativa de enseñanza esté integrada por quienes imparten la enseñanza, personal no docente y por quienes reciben las prestaciones docentes o los representantes del alumnado, se remite a las normas de las cooperativas de trabajo asociado, mientras que la LSCCan lo hace a las de la cooperativa integral, si así lo prevén los estatutos, quedándonos la duda de qué ocurre si no lo hacen, entendiendo que, supletoriamente se aplica la ley estatal y por lo tanto el régimen de las cooperativas de trabajo asociado[80].

---

78 CARPIO MATEOS, F., "Cooperativas sanitarias" en AAVV, *Cooperativas. Comentario*...op. cit. p. 752 y ss.

79 En general, sobre cooperativas de enseñanza, vid. FUENTES VIÑAS, A.M., *Las cooperativas de enseñanza, (un estudio de las cooperativas de trabajo asociado),* Centro asociado de la UNED, Ceuta 2004.

80 Acerca del régimen específico de las cooperativas de enseñanza, vid. LÓPEZ MARTÍNEZ, M., "Capítulo XVII. Cooperativas de enseñanza" en *Tratado de Derecho de Sociedades Cooperativas* / coord. por Vázquez Ruano, T., ; Peinado Gracia, J.I., (dir.), Vol. 2, 2019, págs. 1511-1518; PARDO LÓPEZ, M.M., "XI. Sociedades Cooperativas de enseñanza," en *Manual de adaptación de estatutos a la Ley 8/2006 de 16*

XIII. COOPERATIVAS DE CRÉDITO

El nacimiento de este sector financiero se remonta a finales del siglo XIX. El común denominador en torno al cual nacen las cooperativas de crédito ha sido la actividad empresarial, ya sea agrícola y ganadera, tanto en el ámbito rural, industrial o urbano, así como la actividad profesional, dando lugar a las cajas rurales y a las cooperativas de crédito populares y profesionales. Este doble aspecto de actividad empresarial y profesional les ha permitido adquirir una vocación universal y revelarse como las entidades de crédito que mejor conocen el auténtico negocio de intermediación minoritaria[81].

Su objeto social es servir a las necesidades financieras de sus socios y de terceros mediante el ejercicio de las actividades propias de las entidades de crédito. Se trata, además, de una entidad de crédito autorizada para captar fondos reembolsables del público, por ejemplo, en forma de depósitos. Esto significa que puede recibir dinero de socios y clientes en general, con la obligación de devolverlo en la forma pactada, y utilizarlo para conceder préstamos o créditos.

Son contempladas en el art. 131 LSCCan, que comienza en su párrafo primero señalando que son aquellas cuya actividad cooperativizada viene determinada por las necesidades financieras de sus personas socias, primordialmente, y de terceras personas en la medida que la normativa específica aplicable lo autorice, mediante el ejercicio de las actividades propias de las entidades de crédito.

Las cooperativas de crédito se regirán por su legislación específica, que es la Ley 13/1989, de 26 de mayo, de Cooperativas de Crédito y por sus normas de desarrollo[82], así como por las que, con carácter general, regulan la actividad de las entidades de crédito y, supletoriamente, por lo previsto en la LSCCan (art. 131.2).

---

de noviembre, de Sociedades Cooperativas de la Región de Murcia / coord. por Alfonso Sánchez, R., 2009, pp. 130-132

81 Sobre cooperativas de crédito, entre otros estudios, vid: DE LA VEGA GARCÍA, F., "XII. Sociedades Cooperativas de crédito" en *Manual de adaptación de estatutos a la Ley 8/2006 de 16 de noviembre, de Sociedades Cooperativas de la Región de Murcia* / coord. por Alfonso Sánchez, R., 2009, pp. 132-132: VARGAS VASSEROT, C., "Cooperativas de crédito" en *Diccionario de derecho de sociedades* / Carmen Alonso Ledesma (dir.), 2006, págs. 387-394.

82 RD 84/1993, de 22 de enero.

La Ley de Cooperativas de Crédito que viene a dar cumplimiento al art. 129.2 CE en lo relativo al fomento de ese tipo de sociedades cooperativas en la medida en que ello resulta posible desde los títulos competenciales del Estado. Como es sabido, la legislación del Estado tiene solo carácter de derecho supletorio respecto del de las Comunidades Autónomas con competencias legislativas plenas en materia de cooperativas. Esta regla general resulta matizada, en el caso particular de las Cooperativas de Crédito en tanto en cuanto, en virtud del Real Decreto Legislativo 1298/1986, de 28 de junio, por el que se adaptan las normas legales en materia de establecimientos de crédito al Ordenamiento Jurídico de la Comunidad Económica Europea, se concede a las Cooperativas de Crédito inscritas en el Registro especial del Banco de España el carácter de entidades de crédito, al igual que también lo son los bancos privados, las Cajas de Ahorro o las Entidades Oficiales de Crédito.

Tales matizaciones se derivan de que el art. 149.1 CE, en su apartado decimoprimero, establece como competencia exclusiva del Estado la de fijar las bases de la Ordenación del Crédito y Banca. en consecuencia, en la Ley de Cooperativas de Crédito se fijan cuáles son estas bases por lo que se refieren a las Cooperativas de Crédito, incluyéndose, no obstante, otros preceptos que no tienen este carácter con la finalidad de dar unas normas supletorias que se apliquen en defecto de legislación autonómica, de acuerdo con las más recientes exigencias de la Jurisprudencia constitucional.

Ley de Cooperativas de Crédito no pretende ofrecer una regulación completa y exhaustiva de todos los aspectos de las Cooperativas de Crédito, sino tan sólo establecer las bases del régimen jurídico de dichas instituciones en cuanto entidades de crédito, que al Estado corresponde dictar al amparo del art. 149.1.11 CE.

La Ley establece que las cooperativas de crédito, para poder constituirse y funcionar, han de cumplir la normativa sectorial dictada por las autoridades económicas. Ello significa que, dada su naturaleza mixta de entidades de crédito y sociedades cooperativas, en primer lugar, a todas las cooperativas de crédito españolas, sin excepción, les resulta de aplicación la legislación financiera estatal de carácter básico, esto es, la elaborada fundamentalmente por el Ministerio de Economía y Hacienda y por el Banco de España. Ahora bien, como sociedades cooperativas, supletoriamente les es de aplicación la legislación de cooperativas, es decir, la legislación estatal o la legislación autonómica correspondiente, en nuestro caso la LSCCan.

Todas las cooperativas de crédito españolas están adheridas al Fondo de Garantía de Depósitos de las Entidades de Crédito que se crea al objeto de garantizar los depósitos en entidades de crédito hasta el límite de 100.000 euros por depositante. Asimismo, el Fondo tendrá por objeto la realización de actuaciones que refuercen la solvencia y funcionamiento de una entidad en dificultades, en defensa de los intereses de los depositantes, del propio Fondo y del conjunto del sistema integrado por las entidades de crédito adheridas al mismo.

Así, el Banco de España es el supervisor de las cooperativas de crédito que quedan sometidas, al igual que el resto de entidades de crédito, a su inspección, supervisión y régimen sancionador. Por último, será de aplicación a las Cooperativas de Crédito la Ley 10/2014, de 26 de junio, de ordenación, supervisión y solvencia de entidades de crédito.

Por último, el párrafo tercero del art. 131 LSCCan establece que *"la consejería competente en materia de cooperativas de crédito ejercerá las competencias que le correspondan sobre esta clase de cooperativas en función de su ámbito territorial, de conformidad con la legislación vigente."*

XIV. COOPERATIVAS JUNIOR

En un mundo cada vez más enfocado en la colaboración y la innovación, las Cooperativas Junior se han convertido en una fuerza impulsora en el ámbito empresarial. Estas iniciativas estudiantiles promueven el espíritu emprendedor y la formación práctica en un entorno universitario, permitiendo a los jóvenes desarrollar habilidades empresariales mientras generan impacto positivo en su comunidad.

La LSCCan contempla en su art. 132 las llamadas Cooperativas junior considerando que se incluyen bajo esa denominación "*las que, promovidas por los estudiantes, tienen por objeto la aplicación práctica de habilidades y conocimientos adquiridos en los centros de enseñanza en los que se encuentran matriculados o matriculadas, mediante el desarrollo de actividades económicas destinadas a la producción de bienes o prestaciones de servicios*".

De esta forma la LSCCan recoge y regula el fenómeno de las cooperativas junior en las Universidades Canarias y la necesidad de impulsarlas, así como su importancia en la formación de los futuros líderes empresariales. Estas cooperativas brindan a los estudiantes una oportunidad única para aplicar los conocimientos adquiridos en el aula en proyectos reales, fomentando el trabajo en equipo, la toma de decisiones y la gestión de recursos.

Se trata, por lo general, de cooperativas formadas por un equipo de estudiantes que, en ocasiones, e constituyen al inicio de sus estudios como asociaciones, para formar luego, con la ayuda de programas del Gobierno Canario, Cooperativas Junior. Su finalidad consiste desarrollar proyectos reales para poner en práctica los conocimientos teóricos adquiridos (creación, organización y gestión de una cooperativa, desarrollo de una actividad en forma cooperativa y colaborativa...). Presentan ventajas tanto desde el punto de vista educativo, ya que suponen una herramienta para aprender cómo se constituyen, organizan, funcionan y gestionan en la práctica las cooperativas, como desde el ámbito económico y social, ya que pueden desembocar en la creación de nuevas cooperativas a la finalización del periodo de aprendizaje.

El precedente más importante de cooperativas junior lo encontramos en la Comunidad Autónoma de Euskadi. La Ley 11/2019, de 20 de diciembre, de Cooperativas de Euskadi, ha incluido en su regulación a las junior cooperativas como un nuevo tipo de cooperativas señalando que éstas *"merecen identificación y regulación específicas"*. La inclusión de las junior cooperativas dentro de la nueva ley ha supuesto un paso hacia delante, ya que constituyen de facto, una nueva clase de cooperativa, distinta del resto de cooperativas contempladas en la Ley. Y es que, este reconocimiento ha sido necesario, ya que, en la práctica, si bien este tipo de cooperativas ya existían con anterioridad a la aprobación de la Ley, salvo una Instrucción de Servicio dictada por el Registro de Cooperativas de Euskadi, éstas carecían de mención y regulación. No obstante, y si bien el reconocimiento normativo ha sido imprescindible, todavía queda camino por recorrer ya que las junior cooperativas siguen encontrando diversos problemas[83].

El segundo párrafo del art. 132 nos habla de la duración de la cooperativa, que tendrá carácter indefinido. No obstante, el precepto hace una importante matización, ya que advierte que cuando de todas sus personas socias únicamente dos cumplan el requisito de ser estudiantes, la cooperativa perderá su consideración de sociedad cooperativa junior. Una vez producida esta circunstancia, se comunicará en un plazo máximo de treinta días, a contar desde el siguiente en que se produzca, al Registro de Sociedades Cooperativas de Canarias a los efectos de su clasificación.

---

83 ARREGI UZURIAGA, A., & ALZOLA BERRIOZABALGOITIA, I. Las Junior Cooperativas en la Nueva Ley de Cooperativas de Euskadi . GIZAEKOA - *Revista Vasca De Economía Social*, (19) 2023.

XIV. BIBLIOGRAFÍA

ALONSO SOTO, F., GONZALEZ SALGUERO, S., BALAGUER ESCRIG, C., PAZ CANALEJO, N. *Nueva legislación cooperativa y su incidencia en las Comunidades Autónomas,* UNACC 1987.

ALONSO SOTO, F., *La alternativa del cooperativismo sanitario,* Gabinete de Estudios y Promoción del Cooperativismo Sanitario, Madrid 1989.

ALONSO SOTO, F., "Las clases de cooperativas. Especial referencia a las cooperativas sanitarias" R*evista de Estudios Sociales y de Sociología Aplicada* nº 68, Madrid 1987.

ALONSO SOTO, F., "El cooperativismo sanitario en la Ley General de Cooperativas" en *Ensayo sobre la Ley General de Cooperativas,* pp. 189-224, UNED, Madrid 1990.

ARREGI UZURIAGA, A., & ALZOLA BERRIOZABALGOITIA, I. Las Junior Cooperativas en la Nueva Ley de Cooperativas de Euskadi. GIZAEKOA - *Revista Vasca De Economía Social,* (19) 2023.

BALAGUER ESCRIG, C., *El crédito cooperativo. Régimen jurídico estatal.* UNACC 1989.

BARRERA CEREZAL, J., *Gestión empresarial de la Cooperativa de Trabajo Asociado,* Ministerio de Trabajo y de Seguridad Social, Madrid 1985. BOLDO RODA, C., "Clases de cooperativas de primer grado", (dir. Alfonso Sánchez, R.) Régimen Jurídico de las sociedades cooperativas catalanas, Atelier 2020, pp. 427-470

BORJABAD BELLIDO, R., "La cooperativa agroindustrial en el Texto Refundido de la Ley de Cooperativas de Cataluña" *Monografies Cooperatives,* nº 11, pp. 291-312, AEC, Lleida, 1992.

BORJABAD GONZALO, P.,-"La empresa agraria; distintas clases de empresario" *Monografies cooperatives* nº 4, pp. 83-106 AEC, LLeida 1986.

BORJABAD GONZALO, P.,-"Explotacións comunitaries de terres y bestiar en societat cooperativa", Règim juridic-economic", *Monografies Cooperatives* nº 7, Lleida 1989.

BORJABAD GONZALO, P.,-"La cooperativa agraria como instrumento de desarrollo rural en el marco de la Economía social: algunos aspectos de su régimen económico jurídico desde la información que nos proporciona la contabilidad. *Anuario de la Fundación "Ciutat de Lleida",* 1990, pp. 25-50.

BORJABAD GONZALO, P., "El Derecho Agrario Catalán" *Anuario de la Fundación "Ciutat de Lleida",* 1992, pp. 21-52, Lleida 1992.

BORJABAD GONZALO, P., *La sociedad cooperativa de trabajo asociado,* EFOCA, Santa Cruz de Tenerife, 1994.

BORJABAD GONZALO, P., "Les societats cooperatives del camp", *Monografíes Cooperatives* nº 1, AEC, Lleida 1994.

BORJABAD GONZALO, P., *Derecho Cooperativo Catalán,* Lleida 2005.

CARNERO LORENZO, F., NUEZ YÁNEZ, J.S., "La adaptación de las cooperativas agrarias canarias a los cambios económicos acaecidos en el último siglo", *Anuario de Estudios Atlánticos,* nº. 61, 2015, pp. 1-14.

CARNERO LORENZO,F.:"Las dimensiones socioeconómicas del Tercer Sector en Canarias", *CIRIEC-ESPAÑA, Revista de Economía Pública, Social y Cooperativa,* nº. 89, 2017, pp. 119-226.

CARPIO MATEOS, F., "De las cooperativas sanitarias", AAVV, *Comentarios a la Ley 27/1999 de 16 de julio* tomo I, Consejo General del Notariado, Madrid, 2001.

CASTAÑO COLOMER, J., *La cooperativa de consumo,* CEAC, Barcelona 1982.

CELAYA ULIBARRI, J., "Estructura y problemática jurídica de la Corporación MCC" *Anuario de estudios Cooperativos de la Universidad de Deusto,* Bilbao 1992.

CHAVES ÁVILA, R.: "La insuficiencia de las actuales políticas de fomento de cooperativas y sociedades laborales frente a la crisis en España", *REVESCO: Revista de Estudios Cooperativos,* nº 113, 2014, pp. 61-91.

_ "Las políticas públicas y las cooperativas", *Ekonomiaz: Revista Vasca de Economía,* nº. 79,2012, pp. 168-199.

CHAVES RIVAS A., "Las Cooperativas de trabajo asociado", *Cooperativas. Comentarios a la Ley 27/1999 de 16 de julio* tomo I, Consejo General del Notariado, Madrid 2001.

CLUA MIQUEL, D., Las cooperativas de seguros en la legislación vigente española. *Monografías cooperativas* nº 10, AEC Lleida, 1991.

CORONADO FERNÁNDEZ, F., "De las cooperativas agrarias", en AA.VV., *Cooperativas. Comentarios a la Ley 27/1999 de 16 de julio* tomo I, Consejo General del Notariado, Madrid 2001.

CUBEDO TORTONDA, M. "El régimen económico de las sociedades cooperativas: situación actual y apuntes para una reforma", *CIRIEC-España, Revista de Economía Pública, Social y Cooperativa,* nº. 58, agosto, 2007, 161-187.

DE LA VEGA GARCÍA, F., "XII. Sociedades Cooperativas de crédito" en *Manual de adaptación de estatutos a la Ley 8/2006 de 16 de noviembre, de Sociedades Cooperativas de la Región de Murcia* / coord. por Alfonso Sánchez, R., 2009, pp. 132-132.

DIVAR, J., *Régimen jurídico de las sociedades cooperativas,* Bilbao, 1987.

DOMÍNGUEZ CABRERA, M.P., "Principales aspectos jurídicos del derecho de información del socio en la cooperativa", CIRIEC-España. *Revista jurídica de economía social y cooperativa,* nº. 21, 2010, pp. 9-35.

DOMÍNGUEZ CABRERA, M.P., "La promoción de la igualdad de género como principio de la economía social en las cooperativas canarias", *Revista Boliviana de Derecho,* nº. 21, 2016, pp. 375-395.

DOMÍNGUEZ CABRERA, M.P., "La promoción de la economía social en las cooperativas canarias", *Revista de Derecho Privado,* nº. 98, 11-12, 2014, pp. 45-59.

ECHEVERRIA TORRECILLA, A.M., "Las relaciones laborales en las cooperativas de trabajo asociado según Ley 4/83, de 9 de marzo, de cooperativas de Cataluña", *RJC,* 1990, pp. 79-85.

ELENA DIAZ, F., "Tendencias actuales del cooperativismo de viviendas", en "Jornadas de estudio sobre cooperativismo", pp. 201.-250, *Servicio de Publicaciones del Ministerio de Trabajo,* Madrid 1978.

FAJARDO GARCÍA, I.G., "Aspectos del régimen jurídico de la cooperativa de trabajo asociado en España", *Revista Venezolana de Economía Social,* vol. 3, núm. 5, primer semestre, 2003, pp. 36-51.

FAJARDO GARCÍA, I.G., en AA.VV., *Cooperativas: Régimen jurídico y fiscal,* (coord.. FAJARDO GARCÍA, G.), Tirant Monografías, Valencia 2011, p. 14 y ss.

FAURA, I., *Consumidores activos: experiencias cooperativas para el siglo XXI,* Icaria Editorial SA, Barcelona 2002.

FEDERACIÓ DE COOPERATIVES D'HABITATGES DE CATALUNYA, *Manual per a les Cooperatives d'habitatges,* Barcelona 1986.

FERRER CAZORLA, I., "De las cooperativas de seguros", en AA.VV., *Cooperativas. Comentarios a la Ley 27/1999 de 16 de julio* tomo I, Consejo General del Notariado, Madrid 2001, p. 743 y ss.

FUENTES VIÑAS, A.M., *Las cooperativas de enseñanza, (un estudio de las cooperativas de trabajo asociado),* Centro asociado de la UNED, Ceuta 2004.

JULIA IGUAL, J.F. Y SEGURA GARCÍA DEL RIO, I, "El cooperativismo agrario en España y la integración en las Comunidades Europeas" pp. 57-76, *CIRIEC* Valencia 1987.

LÓPEZ MARTÍNEZ, M., "Capítulo XVII. Cooperativas de enseñanza" en Tratado de Derecho de Sociedades Cooperativas / coord. por Vázquez Ruano, T.; Peinado Gracia, J.I., (dir.), Vol. 2, 2019, pp. 1511-1518.

MAGRIÑÁ, J., *La cooperativa de vivienda,* CEAC, Barcelona 1989.

MONZÓN CAMPOS, I., *Las cooperativas de Trabajo Asociado en la literatura económica y en los hechos,* Ministerio de Trabajo, Madrid 1989.

MONZÓN CAMPOS, J.L, CHAVES ÁVILA, R. & SAVALL MORERA, T., "La política presupuestaria de fomento de la economía social en un contexto de austeridad", *Presupuesto y gasto público,* nº 85, 2016, pp. 89-106.

MONZÓN CAMPOS, J.L., "Empresas sociales y economía social perímetro y propuestas metodológicas para la medición de su impacto socioeconómico en la U.E", *Revista de economía mundial,* nº 35, 2013, 151-163.

MORENO RUIZ, R., *Mutualidades, cooperativas de seguros y previsión,* CES, Madrid 2000.

MORILLAS JARILLO, M.J., "Concepto y clases de cooperativas", en AA.VV., *Tratado de Derecho de Cooperativas,* Tomo I (Dir. PEINADO GRACIA, VAZQUEZ RUANO) Tirant Lo Blanch, Valencia 2013.

MORILLAS JARILLO, M.J. *Las sociedades cooperativas,* Iustel, Madrid 2008

MORILLAS JARILLO, M.J. y FELIU REY, M.I., *Curso de cooperativas,* tomo I Tecnos, Madrid 1918.

MOSQUEDA, A., *Las cooperativas de enseñanza: propuestas metodológicas,* UCETAM, Madrid 2000.

ORTIZ RODRIGUEZ, J., "De las cooperativas de viviendas", en AA.VV., *Cooperativas. Comentarios a la Ley 27/1999 de 16 de julio* tomo I, Consejo General del Notariado, Madrid 2001.

PARDO LÓPEZ, M.M., "XI. Sociedades Cooperativas de enseñanza," en *Manual de adaptación de estatutos a la Ley 8/2006 de 16 de noviembre, de Sociedades Cooperativas de la Región de Murcia* / coord. por Alfonso Sánchez, R., 2009, pp. 130-132.

PAZ CANALEJO, N., y VICENT CHULIA, F., *Ley General de Cooperativas, Comentarios al Código de Comercio y a la Legislación Mercantil Especial,* EDERSA,1994.

PEDREÑO FRUTOS, J.A., *Las cooperativas de enseñanza en España,* U.E.CO.E., Madrid 1994.

ROMÁN CERVANTES, C. GALVÁN SÁNCHEZ, I. DOMÍNGUEZ CABRERA, M.P., "Las cooperativas ante la globalización magnitudes, actividades y tendencias", *Ekonomiaz: Revista Vasca de Economía*", nº 79, 2012, pp. 12-29.

ROMÁN CERVANTES, R., GALVÁN SÁNCHEZ, I., DOMINGUEZ CABRERA, M.P., "Los principales aspectos jurídico-económicos del proyecto de Ley de Sociedades Cooperativas de Canarias", *CIRIEC - España. Revista jurídica de economía social y cooperativa,* nº 32, 2018.

ROMÁN CERVANTES, C., GARCÍA PÉREZ, A.M., GARCÍA MARTÍNEZ, M., "De la cooperativa agroalimentaria a la *learning netchain*: hacia un planteamiento teórico interorganizativo e interpersonal", *REVESCO. Revista de Estudios Cooperativos,* 121, 2016, pp. 114-144.

ROMÁN CERVANTES, C., "Asociarse y exportar: el asociacionismo agrario en Canarias, 1940-2000", Revista de Historia Canaria, nº 189, 2007, pp. 133-154.

ROMÁN CERVANTES, C., "Spanish Cooperatives and Economic Cycles, A Retrospective Analysis", en Temel, Bülent (ed) *Cooperativism around the World: Opportunities and Challenges,* Cambridge Institute Publications, 2017, Capítulo 7, pp. 123-136.

ROMÁN CERVANTES, C., "Las cooperativas españolas y los ciclos económicos. Un análisis comparado", *CIRIEC-España, Revista de Economía Pública, Social y Cooperativa,* 80, 2014, pp.77-109.

ROMERO CANDAU, P.A., "De las Cooperativas de Consumidores y Usuarios", AAVV *Cooperativas. Comentarios a la Ley 27/1999 de 16 de julio* tomo I, Consejo General del Notariado, Madrid 2001.

ROMERO CANDAU, P.A., "De las cooperativas de servicios", AA.VV., *Comentarios a la Ley 27/1999 de 16 de julio* tomo I, Consejo General del Notariado, Madrid 2001.

SALINAS RAMOS, F., *La cooperativa agraria,* CEAC, Barcelona 1987

SANCHIS PALACIO, J., *El crédito cooperativo en España: un enfoque estratégico sobre las Cooperativas de Crédito,* CIRIEC, 1997.

SOLDEVILLA, A.D., *La empresa agraria,* Valladolid 1982.

TRUJILLO DIEZ, I.J., *Cooperativas de Consumo y Cooperativas de Producción,* Aranzadi, 2000.

TRUJILLO DIEZ, I.J., "El valor jurídico de los principios cooperativos: a propósito de la Ley 27/1999, de 16 de julio, de cooperativas, *Revista crítica de derecho inmobiliario,* año nº 76, nº 658, 2000, pp. 1329-1360.

VARGAS VASSEROT, C., GADEA SOLER, E., SACRISTÁN BERGIA, F., *Derecho de las sociedades cooperativas,* Wolters Kluwer, Madrid 2017.

VARGAS VASSEROT, C., "Cooperativas de crédito" en *Diccionario de derecho de sociedades* / Carmen Alonso Ledesma (dir.), 2006, pp. 387-394.

Capítulo XV.

Cooperativa de segundo grado, grupo cooperativo y acuerdos intercooperativos[1]

ROSALÍA ALFONSO SÁNCHEZ
Catedrática de Derecho Mercantil
Universidad de Murcia

I. INTRODUCCIÓN

Es tradicional introducir la materia relativa a la cooperación secundaria, los grupos cooperativos e incluso los acuerdos intercooperativos, ubi-

[1] Trabajo integrado en los siguientes proyectos: 1. "Método, finalidad y contenido en la ordenación jurídica del gobierno corporativo" (PID2021-128186NB-I00), financiado por el Ministerio de Ciencia e Innovación y del que es investigador principal José Miguel Embid Irujo; 2. "Plataformas digitales para la economía de cuidados" (TED2021-129367B-I00), financiado por el Ministerio de Ciencia e Innovación MCIN/AEI/10.13039/501100011033 y por la Unión Europea "NextGenerationEU"/PRTR", del que son investigadoras principales Mercedes Farias Batlle y Rosalía Alfonso Sánchez.

cando la temática en el sexto de los principios cooperativos formulados por la Alianza Cooperativa Internacional (ACI), el de intercooperación. Dejando a un lado el aspecto propio de la intercooperación representativa que encierra dicho principio[2] -centrada en la defensa y representación de los intereses generales de las cooperativas y del cooperativismo-, en este capítulo analizaremos la intercooperación desde su perspectiva económica, es decir, desde su pretensión de incentivar que las cooperativas establezcan entre sí uniones o vínculos económico-empresariales.

Cuál sea la intensidad y duración de esos vínculos decantará el supuesto hacia el marco de una intercooperación estricta y meramente económica o hacia el ámbito de la intercooperación empresarial. Y es en esta última faceta donde se insertan las estrategias que alteran el poder de decisión económica de las cooperativas que se vinculan y dan lugar a una nueva empresa cuya titularidad jurídica es plural. Esto nos conduce a la integración cooperativa, es decir, a esa forma de concentración empresarial entre sociedades cooperativas cuya característica esencial es compatibilizar un alto grado de unión en lo económico con el mantenimiento de la autonomía jurídica. En definitiva, la integración cooperativa hace referencia y se centra en aquellos instrumentos que permiten que surja una nueva empresa si bien manteniendo la personalidad jurídica de las cooperativas (y, en su caso, otras entidades) que en ella participan, provocando una concentración en la pluralidad[3].

En el presente capítulo prestaremos atención a las figuras de integración de las que se ocupa la LSCCan, la cooperativa de segundo grado[4] y

---

2 El asociacionismo cooperativo constituyó, durante mucho tiempo, el único referente normativo e institucional del principio de intercooperación, pero en la actualidad se aleja por completo de cualquier propósito de signo empresarial subsumiéndose dentro de las llamadas "organizaciones de categoría" *(umbrella organizations). Vid.*, EMBID IRUJO, J.M., *Introducción al derecho de los grupos de sociedades,* Comares, Granada, 2003, p. 147 y obras previas del autor.

3 Sobre estas cuestiones, EMBID IRUJO, J.M., *Introducción al derecho de los grupos, op. cit.*, pp. 160-161; ALFONSO SÁNCHEZ, R., *La integración cooperativa y sus técnicas de realización: la cooperativa de segundo grado,* Tirant lo Blanch, Valencia, 2000, pp. 316-325. EMBID IRUJO, J.M./ALFONSO SÁNCHEZ, R., "Capítulo XI Grupos cooperativos, epígrafe I (Instrumentos para la integración cooperativa. Cuestiones preliminares, pp. 1207-1214), en AA.VV., *Tratado De Derecho de Sociedades Cooperativas,* Vol. II, 2ª ed. Tirant lo Blanch, Valencia, 2019, p. 1214.

4 La cooperativa de segundo grado ha sido desde siempre, y sigue siendo, el destino natural de los procesos de integración cooperativa. Por todos, EMBID IRUJO, J. M., *Introducción al derecho de los grupos, op. cit.*, p. 155; *ídem,* "Problemas actua-

el grupo cooperativo, pero también a los acuerdos intercooperativos que pese a su finalidad simplemente colaborativa (intercooperación económica) son contemplados de forma expresa en la ley autonómica.

II. COOPERATIVA DE SEGUNDO GRADO

La cooperativa de segundo grado es una sociedad cooperativa que se caracteriza por su particular finalidad (la integración), por la composición de su base subjetiva (fundamentalmente cooperativas) y por su facultad de autorregulación[5].

En este último aspecto se advierte en las recientes reformas legislativas un mayor número de preceptos y de reglas dedicados a la específica regulación de la cooperación secundaria, así como una remisión directa a los estatutos y al reglamento de régimen interno de cada cooperativa de segundo grado[6]. No es este el caso, sin embargo, de la LSCCan, que, pese a ser la última en ver la luz, se ha mantenido en la tendencia de las leyes de cooperativas de finales de los años 90 del siglo pasado, remitiendo a la "regulación de carácter general" de la cooperativa para colmar los silen-

---

les de la integración cooperativa", *Revista de Derecho Mercantil*, núm. 22, 1998, pp. 7-36, pp. 8-9 y 17-18; *ídem*, "La integración cooperativa y su tratamiento en la Ley 4/1993, de 24 de junio, de cooperativas de Euskadi", en AA.VV., *Estudios de Derecho Mercantil. Homenaje al Profesor Justino Duque Domínguez*, vol. I, Valladolid, 1998, pp. 223-231, p. 225.

5 Sobre estas características, ALFONSO SÁNCHEZ, R., "Capítulo VI. Las cooperativas de segundo grado y los grupos cooperativos: formas personificadas o no de integración. los acuerdos intercooperativos como instrumento de colaboración", en AA.VV., *Las cooperativas y otras formas de colaboración empresarial al margen de las sociedades mercantiles*, Número especial, Cuadernos de Derecho y Comercio, Fundación Notariado, Madrid, 2024, pp. 195-262, pp. 203-206.

6 Así, art. 133 LCPAs; art. 131.6 LCCant; art. 156.6 LCC-LM; art. 151 LCEusk; art. 125.4 LCCyL; art. 81.5 LFCN. La regulación de carácter general entrará en juego tras agotar las normas específicas de las cooperativas de segundo grado y las contenidas en los estatutos puesto que las previsiones estatutarias son fuente normativa directa y complementaria del régimen legal, tanto si lo aclara la norma como si no lo hace. El art. 136 LCCM, con carácter previo a la entrada de lo dispuesto para las cooperativas de segundo grado, llama a la LCoop *("en lo no previsto por los artículos anteriores de esta Sección, se estará a lo establecido en los estatutos y en el Reglamento de régimen interno y, en su defecto, en la legislación estatal y, en cuanto lo permita la específica función y naturaleza de las cooperativas de segundo o ulterior grado, a lo establecido en esta Ley sobre cooperativas de primer grado").*

cios de los preceptos dedicados a la cooperación secundaria (cláusula de supletoriedad)[7].

Esta realidad obliga a construir el régimen jurídico de la cooperativa de segundo grado canaria atendiendo a los preceptos específicos de la ley autonómica y a la regulación de carácter general de la cooperativa en lo no previsto. Ahora bien, en esta situación los estatutos sociales se convierten en el documento idóneo donde hacer valer la autonomía de la voluntad que puede encontrar referentes y propuestas valiosas en muchas previsiones de otras leyes autonómicas, razón por la cual éstas se traerán a colación en el presente trabajo.

1. Régimen jurídico de la cooperativa de segundo grado

A) Componente subjetivo de la cooperativa de segundo grado

Son necesarias al menos dos sociedades cooperativas para la válida constitución y funcionamiento de la cooperativa de segundo grado[8]. Cumplida esta exigencia, las leyes de cooperativas abren la base subjetiva de la figura a otras personas o entidades socias.

La LSCCan, por ejemplo, admite la integración de cualesquiera personas jurídicas, públicas o privadas, incluso empresarios individuales[9]. A éstas se unen en algunas leyes autonómicas las sociedades agrarias de transformación[10], las personas físicas[11], las sociedades civiles[12], así como las comu-

---

7 Art. 137.4 LSCCan, art. 77.6 LCoop, art. 141.7 LCIB, 130.9 LCG, 130.5 LCLR. Otras leyes remiten a “las normas de la cooperativa de primer grado”, aclarando incluso que la remisión será posible “en cuanto lo permita la específica función y naturaleza de las cooperativas de segundo” (art. 133 LCPAs; art. 131.6 LCCant; art. 156.6 LCC-LM; art. 151 LCEusk; art. 125.4 LCCyL; art. 136 LCCM). Precisión acertada pues encauza la aplicación de las reglas previstas para la cooperativa de primer grado a través de unos límites claros como la especial función y naturaleza de la de segundo grado. La LCCat indica algo similar al aludir a “las disposiciones sectoriales que les sean de aplicación”.

8 La LCCat requiere *dos personas jurídicas,* al menos una cooperativa (art. 12.3).

9 Art. 137.2 LSCCan. También así, art. 77.1 LCoop, arts. 108.2.a) LSCAn, 138 LC-Cat; 132.1 LCCM; 133.1 LSCRM.

10 Arts. 108.2.a) LSCAn y 90.a LCAr.

11 Arts. 108.2.b) LSCAn, 155 LCC-LM, 129 LCEusk, 122 LCCat y 131 LSCEx.

12 Art. 108.2.b) LSCAn.

nidades de bienes y derechos[13]. También los socios de trabajo y los socios colaboradores podrán integrar la entidad siempre y cuando su presencia se haya previsto en los estatutos; aclaración expresamente contemplada en la LCoop y en la mayoría de las autonómicas pero innecesaria pues deriva de la genérica admisión de dichos socios en cualquier cooperativa[14].

La tendencia general es también exigir que las cooperativas integrantes de la de segundo grado lo sean de grado inferior, tal y como requiere la LSCCan[15]; dato que la distancia de la LCoop y de las autonómicas que se refieren -sin más concreción- a "sociedades cooperativas"[16] (redacción que permite que cooperativas de segundo grado puedan ser socias de otra de esa misma "graduación"). Finalmente, la LSCCan -al igual que otras autonómicas- especifica que las cooperativas que integren la de segundo grado pueden ser de la misma o distinta clase[17]. En el marco de las leyes que no aclaran tal extremo la cuestión quedará, si así se considera por los socios, a la determinación estatutaria.

B) Decisión de constituir una cooperativa de segundo grado

La decisión de constituir una cooperativa de segundo grado ha de partir de las entidades que lo pretendan, como sabemos, al menos dos cooperativas. Prescindimos en este trabajo del proceso a seguir por las otras personas o entidades no cooperativas que puedan ser socios de la de segundo grado, para centrarnos en las cooperativas socias.

---

13 Arts. 108.2.b) LSCAn, 155.1 LCC-LM.

14 Arts. 13.4, 14 y 77.1 LCoop. Obviamente, los socios de trabajo en las cooperativas que no cooperativizan trabajo. En cualquier caso, es frecuente exigir convergencia de intereses y necesidades entre los distintos socios (arts. 8 y 77 LCoop) y que los estatutos no lo prohíban (la LCAr -art. 90.a- establece la previsión a contrario: si los estatutos lo prevén expresamente). Para la SAP Palencia 18-2-2008 (EDJ 2008/171151) para poder incorporar personas físicas a una cooperativa ésta ha de ser de primer grado "pues si se hubiese calificado como de segundo grado ello imposibilitaría que los ganaderos individuales pudieran ser socios".

15 Especifican que las cooperativas integradas sean de grado inferior la LSCAn (art. 108.1), LCPAs (art. 130.1), LCIB (art. 153), LCCant (art. 131.1), LCC-LM (art. 155.1), LCCat (art. 138), LCEusk (art. 147.1), LCCM (art. 132.1), y LSCCan (art. 137.2).

16 Art. 77.1 LCoop, art. 90 LCAr, art. 131 LSCEx, art. 133.1 LSCRM y art. 101.1 LCCV.

17 Art. 137.1 LSCCan. Del mismo modo, art. 125.1 LCCyL, art. 134 LSCEx, art. 130.1 LCG, art. 130.1 LCLR, art. 81.1 LFCN.

La regla general que se observa en la LSCCan (al igual que en la LCoop y en la mayoría de las leyes autonómicas) es que el acuerdo para constituir una cooperativa de segundo grado [y para incorporarse a una ya constituida, o separarse de ella], corresponde en exclusiva a la Asamblea general de cada cooperativa socia[18]. También comparten la mayoría de las normas la ausencia de previsión expresa de una mayoría cualificada para tal decisión, por lo que habrá que atender al régimen general y al porcentaje de votos previsto en cada norma[19]. En la LSCCan el acuerdo quizá puede considerarse incluido en los relativos a la "modificación sustancial en la estructura económica, organizativa o funcional de la cooperativa" y, en consecuencia, requerir mayoría de los dos tercios de los votos presentes y representados[20].

C) Algunas cuestiones relativas a la posición de socio en la cooperativa de segundo grado

Las normas que regulan la posición de socio en la cooperativa de segundo grado persiguen un triple objetivo tendente a evitar el control político o económico de la cooperativa de segundo grado por parte de uno o varios socios, a incentivar la participación de las cooperativas en estructuras de segundo grado a través de los derechos económicos, y a activar el flujo de información hacia el cuerpo de socios de las entidades integradas.

1º Evitar el control político o económico de la cooperativa de segundo grado por parte de uno o varios socios

---

18 Art. 36.1.h) LSCCan. También art. 21.2.h LCoop, art. 27.1.h) LCAr, art. 43.2.g) LCPAs, art. 52.2.h) LCIB, art. 32.2.i) LCCant, art. 33.3.g) LCEusk, art. 39.2.h LSCEx, art. 43.1.g) LCC-LM, art. 31.2.g) LCCyL, art. 43.4 LCCat, art. 31.1.i) LCG, art. 35.2.h) LCLR, art. 27.3.g) LCCM, art. 37.2 LSCRM, art. 31.1.h) LCCV. Como excepciones, en la LCCat la competencia es delegable estatutariamente en el Consejo rector (art. 43.4); la LFCN no contempla la competencia entre las de la Asamblea General; y tampoco lo hace la LSCAn, aunque quizá podría entenderse comprendida en la competencia referida a integración en consorcios, uniones o agrupaciones de carácter económico o participación en el capital social de cualquier tipo de entidad (art. 28.h).

19 Cfr., art. 28.1 LCoop, art. 50.1 LCPAs, art. 32.4 LCCM, art. 33.1 LSCAn, art. 34.1 LCAr, art. 57.1 LCIB, art. 37.1 LCCyL, art. 38.1 LCEusk, art. 37.1 LCG, art. 40.1 LCLR, art. 36.6, art. 39.2 LCCant, art. 47.2 LSCEx, art. 51.2 LCC-LM, art. 45.2 LSCRM, art. 47.2 LCCat.

20 Art. 41.1.b) LSCCan. Así también art. 57.2 LCIB, art. 39.2 LCCant,

Para evitar que uno o varios socios controlen la cooperativa de segundo grado económica o políticamente y, en especial, que lo hagan los socios de naturaleza no cooperativa, las normas establecen diferentes límites a su participación con relación al número total de socios, al porcentaje de votos y a la tenencia de capital.

Cuál sea el *volumen de participación de los socios no cooperativas* en las cooperativas de segundo grado no es una cuestión resuelta de forma homogénea en nuestras leyes. En la LSCCan y algunas otras, las entidades no cooperativas no pueden superar el 45% del total de socios[21], en otras el 25%[22], y otras disponen que los socios han de ser, en su mayoría, cooperativas[23], dejando las demás sin especificar este dato[24].

Cosa distinta es el *total de votos sociales* a disponer en conjunto por los socios-no cooperativas en la Asamblea general de la de segundo grado, aunque tampoco en este caso coinciden las leyes de cooperativas en sus soluciones. La LSCCan, por ejemplo, no contiene previsión al respecto. La regla más seguida es la de que han de quedar en manos de los socios de naturaleza cooperativa *la mayoría* de los votos sociales[25] si bien los estatutos pueden establecer un límite inferior[26] o superior[27]. Utilizando una regla inversa, el resto de leyes disponen que las entidades no cooperativas no puedan superar el 40% del *total de los votos sociales* de la cooperativa de segundo grado -salvo previsión estatutaria de un límite inferior[28]-; o el 49%[29],

---

21 Art..137.2 LSCCan. También art. 77.1 LCoop, art. 133.1 LSCRM.

22 Art. 125.1 LCCyL; art. 130.1 LCG, 130.1 LCLR.

23 Art. 108.2 LSCAn.

24 Quizá las referencias de las que sí lo expresan podrían servir de orientación para la inclusión en los estatutos de las cooperativas de segundo grado pertenecientes a los ámbitos normativos que omiten la previsión, de unos porcentajes similares.

25 Art. 108.2 LSCAn.

26 Art. 130.1 LCPAs; art. 131.2 LCCant; art. 131.1 LSCEx; art. 147.1 LCEusk.

27 El art. 90.a) LCAr dispone que las cooperativas (o las sociedades agrarias de transformación) deben ostentar la mayoría de los votos sociales, pudiendo los estatutos establecer un mínimo superior.

28 Art. 26.2 LCoop. Y si los estatutos prevén voto ponderado –en atención a la actividad cooperativizada o al número de socios activos que integren la entidad asociada-, se impone un límite de votos por socio.

29 Art. 155.1 LCC-LM.

el 40%[30], el 20%[31] o un tercio[32], *del total de votos existentes en la cooperativa*; o, con otra fórmula, el 40%[33] o el 25% *de los votos presentes y representados* en la Asamblea general[34], permitiendo algunas normas fijar límites inferiores en estatutos[35].

En cuanto al *número de votos* que puede ostentar en la Asamblea de la cooperativa de segundo grado *un socio que no sea cooperativa,* la LSCCan guarda de nuevo silencio, ofreciendo el resto de leyes soluciones variopintas. Algunas disponen que no podrá ser superior a un tercio de los votos sociales, salvo que hubiese menos de cuatro socios[36]; otras contienen exigencias similares[37]. También hay normas que disponen una regla común *para todos los socios de la cooperativa secundaria,* con independencia de su naturaleza (cooperativa o no), limitando entonces el voto por socio, por ejemplo, al 50% de los derechos de voto[38] o, como es el caso de la LCoop (art. 26.6), a un tercio de los votos totales, salvo que la sociedad estuviese integrada sólo por tres cooperativas -en cuyo caso el límite se eleva al 40%- o únicamente por dos[39] –supuesto que requiere unanimidad-[40]. Y no faltan las ocasiones en que se opta por una *regla genérica, aplicable a la cooperación de cualquier grado,* que se centra en el máximo de votos que puede ostentar *un socio* (cooperativa o no), de modo que ningún socio puede tener más de un tercio de los votos, salvo que la cooperativa esté integrada por tres socios, pues el límite se eleva al 40%; límite que no se aplica en cooperativas de dos socios[41].

---

30 Art. 81.1 LFCN.

31 Art. 125.1 LCCyL.

32 Art. 132.1 LCCM.

33 Art. 101.1 LCCV.

34 Art. 130.6. LCG.

35 Art. 132.1 LCCM.

36 Así, art. 133.1 LSCEx, art. 134.1 LCCM, art. 81.2 LFCN y art. 149.1 LCEusk.

37 Según el art. 37.6. LCCant, en todo caso, el número de votos de las entidades que no sean cooperativas no podrá ser superior al veinte por ciento de los votos sociales. Y para el art. 138 LCCat, en todo caso, las cooperativas que son socias de aquella tienen en todo momento y en todos los órganos, como mínimo, más de la mitad de los votos sociales.

38 Es el caso del art. 101.3 LCCV.

39 Art. 52.2 LCPAs

40 Art. 130. 6. LCG.

41 Art. 52.2 LCPAs, art. 37.6 LCCant.

Por otra parte, no es frecuente que las leyes concreten el *máximo de capital* que puede estar en manos del *conjunto* de socios de naturaleza no cooperativa partícipes en la de segundo grado[42]. La LSCCan, por ejemplo, no contempla tal aspecto, siendo esta una laguna que, a nuestro modo de ver, deberían salvar los estatutos. Las leyes autonómicas que lo contemplan limitan la cifra al 25%[43] o al 30%[44] del capital de la cooperativa de segundo grado y otras, con planteamiento inverso, exigen que al menos el 51% del capital social pertenezca a las sociedades cooperativas[45].

Si es frecuente, por el contrario, la indicación legal del porcentaje de *capital* que, como máximo, puede tener *un socio* en la cooperativa de segundo grado, cifrándolo en el 30%[46], en el 50%[47] e, incluso en el 75%[48]. Y no faltan normas en que, con carácter general –sin distinción de grado, tipo o clase de cooperativa-, se especifica el importe total de aportación al capital social por socio (por ejemplo, en un 25%[49], en un tercio del capital social[50], o en el 50%[51]). Sin embargo, la LSCCan vuelve a guardar silencio en este extremo, siendo recomendable que esta cuestión quede concretada en los estatutos.

2º Incentivar la participación de las cooperativas en estructuras de segundo grado a través de los derechos económicos

El segundo objetivo es incentivar la participación de las sociedades cooperativas en estructuras de segundo grado, lo que se pretende conseguir con algunas previsiones reflejadas en el tratamiento de los derechos económicos del socio.

---

42 Circunstancia que sí suelen prever para las de primer grado.

43 Art. 130.1 LCLR.

44 Art. 125.1 LCCyL.

45 Art. 108.3 LSCAn.

46 Art 77.1.3º LCoop, art. 133.1 LSCRM (salvo en sociedades conjuntas de estructura paritaria).

47 Art. 130.1 LCG; arts. 61.6 y 130.1 LCLR.

48 Art. 108.3 LSCAn.

49 Art. 45.2 LFCN.

50 Art. 59.5 LCCyL.

51 Así, art. 74.7 LCC-LM, salvo que se trate de socios que sean sociedades cooperativas, entidades sin ánimo de lucro o sociedades participadas mayoritariamente por cooperativas, en que no rige ese límite general indicado, aunque podrá fijarse en los estatutos el montante máximo de suscripción individual de capital social que se estime conveniente.

Así, es un aliciente para la integración considerar *resultados cooperativos* y, en consecuencia, *repartibles* entre los socios vía retorno, los resultados derivados de los ingresos procedentes de inversiones o participaciones financieras en sociedades cooperativas, como disponen la LSCCan, la LCoop y algunas autonómicas[52]. No obstante, estas últimas suelen asumir esta regla introduciendo pequeños matices, como considerar también ingresos cooperativos: i) los retornos que perciban las cooperativas socios[53]; ii) los intereses que devenguen sus aportaciones al capital social[54]; iii) los rendimientos derivados de la financiación voluntaria[55].

Es igualmente un estímulo para la integración el hecho de que, *en caso de liquidación* de la estructura de segundo grado, tanto el Fondo de Reserva Obligatorio como el resto del haber líquido resultante se transfiera al fondo de la misma naturaleza de cada cooperativa socia, quedando las personas o entidades no cooperativas fuera del reparto, tal y como disponen la LCoop y algunas autonómicas[56].

En la LSCCanarias y el resto de normas autonómicas este acicate presenta diferencias que pueden influir en la decisión de pertenecer a cooperativas secundarias en sus territorios. Así: i) la LSCCan y otras normas sólo aluden al activo sobrante[57]/haber líquido resultante[58] y disponen su distribución entre todos los socios sin diferenciar entre ellos el destino del reparto[59]; ii) otras distinguen las partidas y asignan un destino distinto para cada una (el Fondo se reparte entre las cooperativas socias y se asigna a sus

---

52 Arts. 74.4.a) y 75.3 LSCCan. También arts. 57.3.a) y 58.4 LCoop. Igualmente, art. 65.2 LSCAn, arts. 57.4 y 58.2 LCAr; arts. 97.3.a) y 98.3 LCPAs; art. 92.3.a) LCIB, art. 70.3.a) LCCant; arts. 80.2.c y 81.3 LSCEx, arts. 57.3 y 58.4 LCCM, art.87.2.d) LCC-LM; art. 73.4.a) LCCyL y art. 50.2.a) LFCN.

53 Art. 108.6 LSCAn, art. 139. 3 LCCat, art. 130. 7.2º LCG, art. 130.4.2º LCLR.

54 Art. 108.6 LSCAn, art. 139. 3 LCCat, art. 130. 7.2º LCG, art. 130.4.2º LCLR.

55 Art. 108.6 LSCAn, art. 139. 3 LCCat.

56 Art. 77.4 LCoop, art. 147.1 LCIB, 125.5 LCCyL, 130.7.1 LCG; art. 130.4.1º LCLR, art. 133.4 LSCRM, art. 101.6 LCCV.

57 Art. 137.4 LSCCan. También art. 90. f) LCAr, art. 132 LCPAs, art. 131.5 LCCant, art. 156.5 LCC-LM, art. 150 LCEusk, art. 135 LCCM,

58 Tal es el caso del art. 108.5 LSCAn, arts. 139.4 y 106.1.e LCCat.

59 Art. 137.4 LSCCan. También art. 90.f) LCAr; art. 132 LCPAs; art. 131.5 LCCant; art. 156.5 LCC-LM; art. 150 LCEusk; La más precisa es la LCCM que, supuesto que permite el concurso de empresarios individuales y de socios de trabajo señala expresamente que de aquel reparto "no se podrá excluir a los socios individuales, sean usuarios o de trabajo" (art. 135).

fondos obligatorios[60] y el resto del haber líquido/activo sobrante se distribuye entre todos los socios, sin distinción de naturaleza -cooperativa o no- y sin especificación de destino)[61]; iii) en otras sólo se alude al haber líquido resultante/activo sobrante, pero se diferencia entre socios para el reparto, de modo que si son cooperativas deberán aplicarlo al Fondo de Reserva Obligatorio, siendo libre el destino para el resto[62], o el caso más llamativo de la ley balear que dispone que acrezca a la parte de las cooperativas la de los socios de otra naturaleza, y se destine a los fondos de reserva[63].

Tampoco muestran las leyes mayor homogeneidad en cuanto al *criterio para realizar el reparto o distribución* de los conceptos indicados entre los socios de la cooperativa de segundo grado. Según la norma a la que se atienda, aquél puede ser: i) como indica la LSCCan, proporcional a los *retornos* percibidos en los últimos cinco años o, en su defecto, a su participación en la *actividad cooperativizada* en ese período o desde la constitución de la cooperativa secundaria si no alcanzase dicho plazo[64]; ii) proporcional al volumen de la *actividad cooperativizada* desarrollada por cada "cooperativa" durante los últimos cinco años o, en su defecto, desde su constitución[65]; iii) proporcional al importe del *retorno* percibido en los últimos cinco años o desde la constitución de la cooperativa secundaria si su duración hubiera sido menor[66]; o finalmente, iv) proporcional al importe del *retorno* percibido en los últimos cinco años o desde su constitución para las cooperativas

60 También se da el caso de leyes que no indican expresamente que el destino al FRO sólo se produzca en socios de naturaleza cooperativa, pero se ha de presumir que sea así, pues el resto de formas sociales no cuentan con un fondo de tal naturaleza.

61 Art. 130.7.1º LCG, 130.4.1º LCLR.

62 Art. 108.5 LSCAn. Caso especial es el de la LCCat, que exige a los socios de naturaleza no cooperativa que destinen la parte que les corresponda en el reparto a una "entidad asociativa representativa del sector cooperativo, de la cooperativa, de la entidad de interés general sin ánimo de lucro o de la entidad pública que trabajen para fines sociales del territorio que figure expresamente recogida en los estatutos sociales o que se designe por acuerdo de la asamblea general" (art. 106.1.e). Véase también en un sentido similar, art. 63.2.e) LFCN.

63 Art. 113.1.d) LCIB.

64 Art. 137.4 LSCCan. También art. 90.f LCAr.

65 Art. 77.4 LCoop; art. 147.1 LCIB; art. 125.5 LCCyL.

66 Art. 108.5 LSCAn, art. 113.1.d) LCIB, art. 139.4 LCCat. La LSCEx omite el criterio de distribución para casos de vigencia inferior a cinco años, lo que es criticable (art. 124.5 y 3d). Además, hay que advertir que no se trata de una regulación específica para la cooperativa de segundo grado sino para cualquier cooperativa.

cuya duración hubiese sido inferior y en su defecto, en proporción a la participación de cada socio en la *actividad cooperativa* o, en su caso, al *número de miembros* de cada entidad agrupada[67].

3º Activar el flujo de información hacia el cuerpo de socios de las entidades integradas

El tercer objetivo, de repercusión escasa por el momento en la legislación cooperativa (la LSCCan, por ejemplo, no lo contempla), es lograr que la información de la cooperativa de segundo grado fluya hacia los socios de las entidades de base, consiguiendo el mayor grado de transparencia posible hacia el último eslabón de la cadena.

Fue la LCCLeón la que en 2002 introdujo en su articulado el objetivo mencionado, recogido años más tarde por la LSCExtremadura (2018) y que se materializa imponiendo a las cooperativas integradas la obligación de facilitar información a sus socios, al menos anualmente, acerca de su participación en éstas. La información se ha de proporcionar en Asamblea general y debe constar como punto específico del orden del día[68].

D) Cuestiones relativas al régimen orgánico de la cooperativa de segundo grado

Las leyes de cooperativas tienden a procurar que todos los integrantes de la cooperativa de segundo grado tengan representación en sus órganos. Sin embargo, no siempre son los preceptos dedicados a la cooperación secundaria los que de forma específica regulan esta materia, debiendo recurrir el intérprete a las reglas de aplicación supletoria previstas en cada norma, como se expone a continuación.

a) Participación en la Asamblea general

En las leyes autonómicas que contienen previsiones específicas con respecto a la participación de los socios en la Asamblea general de la cooperativa de segundo grado, la regulación es muy variada: ii) en un grupo de leyes, en el que se encuentra la LSCCan, cada persona jurídica estará representada por su representante legal o por un número de representantes

---

67 Con redacción similar entre ellos, art. 132 LCPAs, art. 131.5 LCCant, 156.5 LCC-LM, art. 150 LCEusk, art. 135 LCCM, art. 137.7.1º LCG, art. 130.4.1º LCLR.

68 Arts. 22.3.g) LCCyL y 27.10 LSCEx.

proporcional al derecho de voto que le corresponda[69]; i) en otro grupo de ellas la Asamblea general estará formada por un número de representantes legales de los socios personas jurídicas proporcional al derecho de voto de cada entidad y, en su caso, por los representantes de los socios de trabajo[70]; y iii) el resto de normas no encajan en ninguno de los supuestos anteriores y tampoco coinciden entre ellas en sus previsiones[71]. Por último, en Extremadura se garantiza la participación de todos los socios si bien a través de representante[72], de modo que cada persona jurídica (cooperativa o no) tendrá un representante (designado conforme a su específico régimen jurídico) y habrá un único representante para todos los socios de trabajo (designado entre ellos por el mayor número de votos)[73].

En la LCoop y el resto de leyes autonómicas no hay reglas específicas con respecto a la participación de los socios en la Asamblea general de la cooperativa de segundo grado[74]. Se ha de acudir, entonces, al régimen general de asistencia y representación, según el cual las cooperativas participarán en la Asamblea de la de segundo grado a través del presidente del Consejo rector o de su administrador único (de haber optado por esta modalidad de administración caso de estar integrada por menos de diez socios), y la del resto de personas jurídicas a través de la persona física que designen, participando las personas físicas por sí mismas[75]. El socio, ya sea persona física o jurídica -cooperativa o no-, puede hacerse representar por otro socio (que no puede representar a más de dos); y si es persona física,

---

69 Art. 137.3 LSCCan y art. 155.4. LCC-LM. En ambas normas las personas físicas que representen a personas jurídicas en el consejo rector, interventores, comité de recursos o liquidadores, no podrán representarlas en la asamblea de la cooperativa de segundo o ulterior grado, pero deben asistir a la misma con voz y sin voto, excepto cuando en su composición las entidades socios estén representadas por varios miembros.

70 Art. 131.1 LCAsturias; art. 131.3. LCCant; art. 149.1 LCEusk; art. 134.1 LCCM.

71 Vid., la distinta regulación contenida en LCAr (art. 90.b); LCCyL (art. 125.3), LCG (art. 130.3) y LCCV (at. 101.2 LCCV).

72 La regulación más parecida a la de la ley extremeña es la del art. 81.2 LFCN, estando la Asamblea constituida por un representante de cada socio persona jurídica y, en su caso, por un representante de los socios de trabajo. El procedimiento de elección del representante de estos últimos se establecerá en los estatutos.

73 Art. 133.1 LSCEx. Se ha de recordar que en la cooperativa de segundo grado extremeña no tienen cabida los socios personas físicas.

74 También es el caso de la LCIB, LCCat, LCLR y la LSCRM.

75 Art. 32 LCoop.

además, por un familiar dentro del grado de parentesco determinado en estatutos[76].

b) Participación en el órgano de administración

El modelo elegido para el órgano de administración de la cooperativa de segundo grado es, en todas las normas, el de Consejo rector[77]. De las previsiones de las distintas leyes cabe extraer, con carácter general, las siguientes conclusiones:

i) La elección de los miembros del Consejo rector compete a la Asamblea general. Es esta una afirmación expresamente recogida en la LSCCan y otras normas[78] y presumida en el resto. La LSCCan extiende esta competencia a la elección de interventores, comité de recursos y liquidadores[79].

ii) Algunas leyes permiten que la designación de consejeros no socios se decida por los consejeros electos, pero no así la LSCCan[80].

iii) En el Consejo rector han de estar representadas, directa o indirectamente, todas las entidades socias[81], variando la forma en que se enuncian los grupos de elegibles. Así, la Asamblea de la cooperativa de segundo grado realizará la elección bien de entre sus socios o miembros de entidades socios componentes de la misma, tal y como

---

76 Art. 27.1 y 2 LCoop.

77 Las normas que, al no contener régimen específico para la cooperativa de segundo grado, han de configurar el régimen orgánico con base en las reglas generales, podrían admitir otra modalidad de órgano de administración.

78 Art. 137.3 LSCCan. También art. 77.2 LCoop, art. 130.4 LCG; art. 130.2 LCLR; art. 133. 2 LSCRM; 134.2 LCCM.

79 Art. 137.3 LSCCan. También art. 77.2 LCoop, art. 130.4 LCG; art. 130.2 LCLR; art. 133. 2 LSCRM; art. 134.2 LCCM. El art. 90. c) LCAr no incluye al comité de recursos.

80 Art. 131.2 LCPAs; art. 149.2 LCEusk; art. 155.5 LCC-LM.

81 Art. 131.4 4. LCCant; art.131.2 LCPAs; art. 155.5. LCC-LM; art. 149.2 LCEusk. En todas estas normas el consejo rector tendrá un número mínimo de tres y un número máximo de quince miembros. Si las entidades socias fuesen más de quince, las que tengan menor número de votos deberán agruparse a efectos de designar sus representantes, observando las previsiones estatutarias o reglamentarias internas al respecto.

contempla la LSCCan[82]; bien entre sus socios[83], bien entre los candidatos presentados por las distintas entidades socias[84], o bien entre las personas socias y las personas candidatas propuestas por las cooperativas y otras personas jurídicas que sean socias[85].

iv) Se admite el organicismo de terceros[86] si lo prevén los estatutos, siendo usual exigir personas cualificadas y expertas, sin que superen en número un tercio del total de consejeros, como indica por ejemplo la LSCCan[87]. Sin embargo, otras normas remiten las posibles limitaciones, requisitos y condiciones a lo previsto para las cooperativas de primer grado[88]. El heterorganicismo se prevé también para el órgano de Intervención en la LSCCan y en algunas otras normas[89].

v) Para evitar injerencias de un órgano en las funciones del otro, la LSCCan (al igual que otras) prohíbe que las personas físicas representantes de las jurídicas en el Consejo rector, Interventores, Comité de recursos y Liquidadores puedan representarlas también en la Asamblea general de la cooperativa de segundo grado; sin embargo, tienen el deber de asistir a sus sesiones con voz pero sin voto[90].

vi) La LSCCan (y algunas otras) admiten el voto ponderado en el seno del Consejo rector, en proporción a la actividad cooperativizada o

---

82 Art. 137.3 LSCCan. También art. 77.2 LCoop, art.133.2 LSCEx; art.134.2 LCCM; art. 133. 2 LSCRM,

83 Art. 130.4 LCG; art. 130.2 LCLR.

84 Art. 81.3 LFCN (de las que habrán de ser socios); art., 90. c) LCAr; art. 133.2 LSCEx (donde sólo podrán ser candidatos los socios de las personas jurídicas integradas o los socios de trabajo).

85 Art. 101.4 LCCV.

86 En este caso, los miembros del consejo rector no pueden ser socios ni miembros de entidades socios.

87 Art. 137.3 LSCCan. También art. 77.2 LCoop, art.133.2 LSCEx; art.134.2 LCCM; art. 133. 2 LSCRM

88 Art. 130.2 LCLR; art. 130.4 LCG. La ley valenciana establece como límite que los administradores no socios no superen en número a los administradores socios (art. 101.4 LCCV).

89 Art. 137.3 LSCCan. También, art. 77.2 LCoop; art. 134.2 LCCM; art. 130.4 LCG; art. 130.2 LCLR; art. 133. 2 LSCRM.

90 Art. 137.3 LSCCan. También, art. 77.3 LCoop, art. 130.3 LCLR; art. 130.5 LCG; art. 133. 3 LSCRM. Excepto -según algunas normas- cuando en su composición las entidades socios estén representadas por varios miembros (art. 77.3 LCoop, art. 133. 3 LSCRM).

al número de socios de la entidad o entidades a las que representan los consejeros, si bien con ciertos límites[91].

E) El voto ponderado o proporcional en la Asamblea general

Es lugar común en la legislación cooperativa española la admisión y regulación del voto ponderado en el ámbito de la Asamblea general de la cooperativa de segundo grado. Incidimos en que se trata de un voto proporcional y no de un voto plural ya que la expresa indicación de un criterio de proporcionalidad con el que cuantificar el derecho de voto de cada socio supone la exclusión del voto plural para las sociedades cooperativas[92].

La regulación que sobre el voto ponderado contemplan la LSCCan y el resto de normases la siguiente:

a) Su admisión depende de que así *se prevea en los estatutos* sociales pues, en su defecto, la regla es el voto unitario o por cabeza (igualitario)[93]. Los estatutos deberán fijar con claridad los criterios de la proporcionalidad del voto[94]; y podrán regular los supuestos en que se utilice el voto igualitario[95].

---

91 Así, por ejemplo, con el límite señalado para la asamblea general, art. 137.3 LSCCan. También, art. 131.2 LCPAs: art. 149.2 LCEusk; art. 134.1 LCCM; art. 155.5 LCC-LM. Alguna norma aclara en estos casos que los estatutos pueden imponer el voto igualitario (art. 131.4 LCCant).

92 El voto plural implicaría conceder a socios con idéntica posición frente a la cooperativa diferente derecho de voto. Es siempre un voto de calidad pues supone atribuir a un socio/socios con idéntica posición que el resto un mayor número de votos, quedando así alterado el principio de igualdad entre socios. El voto proporcional, por el contrario, pese a ser una excepción a la regla de "un socio-un voto", establece la ecuación "mutualidad-voto" de modo que, a mayor participación del socio en la mutualidad propia de la cooperativa, mayor derecho de voto. En definitiva, el voto proporcional acuña en la cooperativa el criterio plutocrático de atribución de votos, si bien modulado por la peculiar tipicidad de esta forma social (ALFONSO SÁNCHEZ, R., La integración cooperativa, op. cit., pp. 118-140 y 494-501). En contra, VARGAS VASSEROT, C., "El voto plural ponderado y el principio cooperativo de gestión democrática. Análisis de su paulatino reconocimiento en el derecho positivo español", CIRIEC-España, Revista Jurídica de Economía Social y Cooperativa, nº 40, 2022, pp. 83-111.

93 La excepción es el art. 134.1 LCCM, que impone el voto proporcional

94 Art. 39.3 LSCCan. También art. 26.2 LCoop; art. 32.2 LCAr; art. 37.6 LCCant; art. 35.4 LCCyL; art. 41.5 LCLR; art. 44.6 LSCRM.

95 Art. 39.3 LSCCan. También, art. 37.9 LCCant; art. 49.6 LCC-LM: art. 44.6 LSCRM.

b) Los *criterios* elegidos con carácter general para la atribución del voto proporcional son el del número de socios activos que integran la cooperativa/entidad asociada y el de participación en la actividad cooperativizada, tal y como recogen la LSCCan y otras leyes[96].

c) Se suele establecer un *máximo de votos ponderados,* pero los límites y las condiciones varían según las normas. Así, en algunas, lo que se prevé es el límite máximo de voto ponderado a atribuir a las entidades que no sean cooperativas, cifrándolo en el 40%, -como hace la LSCCan[97]-, en el 20%[98], o en un tercio[99] de los votos sociales, pudiendo en la LSCCan los estatutos establecer un límite inferior[100]. En otras el conjunto: i) no podrá superar el 25% de los votos sociales, incrementándose éstos en el correspondiente porcentaje[101], *ii)* o no podrá ser superior al total de votos igualitarios, salvo que los estatutos modifiquen este último límite[102]. Y en otras ocasiones, se exige que en ningún caso pueda el conjunto de socios no cooperativos tener la mayoría de los votos sociales[103].

d) También hay leyes que marcan un *límite de voto ponderado por socio,* de modo que ningún socio pueda disponer: *i)* de más de un tercio de los votos totales salvo que la sociedad esté integrada por tres socios, caso en que el límite se elevará al 40%[104] y si la integran únicamente dos socios, los acuerdos deberán adoptarse por unanimidad (así lo

---

96 Arts. 127.3 y 39.3 LSCCan. También, art. 26.2 LCoop, art. 32.2 LCAr; arts. 52.2 y 131.1 LCPAs; arts. 37.6 y 131.2 LCCant; art. 35.4 LCCyL; art. 48.5 LCCat; arts. 130. 6 y 36.5 LCG; art. 41.5 LCLR; art. 134.1 LCCM; art. 44.6 LSCRM arts. 101.3 y 37.2 LCCV. El de participación en la actividad cooperativizada es el único criterio en el art. 81.2 LFCN y en el art. 133.1 LSCEx, En esta norma también será ese el criterio con relación al derecho de voto del representante de los socios de trabajo. En alguna norma se indica la posibilidad de que se atribuya en atención al número de "activos" que integran la cooperativa asociada; aunque quizá lo que quiso indicar el legislador fue "socios activos", y no "activos", palabra que tiene una afección patrimonial (art. 49.2.d) LCC-LM).

97 Art. 39.3 LSCCan. También, art. 44.6 LSCRM.

98 Art. 35.4 LCCyL.

99 Art. 133.1 LSCEx.

100 Art. 39.3 LSCCan. También, art. 44.6 LSCRM.

101 Art. 36.3 LCG.

102 Art. 33.1 LCCM.

103 Art. 48.5 LCCat.

104 Art. 39.3 LSCCan. También, art. 26.6 LCoop, art. 41.5 LCLR; art. 44.6 LSCRM.

recoge la LSCCan[105]); *ii)* de más de un tercio de los votos totales o del 49% de los votos sociales en aquellas cooperativas con menos de cuatro socios y no será de aplicación en las cooperativas de sólo dos socios[106]; *iii)* de más del 50% de los votos sociales[107] o de los derechos de voto[108]

e) Los socios titulares de voto ponderado pueden renunciar a ello para una asamblea o en cualquier votación, ejercitando entonces un solo voto, como dispone la LSCCan[109].

2. *Conversión en cooperativa de primer grado*

La ley canaria, al igual que la ley estatal y otras leyes autonómicas, prevé la posibilidad de que una cooperativa de segundo grado se *transforme* en una de primero, quedando *absorbidas* las cooperativas socias mediante el procedimiento establecido en la cada ley[110]. Procedimiento que, sin embargo, no existe en el articulado de la norma[111].

Para operar ese cambio serán necesarios dos acuerdos, el de transformación, adoptado por la Asamblea general de la cooperativa de segundo grado, y el de absorción, competencia de la Asamblea general de cada cooperativa socia. Este último debería ser previo al de transformación, pues cada cooperativa ha de formar su voluntad a favor o en contra de la posible absorción por parte de la "entidad degradada". Ante esta situación,

---

105 Art. 39.3 LSCCan. También, art. 26.6 LCoop, art. 41.5 LCLR; art. 35.1 LCCM; art. 44.6 LSCRM.

106 Art. 49.4 LCC-LM, art. 33.1 LCCM.

107 Art. 48.5 LCCat.

108 Art. 101.3 LCCV.

109 Art. 39.3 LSCCan. También, art. 26.7 LCoop, art. 37.9 LCCant; art. 49.6 LCC-LM; art. 44.6 LSCRM.

110 Art. 137.4 LSCCan. También, art. 77.5 LCoop y arts.156.4 LCC-LM, 130.8 LCG y 133.5 LSCRM. Sobre el "cambio de grado" en la cooperación, en el marco de modificaciones estatutarias no asimilables a la transformación, ALFONSO SÁNCHEZ, R., *La transformación de la sociedad cooperativa,* Edersa, Madrid, 2002, pp. 77-82.

111 La LSCCan y el resto de autonómicas que lo contemplan siguen a la LCoop y hablan de "transformación" (art.137.4 LSCCan arts.156.4 LCC-LM, 130.8 LCG, 133.5 LSCRM). La LCCat califica el procedimiento de "conversión" (art. 139.1). Sobre esta materia, en extenso, ALFONSO SÁNCHEZ, R., *La transformación de la sociedad cooperativa,* Edersa, Madrid, 2002, pp. 77-82.

se concede el derecho de separación tanto a las cooperativas socias como a los socios de ellas disconformes con "los acuerdos de transformación y absorción"[112]. El primer acuerdo (transformación) dará lugar al derecho de separación de las cooperativas disconformes; el segundo (absorción) lo permitirá para los socios disconformes de las cooperativas integradas (y en el seno de éstas). Y es que, desde una perspectiva técnica no hay transformación, puesto que no se produce un tránsito hacia otra forma social; y tampoco hay absorción, ya que las cooperativas socias de la de segundo grado perviven como tales en la de primer grado resultante de este proceso[113].

Resulta criticable, en todo caso, que las normas sólo se refieran a las cooperativas y no al resto de sujetos que pueden integrar la cooperación secundaria, como si hubiera una doble categoría de socios: los que tienen derecho a decidir sobre la conversión de la cooperativa de segundo grado en entidad primaria (las cooperativas) y los que carecen del mismo (el resto de socios), lo que no concuerda con el principio de igualdad que impera en la configuración de la forma social cooperativa[114].

3. La cooperativa de segundo grado con fines de integración empresarial

Es en la actualidad frecuente encontrar en las leyes de cooperativas autonómicas una especial atención a la cooperativa de segundo grado que se constituya "con fines de integración empresarial" (tal y como contem-

112 *Cfr.*, art. 77.5 LCoop.

113 Recordemos que la unicidad de la "forma social cooperativa" no se corresponde con un único tipo legal por lo que es comprensible que se haya facilitado el tránsito entre los dos tipos legales cooperativos (*cfr.*, ALFONSO SÁNCHEZ, R., "La cooperativa de segundo grado como tipo legal de sociedad cooperativa", en AA.VV., *Derecho de sociedades. Libro homenaje al profesor Fernando Sánchez Calero*, V, McGraw Hill, Madrid, 2002, pp. 4553-4604, pp. 4586-4587).

114 Como excepción al régimen de transformación/absorción descrito, la ley catalana deja "transitar" a la cooperativa de segundo grado hacia la primaria mediante la modificación de sus estatutos (art. 139.1°), simplificando así -a través de un acuerdo adoptado por mayoría de dos tercios del número de votos de los asistentes a la Asamblea, art. 89- el trámite de "conversión". Al respecto, EMBID IRUJO, J.M., "Capítulo XV. Integración e intercooperación económica", en AA.VV., Régimen jurídico de las sociedades cooperativas catalanas (Adaptado a la Ley 12/2015, de 9 de julio, de cooperativas de Cataluña), Dir. ALFONSO SÁNCHEZ, Atelier, Barcelona, 2020, pp.471-492, p. 477.

pla la LSCCan)[115] o "con la finalidad [o fin] de integrar empresas"[116]. Este diseño provoca, de entrada, la pregunta de si acaso una cooperativa de segundo grado no es, propiamente, la figura a la que el legislador atribuye la específica finalidad de desarrollar proyectos de integración; o dicho de otra manera, la estructura pensada para encauzar preferentemente los procesos de agregación societaria entre cooperativas (y otras entidades). A nuestro juicio, la respuesta es afirmativa pues las alusiones a los fines de integración empresarial de la cooperativa de segundo grado contenidas en algunas normas no cambian en nada la reflexión tipológica apuntada; tan sólo convierten en opción legal uno de los posibles objetivos que los socios pueden perseguir con esta agregación societaria, como es la articulación de un grupo de sociedades[117].

En el supuesto que ahora nos ocupa se está, en definitiva, ante la intención del legislador de utilizar la cooperativa de segundo grado como vehículo a través del cual dar vida a un auténtico grupo de sociedades cuando su *objeto* es la integración empresarial de las entidades socias. Ahora bien, la intención no siempre es acorde con la sistemática y el contenido de las normas que se ocupan de ello. Lo sería si dichas normas, al tiempo, omitiesen la regulación del grupo cooperativo y se centrasen en dotar a la cooperación secundaria de disposiciones que permitan su configuración como grupo paritario personificado cuando esa es la intención del grupo de socios, pero no siempre es así. Se diferencian, entonces, dos bloques de leyes autonómicas según disciplinen tanto las cooperativas de segundo grado con fines de integración empresarial como los grupos cooperativos, como es el caso de la LSCCan, entre otras[118], o sólo se ocupen de las primeras omitiendo al grupo cooperativo[119].

---

115 Art. 137.1 LSCCan. También, art. 129.2 LCPAs, art. 154.1 LCCLa-Mancha, art. 146.1 LCEusk, art. 130.1 LSCEx, art. 130.2 LCG, art. 131.1 LCCM.

116 Art. 137.2 LCCat, art. 152.3 LCIB.

117 Sobre estas cuestiones, ALFONSO SÁNCHEZ, R., "Capítulo VI. Las cooperativas de segundo grado y los grupos cooperativos", *op. cit.,* pp. 222-226.

118 Arts. 137.1 y 138 LSCCan. También, arts. 129.2 y 134 LCPAs, arts. 152.3 y 156 LCIB, arts. 146.1 y 154 LCEusk, arts. 130.1 y 135 LSCEx. Cabe incluir también en este grupo los arts. 154.1 y 157 LCC-LM y los arts. 131.1 y 137.1.a) LCCM pues, aunque no regulan el grupo cooperativo, lo citan como "modalidad de colaboración económica", sin regulación en el caso de Castilla La Mancha y con remisión a la LCoop en el caso de Madrid.

119 Art. 137.2 LCCat, art. 130.2 LCG.

El "grupo" resultante de la integración empresarial acometida a través de la cooperativa de segundo grado ha de catalogarse, a nuestro modo de ver, como grupo por coordinación. Además, como el grupo se ha de configurar -por previsión legal- en sus estatutos, responde a la categoría de grupo personificado[120]. Los estatutos no sólo han de incluir las facultades esenciales que por ser precisas para el desarrollo del objeto social de la cooperativa secundaria quedan transferidas a sus órganos[121] sino que, además, se han de determinar las áreas de actividad empresarial integradas, las características del grupo[122] y las bases para el ejercicio de la dirección unitaria del grupo[123]. También deben regular los estatutos las materias o áreas respecto de las cuales las propuestas de las entidades socias serán meramente indicativas y no vinculantes para la cooperativa de segundo grado. En caso de duda, se presumen transferidas a ésta todas las facultades directamente relacionadas con su objeto social[124], teniendo prioridad los

---

120 Esto contrasta, como se verá *infra,* con la expresa regulación legal de la figura del grupo cooperativo *stricto sensu,* que permite tanto que el acuerdo de grupo se incorpore a los estatutos de la entidad cabeza de grupo (personificándolo), como que se mantenga como contrato de grupo suscrito entre los partícipes (siempre sociedades cooperativas) y la entidad cabeza de grupo (cooperativa o no) y por ello sin personificación.

121 Así lo indica expresamente el art. 137.1 LSCCan. También, art. 129.2 LCPAs, art. 154.1 LCCLa-Mancha, art. 146.1 LCEusk, art. 130.1 LSCEx. Hay que advertir, no obstante, que no es una previsión exclusiva para las cooperativas de segundo grado con fines de integración empresarial, sino general para la cooperación secundaria. Guardan silencio LCCat, LCCM, LCG y LCIB. Es ésta una suerte de cláusula de salvaguarda que garantiza, ante dudas interpretativas, la unidad de decisión en el seno del grupo y el ejercicio de la dirección unitaria por parte de la cooperativa de segundo grado.

122 Art. 137.1 LSCCan. También, art. 129.2 LCPAs, art. 154.1 LCC-LM, art. 137.2 LCCat, art. 146.1 LCEusk, art. 130.1 LSCEx. art. 130.2 LCG, arts. 152.4.a) LCIB, y art. 131.1 LCCM. Como se observa, la referencia al grupo es inequívoca y revela el deseo del legislador de convertir a la cooperativa de segundo grado en la vestidura jurídica de un grupo de sociedades (personificado) formado por entidades cooperativas y, en su caso, de otra naturaleza. La LCG, que deja abierta la posibilidad de que, estatutariamente, se deleguen en el consejo rector de la cooperativa de segundo grado concretas competencias.

123 Dirección *"conjunta" del grupo* es la expresión que utiliza el art. 130.2 LCG.

124 Alguna norma contempla excepciones estatutarias a este respecto, por ejemplo, los arts. 137.3.b) LCCat y 154.4.b) LSCIB, al indicar "las facultades directamente relacionadas con su objeto social *que no hayan sido estatutariamente excluidas".*

acuerdos e instrucciones de la misma frente a las decisiones de cada entidad agrupada[125].

Todas estas reglas básicas están pensadas para favorecer su funcionamiento como grupo, destacando por su trascendencia la dirección unitaria -a la que voluntariamente se someten los socios- y la primacía de las decisiones tomadas por la cooperativa de segundo grado cabeza de grupo, ya sean acuerdos o instrucciones, sobre las correspondientes a las entidades integradas[126].

III. EL GRUPO COOPERATIVO

1. Breve referencia a los grupos de sociedades cooperativas

El legislador estatal estimó oportuno en 1999 regular la figura del "grupo cooperativo" como un medio para impulsar la integración empresarial de las cooperativas más allá del cooperativismo secundario, lo que constituyó una novedad en nuestro Ordenamiento. Actualmente, diez de las diecisiete leyes de cooperativas autonómicas (entre ellas la LSCCan) recogen, con mayor o menor extensión, y con mayor o menor grado de fidelidad a la norma estatal, el grupo cooperativo[127]. Otras han optado por una remisión directa a la legislación cooperativa estatal sobre esta figura[128]; hay también normas en las que sólo hay una alusión al grupo cooperativo en el marco de las otras modalidades de colaboración económica[129], incluso alguna ley no incluye referencia al grupo[130]. Por su parte, las leyes catalana y gallega

---

125 Art. 137.1 LSCCan. También, Art. 129.2 LCPAs, art. 154.1 LCC-LM, art. 137.2 LCCat, art. 146.1 LCEusk, art. 130.1 LSCEx. art. 130.2 LCG, arts. 152.4.b LCIB, y art. 131.1 LCCM.

126 Sobre estas cuestiones, en el marco de la LCCat, EMBID IRUJO, J.M., "Capítulo XV. Integración e intercooperación económica", *op. cit.*, pp. 480-481. Sobre el caso específico de la LSCEx, ALFONSO SÁNCHEZ, R., "Capítulo VI. Las cooperativas de segundo grado y los grupos cooperativos", *op. cit.*, pp. 224-226.

127 *Cfr.*, LSCAn, LCPAs, LCIB, LCCant, LCEusk, LSCEx, LSCRM, LFCN y LCCV.

128 Así, LCLR y LCCM.

129 Así, LCAr y LCC-LM.

130 Así, LCCyL. Quizá porque dirige esta materia hacia la figura de la corporación cooperativa que regula en su art. 127, siendo su objeto *"la definición de políticas empresariales, su control y, en su caso, la planificación estratégica de la actividad de sus socios,*

han redirigido los "grupos" (sin añadir el apellido "cooperativos") al marco de las cooperativas de segundo grado con fines de integración empresarial.

La ley estatal ofrece "la que posiblemente siga siendo la mejor definición de grupo en nuestro ordenamiento", tal y como afirma la SJM Zaragoza, de 20-6-2014[131], según la cual: *"Se entiende por grupo cooperativo (...), el conjunto formado por varias sociedades cooperativas, cualquiera que sea su clase, y la entidad cabeza de grupo que ejercita facultades o emite instrucciones de obligado cumplimiento para las cooperativas agrupadas, de forma que se produce una unidad de decisión en el ámbito de dichas facultades"*[132]. Reconoce de esta forma nuestro ordenamiento *validez* al acuerdo por el cual dos o más sociedades cooperativas deciden ceder a una entidad cabeza de grupo la posibilidad de que ésta ejercite facultades o emita instrucciones de obligado cumplimiento para aquéllas, de forma que se produzca una *unidad de decisión* en el ámbito de las facultades atribuidas. La unidad de decisión se consigue gracias al acuerdo libre y voluntario de las cooperativas que integran el grupo cooperativo -contrato de grupo-, quienes deciden, incluso, los ámbitos en los que se comprometen a seguir las directrices de la entidad cabeza de grupo.

El grupo cooperativo así tipificado y regulado es, por lo tanto, un grupo horizontal, paritario o por coordinación[133] que, en principio, hará posible la promoción del interés del grupo y, a la vez, la debida consideración de los intereses de las sociedades cooperativas que, desde la base, configuran realmente los perfiles y características básicas del grupo cooperativo como modalidad de integración empresarial[134]. Obsérvese que en estos grupos la sumisión a la dirección unitaria deviene de un acuerdo de voluntades y no de un estado de dominación de una sociedad sobre otra u otras, que es lo que, por el contrario, sucede en los grupos jerárquicos. La concentración del poder de dirección en la cabeza del grupo se consigue, entonces, gracias a la las competencias [empresariales y decisorias] que le transfieren las

---

así como la gestión de los recursos y actividades comunes". Sobre esta figura se volverá *infra*.

131 Roj: SJM Z 2209/2014 - ECLI: ES:JMZ:2014:2209.

132 Art. 78 LCoop. Esta definición se reproduce literalmente en el art. 134.1 LCPAs, art. 132.1 LCCant, art. 134.1 LSCRM, art. 82.1 LFCN, art. 103.1 LCCV, art. 154.1 LCEusk.

133 EMBID IRUJO, J.M./ALFONSO SÁNCHEZ, R., "Capítulo XI Grupos cooperativos, epígrafe III (Formas no personificadas ...)", *op. cit.*, pp.1235 y autores allí citados.

134 EMBID IRUJO, J. M., *Introducción al derecho de los grupos, op. cit.*, p. 165.

sociedades agregadas. Ahora bien, el hecho de que el grupo paritario sea el modelo por excelencia en el ámbito de los grupos de sociedades cooperativas no impide que tengan cabida los grupos jerárquicos. Su admisibilidad dependerá [al no gozar de regulación], entre otras circunstancias, de la forma social de las entidades partícipes y del grado de dominación que cada forma admita.

La presencia de una sociedad cooperativa entre las entidades integrantes de un grupo y la función que desempeñe va a condicionar la naturaleza de éste. En efecto, habida cuenta que la sociedad cooperativa no puede ser dominada o controlada por otra entidad -cooperativa o no-, por respeto a algunos principios cooperativos[135], el grupo en el que se integre difícilmente podrá ser jerárquico, vertical o por subordinación, sino que deberá paritario, horizontal o por coordinación. Sin embargo, no hay inconveniente –ni empresarial ni jurídico- para que una cooperativa ostente la condición de sociedad dominante en un grupo por subordinación en el que -eso sí- las entidades dominadas no sea sociedades cooperativas[136].

2. *El "grupo cooperativo" regulado en la ley canaria: su régimen jurídico*[137]

Prescindiremos en las páginas que siguen del estudio de los posibles grupos por subordinación de sociedades cooperativas que puedan darse

---

135 Así, el principio un hombre-un voto parece excluir toda posibilidad de dominación, incluso cuando se admite el voto ponderado; y el hecho de que la gestión de la cooperativa corresponda a sus socios por decisión democrática así lo ratifica.

136 EMBID IRUJO, J.M./ALFONSO SÁNCHEZ, R., "Capítulo XI Grupos cooperativos, epígrafe III (Formas no personificadas de integración: grupos cooperativos, pp. 1225-1257), en AA.VV., *Tratado De Derecho de Sociedades Cooperativas,* Vol. II, 2ª ed. Tirant lo Blanch, Valencia, 2019, p.1235 y autores allí citados. Recientemente de nuevo, ALFONSO SÁNCHEZ, R., "Capítulo VI. Las cooperativas de segundo grado y los grupos cooperativos", *op. cit.,* pp. 232-233. Por su parte, en sentido contrario, admite que la cooperativa pueda ser sociedad dominante de otra cooperativa, MORILLAS JARILLO, MªJ. ("Los grupos cooperativos", en AA.VV., *Integración y concentración de empresas agroalimentarias* (Dir. VARGAS), Ed. Dykinson, Madrid, 2018, pp. 377-411, p. 385). Para la autora el control se adquiriría a través del derecho de voto (alude al voto plural) o por técnicas contractuales. *Vid.,* también, SANTOS DOMÍNGUEZ, M.Á., *El poder de decisión del socio en las sociedades cooperativas: la Asamblea General,* Aranzadi, Cizur Menor, 2014, y autores allí citados.

137 Seguimos en este epígrafe la estructura de nuestro trabajo ALFONSO SÁNCHEZ, R., "Capítulo VI. Las cooperativas de segundo grado y los grupos cooperativos", *op. cit.,* pp. 233-254.

en la práctica para centrarnos en la figura que ha sido expresamente regulada por el legislador cooperativo canario y que responde a la naturaleza de grupo por coordinación, paritario u horizontal: el grupo cooperativo.

La LSCCan entiende por grupo cooperativo (a sus efectos) *"el conjunto formado por diversas sociedades cooperativas de cualquier clase que tiene por objeto la definición de políticas empresariales y su control, la planificación estratégica de la actividad de las personas socias y la gestión de los recursos y actividades comunes"* (art. 138.1)

Como se tendrá ocasión de apreciar, las reglas de constitución y funcionamiento del "grupo cooperativo" que recoge la LSCCan (y las leyes de cooperativas que se ocupan de ello) son sólo las estrictamente necesarias para permitir su implantación, dejando a la autonomía de la voluntad la gran mayoría de cuestiones.

A) Aspecto subjetivo del grupo cooperativo

El grupo cooperativo se configura por el legislador canario como un "conjunto", como una agrupación de entidades perfectamente diferenciables unas de otras pero merecedora de un tratamiento unitario, como un todo. Sus integrantes habrán de ser sociedades cooperativas[138] y sólo la entidad que ha de asumir la función de cabeza de grupo puede ser de otra naturaleza[139].

De ser también la entidad cabeza de grupo una cooperativa[140], la estructura se aproximará, en nuestra opinión, al cooperativismo de segundo grado pues la ley exige que, en tal caso, los compromisos de grupo queden formalizados por escrito en los estatutos de la sociedad cabeza de grupo[141], como se verá *infra.* De no ser cooperativa, la entidad cabeza de grupo po-

---

138 A excepción de la ley andaluza pues la norma permite para el "grupo propio" la asociación de *cooperativas con otras entidades* (art. 109.1).

139 El art. 138.3 LSCCan, al igual que el art. 78.4 LCoop, alude a la posibilidad de que la cabeza de grupo no sea una sociedad cooperativa. En el "grupo propio" de la LSCAn, la entidad cabeza de grupo puede ser cooperativa o no, pero en tal caso la mayoría de las integrantes han de ser cooperativas (art. 109.1).

140 De entidad *"jefe de grupo"* habla el art. 156.2 y 4 LCIB.

141 ALFONSO SÁNCHEZ, R., *La integración cooperativa, op. cit.*, p. 289; *idem,* "Grupos y alianzas de sociedades. Especial referencia al grupo cooperativo y a la cooperativa de segundo grado", AA.VV., *Cooperativas agrarias y sociedades agrarias de transformación* (PULGAR EZQUERRA, Coord.), Dykinson, Madrid, 2008, pp. 727-778,

drá responder a cualquier naturaleza, incluso asociaciones y fundaciones; cabe dudar que pueda serlo una persona física, habida cuenta que las leyes exigen la condición de "entidad" para la cabeza de grupo. El argumento literal excluiría esta opción[142].

Para cerrar la cuestión del aspecto subjetivo del grupo cooperativo, las leyes no se adentran en las circunstancias que deba reunir una entidad para ser cabeza de grupo. Tan sólo la LSCAn[143] exige que la entidad elegida para ser cabeza del "grupo cooperativo propio" lleve al menos dos años constituida (con arreglo a su legislación aplicable) y funcionando con solvencia, salvo que se constituya expresamente para este cometido por las entidades fundadoras, en cuyo caso, deberá tener un capital no inferior a seis mil euros[144].

B) Aspectos sustantivos del grupo cooperativo

a) Objeto del grupo cooperativo

En el derecho de los grupos de sociedades la clarificación del objeto del grupo puede ser útil a efectos de ordenar la clasificación de aquéllos -si se atiende a una perspectiva general-, o para identificar el interés económico y/o empresarial perseguido por las empresas implicadas -si se atiende a una perspectiva particular- y poder articular así la estructura de grupo que mejor se adecue a tal fin (lo que no agota otras posibles utilidades). Pero no hay un objeto que se pueda entender específico del grupo de sociedades.

---

p. 739. No obstante, también puede aproximarse a las cooperativas [de primer grado] de servicios empresariales.

142 Según la RAE, en su primera acepción, entidad significa *"colectividad considerada como unidad, y, en especial, cualquier corporación, compañía, institución, etc., tomada como persona jurídica"*.

143 En particular, su Reglamento (Decreto 123/2014, de 2 de septiembre-RLSCAn.).

144 Art. 107.1 RLSCAn. Y recordemos que en la LSCAn cuando la cabeza de grupo no sea cooperativa, deberá estar participada mayoritariamente por cooperativas. Se entiende por *grupo cooperativo propio* aquel en el que la cabeza de grupo ejercita facultades o emite instrucciones de obligado cumplimiento para el grupo. Dicha cabeza de grupo podrá tener naturaleza cooperativa o no, si bien, en este último caso, los miembros del grupo habrán de ser cooperativas en su mayoría (art. 109.1 LSCAn).

Se puede considerar excepcional, por tanto, la identificación legal de un objeto propio del grupo cooperativo que parece pretender la LSCCan, que dispone como objeto del grupo la *definición de políticas empresariales y su control, la planificación estratégica de la actividad de las personas socias y la gestión de los recursos y actividades comunes*[145]. Pero más allá de la [quizá] bondad predicable de la píldora de pedagogía jurídica presente en esta descripción, ciertamente cuál sea [en abstracto y de forma generalizadora] el objeto de un grupo de sociedades no es una cuestión que requiera tipificación legal (ni debiera tenerla)[146]. Dependerá del grado de integración económica interesado por las cooperativas agrupadas.

Desde esta perspectiva es desde la que, por ejemplo, el legislador vasco distingue entre grupos cooperativos por integración y grupos cooperativos por colaboración. Distinción que se queda sólo en eso pues cuando el legislador se adentra en los grupos por integración y presume que lo son aquellos en los que el grupo en su conjunto dispone de una *dirección general común* y en los que cabe entender que se está ante una verdadera *unidad económica* (gracias al nivel de centralización efectiva de las facultades de gestión económica pese al mantenimiento de las entidades jurídicamente diferenciadas)[147], en realidad no está perfilando el objeto del grupo sino una suerte de definición de grupo paritario.

b) Función de la entidad cabeza de grupo

La entidad cabeza de grupo tiene como función ejercitar facultades o emitir instrucciones de obligado cumplimiento para las cooperativas agrupadas, de forma que se produce una unidad de decisión en el ámbito de

---

145 Art. 138.1 LSCCan. Así también, art. 156.1 LCIB.

146 Obsérvese, por ejemplo, que lo que en la ley canaria (y en la balear) se entiende como objeto del *grupo cooperativo*, en la ley de Castilla y León se concibe sin embargo como objeto de la *corporación cooperativa*. Así, el Art. 127.1 LCCyL: "Se denominarán corporaciones cooperativas aquellas agrupaciones empresariales que, constituidas mayoritariamente por cooperativas de primero y segundo grado, tengan por *objeto* la *definición de políticas empresariales, su control y, en su caso, la planificación estratégica de la actividad de sus socios, así como la gestión de los recursos y actividades comunes"*.

147 De no cumplirse ambas condiciones, el conjunto conformará un grupo por colaboración (art. 154.2 LCEusk). *Vid.*, más extensamente, ALFONSO SÁNCHEZ, R., "Capítulo VI. Las cooperativas de segundo grado y los grupos cooperativos", *op. cit.*, p. 236.

dichas facultades, debiendo constar en el contrato o acuerdo de grupo las facultades cuyo ejercicio se acuerda atribuirle[148].

Las leyes, que permiten un amplio margen a la autonomía de la voluntad de las partes a la hora de conformar el grupo cooperativo, señalan algunos ámbitos de gestión, administración o gobierno sobre los que pueden versar las instrucciones de la entidad cabeza de grupo, y que son los siguientes.

a) Establecer *normas estatutarias o reglamentarias comunes* en las cooperativas de base (art. 138.2.a) LSCCan). Esto provoca, entre otras cuestiones relevantes, lo que cabría calificar de "efecto aval" para la entidad cabeza de grupo en cuanto a la adopción de medidas o impartición de instrucciones de obligado cumplimiento para las empresas agrupadas. Su fidelidad hacia aquellas normas comunes (insertadas en los estatutos y/o reglamentos de las cooperativas del grupo) acompasaría su decisión a la que pudiera haber seguido cualquier cooperativa agrupada. La amplitud de la redacción empleada por el legislador permite que esas normas estatutarias o reglamentarias comunes se dicten incluso para la esfera de las relaciones externas de las cooperativas del grupo con terceros.

b) Establecer *relaciones asociativas* entre las entidades de base. La naturaleza y finalidad de tales relaciones es tan amplia como necesidades a satisfacer con ellas tengan las cooperativas del grupo (art. 138.2.b) LSCCan)[149].

c) Articular un *compromiso de aportación periódica de recursos* calculados en función de su respectiva evolución empresarial o cuenta de resultados (art. 138.2.c) LSCCan). La materialización de este compromi-

---

148 Art. 138.1 y 3 LSCCan. En esto coinciden las distintas normas: arts. 78.1 y 4 LCoop (y por remisión, LCLR y LCCM), 109.1 LSCAn, 134.1 y 3 LCPAs, 156.2 y 4 LCIB, 132.1 y 4 LCCant, 154.1 y 7 LCEusk, 135.1 y 4 LSCEx. 134.1 y 4 LSCRM, 82.1 y 4 LFCN, y 103.1 y 4 LCCV.

149 Tiene encaje en esas relaciones, por ejemplo, la consecución por parte de entidades agroalimentarias de la calificación de Entidad Asociativa Prioritaria (Ley 13/2013, de 2 de agosto, de fomento de la integración de cooperativas y de otras entidades asociativas de carácter agroalimentario). También resulta ilustrativa la STS de 8-11-2016, admitiendo que un grupo de empresas pueda constituir una asociación para la defensa de intereses comunes, en concreto, los intereses del grupo en la negociación colectiva, actuación conjunta que –afirma el Tribunal- autoriza la LCoop (art. 78) -EDJ2016/219661-.

so puede consistir en que las entidades con mejores resultados destinen un porcentaje prefijado de éstos a las que los obtengan peores, o a un fondo común para el saneamiento financiero o promoción y desarrollo de cooperativas o nuevas actividades[150]. Se considera, sin embargo, que aquéllas no deben verse obligadas a realizar aportaciones adicionales para cubrir pérdidas o equilibrar el patrimonio de las deficitarias para evitar una situación de concurso; salvo que quede expresamente asumido en el contrato de grupo[151].

d) Constituir *fondos centrales de intercooperación.* Se trata de reservas voluntarias de carácter repartible destinadas a financiar el crecimiento y desarrollo del grupo y sus empresas, derivando su dotación del porcentaje de los excedentes disponibles que se establezca. Es ésta una previsión de la LCCV que puede ser incorporada en los estatutos o en el acuerdo de grupo en el ámbito de la LSCCan y del resto de leyes de cooperativas[152].

En cualquier caso, las parcelas señaladas no agotan los ámbitos de gestión, administración o gobierno sobre los que pueden versar las instrucciones de la entidad cabeza de grupo[153].

---

150 AIZEGA ZUBILLAGA, J.Mª/VALIÑANI GONZÁLEZ, E., "Las cooperativas de segundo grado, grupo cooperativo y otras formas de colaboración económica", *REVESCO. Revista de Estudios Cooperativos,* núm. 79, 2003, pp. 7-33, p. 23. En cuanto a la materialización de esa aportación de recursos, DUQUE DOMÍNGUEZ, J., "Grupos de sociedades cooperativas", en AA.VV., *Grupos empresariales de la Economía Social en España,* Valencia, 2000, pp. 99-132, p. 124.

151 DUQUE DOMÍNGUEZ, J., "Grupos de sociedades", *op. cit.*, p. 124; EMBID IRUJO, J.M./ALFONSO SÁNCHEZ, R., "Capítulo XI Grupos cooperativos, epígrafe III (Formas no personificadas ...)", *op. cit.*, p.1239. Analiza la SAP Valencia 7-12-2006 (EDJ 2006/466679), el caso de una cooperativa de segundo grado, integrada al 50% por dos de primer grado. Estrecha relación entre las tres cooperativas, que contaban con el mismo Director General y actuaban como si tuvieran caja única, transfiriéndose fondos entre ellas mediante cuentas corrientes contables. La contribución de las cooperativas de primer grado en la de segundo se realizaba en función de la facturación de cada una. Reparto de deudas de la de segundo grado entre las de primero en caso de liquidación de aquéllas.

152 Art. 103.2 LCCV. *"Estos fondos tendrán la misma naturaleza que las reservas voluntarias, siendo de carácter repartible. La constitución del fondo requiere acuerdo de la Asamblea general de la entidad cabeza de grupo en el que deberá establecerse el porcentaje de los excedentes disponibles que se destinará a su dotación".*

153 Como ejemplo, es de interés la STS de 8-11-2016 citada, que analiza el sistema de protección mutual del Grupo cooperativo Cajamar, consistente en el afianzamiento mutuo de las obligaciones crediticias que asume cada integrante. De este

Pues bien, si las instrucciones de la entidad cabeza de grupo pueden versar sobre estos (y otros) ámbitos de administración, gestión y gobierno, la citada entidad deberá ostentar las facultades que le permitan el dictado de tales instrucciones. Es por ello que la LSCCan, (al igual que el resto de normas) exige que el contrato o acuerdo de grupo contenga las facultades cuyo ejercicio se acuerda atribuir a la entidad cabeza de grupo o los compromisos generales que se asuman ante éste[154].

Identificar en el acuerdo o contrato de grupo los extremos apuntados salvaguarda los principios de autonomía y democrático ya que los ámbitos que se ha visto pueden corresponder a la entidad cabeza de grupo son, por lo general, competencia exclusiva de la Asamblea general en las cooperativas[155]. Al mismo tiempo, determinar el marco de las facultades cedidas por las entidades agrupadas a la cabeza de grupo resulta fundamental, pues si tal escenario se respeta, las instrucciones impartidas por ésta adquieren plena validez y deben ser seguidas por aquéllas. La concreción del ámbito para el válido ejercicio de la dirección unitaria se muestra, entonces, imprescindible[156].

---

modo se asegura la liquidez y solvencia de las empresas del grupo en beneficio de quienes contratan con ellas y reciben sus servicios. Al no existir confusión de patrimonios sino mutualización de pérdidas se asegura la solvencia del grupo frente a terceros. La cabecera del Grupo es el Banco de Crédito Social y Cooperativo, SA, constituido y participado por todas las cooperativas integradas en Cajamar, que consolidan cuentas con él produciéndose el reparto de beneficios en la forma pactada.

154 Art. 138.1 y 3 LSCCan, En esto coinciden las distintas normas: arts. 78.1 y 4 LCoop (y por remisión, LCLR y LCCM), 109.1 LSCAn, 134.1 y 3 LCPAs, 156.2 y 4 LCIB, 132.1 y 4 LCCant, 154.1 y 7 LCEusk, 135.1 y 4 LSCEx. 134.1 y 4 LSCRM, 82.1 y 4 LFCN, y 103.1 y 4 LCCV. A este respecto introduce la LCEusk (para los grupos por integración) una excepción al carácter obligatorio de las instrucciones emitidas o de las facultades a ejercer por la cabeza de grupo -aunque tengan soporte en aquellos compromisos-, y es que no podrán ser exigibles si una o varias cooperativas han sido expresamente exoneradas del sometimiento a determinadas normas y compromisos (art. 154.5 *in fine).*

155 Sobre la posibilidad abierta en la LCoop y en algunas autonómicas de delegar en la entidad cabeza de grupo competencias de las Asambleas generales de las cooperativas integradas sobre actos en que su acuerdo sea preceptivo en virtud de norma legal o estatutaria, ALFONSO SÁNCHEZ, R., "Capítulo VI. Las cooperativas de segundo grado y los grupos cooperativos", *op. cit.,* p. 239-241.

156 Por ejemplo, en la realidad del Grupo Cooperativo Cajamar que describe la STS de 8-11-2016 ya citada (EDJ2016/219661), la entidad cabecera del Grupo (el Banco de Crédito Social y Cooperativo, SA,) ejerce las funciones que las cooperativas

c) Unidad de decisión

Con el sistema descrito de atribución de facultades a la entidad cabeza de grupo y de habilitación para su ejercicio, así como para la emisión de instrucciones de obligado cumplimiento para las cooperativas agrupadas, lo que se pretende es alcanzar la *unidad de decisión* en el seno del grupo cooperativo. Y es que, ciertamente, para que el grupo [como entidad dinámica] se desarrolle según lo pactado en el contrato, será preciso adoptar y ejecutar decisiones de grupo, por lo que ha de contener la sumisión consensuada de las sociedades partícipes a una *dirección unitaria y común* como vía para coordinar sus actividades empresariales[157].

d) Responsabilidad por operaciones realizadas por las cooperativas integradas

Las leyes de cooperativas no llegan a establecer una correcta conexión entre la unidad de decisión susceptible de alcanzarse en el grupo cooperativo y la posible responsabilidad derivada la actuación de las entidades que lo conforman, nudo gordiano de la cuestión.

Es cierto que la unidad de decisión no conlleva en una estructura de grupo [necesariamente y de por sí] la responsabilidad de su cabecera por la actuación de las sociedades del grupo[158], o de éstas por las operaciones de alguna o incluso de la propia cabeza de grupo. Pero tampoco elimina esa responsabilidad pues en algunos supuestos cabría afirmarla[159]. Será una

---

le han delegado, marca la política económica del Grupo y fija directrices en materia de personal y retribuciones.

157 ALFONSO SÁNCHEZ, R., *La integración, op. cit.*, pp. 289-292, 225-237; *ídem*, "Grupos y alianzas de sociedades", *op. cit.*, p. 743. Sobre la previsión contenida en la LSCEx de exigir no sólo la identificación de las facultades cedidas a la cabeza de grupo, la habilitación para ejercerlas y la obligatoriedad de sus instrucciones, para alcanzar la unidad de decisión en el seno del grupo, sino que también exige que se obtenga *"el control por la mencionada entidad", vid.*, ALFONSO SÁNCHEZ, R., "Capítulo VI. Las cooperativas de segundo grado y los grupos cooperativos", *op. cit.*, p. 241.

158 Incluso en el ámbito de los grupos jerárquicos se excluye, de entrada, la idea de una responsabilidad objetiva o estructural de la entidad dominante por las deudas de las dominadas (al respecto, EMBID IRUJO, J. M., *Introducción al derecho de los grupos, op. cit.*, p. 166; GIRGADO PERANDONES, P., *La responsabilidad de la sociedad matriz y de los administradores en una empresa de grupo*, Madrid, 2002, pp. 25 y ss.).

159 Sobre esta materia, EMBID IRUJO, J.M./ALFONSO SÁNCHEZ, R., "Capítulo XI Grupos cooperativos, epígrafe III (Formas no personificadas ...)", *op. cit.*, pp. 1248-1249.

cuestión de prueba demostrar si la conducta de una cooperativa integrada le es imputable sólo a ella o también al resto de partícipes (incluida la cabeza de grupo) o a alguna de ellas, siendo lo decisivo, no el mero hecho de pertenecer al grupo, sino que la actuación se ajuste a una misma línea de acción en el mercado determinada en el seno del grupo. De esta forma, si se demuestra la autonomía de la sociedad actuante en cuanto al diseño de su línea de actuación, ésta será responsable única, pero no así al contrario[160]. Y todo ello sin perjuicio de los supuestos de actuaciones fraudulentas de los miembros del grupo que, además de producir otras consecuencias jurídicas (*v.gr.*, penales), podrían conducir, en casos extremos, a declarar su responsabilidad solidaria por las deudas de una de las sociedades del grupo[161].

Ajenas a estas consideraciones, lo que recogen las leyes de cooperativas (entre ellas la LSCCan) es una regla general de exclusión tanto de la responsabilidad del "grupo" [*sic*] como de las cooperativas que lo integran en lo que se refiere a las operaciones que alguna de ellas realice directamente con terceros, sin especificar nada más[162]. Una proposición que, por una parte, puede inducir a error sobre una posible personalidad jurídica del "grupo" [al declararlo irresponsable por las operaciones que con terceros realicen las citadas sociedades]; y por otra, nada dice sobre la actuación de cada cooperativa en el marco de las instrucciones recibidas de la dirección unitaria ni de la actuación de la propia cabeza de grupo. En este último punto, una interpretación *a contrario sensu* permitiría concluir que la responsabilidad por tales actuaciones (en el marco de las instrucciones recibidas) se extiende a todas las integrantes del grupo[163].

---

160 ALFONSO SÁNCHEZ, R., *La integración cooperativa, op. cit.*, pp. 257-261; ídem, "Grupos y alianzas de sociedades, *op. cit.*, pp. 744-745. EMBID IRUJO, J.M./ALFONSO SÁNCHEZ, R., "Capítulo XI Grupos cooperativos, epígrafe III (Formas no personificadas ...)", *op. cit.*, pp. 1248-1249.

161 A este respecto, EMBID IRUJO, J.M., *Introducción al derecho de los grupos, op. cit.*, pp. 166-167; GIRGADO PERANDONES, P., *La responsabilidad, op. cit.*, p. 81.

162 Así, expresamente, EMBID IRUJO, J.M./ALFONSO SÁNCHEZ, R., "Capítulo XI Grupos cooperativos, epígrafe III (Formas no personificadas ...)", *op. cit.*, p. 1247. Véase art. 138.4 LSCCan. También, art. 78.6 LCoop, art. 109.3 LSCAn, art. 134.4 LCPAs, art. 156.6 LCIB, art. 132.6 LCCant, art. 154.8 LCEusk, art. 135.6 LSCEx, art. 134.6 LSCRM, art. 82.6 LFCN, art. 103.6 LCCV. Por remisión a la LCoop, arts. 137.1.a) LCCM y 131 LCLR.

163 Para el legislador cada cooperativa integrada es la exclusiva responsable de su actuación con terceros. Crítica sobre este planteamiento, señalando la conveniencia de que la legislación cooperativa resuelva el problema de la imputación de

A nuestro juicio, lo verdaderamente relevante en materia de responsabilidad no es el dato de la actuación directa de cada sociedad con los terceros sino la razón por la que actúa, esto es, si lo hace por su propio interés en la esfera de su propia actividad empresarial, o si lo hace en interés del conjunto en cumplimiento de las instrucciones de la dirección unitaria. En el primer caso, la responsabilidad es exclusiva de la entidad actuante; en el segundo se debería extender al resto de los componentes del grupo, incluida la cabeza de grupo[164].

Finalmente, resulta obligado en esta temática enlazar con la posibilidad de extender al ámbito del grupo cooperativo la responsabilidad por infracciones de la Ley 15/2007, de Defensa de la Competencia, así como con el ejercicio de acciones contra un acto de competencia desleal de la Ley 3/1991, de Competencia Desleal[165]. En el ámbito concursal, por su parte, el Tribunal Supremo excluye del concepto de grupo a los paritarios si no exis-

---

responsabilidad frente a terceros de la actuación de la persona que ostenta el poder de dirección (la unidad de decisión) del grupo y del criterio de imputación, y advierta si se establece el principio de solidaridad o no, MORILLAS JARILLO, MªJ., "Los grupos cooperativos", *op. cit.,* p.406; MORILLAS JARILLO, MªJ./FELIU REY, M., *Curso de Cooperativas,* 3ª ed., Tecnos, Madrid, 2018, p. 770.

164 Nuevamente, por ser una constante en su interpretación, ALFONSO SÁNCHEZ, R., "Capítulo VI. Las cooperativas de segundo grado y los grupos cooperativos", *op. cit.,* p. 243. También NAVARRO LÉRIDA, MªS./MUÑOZ GARCÍA, A., "Los grupos de sociedades en el ámbito agroalimentario", AA.VV., *Integración y concentración de empresas agroalimentarias* (Dir. VARGAS), Dykinson, Madrid, 2018, pp. 353-375, p. 370. En este sentido parece querer avanzar el legislador asturiano cuando, como excepción a la regla general común, dispone que la responsabilidad alcanzará al grupo y a las cooperativas que lo integren si se prueba que *"su actuación responde al cumplimiento de las instrucciones recibidas de observancia obligatoria que redunde en interés de todos, parte o de alguno del resto de socios del grupo, en cuyo caso serán responsables solidariamente todas aquellas entidades en cuyo interés se hubiera obrado"* (art. 134.4 LCPAs). El dato decisivo no es la pertenencia al grupo, sino que la actuación se ajuste a una misma línea de acción en el mercado determinada en el seno del grupo. Si se demuestra la autonomía de la sociedad actuante en cuanto al diseño de su línea de actuación, ésta será responsable única, pero no así de resultar lo contrario (ALFONSO SÁNCHEZ, R., "Capítulo 15. Grupos cooperativos", en AA.VV., *Sociedades Cooperativas, Memento Práctico Francis Lefebvre 2020-2021,* Madrid, 2019, pp. 289-302).

165 ALFONSO SÁNCHEZ, R., "Capítulo 15. Grupos cooperativos", *op. cit.,* pp. 295-296. El anteproyecto de LCoop ahondaba en la concepción unitaria del grupo y lo concebía como "una unidad económica a efectos de la regulación de los acuerdos restrictivos de la competencia" (art 75.6 del anteproyecto). De interés por la revisión jurisprudencial que realiza en este campo (europea y española),

te control efectivo por parte de la entidad cabeza de grupo, de modo que el grupo cooperativo "ortodoxo" (paritario, horizontal o por coordinación) quedaría excluido de dicho concepto[166].

e) Contenido del contrato de grupo cooperativo

Tal y como se ha expuesto en los apartados previos, son muchas más las cuestiones que se han de plasmar en el contrato de grupo cooperativo (finalidad del grupo, función de la entidad cabeza de grupo, ámbitos de gestión, administración o gobierno sobre los que pueden versar las instrucciones de aquélla, articulación de la unidad de decisión, responsabilidad intragrupo, etc.), por lo que una lectura de lo ya avanzado servirá para establecer un borrador adecuado del posible contenido de un contrato de grupo cooperativo[167].

Pero las leyes de cooperativas delimitan, además, una suerte de contenido mínimo de este contrato. Así, la duración del mismo -caso de ser limitada-, el procedimiento para la modificación de los compromisos asumidos o las facultades concretas cuyo ejercicio se acuerda atribuir a la entidad cabeza de grupo, además de la designación de ésta, son consideradas *menciones mínimas* en la LSCCan y otras[168]. El legislador andaluz añade también el procedimiento para la separación de una entidad miembro del grupo[169]

Como *contenido facultativo* las normas coinciden en la posibilidad de atribuir al órgano máximo de la entidad cabeza de grupo la facultad de

---

LAGUNA DE PAZ, J.C., "El principio de responsabilidad personal en las sanciones administrativas", *Revista de Administración Pública,* 211, 2020, pp. 37-69, pp. 51-62.

166 Sobre la delimitación de las relaciones intragrupo a efectos concursales en el marco de los grupos cooperativos, NAVARRO LÉRIDA, Mª S./MUÑOZ GARCÍA, A., "Los grupos de sociedades", *op. cit.,* p. 373.

167 Para el régimen particular de la LSCAn, véase art. 109 de la Ley y art. 107 del Reglamento del Registro de Cooperativas (Decreto 123/2014, de 2 de septiembre).

168 Así lo disponen las distintas normas: art. 138.3 LSCCan, art. 78.4 LCoop *in fine,* art. 107.3 RLSCAn. art. 134.3 LCPAs, art. 156.4 LCIB, art. 132.4 LCCant, art. 134.7 LCEusk, art. 135.5 LSCEx, art. 134.4 LSCRM, 82.4 LFCN, art. 103.4 LCCV.

169 Art. 107.4 RLSCAn. Para el grupo cooperativo impropio, la normativa andaluza determina que en dichos compromisos se haga *"constar igualmente el régimen de adopción de acuerdos, debiendo garantizarse que las sociedades cooperativas, en el caso de que se integren entidades que no lo sean, dispondrán de la mayoría de los votos del grupo"* (art. 107.3 RLSCAn). Recordemos que *grupo cooperativo impropio* es aquel en el que sus miembros, que habrán de ser cooperativas en su mayoría, se articulan en un plano de igualdad, funcionando sobre la base de un principio de coordinación (art. 109 LSCAn).

acordar la modificación, ampliación o resolución de los compromisos asumidos, pero se puede establecer otro régimen diferente. Como idea, a nuestro juicio, la alteración del contenido contractual debería ser objeto de aprobación previa por las Asambleas generales de las cooperativas del grupo, de la misma forma que la decisión de participar en éste exige el acuerdo de dicho órgano; y la propuesta de modificación del contrato de grupo podría partir tanto de las sociedades partícipes como de la entidad cabeza de grupo.

Pueden resultar igualmente de inspiración para diseñar el contenido del contrato de grupo cooperativo algunas facetas previstas por el legislador para los instrumentos personificados de integración adaptándolas al supuesto de grupo. Podrían entonces incluirse las facultades que por ser precisas para el desarrollo del grupo se transfieran a los órganos de la entidad cabeza de grupo, las áreas de actividad empresarial objeto de integración, las bases para el ejercicio de la dirección unitaria (conjunta) del grupo, la prioridad de los acuerdos e instrucciones de la cabeza de grupo frente a las decisiones de cada una de las cooperativas agrupadas, las materias o áreas respecto de las cuales las propuestas de las cooperativas serán meramente indicativas y no vinculantes para la cabeza del grupo. Y en un plano más funcional, será lógica la inclusión de las finalidades concretas que las sociedades del grupo pretenden con su creación o su pertenencia al mismo[170].

C) Aspectos formales del grupo cooperativo

a) El camino hacia el contrato de grupo cooperativo

En el proceso de formación del grupo cooperativo se distinguen varias fases. No es que la legislación cooperativa lo contemple así expresamente, pero cabe deducirlo de los preceptos que regulan la materia cuando determinan que *"la aprobación de la incorporación al grupo cooperativo requiere el acuerdo inicial de cada una de las entidades de base (…)"*. Así, pues, el hecho de que se requiera primero un acuerdo en la entidad de base y después un acuerdo de aprobación de la incorporación al grupo permite distinguir las siguientes fases en su proceso de creación.

En la primera de ellas *(fase decisoria)*, y como requisito previo indispensable para la participación en el grupo, cada cooperativa interesada deberá

---

170 Así, lo hace tanto la LCEuskadi (arts. 127.1 y 128.1), como la LCCM (art. 111.1).

debatir y adoptar el acuerdo favorable a la creación de un concreto grupo cooperativo o a la incorporación a uno existente *"conforme a sus propias reglas de competencia y funcionamiento"*[171]. Esta indicación no sólo sirve como remisión a la Asamblea general de la cooperativa de base como órgano competente, sino que resulta oportuna pues evidencia que, incluso estando las cooperativas partícipes sometidas a la misma ley reguladora, podría su régimen jurídico diferir en importantes cuestiones de estructura orgánica, esfera competencial o adopción de acuerdos reguladas vía estatutos; por lo que, con más razón resulta apropiada si las cooperativas pertenecen a ámbitos normativos diversos y, por consiguiente, quedan sometidas a un régimen jurídico dispar.

Para tomar la decisión de incorporación al grupo cooperativo es lógico entender que las cooperativas interesadas hayan de contar con un "proyecto de grupo" que presentar en la Asamblea general y sobre el que se deba decidir, por lo que, aunque no esté previsto en las leyes de cooperativas, pensamos que la fase decisoria irá precedida de una *preliminar* en la que se elabore el proyecto citado. Dicho documento contendría los elementos necesarios para ofrecer a las cooperativas la máxima información sobre la operación de integración proyectada en los aspectos jurídico y económico con la cual poder tomar la decisión adecuada sobre la creación del grupo o la adhesión a uno ya existente[172].

Por último, el acto que las normas denominan "aprobación de la incorporación al grupo" constituye la última fase de este proceso, la *fase de ejecución*, sin que el legislador aclare quién ha de decidir tal extremo. La respuesta vendrá dada, a nuestro juicio, tanto por el supuesto de hecho de que se trate, bien sea la creación del grupo cooperativo o bien la incorporación a uno ya existente, como por la modalidad de organización del grupo. De manera que mientras que la *creación* requiere el acuerdo unánime de las entidades a integrar (plasmado en el contrato de grupo cooperativo), cualquiera que sea la modalidad organizativa de grupo elegida, la decisión relativa a la *adhesión* de nuevos miembros dependerá de dicha modalidad.

---

171 Art. 138.1 LSCCan. También, art. 78.3 LCoop. art. 134.3 LCPAs, art.154.6 LCEusk, art. 135.3 LSCEx, art. 132.3 LCCant, art. 134.4 LSCRM, art. 82.3 LFCN, y art. 103.3 LCCV. No se pronuncia al respecto el art. 156 LCIB. En el ámbito de la LSCAn habrá que estar a la ley aplicable caso de una entidad no cooperativa. En extenso sobre esta fase decisoria, ALFONSO SÁNCHEZ, R., *La integración cooperativa, op. cit.,* pp. 202-206.

172 Sobre la competencia para la redacción del proyecto de grupo y su contenido, ALFONSO SÁNCHEZ, R., *La integración cooperativa, op. cit.,* pp. 197-202.

Así, si el grupo cooperativo se integra en la entidad cabeza de grupo (grupo personificado), la decisión corresponde al órgano de aquélla que tenga atribuida la facultad de resolver sobre la admisión de socios; en cambio, en caso de organización separada (grupo no personificado), la decisión corresponderá a todos los miembros por unanimidad[173].

b) Formalización del contrato de grupo cooperativo

Las leyes de cooperativas coinciden en la exigencia de que *"los compromisos generales asumidos ante el grupo"* se formalicen *"por escrito, sea en los estatutos sociales de la entidad cabeza de grupo, si es sociedad cooperativa, o mediante otro documento contractual"*[174]. Si se observa, esta previsión va más allá de una regla imperativa en orden a la formalización del grupo pues encierra el reconocimiento tácito de las dos modalidades de grupos cooperativos: personificados y no personificados.

Para conformar el grupo cooperativo personificado, los compromisos generales que las cooperativas asuman para su creación han de constar en los estatutos de la entidad cabeza de grupo si ésta es también cooperativa[175], pero en caso de no serlo, sólo cabe interpretar que la determinación del concreto documento que recoja tales compromisos dependerá de la forma social a la que responda aquélla (estatutos para el supuesto de socie-

---

173 Sobre todas estas cuestiones ALFONSO SÁNCHEZ, R., *La integración cooperativa. op. cit.*, pp. 195-211; EMBID IRUJO, J. M., *Introducción al derecho de los grupos. op. cit.*, pp. 164-165; EMBID IRUJO, J.M./ALFONSO SÁNCHEZ, R., "Capítulo XI Grupos cooperativos, epígrafe III (Formas no personificadas ...)", *op. cit.*, pp. 1248-1249. Resulta de interés el régimen previsto en el Reglamento de la LSCAn que, si bien centrado en su distinción entre grupos propios e impropios, para la incorporación a grupos existentes regula: 1° la decisión a adoptar por la entidad interesada en incorporarse, 2° la solicitud de incorporación dirigida a la cabeza de grupo propio o a la entidad que se haya determinado en el grupo impropio, 3° el acuerdo de admisión adoptado en el seno de éstas, 4° la notificación a las solicitantes del acuerdo de admisión e incluso un silencio positivo (favorable a la admisión) si la notificación no se produzca en el plazo de tres meses (art. 107.3 y 4).

174 Art. 138.3 LSCCan. Con redacción básicamente coincidente, art. 78.4 LCoop, art. 134.3 LCPAs; art. 156.4 LCIB, art. 132.4 LCCant; art. 154.7 LCEusk; art. 134.4 LSCRM; art. 82.4 LFCN; art. 103.4 LCCV. En cualquier caso, la redacción no resulta acertada pues el grupo no es sujeto ante el cual asumir compromisos, sino que éstos se asumen *por* las cooperativas y *entre* ellas para hacer posible la creación del grupo (ALFONSO SÁNCHEZ, R., *La integración cooperativa. op. cit.*, p. 294).

175 En este caso, la estructura se aproximará al cooperativismo de segundo grado, aunque -como se vio *supra*- también es útil a estos fines la cooperativa de servicios empresariales.

dad mercantil, fundación, etc.; documento privado si se trata de sociedad civil)[176]. Para el grupo no personificado, por su parte, los compromisos no podrán formalizarse de esa manera pues en los estatutos de la cabeza de grupo no cabe prever que unas entidades extrañas a ella (por no ser socias) han asumido determinados "compromisos generales"; a lo sumo podrá diseñar su objeto social en atención al ejercicio de determinadas facultades y a la emisión de instrucciones en las otras entidades que compongan el grupo. En consecuencia, los compromisos de grupo se formalizarán por escrito en un contrato de grupo suscrito por todos sus componentes[177].

El documento contractual deberá elevarse a escritura pública[178], exigencia que concuerda con la de constancia registral de la situación de grupo [que se verá a continuación] y que es una consecuencia del principio de titulación pública que rige los Registros de cooperativas al igual que el Registro mercantil (arts. 110.3 LCoop y 5.1 RRM). Por otra parte, y aunque las normas no lo especifiquen, cuando los compromisos se formalicen en los estatutos de la cabeza de grupo y ésta sea un sujeto inscribible, deberán constar en escritura pública, requisito de forma preciso en nuestro Ordenamiento para la inscripción registral. La intervención notarial en la constitución del grupo cooperativo contribuirá, en cualquier caso, a mantener el equilibrio entre la parquedad del régimen jurídico que las leyes de cooperativas prevén para éste y el recurso por parte de sus integrantes a la autonomía de la voluntad en orden a la concreción de la estructura y características del mismo[179]

---

[176] La LSCEx se distancia del resto al exigir que los compromisos se plasmen en los estatutos de la entidad cabeza de grupo *sea o no sociedad cooperativa* (art. 135.4), dejando el "otro documento contractual" para los grupos no personificados.

[177] EMBID IRUJO, J.M./ALFONSO SÁNCHEZ, R., "Capítulo XI Grupos cooperativos, epígrafe III, *op. cit.*, pp. 1248-1249.

[178] Art. 138.3 LSCCan. También, art. 78.4 *in fine* LCoop, art. 134.3 LCPAs, art. 156.4 LCIB, art. 132.4 LCCant, art. 154.7 LCEusk, art. 134.4 LSCRM, art. 82.4 LFCN, art. 103.4 LCCV.

[179] ALFONSO SÁNCHEZ, R., *La integración cooperativa, op. cit.*, p. 295; *ídem*, "Grupos y alianzas de sociedades", *op. cit.*, p. 748. Sobre la importante función del Notario en la constitución de los grupos, EMBID IRUJO, J. M., *Introducción al derecho de los grupos, op. cit.*, pp. 43-48, 78-79.

c) Constancia registral del grupo cooperativo

El acuerdo de integración en un grupo se anotará en la hoja correspondiente a cada sociedad cooperativa en el Registro competente[180]. Esta regla, recogida en todas las leyes, da cauce de protección al interés de los terceros en conocer la estructura organizativa de grupo creada o la ampliación en número de integrantes de uno ya existente, y respeta la competencia de los registros de cooperativas (estatal o autonómicos) a cuyos ámbitos territoriales pertenezcan las cooperativas del grupo[181]. Pero, además, de pertenecer alguna de las cooperativas a una de las clases de las que precisan también inscripción en el Registro Mercantil, se habrá de anotar en éste -en la hoja personal de la cooperativa- el acuerdo de integración (*cfr.*, art. 81.1.d) RRM).

Ahora bien, lo que silencian las leyes de cooperativas es todo lo relacionado con el reflejo registral de la situación de grupo en la hoja correspondiente a la entidad cabeza de grupo de naturaleza no cooperativa, pero sujeto inscribible en otro registro[182]. Silencio lógico, puesto que una ley de cooperativas no puede entrar en terrenos extraños a su ámbito, y, de ser autonómica, mucho menos invadir la competencia estatal en materia mercantil o civil; pero silencio que no se puede salvar con el recurso a la analogía pues actos inscribibles de un sujeto sólo son aquellos para los cuales se haya previsto expresamente la inscripción (art. 22 CCom y art. 81.1 RRM), lo que no sucede en el supuesto de hecho que se analiza[183]. Se dará enton-

---

180 No habla de acuerdo de integración sino simplemente de "constitución" de un grupo cooperativo, el art. 123.k) del Reglamento de la LSCAn.

181 *Cfr.*, art. 138.3 LSCCan . También 78.7 LCoop y y 9.1.m) RRSC; art. 109.2 LSCAn, art. 135.2 LCPAs, art. 156.5 LCIB, art. 132.5 LCCant, art. 154.7 LCEusk, art. 135.2 LSCEx, art. 134.5 LSCRM, art. 82.5 LFCN, art. 103.5 LCCV. Las leyes navarra y vasca especifican que la anotación (en la hoja registral de cada sociedad incorporada) se realizará a petición de la cooperativa interesada (arts. 82.5 LFCN y art. 154.7 LCEusk). Sobre estas cuestiones, ALFONSO SÁNCHEZ, R. "Posibilidades y regulación de los procesos de integración en España (cooperativas de segundo grado, grupos cooperativos, fusiones)", en AA.VV. *Ponencias del II coloquio ibérico de cooperativismo y economía social,* Valencia, 2003, pp. 19-42, pp. 36-37.

182 O cualquier entidad no cooperativa que bajo la LSCAn integre el grupo.

183 Ante la imposibilidad de reflejar la situación de grupo en el Registro mercantil cobra especial interés (aunque tan sólo a efectos contables) la publicidad que proporciona el depósito en éste de las cuentas consolidadas del grupo para que los terceros puedan conocer, al menos, la situación económico-financiera de éste (RRM arts. 370-373). Y es que, si bien es cierto que el RRM, en línea con la regulación de esta materia en el CCom y en la LSC, establece un régimen de depósito

ces la circunstancia de que la situación de grupo quedará reflejada en el registro de cooperativas de cada cooperativa integrada, pero será invisible en el registro (mercantil o administrativo, en su caso) de la cabeza de grupo[184].

En cuanto a qué sea objeto de inscripción en el registro de cooperativas, entendemos que lo es el contrato o acuerdo de creación del grupo cooperativo, en el caso de creación *ex novo,* o del contrato o acuerdo de admisión de un nuevo miembro, en el caso de un grupo ya existente[185]. En definitiva, del negocio jurídico del que surge el grupo cooperativo o por el que se aumenta el número de integrantes, y no del acuerdo previo -inicial- de cada entidad pues éste tan sólo refleja una voluntad favorable a la constitución del grupo o a la incorporación a uno existente, algo que, finalmente, puede no producirse[186].

Algunas normas contemplan también de forma expresa la constancia registral de la separación de una cooperativa del grupo[187], pero el resto no abordan esta cuestión. No se entiende este silencio pues si en el registro de cooperativas ha de constar "el acuerdo de integración en el grupo" o

---

de cuentas en atención al grupo por subordinación, nada obsta su aplicación a los grupos por coordinación que opten por la [voluntaria] formulación consolidada de cuentas anuales (CCom arts. 42 y ss.; LSC art. 18) respecto de la entidad del grupo inscrita en al Registro mercantil.

184 La LCoop hubiera podido evitar esta situación simplemente indicando que de no ser cooperativa la cabeza de grupo el acuerdo de integración se anotara en el Registro en el que estuviera inscrita. No en vano especifica el art. 81.2 RRM que "en la hoja abierta a cada uno de los sujetos (...) se inscribirán necesariamente los actos o circunstancias establecidos *en las Leyes* o en este Reglamento".

185 El art. 9.1.m) RRSC conceptúa preceptiva la inscripción registral del "*acuerdo de integración en un grupo cooperativo y el acta notarial de su formalización*" (y de igual modo el art. 28.1.i) del Decreto 65/2006, de 14 de julio, por el cual se aprueba el Reglamento de organización y funcionamiento del Registro de Cooperativas de las Illes Balears; el art. 39.1.l) del Decreto 178/2005, de 25 de octubre de 2005, por el que se aprueba el Reglamento de Organización y Funcionamiento del Registro de Cooperativas de Castilla-La Mancha).

186 Así lo corrobora el art. 11.i) RRSC que establece que la solicitud de inscripción debería ir acompañada de una copia autorizada y de una copia simple de la escritura pública de "formalización" contractual de grupo cooperativo, así como, en su caso, de la modificación de estatutos de la sociedad cabeza de grupo si es cooperativa, conforme al art. 78 LCoop. Sobre estas cuestiones, ALFONSO SÁNCHEZ, R., "Capítulo 15. Grupos cooperativos", *op. cit.,* pp. 299-300.

187 Arts. 82.5 LFCN, art. 154.7 LCEusk y 49.b) del Reglamento del Registro; art. 109.2 LSCAn.

"la pertenencia al grupo", también debería reflejarse la baja en el mismo, como medida de protección del interés de los terceros en el conocimiento de la composición real del concreto grupo cooperativo. Ahora bien, dado que el objeto del Registro de cooperativas (como el del mercantil) es la inscripción de los actos y negocios jurídicos relativos a los sujetos inscribibles que determine la ley de cooperativas, la falta de previsión expresa de la constancia registral de la separación del grupo, puede impedir la inscripción.

Finalmente, y aún sin poder detenernos en su examen y consecuencias, parece relevante apuntar una previsión recogida en el reglamento de organización y funcionamiento del registro de cooperativas de Euskadi[188], pues atribuye *carácter no constitutivo* a las inscripciones registrales de incorporación a un grupo de cooperativas y de separación del mismo; y, como derivada, dispone que esos actos y la propia existencia del grupo *tendrán efectividad desde el momento en que se cumplan los requisitos sustantivos* previstos en el artículo 154 de la Ley 11/2019, de 20 de diciembre, y en el presente reglamento.

IV. LOS ACUERDOS INTERCOOPERATIVOS

1. Delimitación de la figura

Los acuerdos intercooperativos se enmarcan en lo que, en las primeras páginas del presente estudio, describimos como intercooperación estricta y meramente económica, a la que pertenecen aquellas formas de colaboración o de cooperación que no alteran la independencia económica ni la autonomía decisoria de las cooperativas participantes, implicando, a lo sumo el compromiso de realización conjunta de alguna finalidad empresarial concreta (*v.gr.*, técnicas de comercialización y adquisición de materias primas o activos en general). En este caso, la colaboración económica que ofrece el acuerdo intercooperativo es poder realizar operaciones de suministro, entregas de productos o servicios en la otra cooperativa firmante del acuerdo, teniendo tales hechos -por decisión del legislador- la misma consideración que las operaciones cooperativizadas con los propios socios.

---

188 Decreto 84/2023, de 13 de junio, por el que se aprueba el Reglamento de organización y funcionamiento del Registro de Cooperativas de Euskadi.

Sólo hay una exigencia para ello, y es que tales actuaciones estén justificadas por su virtualidad en orden al cumplimiento de sus objetivos sociales[189]. El acuerdo puede dar lugar a una colaboración unilateral o recíproca; en el mismo pueden intervenir dos o más cooperativas; y las cooperativas firmantes del acuerdo pueden pertenecer a cualquier clase o nivel de integración[190].

Así descrito el supuesto, la suscripción de un acuerdo intercooperativo es evidente que amplía la capacidad operacional de las cooperativas firmantes para actuar económicamente con quienes no son sus socios (la contraparte y sus socios) sin infringir la legalidad[191]. Se ha llegado a decir que la regulación de estos acuerdos es un tributo al principio de intercooperación y que encierra valor pedagógico al recordar a las cooperativas que pueden utilizar esta vía de acción como cauce de colaboración entre ellas[192]. La aceptación de la figura por el legislador cooperativo patrio puede calificarse de unánime pues incluso en el ámbito de la ley gallega -que no dispone regulación para la figura-, se da su lugar al "acuerdo de colaboración intercooperativo" [como contrato nominado, aunque no tipificado] al conceder la condición de socios colaboradores a aquellas cooperativas con las que se hubiera suscrito tal tipo de acuerdo[193].

---

189 Art. 139.2 LSCCan. También, art. 128 LCCyL.

190 PAZ CANALEJO, N., "Aspectos jurídicos de la intercooperación de la salud", *REVESCO. Revista de Estudios Cooperativos,* núm. 62, 1996, pp. 177-202, p. 189.

191 En este sentido, EMBID IRUJO, J.M./ALFONSO SÁNCHEZ, R., "Capítulo XI Grupos cooperativos, epígrafe IV (Instrumentos para la intercooperación económica, pp. 1258-1270)", AA.VV., *Tratado De Derecho de Sociedades Cooperativas,* Vol. II, 2ª ed. Tirant lo Blanch, Valencia, 2019, p. 1267.

192 Vid., PAZ CANALEJO, N., "Los acuerdos intercooperativos en el derecho vigente (estatal y autonómico)", *Revista Jurídica del Notariado,* núm. 52, 2004, pp. 137-209, pp. 157-158; Sánchez Pachón, L.A., "Los acuerdos intercooperativos. Un instrumento jurídico para la colaboración en momentos de crisis económica", *CIRIEC-España. Revista Jurídica,* núm. 22, 2011, pp. 1-29 (www.ciriec-revistajuridica.es).

193 *Vid.,* art. 29.2 LCG. Para el resto de leyes, art. 139.2 LSCCan, art. 79.3 LCoop, art. 110.3 LSCAn, art. 91 LCAr, art. 136.2 LCPAs, art. 166 LCIB, art. 133.2 LCCant, art. 134.2 LCC-LM, art. 128 LCCyL, art. 126 LCCat, art. 153 LCEusk, art. 137 LSCEx, art. 131.1.c) LCLR, art. 137.1.b) LCCM, art. 135.2 LSCRM, art. 81.6 LFCN, art. 102.3 LCCV.

2. Los sujetos del acuerdo intercooperativo

El acuerdo intercooperativo se celebra entre dos o más cooperativas, que adoptarán, respectivamente, la posición de suministradoras y/o receptoras. Desde el punto de vista del *sujeto que realiza* el suministro, la entrega o el servicio, puede ser tanto la cooperativa firmante del acuerdo como sus socios. Por lo que se refiere *al sujeto receptor,* las normas señalan que el suministro se realiza en/a/con la otra cooperativa firmante del acuerdo, pero nada dicen de los socios; sólo la ley madrileña expresamente los incluye. Entendemos que la interpretación que ha de darse a la omisión indicada no puede ser otra que la de admitir entre los sujetos receptores tanto a la cooperativa como a sus socios, en un marco de equilibrada reciprocidad[194]. Ahora bien, a nuestro juicio, se ha de dejar al contenido del propio acuerdo intercooperativo el alcance subjetivo de la cooperación que se pretende, pues las combinaciones a este respecto pueden ser muy variadas e incluso complejas visto el supuesto desde una perspectiva de estructura de red. Fundamentalmente porque la condición de sujeto prestador o sujeto receptor es compartida o intercambiable en los supuestos de acuerdos de colaboración recíprocos, pero es fija en el caso de los acuerdos unilaterales.

La cooperativa beneficiaria de la entrega conserva su independencia respecto de la cooperativa suministradora y viceversa, al igual que sus socios (en el sentido que seguirán siéndolo sólo de la cooperativa a la que pertenezcan). En definitiva, ni las cooperativas ni, en su caso, sus socios, tendrán la consideración de terceros en el concreto marco y ámbito del acuerdo cooperativo. Y ello es porque el acuerdo engrosa el listado de operaciones cooperativizadas con socios (y no con terceros) por decisión legal.

3. Intercooperación centrada en la actividad cooperativizada

Todo lo anterior pone de manifiesto que no son los actos externos o instrumentales de la cooperativa los que el legislador toma en consideración a la hora de regular los acuerdos cooperativos (el objeto social), sino, por el contrario, la actividad cooperativizada propia de la clase de cooperativa de

---

194 PAZ CANALEJO, N., "Aspectos jurídicos", *op. cit.,* p. 191; PAZ CANALEJO, N., *La sociedad cooperativa ante el reto de los mercados actuales. Un análisis no sólo jurídico,* Madrid, 2002, pp. 170-172. Con detalle, SÁNCHEZ PACHÓN, L.A., "*Los acuerdos intercooperativos", op. cit.,* pp. 21-23.

que se trate. Así, cuando exista un acuerdo de esta naturaleza, la actividad cooperativizada se podrá realizar por la cooperativa suministradora no sólo con sus propios socios sino también con la cooperativa receptora firmante del acuerdo y los socios de ésta; y, por su parte, los socios de la cooperativa suministradora podrán realizar la actividad cooperativizada no sólo con ella sino también con la cooperativa receptora y, en su caso, sus socios[195]. Lógicamente, son admisibles acuerdos que impliquen un trato recíproco y, en consecuencia, la doble posición de cooperativa suministradora y receptora. La interpretación queda rubricada en todas las normas cuando disponen que estas operaciones de suministro, entregas de productos o servicios en la otra cooperativa firmante del acuerdo, tienen la misma consideración que las operaciones cooperativizadas con los propios socios[196].

Y si esto es así, los resultados derivados de tales operaciones (cooperativizadas con socios), han de tener [parece obvio] "el carácter y destino de resultados cooperativos"[197], o han de otorgar "el derecho a los mismos beneficios cooperativos y retornos"[198], tal y como acertadamente disponen algunas leyes autonómicas[199]. Pero tal lógica desaparece en aquellas normas -como la LSCCan- que entran en la flagrante contradicción de imponer como destino de los resultados derivados de esas "operaciones cooperativizadas con socios" el propio de los resultados extracooperativos y extraordinarios, esto es, su imputación "al fondo de reserva obligatorio de la cooperativa"[200]. Es decir, mientras en la determinación del resultado del ejercicio tales operaciones han de conceptuarse como cooperativizadas

---

195 EMBID IRUJO, J.M./ALFONSO SÁNCHEZ, R., "Capítulo XI Grupos cooperativos, epígrafe IV (Instrumentos para la intercooperación económica)", *op. cit.*, p. 1267.

196 Por ejemplo, la LCCat de 2015 declara en su Preámbulo que "para evitar interpretaciones equívocas que pueden tener efectos negativos para las cooperativas, se indica de forma expresa que las operaciones de suministro y la entrega de productos o servicios entre las cooperativas firmantes del convenio no se consideran operaciones con terceras personas".

197 Art. 133.2 LCCant, art. 134.2 LCC-LM, art. 137 LSCEx, art. 102.3 LCCV.

198 Art. 81.6 LFCN.

199 La LFCN, que les atribuye "el derecho a los mismos beneficios cooperativos y retornos", en justa reciprocidad precisa que *"(I)gualmente podrá requerirse a los socios de la cooperativa con la que han establecido el acuerdo, aportaciones o fondos requeridos para acometer las inversiones necesarias. Estas aportaciones podrán ser realizadas por la cooperativa o bien directamente por los socios de la misma"*.

200 Bien en su totalidad (art. 139.2 LSCCan, art. 79.3 LCoop, art. 128 LCCyL, art. 131.1.c) LCLR), bien en un cincuenta por ciento (art. 135.2 LSCRM).

con socios, su aplicación escapa del régimen previsto para aquéllas, sirviendo para dotar el fondo de reserva obligatorio[201].

Por último, en aquel grupo de leyes de cooperativas en las que el precepto dedicado a estos extremos sólo indica que tales operaciones tienen la consideración de cooperativizadas con socios, sin especificación alguna en cuanto a los resultados, pensamos que éstos habrán de seguir el destino propio aquellas en el régimen económico de la cooperativa[202].

4. Algunas cuestiones de interés

Con carácter general, se puede definir el acuerdo intercooperativo como contrato por virtud del cual una cooperativa se compromete a suministrar a otra o a sus socios, bienes y servicios, actuación que es considerada como operación cooperativizada con socios y no con terceros[203]. Habida cuenta la parquedad del régimen jurídico establecido en las normas para este contrato, cualquier aspecto no previsto expresamente queda a la voluntad de las cooperativas firmantes del pacto. En su contenido cabe incluir, por ejemplo, la contraprestación a la que se comprometa la coope-

---

201 También críticos, PAZ CANALEJO, N. *(La sociedad cooperativa, op. cit.,* pp. 173-175), quien realiza una propuesta de *lege ferenda* para una redacción alternativa del art. 79.3 LC; PANIAGUA ZURERA, M., "Las sociedades cooperativas. Las sociedades mutuas de seguros y las mutualidades de previsión social", en AA.VV., *Tratado de Derecho Mercantil, La sociedad cooperativa. Las sociedades mutuas y las entidades mutuales. Las sociedades laborales. La sociedad de garantía recíproca,* (Coord. JIMÉNEZ SÁNCHEZ), Vol. I, Marcial Pons, Madrid, 2005; SÁNCHEZ PACHÓN, L.A., "Los acuerdos intercooperativos", *op. cit.,* p. 20; SÁNCHEZ PACHÓN, L.A., "Los acuerdos de intercooperación como mecanismo jurídico de integración de cooperativas", *REVESCO. Revista de Estudios Cooperativos,* núm. 126, 2017, pp. 154-176, p. 170)

202 Art. 110.3 LSCAn, art. 91 LCAr, art. 136.2 LCPAs, art. 166 LCIB, art. 141 LCCat, art. 153 LCEusk, art. 137.1.b) LCCM. Es ilustrativo a estos efectos el cambio que se ha producido en la legislación valenciana como consecuencia del Decreto-ley 4/2023, de 10 de marzo y la razón del mismo. La redacción originaria del art. 102.3 LCCV nada decía de los resultados, pero a demanda del sector cooperativo y teniendo en cuenta los criterios del Consejo Valenciano del Cooperativismo, el Decreto-ley ha precisado en el precepto que *"(L)os resultados obtenidos de estas operaciones tendrán el carácter y destino de resultados cooperativos en todas las cooperativas participantes del acuerdo".*

203 ALFONSO SÁNCHEZ, R., *La integración cooperativa, op. cit.,* p. 299.

rativa receptora o sus socios, la vigencia temporal del acuerdo, las consecuencias del incumplimiento, etc.[204].

No es frecuente, tampoco, encontrar en las normas límites en cuanto al volumen, cuantía, características, etc., de las operaciones propias de los acuerdos intercooperativos. No obstante, sí hay alguna referencia en las leyes balear y catalana de cooperativas, cuando disponen que la posibilidad de realizar esas operaciones no tiene más restricción *"que la(s) que se pueda(n) derivar de la singularidad o la complejidad de las operaciones cooperativizadas ofrecidas, de los estatutos sociales o de las disposiciones legales"*[205].

Por su parte, el legislador valenciano, a instancias del sector cooperativo y atendiendo a los criterios del Consejo Valenciano del cooperativismo introdujo en 2023 en la regulación de los acuerdos intercooperativos las consecuencias de la inactividad de cooperativas participantes. De este modo dispone que *"(S)i como consecuencia de estos acuerdos una cooperativa cede toda su actividad, se considerará que mantiene el cumplimiento de su objeto social mientras dure el acuerdo de intercooperación, sin que sea de aplicación lo previsto en el artículo 81.1.*c.*"*[206].

En lo que se refiere a la publicidad que quepa dar a la celebración de un acuerdo intercooperativo, sólo las leyes balear y catalana disponen la obligación de hacerlos públicos. En concreto, si la cooperativa dispone de sitio web corporativo, deberá hacerlo público a través de este medio; en caso contrario, deberá hacerlo en el tablón de anuncios de su domicilio

---

204 El Preámbulo LCCat justifica de alguna manera la parquedad indicada: "se considera la suscripción de los convenios una manifestación de la autonomía de la voluntad de las cooperativas en el ámbito privado, dentro de la estrategia empresarial, que afecta únicamente a las empresas y a los socios que los suscriben". En consecuencia, se ha suprimido en esta ley la obligación de elevar a escritura pública e inscribir los convenios intercooperativos que disponía su predecesora.

205 Art. 166.1 LCIB y art. 141.1 LCCat. PAZ CANALEJO, N. ("Los acuerdos intercooperativos en el Derecho vigente", *op. cit.*, pp. 137-209) ha señalado la conveniencia de establecer algunos límites a los actos intercooperativos a fin de no desvirtuar el objeto y finalidad de cada cooperativa concertada. SÁNCHEZ PACHÓN, L.A. ("Los acuerdos de intercooperación como mecanismo", *op. cit.*, p. 171, nota 38), entiende por el contrario que "sería contraproducente, pudiendo dar al traste con la funcionalidad de los acuerdos intercooperativos. Su legitimidad y control, como en otro momento hemos apuntado, queda bajo la salvaguarda de los principios y valores cooperativos, que han de guiar la actuación de la cooperativa y de los socios".

206 Esto es, no se estará ante una causa de disolución de la cooperativa y, por lo tanto, no entrará en liquidación.

social, sin perjuicio de que se puedan arbitrar otras fórmulas de publicidad que se consideren adecuadas para informar a los socios[207]. El resto de normas no se pronuncian sobre estos aspectos, aunque nada impide que, de forma voluntaria, se asuman por las cooperativas partícipes los cauces de transparencia vistos. En el fondo, dar publicidad a las situaciones reales de intercooperación sólo puede ofrecer ventajas en cuanto al fortalecimiento de las cooperativas en el mercado y, de forma más utópica, del propio principio de intercooperación.

En cualquier caso, los acuerdos intercooperativos siempre quedarán reflejados en la contabilidad de las cooperativas partícipes -al menos respecto de la cooperativa suministradora-, al constar las operaciones realizadas en los resultados cooperativos y, en su caso, en las dotaciones al fondo de reserva obligatorio de las cooperativas cuyas leyes reguladoras exijan este destino para aquéllos. La contabilidad "delatará" así la existencia del acuerdo. Más compleja, sin embargo, resulta la posibilidad de descubrir la existencia del acuerdo en el ámbito de la cooperativa receptora; aunque no menos que la de que aflore la realización de suministros entregas o servicios por parte de los socios de la cooperativa suministradora y/o la percepción de éstos por los socios de la receptora[208].

V. BIBLIOGRAFÍA

AIZEGA ZUBILLAGA, J.Mª/VALIÑANI GONZÁLEZ, E., "Las cooperativas de segundo grado, grupo cooperativo y otras formas de colaboración económica", *REVESCO. Revista de Estudios Cooperativos,* núm. 79, 2003, pp. 7-33.

ALFONSO SÁNCHEZ, R., *La integración cooperativa y sus técnicas de realización: la cooperativa de segundo grado,* Tirant lo Blanch, Valencia, 2000.

ALFONSO SÁNCHEZ, R., *La transformación de la sociedad cooperativa,* Edersa, Madrid, 2002.

ALFONSO SÁNCHEZ, R., "La cooperativa de segundo grado como tipo legal de sociedad cooperativa", en AA.VV., *Derecho de sociedades. Libro homenaje al profesor Fernando Sánchez Calero,* V, McGraw Hill, Madrid, 2002, pp. 4553-4604.

---

[207] Art. 166.2 LCIB, art. 141.2 LCCat,

[208] A este respecto, EMBID IRUJO, J.M./ALFONSO SÁNCHEZ, R., "Capítulo XI Grupos cooperativos, epígrafe IV (Instrumentos para la intercooperación económica)", *op. cit.*, pp. 1268-1269. En interés de esa transparencia contable, la LFCN especifica que, de esas operaciones de suministro, entregas de productos o servicios, se emitirán facturas y se efectuarán liquidaciones para la cooperativa receptora o directamente a sus socios (art. 81.6).

ALFONSO SÁNCHEZ, R. "Posibilidades y regulación de los procesos de integración en España (cooperativas de segundo grado, grupos cooperativos, fusiones)", en AA.VV. *Ponencias del II coloquio ibérico de cooperativismo y economía social,* Valencia, 2003, pp. 19-42.

ALFONSO SÁNCHEZ, R., "Grupos y alianzas de sociedades. Especial referencia al grupo cooperativo y a la cooperativa de segundo grado", en AA.VV., *Cooperativas agrarias y sociedades agrarias de transformación* (PULGAR EZQUERRA, Coord.), Dykinson, Madrid, 2008, pp. 727-778.

ALFONSO SÁNCHEZ, R., "Capítulo 15. Grupos cooperativos", AA.VV., *Sociedades Cooperativas, Memento Práctico Francis Lefebvre 2020-2021,* Madrid, 2019, pp. 289-302.

ALFONSO SÁNCHEZ, R., "Capítulo VI. Las cooperativas de segundo grado y los grupos cooperativos: formas personificadas o no de integración. los acuerdos intercooperativos como instrumento de colaboración", en AA.VV., *Las cooperativas y otras formas de colaboración empresarial al margen de las sociedades mercantiles,* Número especial, Cuadernos de Derecho y Comercio, Fundación Notariado, Madrid, 2024, pp. 195-262.

DUQUE DOMÍNGUEZ, J., "Grupos de sociedades cooperativas", en AA.VV., *Grupos empresariales de la Economía Social en España,* Valencia, 2000, pp. 99-132, p. 124.

EMBID IRUJO, J.M., "La integración cooperativa y su tratamiento en la Ley 4/1993, de 24 de junio, de cooperativas de Euskadi", en AA.VV., *Estudios de Derecho Mercantil. Homenaje al Profesor Justino Duque Domínguez,* vol. I, Valladolid, 1998, pp. 223-231.

EMBID IRUJO, J.M., "Problemas actuales de la integración cooperativa", *Revista de Derecho Mercantil,* núm. 22, 1998, pp. 7-36.

EMBID IRUJO, J.M., *Introducción al derecho de los grupos de sociedades,* Comares, Granada, 2003.

EMBID IRUJO, J.M./ALFONSO SÁNCHEZ, R., "Capítulo XI Grupos cooperativos, epígrafe I (Instrumentos para la integración cooperativa. Cuestiones preliminares, pp. 1207-1214), epígrafe III (Formas no personificadas de integración: grupos cooperativos, pp. 1225-1257), epígrafe IV (Instrumentos para la intercooperación económica, pp. 1258-1270)", AA.VV., *Tratado De Derecho de Sociedades Cooperativas,* Vol. II, 2ª ed. Tirant lo Blanch, Valencia, 2019; pp. 1212-1214.

EMBID IRUJO, J.M., "Capítulo XV. Integración e intercooperación económica", en AA.VV., Régimen jurídico de las sociedades cooperativas catalanas (Adaptado a la Ley 12/2015, de 9 de julio, de cooperativas de Cataluña), Dir. ALFONSO SÁNCHEZ, Atelier, Barcelona, 2020, pp.471-492.

GIRGADO PERANDONES, P., *La responsabilidad de la sociedad matriz y de los administradores en una empresa de grupo,* Madrid, 2002.

LAGUNA DE PAZ, J.C., "El principio de responsabilidad personal en las sanciones administrativas", *Revista de Administración Pública,* 211, 2020, pp. 37-69

MORILLAS JARILLO, MªJ., "Los grupos cooperativos", en AA.VV., *Integración y concentración de empresas agroalimentarias* (Dir. VARGAS), Dykinson, Madrid, 2018, pp. 377-411.

MORILLAS JARILLO, MªJ./FELIU REY, M., *Curso de Cooperativas,* 3ª ed., Tecnos, Madrid, 2018.

NAVARRO LÉRIDA, MªS./MUÑOZ GARCÍA, A., "Los grupos de sociedades en el ámbito agroalimentario", AA.VV., *Integración y concentración de empresas agroalimentarias* (Dir. VARGAS), Dykinson, Madrid, 2018, pp. 353-375.

PANIAGUA ZURERA, M., "Las sociedades cooperativas. Las sociedades mutuas de seguros y las mutualidades de previsión social", en AA.VV., *Tratado de Derecho Mercantil, La sociedad cooperativa. Las sociedades mutuas y las entidades mutuales. Las sociedades laborales. La sociedad de garantía recíproca,* (Coord. JIMÉNEZ SÁNCHEZ), Vol. I, Marcial Pons, Madrid, 2005.

PAZ CANALEJO, N., "Aspectos jurídicos de la intercooperación de la salud", *REVESCO. Revista de Estudios Cooperativos,* núm. 62, 1996, pp. 177-202.

PAZ CANALEJO, N., *La sociedad cooperativa ante el reto de los mercados actuales. Un análisis no sólo jurídico,* Madrid, 2002.

PAZ CANALEJO, N., "Los acuerdos intercooperativos en el derecho vigente (estatal y autonómico)", *Revista Jurídica del Notariado,* núm. 52, 2004, pp. 137-209

Sánchez Pachón, L.A., "Los acuerdos intercooperativos. Un instrumento jurídico para la colaboración en momentos de crisis económica", *CIRIEC-España. Revista Jurídica,* núm. 22, 2011 (www.ciriec-revistajuridica.es), pp. 1-29.

Sánchez Pachón, L.A., "Los acuerdos de intercooperación como mecanismo jurídico de integración de cooperativas", *REVESCO. Revista de Estudios Cooperativos,* núm. 126, 2017, pp. 154-176.

SANTOS DOMÍNGUEZ, M.Á., *El poder de decisión del socio en las sociedades cooperativas: la Asamblea General,* Aranzadi, Cizur Menor, 2014.

VARGAS VASSEROT, C., "El voto plural ponderado y el principio cooperativo de gestión democrática. Análisis de su paulatino reconocimiento en el derecho positivo español", *CIRIEC-España, Revista Jurídica de Economía Social y Cooperativa,* nº 40, 2022, pp. 83-111.

Capítulo XVI.

La administración pública y las cooperativas

Mª JOSÉ PUYALTO FRANCO
Profesora Contratada Doctora de Derecho Mercantil
Universitat de Lleida

SUMARIO: I. LA PROMOCIÓN COOPERATIVA. 1. INTRODUCCIÓN. 2. LA ADMINISTRACIÓN PÚBLICA CANARIA Y EL FOMENTO DEL COOPERATIVISMO II. INSPECCIÓN, RÉGIMEN SANCIONADOR Y DESCALIFICACIÓN. 1. INTRODUCCIÓN. 2. POTESTAD INSPECTORA Y SANCIONADORA DE LAS SOCIEDADES COOPERATIVAS. 3. SUJETOS RESPONSABLES. 4. CLASIFICACIÓN DE LAS INFRACCIONES. 5. LAS SANCIONES. 6. LA DESCALIFICACIÓN. III. BIBLIOGRAFÍA

I. LA PROMOCIÓN COOPERATIVA

1. Introducción

El deber de los poderes públicos de fomento de las sociedades cooperativas, encuentra su respaldo constitucional en el art. 129.2 CE junto a otras previsiones[1] que tienen como objetivo común "el favorecimiento de grupos sociales precisados de una mayor protección pública (como son, por ejemplo, los trabajadores), en aras a la consecución de una mayor igualdad

---

1 Junto al fomento de las sociedades cooperativas, el art. 129 CE también prevé, en su primer párrafo, la participación de los ciudadanos en la Seguridad Social, en organismos públicos cuya función afecte a la calidad de vida o al bienestar general, y en el segundo párrafo, la promoción eficaz de las diversas formas de participación en la empresa y el establecimiento de los medios que faciliten el acceso de los trabajadores a la propiedad de los medios de producción. Las disposiciones de este precepto se ajustan al denominado "principio participativo" que inspira toda la CE y que tiene su proyección en la "Constitución Económica". Sobre este particular, COLOMER VIADEL, A., "Regulación constitucional de la participación de los trabajadores en la economía y en la empresa", *UNED. Revista de Derecho Político* N.º 100, septiembre-diciembre 2017, pp. 831-848, p. 833-837.

y tutela frente a los desequilibrios que provoca el funcionamiento de la economía de mercado"[2]. Este precepto aparece recogido dentro del Título VII relativo a "Economía y Hacienda", y en concreto entre los arts. 129 a 132, es decir, en lo que se ha denominado "Constitución Económica", como conjunto de "normas destinadas a proporcionar el marco jurídico fundamental para la estructura y funcionamiento de la actividad económica"[3]. En este sentido GADEA SOLER[4] opina que la previsión del art. 129.2 CE constituye un mandato dirigido a los poderes públicos para que adopten "las medidas adecuadas para que el modelo económico constitucional de economía social de mercado se nutra de empresarios cooperativos". Aunque el precepto se refiere a "los poderes públicos", la doctrina[5] entiende que dicho mandato afecta principalmente al poder legislativo estatal o autonómico y al poder ejecutivo, en el ejercicio de su potestad reglamentaria, al establecer que el apoyo a las sociedades cooperativas se realice mediante una "legislación adecuada"[6]. Por su parte DÍAZ DE LA ROSA defiende que el art. 129.2 CE introduce en el ordenamiento jurídico español el principio

---

2 SANZ DOMÍNGUEZ, C., "Consideraciones en torno al fomento de las sociedades cooperativas en el ordenamiento jurídico español", *TRABAJO* 8-9 (2000), pp. 101-115, p. 104.

3 STC 1/1982, de 28 de enero (ECLI:ES:TC:1982:1). De este planteamiento, Sanz Domínguez deduce que la CE "aborda el fenómeno cooperativista como una manifestación económica, concibiendo las cooperativas como actividad empresarial. SANZ DOMÍNGUEZ, C., "Consideraciones en torno al fomento", *op. cit,* pp. 101-115, p. 103.

4 GADEA SOLER, E., "La función económica de la cooperativa y la necesidad de una legislación adecuada", *REVESCO* Nº 108, Segundo Cuatrimestre 2012, pp. 39-58, p. 43.

5 Por todos, SANZ DOMÍNGUEZ, C., "Consideraciones en torno al fomento", *op. cit,* pp. 101-115, pp. 104-105.

6 Como argumenta García de Enterría, "la utilización del término inespecífico «legislación» (regla 7.a) o incluso «normas básicas» (regla 27.a) parece intencionadamente utilizada para evitar la expresión «ley», que es la que suele significar en la Constitución la intención de construir una verdadera reserva de Ley". El autor cita la doctrina del TC, "que se inicia con la sentencia de 4 de mayo de 1982 (confirmada por otras de 14 y 30 de junio y 27 de julio de 1982), que ha precisado, en efecto, que, por legislación, en el sentido del art. 149, 1, 7. °, ha de entenderse tanto la facultad de emanar normas con rango de Ley como Reglamentos, con la sola exclusión de los Reglamentos organizativos (…)". GARCIA DE ENTERRIA, E. "*La significación de las competencias exclusivas del Estado en el sistema autonómico", Revista Española do Derecho Constitucional,* Año 2. Nº 5, mayo-agosto 1982, pp. 63-93, p. 70.

pro-cooperativo que debería ser entendido como "empresa más favorecida"[7]. Precisamente sobre este particular ha tenido la ocasión de pronunciarse el TC vinculando el fomento de las cooperativas a la preferencia que determinadas normas estatales establecen en favor de aquellas frente a otras sociedades o empresas. Con base en diversas Sentencias del Pleno del Tribunal, SANTIAGO REDONDO[8] ofrece la siguiente conclusión: el fomento del cooperativismo cabe siempre que no implique un trato incondicionado o ajeno a las finalidades de la norma, es decir, se promoverá el cooperativismo con la condición de que la finalidad de la norma que se trate no resulta soslayada. Asimismo, ha de entenderse que no existe quiebra del mandato constitucional si se da mayor libertad de actuación a las sociedades cooperativas.

En todo caso, el fomento y promoción de las sociedades cooperativas debe conectarse con el principio cooperativo de autonomía e independencia[9] que la ACI define indicando que "las cooperativas son organizaciones autónomas de autoayuda gestionadas por sus miembros. Si se llega a un acuerdo con organizaciones externas –incluidos los gobiernos–, o se aumenta su capital de fuentes externas, deberá hacerse de forma que se asegure el control democrático de sus miembros y se mantenga la autonomía de la cooperativa"[10]. Sobre esta cuestión, la profesora BURZACO SAMPER advierte que en la formulación de este principio "subyace el temor a que las medidas de ayuda y promoción cooperativa puedan implicar la aplicación de intensos regímenes de intervención y, con ellos, una pérdida de independencia de las cooperativas"[11]. Y es que, como ella misma argumenta, en todas las leyes cooperativas existe esta suerte de dualidad entre

---

7 DÍAZ DE LA ROSA, A., "Reflexiones a propósito del art. 129.2 de la Constitución Española", *AFDUDC*, 14, 2010, pp. 311-324, p. 324. En el mismo sentido, COLOMER VIADEL, A., "Regulación constitucional de la participación de los trabajadores", *op. cit.*, pp. 831-848, p. 841.

8 SANTIAGO REDONDO, K., "Artículo 129.2: La participación en la empresa y el fomento del cooperativismo", en AA.VV., *Comentarios a la Constitución española, /* coord. por Mercedes Pérez Manzano, Ignacio Borrajo Iniesta; Miguel Rodríguez-Piñero y Bravo-Ferrer (dir.), María Emilia Casas Baamonde (dir.), Enrique Arnaldo Alcubilla (ed. lit.), Jesús Remón Peñalver (ed. lit.), Vol. 2, Tomo 2, 2018 (Tomo II), pp. 847-852, pp. 850-851.

9 Este principio fue introducido por primera vez como principio específico de una empresa cooperativa en la reformulación de los principios cooperativos de 1995.

10 https://ica.coop/es/cooperativas/identidad-alianza-cooperativa-internacional.

11 BURZACO SAMPER, M., "La intervención pública en las sociedades cooperativas: la necesidad de revisar el modelo de 'tutela administrativa'", *CIRIEC-España, Re-*

el principio de fomento del cooperativismo y el control de legalidad que se articula mediante una serie de medidas limitativas e interventoras que, en el caso de la LSCCan, comentaremos en el epígrafe correspondiente[12].

2. La administración pública canaria y el fomento del cooperativismo

Todas las Administraciones Públicas tanto del Estado como de las CCAA han asumido competencias de fomento del cooperativismo y normalmente dichas competencias han sido asignadas a la administración competente en materia de trabajo y asuntos sociales. En el caso de Canarias, si bien el preámbulo de la LSCCan reconoce que el modelo cooperativo tiene una importante función económica al tiempo que constituye un tipo de sociedad de especial relevancia social, no es menos cierto que, como recuerda la Ley 3/2022, de 13 de junio, de Economía Social de Canarias, dicho modelo se encuentra infradesarrollado en esta Comunidad Autónoma[13]. Es por ello que resulta especialmente significativo que el art. 140 LSCCan acoja, como medida general[14], el compromiso de fomento del cooperativismo atribuyendo al Gobierno de Canarias la programación "de actuaciones de promoción, desarrollo y estímulo de las sociedades cooperativas canarias y de sus estructuras de integración económica y representativa que se llevarán a cabo a través de medidas que favorezcan la consolidación de la actividad empresarial, el fomento del emprendimiento, la formación, la creación de empleo, la vertebración territorial y el asociacionismo cooperativo". Estas actuaciones, precisa el segundo párrafo del precepto mencio-

---

vista Jurídica de Economía Social y Cooperativa, nº 39, 2021, p. 109, pp. 97-134. DOI: 10.7203/CIRIEC-JUR.39.21404

12 Ídem, p.111.

13 En efecto, el preámbulo de la Ley 3/2022, de 13 de junio, de Economía Social de Canarias, reconoce que "[A] pesar de los grandes beneficios a la sociedad de la economía social, en la Comunidad Autónoma de Canarias se encuentra actualmente infradesarrollada, indicando como ejemplo, algunos de los datos del Informe del segundo semestre de 2020 del Ministerio de Trabajo y Economía Social, donde se señala que el número de cooperativas existentes en Canarias es de 222 representando solo el 1,2% en el ámbito nacional".

14 BURZACO critica ese tipo de declaraciones calificándolas de "enfáticas, pero casi imposibles de verificar en la práctica" por lo que deben ser consideradas como "meros compromisos formales". En este sentido apunta a que deberían ser objeto de un examen riguroso para verificar su eficacia en el contexto de las políticas públicas que desarrolle el gobierno. BURZACO SAMPER, M., "La intervención pública en las sociedades cooperativas'", *op.cit.*, p. 114.

nado, se desarrollaran a través de la consejería competente en materia de economía social u organismo autónomo dependiente[15] sin perjuicio de la coordinación que corresponda con el resto de consejerías o administraciones vinculadas con la actividad económica que desarrollen las sociedades cooperativas. Por su parte, el art. 140 describe algunos parámetros que la política de fomento del cooperativismo debe atender tales como: 1º) La identificación de los mercados potenciales en los que las cooperativas puedan desarrollar su actividad con mayores posibilidades de éxito, generar empleo y atender a las particularidades de la estructura económica y social de cada isla[16]; 2º) La incorporación de medidas para garantizar la igualdad entre hombres y mujeres en el cooperativismo en Canarias, así como para facilitar la accesibilidad y supresión de barreras arquitectónicas.

Por otro lado, el art. 144 LSCCan contempla una relación de medidas especiales de fomento de las sociedades cooperativas, algunas de las cuales coinciden con las previstas, entre otras, en el art. 155 LCCat y en la LCoop[17]. En este contexto, el legislador canario propone priorizar de manera especial y singular las sociedades cooperativas que tengan la capacidad para generar empleo y/o el impacto a favor de las personas con riesgo de exclusión social y aquellas cuyas actividades consistan en la prestación de servicios encaminados a la satisfacción de un interés público o social[18].

---

15 La Consejería de Economía, Conocimiento y Empleo del Gobierno de Canarias fue la impulsora de la vigente LSCCan. Sin embargo, a la vista del contenido del Decreto 123/2023, de 17 de julio, por el que se determina la estructura orgánica y las sedes de las Consejerías del Gobierno de Canarias (BOC 140, de 18.7.2023) modificado por el Decreto 329/2023, de 1 de agosto, dicha Consejería ha sido reemplazada por la Consejería de Economía, Industria, Comercio y Autónomos y por la Consejería de Turismo y Empleo, siendo esta última la que tiene la competencia sobre cooperativas.

16 A nadie se le escapan las particularidades del territorio canario. Recientemente, el Plan estratégico de la Economía Social y Solidaria de Tenerife (2023-2026), la isla más grande de las ocho que conforman el archipiélago, alude a que Canarias es una economía terciarizada, ya que, alrededor del 82% de las empresas inscritas en la Seguridad Social y del 87% del empleo registrado, tanto en Tenerife, como para el total de Canarias, se adscribe al sector servicios, principalmente el turismo, en donde el sector alojativo absorbe un 9% del empleo del sector terciario.

17 PUYALTO FRANCO, M.J., "La Administración Pública y las cooperativas: el consejo superior de la cooperación en "*Régimen jurídico de las sociedades cooperativas catalanas: (adaptado a la Ley 12/2015, de 9 de julio, de cooperativas de Cataluña)*" coord. por María del Mar Andreu Martí; Rosalía Alfonso Sánchez (dir.), 2020, pp. 531-559, p. 549.

18 Art. 144. 4 LSCCan.

Para un mayor entendimiento de la tipología de las medidas especiales, *Burzaco Samper* las clasifica en torno a una serie de criterios. En primer término, se encuentran las (clásicas) medidas de corte fiscal. En este sentido, téngase en cuenta que el régimen fiscal de las cooperativas previsto en la LRFC[19] obedece precisamente al fomento de las Sociedades Cooperativas en atención a su función social, actividades y características[20]. Las medidas a las que nos referimos son las siguientes: 1º) Las sociedades cooperativas tendrán la condición de mayoristas en la distribución o en la venta. No obstante, pueden vender al por menor y distribuir como detallistas, independientemente de la calificación que les corresponde a efectos fiscales; 2º) No tendrán la consideración de ventas las entregas de bienes y prestaciones de servicios proporcionadas por las cooperativas a sus personas socias, ya sean producidas tanto por las cooperativas como por sus personas socias, ya sean adquiridas a terceras personas para cumplir sus fines sociales[21]; 3º) La consideración como de actividades internas y de operaciones de transformación primaria las que realicen las cooperativas agroalimentarias y las de explotación comunitaria de la tierra, así como las cooperativas de segundo o ulterior grado que las agrupen, con productos o materias, incluso suministrados por terceras personas, que estén destinados exclusivamente a las explotaciones de las socias[22]. 4º) La posibilidad que el Gobierno autonómico reconozca de utilidad pública las federaciones o asociaciones de cooperativas que mediante el desarrollo de su actividad contribuyan a la promoción del interés general de Canarias de acuerdo y con los efectos que se establezca en la normativa de aplicación. 5º) Promover y apoyar la constitución de sociedades cooperativas de segundo o ulterior grado y cualquier otra forma de integración que tienda a reforzar los vínculos cooperativos. En esta línea, las sociedades cooperativas que concentren sus empresas, por fusión o por constitución de otras sociedades cooperativas de segundo o ulterior grado, o por uniones de personas empresarias o agrupaciones de interés económico, disfrutarán en su grado máximo de

[19] La Ley es de aplicación en todo el territorio español, excepto en el País Vasco (territorios de Guipúzcoa, Vizcaya y Álava) y Navarra (art. 1.2º LRFC), que cuentan con normas forales reguladoras de régimen fiscal de las cooperativas.

[20] Del preámbulo de la LRFC

[21] Esta medida se recoge también en el art. 155 LCCat y es idéntica a la prevista en el segundo apartado de la Disposición Adicional Quinta LCoop.

[22] Con algunas diferencias en su formulación esta medida se acoge en el art. 155 LCCat y es similar, *mutatis mutandis* a la prevista en el cuarto apartado de la Disposición Adicional Quinta LCoop.

todos los beneficios otorgados por la normativa autonómica relativa a la mencionada agrupación o concentración de empresas

El siguiente grupo de medidas son las relacionadas con la educación y la formación sobre el cooperativismo. Sobre este aspecto debemos traer a colación el principio cooperativo "Educación, formación e información"[23] en virtud del cual, las cooperativas "ofrecen educación y formación a sus miembros, representantes elegidos, directores y empleados, para que puedan contribuir de forma efectiva al desarrollo de sus cooperativas. Asimismo, informan al público general –particularmente a los jóvenes y a los líderes de opinión– sobre la naturaleza y los beneficios de la cooperación"[24]. Pues bien,

---

23 Las "Notas de orientación para los principios cooperativos" que ofrece la ACI definen cada uno de estos términos: así, la "educación" consiste en comprender los principios y valores cooperativos y saber cómo aplicarlos en el funcionamiento diario de una cooperativa. También se refiere a la educación en sentido más amplio que se ofrece a los miembros para su desarrollo social. La educación cooperativa implica la dedicación intelectual de miembros, líderes electos, administradores y empleados, para que aprehendan plenamente la complejidad y riqueza del pensamiento y de la acción cooperativas, así como su impacto social. La "formación" consiste en desarrollar las aptitudes prácticas que necesitan los miembros y empleados para dirigir una cooperativa de acuerdo con prácticas empresariales éticas y eficaces y para controlar democráticamente la empresa cooperativa de manera responsable y transparente. En todas las cooperativas existe también una necesidad de formar empleados y responsables electos para que dirijan la actividad de la cooperativa de modo eficaz en una economía competitiva. La "información" consiste en el deber de asegurarse de que los demás, que forman parte del público en general, y "en especial los jóvenes y los líderes de opinión", conocen la empresa cooperativa. El conocimiento que difunde la información no es simplemente un ejercicio de marketing sobre la cooperativa o los servicios que proporciona y tampoco es propaganda. Es el deber de informar al público en general acerca del carácter de la empresa cooperativa, basado en principios y valores, así como de las ventajas que tiene para la sociedad una empresa cooperativa. Muchas cooperativas en muchos países hacen caso omiso de esta responsabilidad. Sin educación, información y formación, la gente no apreciará ni apoyará lo que ni siquiera entiende. Disponible en: https://ica.coop/es/medios/biblioteca/research-and-reviews/notas-orientacion-principios-cooperativos

24 La referencia a estos colectivos se explica porque respecto a los jóvenes, cuanto más fuerte sea la generación de miembros que toma el relevo, más fuerte será la organización que sea controlada democráticamente por ellos. En cuanto a los "los líderes de opinión", estos tienen que entender el carácter distintivo de la empresa cooperativa y los valores y principios en que se basa para satisfacer las normas aceptadas internacionalmente y que exigen que las condiciones para las cooperativas no sean menos favorables que las que se conceden a otras formas de empresa.

en relación con este principio, la LSCCan contempla las siguientes medidas especiales: 1º) Incentivar la formación con carácter general y la enseñanza del cooperativismo en los diferentes niveles educativos, favoreciendo la creación de cooperativas de enseñanza en los centros docentes; 2º) Promover la difusión del cooperativismo y garantizar el asesoramiento e información especializada a las personas que pretendan emprender a través del cooperativismo.

Finalmente, la norma autonómica prevé otro tipo de medidas como la consistente en que las cooperativas de viviendas de promoción social tengan derecho a adquirir terrenos de titularidad pública por los procedimientos de adjudicación directa, siempre que la respectiva normativa pública patrimonial lo permita. Por último, el art. 144 LSCCan enmarca los programas de subvenciones para la creación y desarrollo de cooperativas en su política sobre economía social[25].

En otro orden de cosas, y tal como se encarga de recordar FAJARDO GARCÍA[26] además de los departamentos administrativos responsables de elaborar, aplicar y controlar políticas públicas de promoción de la economía social en general y del cooperativismo en particular, también existen determinadas instituciones públicas configuradas "como órganos asesores y consultivos para las actividades relacionadas con la economía social, y órgano de colaboración y coordinación del movimiento asociativo, de la administración autonómica y de otros agentes, y en su composición tienen representación tanto la administración autonómica y local, como el movimiento asociativo de la economía social, además de expertos independientes, y en ocasiones, representantes de otros colectivos como sindicatos u organizaciones empresariales"[27]. A nivel estatal, la disposición adicional segunda de la LCoop creó el "Consejo para el Fomento de la Economía Social" (CFES) como órgano asesor y consultivo para las actividades relacionadas con la economía social, integrado en la Administración General del Estado, aunque sin participar en la estructura jerárquica de ésta[28].

---

25 Una búsqueda en el Boletín Oficial de Canarias permite obtener información en detalle sobre las ayudas públicas que permiten articular el compromiso del Gobierno con el fomento de las cooperativas.

26 FAJARDO GARCIA, G., "El fomento de la "Economía Social" en la legislación española", *REVESCO* Nº 107, pp. 58-97, p. 67.

27 FAJARDO GARCIA, G., "El fomento de la "Economía Social" en la legislación española", *op. cit.*, p. 69.

28 Por su parte la disposición final quinta estableció que el Gobierno, a propuesta del entonces Ministro de Trabajo y Asuntos Sociales, podía dictar normas para la

En el plano autonómico existen organismos similares al CFES como el Consejo Regional de Economía Social de Castilla-La Mancha, el Consejo Asturiano de la Economía Social o el Consejo Cántabro de la Economía Social. En esta línea se incardina Canarias por mor de la aprobación de la Ley 3/2022, de 13 de junio, de Economía Social de Canarias que crea la Comisión de la Economía Social de Canarias como órgano consultivo y asesor para las actividades relacionadas con la economía social, especialmente en el ámbito de la promoción, ordenación y difusión de la economía social, quedando integrado en la Administración pública de la Comunidad Autónoma de Canarias, a través de la consejería competente en materia de economía social, sin participar en su estructura jerárquica.

En otras CCAA las denominaciones de estos órganos se ciñen al cooperativismo en particular. Este es el caso emblemático de Catalunya que cuenta con una institución de estas características cuyo origen se remonta al año 1934 y que ha sido una constante en las sucesivas leyes de cooperativas catalanas desde la Ley 4/1983 hasta la actualidad, siendo incluso objeto de desarrollo reglamentario mediante Decreto 34/1993, de 9 de febrero, sobre la composición y funcionamiento del Consejo Superior de la Cooperación (CSC). La LCCat lo define en el art. 156.1 como un órgano consultivo, de participación y de resolución extrajudicial de conflictos[29] de

aplicación y desarrollo de la mencionada ley. En virtud de esta disposición final, se dictó el Real Decreto 219/2001, de 2 de marzo, sobre organización y funcionamiento del Consejo para el Fomento de la Economía Social. Con posterioridad, el art. 13 de la Ley 5/2011, de 29 de marzo, de Economía Social procedió a regular el Consejo para el Fomento de la Economía Social, órgano asesor y consultivo en la materia, indicándose que su funcionamiento y composición serían objeto de desarrollo reglamentario ajustándose a lo dispuesto sobre órganos colegiados en la Ley 30/1992, de 26 de noviembre, de Régimen Jurídico de las Administraciones Públicas y del Procedimiento Administrativo Común, y en la Ley 6/1997, de 14 de abril, de Organización y Funcionamiento de la Administración General del Estado. Puesto que ambas leyes se encuentran actualmente derogadas por la Ley 39/2015, del Procedimiento Administrativo Común de las Administraciones Públicas, y por la Ley 40/2015, de 1 de octubre, de Régimen Jurídico del Sector Público, respectivamente, el Real Decreto 117/2021, de 23 de febrero, procedió a modificar el Real Decreto 219/2001, de 2 de marzo, sobre organización y funcionamiento del Consejo para el Fomento de la Economía Social.

29 Sobre este particular, conviene señalar que en las últimas décadas se ha asistido a un constante interés por el establecimiento de procedimientos y sistemas para una solución de los conflictos jurídicos alternativa a la vía judicial con un doble objetivo, de un lado, contribuir a descongestionar los tribunales que actualmente operan en muchos casos única vía de solución de los conflictos intersubjetivos y,

la Administración de la Generalidad en todo el ámbito de las competencias que le corresponden sobre cooperativas. Con similares características, cabe señalar, entre otros, el Consejo Valenciano del Cooperativismo, el Consejo Aragonés del Cooperativismo, el Consejo Superior del Cooperativismo de Extremadura, el Consejo Cooperativo de Navarra, el Consejo Superior de Cooperativas de Euskadi, el Consejo Gallego de Cooperativas y el Consejo Superior del Cooperativismo de la Región de Murcia que adopta forma jurídica de fundación privada y se rige por lo dispuesto en la Ley 50/2002, de 26 de diciembre, de Fundaciones.

---

por otro, ofrecer a la sociedad nuevas formas de arreglo de problemas, quedando el recurso a los tribunales como ultima ratio quedando el recurso a los tribunales como ultima ratio. En particular, nos referimos a mecanismos como la mediación, la conciliación o el arbitraje en distintas jurisdicciones, así como el arreglo extrajudicial de controversias entre organismos públicos. Pues bien, como argumenta Argudo Périz "el arbitraje y los demás procesos de resolución alternativa de conflictos encuentra un contexto muy favorable de desarrollo en las organizaciones cooperativas, basadas en principios y valores comunes que determinan un aparte sustancial de su estructura y cultura organizacional, porque la gestión democrática y la participación, la formación y educación, la solidaridad y el protagonismo de las personas como eje y centro de estas organizaciones son pilares de una cultura empresarial, y también social, más horizontal y colaborativa en los sistemas de dirección y gestión, que "apodera" a los miembros de la organización para responsabilizarse de sus conflictos, y facilita la asunción de una cultura transformadora de los conflictos para gestionar los cambios y asentar relaciones positivas y constructivas de futuro". ARGUDO PÉRIZ, J.L., "Resolución Alternativa de Conflictos en las Cooperativas", *Acciones e Investigaciones Sociales*, 22, pp. 35-89, p. 39. En definitiva, siguiendo a algunos autores podríamos coincidir en que "si en algún campo tiene sentido la resolución alternativa de conflictos es en el movimiento cooperativo ya que éste siempre ha buscado la puesta en común de las diferentes potencialidades de sus miembros". MARTI MIRAVALLS, J., "El Arbitraje Cooperativo en la Legislación Española", *Boletin de la Asociación Internacional de Derecho Cooperativo,* diciembre 2005, pp. 33-91, p. 34, citando a MERINO HERNÁNDEZ, S., *Manual de Arbitraje Cooperativo Vasco,* CSCE, 2001, p. 76 en nota (1). Teniendo en cuenta lo anterior, no es de extrañar que estos mecanismos tengan su reflejo en diversas leyes autonómicas sobre cooperativas atribuyendo las funciones en la resolución de conflictos a los Consejos Autonómicos de Cooperativismo. Nos referimos a las siguientes: Catalunya cuya norma dedica el segundo capítulo del Título IV a la conciliación, mediación y arbitraje ante el CSC, Castilla-La Mancha (art. 176 LCC-LM), Cantabria (art. 143 LCCant), Extremadura (art. 190 LSCEx), Euskadi (art. 145 LCPV), Galicia (art. 135 LCG) y Valencia (art. 123 LCCV).

II. INSPECCIÓN, RÉGIMEN SANCIONADOR Y DESCALIFICACIÓN

1. Introducción

La LSCCan dedica el Capítulo II del Título II a uno de los aspectos más relevantes de la acción pública sobre las cooperativas consistente en el establecimiento del régimen sancionador. La titularidad de la potestad sancionadora de las CCAA y el consiguiente ejercicio de las facultades de determinación de las infracciones y sanciones, así como su imposición y ejecución, resulta incuestionable. En efecto, la doctrina constitucional relativa a la potestad sancionadora toma como punto de partida su "carácter instrumental" respecto del ejercicio de las competencias sustantivas[30] de ahí que las CCAA puedan adoptar normas administrativas sancionadoras "cuando tengan competencia sobre la materia sustantiva de que se trate, debiendo acomodarse las disposiciones que dicten a las garantías constitucionales dispuestas en este ámbito del Derecho administrativo sancionador (art. 25.1 CE), y no introducir divergencias irrazonables y desproporcionadas al fin perseguido respecto del régimen jurídico aplicable en otras partes del territorio (art. 149.1.1 CE)"[31].

De lo expresado por el TC se obtienen las condiciones en las que la regulación del régimen sancionador de las CCAA debe desenvolverse. En primer lugar, la Comunidad ha de tener la competencia sobre "la materia sustantiva de que se trate". En este sentido, el art. 118.1 del Estatuto de Autonomía de Canarias, tras la reforma del mismo efectuada a través de la Ley Orgánica 1/2018, de 5 de noviembre, se establece que le corresponde a la Comunidad Autónoma de Canarias conforme a la legislación mercantil, la competencia exclusiva en materia de cooperativas y entidades de economía social. Dicha competencia comprende la regulación y el fomento del cooperativismo que incluyen la regulación del asociacionismo cooperativo; la enseñanza y la formación cooperativas; y la fijación de los criterios, la re-

---

30 Por todas STC 218/2013, de 19 de diciembre de 2013 (FJ 5°) y jurisprudencia allí citada (SSTC 48/1988, de 22 de marzo, (FJ 25); 227/1988, de 29 de noviembre, (FJ 29); 96/1996, de 30 de mayo, (FJ 7), entre otras). En el mismo sentido, BURZACO SAMPER, M. "La potestad administrativa sancionadora en la Ley 8/2003, de 24 de marzo de Cooperativas de la Comunidad Valenciana", *CIRIEC - España. Revista jurídica de economía social y cooperativa,* núm. 18, 2007, pp. 73-106, p. 73.

31 STC 218/2013, de 19 de diciembre de 2013 (FJ 5°).

gulación de las condiciones, la ejecución y el control de las ayudas públicas al mundo cooperativo[32].

La segunda condición exige que las disposiciones sancionadoras "se acomoden a las garantías constitucionales dispuestas en este ámbito del derecho sancionador" lo que nos lleva inevitablemente al cumplimiento de lo establecido en el art. 25.1 CE que proclama como derecho fundamental el principio de legalidad penal extendiéndolo al Derecho administrativo sancionador. Como es sabido, este derecho fundamental comprende una doble garantía, formal y material. Esta última trae causa del mandato de *lex certa* y se concreta en la exigencia de predeterminación normativa de las conductas ilícitas y de las sanciones correspondientes, que hace recaer sobre el legislador el deber de configurarlas en las leyes sancionadoras con la mayor precisión posible para que los ciudadanos puedan conocer de antemano el ámbito de lo proscrito y prever las consecuencias de sus acciones. La garantía formal hace referencia al rango necesario de las normas tipificadoras de esas conductas y sanciones toda vez que la doctrina constitucional reitera que el término legislación vigente contenido en el art. 25.1 CE es expresivo de una reserva de ley en materia sancionadora[33]. No obstante lo anterior, en el ámbito administrativo sancionador esta dimensión formal ha sido matizada por el propio TC[34] en atención a lo que algunos autores han denominado "la tensión entre las garantías de los administrados y la eficacia de la actuación administrativa"[35]. Así lo recuerda la STS de 16 de noviembre de 2001[36] señalando que, con arreglo a la doctrina jurisprudencial del Tribunal Constitucional, "la normativa sancionadora resulta constitucionalmente lícita cuando es la ley la que ha de servir de cobertura y quedan suficientemente determinados los elementos esenciales de la conducta antijurídica, su naturaleza y los límites de las sanciones a imponer, como reconoció la jurisprudencia constitucional en precedentes sentencias (núms. 77/1983, 83/1984 y 3/1988)". Más en particular, la STC 101/1988, de 8 de junio (FJ 2º) argumenta que esta clara exigencia de cobertura legal "no excluye la posibilidad de que las leyes contengan

---

32 Art. 118.2 LSCCan

33 Por todas, STC 77/2006, de 13 de marzo, FJ único y jurisprudencia allí citada.

34 STC 18/1981, de 8 de junio (FJ 2º).

35 CHAMORRO GONZALEZ, J.M., "Los principios del Derecho Administrativo Sancionador y su incidencia en el ámbito de la disciplina urbanística", *Serie Claves del Gobierno Local,* núm. 5, 2007, recuperado de: http://repositorio.gobiernolocal.es/xmlui/bitstream/handle/10873/844/claves05_11_chamorro.pdf?sequence=1

36 Id Cendoj: 28079130072001100510.

remisiones a normas reglamentarias[37], mas ello siempre que en aquéllas queden suficientemente determinados los elementos esenciales de la conducta antijurídica –de tal manera que sólo sean infracciones las acciones u omisiones subsumibles en la norma con rango de ley– y la naturaleza y límites de las sanciones a imponer. Lo que en todo caso prohíbe el art. 25.1 de la Constitución es *la remisión al reglamento que haga posible una regulación independiente y no claramente subordinada a la Ley38* (STC 83/1984, de 24 de julio), lo que supondría degradar la garantía esencial que el principio de reserva de ley entraña, como forma de asegurar que la regulación de los ámbitos de libertad que corresponden a los ciudadanos dependa exclusivamente de la voluntad de sus representantes (STC 42/1987, de 7 de abril [RTC 1987/42])". En definitiva, la reserva de ley formal que se deriva del art. 25.1 CE no puede entenderse de un modo tan absoluto que impida la colaboración reglamentaria en la normativa sancionadora.

Finalmente, la tercera condición es que las normas sancionadoras autonómicas no introduzcan "divergencias irrazonables y desproporcionadas al fin perseguido respecto del régimen jurídico aplicable en otras partes del territorio". Como señala BURZACO[39] este límite se ha conectado con el principio de igualdad y la competencia estatal *ex* art. 149.1.1ª CE[40] si bien precisa que "su virtualidad práctica plantea dificultades evidentes dada la vaguedad de los conceptos en que se soporta". En opinión de esta autora, la comparación entre los regímenes sancionadores de las leyes de cooperativas arroja una gran cantidad de ejemplos de trato diferencial injustificado pero que difícilmente tiene solución salvo que esta cuestión fuera objeto de un eventual recurso de inconstitucionalidad. Una vez analizados sucin-

---

37 La cursiva es nuestra.

38 La cursiva es nuestra.

39 BURZACO SAMPER, M., "La intervención pública en las sociedades cooperativas. El inadecuado papel de las administraciones públicas como garantes de los principios y valores cooperativos mediante el ejercicio de la potestad sancionadora", *CIRIEC-España. Revista Jurídica* Nº 27/2015, pp. 333-372, p. 355.

40 Con relación a este aspecto, la STC 87/1985, de 16 de julio (FJ 8º) argumenta que la norma sancionadora autonómica "habrá de atenerse a lo dispuesto en el art. 149.1.1 C.E., de modo que no podrá introducir tipos ni prever sanciones que difieran, sin fundamento razonable, de los ya recogidos en la normación válida para todo el territorio" (…) Pero, dentro de estos límites y condiciones, las normas autonómicas podrán desarrollar los principios básicos del ordenamiento sancionador estatal, llegando a modular tipos y sanciones -en el marco ya señalado-, porque esta posibilidad es inseparable de las exigencias de prudencia o de oportunidad, que pueden variar en los distintos ámbitos territoriales".

tamente los requisitos a los que ha de ajustarse la potestad sancionadora de las CCAA en materia de cooperativas, procede el estudio de la regulación relativa a la inspección, régimen sancionador y descalificación contenida en la LSCCan.

En otro orden de cosas, respecto a la actividad de inspección conviene precisar que las sociedades cooperativas, como el resto de empresarios, pueden ser objeto de inspección por la administración competente de cada materia y de acuerdo a la normativa específica de cada una de ellas. Sin embargo, en este punto nos referiremos de forma exclusiva a la función inspectora respecto al cumplimiento de la legislación cooperativa. De lo previsto en el art. 12 de la LOITSS se obtiene que los principales cometidos de la función inspectora consisten en 1°) La vigilancia y exigencia del cumplimiento de las normas legales, reglamentarias y del contenido de los acuerdos y convenios colectivos, entre otros ámbitos, de las Cooperativas y otras fórmulas de economía social, así como a las condiciones de constitución de sociedades laborales, salvo que la respectiva legislación autonómica disponga lo contrario en su ámbito de aplicación. Esta actuación se extiende a "las sociedades cooperativas en relación a su constitución y funcionamiento y al cumplimiento de las normas del orden social en relación a sus socios trabajadores o socios de trabajo (...), sin perjuicio de lo que establezca la legislación aplicable a la materia" (art. 19.1 f) LOITSS); 2°) La asistencia técnica y, en concreto, a las empresas con ocasión del ejercicio de la función inspectora, especialmente a las pequeñas y medianas empresas, con objeto de facilitarles un mejor cumplimiento de las disposiciones del orden social; 3°) La conciliación, mediación y arbitraje. Se deduce así que, aunque la actividad inspectora esté estrechamente vinculada a la actividad sancionadora no es sólo auxiliar de ésta, sino que sirve a diversas potestades administrativas de prevención de riesgos o de restablecimiento de la legalidad y de aseguramiento de los intereses generales[41].

Hay quien se plantea si resulta necesario un "sistema de inspección" propio y específico para este tipo de sociedades. Sobre esta cuestión DÍAZ ÁCIMAS describe las dos aproximaciones existentes: por un lado, los que entienden que se trata del precio a pagar por el fomento público del cooperativismo; por otro lado, los que argumentan la legitimidad de la actuación inspectora "para impedir que bajo la denominación de sociedad coopera-

---

41 REBOLLO PUIG, M., "La actividad inspectora", *Actas del VIII Congreso de la Asociación Española de Profesores de Derecho Administrativo,* Alicante, 8 y 9 de febrero de 2013.

tiva se camuflen empresas que no participan de los elementos esenciales de su configuración"[42] del mismo modo que determinados empresarios que incumplen el marco jurídico que les afecta por razón de su actividad, se enfrentan a un régimen sancionador específico.

2. Potestad inspectora y sancionadora de las sociedades cooperativas

El art. 142.1 LSCCan dispone que la consejería competente en materia de sociedades cooperativas ejercerá las potestades inspectora y sancionadora. Acto seguido, el segundo párrafo precisa que la función inspectora relativa al cumplimiento de la legislación sobre sociedades cooperativas se ejerce por la consejería competente a través de la Inspección de Trabajo y Seguridad Social, sin perjuicio de las funciones inspectoras que correspondan a otras consejerías en función de la legislación específica aplicable[43].

---

[42] DÍEZ-ÁCIMAS, L.A, "La función inspectora en materia de sociedades cooperativas", *Deusto Estudios Cooperativos,* Núm. 5 (2014), Bilbao, p. 51, pp. 43-75.

[43] Conviene recordar que Cataluña fue la primera comunidad autónoma, seguida por el País Vasco, en acceder a la efectividad del traspaso de competencias tanto orgánicas como funcionales del servicio de la Inspección de Trabajo y del personal correspondiente. Esta transferencia forma parte del desarrollo del Estatuto de Autonomía de 2006, que concreta el alcance de la competencia autonómica de ejecución laboral en el art. 170.2 señalando que "[*C]orresponde a la Generalitat la competencia ejecutiva sobre la función pública inspectora en todo lo previsto en este artículo. A tal efecto, los funcionarios de los Cuerpos que realicen dicha función dependerán orgánica y funcionalmente de la Generalitat. A través de los mecanismos de cooperación previstos en el Título V se establecerán las fórmulas de garantía del ejercicio eficaz de la función inspectora en el ámbito social.*" La STC 31/2010, de 28 de junio (BOE núm. 172, de 16 de julio de 2010) que resuelve el recurso de inconstitucionalidad contra diversos preceptos de la Ley Orgánica 6/2006, de 19 de julio, de reforma del Estatuto de Autonomía de Cataluña entre los que se encuentra el artículo 170.2, avala el traspaso de competencias sobre la base de la concepción integral del sistema de inspección y del carácter nacional de los cuerpos de inspectores y subinspectores. Así pues, partir del 1 de mayo de 2010, los servicios territoriales de inspección (hoy denominados Inspecciones Territoriales de Trabajo) del Departamento de Trabajo, Asuntos Sociales y Familias y del entonces Ministerio de Ocupación y Seguridad Social (hoy, Ministerio de Trabajo, Migraciones y Seguridad Social) se integraron en el Consorcio Inspección de Trabajo y Seguridad Social de Cataluña, creado por la Generalitat de Cataluña y la Administración General del Estado. El objetivo del Consorcio es garantizar la prestación coordinada de ambos servicios públicos en Cataluña, el ejercicio eficaz de la función inspectora y su actuación en todas las materias de la orden social. De este modo, el personal inspector de Trabajo y Seguridad Social y el personal subinspector de Ocupación y Seguridad

Así, por ejemplo, conforme establece el art. 27.5.II del Reglamento Orgánico de la Consejería de Economía y Hacienda, aprobado por Decreto 12/2004, de 10 de febrero, corresponde a la Dirección General del Tesoro y Política Financiera, en materia de cooperativas de crédito, las competencias de inspección y la instrucción de los procedimientos sancionadores incoados a las cooperativas de crédito, en el ámbito de las competencias de la Comunidad Autónoma.

Por su parte, el tercer párrafo del art. 142 LSCCan. En los procedimientos sancionadores, las infracciones leves y graves serán sancionadas a propuesta de la Inspección de Trabajo y Seguridad Social, previa audiencia de la sociedad afectada, por el órgano directivo del que dependa el Registro de Sociedades Cooperativas de Canarias[44] y por el titular de la consejería competente en materia de cooperativas para las infracciones muy graves y para la descalificación de la sociedad cooperativa.

3. Personas responsables

La LSCCan se inscribe en lo que la profesora BURZACO SAMPER[45] denomina "acusada tendencia" de la legislación cooperativa a atribuir la responsabilidad e las conductas infractoras, en primer término, a las propias cooperativas *ex* art. 134.2. Así, ocurre, desde luego, en todas las normas autonómicas. Sin embargo, sorprende que la norma canaria amplíe esta responsabilidad a las asociaciones, federaciones y confederaciones de cooperativa. Y decimos esto porque la responsabilidad de estos sujetos no se

---

Social actúan en cualquier ámbito si advierten irregularidades durante la investigación que llevan a cabo. Dado que pertenecen a cuerpos de carácter nacional, los inspectores y subinspectores tienen facultades para actuar también en materia de seguridad social. Para un estudio crítico de la organización de la Inspección una vez realizadas las transferencias orgánicas y funcionales a las comunidades autonómicas catalana y vasca, véase GARCIA VITORIA, I., "Competencias autonómicas de ejecución e inspección de trabajo: asimetrías territoriales e igualdad de derechos", *Revista Española de Derecho Constitucional,* núm. 97, enero-abril (2013), pp. 115-148.

44 El Registro de Sociedades Cooperativas de Canarias está adscrito a la Subdirección de Promoción de la Economía Social dependiente del Servicio Canario de Empleo que es un órgano administrativo autónomo adscrito a la Consejería de Turismo y Empleo del Gobierno de Canarias.

45 BURZACO SAMPER, M., "La potestad administrativa sancionadora en la Ley 8/2003", *op. cit.,* p. 97.

contempla en otras leyes de cooperativas como por ejemplo las de Cataluña, Euskadi, Valencia, Andalucía o en la más reciente Ley 2/2023, de 24 de febrero, de Cooperativas de la Comunidad de Madrid.

Con independencia de lo anterior, el art. 134.2 LSCCan recoge también la responsabilidad de una serie de sujetos por aquellas acciones y omisiones que les sean directamente imputables, y en particular, a los integrantes de sus órganos sociales que les sea imputable con carácter solidario o personal, bien de forma directa o porque pueda ser exigida por derivación de responsabilidad. Ello es así porque la mayoría de infracciones que describe la norma "implican un comportamiento perfectamente individualizable en las personas físicas llamadas a cumplir la obligación o respetar la prohibición que la ley enlaza con el supuesto tipificado"[46]. La ley canaria coincide con esta formulación con la mayoría de las normas en las que se limitan a hacer una referencia a "los miembros del consejo rector, interventores o liquidadores" o a "los miembros de los órganos sociales" de la cooperativa en tanto que la catalana[47] y la extremeña[48] son más precisas al enunciar al consejo rector, dirección o gerencia, personas con poderes generales, interventores o liquidadores

4. Clasificación de las infracciones

El art. 143 LSCCan contempla la clasificación legal de las infracciones siguiendo el sistema habitual del Derecho Administrativo sancionador que distingue entre infracciones leves, graves y muy graves. El apartado 2.2. del art. 143.2 califica de infracciones leves cinco conductas consistentes en: a) El incumplimiento de las obligaciones de entregar puntualmente a las personas socias el documento acreditativo de sus aportaciones al capital social en la forma prevista por esta ley[49]; b) No llevar en orden y al día los libros sociales y de contabilidad, por tiempo inferior a tres meses, contados

46 Ídem.

47 Art. 149.2 LCCat.

48 El art. 184.2 LSCEx se refiere a "los integrantes del órgano de administración, la persona titular de la dirección general, apoderados generales o los liquidadores". El art. 139. 2 LCPV alude a "los administradores, los directores, miembros de la Comisión de Vigilancia y liquidadores" pero omite a los apoderados generales.

49 Art. 63.3 LSCCan.

desde el último asiento practicado[50]. c) El incumplimiento de los plazos no superior a tres meses en la legalización de los libros de la cooperativa[51]: d) El incumplimiento de los plazos establecidos en los estatutos para las convocatorias de los órganos sociales, siempre que no se retrase más de dos meses, salvo en el caso de la Asamblea General; e) Cualesquiera otros incumplimientos que afecten a obligaciones de carácter formal o documental y que no puedan ser calificadas de graves o muy graves.

La comparación con las normas homólogas nos permite obtener algunas conclusiones. Respecto a la LCoop conviene recordar que art. 114 fue derogado por la letra f) del número 2 de la disposición derogatoria única LISOS cuyo art. 38 contiene las infracciones en materia de cooperativas. Este precepto es de aplicación cuando la legislación autonómica se remita al respecto a la legislación del Estado, cuando no se haya producido la referida legislación autonómica o cuando aquéllas desarrollen su actividad cooperativizada en el territorio de varias CCAA. Pues bien, el art. 38 LISOS únicamente contempla como infracción leve "[E]l incumplimiento de las obligaciones o la vulneración de las prohibiciones impuestas por la Ley de Cooperativas, que no supongan un conflicto entre partes, no interrumpan la actividad social y no puedan ser calificadas de graves o muy graves". En cuanto a las normas autonómicas, algunas han acogido un único tipo infractor con idéntica o similar formulación al previsto en la LCoop[52] pero la mayoría opta por enunciar una serie de conductas entre las que se incluyen alguna de las tipificadas por la LSCCan[53].

---

50 Las previsiones sobre libros sociales y contabilidad están recogidas en los arts. 81 y 82 LSCCan.

51 Art. 81 párrafos segundo y tercero LSCCan.

52 Entre las CCAA que reproducen el tipo infractor de la LCoop se encuentran: Asturias (artículo 205.1 LCPAs), Extremadura (art. 185.3 LSCEx), Madrid (art. 133.3) LCCM), Murcia (art. 139.2 LSCRM) y La Rioja (art. 140.1.1 LCLR). Con diferencias en la formulación, Aragón (art. 94.4. LCAr) y Euskadi (art.139.5 LCPV).

53 Así, el incumplimiento de la obligación de facilitar a los socios los títulos o las libretas de participación que acrediten sus aportaciones sociales por cualquier medio fehaciente en derecho, se enuncia en las leyes autonómicas de Catalunya (art. 150.1 LCCat), Cantabria (art. 146.1.a) LCCant), Castilla La Mancha LCC-LM (art. 160.3.a) LCC-LM), Castilla León (137.1.a) LCCyL), Galicia (139.2.3.c) LCG), Islas Baleares (art. 147.2.b) LCIB). A diferencia del resto, en la norma valenciana el hecho infractor no se basa en la falta de acreditación de las aportaciones sociales, sino en el incumplimiento de la entrega puntual de los títulos o libretas cuando el retraso no exceda de tres meses (art. 117.6.d) LCCV). Además de esta conducta, y en su caso, el incumplimiento de las obligaciones que no estén tipificadas como

El apartado 2.2. del art. 143.2 LSCCan especifica las infracciones calificadas como graves. Para una mayor claridad expositiva, procederemos a agrupar los diferentes tipos siguiendo una serie de criterios objetivos[54]. En primer lugar, se encuentran tres conductas que suponen *una transgresión de deberes de carácter formal* estas son: 1) Incumplir la obligación de inscribir en el Registro de Sociedades Cooperativas de Canarias los actos sujetos al principio de obligatoriedad[55]; 2) La falta de auditoría externa, cuando esta resulte obligatoria, legal o estatutariamente[56]; y 3) Incumplir la obligación de depositar las cuentas anuales en el Registro de Sociedades Cooperativas de Canarias, en el plazo establecido en esta ley[57]. En esta categoría de infracciones el art. 38 LISOS únicamente enuncia el incumplimiento de la obligación de inscribir los actos que han de acceder obligatoriamente al Registro (art. 38.2.b)) y el incumplimiento del depósito de cuentas (art. 38.2.e), coincidentes con los contemplados por la LSCCan. Por lo que respecta a las normas autonómicas, la mayoría recoge todos o algunos de los

---

infracciones graves o muy graves, las normas autonómicas recogen diversos tipos infractores entre los que cabe destacar: la falta de formulación del informe sobre cuentas anuales por parte de los interventores (art. 146.1.c) LCCant, art. 160.3 c) LCC-LM, art. 137.1.c) LCCyL y art. 139.2.3.d) LCG; la omisión del dictamen del letrado o letrada asesora cuando fuera preceptivo (art. 139.2.3. a) LCG; el retraso, con diferencias en los plazos, en la legalización o depósito de libros de la cooperativa (art. 139.2.3. b) LCG, art. 117.6. b) LCV; el incumplimiento de las obligaciones previstas en el art. 24.1 del C.de Com. (art. 139.2.3.e) LCG; incumplimientos relativos al normal funcionamiento de los órganos sociales (art. 117.6.c) LCV, art. 123.2.b) y c) LSCCAn).

54 En este punto seguimos a BURZACO SAMPER, M., "La potestad administrativa sancionadora en la Ley 8/2003", *op. cit.* p. 336.

55 En virtud de lo establecido en el art. 16 LSCCan el Registro de Sociedades Cooperativas de Canarias es público y dependiente de la consejería de la Administración pública de la Comunidad Autónoma de Canarias competente en materia de empleo y está adscrito orgánicamente al Servicio Canario de Empleo. La inscripción de los actos de constitución, modificación de los estatutos, fusión, escisión, disolución, reactivación y liquidación de las sociedades cooperativas, así como la transformación de estas, tienen carácter constitutivo. El resto de inscripciones son declarativas.

56 Art. 83 LSCCan.

57 Art. 82.3 LSCCan, el plazo al que se refiere es de un mes desde su aprobación, certificado de los acuerdos de la asamblea general de aprobación de las cuentas anuales y de aplicación de los excedentes o imputación de las pérdidas.

supuestos enunciados por la LSCCan sin perjuicio de añadir otras conductas que también implican vulneración de deberes formales[58].

Una segunda categoría comprende las *infracciones graves relativas al régimen económico de la cooperativa,* en este caso LSCCan prevé una infracción consistente en no efectuar las dotaciones obligatorias a los fondos sociales o destinarlos a finalidades distintas a las previstas para los mismos en esta ley[59]. El art. 38 LISOS recoge un único supuesto idéntico al formulado por la norma canaria. Por su parte, las normas autonómicas acogen un amplio elenco de infracciones graves que pueden subsumirse en la categoría o clase indicada[60]. A título de ejemplo, la LCCat contempla tres conductas consistentes en: 1) Abonar a los socios en activo que llevan a cabo la actividad cooperativizada retornos cooperativos en función de su aportación al capital y no en proporción a las operaciones, servicios o actividades cooperativizadas[61] que hayan llevado a cabo[62]; 2) Vulnerar las disposiciones legales y estatutarias o los acuerdos de la asamblea general sobre la aplicación de resultados del ejercicio económico[63]; y 3) Destinar los recursos co-

58 Por ejemplo, el art. 139.4.a) LCPV se refiere al incumplimiento de las obligaciones establecidas en el art. 24.1 C.de Com. y el art. 139.2. h) LSCRM al incumplimiento de la obligación de añadir a la denominación social la expresión "Sociedad Cooperativa" o su abreviatura, así como las menciones de "en constitución" y "en liquidación".

59 Vid., arts. 74 y ss LSCCan.

60 La más exhaustiva es probablemente Andalucía dado que su art. 123.3 LSCCAn incorpora numerosas conductas infractoras relativas o relacionadas con la sección de crédito.

61 La actividad cooperativizada se define por el art. 2 a) de la LCCat como "la actividad que llevan a cabo los socios de una cooperativa, que puede ser en forma de entrega de bienes, servicios, trabajo o cualquier otra actividad". Según lo dispuesto en el art. 1.3 LCCat, la cooperativa puede llevar a cabo cualquier tipo de actividad económica o social.

62 Como acertadamente señala la profesora Burzaco Samper, "[E]l retorno cooperativo viene a concretar uno de los caracteres tradicionalmente definidores de la sociedad cooperativa, esto es, que la retribución al socio no se efectúa con base en sus aportaciones al capital social, sino en proporción a las operaciones, servicios o actividades que éste haya realizado con la cooperativa y la intensidad del uso que haya hecho de la misma". En su opinión, esta infracción pretende sancionar que la cooperativa retribuya el capital como una sociedad típicamente capitalista. Véase BURZACO SAMPER, M., "La potestad administrativa sancionadora en la Ley 8/2003", *op. cit.* p.80.

63 Arts. 78 a 82 LCCat.

rrespondientes al fondo de reserva obligatorio[64] y al fondo de educación y promoción cooperativas[65] de manera diferente a la establecida por ley, por los estatutos o por acuerdo de la asamblea general[66]. Esta última resultaría coincidente con la norma canaria.

En tercer lugar, la LSCCan prevé una infracción relacionada *con el funcionamiento de los órganos sociales* consistente no convocar la asamblea general ordinaria en tiempo y forma. En este caso entendemos que la infracción consiste en dos conductas distintas que pueden concurrir simultáneamente o no. La primera es que los administradores no convoquen la Asamblea General Ordinaria dentro de los seis meses siguientes a la fecha del cierre del ejercicio económico (art. 37.1 LSCCan) y con una antelación mínima de quince días naturales y máxima de dos meses a la fecha prevista para su celebración (art. 37.3 LSCCan). La segunda es que la forma de la convocatoria no se ajuste a las previsiones del art. 37.3 LSCCan.

Puesto que la asamblea general *ordinaria* se define por tener como objeto el examen de la gestión social y la aprobación, si procede, de las cuentas anuales y de la distribución de los excedentes o de la imputación de pérdidas (art. 35.2 LSCCan) podemos entender que la infracción contemplada en la norma canaria es similar a la prevista en el art. 38 LISOS que a su vez coincide con la del art. 43.5 LCCat "no haber presentado a la asamblea general ordinaria las cuentas anuales para su aprobación dentro de los seis meses siguientes al cierre del ejercicio económico" así como con la mayoría de normas autonómicas, algunas de las cuales amplían el supuesto de hecho a otro tipo de conductas[67] entre las que se encuentran las relativas irregularidades o retrasos en la renovación de cargos sociales[68] .

La siguiente categoría comprende un tipo infractor *de los derechos de los socios* en materia de información establecidos en el art. 24.3 LSCCan, así como los previstos por los estatutos o por acuerdo de la asamblea general

---

64 Art. 2.g) LCCat.

65 Art. 2 h) LCCat.

66 Art. 85 LCCat.

67 Además de irregularidades en la convocatoria de la Asamblea General, Extremadura contempla como infracción grave "No incluir en el orden del día de la asamblea general o no someter a debate y votación los temas que se propongan por el porcentaje de socias y socios previstos en la presente ley (art. 183.2 n) LCEX). En el mismo sentido, Aragón (art. 94.5.f) LCAr).

68 Por ejemplo, Castilla La Mancha (art. 160.4.a) LCC-LM, Galicia (art. 139.2.2. c) LCG), Valencia (art. 117.5. b) LCV) y La Rioja (art. 140.1.2. f).

con la siguiente formula: "Las acciones u omisiones que impidan el ejercicio efectivo del derecho de información o el retraso deliberado de los derechos económicos de las personas socias". Con relación a esta infracción, la profesora BURZACO SAMPER[69] distingue tres formulaciones posibles: "a) Restrictiva, consistente en incluir únicamente en el tipo la vulneración del derecho de información de los socios, al que, por otro lado, las normas atribuyen un contenido mínimo (...) b) Amplia. (...) en cuanto consideran infracción la vulneración de los derechos de los socios y, por tanto, incluyendo todos los legalmente previstos. c) Intermedia. (...) En este caso se incluyen el derecho de información, el ser elector y elegible para los cargos de los órganos sociales y el derecho a participar en la actividad de la cooperativa sin discriminación, quedando fuera del tipo los derechos de contenido estrictamente económico". La autora sitúa la formulación de la LCCat en el primer grupo (restrictiva) junto la norma cooperativa de Islas Baleares[70], en el segundo se encuentran el art. 38. 2.f) LISOS y la mayoría de las normas autonómicas[71] incluida la canaria y, finalmente, en la categoría intermedia, destacan las leyes cooperativas de Castilla La Mancha[72] y Galicia[73]. Además del tipo citado en la LSCCan, las normas de algunas CCAA incluyen otros supuestos que merecen la calificación de grave como a título de ejemplo es la resistencia o negativa a la labor inspectora[74] si bien esta conducta es calificada como muy grave en la norma canaria.

Finalmente, el tercer apartado del art. 143.2. apartado 2.3 LSCCan contempla cuatro tipos infractores calificados como muy graves: a) La paralización de la actividad cooperativizada o la inactividad de los órganos sociales durante dos años; b) La transgresión de las disposiciones imperativas o prohibitivas de esta ley, cuando se compruebe connivencia para lucrarse u obtener ficticiamente subvenciones o bonificaciones fiscales; c) La obstaculización de la labor inspectora, así como la destrucción y ocultamiento

---

69 BURZACO SAMPER, M., "La potestad administrativa sancionadora en la Ley 8/2003", *op. cit.* p. 83.

70 Art. 147.3.b) LCIB.

71 Cantabria (art. 146.2.f) LCCant), Castilla y León (art. 137.2.f) LCCyL), Valencia (art. 117.5.d) LCV), Asturias (art. 205.2.f) LCPAs), Extremadura (art. 183.2.d) LSCEx), Madrid (art. 133.4 f) LCCM), Aragón (art. 94.4.i) LCAr) y Murcia (art. 139.3.f) LSCRM).

72 Art. 160.4.c) LCC-LM

73 Art. 139.2.2.a) LCG.

74 Extremadura (art. 183.2.j) LSCEx), Madrid (art. 133.4. h) LCCM), Aragón (art. 94.4.g) LCAr) y Andalucía (art. 123.3. p) LSCAn)

de los documentos o datos solicitados por la inspección; d) El incumplimiento de la normativa sobre igualdad del régimen de trabajo. En cuanto a esta última, en opinión de ROJO TORRECILLA[75] se trata de "evitar que la prestación de servicios por miembros de una cooperativa de trabajo asociado que podría llevarse a cabo por trabajadores contratados directamente por la empresa principal o bien a través de trabajadores puestos a disposición por una empresa de trabajo temporal, acabe significando una reducción de derechos laborales para los socios-trabajadores, bajo el pretendido argumento jurídico de aplicación de la normativa interna propia sobre anticipos salariales, por una parte, y sobre condiciones de trabajo por otra".

Respecto a las diferencias respecto a la norma estatal, el art. 38 LISOS es mucho más escueto y se limita a señalar las siguientes infracciones muy graves: 1) la paralización de la actividad cooperativizada, o la inactividad de los órganos sociales durante dos años y 2) la transgresión de las disposiciones imperativas o prohibitivas de la Ley de Cooperativas, cuando se compruebe connivencia para lucrarse o para obtener ficticiamente subvenciones o bonificaciones fiscales. Estas dos conductas son idénticas a las previstas en la LSCCan y, además, encuentran su reflejo en prácticamente todas las normas autonómicas[76] junto a otras infracciones que suponen infracción de derechos económicos, incumplimiento de normas sobre liquidación, incumplimiento de requisitos relativos a las cooperativas de trabajo asociado, viviendas y cooperativas con sección de crédito, entre otras.

Adicionalmente, la LSCCan precisa que las infracciones leves, graves y muy graves han calificarán atendiendo al número de personas socias afectadas, repercusión social, malicia o falsedad y capacidad económica de la sociedad cooperativa. En la aplicación de esos criterios el tercer párrafo del art. 143 ordena observar lo siguiente:

a) Cuando no se considere relevante a estos efectos ninguna de las circunstancias anteriormente señaladas, la sanción se impondrá en el grado

---

75 ROJO TORRECILLA E., "Notas a la ley de presupuestos, y a la de acompañamiento, de Cataluña para 2017. La oferta pública de empleo, y una importante modificación de la Ley catalana de cooperativas. ¿Laboralización del cooperativismo de trabajo asociado?" Bloc 2/4/2017. Recuperado de: http://www.eduardorojotorrecilla.es/2017/04/notas-la-ley-depresupuestos-y-la-de.html.

76 En efecto, entre otros supuestos, se recogen las dos conductas previstas en la norma estatal en las leyes de las CCAA de Cantabria (art. 146.3.a) y b) LCCant), Castilla y León (art. 137.3.a) y b) LCCyL), Islas Baleares (art. 147.4. h), i) y j) LCIB), Asturias (art. 205.3.a) y b) LCPAs), la Rioja (art. 140.1.3. a) y b) LCLR), Madrid (art. 133.5.a) y b) LCCM), Murcia (art. 139.4. a) y b) LCRM).

mínimo. b) Cuando de la comisión de una infracción derive necesariamente la comisión de otra u otras, se deberá imponer únicamente la sanción correspondiente a la infracción más grave cometida en su grado máximo.

En cuanto a la prescripción de las infracciones, la LSCCan se alinea claramente con el art. 4.4 LISOS de forma que según dispone el apartado 4 del art. 143 las infracciones leves prescriben a los tres meses, las graves a los seis meses y las muy graves al año a contar desde la fecha en que se cometió la infracción, interrumpiéndose el citado plazo cuando se inicie, con conocimiento de la interesada, el procedimiento sancionador[77]. Resulta llamativa la reducción sustancial de los plazos de prescripción respecto a algunas normas autonómicas como por ejemplo la LCCat[78] y la LCCV[79] que disponen la prescripción de las infracciones leves al cabo de un año; las graves, a los dos años, y las muy graves, a los tres años, a contar desde la fecha de su comisión. Por su parte, la LCEusk recoge plazos de prescripción un poco más reducidos que las normas catalana y valenciana pero superiores también a los de la LSCCan[80].

A la vista de la comparación del cuadro de infracciones entre la LSCCan y el resto de normas estatal y autonómicas ya se puede obtener una primera conclusión y es que, a pesar de algunas coincidencias, se aprecian diferencias notables que, cuando menos, cuestionan el cumplimiento del principio de igualdad tal como se anunciaba en otro epígrafe.

5. Las sanciones

El primer párrafo del art. 144 LSCCan expone las sanciones que se aplicaran a las infracciones tipificadas por la norma. En primer término, conviene advertir que dichas sanciones, que prescriben en el plazo de tres años, a contar desde su firmeza[81], consisten principalmente en multas si bien se contemplan de otro tipo como la descalificación de la cooperativa. Asimismo, la LSCCan procede a realizar una subdivisión de los tramos en

---

77 Art. 143.4 LSCCan

78 Art. 152.1 LCCat

79 Art. 119.1 LCCV

80 El Art. 160.4 LCEusk Las infracciones muy graves establecidas en esta ley prescribirán a los dos años; las graves, al año, y las leves, a los seis meses. El plazo de prescripción de las infracciones comenzará a contarse desde el día en que la infracción se hubiera cometido.

81 Art. 144.3 LSCCan.

correspondencia con los distintos grados en los que la sanción es posible, mínimo, medio y máximo, que trae causa del principio de proporcionalidad y es consecuencia del carácter estrictamente reglado de la potestad sancionadora. Esta graduación se aplica en función de una serie de criterios que se enuncian en el segundo párrafo del art. 144, estos son: a) El grado de intencionalidad de la persona responsable de la infracción; b) La reincidencia, por comisión en el término de un año, de más de una infracción de la misma naturaleza, cuando así se haya declarado por resolución firme. c) El número de personas socias afectadas por la infracción, así como el perjuicio económico causado a estas o a la sociedad. Las circunstancias mencionadas coinciden básicamente con las previstas en el art. 144-2 LISOS y con la mayoría de las normas autonómicas.

Teniendo en cuenta las anteriores precisiones, el art. 144.1 LSCCan dispone que las infracciones leves se sancionen con una multa de 375 a 755 euros que se modula en tres grados: mínimo de 375 a 475 euros, medio de 476 a 600, y máximo de 601 a 755 euros. Las infracciones graves se castigan con una multa de 756 a 3.790 euros con los siguientes tramos: mínimo de 756 a 1.500 euros; medio de 1.501 a 2.500 euros, y máximo de 2.501 a 3.790 euros. Finalmente, las infracciones muy graves se sancionan con una multa de a 37.920 euros o con la descalificación de la sociedad cooperativa. Nuevamente se distingue entre el grado mínimo, de multa de 3.791 a 12.500 euros; medio de 12.501 a 24.000 euros, y máximo 24.001 a 37.920 euros. Si comparamos el cuadro de multas de la LSCCan con las previsiones del art. 40.4 LISOS observaremos en primer lugar que la norma estatal no establece una segmentación con los distintos grados en los que la sanción es posible. Además, las cuantías no son coincidentes. Respecto al resto de normas autonómicas, también se aprecian algunas diferencias ya sea porque omiten la segmentación por grados o por las cuantías de las multas, si bien éstas se sitúan en una horquilla que va de los 60 euros hasta los 755 euros para infracciones leves, de 500 euros a 7000 euros para las infracciones graves y de 3.000 euros hasta 60.000 euros para las infracciones muy graves.

La LSCCan no contiene disposiciones similares, por ejemplo, a la LCCat que introduce algunas observaciones respecto de las sanciones aplicables a determinadas infracciones. A título de ejemplo, en cuanto a las conductas consistente en el incumplimiento de la obligación de inscribir en el Registro de Cooperativas todos los actos sujetos a inscripción y la falta de depósito de las cuentas anuales e informe de auditoría, el art. 151.6 LCCat prevé, con carácter cumulativo a la sanción económica, una suerte de cierre registral de modo que la persona encargada del Registro de Cooperativas "no debe inscribir ningún otro asiento nuevo en la hoja de inscripción de la cooperativa hasta que se depositen en el mismo las cuentas anuales de los tres últimos ejercicios o bien se inscriban los correspondientes actos de inscripción obligatoria". Este cierre registral no afecta a la inscripción de los títulos relativos a: 1) El cese o la dimisión de personas de la administración, la gerencia, la dirección o liquidadores. 2) La revocación o la renuncia de delegaciones de facultades y la revocación o la renuncia de poderes. 3) La disolución de la sociedad y el nombramiento de liquidadores. 4) Los asientos ordenados por la autoridad judicial o administrativa[82].

6. La descalificación de la cooperativa

BORJABAD GONZALO define la descalificación como una resolución administrativa que implica la disolución de la Cooperativa y la liquidación de la misma[83]. Como recuerda BURZACO SAMPER, esta sanción ha merecido numerosas críticas de la doctrina por considerar inadecuado que una medida de tanta trascendencia "quedara en manos de instancias administrativas y no en sede judicial" [84] y también por la difícil conciliación con el principio de fomento del cooperativismo *ex* art. 129.2 CE.

Las causas de descalificación se recogen en el primer párrafo del art. 155 LSCCan y consisten en: a) La pérdida o incumplimiento de los requisitos necesarios para la calificación de la sociedad como sociedad cooperativa. b) Las señaladas en el art. 143 sobre infracciones muy graves, cuando provoquen o puedan provocar importantes perjuicios económicos o sociales que supongan vulneración reiterada y esencial de los principios cooperativos. La formulación de las causas de descalificación en la norma canaria difiere respecto a las previstas en alguna de sus homólogas en el sentido que incluyen algunos supuestos que constituyen causas de disolución de la cooperativa[85] y que dan lugar a la descalificación si la disolución no es acordada.

El procedimiento para la descalificación[86] debe ajustarse a lo que se establece para el ejercicio de la potestad sancionadora en la Ley 39/2015, de 1 de octubre, del Procedimiento Administrativo Común de las Administra-

---

82 Art. 151.7 LCCat

83 BORJABAD GONZALO, P., *Derecho Cooperativo Catalán*, Escuela Universitaria de Relaciones Laborales, 2005, p. 312

84 BURZACO SAMPER, M. "La potestad administrativa sancionadora en la Ley 8/2003", *op. cit.* p. 95.

85 Art. 116 LCoop, 153.1 LCCat, 161 LCEusk, entre otras.

86 Art. 145.2 LSSCan.

ciones Públicas, con las siguientes particularidades: 1°) Informe preceptivo del órgano directivo del que dependa el Registro de Sociedades Cooperativas de Canarias, que deberá emitirlo en el plazo de un mes desde que se le solicite, teniéndose por evacuado si no lo hubiese emitido en tal plazo; 2°) Trámite de audiencia previa de la cooperativa afectada. Sobre este particular y ante el silencio de la LSCCan, entendemos aplicable *mutatis mutandis* las previsiones del art. 116 LCoop respecto a que en el trámite de audiencia debe personarse el Consejo Rector o, en su defecto, un número de socios no inferior a tres. Cuando no se produjese o no fuese posible dicha comparecencia, el trámite se cumplirá publicando el correspondiente aviso en el BOC 3°) La resolución administrativa de descalificación debe ser adoptada por el titular de la consejería competente en materia de sociedades cooperativas y contra dicha resolución puede presentarse recurso contencioso-administrativo de modo que aquella no será ejecutiva hasta que se haya dictado sentencia firme[87].

Tal como indica el párrafo cuarto del art. 145 LSSCan, una vez la resolución deviene firme, surte efectos registrales de oficio e implica la disolución forzosa de la sociedad y el inicio del procedimiento de liquidación o, alternativamente, los miembros del órgano de administración pueden convocar la asamblea general para acordar su transformación en otro tipo societario. En el primer supuesto, los miembros del órgano de administración y, en su caso, los liquidadores o liquidadoras pasan a responder personal y solidariamente entre sí con las deudas sociales que se hayan generado tras la incoación del procedimiento de liquidación o desde la firmeza de la descalificación.

III. BIBLIOGRAFÍA

ARGUDO PÉRIZ, J.L., "Resolución Alternativa de Conflictos en las Cooperativas", *Acciones e Investigaciones Sociales,* 22, pp. 35-89.

BORJABAD GONZALO, P., *Derecho Cooperativo Catalán,* Escuela Universitaria de Relaciones Laborales, 2005, pp. 1-478.

BURZACO SAMPER, M., "La potestad sancionadora en la Ley 8/2003, de 24 de marzo de Cooperativas de la Comunidad Valenciana", *CIRIEC-España. Revista jurídica de economía social y cooperativa,* N° 18, 2007, pp. 73-106

[87] La parca regulación de la LSSCan contrasta con la prolijidad de la LCCat que enuncia una serie de especificidades de carácter netamente garantista en el párrafo 4 del art. 153.

BURZACO SAMPER, M., "La intervención pública en las sociedades cooperativas. El inadecuado papel de las administraciones públicas como garantes de los principios y valores cooperativos mediante el ejercicio de la potestad sancionadora", *CIRIEC-España. Revista Jurídica,* Nº 27/2015, pp. 333-372

BURZACO SAMPER, M., "La intervención pública en las sociedades cooperativas: la necesidad de revisar el modelo de 'tutela administrativa'", *CIRIEC-España, Revista Jurídica de Economía Social y Cooperativa,* nº 39, 2021, pp. 97-134.

CHAMORRO GONZALEZ, J.M., "Los principios del Derecho Administrativo Sancionador y su incidencia en el ámbito de la disciplina urbanística" (Serie Claves del Gobierno Local, 5), recuperado de: http://repositorio.gobiernolocal.es/xmlui/bitstream/handle/10873/844/claves05_11_chamorro.pdf?sequence=1

COLOMER VIADEL, A., "Regulación constitucional de la participación de los trabajadores en la economía y en la empresa", *UNED. Revista de Derecho Político* N.º 100, septiembre-diciembre 2017, pp. 831-848.

DÍAZ DE LA ROSA, A., "Reflexiones a propósito del art. 129.2 de la Constitución Española", *AFDUDC,* 14, 2010, pp. 311-324.

DÍEZ-ÁCIMAS, L.A, "La función inspectora en materia de sociedades cooperativas", *Deusto Estudios Cooperativos,* Núm. 5 (2014), Bilbao, pp. 43-75.

FAJARDO GARCIA, G., "El fomento de la "Economía Social" en la legislación española", *REVESCO* Nº 107, pp. 58-97.

GADEA SOLER, E., "La función económica de la cooperativa y la necesidad de una legislación adecuada", *REVESCO* Nº 108, Segundo Cuatrimestre 2012, pp. 39-58.

GARCIA DE ENTERRIA, E., "*La significación de las competencias exclusivas del Estado en el sistema autonómico", Revista Española do Derecho Constitucional,* Año 2. Nº 5, mayo-agosto 1982, pp. 63-93.

GARCIA VITORIA, I., "Competencias autonómicas de ejecución e inspección de trabajo: asimetrías territoriales e igualdad de derechos", *Revista Española de Derecho Constitucional,* núm. 97, enero-abril (2013), pp. 115-148.

MARTI MIRAVALLS, J., "El Arbitraje Cooperativo en la Legislación Española", *Boletín de la Asociación Internacional de Derecho Cooperativo,* diciembre 2005, pp. 33-91

PUYALTO FRANCO, M.J., "La Administración Pública y las cooperativas: el consejo superior de la cooperación en "Régimen jurídico de las sociedades cooperativas catalanas: (adaptado a la Ley 12/2015, de 9 de julio, de cooperativas de Cataluña)" coord. por María del Mar Andreu Martí; Rosalía Alfonso Sánchez (dir.), 2020, pp. 531-559.

REBOLLO PUIG, M., "La actividad inspectora", *Actas del VIII Congreso de la Asociación Española de Profesores de Derecho Administrativo,* Alicante, 8 y 9 de febrero de 2013.

ROJO TORRECILLA E., "Notas a la ley de presupuestos, y a la de acompañamiento, de Cataluña para 2017. La oferta pública de empleo, y una importante modificación de la Ley catalana de cooperativas. ¿Laboralización del cooperativismo de trabajo asociado?" Bloc, 2 de abril de 2017. Recuperado de: http://www.eduardorojotorrecilla.es/2017/04/notas-la-ley-depresupuestos-y-la-de.html.

SANTIAGO REDONDO, K., "Artículo 129.2: La participación en la empresa y el fomento del cooperativismo", *Comentarios a la Constitución española,* / coord. por Mercedes Pérez Manzano, Ignacio Borrajo Iniesta; Miguel Rodríguez-Piñero y Bravo-Ferrer (dir.), María Emilia Casas Baamonde (dir.), Enrique Arnaldo Alcubilla (ed. lit.), Jesús Remón Peñalver (ed. lit.), Vol. 2, Tomo 2, 2018 (Tomo II), pp. 847-852.

SANZ DOMÍNGUEZ, C., "Consideraciones en torno al fomento de las sociedades cooperativas en el ordenamiento jurídico español", *TRABAJO* 8-9 (2000), pp. 101-115.

TRUJILLO DÍEZ, I.J. "El arbitraje cooperativo. Régimen legal y otras cuestiones" *GEZKI,* n.º 1, 2005, pp.13-43.

VICENT CHULIÀ, F. y PEINADO GRACIA, J.I., "Capítulo I. Introducción. Normas y ámbito de aplicación", *Tratado de derecho de cooperativas,* (Dir. PEINADO GARCIA), *2013,* recuperado de https://www.tirantonline.com/tol/documento/show/3981795?librodoctrina=8508&general=Tratado+de+Derecho+de+Cooperativas

Capítulo XVII

Régimen laboral y de seguridad social de las personas socias trabajadoras y socias de trabajo

FAUSTINO CAVAS MARTÍNEZ
Catedrático de Derecho del Trabajo y de la Seguridad Social
Universidad de Murcia

I. MODALIDADES DE PRESTACIÓN DEL TRABAJO EN LAS COOPERATIVAS CANARIAS

1. En las Cooperativas de Trabajo Asociado

La prestación de trabajo en una cooperativa de trabajo asociado puede realizarse a través de dos vías o, si se prefiere, en el marco de dos tipos de relaciones. Societaria, en el caso de la actividad de trabajo cooperativo que llevan a cabo las personas socias trabajadoras; y laboral, cuando se trata de personas trabajadoras asalariadas que, con los límites impuestos en la legislación cooperativa, conciertan con la cooperativa de trabajo asociado un contrato de trabajo.

La LSCCan se ocupa de las cooperativas de trabajo asociado en sus arts. 103 a 109. En el primero de estos preceptos, la LSCCan define a estas cooperativas como "*las que tienen por objeto proporcionar a sus personas socias un puesto de trabajo, mediante su esfuerzo personal y directo, a tiempo parcial o completo, para realizar cualquier actividad económica o profesional y producir en común bienes y servicios destinados a terceros*". Acto seguido deja clara la naturaleza "societaria" de la relación de las personas socias trabajadoras con la cooperativa de trabajo asociado (en el mismo sentido, art. 80.1 LCoop). Por tanto, la LSCCan parte de la doble consideración de sus integrantes como personas socias y trabajadoras, pero hace prevalecer la naturaleza jurídica societaria del vínculo, descartando con ello la existencia de un contrato de trabajo entre la persona socia trabajadora y la sociedad cooperativa.

Para la constitución de una cooperativa de trabajo asociado serán precisas, al menos, dos personas socias trabajadoras de duración indefinida, "*y actuarán fomentando el empleo estable de calidad, con singular incidencia en la vida familiar y laboral*" (art. 103.1, pár. 2º, LSCCan). No obstante, la LSCCan introduce y regula asimismo la categoría de persona socia temporal en su art. 20, válida para todas las cooperativas, disponiendo que su vínculo con la cooperativa "*tendrá la duración determinada expresamente*", sin que pueda exceder de cinco años, salvo en los casos de las cooperativas que tengan personas socias trabajadoras (las cooperativas de trabajo asociado y las de explotación comunitaria de la tierra) y aquellas otras que tengan personas socias de trabajo, en las que el vínculo temporal de quienes cooperativicen su trabajo no podrá exceder de tres años. En todo caso, el conjunto de personas socias temporales no podrá ser superior a la quinta parte de las personas socias de carácter indefinido de la clase de cooperativa de que se trate.

Aunque la cooperativa de trabajo asociado puede dar ocupación a trabadores asalariados, la LSCCan fija un límite en su art. 103.3, a fin de no desvirtuar el carácter prevalentemente asociado del trabajo que se realiza en este tipo de cooperativas. de este modo, el número de horas por año realizado por personas trabajadoras con contrato de trabajo por cuenta ajena no podrá ser superior al treinta por ciento del total de horas por año realizadas por las personas socias trabajadoras, sin que computen en este porcentaje.

a) Las personas trabajadoras integradas en la cooperativa por subrogación legal y los que se incorporen en actividades sometidas a esta subrogación.

b) Las personas trabajadoras que se nieguen explícitamente a ser socias trabajadoras.

c) Las personas trabajadoras que sustituyan a personas socias trabajadoras o asalariadas en situación de excedencia o incapacidad temporal o baja por maternidad, adopción o acogimiento.

d) Las personas trabajadoras que presten servicio en centros de trabajo de carácter subordinado o accesorio. Se entiende, en todo caso, como servicio prestado en centro de trabajo subordinado o accesorio, el servicio prestado directamente a la administración pública o autonómica y a entidades que coadyuven el interés general, cuando es realizado en locales o espacios de titularidad pública.

e) Las personas trabajadoras con contratos de trabajo en prácticas y para la formación[1].

f) Las personas trabajadoras contratadas en virtud de cualquier disposición de fomento de ocupación de personas con discapacidad.

g) Las personas trabajadoras contratadas para ser puestos a disposición de empresas usuarias cuando la cooperativa actúa como empresa de trabajo temporal.

h) Las personas trabajadoras que, por razones vinculadas al objeto y a la finalidad de una contratación pública, tengan que ser contratadas para prestar adecuadamente el servicio, según las prescripciones establecidas en los pliegos de condiciones económico-administrativas generales o particulares o, en su caso, en el pliego de condiciones técnicas.

2. En las Cooperativas de Explotación Comunitaria de la Tierra

La LSCCan define a la cooperativa de explotación comunitaria de la tierra en su art. 121 como aquellas que "*asocian a titulares de derechos de uso y*

---

1 El régimen jurídico de los contratos laborales formativos se contiene en el art. 11 del ET, que distingue dos modalidades: el contrato formativo para la obtención de práctica profesional adecuada al nivel de estudios y el contrato para la formación en alternancia con el trabajo retribuido por cuenta ajena.

aprovechamiento de tierras u otros bienes inmuebles susceptibles de explotación agraria, que ceden estos derechos a la sociedad cooperativa y que prestan o no su trabajo en la misma para la explotación en común de los bienes cedidos por las personas socias y de los demás que posea la sociedad cooperativa por cualquier título, así como desarrollar las actividades propias recogidas en el artículo 120.2 de esta ley".

El art. 122 LSCCan contempla tres tipos de personas socias en las cooperativas de explotación comunitaria de la tierra.

a) Personas físicas y jurídicas, titulares de derechos de uso y aprovechamiento de tierra u otros bienes inmuebles susceptibles de explotación agraria que cedan estos derechos a la sociedad cooperativa, sin prestar su trabajo en la misma.

b) Personas físicas, titulares de derechos de uso y aprovechamiento de tierra u otros bienes inmuebles susceptibles de explotación agraria, que cedan estos derechos a la sociedad cooperativa y presten su trabajo en la misma, las cuales tendrán simultáneamente la condición de socias cedentes del disfrute de bienes a la sociedad cooperativa y de personas socias trabajadoras.

c) Personas físicas que, sin ceder a la sociedad cooperativa derechos de disfrute sobre bienes, presten trabajos en la misma, las cuales tendrán únicamente la condición de personas socias trabajadoras.

Serán de aplicación a las personas socias trabajadoras de las cooperativas de explotación comunitaria de la tierra, cedan o no simultáneamente el disfrute de bienes a la sociedad cooperativa, las normas establecidas para las personas socias trabajadoras de las cooperativas de trabajo asociado, con las excepciones previstas en la propia LSCCan.

Además de las personas socias trabajadoras, las cooperativas de explotación comunitaria de la tierra pueden recibir la prestación de servicios de personas trabajadoras asalariadas, con la restricción de que el número de horas realizadas por personas trabajadoras con contrato de trabajo por cuenta ajena no podrán superar los límites establecidos en el art. 103.3 LSCCan para las cooperativas de trabajo asociado.

3. En el resto de cooperativas. La figura del socio de trabajo

A tenor de lo establecido en el art. 21.1 LSCCan, en las sociedades cooperativas de primer grado que no sean de trabajo asociado o de explotación comunitaria de la tierra y en las de segundo o de ulterior grado, los estatutos podrán prever la admisión de personas socias de trabajo que sean personas físicas, cuya actividad cooperativizada consistirá en la prestación de su trabajo personal en la cooperativa.

En cuanto al régimen aplicable a las personas socias de trabajo, el art. 21 dispone en su apartado 2 que serán de aplicación a estas personas socias "*las normas establecidas en esta ley para las personas socias trabajadoras, con las excepciones establecidas en este artículo*". Se prevé, por tanto, un régimen de asimilación con el estatuto profesional de las personas socias trabajadoras en cooperativas de trabajo asociado (*vid. infra*), con las siguientes especialidades.

a) Los estatutos de las sociedades cooperativas que prevean la admisión de personas socias de trabajo deberán fijar los criterios que aseguren la participación equitativa y ponderada en las obligaciones y derechos de naturaleza social y económica.

b) En todo caso, las pérdidas determinadas en función de la actividad cooperativizada de prestación de trabajo desarrollada por las personas socias de trabajo se imputarán al fondo de reserva y, en su defecto, a las personas socias usuarias, en la cuantía necesaria para asegurar a las personas socias de trabajo una retribución mínima igual al setenta por ciento de las retribuciones establecidas en los convenios colectivos del sector u otra normativa que las regule por el mismo trabajo y, en todo caso, no inferior al salario mínimo interprofesional.

c) Si los estatutos prevén un período de prueba para personas socias de trabajo, este no procederá si la nueva persona socia llevase al menos en la sociedad cooperativa como trabajador o trabajadora por cuenta ajena el tiempo que corresponde al período de prueba.

Asimismo, estas cooperativas podrán concertar contratos de trabajo de conformidad con lo establecido en la legislación laboral aplicable, sin que, *a priori*, la LSCCan haya señalado límite alguno en cuanto al número de horas que pueden realizar las personas trabajadoras asalariadas (salvo en las cooperativas sanitarias y de enseñanza, por extensión de la restricción prevista para las cooperativas de trabajo asociado).

II. CONTENIDO LABORAL DE LA RELACIÓN SOCIETARIA DEL SOCIO TRABAJADOR CON LA COOPERATIVA DE TRABAJO ASOCIADO

1. Régimen jurídico aplicable a la relación cooperativa de trabajo asociado

Como hemos tenido oportunidad de indicar en el epígrafe precedente, la legislación cooperativa declara que la relación que vincula a la persona socia trabajadora con la sociedad cooperativa es "societaria" (art. 80.1 LCoop, art. 103.1 LSCCan). Al margen de las críticas que ha suscitado esta denominación[2], la misma tiene la virtud de aclarar que dicha relación no es laboral, quedando definitivamente zanjado el debate que hasta la promulgación de la LCoop existió sobre la naturaleza jurídica del vínculo que la persona socia trabajadora mantiene con la cooperativa de trabajo asociado[3]. Es por ello (inexistencia de contrato de trabajo) que "las normas laborales, sustantivas y procesales, sólo le son de aplicación en la medida en que estén expresa y específicamente contempladas en la normativa reguladora del régimen jurídico de la relación cooperativa" [4].

Una importante consecuencia que se deriva de la naturaleza societaria de esta relación es que la regulación de los derechos y deberes de los socios trabajadores, en tanto que personas socias, viene determinada principalmente por lo previsto en la legislación cooperativa, en los estatutos sociales, en el eventual reglamento de régimen interno y en los posteriores acuerdos asamblearios. Lo cual no impide que la propia legislación cooperativa, estatal y autonómica (con variantes según los territorios), haya previsto simultáneamente una regulación "para-laboral" para proteger al socio trabajador de posibles situaciones abusivas en su condición de per-

---

2 FAJARDO GARCÍA, G./BOQUERA MATERRADONA, J., "La relación societaria «cooperativa» y los límites legales a la autogestión", en AA.VV., *Cooperativa de Trabajo Asociado y estatuto jurídico de sus socios trabajadores* (Dir. Fajardo García), Tirant lo Blanch, Valencia, 2016, pp. 327-249, p.328, sostienen que la calificación como societaria es innecesaria e inapropiada, proponiendo como idónea la caracterización como relación "cooperativa" (basada en la prestación de trabajo).

3 ESPÍN SÁEZ, M., *El socio trabajador. Criterios para sistematizar la realidad del autoempleo colectivo,* CES, Madrid, 2008, pp. 132-134.

4 SSTS, Social, de 13-7-2009 (Id Cendoj: 28079140012009100608) y 23-10-2009 (Id Cendoj: 28079140012009100831), reiterando el criterio de otras anteriores, como las de 15-11-2005 (Id Cendoj: 28079140012005101085) y 12-4-2006 (Id Cendoj: 28079140012006100318).

sona trabajadora, aproximando su estatus al de una persona trabajadora asalariada en abundantes materias[5]. En cuanto a la determinación del régimen de trabajo de las personas socias trabajadoras, la LSCCan sigue en gran medida el patrón de la legislación cooperativa estatal, no llegando al amplio margen de autogestión que prevén, entre otras, la LCCat (art. 132) o la LSCExt (art. 149).

El particular contenido de la relación societaria de la que es titular el socio trabajador -de una parte, como socio con derechos y obligaciones típicamente sociales, como el derecho a participar en los beneficios o su responsabilidad por las pérdidas y deudas sociales; y, de otra, como sujeto que presta sus servicios para la cooperativa, conforme a una serie de derechos y obligaciones, que forman un verdadero estatuto profesional-, hace necesario distinguir uno y otro, y ello sin perjuicio de reconocer la interferencia del régimen profesional del socio trabajador sobre su régimen más eminentemente societario[6]. En estas páginas nos ocuparemos únicamente del segundo, esto es, del régimen profesional de la relación cooperativa de trabajo asociado; los contenidos típicamente societarios de esta relación se analizan en otros capítulos de esta misma obra.

2. Presupuestos para el nacimiento de la relación del socio trabajador

A) Capacidad para ser persona socia trabajadora

El art. 103.2 de la LSCCan establece que podrán ser personas socias trabajadoras "*quienes legalmente tengan capacidad para contratar la prestación de su trabajo*". Y a continuación añade. "*Las personas extranjeras podrán ser personas socias trabajadoras de acuerdo con lo previsto en la legislación específica sobre la prestación de su trabajo en España*".

---

5 La regulación del estatuto jurídico de las personas socias trabajadoras en la normativa autonómica cooperativa responde a distintos modelos. Sobre esta materia, *cfr.*, Senent Vidal, Mª.J., "Derechos y obligaciones de la persona socia trabajadora de la cooperativa de trabajo asociado en la ley", en AA.VV., *Cooperativa de Trabajo Asociado y estatuto jurídico de sus socios trabajadores* (Dir. Fajardo García), *op. cit.*, pp. 351-394, pp. 372-373.

6 ESPÍN SÁEZ, M., *El socio trabajador. Criterios para sistematizar la realidad del autoempleo colectivo, op. cit.*, p. 148.

Dado que se trata de un trabajo personal, voluntario y, en buena medida, dependiente, por cuenta ajena y remunerado, por más que no dimane de la celebración de un contrato de trabajo sino societario, ha de estarse a lo dispuesto sobre capacidad para contratar en el art. 7 del ET y preceptos concordantes del Código Civil y de la Ley de Extranjería 4/2000, de 11 de enero.

La pérdida de la condición de persona socia trabajadora provoca el cese definitivo de la prestación de trabajo en la sociedad cooperativa (art. 103.2, pár. 2º, LSCCan).

B) La doble obligación de "aportar" de la persona socia trabajadora

Para que una persona física pueda adquirir la condición de persona socia trabajadora de una cooperativa de trabajo asociado, ha de cumplir dos obligaciones.

Por un lado, la obligación común a todas las personas socias de realizar la aportación mínima obligatoria al capital social, en los términos estipulados en los estatutos societarios y siempre dentro de los márgenes establecidos legalmente [art. 15.1.g) LSCCan];

Por otro lado, debe comprometer su "*esfuerzo personal y directo*", a tiempo completo o parcial, dirigido a dar cumplimiento al objeto de generación de empleo colectivo como fin específico de la cooperativa de trabajo asociado (art. 103.1 LSCCan, art. 80.1 LCoop).

3. El estatuto profesional de las personas socias trabajadoras en las cooperativas canarias

Lo que aquí denominamos estatuto profesional de las personas socias trabajadoras ha sido definido como "todas aquellas cuestiones relativas a la prestación, suspensión y cese del trabajo por el socio, esto es, cualquier materia directamente vinculada con los derechos y obligaciones derivados de la prestación de trabajo por los socios trabajadores, y que en la legislación cooperativa aparecen agrupados o sistematizados siguiendo criterios dispares"[7].

---

[7] COSTAS COMESAÑA, J., "Capítulo XV. Cooperativas de Trabajo Asociado", en AA.VV., *Tratado de Derecho de Cooperativas* (Dir. PEINADO, Coord. Vázquez), Vols. I y II, Tirant lo Blanch, Valencia, 2013, pp. 1207-1257, p. 1235.

En cuanto al régimen de prestación del trabajo en las cooperativas de trabajo asociado, la LSCCan regula el período de prueba para nuevas personas socias trabajadoras (art. 104); la jornada, el descanso semanal, las fiestas, vacaciones y permisos, así como la eventual retribución de estos (art. 105); las modalidades de suspensión temporal y excedencia que pueden aplicarse a la persona socia de la cooperativa de trabajo asociado (art. 106); la baja obligatoria por causas económicas, técnicas, organizativas, de producción o por fuerza mayor (art. 107); los efectos de la sucesión de empresas en las cooperativas, debido a contratas o concesiones (art. 108) y, por último, el régimen disciplinario (art. 109).

Cabe recordar que estas previsiones son aplicables igualmente a las personas socias trabajadoras de las cooperativas de explotación comunitaria de la tierra (art. 122.2 LSCCan), así como a las personas socias de las cooperativas sanitarias cuando sean profesionales de la medicina (art. 129.1 LSCCan) y a las cooperativas de enseñanza cuando asocie a docentes y a personal no docente y de servicios (art. 130.3 LSCCan).

A) Período de prueba para nuevas personas socias

Trasponiendo al ámbito cooperativo una institución típicamente laboral, la legislación cooperativa canaria prevé que los estatutos sociales de las cooperativas de trabajo asociado puedan establecer que la admisión por el órgano de administración de una persona socia trabajadora lo sea en situación de prueba, pudiendo este periodo de prueba ser reducido o suprimido por mutuo acuerdo (art. 104. 1 LSCCan).

Con el fin de evitar situaciones abusivas, la duración del período de prueba no podrá exceder de seis meses y será fijada por el órgano de administración, salvo que el desempeño del puesto de trabajo exija condiciones profesionales especiales, en cuyo caso el período de prueba podrá extenderse hasta un año (art. 104.2 LSCCan).

La normativa canaria limita el número de personas socias trabajadoras en periodo de prueba, estableciendo que no podrá exceder del veinte por ciento del total de personas socias trabajadoras de la sociedad cooperativa. En el caso de cooperativas con menos de diez personas socias trabajadoras, las mismas podrán contar con hasta dos personas socias trabajadoras en periodo de prueba (art. 104.3 LSCCan).

La LSCCan consagra en su art. 104.4 el principio de igualdad de trato al establecer que las personas socias aspirantes tendrán, durante el periodo de prueba, los mismos derechos y obligaciones que las personas socias trabajadoras, con las particularidades siguientes.

a) Podrán resolver la relación por libre decisión unilateral, facultad que también se reconoce al órgano de administración de la cooperativa.

b) No podrán ser elegidos para ocupar los cargos de los órganos de la cooperativa.

c) No podrán votar, en la asamblea general, ningún punto que les afecte personal y directamente.

d) No estarán obligados ni facultados para hacer aportaciones al capital social ni para desembolsar la cuota de ingreso.

e) No les alcanzará la imputación de pérdidas que se produzcan en la cooperativa durante el periodo de prueba ni tendrán derecho al retorno cooperativo.

Estas limitaciones evidencian que la condición de persona socia trabajadora se adquiere después de haber superado el periodo de prueba (momento en que, además, se realiza la aportación obligatoria al capital social), pues es a partir de entonces cuando la totalidad de sus derechos y obligaciones cobra vigencia; abunda en esta conclusión el término "aspirantes" que emplea la LSCCan para referirse a las personas socias de nuevo ingreso durante la etapa de prueba.

La finalidad del periodo de prueba se entiende cumplida cuando la nueva persona socia ha estado vinculada previamente a la cooperativa mediante una relación laboral. En concreto, el art. 103.4 LSCCan, tras declarar que los estatutos podrán fijar el procedimiento por el que las personas trabajadoras asalariadas pueden acceder a la condición de persona socia, dispone que la persona trabajadora con contrato de trabajo por tiempo indefinido y con más de dos años de antigüedad, deberá ser admitida como persona socia trabajadora si lo solicita en los seis meses siguientes desde que pudo ejercer este derecho, sin necesidad de superar el periodo de prueba cooperativo, y si reúne los demás requisitos estatutarios y especialmente los relacionados con la formación cooperativa.

B) El derecho a la formación profesional de las personas socias trabajadoras

De forma asistemática, el art. 24.2.h) LSCCan contempla el derecho de las personas socias trabajadoras, compartido por las personas socias de trabajo, a la formación profesional necesaria para realizar su prestación de trabajo de manera óptima.

Este derecho tiene su anclaje constitucional en el art. 35 de nuestra Carta Magna y aparece vinculado al derecho a la promoción a través del trabajo.

Por otro lado, el derecho a la formación profesional de las personas socias trabajadoras y de las personas socias de trabajo responde al principio cooperativo de educación, formación e información, vinculado al valor cooperativo de la autoayuda, y recogido por la Declaración de la ACI y la propia legislación cooperativa[8]. En este sentido, la formación profesional se convierte en un instrumento necesario para el desarrollo, consolidación y mejora de la sociedad cooperativa. A ello responde la incorporación a su dimensión organizativa de un Fondo de educación y promoción (art. 78 LSCCan) cuyos recursos se destinarán, entre otros fines, a la educación y la formación de las personas socias y personas trabajadoras en los principios cooperativos y en sus valores, en materias específicas de su actividad societaria o laboral y en las otras actividades cooperativas.

C) Tiempo de trabajo, descansos y permisos

En el estatuto profesional de las personas socias trabajadoras también se incluyen previsiones relativas a la regulación del tiempo de trabajo.

Ya se ha indicado que las personas socias trabajadoras pueden realizar su trabajo a tiempo parcial o completo (art. 103.1 LSCCan). La caracterización de la prestación de servicios como realizada a tiempo parcial dependerá de la dimensión cuantitativa que se asigne en cada cooperativa a la dedicación a tiempo completo de las personas socias trabajadoras[9].

A este respecto, el art. 105 LSCCan establece que los estatutos, el reglamento de régimen interno o, en su defecto, la asamblea general aprobará anualmente el calendario sociolaboral. Este contendrá la duración de

---

[8] ESPÍN SÁEZ, M., *El socio trabajador. Criterios para sistematizar la realidad del autoempleo colectivo, op. cit.*, p. 167.

[9] El art. 65.6 del RD 2064/1995, de 22 de diciembre, por el que se aprueba el Reglamento General sobre Cotización y Liquidación de otros Derechos de la Seguridad Social, regula la cotización de los socios trabajadores y socios de trabajo a tiempo parcial, cuya base de cotización se determinará en función de la remuneración que perciban por las horas de actividad cooperativizada.

la jornada laboral, el descanso mínimo entre cada jornada y el descanso semanal, las fiestas y vacaciones anuales, dentro de los márgenes fijados por la propia LSCCan. Dichos límites heterónomos a la capacidad de autogestión de la sociedad cooperativa en materia de tiempo de trabajo y descansos son.

a) El descanso entre jornadas tendrá una duración mínima de doce horas, la misma duración que prevé el art. 34.3 ET para las personas trabajadoras asalariadas.

b) El tiempo de trabajo efectivo de las personas socias trabajadoras menores de dieciocho años no podrá exceder de cuarenta horas semanales.

c) Se respetarán, al menos, como fiestas, las establecidas en el calendario laboral aprobado por el Gobierno de Canarias, salvo en los supuestos excepcionales que lo impida la naturaleza de la actividad empresarial que desarrolle la cooperativa.

d) Las vacaciones anuales y, al menos, las fiestas expresadas en el apartado c) serán retribuidas a efectos de anticipo societario.

e) Las vacaciones anuales de los menores de dieciocho años y de los mayores de sesenta años tendrán una duración mínima de un mes.

De las reglas anteriores se desprende que, a diferencia de las personas contratadas en régimen laboral, una persona socia trabajadora o socia de trabajo (mayor de edad) puede tener una jornada de más de cuarenta horas semanales de promedio, o un período de vacaciones al año de menos de un mes, si los estatutos, el reglamento de régimen interno o la Asamblea así lo deciden[10].

En materia de permisos, la LSCCan garantiza el derecho de las personas socias trabajadoras a ausentarse de su puesto de trabajo -previo aviso y justificación- por alguno de los motivos y por el tiempo siguiente.

a) Quince días naturales en caso de matrimonio.

b) Dos días en caso de nacimiento de hijo o hija o enfermedad grave o fallecimiento de parientes hasta el segundo grado de consangui-

---

10 CASTRO ARGÜELLES, Mª.A., *Formas alternativas de contratación del trabajo: de los contratos de actividad a la descentralización productiva*, Thomson-Aranzadi, Cizur Menor, 2007, p. 164.

nidad o afinidad. Cuando con tal motivo la persona socia necesite hacer un desplazamiento, el plazo será de cuatro días.

c) Un día por traslado del domicilio habitual.

d) Por el tiempo indispensable para el cumplimiento de un deber inexcusable de carácter público y personal.

e) Para realizar funciones de representación en el movimiento cooperativo.

Se advierte en este ámbito, nuevamente, el recurso a la cooperativización de institutos típicamente laborales como vía de reconocimiento de derechos a las personas socias de la cooperativa de trabajo asociado, por su condición de personas trabajadoras[11].

La regulación de la LSCCan en materia de permisos se configura como una regulación imperativa y de mínimos, susceptible de ser mejorada por los estatutos sociales, el reglamento de régimen interior o, en su defecto, la asamblea general, los cuales podrán ampliar los supuestos de permiso y el tiempo de duración de los mismos y, en todo caso, deberán fijar si los permisos, a efectos de los anticipos societarios, tienen o no el carácter de retribuidos o la proporción en que son retribuidos (materia no negociable en el ámbito laboral, donde los permisos son siempre retribuidos).

Además de los permisos indicados, también podrán acogerse las personas socias trabajadoras al permiso por exámenes prenatales y técnicas de preparación al parto regulado en la disposición adicional 11ª de la LPRL. Sin olvidar que la LSCCan establece en su art. 105.3 que, en todo lo no previsto en este precepto, "serán de aplicación los derechos y las garantías legalmente establecidas en la legislación laboral y en la normativa que regula la conciliación de la vida familiar y laboral de las personas trabajadoras".

D) Suspensiones y excedencias

El art. 106 LSSCan enumera un conjunto de situaciones determinantes de la suspensión temporal de la obligación y el derecho de la persona socia trabajadora a prestar su trabajo.

---

[11] El precepto reproduce sustancialmente, con las debidas adaptaciones al ámbito cooperativo, el texto del art. 37.3 ET, en la versión de este precepto que estaba vigente cuando se promulgó la LSCCan (octubre 2022), posteriormente mejorada por el RDL 5/2023, de 28 de junio.

De nuevo, la inspiración de la LSCCan en la normativa laboral que regula las causas de suspensión del contrato de trabajo es evidente. De este modo, serán causas de suspensión de la prestación de trabajo cooperativo.

a) La incapacidad temporal.

b) La paternidad o maternidad de la persona socia trabajadora, riesgo durante el embarazo, riesgo durante la lactancia natural de un menor de nueve meses y adopción y acogimiento tanto preadoptivo como permanente o simple, con los requisitos y en la forma prevista en la legislación laboral[12].

c) El ejercicio de cargo público representativo o en el movimiento cooperativo que imposibilite la asistencia al trabajo.

d) La privación de libertad mientras no exista sentencia condenatoria.

e) La suspensión de anticipo laboral y empleo por razones disciplinarias.

f) La existencia de causas económicas, técnicas, organizativas o de producción y las derivadas de fuerza mayor.

g) Las consignadas válidamente en los estatutos sociales.

El efecto principal de la suspensión de la prestación de trabajo es la pérdida temporal de los derechos y obligaciones económicas de la prestación, es decir, la persona socia trabajadora dejará de percibir los anticipos laborales que le corresponden durante el período de suspensión, pero mantendrá el derecho a percibir retornos o al devengo de intereses por sus aportaciones al capital social.

Al cesar las causas legales de suspensión, la persona socia trabajadora recobrará la plenitud de sus derechos y obligaciones como persona socia, y tendrá derecho a reincorporarse en el puesto de trabajo reservado (art. 106.2 LSCCan). La normativa canaria señala que las personas socias trabajadoras que estén incluidas en los supuestos a), b), d) y f) del apartado 1 del art. 106.2, "*mientras estén en situación de suspensión, conservarán el resto de sus derechos y obligaciones como personas socias*", lo que, por ejemplo, les permitirá votar o presentarse como elegibles a órganos de gobierno de la sociedad.

---

12 *Cfr.*, art. 48 ET y preceptos concordantes de la LGSS.

La LSCCan regula un procedimiento específico para que la relación de trabajo cooperativo pueda suspenderse por causas económicas, técnicas, organizativas, de producción o de fuerza mayor. A tal efecto, dispone el art. 106.2 que "*la asamblea general, salvo previsión estatutaria, tiene que declarar la necesidad de que, por alguna de estas causas, pasen a la situación de suspensión la totalidad o parte de las personas socias trabajadoras que integran la cooperativa, designándolas concretamente, así como el tiempo que ha de durar la suspensión*". La norma faculta a las personas socias suspendidas para solicitar la baja voluntaria a la entidad, que se calificará como justificada.

A fin de que las situaciones de suspensión no perturben el normal desenvolvimiento de la actividad productiva de la sociedad, el art. 106.3 LSCCan contempla la posibilidad de que la cooperativa de trabajo asociado concierte contratos de duración determinada con personas trabajadoras asalariadas, para sustituir temporalmente a las personas socias suspendidas, de acuerdo con la legislación estatal aplicable (vid. art. 15 ET), siempre que en el contrato se especifique el nombre de las persona socia trabajadora suspendida y la causa de la sustitución. Posibilidad de sustitución que se excluye en el caso de suspensión por causas económicas, técnicas, organizativas, de producción o por fuerza mayor.

Por último, el art. 106 LSCCan estipula en su apartado 4 que las personas socias trabajadoras de una cooperativa de trabajo asociado con, al menos, dos años de antigüedad en la entidad, "*podrán disfrutar de situaciones de excedencia voluntaria con la duración máxima que determine el órgano de administración, siempre que lo prevean los estatutos sociales, que también determinarán sus derechos y las obligaciones*".

E) Sucesión de empresas, contratas y concesiones

Siguiendo lo establecido en el art. 86 LCoop, la LSCCan regula en su art. 108 los efectos de la sucesión de empresa y del cambio en la titularidad de una contrata o concesión administrativa, cuando esta pasa de una cooperativa de trabajo asociado a una empresa ordinaria. Al igual que ocurre en la legislación laboral general, la directriz que preside esta regulación es la conservación del empleo (cooperativo) y los derechos adquiridos, más allá de las vicisitudes que afecten a la titularidad de la empresa.

Así, el art. 108 LSCCan establece que cuando una sociedad cooperativa se subrogue en los derechos y las obligaciones laborales del anterior titular (y, por tanto, en los contratos de trabajo)[13], las personas trabajadoras afectadas por esta subrogación podrán modificar su estatus e incorporarse como personas socias trabajadoras en las condiciones establecidas en el art. 103.3 LSCCan (ya comentadas), y si llevan al menos dos años en la empresa anterior, no se les podrá exigir período de prueba. Obviamente, la inserción del trabajador de la antigua empresa (mercantil) en una cooperativa de trabajo asociado a través de un vínculo societario, con la consiguiente asunción de riesgos, exige el consentimiento de la persona trabajadora en la modificación novatoria de la situación jurídico-laboral anterior[14]. Ahora bien, pueden surgir dificultades cuando, a resultas de la sucesión, el límite de horas realizado por personas trabajadoras asalariadas en la cooperativa de trabajo asociado que establece el art. 103.4 LSCCan se vea superado, caso de negarse los trabajadores implicados en la transmisión a novar su vínculo en societario con la nueva cooperativa[15].

Por otro lado, cuando una cooperativa de trabajo asociado cese por causas no imputables a esta en una contrata de servicios o en una concesión administrativa, y una nueva persona (empresario) se hiciese cargo de estas (sucesión de contrata), las personas socias trabajadoras que vinieran desarrollando su trabajo en las mismas tendrán los derechos y deberes que les habrían correspondido de acuerdo con la normativa vigente (laboral), como si hubieran prestado su servicio en la cooperativa en la condición de personas trabajadoras por cuenta ajena. De este modo, la normativa canaria instituye una ficción jurídica para que los servicios prestados en régimen cooperativo para la cooperativa de trabajo asociado saliente se computen como trabajados por cuenta ajena a los efectos previstos en la legislación laboral sobre transmisión de empresa, partiendo de que el vínculo societario se novará en jurídico-laboral cuando la entidad subrogante

---

13 Al respecto, el art. 44 ET establece que el cambio de la titularidad de la empresa, centro de trabajo o unidad productiva autónoma de la misma, no extinguirá, por sí mismo, la relación laboral, quedando el nuevo empresario subrogado en los derechos y obligaciones del anterior.

14 ALEGRE NUENO, M., "Capítulo XII. La relación entre cooperativa de trabajo asociado y socio. Problemática planteada", en AA.VV., *Cooperativa de Trabajo Asociado y estatuto jurídico de sus socios trabajadores* (Dir. Fajardo García), Tirant lo Blanch, Valencia, 2016 , pp. 265-292, pp. 278-279.

15 Este problema está resuelto en la legislación estatal cooperativa, al disponer el art. 86 LCoop que "En el supuesto de que se superara el límite legal sobre el número de horas/año, establecido en el artículo 80.7 de esta Ley, el exceso no producirá efecto alguno".

o cesionaria no sea una cooperativa de trabajo asociado sino una empresa común.

F) Extinción de la relación de trabajo en régimen cooperativo

La persona socia trabajadora puede causar baja en la cooperativa de trabajo asociado por alguna de las siguientes causas.

- Baja voluntaria (justificada o no justificada).
- Baja obligatoria (común o por causas económicas, técnicas, organizativas o de producción, así como las derivadas de fuerza mayor).
- Baja por expulsión disciplinaria.

a) Baja voluntaria

Con carácter general, en aplicación del principio de libre adhesión y baja voluntaria, el art. 26 LSCCan establece que la persona socia (también la socia trabajadora) podrá darse de baja voluntariamente de la cooperativa en cualquier momento, mediante preaviso por escrito al órgano de administración. El plazo de preaviso, que fijarán los estatutos, no podrá ser superior a un año, y su incumplimiento podrá dar lugar a la correspondiente indemnización de daños y perjuicios.

Ahora bien, en garantía de estabilidad y continuidad para la sociedad cooperativa, y sin que vaya en detrimento de aquel derecho, los estatutos podrán exigir un compromiso de permanencia, de modo que la persona socia no podrá darse de baja voluntariamente sin justa causa hasta el final del ejercicio económico en el que quiera causar baja o hasta que haya transcurrido desde su admisión el tiempo que fijen los estatutos, que no podrá ser superior a cinco años. Esta cláusula no responde más que al interés de proteger la estabilidad financiera de la sociedad, ya que la salida de las personas socias comporta la de su aportación, no solo personal, sino también económica[16].

Además de la baja voluntaria no justificada, la persona socia que haya salvado expresamente su voto o esté ausente y disconforme con cualquier acuerdo de la asamblea general que implique la asunción de obligaciones o cargas gravemente onerosas, no previstas en los estatutos, podrá darse de

---

16 ESPÍN SÁEZ, M., *El socio trabajador. Criterios para sistematizar la realidad del autoempleo colectivo, op. cit.*, p. 174.

baja, que tendrá la consideración de justificada, mediante escrito dirigido al órgano de administración dentro de los cuarenta días siguientes a la recepción del acuerdo. También tendrá la consideración de baja justificada cuando se acredite, por el procedimiento que se establezca estatutariamente, que la cooperativa ha negado a la persona socia el ejercicio de sus derechos económicos y participativos. Aunque la norma no especifica nada al respecto, parece lógico concluir que en estos casos de baja voluntaria por causa justificada, la salida de la cooperativa puede producirse de manera inmediata, sin tener que observar el plazo de preaviso que establece el art. 26.1 LSCCan.

b) Baja obligatoria común

Tiene lugar cuando la persona socia pierde los requisitos exigidos para serlo según la ley o los estatutos de la sociedad cooperativa (art. 27.1 LSCCan).

La baja obligatoria es acordada, previa audiencia de la persona interesada, bien de oficio, bien a petición de cualquier otra persona socia o de la misma persona afectada. El acuerdo del órgano de administración será ejecutivo desde que se notifique la ratificación del comité de recursos o, en su defecto, de la asamblea general, o haya transcurrido el plazo para recurrir ante los mismos sin haberlo hecho. No obstante, podrá establecerse con carácter inmediato la suspensión cautelar de derechos y obligaciones de la persona socia hasta que el acuerdo sea ejecutivo si así lo prevén los estatutos, que deberán determinar el alcance de dicha suspensión. La persona socia conservará el derecho de voto en la asamblea general mientras el acuerdo no sea ejecutivo.

La persona socia podrá mostrar su disconformidad con el acuerdo motivado del órgano de administración sobre la calificación y los efectos de su baja, impugnándolo mediante el procedimiento establecido en el art. 53 LSCCan.

c) Baja obligatoria por causas económicas, técnicas, organizativas, de producción o por fuerza mayor

El art. 107 LSCCan regula una clase de baja obligatoria que afecta, de manera específica, a las personas socias trabajadoras. Este precepto habilita a la cooperativa de trabajo asociado para amortizar puestos de trabajo de la cooperativa por causas económicas, técnicas, organizativas, de producción o derivadas de fuerza mayor, parta mantener la viabilidad empresarial de la sociedad. La decisión corresponde tomarla a la asamblea general, que deberá designar a las personas socias trabajadoras afectadas por la reducción. La baja por este motivo tendrá la consideración de baja obligatoria justificada.

Como garantía adicional, la legislación cooperativa canaria prevé que la autoridad laboral constará la concurrencia de las causas ETOP o de fuerza mayor, "*de acuerdo con lo que dispone el procedimiento establecido en la legislación estatal aplicable*". La remisión no debe entenderse hecha al art. 51 ET, sino al RD 1043/1985, de 19 de junio, sobre protección por desempleo de los socios de cooperativas de trabajo asociado, que regula el procedimiento para declarar la situación legal de desempleo de las personas socias trabajadoras que causan baja obligatoria por causas económicas, técnicas, organizativas, de producción o por fuerza mayor; tramitación que ha de seguirse para que aquellas pueden optar a la protección económica del desempleo prevista en la legislación estatal de seguridad social.

Las personas socias trabajadoras que vean extinguida su relación con la cooperativa por estas causas tendrán derecho a la devolución de todas sus aportaciones al capital social en el plazo máximo de un año, dividida en mensualidades[17], y conservarán el derecho preferente al reingreso si en los dos años siguientes a la baja se crean nuevos puestos de trabajo de contenido similar al que ocupaban.

En el supuesto de que las personas socias que causen baja obligatoria sean titulares de las aportaciones previstas en el art. 63.1.b) LSCCan[18] y la sociedad cooperativa no acuerde su reembolso inmediato, las personas socias que permanezcan en la misma deberán adquirir estas aportaciones en el plazo máximo de seis meses a partir de la fecha de la baja, en los términos que acuerde la asamblea general.

d) Baja por expulsión

Las personas socias trabajadoras podrán ser expulsadas de la cooperativa tanto por aplicación del régimen de expulsión general, aplicable a cualquier persona socia por conductas graves de indisciplina que repercuten negativamente en la organización de la sociedad[19], como por aplicación del régimen disciplinario específicamente diseñado para las personas socias trabajadoras en el art. 109 LSCCan, que permite a la cooperativa de traba-

---

[17] Esta periodificación es coherente con la situación de dificultad económica por la que atraviesa la cooperativa.

[18] Aportaciones no exigibles, cuya solicitud de reembolso, en caso de baja, podrá ser rehusada incondicionalmente por el órgano de administración.

[19] La LSCCan regula las normas de disciplina social en sus arts. 28 a 32.

jo asociado sancionar con la expulsión comportamientos constitutivos de faltas cometidas en el ámbito de la prestación de servicios.

d.1) Baja por indisciplina societaria

El art. 32 LSCCan establece que la expulsión de los socios solo podrá acordarla el órgano de administración, por infracción muy grave mediante expediente instruido al efecto y con audiencia de la persona interesada. Si afectase a un cargo social, el mismo acuerdo podrá incluir la propuesta de cese simultáneo en el desempeño de dicho cargo.

El acuerdo de expulsión será ejecutivo una vez sea notificada la ratificación del comité de recursos o, en su defecto, de la asamblea general, o cuando haya transcurrido el plazo para recurrir ante los mismos sin haberlo hecho. No obstante, podrá aplicarse el régimen de suspensión cautelar previsto en el art. 27 LSCCan.

d.2) Baja por indisciplina laboral

La misma podrá producirse en el marco del régimen disciplinario diseñado por el art. 109 LSCCan, que acto seguido se expone.

G) Régimen disciplinario laboral

En la medida en que la persona socia trabajadora y socia de trabajo realizan para la cooperativa una prestación de trabajo de forma personal y directa, es lógico que la legislación cooperativa (estatal y autonómica) hayan incluido un régimen disciplinario para aquellas, el cual convive con las normas sobre disciplina social que alcanza con carácter general a todas las personas socias y que permite sancionarlas por las faltas previamente tipificadas en los estatutos.

Según dispone el art. 109 LSCCan, los estatutos de la cooperativa establecerán el régimen disciplinario regulando los tipos de infracciones que puedan producirse en la prestación del trabajo, las sanciones, los órganos y las personas con facultades sancionadoras delegadas. También regularán los procedimientos sancionadores con expresión de los trámites, al menos, el de audiencia a las personas interesadas, así como los recursos y los plazos de impugnación de los acuerdos sociales.

La sanción disciplinaria más grave por infracciones referidas a la prestación de trabajo es la expulsión de la cooperativa, que solo podrá acordar el órgano de administración. Aunque la norma no lo especifica, debe entenderse que la expulsión solo cabe por infracciones muy graves, en sintonía con lo previsto para las expulsiones por indisciplinaria societaria en el art. 32 LSCCan. Contra esta decisión, la persona socia trabajadora podrá recurrir en el plazo de veinte días desde su notificación ante el comité de recursos, que resolverá en el plazo de dos meses, o ante la asamblea general, que resolverá en la primera reunión que se celebre. Transcurrido dicho plazo sin haber adoptado la decisión, el recurso se entenderá estimado, pudiendo la persona socia trabajadora impugnar su expulsión en el orden jurisdiccional social a través de la modalidad procesal por despido (a falta de otra más específica).

El acuerdo de expulsión solo será ejecutivo desde que el órgano correspondiente lo ratifique o haya transcurrido el plazo para recurrir ante el mismo, aunque el órgano de administración podrá suspender a la persona socia trabajadora de empleo, conservando esta todos sus derechos económicos.

H) Salud laboral

Según dispone el art. 103.2 LSCCan, "*(s)erán de aplicación en todos los centros de trabajo de la sociedad cooperativa y a todas las personas socias de la misma las normas sobre salud laboral y prevención de riesgos laborales, así como la legislación laboral en lo referente a las limitaciones de edad para trabajos nocturnos, insalubres, penosos, nocivos o peligrosos*".

En materia de salud laboral, la propia LPRL establece en su art. 3 que sus previsiones y normas de desarrollo "*serán aplicables a las sociedades cooperativas, constituidas de acuerdo con la legislación que les sea de aplicación, en las que existan socios cuya actividad consista en la prestación de un trabajo personal, con las peculiaridades derivadas de su normativa específica*"; es decir, la LPRL se aplica tanto a las cooperativas de trabajo asociado como a las cooperativas de explotación comunitaria de la tierra, así como al resto de cooperativas con personas socias de trabajo.

Por otra parte, su Disposición Adicional 10ª establece que el procedimiento para la designación de los Delegados de Prevención, regulados en el art. 35, en las sociedades cooperativas que no cuenten con asalariados deberá estar previsto en sus Estatutos o ser objeto de acuerdo en Asamblea General. Cuando, además de socios trabajadores o de trabajo, existan asalariados, se computarán ambos colectivos a efectos de lo dispuesto en el art. 35. 2 LPRL. En este caso, la designación de los Delegados de Prevención se realizará conjuntamente por los socios que prestan trabajo y los trabajadores asalariados o, en su caso, los representantes de éstos.

Por último, la remisión efectuada a la legislación laboral determina que las personas socias trabajadoras menores de dieciocho años no podrán realizar trabajos nocturnos (entre las diez de la noche y las seis de la mañana) ni actividades insalubres, penosas, nocivas o peligrosas[20].

I) Régimen retributivo mediante anticipos societarios

Pese a no mantener con la sociedad cooperativa una relación laboral, las personas socias trabajadoras tienen derecho a percibir periódicamente, en plazo no superior a un mes, percepciones a expensas de los excedentes de la sociedad cooperativa denominados "anticipos societarios", que no tienen la condición de salario, según su participación en la actividad cooperativizada (art. 103.2 LSCCan).

No obstante, la LSCCan, siguiendo el modelo de la LCoop, ha querido reforzar el derecho a estos anticipos para las personas socias trabajadoras de cooperativa de explotación comunitaria de la tierra (art. 124.4), así como para las personas socias de trabajo en otras cooperativas (art. 21.3), con medidas que pretenden garantizarles, en caso de pérdidas en la actividad cooperativizada de prestación de trabajo por ellas desarrollada, una compensación mínima igual al 70% de las retribuciones satisfechas con arreglo al convenio del sector[21] y, en todo caso, no inferior al importe del SMI. Para ello, las pérdidas se imputarán en su totalidad a los fondos de reserva y, en su defecto, a las personas socias en su condición de cedentes del goce de bienes en unos casos (personas socias de cooperativa de explotación comunitaria de la tierra) y a las personas socias usuarias en otros (personas socias de trabajo) en la cuantía necesaria para garantizar la mencionada compensación mínima.

A diferencia del retorno cooperativo -abonable al cierre del ejercicio, sobre los excedentes netos resultantes de las operaciones con las personas socias-, el percibo de los anticipos societarios no depende de la existencia de beneficios, sino de la efectiva prestación de servicios del socio trabaja-

---

20 Arts. 6.2 y 36.1 ET; art. 27 LPRL; Decreto de 26 de julio por el que se fijan los trabajos prohibidos a menores.

21 En la LCoop (arts. 97 y 13.4), el 70% garantizado queda referido a las retribuciones satisfechas en la zona por igual trabajo, sin remisión expresa al convenio colectivo.

dor, no pudiendo ser objeto de renuncia absoluta e incondicionada por los socios[22].

III. RÉGIMEN DE SEGURIDAD SOCIAL APLICABLE A LAS PERSONAS SOCIAS TRABAJADORAS Y SOCIAS DE TRABAJO

1. Encuadramiento de las personas socias trabajadoras y de trabajo en la Seguridad Social

Establece el art. 105.4 LSCCan que las personas socias trabajadoras estarán obligadas a afiliarse en el régimen correspondiente de la Seguridad Social, de acuerdo con lo que dispone la normativa básica del Estado. Esa normativa no es otra actualmente que el Texto Refundido de la LGSS, aprobado por Real Decreto legislativo 8/2015, de 30 de octubre.

Importa señalar que la regulación del encuadramiento en el Sistema de Seguridad Social de las personas socias de las cooperativas es prerrogativa exclusiva del Estado, pues forma parte de la competencia que le reserva el artículo 149.1.17ª CE en materia de legislación básica y régimen económico de la Seguridad Social. En consecuencia, esta regulación no puede ser alterada por las CC.AA., que sí tienen competencia en materia de legislación cooperativa. Las previsiones que dedican las leyes autonómicas sobre cooperativas a la materia de Seguridad Social carecen de contenido innovador alguno y son mera reproducción de lo dispuesto en la legislación estatal (LGSS/LCoop) o remisión directa a lo establecido en estas normas.

El art. 14 LGSS, bajo el rótulo "*Socios trabajadores y socios de trabajo de cooperativas*", establece que los socios trabajadores de las cooperativas de trabajo asociado disfrutarán de los beneficios de la Seguridad Social, pudiendo optar la cooperativa de trabajo asociado entre las siguientes modalidades de encuadramiento.

a) Como asimilados a trabajadores por cuenta ajena, en cuyo caso las cooperativas quedarán integradas en el Régimen General o en alguno de los regímenes especiales de Seguridad Social que acogen a trabajadores por cuenta ajena (del Mar, Minería del Carbón) según proceda, de acuerdo con su actividad. En el caso de que ésta sea la explotación agropecuaria o

---

22 STSJ Galicia, Social, de 27-02-2004 (Id Cendoj: 503034001200 4100409).

alguna de las actividades (frutas y hortalizas, conservas vegetales, industria resinera...) que en el Régimen General tienen previsto un sistema especial (a efectos de encuadramiento y/o cotización), procederá su inclusión a través del sistema especial que proceda, según la actividad que desarrolle la cooperativa[23].

b) Como trabajadores por cuenta propia en el régimen especial correspondiente, que actualmente pueden ser dos. el Régimen Especial de Trabajadores por Cuenta Propia o Autónomos (RETA) y el Régimen Especial de Trabajadores del Mar (RETM).

Esa opción a favor de las Cooperativas se traslada a sus Estatutos, que sólo podrán modificarla en los supuestos y condiciones que el Gobierno establezca.

La opción de encuadramiento también cabe respecto de los médicos que presten servicios como socios trabajadores de cooperativas sanitarias que no sean de usuarios ni de servicios para profesionales, y para el personal docente y de servicios que tenga también la condición de socio trabajador de cooperativas de enseñanza no mutualistas o de usuarios, asimilados ambos, en su caso, a los socios trabajadores de cooperativas de trabajo asociado (arts. 102.2 y 103.3 LCoop); al igual que si, simultáneamente, tales cooperativas son integrales o se iniciativa social (arts. 105 y 106.3 LCoop).

Por otro lado, cuando la cooperativa de trabajo asociado y sus socios trabajadores desarrollen una actividad profesional colegiada, y el Colegio profesional correspondiente cuente con una Mutualidad propia para proteger a sus colegiados (v.gr, abogados), la opción de encuadramiento como trabajadores autónomos no sólo permitirá su inclusión en el RETA, sino que también se abre la posibilidad de integración en la Mutualidad de que se trate (DA 15ª Ley 30/1995, de Ordenación del Seguro Privado).

---

23 El art. 41 del RD 84/1996, de 26 de enero, por el que se aprueba el Reglamento General sobre inscripción de empresas y afiliación, altas, bajas y variaciones de datos de trabajadores en la Seguridad Social, contiene reglas particulares, en sus apartados 3 y 4, sobre la forma de realizar la afiliación y alta de socios trabajadores y de trabajo de las cooperativas, como asimilados a trabajadores por cuenta ajena. En relación con los socios trabajadores y de trabajo con dedicación a tiempo parcial, el indicado precepto dispone en su apartado 4 que "*Se considerará que los mismos realizan su actividad a tiempo parcial cuando las horas de trabajo al día, a la semana, al mes o al año, sean inferiores al 77 por 100 de la jornada a tiempo completo fijada en el convenio colectivo aplicable en el sector de actividad y ámbito geográfico de la cooperativa o, en su defecto, de la jornada laboral ordinaria máxima legal*".

El régimen de seguridad social de los socios trabajadores de cooperativas de trabajo asociado difiere del previsto para otros socios trabajadores (los de cooperativa de explotación comunitaria de la tierra) y los socios de trabajo de otras cooperativas, respecto de los cuales no se prevé el encuadramiento opcional sino, directamente, su asimilación como trabajadores por cuenta ajena en el Régimen de seguridad social que corresponda según la actividad desempeñada.

No se entiende bien este desigual tratamiento que el legislador consagra entre las personas socias trabajadoras de las cooperativas de trabajo asociado y las de las cooperativas de explotación comunitaria de la tierra, impidiendo que las segundas, y las personas socias de trabajo de cualquier otra cooperativa que no sea de trabajo asociado ni de explotación comunitaria de la tierra, puedan ser encuadradas como personas trabajadoras autónomas en el régimen que proceda, cuando es lo cierto que en los tres casos la relación que vincula al socio con la cooperativa no es laboral sino societaria[24]. Con todo, se ha señalado que es posible reconocer un mayor grado de alteridad, dependencia y ajenidad en la posición de los socios trabajadores de cooperativa de explotación comunitaria de la tierra y de los socios de trabajo de cualesquiera cooperativas, que en la de los socios trabajadores de cooperativas de trabajo asociado, circunstancia que podría explicar su asimilación directa a trabajadores por cuenta ajena, sin posibilidad de opción en el Régimen General o en el Régimen Especial que corresponda según la actividad desempeñada[25].

2. Acción protectora

A) Para socios trabajadores asimilados a trabajadores por cuenta ajena. Referencia especial a la protección del desempleo.

La asimilación de los socios trabajadores de cooperativas de trabajo asociado a trabajadores por cuenta ajena no se produce con plenitud de

---

24 CAVAS MARTÍNEZ, F., "Protección social de los socios trabajadores en las cooperativas de trabajo asociado", en AA.VV., *Cooperativa de Trabajo Asociado y estatuto jurídico de sus socios trabajadores* (Dir. Fajardo García), Tirant lo Blanch, Valencia, 2016, pp. 537-560, p.541.

25 González del Rey Rodríguez, I., *El Trabajo Asociado: Cooperativas y otras Sociedades de Trabajo*, Thomson-Aranzadi, Cizur Menor, 2008, p. 129.

efectos, esto es, aquellos no recibirán exactamente la misma protección que los trabajadores asalariados. Así ocurre con la protección del Fondo de Garantía Salarial, de la que están excluidos, junto con los socios de las cooperativas de explotación comunitaria de la tierra (art. 14 3 LGSS). No así, en cambio, de la protección por desempleo, que les fue reconocida en el año 1985, y cuyo contenido se ha ido ampliando de forma progresiva entre los años 1985 y 2006, en un paulatino acercamiento al régimen de protección de los trabajadores por cuenta ajena.

La opción por la integración en el Régimen General comporta la asimilación de los socios trabajadores a los trabajadores por cuenta ajena y la aplicación a los mismos de las normas legales y reglamentarias reguladoras del indicado régimen, entre las que se encuentran los arts. 115 y 123 LGSS, ubicadas sistemáticamente en el Capítulo III del Título II, relativo a la acción protectora en el RGSS, y por tanto su plena protección frente a las contingencias profesionales y el derecho al recargo de prestaciones derivadas de accidente de trabajo[26]. La obligación de cotizar -a cargo de la cooperativa y del socio trabajador- se someterá a las reglas aplicables a los trabajadores por cuenta ajena[27].

Dentro de la acción protectora del Sistema de Seguridad Social y seguramente como consecuencia de la doble y compleja posición profesional de los socios trabajadores y de trabajo de las cooperativas, la contingencia que mayores particularidades presenta respecto de los mismos es la del desempleo, por las diferencias de régimen jurídico existentes en relación con los trabajadores asalariados.

La extensión de la protección por desempleo a los socios trabajadores y de trabajo de cooperativas se ha producido de forma escalonada. Primero, se reconoció respecto de los socios trabajadores de cooperativas de trabajo asociado incluidos en el Sistema de Seguridad Social como asimilados a trabajadores por cuenta ajena, en relación con la situación de desempleo total por cese definitivo en su actividad (RD 1043/1985, de 19 de junio,

---

26 STSJ País Vasco, Social, de 6-9-2005 (Id Cendoj: 4802034001200 5101465).

27 El art. 11 de la Ley 5/2011, de Economía Social, establece que "*A la cotización de las personas socias trabajadoras o socias de trabajo de las sociedades cooperativas, sustituidos durante los períodos de descanso por nacimiento, y cuidado del o de la menor, ejercicio corresponsable en el cuidado del menor o de la menor lactante, riesgo durante el embarazo o riesgo durante la lactancia natural, mediante los contratos de sustitución bonificados, celebrados con personas desempleadas, les será de aplicación las bonificaciones que legalmente se establezcan.*"

modificado por RD 225/1989, de 3 de marzo). Posteriormente, se extendió con el mismo ámbito subjetivo (socios trabajadores de cooperativas de trabajo asociado) a las situaciones de desempleo total por cese temporal o suspensión de la actividad, y parcial por reducción temporal de la jornada, por causas económicas, tecnológicas o de fuerza mayor, en ambos casos, siempre que la cooperativa opte por el encuadramiento en la Seguridad Social en un régimen de trabajo por cuenta ajena que contemple la protección del desempleo (RD 42/1996, de 19 febrero). A continuación, se amplió la protección por desempleo a los socios trabajadores de cooperativa de explotación comunitaria de la tierra y a los socios de trabajo de cualesquiera cooperativas (DA 6ª Ley 45/2002, de 12 de diciembre, de medidas urgentes para la reforma del sistema de protección por desempleo y mejora de la ocupabilidad). Por último, a partir del 1 de julio de 2006, se amplía la protección de desempleo a los socios vinculados por una relación societaria temporal cuando se produzca la extinción de ese vínculo de duración determinada (art. 2.1.c) RD 1043/1985, de 19 de junio, añadido por art. 16 Ley 43/2006, de 29 diciembre).

Se observa, por tanto, que la protección por desempleo de los socios trabajadores se regula por normas específicas y no presenta el mismo alcance protector que para los trabajadores asalariados. De conformidad con las normas señaladas, únicamente se considerarán en situación legal de desempleo los socios trabajadores cuando se encuentren en alguno de los siguientes supuestos.

1) Haber cesado con carácter definitivo en la prestación de trabajo cooperativizada, con la consiguiente pérdida de los derechos económicos directamente derivados de ella, por alguna de las siguientes causas. a) expulsión improcedente de la cooperativa; b) causas económicas, tecnológicas o fuerza mayor.

En el supuesto de expulsión, para acceder a la prestación por desempleo será necesaria "*la notificación del acuerdo expulsión por parte del consejo rector de la cooperativa, indicando su fecha de efectos, o, en su caso, el acta de conciliación judicial o resolución definitiva de la jurisdicción competente que declare expresamente la improcedencia de la expulsión*" [art. 3.a) RD 1043/1985]. La literalidad de la norma lleva a entender inaplicable la protección por desempleo en caso de expulsión procedente del socio.

Junto a la expulsión por razones disciplinarias, la legislación cooperativa contempla también la baja obligatoria por causas económicas, técnicas, organizativas o de producción, o el supuesto de fuerza mayor, para mantener la viabilidad empresarial de la cooperativa. Puesto que las singularidades jurídicas de las cooperativas pueden permitir a los propios socios y titulares de las mismas el cese voluntario en su actividad, numerosos pronunciamientos judiciales han confirmado la exigibilidad del procedimiento previsto en el art. 4 del RD 1043/1985 para acreditar la baja del socio en la cooperativa por causas económicas, técnicas, organizativas o productivas, a efectos de obtener la prestación de desempleo correspondiente, siendo necesaria la constatación de la autoridad laboral con independencia del número de socios afectados[28].

2) Haber cesado en la prestación de trabajo durante el período de prueba, por decisión de la Cooperativa.

En este supuesto, "*será necesaria comunicación del acuerdo de no admisión por parte del Consejo Rector de la Cooperativa al aspirante*" [art. 3.c) RD 1043/1985].

3) Por cese temporal o reducción de la jornada.

Respecto de la situación de desempleo por suspensión temporal de la actividad o por reducción de jornada, en ambos casos por causas económicas, tecnológicas o de fuerza mayor, también se exigirá actuar de conformidad con la nueva regulación mencionada.

Como particularidad del desempleo parcial por reducción de la jornada en el ámbito cooperativo, respecto de la correspondiente situación en el ámbito laboral, en aquél la reducción de la jornada constitutiva de desempleo parcial tiene dos límites cuantitativos cumulativos. de un lado, la minoración establecida con carácter general a partir del 18 de junio de 2012, que debe estar comprendida entre un 10 y hasta un máximo de 70%, con la también correspondiente minoración de los anticipos societarios o laborales, y de otro, la jornada reducida resultante no deberá superar las 26 horas semanales en cómputo anual (art. 1.2 RD 42/1996); mientras que en el ámbito laboral el desempleo parcial se constituye por una reducción temporal de la jornada ordinaria de trabajo que puede estar compendia entre un 10 y hasta un máximo de un 70%, con al menos igual minoración salarial (art. 262.3 LGSS).

---

[28] STS, Social, de 16-5-2005 (Id Cendoj: 28079140012005100443). En el mismo sentido, defendiendo la vigencia del procedimiento específico contenido en el RD 1043/1985, para acreditar la situación legal de desempleo de los socios trabajadores, entre otras, STSJ Islas Canarias/Sta. Cruz de Tenerife, Social, de 30-1-2002 (Id Cendoj: 28079140012005100443); STSJ Comunidad Valenciana, Social, de 16-10-2013 (Id Cendoj: 28079140012005100443); STSJ Cataluña, Social, de 5-4-2001 (Id Cendoj: 28079140012005100443).

4) Por extinción de la relación societaria temporal, cuando finalice el vínculo societario de duración determinada [art. 2.1 c) RD 1043/1985, añadido por Ley 43/2006, de 28 de diciembre]. Para acreditar esta nueva situación legal de desempleo, es necesaria la certificación el Consejo Rector de la baja de cooperativa en el que conste dicha causa y la fecha de efectos [art. 3 d) RD 1043/1985]. La solicitud debe presentarse dentro de los quince días desde la fecha en que finalizó el vínculo societario temporal (art. 5 1 RD 1043/1985).

Así pues, la protección por desempleo de los socios trabajadores no es la misma que la de los trabajadores de régimen laboral, pues únicamente se contemplan como situaciones legales de desempleo las causas descritas en su normativa específica. A este respecto, la jurisprudencia no ha admitido como situación legal de desempleo la dimisión voluntaria del socio trabajador por impago de anticipos laborales[29].

El Tribunal Supremo también ha dictaminado que los socios trabajadores de cooperativas están incluidos en la protección por desempleo si la cooperativa optó por la afiliación al Régimen General, y ello aunque todos los socios estén ligados por lazos de parentesco y convivan en el mismo domicilio[30].

Por último, aunque fuera del ámbito de la Seguridad Social y de la obligatoria adscripción de los socios trabajadores en el sistema público, como consecuencia de la prestación profesional de sus servicios, en el régimen que corresponda, las cooperativas también pueden articular mecanismos de previsión social complementaria, sean mutualidades de previsión social, o planes de pensiones constituidos bajo la modalidad del sistema de empleo, siendo sus partícipes los socios trabajadores o de trabajo (art. 4 Real Decreto Legislativo 1/2002, de 29 de noviembre; art. 25.3 RD 304/2004, de 20 febrero). En tales casos, la sociedad promotora podrá realizar aportaciones a favor de los citados socios partícipes, sin perjuicio de las propias aportaciones de estos a planes de pensiones.

B) Para socios trabajadores integrados en el RETA o en el RETM

Los socios trabajadores encuadrados en un régimen de Seguridad Social de trabajadores autónomos o por cuenta propia disfrutarán de la pro-

---

[29] STS, Social, de 24-10-1988 (Id Cendoj: 28079140011988101277).

[30] STS, Social, de 10 septiembre 2020 (Id Cendoj: 280791400120 20100707).

tección prevista para este colectivo en las correspondientes normas de Seguridad Social.

El artículo 26.5 de la Ley del Estatuto del Trabajo Autónomo (LETA) señala que "(l)a acción protectora del régimen público de Seguridad Social de los trabajadores autónomos tenderá a converger en aportaciones, derechos y prestaciones con la existente para los trabajadores por cuenta ajena en el Régimen General de la Seguridad Social".

La acción protectora de los trabajadores del RETA se regula en los Títulos IV (*Régimen Especial de la Seguridad Social de los Trabajadores por Cuenta Propia o Autónomos*) y V (*Protección por cese de actividad*) de la LGSS y en el Decreto 2530/1970, de 20 de agosto, que en muchos casos remite a la normativa del Régimen General de la Seguridad Social.

Aunque desde la aprobación del Pacto de Toledo (1995) se han producido significativos avances en la protección de Seguridad Social de las personas que trabajan por cuenta propia, todavía no puede hablarse de una equiparación plena con la acción protectora que el régimen general proporciona a las personas trabajadoras asalariadas. En buena medida ello responde al dispar esfuerzo contributivo que han asumido, por un lado, empresas y trabajadores por cuenta ajena, y por otro lado el colectivo de trabajadores autónomos, que tradicionalmente han optado por una cotización de mínimos desvinculada de los rendimientos reales obtenidos en el desempeño de su actividad económica o profesional; situación que ha comenzado a revertir con la promulgación del Real Decreto Ley 12/2022, de 26 de julio, por el que se establece un nuevo sistema de cotización para los trabajadores por cuenta propia o autónomos -calculado en función de los ingresos reales- y se mejora la protección por cese actividad.

En relación con la prestación por cese de actividad, la protección dispensada a los socios trabajadores y de trabajo de las cooperativas es idéntica a la de los trabajadores autónomos en general (art. 327.2 LGSS), a excepción de los supuestos determinantes de la situación legal de cese de actividad y su acreditación, que en este ámbito concreto son (art. 335 LGSS, art. 10 RD 1541/2011).

1) El cese temporal o definitivo en la prestación de trabajo y en la actividad de la cooperativa, que conlleve la pérdida de los derechos económicos derivados de la misma, y sea debido a alguna de las siguientes causas.

a) Expulsión improcedente, que acreditará por la notificación del acuerdo adoptado por el Consejo Rector u órgano de administración correspondiente, indicando la fecha de efectos y, en todo caso, por el acta de conciliación o resolución judicial definitiva que declare su improcedencia.

b) Concurrencia de causas económicas, técnicas, productivas u organizativas o por fuerza mayor en los mismos términos que los expuestos en el apartado anterior, sin que se exija el cierre del establecimiento abierto al público en caso de que no cese la totalidad de los socios trabajadores. Su acreditación se realizará mediante la aportación de los documentos previstos en el art. 332.1.1. a) LGSS. Asimismo, se deberá acreditar certificación literal del acuerdo de la asamblea general del cese definitivo o temporal de la prestación de trabajo y de actividad de los socios trabajadores. Por su parte, la fuerza mayor determinante del cese definitivo o temporal total de la actividad económica o profesional se acreditará mediante documentación que acredite la existencia de la misma y la imposibilidad del ejercicio de la actividad ya sea de forma definitiva o temporal (art. 332.1.2 LGSS)[31]. Si el cese comporta el cierre del establecimiento abierto al público, deberá acreditarse el mismo conforme a lo previsto en el art. 4.5 RD 1541/2011.

c) Finalización del período del vínculo societario de duración determinada, acreditada mediante certificación del Consejo Rector u órgano administrativo correspondiente en que conste la baja en la cooperativa por dicha causa y su fecha de efectos.

d) Por violencia de género o violencia sexual, acreditada mediante declaración escrita de la solicitante de haber cesado temporal o definitivamente su prestación de trabajo, indicando la fecha de su producción, a la que se adjuntará cualquiera de los documentos a los que se refieren el art. 23 de la Ley Orgánica 1/2004, de 28 de diciembre, de Medidas de Protección Integral contra la Violencia de Género, o el art. 37 de la Ley Orgánica de garantía integral de la libertad

---

[31] El art. 5 del RD 1451/2011 establece: "*Para que el órgano gestor declare la concurrencia de fuerza mayor determinante del cese de actividad a los solos efectos del artículo 6.1.b) de la Ley 32/2010, de 5 de agosto, el trabajador autónomo acompañará a la declaración jurada, en la que deberá constar la fecha de la producción de la fuerza mayor, la documentación en la que se detalle, mediante los medios de prueba que estime necesarios, en qué consiste el suceso, su naturaleza imprevisible, o previsible pero inevitable, su relación con la imposibilidad de continuar con la actividad, indicando si la fuerza mayor es determinante del cese definitivo o temporal de la actividad y en este último caso, la duración del cese temporal aunque sea estimada, y cualesquiera otros aspectos que permitan al órgano gestor declarar tal circunstancia.*"

sexual. La declaración ha de contener la fecha a partir de la cual se ha producido el cese o la interrupción.

e) Por pérdida de licencia administrativa de la cooperativa. Este motivo se acredita mediante la resolución correspondiente en la que conste el motivo y la fecha de la extinción (art. 6 RD 1541/2011).

2) Cese durante el período de prueba de los aspirantes a socios por decisión unilateral del Consejo Rector u órgano de administración. Se acredita por el acuerdo de no admisión del aspirante adoptado por ese órgano.

No se consideran en situación legal de cese de actividad los socios trabajadores de las cooperativas de trabajo asociado que, tras cesar *definitivamente* en la prestación de trabajo y, por tanto, en la actividad desarrollada en la cooperativa, y haber percibido la prestación por cese de actividad, vuelvan a ingresar en la misma cooperativa en el plazo de un año desde el momento de la extinción de la prestación. Si el socio trabajador ingresa en la misma sociedad cooperativa en el plazo señalado, deberá reintegrar la prestación percibida.

Por último, la prestación de cese de actividad puede percibirse capitalizada en un pago único si el titular de la misma, siempre que tenga pendiente de recibir un período mínimo de seis meses, tiene previsto realizar una actividad profesional como socio trabajador de una cooperativa de trabajo asociado o sociedad que tenga el carácter de laboral (art 12 LES).

IV. INCENTIVOS LABORALES AL EMPRENDIMIENTO SOCIAL COOPERATIVO

Sin perjuicio de otras ayudas económicas (subvenciones, incentivos fiscales…) y actuaciones, de ámbito estatal y/o autonómico, orientadas a promover el autoempleo en régimen cooperativo, la vía para encauzar el fomento de empleo a través de las cooperativas y las sociedades laborales que cuenta con mayor tradición ha sido la Seguridad Social[32]. Dos son las técnicas de Seguridad Social que tradicionalmente se han utilizado para

[32] Arrieta Idiakez, F.J., "Cooperativas y sociedades laborales como fórmulas de fomento de empleo a través de la Seguridad Social: análisis de la capitalización de las prestaciones por desempleo y por cese de actividad", *Revista del Ministerio de Trabajo y Economía Social*, Serie Economía Social, núm. 157, 2023, pp. 198-226, p. 224.

posibilitar la transición de las situaciones de desempleo o cese de actividad al empleo cooperativo. la rebaja en las cotizaciones a la Seguridad Social y la capitalización tanto de las prestaciones por desempleo como por cese de actividad.

1. Beneficios en la cotización a la Seguridad Social

Sin perjuicio de otras ayudas económicas (subvenciones, incentivos fiscales...), de ámbito estatal y/o autonómico, orientadas a promover el autoempleo en régimen cooperativo, cabe destacar la instrumentalización de las cotizaciones a la Seguridad Social como mecanismo para incentivar la incorporación de personas trabajadoras desempleadas a sociedades cooperativas de nueva creación o ya constituidas.

A este respecto, el art. 9 de la LES -en redacción dada por la Disposición Final 3ª del RDL 1/2023, de 10 de enero-, establece que "*(l)as cooperativas y sociedades laborales que incorporen personas trabajadoras desempleadas como personas socias trabajadoras o de trabajo podrán beneficiarse de bonificaciones en las cuotas empresariales de la Seguridad Social, en los términos y las cuantías que legalmente se establezcan.*"

El art. 5 del citado RDL 1/2023 incluye a las personas trabajadoras que se incorporen como socias trabajadoras o de trabajo a cooperativas y sociedades laborales como posibles destinatarias de programas o medidas de impulso y mantenimiento del empleo estable. En su art. 7 dispone que podrán beneficiarse de los incentivos previstos en dicho real decreto-ley, en los términos y condiciones que para cada programa o medida se determina, entre otras entidades y colectivos, las cooperativas por la incorporación de personas socias trabajadoras o de trabajo, siendo más adelante, en su art. 28, donde el RDL 1/2023 concreta el importe de las bonificaciones por la incorporación de personas trabajadoras como socias trabajadoras o de trabajo a cooperativas y sociedades laborales.

2. Capitalización de la prestación por desempleo para la incorporación de forma estable como socio/a trabajador/a o de trabajo en una cooperativa o sociedad laboral

El art. 10 de la LES contempla el abono de la prestación por desempleo, en su modalidad de pago único, como mecanismo para incentivar el autoempleo compartido en el ámbito de la economía social. Complementariamente habrá de estarse a lo dispuesto en el RD 1044/1985, de 19 de junio, cuyas previsiones resultarán de aplicación siempre y cuando no se opongan a las reglas contenidas en el art. 10 LES[33].

La capitalización de la prestación por desempleo a las personas beneficiarias de prestaciones cuando pretendan incorporarse como personas socias trabajadoras o de trabajo en cooperativas o en sociedades laborales consta de dos medidas.

a) La primera de dichas medidas consiste en que la entidad gestora podrá abonar el valor actual del importe de la prestación por desempleo de nivel contributivo a los beneficiarios de prestaciones cuando pretendan incorporarse, de forma estable, como socios trabajadores o de trabajo en cooperativas o en sociedades laborales, aunque hayan mantenido un vínculo contractual previo con dichas sociedades, independientemente de su duración, o constituirlas, así como a las personas que trabajen en la sociedad laboral o cooperativa con una relación laboral de carácter indefinido que reúnan todos los requisitos para ser beneficiarios de la prestación por desempleo de nivel contributivo, salvo el de estar en situación legal de desempleo, que pretendan adquirir la condición de persona socia trabajadora o de trabajo en dicha sociedad laboral o cooperativa.

En estos casos, el abono de la prestación se realizará, de una sola vez, por el importe que corresponda a las aportaciones al capital, incluyendo la cuota de ingreso, en el caso de las cooperativas, o al de la adquisición de acciones o participaciones del capital social en una sociedad laboral en lo necesario para acceder a la condición de socio.

Quienes capitalicen la prestación por desempleo, también podrán destinar la misma a los gastos de constitución y puesta en funcionamiento de una entidad, así como al pago de las tasas y el precio de servicios específicos de asesoramiento, formación e información relacionados con la actividad a emprender.

b) La segunda de las medidas consiste en que la entidad gestora (el SEPE) puede abonar mensualmente el importe de la prestación de desempleo de nivel contributivo para subvencionar la cotización de la persona beneficiaria de la capitalización a la Seguridad Social.

---

[33] Por todos, CAVAS MARTÍNEZ, F., "La capitalización de las prestaciones por desempleo y cese de actividad como medidas de fomento del emprendimiento social", *Revista General de Derecho del Trabajo y de la Seguridad Social*, Iustel, núm. 43, 2016, pp. 31-74.

En este caso, la cuantía de la subvención, calculada en días completos de prestación, será fija y corresponderá al importe de la aportación íntegra del trabajador a la Seguridad Social en el momento del inicio de la actividad sin considerar futuras modificaciones, salvo cuando el importe de la subvención quede por debajo de la aportación del trabajador que corresponda a la base mínima de cotización vigente para cada régimen de Seguridad Social; en tal caso, se abonará esta última. El abono se realizará mensualmente por la entidad gestora al trabajador, previa comprobación de que se mantiene en alta en la Seguridad Social en el mes correspondiente.

Otro programa de fomento del empleo, previsto en el art. 10bis de la LES, tiene por objeto la capitalización de la prestación por desempleo para la adquisición de la condición de sociedad laboral o transformar una sociedad mercantil en sociedad cooperativa[34].

3. Capitalización de la prestación por cese de actividad para realizar una actividad profesional como personas socias trabajadoras de una cooperativa de trabajo asociado

Un tercer programa de fomento del empleo a través de la Seguridad Social se contempla en el art. 12 LES. Este precepto contempla la posibilidad de que las personas trabajadoras por cuenta propia capitalicen la prestación por cese de actividad a la que puedan tener derecho, para realizar una actividad profesional como personas socias trabajadoras de una cooperativa de trabajo asociado o sociedad que tenga el carácter de laboral.

A tal efecto, será necesario que el solicitante del pago único de la prestación por cese de actividad tenga pendiente de percibir, al menos, seis meses de prestación, y acredite ante el órgano gestor que se va a realizar una actividad profesional como persona socia trabajadora de una cooperativa de trabajo asociado o sociedad que tenga el carácter de laboral.

La capitalización de la prestación por cese de actividad puede consistir en dos medidas, de contenido similar al previsto para la capitalización de la prestación por desempleo (*vid. supra*).

---

[34] Un análisis detenido de esta medida en Arrieta Idiakez, F.J., "Cooperativas y sociedades laborales como fórmulas de fomento de empleo a través de la Seguridad Social: análisis de la capitalización de las prestaciones por desempleo y por cese de actividad", *op. cit.*, pp. 213-224.

V. BIBLIOGRAFÍA

ALEGRE NUENO, M., "Capítulo XII. La relación entre cooperativa de trabajo asociado y socio. Problemática planteada", en AA.VV., *Cooperativa de Trabajo Asociado y estatuto jurídico de sus socios trabajadores* (Dir. Fajardo García), Tirant lo Blanch, Valencia, 2016, pp. 265-292.

ARRIETA IDIAKEZ, F.J., "Cooperativas y sociedades laborales como fórmulas de fomento de empleo a través de la Seguridad Social. Análisis de la capitalización de las prestaciones por desempleo y por cese de actividad", *Revista del Ministerio de Trabajo y Economía Social,* Serie Economía Social, núm. 157, 2023, pp. 198-226.

CASTRO ARGÜELLES, Mª.A., *Formas alternativas de contratación del trabajo. de los contratos de actividad a la descentralización productiva,* Thomson-Aranzadi, Cizur Menor (Navarra), 2007.

CAVAS MARTÍNEZ, F., "Protección social de los socios trabajadores en las cooperativas de trabajo asociado", en AA.VV., *Cooperativa de Trabajo Asociado y estatuto jurídico de sus socios trabajadores* (Dir. Fajardo García), Tirant lo Blanch, Valencia, 2016, pp. 537-560.

CAVAS MARTÍNEZ, F., "La capitalización de las prestaciones por desempleo y cese de actividad como medidas de fomento del emprendimiento social", *Revista General de Derecho del Trabajo y de la Seguridad Social,* Iustel, núm. 43, 2016, pp. 31-74.

COSTAS COMESAÑA, J., "Capítulo XV. Cooperativas de Trabajo Asociado", en AA.VV., *Tratado de Derecho de Cooperativas* (Dir. PEINADO, Coord. Vázquez), Vols. I y II, Tirant lo Blanch, Valencia, 2013, pp. 1207-1257.

ESPÍN SÁEZ, M., *El socio trabajador. Criterios para sistematizar la realidad del autoempleo colectivo,* CES, Madrid, 2008.

FAJARDO GARCÍA, G./Boquera Materradona, J., "La relación societaria «cooperativa» y los límites legales a la autogestión", en AA.VV., *Cooperativa de Trabajo Asociado y estatuto jurídico de sus socios trabajadores* (Dir. Fajardo García), Tirant lo Blanch, Valencia, 2016, pp. 327-249.

GONZÁLEZ DEL REY RODRÍGUEZ, I., *El Trabajo Asociado. Cooperativas y otras Sociedades de Trabajo,* Thomson Aranzadi, Cizur Menor (Navarra), 2008.

SENENT VIDAL, Mª.J., "Derechos y obligaciones de la persona socia trabajadora de la cooperativa de trabajo asociado en la ley", en AA.VV., *Cooperativa de Trabajo Asociado y estatuto jurídico de sus socios trabajadores* (Dir. Fajardo García), Tirant lo Blanch, Valencia, 2016, pp. 351-394.

Capítulo XVIII.

El arbitraje cooperativo: apoyos y control judicial[1]

M. GALDANA PÉREZ MORALES
Profesora Titular de Derecho Procesal
Universidad de Murcia

SUMARIO: I. INTRODUCCIÓN. 1.CONCEPTO Y REGULACIÓN LEGAL. 2. PRINCIPIOS DEL ARBITRAJE. 3. TIPOS DE ARBITRAJE. II. EL CONVENIO ARBITRAL. 1. CONCEPTO DE CONVENIO. 2. DOCUMENTACIÓN SOCIETARIA VINCULANTE. 3. LA DECLINATORIA: CONTROL JUDICIAL DEL SOMETIMIENTO A ARBITRAJE. III. INTERVENCIÓN JUDICIAL EN EL ARBITRAJE. 1. NOMBRAMIENTO DE ÁRBITROS. 2. MEDIDAS CAUTELARES PARA ASEGURAR EL ARBITRAJE. 3. PRÁCTICA DE PRUEBAS. IV. ANULACIÓN DEL LAUDO. 1. INTRODUCCIÓN. 2. CAUSAS TASADAS DE NULIDAD. 3. ESPECIAL CONSIDERACIÓN A LA CAUSA RELATIVA A LA VULNERACIÓN DEL ORDEN PÚBLICO. V. BIBLIOGRAFÍA

I. INTRODUCCIÓN

Tal y como señala la Disposición Adicional Cuarta LSCCan, *"las discrepancias o controversias que puedan plantearse en las sociedades cooperativas, entre el órgano de administración o las personas apoderadas, el comité de recursos y las personas socias, incluso en el periodo de liquidación, podrán ser sometidas a arbitraje de derecho regulado por la legislación estatal de arbitraje. No obstante, si la discrepancia afecta sustancialmente a los principios cooperativos, las partes discrepantes podrán acudir al arbitraje de equidad regulado en la legislación civil"*[2].

---

[1] Este trabajo ha sido realizado en el marco del proyecto PID2020-117554RB-100: "Retos de la garantía jurisdiccional de los derechos laborales de las personas trabajadoras en un contexto socioeconómico cambiante", financiado por MCIN/ AEI/10.13039/501100011033, incluido en la Convocatoria 2020 del Programa Estatal de I + D + i orientada a los Retos de la Sociedad, del Plan Estatal de Investigación Científica y Técnica y de Innovación 2017-2020.

[2] La DA 10ª de la Ley 27/1999, de 16 de julio, de Cooperativas (LCoop) recoge un texto muy similar cuya redacción ha mejorado la LSCCan. La principal diferencia

1. Concepto y regulación legal

El arbitraje es un instrumento de resolución de conflictos -alternativo al sistema judicial- y, por lo general, más rápido, confidencial y eficiente. Las cooperativas canarias pueden utilizarlo para solucionar sus disputas internas, promoviendo soluciones imparciales, objetivas y económicamente ventajosas. Según MARTÍ MIRAVALLS (2003), "puede ser un complemento ideal para demostrar la autonomía y eficiencia del movimiento cooperativo, adaptándose a las necesidades del sector"[3].

El ámbito cooperativo es especialmente propicio para adoptar métodos alternativos de resolución de conflictos porque siempre fomenta la colaboración entre sus miembros y la búsqueda de soluciones internas pacíficas preservando, así, su autonomía e independencia.

Contrariamente a lo que se podría pensar, el arbitraje no entra en conflicto con el derecho de acceso a la jurisdicción ni con el ejercicio de la facultad jurisdiccional del art. 117 CE. Se trata de un medio por el cual el Estado permite a los individuos resolver sus conflictos civiles a través de un sujeto u organismo privado, siempre que no estén involucrados intereses públicos que lo impidan. Esto es, implica una renuncia a la jurisdicción estatal basada en la autonomía de la voluntad de las partes y es un equivalente jurisdiccional, ya que los efectos del laudo arbitral son los mismos que los de una sentencia firme: la fuerza ejecutiva directa[4].

---

entre ellas reside en que esta última no incluye -por innecesario- el párrafo segundo, según el cual no quedan excluidos del arbitraje los acuerdos sociales dado su carácter negocial y dispositivo, ni tampoco "las pretensiones de nulidad de la Asamblea General, ni la impugnación de acuerdos asamblearios o rectores; pero el árbitro no podrá pronunciarse sobre aquellos extremos que, en su caso, estén fuera del poder de disposición de las partes".

3 MARTÍ MIRAVALLS, J. "El arbitraje cooperativo. El caso valenciano", *CIRIEC-España, Revista jurídica*, nº 14/2003, p 44.

4 "(T)oda persona ostenta el derecho fundamental, que le confiere el art. 24.1 de la Constitución española, de acudir a los tribunales de justicia a fin de obtener la tutela efectiva de sus derechos e intereses legítimos. Ahora bien, esta facultad no implica que los justiciables tengan necesariamente que acudir a los órganos jurisdiccionales para obtener esta tutela, dado que el derecho fundamental que nos ocupa no integra, además, un deber, y por ello, el legislador faculta a los ciudadanos para dejar de ejercitar el referido derecho fundamental y acudir al arbitraje, siempre que la materia conflictiva de la que se trate lo permita y no esté prohibida por la ley. Por esa razón, la normativa básica en la materia (Ley 60/2003 de 23 de diciembre, de Arbitraje, y anteriormente la por ella derogada Ley 36/1988

2. Principios del arbitraje

Tanto la especialización propia del ámbito cooperativo como la cercanía territorial que suele existir cuando se acude a un arbitraje permiten que sea más sencillo lograr un acuerdo satisfactorio. Para garantizar su legitimidad, en el procedimiento deben regir -como principios fundamentales- la voluntariedad, la contradicción, la economía en los trámites y, sobre todos, la igualdad entre las partes y el principio de audiencia.

Así, ambas han de tener la oportunidad de actuar y defender sus posiciones, garantizando su derecho a la defensa de modo amplio en línea con el derecho fundamental que lo regula (art. 24 CE). También deben poder presentar argumentos, proponer pruebas y llevar a cabo cualquier actuación que consideren que les beneficia. Como se analiza más adelante, es evidente que para que sea posible ejercer el derecho de audiencia es preciso conocer la puesta en marcha del procedimiento a través de la debida notificación a la contraparte. Por lo tanto, cualquier defecto que pueda existir en relación con la misma, supone una vulneración del principio de audiencia y, por ende, de la capacidad de defensa técnica[5].

La igualdad implica que han de tener acceso a las mismas oportunidades para defender sus respectivas posiciones, lo que supone que ninguna debe encontrarse en desventaja en comparación con la otra en términos

---

de 5 de diciembre, ha regulado la institución partiendo siempre de la necesaria concurrencia de los dos expresados requisitos, y disciplinando con minuciosidad la forma de llegar al compromiso en el sentido de someter la cuestión conflictiva al arbitraje, así como de fijar el procedimiento para que el árbitro o árbitros emitan el laudo y también el encaminado a que dicho laudo se haga efectivo, incluso coactivamente, si ello fuera preciso. STSJ Comunidad Valenciana 2404/2021, 20 julio (ECLI:ES:TSJCV:2021:4542). *Cfr.,* también DE LA CUESTA SAENZ, JM., "Contractualidad del arbitraje. A propósito de la STC 174/1995, de 23 de noviembre", *Derecho Privado y Constitución,* Núm. 9, mayo-agosto 1996, pp. 315-322: "la contractualidad del arbitraje (es un) rasgo que lo hace compatible con la tutela judicial efectiva —más que su pretendida equivalencia jurisdiccional o que el mal llamado recurso de anulación de los laudos ante las Audiencias Provinciales—, no sólo porque señala con precisión el punto de inserción del arbitraje en el campo de los sistemas extrajudiciales de solución de conflictos, sino porque nos indica los límites del legislador ordinario a la hora de "aligerar" los requisitos para la formalización de un convenio arbitral".

5 *Vid.*, apartado IV, 2. B).

de medios disponibles o de capacidad para ejercer sus derechos durante el proceso[6].

3. Tipos de arbitraje

La DA 4ª LSCCan contempla dos tipos de arbitraje, el de derecho -cuando el árbitro alcanza la solución por medio de argumentos legales[7]- y, el de equidad -en cuyo caso, el árbitro es experto en la materia y resuelve conforme a criterios de justicia material, según las prácticas y usos más aconsejables en función de los hechos probados-.

En cualquiera de ellos puede delegarse la solución a un colegio arbitral formado por un número impar de personas.

Si la cláusula arbitral no lo especifica y las partes no se ponen de acuerdo, regirá el arbitraje de derecho (art. 34.1 LA)[8].

Cuando el arbitraje es de equidad, aunque los árbitros pueden complementar su criterio con conocimientos jurídicos, lo usual es prescindir de las normas legales y adoptar un enfoque distinto en su razonamiento. En este contexto, la resolución según el principio *ex aequo et bono* implica que las decisiones se tomen considerando lo que resulte justo y equitativo en cada caso particular, sin que ello implique arbitrariedad[9]. Es decir, según expone el TSJ de Madrid, en aplicación del art. 37.4 LA y con base en los arts. 24.1 y 117.3 CE, "tratándose de un arbitraje en equidad no puede sostenerse que no requiera motivación. La equidad comporta un juicio per-

---

[6] *Cfr.*, STSJ CLM 1629/2021, de 5 de julio (ECLI:ES:TSJCLM:2021: 1629).

[7] Normalmente es un jurista. Si se decide que el arbitraje sea resuelto por un número mayor, al menos uno de los miembros del colegio arbitral habrá de ser jurista.

[8] La STSJ Castilla y León, Sala de lo Civil y Penal, 1/2022, de 14 sept (ECLI: ES:TSJCL:22:3549), señala que cuando no se especifique que el arbitraje sea de equidad, el arbitraje deberá ser de derecho. En el caso concreto se demanda el nombramiento de un árbitro para que resuelva en justicia, pero la parte contraria se opone y argumenta la preferencia del arbitraje de derecho, y así lo estima el órgano judicial. Y es que la LA "parece establecer la preferencia por el arbitraje de derecho, en defecto de que las partes acuerden otra cosa expresamente. Así se deduce del art. 34.1 de la misma cuando señala que <los árbitros solo decidirán en equidad si las partes les han autorizado expresamente para ello>".

[9] *Vid.*, Fernández Pérez, A. "Arbitraje de equidad, motivación y valoración de la prueba. Sentencia del Tribunal Superior de Justicia de Castilla La Mancha de 31 de marzo de 2022", *LA LEY mediación y arbitraje*, N° 11, Sección Jurisprudencia seleccionada, Tercer trimestre de 2023, LA LEY 6135/2022, p. 5-6.

sonal, subjetivo, de pleno arbitrio, sin más fundamento que el "leal saber y entender" del árbitro; por lo que se entiende bien realizada la motivación en equidad cuando la resolución se apoya en razones que permiten conocer cuáles han sido los criterios fundamentadores de la decisión, su *ratio decidendi*" [10].

II. EL CONVENIO ARBITRAL

El art. 11 bis LA proporciona un marco normativo claro y flexible para la utilización del arbitraje como herramienta de resolución de conflictos en las cooperativas, promoviendo la eficacia y la justicia en la gestión de disputas internas contribuyendo a su estabilidad y buen funcionamiento.

Basta la inclusión en los estatutos de una cláusula de sumisión para que pueda acudirse al arbitraje ante conflictos que surjan en su seno, pero -para su aprobación- se precisa del voto favorable de, al menos, dos tercios de los socios[11].

También es posible incluir en los estatutos disposiciones específicas relacionadas con la impugnación de los acuerdos sociales por parte tanto de los socios como de los administradores: como la de prever que la impugnación de estos acuerdos quede sometida a la decisión de uno o varios árbitros. Asimismo, se permite que la administración del arbitraje y la designación de los árbitros sean encomendadas a una institución arbitral reconocida ofreciendo con ello un marco estructurado y eficiente que asegure un proceso imparcial y experto en la materia.

---

[10] STSJCM 2/2020, de 10 de febrero (ECLI: ES:TSJCLM:2020:410) en su FJ3°. También añade que "el TS en sentencia de 28.11.1988 declaró "que los árbitros han de resolver solo según su leal "saber y entender", constituyendo, desde el plano sustantivo, uno de los supuestos excepcionales a los que indirectamente se refiere el art. 3°.2 del Código Civil, cuando, al hablar de la equidad en la aplicación de las normas jurídicas, solo autoriza su uso de manera exclusiva en las resoluciones de los Tribunales en el caso de que la Ley expresamente lo permita, sin que esta Sala sea Juez del juicio de equidad porque iría contra la misma esencia de ese juicio personal, subjetivo, de pleno arbitrio sin más fundamento que ese leal saber y entender del árbitro, que no viene obligado a una motivación jurídica"; y el TC en sentencia de 16.3.1988 también declaró que "en los arbitrajes de equidad no era precisa una argumentación jurídica".

[11] O de los votos correspondientes a las acciones o participaciones que conformen las dos terceras partes del capital social.

Según se indica en el apdo. II de la exposición de motivos LA, "la autonomía privada en materia de arbitraje se puede manifestar tanto directamente, a través de declaraciones de voluntad de las partes, como indirectamente, mediante la declaración de voluntad de que el arbitraje sea administrado por una institución arbitral o se rija por un reglamento arbitral. En este sentido, la expresión institución arbitral hace referencia a cualquier entidad, centro u organización de las características previstas que tenga un reglamento de arbitraje y, conforme a él, se dedique a la administración de arbitrajes". Además, "las partes pueden someterse a un concreto reglamento sin encomendar la administración del arbitraje a una institución, en cuyo caso el reglamento arbitral también integra la voluntad de las partes".

En relación con esta delegación a un arbitraje institucional, es recomendable que las sociedades cooperativas canarias acudan a los órganos públicos creados al efecto para resolver sus controversias. Ejemplos de órganos que desarrollan funciones de arbitraje cooperativo en otras comunidades son el Tribunal de Arbitraje cooperativo de Euskadi, que actúa como delegado del Consejo Superior de Cooperativas vascas; el Consejo Superior de la Cooperación de Cataluña; el Consejo Valenciano del Cooperativismo; el Consejo Superior del Cooperativismo de Extremadura; el Consejo Regional de Economía Social de Castilla La Mancha; la Unión de Cooperativas de la Región de Murcia (UCOMUR), entre otros.

1. Concepto de convenio

A) Regulación común

Con carácter general, el convenio arbitral es un acuerdo entre las partes involucradas en una relación jurídica por el que deciden resolver disputas futuras renunciando a la jurisdicción ordinaria. Este acuerdo puede estar incorporado como una cláusula dentro de un contrato o ser un acuerdo independiente y debe expresar -de manera indubitada- su voluntad de someterse a la decisión de un árbitro o tribunal arbitral para resolver sus diferencias, así como de cumplir con el laudo que emane de ello (art. 9 LA)[12].

---

12 El convenio puede establecerse como cláusula dentro de un contrato o como un acuerdo independiente. Si está dentro de un contrato de adhesión, su validez y su interpretación estarán regidas por las normas aplicables a este tipo de contrato lo

Es un requisito de validez su constancia escrita, ya sea en un documento firmado por las partes o en un intercambio de comunicaciones que de fe de su existencia (cartas, telegramas, fax u otros medios de telecomunicación). Este requisito también se cumple si el convenio está disponible en formato electrónico u otro tipo de soporte que permita su consulta posterior o si está contenido en un documento al que ambas partes se hayan referido de alguna de las formas mencionadas. Esto es, se entenderá que hay un convenio arbitral cuando una parte afirme su existencia en un intercambio de escritos de demanda y contestación, y la otra no lo niegue facilitando, así, la identificación y reconocimiento del convenio durante el proceso.

B) Efectos

Con la aceptación del convenio, de un lado, las partes quedan obligadas a cumplir lo acordado y, de otro, los tribunales ordinarios no pueden intervenir en las controversias sujetas a arbitraje. Eso sí, para que surta este segundo efecto, es preciso que el demandado ante los tribunales interponga declinatoria (art. 11 LA). Dicho de otro modo, es posible desistir tácitamente del arbitraje por el hecho de acudir una parte a la jurisdicción y no oponerse a ello la contraria. Volveremos sobre esta cuestión más adelante[13].

C) Contenido

En relación con cuál ha de ser el contenido del convenio, es aconsejable que -si lo que se busca es que su aplicación extensiva- su formulación sea lo suficientemente amplia como para que “permita recoger genéricamente todas las materias (…) vinculadas materialmente con la relación cooperativista”[14] porque, en ocasiones, pueden surgir dudas sobre su ámbito de aplicación. Y es que, a veces surge la duda sobre si cabe entender que lo que no está previsto expresamente implica que no está sometido a arbitraje; o la de si es posible que el juez interprete la cláusula arbitral de manera extensiva para incluir lo que no se contempla de manera específica.

---

que asegura su ajuste a las disposiciones legales pertinentes para contratos de esta naturaleza.

13 *Vid.*, el apartado III. 3.

14 Argudo Périz, J.L., “Algunos problemas de nulidad y eficacia del convenio arbitral cooperativo” *CIRIEC-España, Revista jurídica,* nº 17/2006, p. 4 (www.ciriec-revistajuridica.es).

A nuestro modo de ver, ello solo es factible cuando tal inclusión resulte indubitada. El tribunal, en un control *prima facie* sobre validez del convenio, no puede extender su aplicación si resulta discutible que la materia esté incluida en él a riesgo de limitar el derecho de acceso a la jurisdicción[15].

2. Documentación societaria vinculante

La sumisión arbitral puede materializarse tanto por medio de una cláusula incorporada en los estatutos de la cooperativa como por la que se contenga en su reglamento interno. Además, también es posible que -para casos específicos, y con los requisitos previstos- la Asamblea General adopte el acuerdo de someter a arbitraje un asunto concreto.

Sea cual fuera el modelo elegido, la cooperativa en sí misma también queda vinculada al convenio arbitral. Los estatutos representan el contrato que define su funcionamiento siendo esta la primera obligada por él. Por lo tanto, también están obligados a someterse al arbitraje los administra-

---

15 La jurisprudencia no siempre ha interpretado del mismo modo la extensión de la cláusula arbitral, así, por ejemplo, la STSJ Madrid 13/2018 trató sobre la designación judicial de un árbitro en una controversia donde se cuestionaba si un convenio arbitral incluía un contrato verbal de préstamo. El tribunal designó al árbitro, indicando que era competencia del árbitro decidir sobre la existencia del convenio arbitral, no del tribunal. Por su parte, la STSJ Navarra, 11/2022 del 26 de septiembre de 2022, consideró que la impugnación de acuerdos sociales está incluida en la cláusula arbitral de los estatutos de una sociedad, aunque no se mencione explícitamente. El tribunal afirmó que, a menos que haya una exclusión expresa, las disputas surgidas por decisiones aprobadas en la Junta General y las solicitudes de eliminación o rectificación de estas decisiones pueden someterse a arbitraje. La Ley de Sociedades de Capital y sus precedentes reconocen la impugnación de acuerdos sociales como una reacción de los socios ante decisiones de la sociedad, pero esta impugnación no se considera un tema separado de las disputas entre la sociedad y los socios, lo que permite su inclusión implícita en la cláusula arbitral. En contraste, la STSJ Navarra 6/2023 abordó si la cláusula arbitral de los estatutos sociales se extendía a los administradores de la sociedad en conflictos relacionados con la responsabilidad y la anulación de actos. El tribunal rechazó la petición de arbitraje, determinando que dichas acciones no estaban incluidas en la cláusula arbitral entre socios y la sociedad, ya que esto podría limitar el derecho a la tutela judicial efectiva garantizado por la Constitución. *Cfr.,* Sánchez Pos, MV., "El control de la existencia y alcance del convenio arbitral en el procedimiento de designación de árbitros. STSJ Navarra nº 4/2023, de 6 de marzo de 2023", *LA LEY mediación y arbitraje,* Nº 16, Sección Jurisprudencia seleccionada, Tercer trimestre de 2023, LA LEY 9145/2023.

dores, los miembros del Consejo Rector y de otras comisiones, así como los interventores, incluso si no son socios porque, al formar parte de los órganos societarios, se ven directamente afectados por la cláusula arbitral (art. 34.2 LCoop).

A) Estatutos sociales y reglamento interno

La regla general es que sean los estatutos fundacionales de la cooperativa los que incluyan la cláusula, aunque en ocasiones se incluye en un momento posterior o se opta por incorporarlo en el reglamento de régimen interno. De cualquier modo, la vinculación es exactamente la misma.

a) Criterio amplio de sumisión a arbitraje

Sin embargo, dado que una de las principales características de estas sociedades es su sistema de puertas abiertas donde la titularidad como socio puede variar con entradas y/o salidas de miembros durante la vida de la cooperativa, en alguna ocasión se ha planteado si es suficiente la constancia en los estatutos de esta cláusula para vincular a socios futuros habida cuenta que la Ley de Arbitraje exige la expresión de una voluntad clara e inequívoca de sometimiento a arbitraje de todas las partes implicadas en el conflicto. Pues bien, la respuesta solo puede ser afirmativa, porque toda persona que ingresa en una cooperativa está aceptando los estatutos que la regulan[16].

La mayoría de la doctrina y la práctica judicial consideran que los nuevos socios quedan automáticamente vinculados a la cláusula arbitral estatutaria porque su pretendido desconocimiento no puede prevalecer sobre la eficacia de la publicidad registral[17]. Además, no parece lógico que quien

---

16 MARTÍ MIRAVALLS, J., "El arbitraje cooperativo", *op. cit.*, pp 19-22, "En este sentido, y con respecto a la eficacia de una cláusula arbitral se pronunció la Resolución de la Dirección General de los Registros y del Notariado de 19 de febrero de 1998, declarando que ésta tiene plena eficacia tanto frente a los socios fundadores, como a los socios actuales, e incluso, frente a los futuros (doctrina que fue seguida por el TS en su sentencia de 18 de abril de 1998, y aplaudida mayoritariamente por la doctrina)".

17 Salas Porras realiza una interpretación discutible al tratar de delimitar en qué casos afecta y en qué grado a los socios futuros cuando la cuestión no se menciona o "ninguna referencia se incluye a si esos socios son los presentes y no los futuros o si estos también se ven afectados y en qué grado. En este sentido, la Ley 60/2003 tampoco realiza ningún esfuerzo aclarador, de manera que son la doctrina y la jurisprudencia las encargadas de arrojar luz sobre este agujero negro. Y, al respecto,

consiente o desea formar parte de una sociedad pueda hacerlo sin quedar vinculado por todas las cláusulas de los estatutos, sin necesidad de manifestar de modo específico la voluntad de aceptar cada una de ellas[18].

b) Diferencias con los contratos de adhesión

En alguna ocasión se ha alegado que esta aceptación de la cláusula es una imposición equivalente a la que existe cuando se firma un contrato de adhesión, por lo que debería considerarse "no decidida" por quien la acepta. Sin embargo, ambas situaciones no son comparables porque el socio podía elegir libremente no formar parte de la cooperativa, mientras que en los contratos de adhesión la persona que los firma suele necesitar el servicio o la prestación que contrata y no le es posible negociar las condiciones con la empresa prestataria[19].

Los tribunales han dejado claro que los estatutos no son equiparables a contratos de adhesión que se firman con compañías monopolísticas prestadoras de servicios esenciales como la luz y el teléfono, sino que son queri-

---

se adoptan dos caminos bien distintos ya comentados en este trabajo. Uno de ellos es el que interpreta el Estatuto cooperativo como un contrato de adhesión en el que el convenio arbitral vincula sin distinción, como el resto de las cláusulas que lo componen, a socios presentes y futuros. El otro, con el que nos mostramos más afines, entiende que el Estatuto es un contrato de organización de la sociedad en el que las partes son libres de asumir o renunciar al arbitraje llegado el momento del conflicto, puesto que es una técnica alternativa, no impuesta. De este modo se preservaría uno de sus rasgos más distintivos: el respeto a la autonomía de la voluntad de las partes para componer un conflicto sin injerencias externas", Salas Porras, M., "Resolución extrajudicial de conflictos en las cooperativas españolas", *CIRIEC-España, Revista jurídica,* nº 25/2014, p. 17 (www.ciriec-revistajuridica.es).

18 Sobre la exigibilidad del arbitraje basado en cláusula compromisoria, *vid.*, también Fernández Rozas, J.C., "La inclusión de la cláusula arbitral en los Estatutos de una cooperativa supone la aceptación expresa y voluntaria de los socios a acudir a esta vía alternativa de resolución de conflictos (AAP Castellón 3ª 22 diciembre 2021)", 1 junio 2022, *El Blog de José Carlos Fernández Rozas* (fernandezrozas.com).

19 Como señala el AAP CS 241/2021, de 22 de diciembre, en los contratos de adhesión no hay más opción que firmar, y la voluntad no se manifiesta de la misma manera. A diferencia del supuesto referido a una cláusula de sumisión a arbitraje incluida en un contrato de adhesión predispuesto por una de las partes, cuando la cláusula esté incluida dentro de los estatutos de la cooperativa, no puede apreciarse una imposición por una parte a otra. La aprobación de ese artículo de los estatutos conlleva la voluntad de todos los socios de someter a arbitraje "la solución de las cuestiones litigiosas y reclamaciones que puedan surgir entre la cooperativa y sus socios", (ECLI:ES:APCS:2021:241A). FFJJ2º-3º.

dos en todos y cada uno de sus extremos, pudiendo el socio no entrar a formar parte de la cooperativa si no está de acuerdo con la cláusula arbitral[20].

c) Vigencia temporal

Los problemas se plantean cuando hay cuestiones que surgen después de que el socio deja de ser miembro, o con anterioridad a su incorporación. Pues bien, si un sujeto abandona la cooperativa y con posterioridad se inicia un procedimiento arbitral basado en hechos ocurridos mientras era miembro, el conflicto está sometido a arbitraje. En cambio, si los hechos ocurrieron con anterioridad a que el sujeto entrara a formar parte de la cooperativa, no debe aplicársele el sometimiento a arbitraje al no estar vigente su compromiso en ese tiempo[21].

---

20 Se ha llegado a alegar esta falta de consentimiento, aunque sin éxito, por quienes ya se han sometido a un arbitraje previo en el ámbito de la cooperativa. Pero, como se ha señalado, "no puede el actor pretender la inaplicación al caso de autos de la cláusula compromisoria sobre la base de una supuesta falta de consentimiento a la misma, cuando él mismo ha acudido, a través de varias demandas, al arbitraje en aquella previsto, lo que evidencia su conocimiento y aceptación. Cuanto menos, la parte actora contraviene el principio o regla "nemine licet adversus sua facta venire" "(esto es, la prohibición de ir en contra de los propios actos), de expresa y reiterada plasmación jurisprudencial. Sentencias de la Sala Primera del Tribunal Supremo nº 532/2013, de 19 de septiembre, 352/2010, de 7 de junio, y 994/2002, de 22 de octubre, entre otras)". Tal prohibición de ir en contra de los propios actos se asienta en el principio de buena fe, consagrado, con carácter general, en el art. 7 C.C., y concretado, en el ámbito procesal, en los arts. 11, apartados 1 y 2, de la Ley Orgánica 6/1985, de 1 de julio, del Poder Judicial -LOPJ- y 247, apartados 1 y 2 LEC. Además, la jurisprudencia constitucional ha señalado precisamente que "por la protección que se debe dispensar a la buena fe" la renuncia al ejercicio judicial de acciones que implica el arbitraje puede inferirse de la conducta del titular del derecho (*v.gr.*, en el recurso de amparo resuelto por Sentencia del Tribunal Constitucional nº 136/2010, de 2 de diciembre)", AAP Castellón, 98/2023, de 5 de abril (ECLI:ES:APCS:2023:421A FJ3º).

21 Los tribunales se han pronunciado en numerosas ocasiones sobre este tema. Sirvan de muestra dos botones. De un lado, cuando quienes fueron socios de una sociedad previa en la que no existe convenio arbitral no llegan a formar parte de la cooperativa en la que se fusiona la primera pero que sí contiene la citada cláusula, en cuyo caso se entiende que no hay vinculación. Un ejemplo de esta situación se encuentra recogido en el AAP Castellón, sec 3ª, 229/2023 de 11 de diciembre (ECLI:ES:APCS:2023:1627A). Los socios solicitaron la baja de una sociedad que con posterioridad se fusionó en una cooperativa. Aunque en los estatutos de la nueva cooperativa sí existe una cláusula de sometimiento a arbitraje, ellos no pueden considerarse sometidos dado que nunca llegaron a ser socios de la cooperativa. Y, tal y como ya señalara el TC en S 75/1996, de 30 de abril "la autonomía de

B) Acuerdo de la Asamblea General

Aunque suele ser algo excepcional, nada impide que la Asamblea adopte un acuerdo por medio del cual un determinado conflicto surgido en cooperativas sin cláusula arbitral quede sometido a arbitraje cooperativo. Eso sí, el acuerdo debe cumplir los requisitos de cualquier acuerdo social y -además- ha de ser adoptado por, al menos, dos terceras partes del capital social, de acuerdo con la exigencia de mayoría cualificada del art. 11 bis 2 LA[22].

3. La declinatoria: control judicial del sometimiento a arbitraje

Como se vio, el convenio arbitral produce un efecto positivo y otro negativo. En cuanto al negativo, como señala el apdo. II de la Exposición de Motivos LA, "debe ser hecho valer por las partes y específicamente por el demandado a través de la declinatoria (…) (L)a pendencia de un proceso judicial en el que se haya interpuesto declinatoria no impide que el procedimiento arbitral se inicie o prosiga; de modo que la incoación de un

---

la voluntad de las partes, de todas las partes, constituye la esencia y el fundamento de la institución arbitral, por cuando que el arbitraje conlleva la exclusión de la vía judicial. El tribunal Constitucional declaró que, salvo que el litigante lo haya aceptado voluntariamente, no se le puede impedir que sea precisamente un órgano judicial quien conozca de las pretensiones que formule en orden a su defensa, pues de otra manear se vulneraría su derecho a la tutela judicial efectiva. La STC 136/2010, de 2 de diciembre, ha precisado que la renuncia al ejercicio de las acciones ante los tribunales mediante una sumisión al arbitraje debe ser "explícita, clara terminante e inequívoca"". De otro lado, se plantea qué ocurre cuando la persona que sí fue socia de la cooperativa en el momento de surgir el conflicto, después dejara de serlo y la invocación al arbitraje tuviera lugar a posteriori. Cuando el litigio surge con ocasión de unas relaciones previas a la baja del socio que aceptó la cláusula compromisaria, si queda vinculado por ella, aunque en el momento de plantear el arbitraje ya no se sea socio. *Vid.*, AAP Castellón, 98/2023, de 5 de abril (ECLI:ES:APCS:2023:421A FJ3°) "el hecho de que pueda haberse solicitado o producido la baja de la condición de socio de la cooperativa no elimina que exista una controversia entre la persona que fue socio de la cooperativa y esta misma con motivo de las situaciones originadas al tiempo de su permanencia en la misma y/o de las consecuencias que ello ha podido conllevar y, en definitiva, el sometimiento al arbitraje tiene su origen o causa en las relaciones acaecidas entre el socio y la Cooperativa nacidas mientras se ostenta u ostentó tal condición de socio, aunque el ejercicio de las acciones, como suele ocurrir, tenga lugar, finalizada dicha relación, lo que no puede afectar a la cláusula compromisoria."

22 MARTÍ MIRAVALLS, J. "El arbitraje cooperativo", *op. cit.*, pp 19-22,

proceso judicial no puede ser sin más utilizada con la finalidad de bloquear o dificultar el arbitraje".

La LEC regula que dicha declinatoria deberá proponerse dentro de los diez primeros días concedidos para contestar a la demanda, por medio de un escrito limitado a plantearla. Desde ese momento se suspende el plazo para contestar mientras no se resuelva el incidente (art. 11.1 LA).

A) Instancia de parte

La sumisión de la controversia a arbitraje, pues, no puede alegarse como una excepción dentro de la contestación a la demanda, sino que ha de plantearse como declinatoria previa a cualquier otra actuación procesal. Ni siquiera es posible acumular a ella, subsidiariamente, argumentos o excepciones procesales que también discutan la jurisdicción del tribunal. Estos últimos deben alegarse solo en el caso de que no se estimara la declinatoria por resolución judicial en el escrito posterior al contestar a la demanda.

Evidentemente, si no la alega el demandado, el tribunal no puede apreciar de oficio la falta de jurisdicción con el argumento de estar las partes sometidas previamente a arbitraje. Cosa distinta es que el demandado se oponga a la judicialización del asunto y no acierte al utilizar la terminología. Y es que no puede considerarse apreciación de oficio si el demandado yerra al plantear una declinatoria aludiendo a la falta de competencia objetiva, en lugar de a la falta de jurisdicción. Este fallo, como otros similares, no pueden llevar a que la voluntad del declinante se interprete en el sentido opuesto al que puede fácilmente deducirse de su actuación[23].

B) Recursos

a) Contra la desestimación de la declinatoria

Cuando la parte plantea la declinatoria en primera instancia y el juzgado la desestima, puede interponerse recurso de reposición. Si tampoco se acepta, el juez entra a conocer de la demanda y, si procede, dicta sentencia sobre el fondo. Dicha sentencia, obviamente, puede darle la razón al demandado que vio desestimada su pretensión de arbitraje. Al ser una resolución que le beneficia, no puede apelarla dado que no hay gravamen

---

[23] Tal ocurre en asunto resuelto por AAP Castellón, 98/2023, de 5 de abril (ECLI:ES:APCS:2023:421A FJ2°).

para él, pero debe mostrar su oposición en caso de que la recurra el demandante inicial. Porque si se estima la apelación a favor del recurrente (estimación de la petición inicial de la demanda en apelación), la parte que obtuvo la primera sentencia a su favor ya no puede volver a plantear la declinatoria por sometimiento a arbitraje en un futuro recurso de casación si no lo plantea en la apelación de la contraparte. Si deja pasar esta oportunidad procesal -necesaria como requisito de procedibilidad- no podrá oponerse de nuevo al conocimiento por parte del órgano de apelación porque habrá aceptado su jurisdicción de manera tácita[24].

b) Contra la estimación de la declinatoria

Cuando, en primera instancia, el órgano judicial estima la declinatoria, deja de conocer del asunto y cabe directamente apelación (sin recurso de reforma previo)[25].

---

[24] Pérez Morales, M.G., "La cooperativa catalana y el proceso" (Capítulo XX), en AA.VV., *Régimen jurídico de las sociedades cooperativas catalanas* (Dir. ALFONSO SÁNCHEZ), Atelier, Barcelona, 2020, pp. 589-610, pp. 604 y ss.

[25] Es más, en virtud del derecho a los recursos, y teniendo en cuenta que la estimación firme pone fin a la vía judicial sin que quepa más recurso que el posterior contra el laudo, se ha llegado a admitir el recurso de apelación contra el auto que resuelve el recurso de reposición que se interpuso contra el que estimó la declinatoria. A pesar de que este auto no es recurrible, en el caso, la resolución judicial "equivocadamente" señaló que el recurso procedente era el de reposición, por lo que sí se admitió su apelación para evitar la vulneración de un derecho fundamental. Como se indica en el AAP Castellón, 98/2023, de 5 de abril (ECLI:ES:APCS:2023:421A FJ1°): "habiéndose declarado falta de jurisdicción, el recurso que habría procedido conceder directamente frente al Auto de 24 de enero de 2022 habría sido el de apelación y no el de reposición (arg. *ex* art. 66.1 de la LEC). Con base en esta consideración, entendemos que no cabe privar de acceso a segunda instancia por el hecho de que se haya indicado y tramitado previamente un recurso de reposición que no procedía. Lo contrario frustraría, como consecuencia de una equívoca indicación de recursos y tramitación, el derecho a la tutela judicial efectiva en su vertiente de acceso al recurso (en similar sentido, Auto de esta Sección n° 201/2022, de 7 de octubre, y Sentencia de esta Sección n° 649/2022, de 18 de noviembre). El Tribunal Constitucional ha entendido, en este punto, que "la instrucción o información errónea acerca de los recursos facilitada por los órganos judiciales, dada la auctoritas que corresponde a quien la hizo constar (STC 26/1991, de 11 de febrero, FJ1), es susceptible de inducir a un error a la parte litigante, que hay que considerar en todo caso excusable "dada la autoridad que necesariamente ha de merecer la decisión judicial" (SSTC 79/2004, de 5 de mayo, FJ2; 244/2005, de 10 de octubre, FJ3), pues "si la oficina judicial [ha] ofrecido indicaciones equivocadas sobre los recursos utilizables ... el interesado, aun estando asistido por expertos en la materia, podría entender por

III. INTERVENCIÓN JUDICIAL EN EL ARBITRAJE

Como se señala en la Exposición de Motivos apdo. II LA, la participación de los jueces está muy limitada como consecuencia del efecto negativo del convenio que prohíbe a los tribunales abordar disputas destinadas al arbitraje. Por lo tanto, la acción judicial en estos casos debe restringirse a los procedimientos de apoyo y supervisión establecidos explícitamente por la legislación.

Lo usual es que sean las partes quienes deciden el modo en que debe regularse el procedimiento arbitral, pero ¿qué ocurre si no se ponen de acuerdo en alguna cuestión relacionada con el nombramiento de los árbitros? ¿qué sucede si está en riesgo la eficacia del laudo salvo que se adopten medidas cautelares que solo puede ordenar un juez? ¿y si es necesario practicar pruebas que no están al alcance del árbitro? Todas estas cuestiones encuentran su respuesta en la Ley de Arbitraje.

El art. 24 LA establece principios procesales fundamentales que actúan como normativa supletoria en aquellos casos en los que las partes no hayan establecido el procedimiento de acuerdo con el art. 25.1 o cuando los árbitros tengan la facultad de determinar el procedimiento, siempre y cuando respeten los principios de audiencia y de igualdad.

1. Nombramiento de árbitros

Sobre la base de que las partes son libres tanto para elegir al árbitro, como para diseñar el procedimiento de su elección, el art. 15.2 LA establece que, si no llegan a un acuerdo, la intervención judicial se limitará exclusivamente a este aspecto específico.

El órgano competente para conocer de la discrepancia es la Sala de lo Civil y Penal del TSJ de Canarias, donde está inscrita la cooperativa. La demanda solicitando el nombramiento se sustanciará por los trámites del juicio verbal (arts. 437 y ss. LEC).

---

la autoridad inherente a la decisión judicial, que tales indicaciones fueran ciertas y obrar en consecuencia" *(ibidem)*. De este modo, a los efectos que nos ocupan, no es razonable exigir a la parte que contravenga o salve por sí misma la instrucción o información de recursos consignada en la resolución judicial, aunque ésta pueda resultar o resulte errónea, dada la delicada disyuntiva en la que en caso contrario se le sitúa [...]" (SSTC nº 241/2006, de 20 de julio, FJ3, y nº 26/2008, de 11 de febrero, FJ2).

Lo primero que hará el TSJ será comprobar la existencia del convenio y su validez formal, sin entrar a conocer del fondo del acuerdo. Consecuentemente, solo si del conjunto de documentos presentados por el demandante no quedara constancia de que hay un acuerdo de sometimiento de las partes a arbitraje, el tribunal podrá desestimar la demanda[26].

A continuación, comprobará la falta de acuerdo en el nombramiento de los árbitros, lo que implica examinar si se ha realizado el requerimiento a la parte contraria para su designación y si ha habido incomparecencia o negativa por su parte. La incomparecencia equivale a pasividad, por lo que, si se realizan varios requerimientos y estos son desoídos, se entiende que se está utilizando una "táctica de guerrillas"[27] para tratar de evitar lo inevitable[28].

---

26 En este sentido, "la sentencia se pronuncia a los solos efectos de declarar la existencia del convenio arbitral, tal y como requiere el art. 15.5º LA, sin que el tribunal jurisdiccional tenga en este procedimiento de designación la última palabra sobre la existencia y alcance del convenio arbitral en línea con lo regulado en los arts. 22.2º y 41.1º.a), c) y e) LA y con lo expresado por la propia Exposición de Motivos de la norma: «el tribunal no está llamado en este procedimiento a realizar, ni de oficio ni a instancia de parte, un control de validez del convenio arbitral o una verificación de la controversia» y «solo debe desestimar la petición de nombramiento de árbitros en el caso excepcional de inexistencia de convenio arbitral, esto es, cuando prima facie pueda estimar que realmente no existe un convenio arbitral»", Sánchez Pos, MV., "El control de la existencia y alcance del convenio arbitral", *op. cit.,* pp 5-7.

27 *Vid.,* Valls Martínez, C., "El riesgo de ser árbitro: el caso de los Herederos del Sultán de Joló conta el Estado de Malasia ¿Deslealtad al arbitraje? ¿Tácticas de guerrilla al máximo nivel?", *Diario LA LEY,* Sección Tribuna, 12 de marzo de 2024.

28 Cuando la demanda de designación judicial de árbitros se fundamenta en la incomparecencia de la entidad demandada en el procedimiento arbitral, a pesar de haberse realizado múltiples solicitudes de arbitraje por parte del demandante, procede que el órgano judicial los designe. En este sentido, Sánchez Pos, MV., "El control de la existencia y alcance del convenio arbitral", *op. cit.,* pp. 8-9. Entiende que la pasividad del demandado de arbitraje "fundamenta la interposición de la demanda de designación judicial de árbitros ante el Tribunal Superior de Justicia de Navarra. Pese a que la parte demandante había presentado solicitud de arbitraje hasta en tres ocasiones, el Tribunal Superior de Justicia de Navarra no considera que pueda apreciarse en la conducta del demandado mala fe a efectos de la imposición de las costas del pleito *ex.* art. 395.1 LEC tras su allanamiento" Procede asumir los gastos judiciales al renuente con el argumento de que "la condena en costas no descansa sobre la objetiva inacción o inejecución por el demandado del comportamiento debido y exigible reclamado en la demanda, sino en su malicioso proceder, en su desleal, injustificada y pertinaz renuencia a atender extra-

En estos casos, el tribunal nombrará al árbitro o, en su caso, adoptará las medidas necesarias para ello. Si hubiera de nombrar a tres, cada parte nombrará a uno y ambos al tercero, salvo cuando tampoco se pusieran de acuerdo o alguna de las partes no nombrara al suyo, en cuyo caso lo hará el tribunal a instancia de cualquiera. Si el número de árbitros fuera superior a tres, todos serán nombrados por el tribunal a través de un sorteo de una lista que confeccionará con tres nombres por cada árbitro a nombrar, en quienes concurran los requisitos previstos por las partes respetando -además- su independencia e imparcialidad[29]. Las resoluciones definitivas en estas materias serán irrecurribles.

En algunas ocasiones, las partes han derivado el sometimiento de sus posibles conflictos a una institución arbitral, pero sin designar ninguna en concreto. En estos casos, surge la duda sobre si debe el tribunal considerar que el convenio es inválido por indeterminado, o si ha de entenderlo válido porque queda clara la voluntad de sometimiento a arbitraje a pesar de que no puedan decidir qué concreta institución deberá llevarlo a cabo. La respuesta, en principio, debe ser la de considerar que el convenio no cumple con los requisitos mínimos de validez. Y es que, como ha señalado el TSJ de Madrid[30] "ante una voluntad de sumisión a arbitraje institucional inequívoca y persistente, donde las partes no novan ese convenio convirtiéndolo en sumisión a arbitraje *ad hoc*, en cuyo caso esta Sala sí ha procedido a nombrar árbitro, no puede este Tribunal designar instituciones arbitrales. Tan es así que, salvo la hipótesis mencionada -novación del convenio aun en el acto de la vista-, si las partes mantienen incólume su voluntad de someterse a arbitraje institucional y, pese a ello, no logran convenir la Corte llamada a administrar el arbitraje, el convenio, de hecho, habrá de entenderse decaído ..., so pena de restringir indebidamente el acceso de los justiciables a la Jurisdicción".

---

judicialmente los legítimos requerimientos del demandante (en el caso, para la designación de árbitro), obligándole a afrontar el procedimiento judicial. La Ley atenúa el rigor probatorio de esa disposición subjetiva, presumiéndola o entendiéndola acreditada en el desentendimiento o la desatención por el demandado del «requerimiento fehaciente y justificado» de la prestación o conducta debida formulado por el actor antes de presentar la demanda".

[29] Sobre parcialidad del árbitro y momento en que debe hacerse valer, *vid.*, STSJ de C. Valenciana 17/2016 de 21 octubre, RJ\2018\6151.

[30] *Vid.*, STSJ Madrid 12227/2022, de 7 de octubre (ECLI:ES:TSJM: 2022:12227, FJ2°).

El resto de cuestiones relacionadas con el nombramiento de los árbitros por acuerdo entre las partes, como son las referidas a la aceptación del cargo arbitral, los motivos de abstención y recusación y su procedimiento, la falta o imposibilidad de ejercicio de las funciones, el nombramiento de árbitro sustituto, la responsabilidad, y la provisión de fondos previa al desempeño de las funciones, se regulan en los arts. 16 a 21 LA.

2. Medidas cautelares para asegurar el arbitraje

El convenio arbitral no impide a las partes -antes o durante el proceso arbitral- solicitar al tribunal medidas cautelares para proteger sus intereses quedando al arbitrio de este la facultad de otorgarlas si las considera necesarias.

Obviamente, el mero hecho de presentar la solicitud no implica ni una renuncia tácita al arbitraje ni una activación del efecto negativo del acuerdo arbitral. Aunque la posibilidad ya quedaba clara según la LEC, la ley de arbitraje lo regula de modo expreso en el art. 10.

3. Práctica de pruebas

Los árbitros -o cualquiera de las partes con su aprobación- tienen la facultad de solicitar la asistencia del tribunal competente para llevar a cabo la práctica de pruebas, de acuerdo con las normas aplicables sobre medios probatorios[31]. Esta asistencia puede consistir en que el tribunal realice la

---

[31] El tipo de pruebas que se pueden solicitar son las que se practican a instancia de parte en cualquier proceso judicial. Sin embargo, las partes no pueden pretender que, antes de dictar el laudo, cuando los árbitros alberguen dudas sobre la realidad de los hechos, estos deban acudir al mecanismo de la práctica de pruebas de oficio, como sí se prevé en la legislación procesal. Esto es, en el ámbito de las diligencias finales para aclarar hechos que a quien pretende anular el laudo le pareciera oportuno por ser un modo de descubrir la verdad real, parece evidente que el árbitro no está vinculado por la legislación procesal. Según se señala en la STSJ CM de 14 julio 2021, AC 2021/1391 "no es posible trasladar al procedimiento arbitral de una forma automática todas las formas y posibilidades de aportación de pruebas en el procedimiento civil. El hecho de que se solicitasen diligencias finales por la Cooperativa demandada en el procedimiento arbitral después de celebrada la vista, y que no se acordaran por el árbitro, no puede considerarse que incida en el orden público de acuerdo con la significación que hemos recogido de la citada vulneración".

prueba directamente o en que adopte medidas específicas para permitir que sea realizada ante los árbitros. En el primer caso, el tribunal llevará a cabo la práctica de la prueba bajo su exclusiva dirección; en el segundo, solo tomará las medidas necesarias. En ambos, el LAJ proporcionará al solicitante un testimonio de las actuaciones realizadas (art. 33 LA).

A) Control judicial

Aunque la ley confiere a los árbitros la facultad de decidir sobre la admisibilidad, pertinencia, utilidad y valoración de las pruebas cuando son ellos quienes las practican, si se requiere la intervención judicial es preciso añadir un matiz.

En cuanto a la utilidad y pertinencia de la prueba, dado que es inherente a la sumisión al arbitraje, el juez no puede contravenir lo apreciado por los árbitros. En cambio, respecto a su licitud, al tratarse de una cuestión de orden público, el juez está obligado a verificarla, incluso en contra de la decisión arbitral.

En lo relativo a su práctica, el juez debe asegurar el debido proceso y el respeto a los principios de audiencia e igualdad, sin realizar un control exhaustivo de todos los aspectos procedimentales, lo que rebasaría su competencia[32].

---

32 Mallandrich Miret, N., "¿Puede el Juez de Primera Instancia controlar la admisibilidad de la prueba propuesta en los supuestos de auxilio judicial en la práctica de prueba en el arbitraje?" en "Preguntas con respuesta: La prueba a consulta", *Diario La Ley,* Nº 7947, Sección Práctica Forense, LA LEY 125/2012, pp 2-3. Por otra parte, a juicio de Ormazabal Sánchez las reglas sobre la práctica de pruebas en el arbitraje han de respetar el derecho de defensa de ambas partes porque, como se afirma, "tanto las normas legales sobre presunciones como sobre distribución de la carga de la prueba son aplicables al arbitraje" dado que "constituyen garantías del derecho de defensa que es preciso observar también en el procedimiento arbitral" Asimismo, por ejemplo, "las normas de valoración legal se contraen en Derecho español a los documentos privados no cuestionados (art. 326.1º LEC) y, señaladamente, a ciertos aspectos de los documentos públicos relativos al hecho o estado de cosas que documenten, la fecha en que se produce dicha documentación y la identidad de los fedatarios y demás personas que, en su caso, intervengan en ella (art. 319.1º LEC). A este respecto es preciso observar que el carácter de prueba plena inherente a los documentos públicos ejerce una vinculación de carácter jurídico-público erga omnes, y en concreto, tanto frente a los órganos judiciales como frente a los árbitros". De tal modo que ignorar estas normas traiciona la confianza en la justicia y seguridad jurídica de cualquier ciudadano, abriendo la

B) Carga de la prueba

"Por lo que respecta a las reglas legales sobre carga de la prueba, según las cuales cada parte ha de probar los hechos que afirma y le benefician, estas son consideradas también propias de un normal funcionamiento de la justicia inherente a toda solución de controversias, arbitraje incluido. Está claro que su incumplimiento atentaría contra las más elementales garantías de equidad, por lo que han de ser seguidas a la hora de determinar la veracidad de los hechos objeto de la controversia. Tan es así que la voluntad de los contendientes no puede imponerse frente a ellas"[33].

C) Presunciones

En relación con las presunciones, el control judicial se realiza una vez dictado el laudo, como veremos en el epígrafe siguiente. Lo que debe comprobarse es que se incluye un razonamiento sobre la suficiencia o no de prueba de presunciones o indicios, sin el cual no sería aceptable dar por probados unos hechos que no se han podido demostrar directamente. Nada importa si la parte está conforme o no con el mismo, ni si un órgano judicial pudiera haber llegado a otra solución en el mismo supuesto[34].

---

puerta a la impugnación del laudo por contrariar el orden público. ORMAZABAL SÁNCHEZ, G. "¿Son aplicables al procedimiento arbitral las normas legales sobre carga de la prueba, valoración de la prueba y presunciones?, *LA LEY mediación y arbitraje,* Nº 2, Sección Tribuna, LA LEY 6536/2020, pp.1 y 3.

33 Sobre carga de la prueba, *vid.*, Mirosa Martínez, P., "Algunas cuestiones de derecho probatorio en el arbitraje: limitaciones e iniciativa probatoria arbitral", *Diario LA LEY,* Sección Tribuna, 28 de febrero de 2014, Año XXXV, Ref. D-67. LA LEY 933/2014, pp 7-8.

34 "Cuestión diferente (...) es la omisión de todo razonamiento en el laudo arbitral sobre la suficiencia o no de prueba de presunciones o indicios (...). (En el caso, el árbitro) omitió toda valoración o razonamiento sobre la presunción o presunciones en torno las cuales habría construido la motivación de su sanción de exclusión a la Cooperativa recurrente", por lo que atentó contra el orden público (*vid.*, apartado 3.A de este epígrafe 4). STSJ CM de 14 julio 2021, AC 2021/1391.

IV. ACCIÓN DE ANULACIÓN DEL LAUDO ARBITRAL

1. Introducción

La acción de anulación del laudo tiene por objeto el control de su legalidad formal, sin entrar en el fondo de lo resuelto (art. 40 LA). Su cometido es, pues, muy limitado al no permitir una revisión de la cuestión decidida. Solo puede fundarse en las causas tasadas establecidas en la ley, sin que ninguna de ellas -tampoco la relativa al orden público- pueda ser interpretada de modo que subvierta esta limitación[35]. Quien la interponga ha de alegar y demostrar -en plazo[36]- que se ha incurrido en una de las causas previstas en la ley (art. 41 LA).

---

35 Al elegir el arbitraje, las partes renuncian a las garantías del art. 24 CE y se someten a las reglas de la Ley de Arbitraje. Aunque tienen derecho a que las actuaciones arbitrales sean revisadas judicialmente, solo pueden impugnarlas por motivos legales. Esta facultad surge de la configuración legal del arbitraje (STC 65/2021, FJ 4), no del art. 24 CE, que garantiza la tutela judicial efectiva, y se limita al proceso de anulación del laudo y al tribunal que lo resuelve (STC 9/2005, FJ 5) Cfr. STSJ País Vasco, 3/2023 de 9 marzo 2023 (ECLI:ES:TSJPV:2023:864. FJ3°). El tribunal encargado de la anulación de un laudo arbitral solo verifica el cumplimiento de formalidades y la adherencia de los árbitros a lo acordado, sin revisar el fondo del asunto. El Tribunal Constitucional ha establecido que un laudo no puede anularse por considerarlo erróneo o insuficiente, ni por llegar a conclusiones diferentes. Por tanto, el control judicial sobre la anulación de laudos es muy limitado y no permite evaluar la prueba ni los razonamientos del árbitro. (STC 17/2021, FJ 2). La postura de muchos tribunales ante acciones de anulación supone un desprecio para el principio de autonomía de la voluntad de las partes, que libremente deciden someterse a arbitraje y excluir la intervención de los órganos jurisdiccionales en la resolución de la disputa, lo que conculca la propia esencia del sistema arbitral como mecanismo heterónomo de resolución de disputas. *Cfr.,* Fernández Pérez, A., "Arbitraje de equidad", *op. cit.*, pp 3-4; *Cfr.* Cerrada Pérez, M., "La reciente Sentencia del Tribunal Constitucional de 27 de junio de 2022: luces en el concepto de orden público y sombras en torno a la prejudicialidad penal en el arbitraje", *La Ley mediación y arbitraje,* n° 12, Sección Jurisprudencia seleccionada, *LA LEY* 8158/2022, p. 5.

36 El plazo para ejercer la acción de anulación del laudo es de dos meses a partir de su notificación, o desde la notificación de la resolución sobre corrección, aclaración o complemento del laudo, o desde la expiración del plazo para adoptar dicha resolución.

A) Proceso independiente al del arbitraje

La anulación de un laudo arbitral no es un recurso ordinario ni una segunda instancia ante la jurisdicción ordinaria; es un procedimiento judicial independiente que busca realizar un control formal del laudo para garantizar su conformidad con las normas establecidas (por las partes o, supletoriamente, por el legislador). Así pues, la interposición de la acción constituye el primer acto procesal para el inicio de un proceso judicial que se concentra en revisar posibles errores procesales durante el arbitraje, especialmente en relación con garantías fundamentales. Según CERRADA PÉREZ (2022), el objeto de la acción de anulación incluye el análisis de la legalidad del convenio arbitral, la arbitrabilidad del asunto y la regularidad del proceso. Por tanto, el tribunal no puede evaluar la idoneidad ni la suficiencia de la motivación del laudo, sino solo verificar su existencia. Estas garantías incluyen también el derecho de defensa, los principios de igualdad y de contradicción y el adecuado ejercicio del derecho a la prueba, así como la exigencia de motivación y congruencia con las normas legales imperativas o con decisiones previas firmes[37].

B) Desistimiento de la acción de nulidad

Dado que el procedimiento arbitral es diferente al proceso de nulidad, sus objetos son también diferentes. Mientras el primero tiene por fin resolver una controversia entre dos partes enfrentadas, el segundo centra su objeto en el control de la legalidad del laudo dictado. No obstante, y a pesar de su diferencia, está claro que ambos tienen su origen en la misma disputa privada. Por lo tanto, en el momento en el que se alcanzara un acuerdo extrajudicial de resolución de cualquier discrepancia entre ellas, el órgano judicial debería poner fin al proceso de nulidad instado[38]. De acuerdo con el principio dispositivo, debe primar el interés de las partes que encuentran una solución pacífica a su controversia frente al rigorismo que propugnan

---

[37] *Cfr.* Cerrada Pérez, M., "La reciente sentencia del Tribunal Constitucional", *op. cit.*, pp. 3-4. *Vid.*, también STC 17/2021, FJ2° y STSJ País Vasco, 3/2023 de 9 marzo 2023 (ECLI:ES:TSJPV:2023:864. FJ3°).

[38] Lo fundamental es garantizar la aplicación voluntaria del derecho civil sometido a arbitraje. Si las partes llegan a un acuerdo satisfactorio y el conflicto solo concierne a ellas, el juez no debería continuar con el proceso, ya que su resultado podría ser inaplicable o perjudicial para la paz entre ellas (*cfr.*, PÉREZ MORALES, M.G., "La cooperativa catalana y el proceso", *op. cit.*, pp. 605-607).

quienes afirman que el proceso de anulación es indisponible por ser su objeto una cuestión de orden público sobre la que solo tiene competencia el órgano judicial[39].

2. Causas tasadas de nulidad

El art. 41 LA recoge los seis motivos que pueden alegarse al solicitar la nulidad del laudo. Analizamos brevemente cada uno de ellos.

A) Inexistencia de convenio arbitral

Según el art. 41.1 a), la parte perjudicada por el laudo puede ejercitar la acción afirmando "que el convenio arbitral no existe o no es válido".

Como es obvio, si no hay convenio, no puede haber arbitraje. Pero, en este punto, surgen algunas dudas no siempre fáciles de resolver. La inexis-

---

[39] Y es que, con este último argumento, durante algunos años los tribunales no permitían que se dejara en manos de las partes la finalización del proceso de nulidad. Pues bien, el TC ha zanjado definitivamente esta cuestión en la STC 55/2021, de 15 de marzo, al señalar que "debe reputarse contrario al derecho a la tutela judicial efectiva de los recurrentes el razonamiento del órgano judicial que niega virtualidad a un acuerdo basado en el poder dispositivo de las partes sin que medie norma prohibitiva que así lo autorice, imponiendo una decisión que subvierte el sentido del proceso civil y niega los principios en que se basa, en concreto, el principio dispositivo o de justicia rogada. Lo relevante de la sentencia reside en 'la queja relativa a la posible vulneración del derecho a la tutela judicial efectiva (art. 24.1 CE), en su vertiente de derecho a una resolución motivada no incursa en irrazonabilidad o arbitrariedad por la negativa del órgano judicial a archivar el procedimiento, una vez que las partes alcanzaron un acuerdo sobre la resolución del conflicto'". Como destaca HINOJOSA SEGOVIA (2021) el hecho de que haya quedado claro "que el proceso de anulación pueda concluir de forma anticipada en casos de terminación anormal (...) hace que sean más previsibles las resoluciones de nuestros tribunales en materia arbitral, especialmente de la Sala de lo Civil y Penal del Tribunal Superior de Justicia de Madrid, con lo que el arbitraje gana en seguridad jurídica" Como señala este autor, "(e)l Tribunal Constitucional entiende que 'el ensanchamiento del concepto de orden público que realiza la resolución impugnada para revisar el fondo del litigio, excede del alcance de la acción de anulación, al margen de desconocer el poder de enjuiciamiento de los árbitros y la autonomía de la voluntad de las partes vulnerando el art. 24.1 CE" (Hinojosa Segovia, R., "El Tribunal Constitucional enmienda la plana de nuevo al Tribunal Superior de Justicia de Madrid", *El notario del siglo XXI: revista del Colegio Notarial de Madrid,* Nº. 97, 2021, pp. 82-87).

tencia ¿equivale a que este se exceda en cuanto a lo sometido a su ámbito?; ¿la imprecisión en el *petitum* implica que el laudo no existe?; y, por otra parte ¿cuál es su régimen de aplicación temporal?

Sobre la primera cuestión ya nos pronunciamos al analizar el concepto de convenio arbitral afirmando que en una intervención judicial inicial (antes o durante el arbitraje) solo era posible comprobar formalmente su existencia, pero sin entrar a conocer sus disposiciones ni sobre si estas respetaban o no los límites legales, procediendo el control una vez que se hubiera dictado el laudo. Por lo tanto, es este el momento de controlar el contenido del convenio habilitante.

Por otra parte, en algunas ocasiones, se ha planteado también la duda acerca de si la imprecisión en el *petitum* cuando se solicita el nombramiento de árbitros ante el órgano judicial puede oponerse como argumento para denegar la existencia del convenio en el procedimiento de nulidad. A este respecto, como se defiende contumazmente, la demanda de arbitraje es el lugar adecuado para fijar de manera clara e indubitada lo que se pide y, el hecho de no precisarlo antes no es razón para llevar a cabo un control sobre la validez del convenio en el asunto concreto[40]. La respuesta es, pues, que no es posible alegarlo para obtener la nulidad del laudo por la supuesta inexistencia de convenio, sobre la base de haberse presentado una demanda judicial poco precisa al solicitar el nombramiento de árbitros.

Por último, se ha planteado si la cláusula arbitral puede desactivarse hacia el futuro desde que una de las partes acude a un órgano judicial y la otra acepta su jurisdicción en un supuesto concreto, es decir, si este comportamiento de las partes implica que deje de "existir" el convenio en lo sucesivo. Pues bien, aunque en determinado momento una de las partes prefiera recurrir a la jurisdicción ordinaria en lugar de al proceso arbitral, esta elección no invalida la cláusula para otras disputas presentes o futuras. Según entiende JULIÁ INSENSER (2021), "la sumisión tácita a ciertas reclamaciones de una de las partes no impide continuar el arbitraje respecto

[40] En este sentido, la STSJ Castilla y León, Sala de lo Civil y Penal. 1/2022, de 14 sept (ECLI: ES:TSJCL:22:3549), señala que solo se puede desestimar la petición de nombramiento de árbitros cuando no conste que existe un convenio arbitral. Es indiferente que, en su petitum, el actor no fuera lo suficientemente preciso, dado que esta determinación de la petición deberá hacerla una vez que estén nombrados los árbitros, como se señala: "una vez constituido el árbitro será cuando se podrá concretar por la parte actora la demanda que inicie el procedimiento arbitral, pero eso es cuestión ajena al presente procedimiento" (de nombramiento judicial de árbitros).

a la otra parte o respecto a las reclamaciones de la misma parte fuera del alcance de dicha sumisión"[41].

B) Falta de notificación y/o indefensión concreta

También puede alegar la parte "que no ha sido debidamente notificada de la designación de un árbitro o de las actuaciones arbitrales o no ha podido, por cualquier otra razón, hacer valer sus derechos" (art. 41.1 b).

Es evidente que, para cumplir con el principio de audiencia, se precisa la notificación a la contraparte. Cuando -de facto- no comparece por no haber sido notificada de la existencia del procedimiento, existe causa de anulación del laudo. La precisión de haber sido "debidamente notificada" ha de entenderse en sentido amplio, lo que significa que la comunicación ha de realizarse del modo propicio para que llegue a conocimiento de quien es requerido para comparecer. En este sentido, no es posible aplicar en estos procedimientos las normas sobre notificaciones electrónicas previstas para las administraciones públicas, por ser demasiado restrictivas[42].

Cualquier otra situación en la que la parte vea disminuidas sus posibilidades de defensa son también controlables con base en este segundo motivo. Será la casuística judicial la que nos irá señalando los supuestos incluibles.

---

41 Juliá Insenser, J.M., "Obras son amores y no votos particulares. Sentencia del Tribunal Superior de Justicia de Madrid CP 1ª de 28 de abril de 2021" *LA LEY mediación y arbitraje,* Nº 9, Sección Crónica de Jurisprudencia. LA LEY 13247/2021.

42 Así ocurrió en la STSJ Aragón, 233/2022, de 16 de marzo (ECLI:ES:TSJAR:2022:233) donde se anuló el laudo debido a que el arbitraje se notificó a través de un buzón electrónico, cuando la socia trabajadora estaba de baja y no tenía acceso a él -sin estar obligada a ello para temas de derecho privado-. Porque, se entendió que la ley que regula el arbitraje establece requisitos diferentes a los de las comunicaciones con las Administraciones Públicas. En el arbitraje, donde las partes se consideran iguales y se aplican los principios de igualdad, audiencia y contradicción, la notificación debe cumplirse con todo rigor, tal como en los procesos judiciales. Esta falta de notificación adecuada se considera una infracción al orden público procesal, lo que permite la anulación del laudo (STC 65/2021, de 15 de marzo)."

C) Incongruencia

Tal y como continúa regulando el precepto, otro argumento para obtener la nulidad es que los árbitros hayan "resuelto sobre cuestiones no sometidas a su decisión".

Dado que la congruencia es un requisito para la validez del laudo arbitral (art. 41.1.c) LA), debe evaluarse teniendo en cuenta el convenio y las alegaciones de las partes, con la flexibilidad inherente a este tipo de procedimientos. Esto es, la congruencia no precisa una correspondencia absolutamente rígida, sino un ajuste racional a las pretensiones de las partes, dentro de la legalidad.

En un arbitraje de equidad, los elementos de incongruencia interna tienen una importancia secundaria, ya que el árbitro puede prescindir de las reglas formales para buscar la justicia material, lo que no exime al árbitro de respetar los deberes de audiencia, defensa y contradicción (art. 24 LA). De este modo, los árbitros pueden pronunciarse incluso sobre cuestiones no solicitadas por las partes si con ello contribuyen a facilitar la ejecución del fallo o a prevenir futuros litigios.

a) Competencia determinada por los árbitros. El principio Kompetenz-Kompetenz

Pero qué ocurre si se pronuncian sobre algo sobre lo que no tienen competencia. ¿Podría entenderse que han resuelto sobre cuestiones no sometidas a su decisión por impedirlo la ley? Tal y como ha dejado claro la jurisprudencia[43], de la interpretación conjunta del art. 22 LA, los dos primeros apartados del art. 11 LA y los arts. 39 y 63.1 LEC se desprende que existen dos posturas respecto a la extensión de la competencia de los árbitros.

La primera plantea que el órgano judicial debe llevar a cabo un análisis exhaustivo sobre la validez, eficacia y aplicabilidad del convenio arbitral al decidir sobre la declinatoria. Según esta tesis, si el tribunal determina que el convenio arbitral no es válido, eficaz o aplicable a las cuestiones planteadas en la demanda, rechazará la declinatoria y continuará conociendo del litigio.

---

[43] SAP Madrid de 9 de junio de 2021, Roj: SAP M 6501/2021 (ECLI:ES:APM:2021:6501) que se refiere a la STS 409/2017, de 27 de junio de 2027 (*cfr.*, SSTSJ Madrid 77/2015, de 2 de noviembre, 80/2015, de 15 de noviembre y más, recientemente, la sentencia 33/2022 de 7 octubre).

La segunda postura, conocida como la "tesis fuerte" del principio kompetenz-kompetenz, sostiene que el papel del tribunal ante una declinatoria debe ser limitado, verificando únicamente la existencia misma del convenio. Siendo válido, el tribunal debería aceptar la declinatoria para que los árbitros decidan sobre su propia competencia. Solo a través de una acción de anulación del laudo posterior, que podría ser parcial y limitada a la competencia de los árbitros, el órgano judicial tendría la oportunidad de revisar si la decisión de estos fue conforme a ley.

En palabras de SÁNCHEZ POS (2023)[44], "es doctrina consolidada de las diversas Salas de lo Civil y Penal de nuestros Tribunales Superiores de Justicia que no es propio del ámbito objetivo del procedimiento judicial de designación de árbitros suplantar la decisión del árbitro sobre su propia competencia, esto es, sobre el análisis de la validez del convenio arbitral más allá de la verificación, prima facie, de su existencia y validez y sobre la comprobación de la arbitrabilidad de la controversia, y mucho menos entrar a resolver acerca la viabilidad del *thema decidendi* que se va a someter a arbitraje, pues dicho análisis concierne a la decisión de fondo, en sí misma considerada, que el árbitro ha de adoptar al dirimir la concreta contienda que ante él se suscite, entre la que se incluye, como queda dicho, la determinación de los límites de su propia competencia y, desde luego, el alcance del convenio arbitral". Por lo expuesto, se entiende que -si ha entrado a decidir sobre lo que la ley no le permitía- aunque en su día se hubiera desestimado la declinatoria- podría ahora anularse el laudo por incongruente.

b) Presupuestos de procedibilidad

1. Antes de recurrir a un tribunal para abordar la incongruencia *extra petita*, las partes deben solicitar la rectificación del laudo al árbitro dentro de los diez días siguientes a su notificación (art. 39.1 LA). La omisión de esta solicitud implica la desestimación del recurso de anulación, en virtud de las disposiciones sobre renuncia tácita a las facultades de impugnación.

2. Las alegaciones frente a la competencia de los árbitros deben incluirse en el escrito de contestación a la demanda arbitral, o tan pronto como sea posible, sin que el hecho de haber participado en el nombramiento de los árbitros lo impida. Solo en casos justificados los árbitros podrán considerar las excepciones que se planteen con posterioridad.

---

[44] Sánchez Pos, MV., "El control de la existencia y alcance del convenio arbitral", *op. cit.*

Por lo tanto, es en el procedimiento arbitral donde se resuelven estas cuestiones, antes o junto con otros aspectos del caso, lo que significa que solo después de dictar el laudo se puede atacar lo decidido mediante la acción de anulación[45].

D) Procedimiento contrario a la voluntad de las partes

Asimismo, el demandante de nulidad puede alegar "que la designación de los árbitros o el procedimiento arbitral no se han ajustado al acuerdo entre las partes, salvo que dicho acuerdo fuera contrario a una norma imperativa o -a falta de dicho acuerdo- que no se han ajustado a la LA" (art. 41.1 d).

Las partes son soberanas tanto para determinar el procedimiento para nombrar árbitros como para el que se seguirá al resolver el conflicto, siempre que se respeten las limitaciones legales relativas al derecho de defensa[46].

Si el nombramiento se realiza desoyendo lo previsto o los árbitros incumplen la tramitación impuesta, el tribunal estimará la acción de nulidad del laudo. En este sentido, en opinión de algunos, también cabe alegar esta causa cuando el procedimiento no ha respetado el principio de audiencia o el de igualdad de partes, dado que ello contraviene el derecho de defensa, con independencia de que los árbitros hayan seguido escrupulosamente el procedimiento establecido[47].

---

45 Sin embargo, la literalidad del precepto resulta contradictoria al señalar que "si la decisión (arbitral) fuese desestimatoria de las excepciones y se adoptase con carácter previo, el ejercicio de la acción de anulación no suspenderá el procedimiento arbitral". Pero si la acción se plantea contra el laudo y el laudo se dicta al final del procedimiento ¿cómo iba a suspenderlo la interposición de la acción de nulidad si aún no hay laudo contra el que accionar?

46 *Vid.*, apartado III, 1.

47 En opinión de Ormazábal Sánchez, "la indefensión que, con carácter general, causa la desviación de las normas sobre carga de la prueba comporta asimismo hacer el laudo susceptible de anulación con fundamento en las letras b) y c) del art. 41.1º LA. En el primer caso, porque el litigante afectado no pudo hacer valer sus derechos (...) pues desconocía antes de la fase probatoria qué carga de probar le incumbía; y en el segundo, porque el procedimiento arbitral (...) no se había adecuado a los principios de audiencia y contradicción (art. 24 LA). Ormazabal Sánchez, G., "¿Son aplicables al procedimiento arbitral...?", *op. cit.,* p.7.

E) Materia no arbitrable.

El perjudicado por el laudo también puede alegar "que los árbitros han resuelto sobre cuestiones no susceptibles de arbitraje" (art. 41.1 e).

Recuérdese que solo son susceptibles de arbitraje los conflictos relativos a materias de libre disposición que emanen de la actividad cooperativa interna y que surjan entre personas socias de una cooperativa y la cooperativa a la que estén afiliadas, entendiendo por cooperativa, según la LSCCan, también a su administrador único (o consejo rector), así como al comité de recursos.

Aunque la LSCCan no dice nada de que puedan someterse a este modo alternativo de resolución las relaciones hacia afuera, como las que se pueden tener con otras cooperativas, federaciones y/o confederaciones, tampoco hay razones para limitar su ámbito de aplicación. Así, podrían acudir al arbitraje tanto las cooperativas de segundo o ulterior grado (en tanto que entidades cooperativas), como las Uniones, Federaciones y Confederaciones de Cooperativas. Aún no sabemos qué ocurre con las Secciones de las Cooperativas, que carecen de personalidad jurídica propia dado que no está resuelto si pueden personarse o no en un procedimiento arbitral. Habremos de esperar a los pronunciamientos judiciales al respecto.

Como es lógico, quedan excluidas del arbitraje cooperativo tanto las relaciones que no tengan su origen en la actividad cooperativa como las disputas en áreas que no sean de libre disposición sujetas a la aplicación del derecho imperativo; los conflictos ya resueltos por una sentencia firme; las controversias que requieran la intervención obligatoria del Ministerio Fiscal; los conflictos propios de conciliaciones y los arbitrajes laborales o de consumo (como consecuencia de su naturaleza).

3. Especial consideración a la causa relativa a la vulneración del orden público

La continua alegación a la vulneración del orden público del art. 41.1 f) LA como la última de las causas de anulación -bajo ningún pretexto- "puede ser utilizada como «un cajón de sastre que permita el control de la decisión arbitral»" para amparar una modificación del fondo del asunto[48]. A la hora de determinar qué significa "orden público", al no existir un

---

[48] *Cfr.*, Cerrada Pérez, M., "La reciente sentencia del Tribunal Constitucional", *op. cit.*, p. 4, donde cita la STC 15/06/20 en su FJ2º.

concepto legal de este, son los tribunales quienes -al aplicar la norma- delimitan sus contornos concretos[49].

Así, como viene afirmando el TC[50], solo se produce vulneración del orden público cuando se cometen errores procesales relacionados con garantías fundamentales: como el derecho de defensa, igualdad, bilateralidad, contradicción, prueba, falta de motivación, infracción de normas legales imperativas o vulneración de resoluciones firmes anteriores, "así como otros principios esenciales indisponibles para el legislador por exi-

---

49 MERINO MERCHÁN señala que "el arbitraje como institución tiene un interna corporis infranqueable y vedado al orden judicial, Por tal motivo la constante apelación a la causa del art.41.1º.f) LA por parte de quienes se consideran perjudicados por el laudo, es hoy un camino estrecho y sin apenas recorrido ya que tanto la doctrina como la jurisprudencia ordinaria y constitucional han acabado por fijar los casos y términos en que puede prosperar esa acción, cuando con la misma se pretende una revisión tanto de fondo como respecto a la valoración de la prueba por el órgano judicial" (Merino Merchán, J.F., "La simple conjetura en la denuncia de falta de imparcialidad por la corte de arbitraje no es suficiente para cuestionar su debida neutralidad y transparencia en la designación de árbitros. Sentencia del Tribunal Superior de Justicia de Madrid CP 1ª de 8 de junio de 2021", *LA LEY mediación y arbitraje,* Nº 9S, Sección Crónica de Jurisprudencia, LA LEY 13249/2021, p. 8). "Al respecto ha dicho el Tribunal Constitucional que es jurisprudencia reiterada de este tribunal la de que por orden público material se entiende el conjunto de principios jurídicos públicos, privados, políticos, morales y económicos, que son absolutamente obligatorios para la conservación de la sociedad en un pueblo y en una época determinada (SSTC 15/1987, de 11 febrero; 116/1988, de 20 junio, y 54/1989, de 23 febrero), y, desde el punto de vista procesal, el orden público se configura como el conjunto de formalidades y principios necesarios de nuestro ordenamiento jurídico procesal, y solo el arbitraje que contradiga alguno o algunos de tales principios podrá ser tachado de nulo por vulneración del orden público". "Asimismo, el tribunal ha llamado la atención sobre los riesgos de desbordamiento del concepto de orden público como causa de anulación de los laudos arbitrales [art. 41.1 f) de la Ley 60/2003] y de la necesidad de llevar a cabo una interpretación restrictiva del mismo, so pena de vulnerar la autonomía de la voluntad de las partes (art. 10 CE) y su renuncia puntual a la tutela jurisdiccional (art. 24 CE; SSTC 46/2020, FJ 4; 17/2021, FJ2, y 65/2021, FJ 3)" STSJ País Vasco, 3/2023 de 9 marzo 2023 (ECLI:ES:TSJPV:2023:864. FJ3).

50 STC 46/2020, FJ4, reiterado en las SSTC 17/2021, FJ2, y 65/2021, FJ2), alegadas en la STSJ País Vasco, 3/2023 de 9 marzo 2023 (ECLI:ES:TSJPV:2023:864, FJ3). *Cfr.* también Calvo Corbella, J.C., "Pretensión revisoria de Laudos arbitrales amparada en la invocación formal de causales de anulación. El difícil anclaje de la impugnación de laudos por incumplimiento del deber de revelación. Sentencia del Tribunal Superior de Justicia de Madrid CP 1ª 11 mayo 2021", *LA LEY mediación y arbitraje,* Nº 9, Crónica de jurisprudencia, LA LEY 13238/2021, pp. 3-4.

gencia constitucional o de la aplicación de principios admitidos internacionalmente".

Como se viene defendiendo, el tribunal no puede sustituir el papel del árbitro en la resolución del conflicto, sino que ha de limitarse a controlar la legalidad del convenio arbitral, la arbitrabilidad de la materia, y la regularidad procedimental. Como afirma CAMPOS CANDELAS (2022), en este sentido, "resultará irrelevante, en sede de control judicial del arbitraje, que en el laudo puedan vislumbrarse errores, pues todo lo que no comprometa los principios esenciales del ordenamiento no se valorará. No importará que la decisión adoptada sea «acertada», que la postura del impugnante sea «razonable»; que el órgano judicial «no comparta los razonamientos del árbitro»; que la normativa aplicada no resulte procedente, que el criterio acogido sobre el asunto litigioso en el laudo sea contrario al seguido por la jurisprudencia dictada en casos similares o que se realice por el árbitro una errónea «valoración de la prueba»"[51].

Son muchos y muy diversos los supuestos en los que se ha planteado esta causa de nulidad, entre ellos el de caducidad de la acción arbitral[52] y falta de litisconsorcio pasivo necesario[53], pero nos centraremos en los dos más

51 *Cfr.,* Campo Candelas, J., "Acerca de la recurrente invocación del orden público para sustentar la acción de anulación y de supuesta intangibilidad material del laudo que contraríe normas imperativas. STSJ PV 1 de junio 2022", *La Ley mediación y arbitraje,* nº 13, Sección Jurisprudencia seleccionada, cuarto trimestre 2022, pp.4-6.

52 Por lo que respecta al alegato de eventual caducidad de la acción arbitral "no puede considerarse que comprometa ese reducto esencial del ordenamiento que se identifica con el orden público, siendo irreprochable, por tanto, la solución ofrecida por el Tribunal Superior de Justicia del País Vasco; mucho más cuando la aplicación de normas jurídicas ofrecida en el arbitraje de equidad debe ser respetada, como principio, como ha tenido ocasión de refrendar muy recientemente el Tribunal Supremo" Campo Candelas, J., "Acerca de la recurrente invocación del orden público", *op. cit.,* pp.4-6.

53 El ATSJ Madrid (Sala de lo Civil y Penal, Sección 1.ª) de 14 octubre 2020 "establece que la excepción procesal de falta de litisconsorcio pasivo necesario "presenta entidad atentatoria suficiente para el orden público, que impida el reconocimiento y ejecución del Laudo Arbitral conforme a la normativa vigente, ya que la defectuosa constitución de la relación procesal constituye una cuestión de orden público, que impide la decisión sobre el fondo del litigio, [STS 400/2012, de 12 de junio , entre otras].", Montero, F.J y Tarjuelo, J., "El litisconsorcio pasivo necesario como cuestión de orden público procesal", *Anuario de arbitraje.* Estudios y comentarios legislativos, 2023, Civitas, BIB 2023/1219, p. 7.

significativos: la falta de motivación del laudo y el incumplimiento de las reglas sobre carga de la prueba.

A) Falta de motivación

Tal y como defienden la doctrina y la jurisprudencia más relevantes[54], la exigencia de motivación de los laudos deriva del art. 37.4 LA que establece que el laudo deberá ser siempre motivado, a menos que se trate de un laudo que recoja un acuerdo entre las partes, lo que deberá dejarse también manifestado en el escrito resolutorio[55].

Los tribunales están facultados para verificar si existe una justificación adecuada limitando el análisis a cuestiones procesales sin que esté permitido entretejerlas con razonamientos de fondo que lleven al juez a modificar el sentido de lo resuelto[56].

---

[54] Elberdin, A./Virzi, F. "El control jurisdiccional de la motivación del laudo STSJ del País Vasco de 23 de diciembre de 2022", *LA LEY mediación y arbitraje,* Nº 15, Sección Jurisprudencia seleccionada, Segundo trimestre de 2023, LA LEY/2023. Véanse SSTC nº 17/2021 de 15 febrero de 2021 y nº 65/2021, de 15 de marzo de 2021. *Vid.*, también Campo Candelas, J., "Acerca de la recurrente invocación del orden público", *op. cit.*

[55] "En la STC 65/2021, el objeto de la acción de anulación planteada 'es determinar si la decisión judicial de anular parcialmente el laudo arbitral sometido a una acción de anulación ha vulnerado el derecho a la tutela judicial efectiva (art. 24.1 CE), desde la perspectiva del derecho a la motivación de las resoluciones judiciales, por haber desarrollado un control fundado en una interpretación irrazonable acerca del alcance de la causa de nulidad consistente en ser el laudo contrario al orden público". Pues bien, "el Tribunal Constitucional entiende que 'el ensanchamiento del concepto de orden público que realiza la resolución impugnada para revisar el fondo del litigio excede del alcance de la acción de anulación, al margen de desconocer el poder de enjuiciamiento de los árbitros y la autonomía de la voluntad de las partes vulnerando el art. 24.1 CE", en Hinojosa Segovia, R., "Anulación del laudo arbitral", *op. cit.,* pp. 82-87.

[56] A juicio de Sánchez Lorenzo, S.A., "La falta de motivación del laudo como motivo de anulación. Sentencia del Tribunal Superior de Justicia de Madrid CP 1ª de 4 de mayo de 2021", *LA LEY mediación y arbitraje,* Nº 9, Sección Tribuna, octubre-diciembre 2021, según se extrae de la sentencia citada "el TSJ realiza una valoración positiva de la racionalidad y suficiencia de la motivación, que no es compartida por el magistrado que firma el voto particular. En este extenso voto, el magistrado disidente lleva a cabo un control de fondo de la motivación y, en particular, en la valoración de la prueba, que no delimita adecuadamente cuestiones procesales y sustantivas, pues la omisión de determinados elementos de prueba por el tribunal

En opinión de LORCA NAVARRETE (2023)[57] "es crucial entender que la libertad de las partes para negociar la resolución de sus disputas mediante arbitraje no cuestiona el orden público, a menos que la decisión del árbitro carezca notablemente de motivación o sea irracional. Así concebido, los meros errores en la motivación o en la decisión del laudo arbitral quedan fuera del ámbito de control judicial.

Por otra parte, existe una diferencia en la motivación entre el arbitraje de equidad y el de derecho radicada en que el primero se sustenta en la lógica jurídica y las reglas de la sana crítica, mientras que el segundo se guía por principios y normas de derecho. El laudo arbitral en equidad debe estar debidamente motivado, reflejando cómo el árbitro llegó a su decisión y fundamentando la justicia de sus criterios. Aunque los árbitros no estén obligados a fundamentar jurídicamente su decisión, el laudo debe ser congruente y debidamente motivado, aunque la extensión de esta motivación pueda ser breve. Sin embargo, la imposibilidad de revisar el fondo del laudo es igualmente aplicable en ambos casos, lo que significa que ni la apreciación de la prueba ni la conducta procesal del árbitro pueden ser objeto de revisión sustancial". Téngase en cuenta que, si un arbitraje de equidad es resuelto aplicando normas jurídicas, ello no implica que la motivación pueda ser impugnada. Porque, se afirma, "el hecho de que se haya dictado un laudo basado en Derecho en el marco de un arbitraje de equidad carece de incidencia en lo que respecta al orden público"[58].

---

arbitral se justificaba en la regla *parole evidence rule*, como característica del sistema de interpretación de los contratos en las leyes de Nueva York".

57 LORCA NAVARRETE, A.M., "El deber de motivar un laudo arbitral no se integra en el orden público exigido en el art. 24 de la Constitución, sino que surge de lo que las partes negociaron que fuera resuelto en el arbitraje", *LA LEY mediación y arbitraje*, Nº 15, Sección Tribuna, Segundo trimestre de 2023, LA LEY 5566/2023, pp. 3-4.

58 En un asunto judicial, la demandante impugnó el laudo "alegando que el árbitro habría vulnerado el orden público por motivarlo de forma arbitraria ya que, pese a que el arbitraje debía resolverse en equidad, el árbitro lo hizo aplicando la normativa mercantil extralimitándose de sus competencias (pues nombró liquidadores de la sociedad). En su sentencia, el Tribunal Superior de Justicia del País Vasco establece que, según la doctrina del Tribunal Constitucional, el control jurisdiccional de la motivación del laudo deriva del art. 37.4º LA y no del art. 24 CE, por lo que para valorar si el laudo contraviene el orden público el Tribunal únicamente deberá verificar la existencia de motivación, no pudiendo entrar a valorar el fondo del asunto por mucho que no comparta el razonamiento del árbitro. Adicionalmente, y en lo relativo a la motivación de los laudos basados en Derecho en un arbitraje de equidad, la sentencia establece que «carece de incidencia en el

B) Reglas sobre carga de la prueba

Como se ha señalado[59], "para que la valoración de la prueba pueda considerarse que infringe el orden público debería ser necesaria una ausencia de tal valoración o que se realizara de manera arbitraria, voluntarista o irracional conforme a las reglas legales, la experiencia, la lógica y el resultado de la prueba". A juicio de ORMAZÁBAL SÁNCHEZ (2020)[60], "el quebrantamiento de la seguridad jurídica que, con carácter general, entraña apartarse de las normas atributivas de la carga de la prueba explicitadas en los apartados 2° y 3° del art. 217 LEC podría encontrar su cauce de impugnación en la vulneración del orden público (art. 41.1°.f) LA), pues dicha seguridad jurídica constituye una de las garantías jurídicas básicas consagradas en el art. 9.3° CE. Otro tanto sucedería en el caso de que la carga probatoria se hubiese asignado no sólo en modo diferente de lo previsto en la ley, sino atendiendo a un criterio que en sí mismo generase indefensión".

En relación con la prueba, analizamos dos situaciones de gran trascendencia.

a) El falso testimonio

Sorprendentemente, la legislación española no contiene una obligación de decir la verdad al testificar ante un árbitro. Esta situación tampoco está expresamente contemplada en los reglamentos de las principales instituciones arbitrales españolas[61]. Ante ello, hay quienes sugieren aplicar

---

orden público» en la medida en que, como en este caso, exista un razonamiento. Por último, y en relación con la eventual extralimitación del árbitro al nombrar liquidadores societarios, el Tribunal Superior de Justicia concluye que ese motivo de anulación debió vehicularse como una infracción de los apartados c) o e) del art. 41.1° LA, pero no por el cauce articulado por la demandante (infracción del orden público). En cualquier caso, el Tribunal Superior de Justicia concluye que la arbitrabilidad de la materia societaria se desprende del art. 11bis LA en la que se establece que las sociedades de capital pueden someter a arbitraje los conflictos que se les planteen por lo que procede a desestimar las alegaciones realizadas a este respecto y a confirmar el laudo". Elberdin, A./Virzi, F., "El control jurisdiccional de la motivación del laudo", *op. cit.*, p.3. *Vid.*, también SSTC n° 17/2021 de 15 febrero de 2021 y n° 65/2021, de 15 de marzo de 2021.

59 Fernández Pérez, A., "Arbitraje de equidad", *op. cit.*, p. 4.

60 Ormazabal Sánchez, G., "¿Son aplicables al procedimiento arbitral ...?", *op. cit.*, p.7.

61 Sin embargo, en el ámbito internacional existen las Reglas IBA (International Bar Arbitration) que, por lo menos, establecen que cualquier testigo debe com-

analógicamente el art. 365.1 LEC al procedimiento arbitral, que requiere que cada testigo jure o prometa decir verdad. No obstante, dado que no es posible sancionar penalmente el falso testimonio en esta sede (falta la tipicidad penal), este requisito tendría poco valor más allá de lo simbólico. Como señala MONTEJO RAPINO (2024)[62], la obligación de decir la verdad al declarar es "una cuestión no tratada ni por la LA ni por los reglamentos de las principales instituciones arbitrales, de las que por lo tanto no se deduce tal obligación"[63].

b) Prueba ilícita

Sobre cómo debe tratarse una prueba obtenida vulnerando derechos fundamentales si el árbitro la utiliza para fundar su decisión, también han surgido voces discrepantes[64]. El legislador la considera ilícita, y como tal, nula en el ámbito procesal (art. 11.1 LOPJ). Sin embargo, en opinión de PICÓ JUNOY (2024)[65], en el ámbito arbitral "(l)a razón de esta prohibición cabe buscarla no en el art. 11.1 LOPJ sino en la jurisprudencia del Tribunal Constitucional, que limita la prueba ilícita a (a) la obtenida vulnerando un derecho fundamental, y además (b) con la intención de aportarse a un proceso jurisdiccional (como lo es el arbitral). Y en estos términos tan restrictivos

---

prometerse a decir la verdad de manera apropiada. No existe, sin embargo, una consecuencia para su incumplimiento

62 Montejo Rapino, R., "La declaración testifical en el procedimiento arbitral. Tratamiento y sanción del falso testimonio", *Diario La Ley*, sección Tribunal, 13 marzo 2024, p. 4.

63 Entre las críticas a esta falta de regulación se plantea que el castigo "debería derivarse del delito de falso testimonio en causa judicial civil, tipificado en el art. 458.1 CP. Sin embargo, ello no es posible al estar vetada la analogía contra reo en el ámbito penal". Esta ausencia de sanción legal para el falso testimonio en arbitraje plantea dificultades prácticas, ya que también impide acudir a un procedimiento para la revisión del laudo con base en motivos que permiten la revisión de sentencias firmes, como la condena por falso testimonio. Como cuestión de lege ferenda, opinamos que este vacío legal (antinomia jurídica) puede vulnerar el derecho de acceso a la jurisdicción, por lo que debería ser resuelto con la aprobación de la normativa correspondiente.

64 Sobre esta cuestión, *vid.*, GONZÁLEZ DE COSSÍO, F., "La prueba ilícita: propuestas para manejar los retos que suscita en arbitrajes", *Spain Arbitration Review. Revista del Club Español del Arbitraje*, Nº 20, Sección Artículos, Segundo cuatrimestre de 2014, LA LEY 3935/2014. Muy ilustrativa al respecto la STSJ de Madrid 24/2023, de 14 de junio.

65 Picó Junoy, J., "La prueba ilícita en el arbitraje" *LA LEY Probática*, Nº 15, Sección Tribuna. Primer Trimestre de 2024. LA LEY 9939/2024.

debe entenderse aplicable el art. 41.1.f LA como motivo de anulación de un laudo que se fundamenta en una prueba ilícita".

Para que la acción de anulación del laudo pueda avanzar con éxito, es crucial demostrar que se han seguido unos pasos. En primer lugar, se debe denunciar la existencia de la prueba ilícita desde que se conoce su ilicitud dentro del procedimiento arbitral. A continuación, el árbitro dará audiencia a la contraparte para que pueda refutar la posible ilicitud. Si el árbitro la desestima, el demandante de nulidad habrá de argumentar tanto la violación de un derecho fundamental sustantivo al obtener la prueba ilícita como la intención de emplearla en el arbitraje, lo que representa una clara violación del principio de igualdad procesal al restringir injustificadamente el derecho de defensa de la parte contraria; por último, se debe justificar la existencia de una indefensión efectiva, demostrando de manera convincente que esta prueba tuvo una influencia determinante en la resolución del conflicto. Es decir, que -de no haberse valorado esta prueba- el resultado final del laudo habría sido diferente[66].

Para concluir este trabajo, es importante destacar que el arbitraje constituye un método de resolución de conflictos cooperativos que ofrece sólidas garantías jurídicas. Esta alternativa al procedimiento judicial no solo es más eficaz, sino que también facilita la obtención de soluciones que reflejan mejor el espíritu de colaboración y cooperación que caracteriza la creación de sociedades cooperativas. En este contexto, el arbitraje favorece la preservación de las buenas relaciones y los intereses comunes de todos los socios, promoviendo un entorno más armonioso y eficiente para la resolución de disputas.

V. BIBLIOGRAFÍA

ARGUDO PÉRIZ, J.L., "Algunos problemas de nulidad y eficacia del convenio arbitral cooperativo" *CIRIEC-España, Revista jurídica de Economía Social y Cooperativa,* nº 17/2006.

CALVO CORBELLA, J.C., "Pretensión revisoria de Laudos arbitrales amparada en la invocación formal de causales de anulación. El difícil anclaje de la impugnación de

66 Aun reconociendo la dificultad que implica este modo de proceder, Picó Junoy lo considera esencial para que la acción de anulación del laudo sea exitosa. De lo contrario, es probable que el tribunal, incluso admitiendo la irregularidad en la admisión de la prueba ilícita, concluya que esta no afectó el resultado final del laudo y, por lo tanto, no justifique su anulación. "La prueba ilícita", *op. cit.*

laudos por incumplimiento del deber de revelación. Sentencia del Tribunal Superior de Justicia de Madrid CP 1ª 11 mayo 2021", LA LEY mediación y arbitraje, Nº 9, Crónica de jurisprudencia, LA LEY 13238/2021.

CAMPO CANDELAS, J., "Acerca de la recurrente invocación del orden público para sustentar la acción de anulación y de supuesta intangibilidad material del laudo que contraríe normas imperativas. STSJ PV 1 de junio 2022", *La Ley mediación y arbitraje,* nº 13, Sección Jurisprudencia seleccionada, cuarto trimestre 2022.

CERRADA PÉREZ, M., "La reciente Sentencia del Tribunal Constitucional de 27 de junio de 2022: luces en el concepto de orden público y sombras en torno a la prejudicialidad penal en el arbitraje", *La Ley mediación y arbitraje,* nº 12, Sección Jurisprudencia seleccionada, *LA LEY* 8158/2022, pp.

DE LA CUESTA SAENZ, j.m., "Contractualidad del arbitraje. A propósito de la STC 174/1995, de 23 de noviembre". *Derecho Privado y Constitución,* Núm. 9, mayo-agosto 1996, pp. 315-322; LA LEY mediación y arbitraje, Nº 16, Sección Jurisprudencia seleccionada, Tercer trimestre de 2023, LA LEY 9145/2023.

ELBERDIN, A./Virzi, F., "El control jurisdiccional de la motivación del laudo STSJ del País Vasco de 23 de diciembre de 2022", *LA LEY mediación y arbitraje,* Nº 15, Sección Jurisprudencia seleccionada, Segundo trimestre de 2023, LA LEY/2023.

FERNÁNDEZ PÉREZ, A., "Arbitraje de equidad, motivación y valoración de la prueba. Sentencia del Tribunal Superior de Justicia de Castilla La Mancha de 31 de marzo de 2022", *LA LEY mediación y arbitraje,* Nº 11, Sección Jurisprudencia seleccionada, Tercer trimestre de 2023, LA LEY 6135/2022.

FERNÁNDEZ ROZAS, J.C., "La inclusión de la cláusula arbitral en los Estatutos de una cooperativa supone la aceptación expresa y voluntaria de los socios a acudir a esta vía alternativa de resolución de conflictos (AAP Castellón 3ª 22 diciembre 2021)", 1 junio 2021, *El Blog de José Carlos Fernández Rozas,* Recuperado de Web: fernandezrozas.com

GONZÁLEZ DE COSSÍO, F., "La prueba ilícita: propuestas para manejar los retos que suscita en arbitrajes", *Spain Arbitration Review. Revista del Club Español del Arbitraje,* Nº 20, Sección Artículos, Segundo cuatrimestre de 2014, LA LEY 3935/2014.

HINOJOSA SEGOVIA, R., "El Tribunal Constitucional enmienda la plana de nuevo al Tribunal Superior de Justicia de Madrid", *El notario del siglo XXI: revista del Colegio Notarial de Madrid,* Nº. 97, 2021, pp. 82-87.

HINOJOSA SEGOVIA, R., "Anulación del laudo arbitral por caducidad de la acción de arbitraje ejercitada. Sentencia del Tribunal Superior de Justicia de Castilla-La Mancha de 19 de noviembre de 2020", *LA LEY mediación y arbitraje,* Nº 7, Sección Crónica de Jurisprudencia. LA LEY 6823/2021 *notario del siglo XXI: revista del Colegio Notarial de Madrid,* Nº. 97, 2021, pp. 82-87.

JULIÁ INSENSER, J.M., "Obras son amores y no votos particulares. Sentencia del Tribunal Superior de Justicia de Madrid CP 1ª de 28 de abril de 2021" *LA LEY mediación y arbitraje,* Nº 9, Sección Crónica de Jurisprudencia. LA LEY 13247/2021

LORCA NAVARRETE, A.M., "El deber de motivar un laudo arbitral no se integra en el orden público exigido en el art. 24 de la Constitución, sino que surge de lo que las partes negociaron que fuera resuelto en el arbitraje", *LA LEY mediación y arbitraje,* Nº 15, Sección Tribuna, Segundo trimestre de 2023, LA LEY 5566/2023.

MALLANDRICH MIRET, N., "¿Puede el Juez de Primera Instancia controlar la admisibilidad de la prueba propuesta en los supuestos de auxilio judicial en la práctica de prueba en el arbitraje?" en "*Preguntas con respuesta: La prueba a consulta", Diario La Ley,* Nº 7947, Sección Práctica Forense, 19 de octubre de 2012, Editorial LA LEY 17125/2012, pp. 2-5.

MARTÍ MIRAVALLS, j., "El arbitraje cooperativo. El caso valenciano", *CIRIEC-España, Revista jurídica de Economía Social y Cooperativa,* nº 14/2003

MERINO MERCHÁN, J.F., "La simple conjetura en la denuncia de falta de imparcialidad por la corte de arbitraje no es suficiente para cuestionar su debida neutralidad y transparencia en la designación de árbitros. Sentencia del Tribunal Superior de Justicia de Madrid CP 1ª de 8 de junio de 2021", *LA LEY mediación y arbitraje,* Nº 9, Sección Crónica de Jurisprudencia, LA LEY 13249/2021.

MIROSA MARTÍNEZ, P., "Algunas cuestiones de derecho probatorio en el arbitraje: limitaciones e iniciativa probatoria arbitral", *Diario LA LEY,* Sección Tribuna, 28 de febrero de 2014, Año XXXV, Ref. D-67. LA LEY 933/2014.

MONTEJO RAPINO, R., "La declaración testifical en el procedimiento arbitral. Tratamiento y sanción del falso testimonio", *Diario La Ley,* sección Tribunal, 13 marzo 2024.

MONTERO, F.J./TARJUELO, J. "El litisconsorcio pasivo necesario como cuestión de orden público procesal", *Anuario de arbitraje.* Estudios y comentarios legislativos, 2023, Civitas, BIB 2023/1219

ORMAZABAL SÁNCHEZ, G., "¿Son aplicables al procedimiento arbitral las normas legales sobre carga de la prueba, valoración de la prueba y presunciones?, *LA LEY mediación y arbitraje,* Nº 2, Sección Tribuna, LA LEY 6536/2020

PÉREZ MORALES, M.G., "La cooperativa catalana y el proceso", (Capítulo XX) *Régimen jurídico de las sociedades cooperativas catalanas* (DIR. ALFONSO SÁNCHEZ) Atelier, Barcelona, 2020, pp. 589-610.

PICÓ JUNOY, J., "La prueba ilícita en el arbitraje" *LA LEY Probática,* Nº 15, Sección Tribuna. Primer Trimestre de 2024. LA LEY 9939/2024.

ROMÁN CERVANTES, C./GALVÁN SÁNCHEZ, I./DOMÍNGUEZ CABRERA, M.P., "Los principales aspectos jurídico-económicos del proyecto de Ley de Sociedades Cooperativas de Canarias", *CIRIEC-España, Revista jurídica de Economía Social y Cooperativa,* nº 32/2018, Recuperado de www.ciriec-revistajuridica.es

SALAS PORRAS, M., "Resolución extrajudicial de conflictos en las cooperativas españolas", *CIRIEC-España, Revista jurídica de Economía Social y Cooperativa,* nº 25/2014, p. 17. Recuperado de www.ciriec-revistajuridica.es

SÁNCHEZ LORENZO, S.A., "La falta de motivación del laudo como motivo de anulación. Sentencia del Tribunal Superior de Justicia de Madrid CP 1ª de 4 de mayo de 2021", *LA LEY mediación y arbitraje,* Nº 9, Sección Tribuna, octubre-diciembre 2021.

SÁNCHEZ POS, M.V., "El control de la existencia y alcance del convenio arbitral en el procedimiento de designación de árbitros. STSJ Navarra nº 4/2023, de 6 de marzo de 2023.

VALLS MARTÍNEZ, C., "El riesgo de ser árbitro: el caso de los Herederos del Sultán de Joló conta el Estado de Malasia. ¿Deslealtad al arbitraje? ¿Tácticas de guerrilla al máximo nivel?", *Diario LA LEY,* Sección Tribuna, 12 de marzo de 2024

Capítulo XIX.

La economía social de canarias. Importancia de su promoción

MARÍA DEL PINO DOMÍNGUEZ CABRERA[1]

Profesora Titular de Derecho Mercantil

Universidad de Las Palmas de Gran Canaria

orcid.org/0000-0001-9967-3587

---

[1] Vinculado a los siguientes proyectos: IP Cátedra Universitaria de Economía Social de Gran Canaria (ULPGC-Cabildo de Gran Canaria) financiado por el Cabildo de Gran Canaria, de fecha 10 de diciembre de 2024 a 31 de diciembre de 2027 (en linea) https://accedacris.ulpgc.es/cris/project/pj02855. IP del proyecto financiado por el Gobierno de Canarias (convenio-contrato): Asistencia técnica para la redacción de una Ley de Economía Social para Canarias, de fecha 01-01-2020, finalizado 30-06-2020, [en línea] https://accedacris.ulpgc.es/cris/project/pj02367/informacionnew.html. IP del proyecto

I. LA ECONOMÍA SOCIAL DE CANARIAS. IMPORTANCIA DE SU PROMOCIÓN

1. Justificación de la Ley

Para entender la justificación de la promulgación de la Ley 3/2022, de 13 de junio, de Economía social de Canarias (LESCan) en atención a lo que representa la economía social como conjunto de organizaciones que centran su actividad económica y empresarial en las necesidades humanas, la comunidad y el entorno por delante de la maximización del beneficio, es necesario atender a las circunstancias generales, de pertinente aplicación, que se han dado en la Comunidad Autónoma de Canarias, prestando atención a la normativa internacional, europea y nacional.

Partiendo de la situación base de la economía social en la UE agrupa a centenares de miles de empresas y entidades que dan empleo remunerado a millones de personas. Las estadísticas también hablan del importante papel que juegan las entidades y empresas de economía social en la cohesión social y territorial. Los efectos sobre la cohesión social se centran en la ocupación de colectivos con dificultades de acceso al empleo, estabilidad en el empleo, igualdad de oportunidades y oferta de servicios sociales y servicios de educación. Los efectos sobre la cohesión territorial están relacionados con la creación de actividad económica y empleo en las ciudades intermedias y zonas rurales, efectos relacionados con la competitividad de la economía rural y efectos asociados con el mantenimiento de la población rural[2].

- Los principios de identidad de la economía social son:
- Primacía de la persona y del objeto social sobre el capital.
- Adhesión voluntaria y abierta.
- Control democrático por sus miembros.
- Conjunción de los intereses de los miembros usuarios y del interés general.

---

2 *Vid.*, CEPES: *Análisis del impacto socioeconómico de los valores y principios de la economía social en España.* [en línea] (2019) https://www.cepes.es/files/publicaciones/118.pdf [Consulta: 01/04/2024].

- Defensa y aplicación de los principios de solidaridad y responsabilidad.
- Autonomía de gestión e independencia de los poderes públicos.
- Destino de la mayoría de los excedentes a la consecución de objetivos a favor del desarrollo sostenible, del interés de los servicios a los miembros y del interés general.

La apuesta de Europa por el impulso de las empresas sociales es clara: se encuentra importantes programas con una dotación económica significativa, la dedicación de recursos y la generación de conocimiento para su difusión. La Social Business Initiative[3] y organizada en torno a tres grandes temas como son la financiación, la visibilidad y el marco legal o el Programa Europeo de Empleo e Innovación Social son los ejemplos más significativos.

El Consejo de la Unión Europea en 2015 reconoció a la economía social como motor clave de la transformación y evolución de las sociedades contemporáneas, los sistemas de bienestar social y las economías y, por tanto, su contribución al desarrollo económico, social y humano de Europa, siendo complementaria a los sistemas de bienestar social presentes en gran parte de los Estados Miembros4. El Consejo también elaboró una serie de recomendaciones a la Comisión Europea tales como, la consideración de la economía social, la innovación social y las políticas de inversión social en el marco de la revisión de la Estrategia

3 UE: Comunicación Iniciativa sobre empresas sociales "Crear un clima favorable para las empresas sociales, partes interesadas clave en la economía social y la innovación", COM(2011)682 final, 25 octubre 2011, [en línea] https://www.eumonitor.eu/9353000/1/j9vvik7m1c3gyxp/vitxs1l0lpx7 [Consulta: 01/04/2024]

4 Tal y como se recoge en CEPES, *Análisis del impacto socioeconómico de los valores y principios de la economía social en España: Este papel se ha visto reforzado en las últimas décadas como consecuencia de los cambios y transformaciones que se están produciendo en el escenario socioeconómico europeo. Este nuevo escenario, caracterizado por un contexto económico de menor crecimiento, alta incertidumbre y creciente competitividad, el envejecimiento de la población, la transición energética y la digitalización, supone una serie de retos para el conjunto de la sociedad entre los que se encuentran la adaptación de los modelos de empresa y relaciones laborales. Algunas de las claves de esta adaptación se encuentran en la participación de las personas en los proyectos, la cooperación entre las empresas y de éstas con el conjunto de la sociedad. La economía social, por los principios en los que se basa, puede responder en buena medida a estos nuevos retos y actuar, por tanto, como motor de la adaptación a este nuevo escenario. Análisis del impacto socioeconómico de los valores y principios de la economía social en España.* [en línea] (2019) https://www.cepes.es/files/publicaciones/118.pdf [Consulta: 01/04/2024].

Europa 2020; la difusión de buenas prácticas para apoyar el crecimiento de la economía social; el fomento de la economía social especialmente en los países con tasas de desempleo más elevadas y el apoyo de propuestas concretas.

Resulta necesario reseñar que en diciembre del 2019 la reivindicación del sector europeo de economía social de contar con un Plan de Acción Europeo se convierte en realidad al anunciar la presidenta de la Comisión Europea[5], de desarrollar un Plan de Acción Europeo para la economía social. La presidenta encomienda al comisario de Empleo y Derechos Sociales[6], la elaboración de este plan comunitario, hecho histórico y sin precedentes situando a la economía social en la agenda política europea al más alto nivel.

En este ámbito específico de reconocimiento de la economía social, la Organización Internacional del Trabajo no ha permanecido ajena, promoviendo un debate en el que la economía social ha sido contemplada junto con el resto de los agentes empresariales como una fuente principal de crecimiento económico y de creación de empleo, capaz de generar trabajo decente, empleo productivo y mejores niveles de vida para todos.

A nivel estatal, España ha sido el país europeo en el que la economía social ha tenido un mayor recorrido en el debate político, siendo el primer país de la Unión Europea en aprobar una ley específica para su regulación y promoción[7]. En esta andadura, le siguieron Portugal con su Ley de bases de la Economía Social de 2013 y Francia con su Ley de Economía Social y

---

5 Ursula Von der Leyen, Presidente Comisión Europea [en línea] https://op.europa.eu/es/web/who-is-who/person/-/person/COM_00006A0440FF, Consulta: [01/04/2024].

6 Nicolas Schmit, Comisario de Empleo y Asuntos Sociales [en línea] https://www.europarl.europa.eu/meps/es/197428/NICOLAS_SCHMIT/history/9, Consulta: [01/04/2024].

7 En España, el inicio del reconocimiento expreso de la economía social por parte de los poderes públicos tuvo lugar en 1990 con la creación del Instituto de Fomento de la Economía Social (INFES) que tras su desaparición en 1997 atribuyó sus competencias a la Dirección General de Fomento de la Economía social y del Fondo Social Europeo. En 1992 se constituyó la Confederación Empresarial Española de Economía Social (CEPES) organización empresarial de ámbito estatal representativa y referente de la economía social en España, integradora y portavoz de sus inquietudes y propuestas. Posteriormente, en 2001, comenzó su andadura el Consejo para el Fomento de la Economía Social como institución para dotar de visibilidad al conjunto de sus entidades.

Solidaria de 2014. La economía social se configura como sistema económico de importancia en el tejido empresarial español. Las grandes cifras de la economía social, así lo constatan[8] .

La promulgación de la Ley 5/2011 de Economía Social ha supuesto el reconocimiento institucional y un empuje a la visibilidad social del sector. Esta Ley recoge los principios y valores que deben guiar los fines y la gestión diaria de las entidades de economía social, así como la determinación de las formas jurídicas que forman parte del sector[9]. En 2015, se aprobó la Ley 31/2015 por la que se modifica y actualiza la normativa en materia de autoempleo y se adoptan medidas de fomento y promoción del trabajo autónomo y de la economía social. También en 2015 se elaboró el Programa de Fomento e Impulso de la Economía Social 2015-2016, en el que se diseñaron diferentes instrumentos para el impulso de las entidades de economía social, con especial atención a las que apoyen el empleo en los sectores más desfavorecidos y con arraigo en su territorio. A finales de 2017 se aprobó la Estrategia Española de Economía Social 2017-2020[10], estrategia también pionera a nivel europeo. En esta Estrategia se indica que uno de los objetivos es *reforzar e impulsar los valores de la economía social, así como su proyección en la sociedad española, destacando su vocación para la generación*

---

8 *Vid.,* datos que figuran el portal estadístico de la Economía Social CIRIECSTAT [en línea] https://ciriecstat.com/ [Consulta: 01/04/2024].

9 Por su parte, la Ley también determina que los poderes públicos deben fomentar y difundir la economía social. Algunos de los objetivos a conseguir mediante la Ley 5/2011 son los siguientes: 1. Remover los obstáculos que impidan el inicio y desarrollo de una actividad económica de las entidades de economía social. 2. Facilitar las diversas iniciativas de economía social. 3. Promover los principios y valores de la economía social. 4. Proporcionar la formación y readaptación profesional en el ámbito de las entidades de la economía social. 5. Facilitar el acceso a los procesos de innovación tecnológica y organizativa a los emprendedores de las entidades de economía social. 6. Crear un entorno que fomente el desarrollo de las iniciativas económicas y sociales en el marco de la economía social. 7. Involucrar a las entidades de la economía social en las políticas activas de empleo, especialmente en favor de los sectores más afectados por el desempleo, mujeres, jóvenes y parados de larga duración. 8. Introducir referencias a la economía social en los planes de estudio de las diferentes etapas educativas. 9. Fomentar el desarrollo de la economía social en áreas como el desarrollo rural, la dependencia y la integración social.

10 En el momento del trámite de creación y aprobación de la LESCan no se había aprobado la Estrategia Española de la Economía Social (2023-2027) [en línea] (2023) https://www.boe.es/diario_boe/txt.php?id=BOE-A-2023-13033 [Consulta: 01/04/2024].

de empleo y su enorme contribución a la cohesión social, así como *la puesta en marcha de instrumentos que impulsen a las entidades de la economía social, con especial atención a las que apoyen el empleo en los sectores más desfavorecidos y con arraigo en su territorio.* En el tiempo transcurrido desde la aprobación de los ODS, los gobiernos, las Instituciones Europeas y las Organizaciones Internacionales como Naciones Unidas, han situado a la economía social en el centro de la Agenda 2030, porque aporta un modelo empresarial centrado en las personas que demuestra que es posible compatibilizar la competitividad con la transparencia, la sostenibilidad, la solidaridad y la innovación social[11].

Por su parte, la economía social ha estado presente en el debate a nivel autonómico canario con medidas de fomento de la economía social, a través del Servicio Canario de Empleo con la convocatoria de subvenciones dirigidas a fomentar la creación y consolidación de empresas calificadas como I+D, empresas de economía social y empresas de inserción; y subvenciones para la realización de actividades de difusión, fomento y formación de la economía social.

11 Este valor añadido ha hecho que la economía social haya adquirido un papel protagonista en las estrategias del gobierno de España para alcanzar los ODS en España. En 2018, el Plan de Acción aprobado por el Consejo de ministros para la implementación de la Agenda 2030 incorpora a la Estrategia Española de Economía Social 2017-2020 como una de sus 9 políticas palanca. Y esta apuesta decidida por la economía social como actor clave de la Agenda 2030 se está impulsando desde nuestro país también a nivel internacional.

En su momento, la situación de crisis sanitaria por el COVID19[12] ha venido a reforzar tanto a nivel europeo[13], estatal[14] y autonómico[15] la presencia de la economía social como marco de actuación específica para la recuperación económica.

La reseñada Ley canaria de economía social justifica la creación de un registro estadístico específico en canarias que permita establecer el quantum total de las empresas de economía social, que queda integrado por los principales tipos de entidades y empresas que se detallan a continuación:

Las cooperativas; en el ámbito de la comunidad autónoma canaria la Ley 4/2022, de 31 de octubre, de Sociedades Cooperativas de Canarias, objeto de estudio y análisis en esta obra jurídica.

Las mutualidades; una mutualidad, mutua o mutual es una sociedad sin ánimo de lucro constituida bajo los principios de la solidaridad, gestión

---

12 *Vid.,* Real Decreto 463/2020, de 14 de marzo, por el que se declara el estado de alarma para la gestión de la situación de crisis sanitaria ocasionada por el COVID-19.

13 La Comisión Europea ha presentado su propuesta histórica para un ambicioso Plan de recuperación "*El momento de Europa: reparar y prepararse para la próxima generación" #NextGenerationEU. La propuesta apunta a movilizar 750.000 millones de euros para reconstruir el tejido económico y social de Europa, para prepararse mejor y liderar las transiciones ecológicas y digitales, al tiempo que construye una economía que funcione para las personas y no deje a nadie atrás. La economía social se menciona como un impulsor fundamental para construir la economía del mañana* [en línea] http://www.observatorioeconomiasocial.es/actualidadobservatorio.php?id=4534&PHPSESSID=8e9cf731bcfd14df52ccf0359a3399c2 [Consulta:01/04/2024].

14 Es intención del Gobierno de España defender Plan de Acción Europeo de la Economía Social, para el desarrollo económico a través de la innovación, el desarrollo sostenible, la visibilización y la difusión como modelo de futuro de los diferentes países, especialmente como modelo para los jóvenes. Otro de los ejes será el enraizamiento en el territorio en que se asientan las empresas de la economía social, que las hace menos propensas a la deslocalización. Con ello se busca *dar visibilidad y potenciar el modelo de la Economía Social como un modelo de futuro, que polinice con sus valores al resto de modelos empresariales profundizando en la cultura de la responsabilidad social, medioambiental y de buen gobierno* [en línea] http://www.observatorioeconomiasocial.es/actualidad-observatorio.php?id=4533&PHPSESSID=8e9cf731bcfd14df52ccf0359a3399c2 [Consulta:01/04/2024].

15 *Vid.,* el Pacto para la Reactivación Social y Económica de Canarias, firmado el 30-5-2020 [en línea] https://www3.gobiernodecanarias.org/noticias/wp-content/uploads/2020/05/Documento-base-del-Pacto-para-la-Reactivación-Social-y-Económica-de-Canarias-.pdf [Consulta: 01/04/2024]

democrática y la ayuda mutua en las que unas personas se unen voluntariamente para tener acceso a unos servicios.

Las sociedades laborales y participadas; en España, las sociedades laborales son empresas privadas en las que la mayor parte del capital es propiedad de los/as trabajadores/as. Las sociedades laborales están legisladas mediante la Ley 44/2015, de 15 de octubre, de Sociedades Laborales y Participadas su art. 1 define a las mismas como:

Podrán obtener la calificación de «Sociedad Laboral» las sociedades anónimas o de responsabilidad limitada que cumplan los siguientes requisitos: que al menos la mayoría del capital social sea propiedad de trabajadores que presten en ellas servicios retribuidos de forma personal y directa, en virtud de una relación laboral por tiempo indefinido. b) Que ninguno de los socios sea titular de acciones o participaciones sociales que representen más de la tercera parte del capital social, (salvo las excepciones que se especifican en la presente Ley) y que el número de horas-año trabajadas por los trabajadores contratados por tiempo indefinido que no sean socios no sea superior al cuarenta y nueve por ciento del cómputo global de horas-año trabajadas en la sociedad laboral por el conjunto de los socios trabajadores. No computará para el cálculo de este límite el trabajo realizado por los trabajadores con discapacidad de cualquier clase en grado igual o superior al treinta y tres por ciento.

Las empresas de inserción; en España la Ley 44/2007, de 13 de diciembre, para la regulación del régimen de las empresas de inserción, define las mismas como:

Aquella sociedad mercantil o sociedad cooperativa legalmente constituida que, debidamente calificada por los organismos autonómicos competentes en la materia, realice cualquier actividad económica de producción de bienes y servicios, cuyo objeto social tenga como fin la integración y formación sociolaboral de personas en situación de exclusión social como tránsito al empleo ordinario. A estos efectos deberán proporcionar a los trabajadores procedentes de situaciones contempladas en el artículo 2, como parte de sus itinerarios de inserción, procesos personalizados y asistidos de trabajo remunerado, formación en el puesto de trabajo, habituación laboral y social. Asimismo, estas empresas deberán tener servicios de intervención o acompañamiento para la inserción sociolaboral que faciliten su posterior incorporación al mercado de trabajo ordinario.

Los centros especiales de empleo; son empresas cuyo objetivo es proporcionar a las personas con discapacidad la realización de un trabajo productivo y remunerado, adecuado a sus características personales y que facilite su integración en el mercado laboral. En el presente estudio se han incluido exclusivamente los centros especiales de empleo de iniciativa social.

La Ley 9/2017, de 8 de noviembre, de Contratos del Sector Público, en su disposición final decimocuarta, regula el concepto de iniciativa social a través de la adición de un apartado 4 al art. 43 del texto refundido de la Ley General de derechos de las personas con discapacidad y de su inclusión social, aprobado mediante Real Decreto Legislativo 1/2013, de 29 de noviembre:

Tendrán la consideración de Centros Especiales de Empleo de iniciativa social aquellos que cumpliendo los requisitos que se establecen en los apartados 1.º y 2.º de este artículo son promovidos y participados en más de un 50 por ciento, directa o indirectamente, por una o varias entidades, ya sean públicas o privadas, que no tengan ánimo de lucro o que tengan reconocido su carácter social en sus Estatutos, ya sean asociaciones, fundaciones, corporaciones de derecho público, cooperativas de iniciativa social u otras entidades de la economía social, así como también aquellos cuya titularidad corresponde a sociedades mercantiles en las que la mayoría de su capital social sea propiedad de alguna de las entidades señaladas anteriormente, ya sea de forma directa o bien indirecta a través del concepto de sociedad dominante regulado en el artículo 42 del Código de Comercio, y siempre que en todos los casos en sus Estatutos o en acuerdo social se obliguen a la reinversión íntegra de sus beneficios para creación de oportunidades de empleo para personas con discapacidad y la mejora continua de su competitividad y de su actividad de economía social, teniendo en todo caso la facultad de optar por reinvertirlos en el propio centro especial de empleo o en otros Centros Especiales de Empleo de iniciativa social.

Las cofradías de pescadores; son corporaciones sectoriales de derecho público, es decir, asociaciones forzosas de particulares, creadas por el Estado, quien les atribuye personalidad jurídica pública para que sin perjuicio de que puedan defender los intereses de los miembros, desempeñen funciones de interés general o funciones públicas con carácter monopolístico. Normalmente tienen establecido un ámbito territorial exclusivo de actuación en el que representan los intereses de todo el sector pesquero, a la vez que actúan como órganos de consulta y colaboración de la administración del Estado. CEPES define las cofradías de pescadores como: *Corporaciones de derecho público sectoriales, sin ánimo de lucro, representativa de intereses económicos de armadores de buques de pesca y de trabajadores del sector extractivo, que actúan como órganos de consulta y colaboración de las administraciones competentes en materia de pesca marítima y de ordenación del sector pesquero, cuya gestión se desarrolla con el fin de satisfacer las necesidades e intereses de sus socios, con el compromiso de contribuir al desarrollo local, la cohesión social y la sostenibilidad.*

Las asociaciones; es una persona jurídica constituida en conformidad con lo establecido en la Ley Orgánica 1/2002, de 22 de marzo, que regula el derecho a asociación. En el art. 5 de dicha ley se especifica que *Las asociaciones se constituyen mediante acuerdo de tres o más personas físicas o jurídicas legalmente constituidas, que se comprometen a poner en común conocimientos, medios y actividades para conseguir unas finalidades lícitas, comunes, de interés general o particular, y se dotan de los Estatutos que rigen el funcionamiento de la asociación.*

En particular, la Ley 5/2011 de Economía Social, incluye dentro de la economía social a las asociaciones que lleven a cabo actividad económica.

Su base social está formada por personas físicas y personas jurídicas, sean éstas públicas o privadas y sus principales características se centran en prestar servicios allí dónde el sector lucrativo falla en su provisión, que además suele coincidir con aquellos sectores en los que se satisfacen derechos fundamentales, sobre todo en su acceso a colectivos especialmente vulnerables, como las personas con discapacidad.

Las fundaciones; una fundación es una organización sin ánimo de lucro que se constituye como persona jurídica por voluntad de una o varias personas, denominadas fundadores o instituidores, que adscriben un determinado patrimonio al cumplimiento de un fin de interés general y cuyos beneficiarios son colectividades genéricas de personas.

En España las fundaciones están sujetas a la Ley estatal 50/2002, de 26 de diciembre, en coexistencia con legislaciones de carácter autonómico, en aquellas regiones en las que exista dicha legislación.

Existen diversas diferencias entre Asociaciones y Fundaciones, que comparten ser entidades sin fines de lucro y ser parte de la economía social. Desde una perspectiva conceptual la principal diferencia entre una asociación y una fundación está relacionada con el objetivo que persigue la entidad. Las asociaciones tienen como propósito la consecución de fines comunes a los asociados que la integran, mientras que las fundaciones persiguen la realización de unos fines de interés general, a favor de un colectivo genérico de beneficiarios. También existen diferencias en el funcionamiento y gobierno, así como en el patrimonio inicial mínimo y los requisitos para su constitución e inscripción.

Las sociedades agrarias de transformación (SAT); son entidades jurídicas, cuya definición se recoge en el art. primero del Real Decreto 1776/1981, de 3 de agosto, por el que se aprueba el estatuto que regula las Sociedades Agrarias de Transformación siendo ésta la siguiente: *Sociedades civiles de finalidad económico- social en orden a la producción, transformación y comercialización de productos agrícolas, ganaderos o forestales, la realización de mejoras en el medio rural, promoción y desarrollo agrarios y la prestación de servicios comunes que sirvan a aquella finalidad.* Además, las SAT pueden asociarse o integrarse entre sí para desarrollar las mismas actividades creando una agrupación de SAT también con personalidad jurídica y capacidad para obrar.

Las entidades singulares (ONCE); en el concepto de economía social utilizado por el presente informe, y de acuerdo con la Ley 5/2011, de 29 de marzo, de Economía Social, se incluye también a la ONCE como entidad singular, definiéndola como: *(U)na organización singular de economía social, que ajusta su ordenación y funcionamiento a lo previsto en las leyes, así como en su normativa específica de aplicación, constituida básicamente por el Real Decreto 358/1991, de 15 de marzo, de reordenación de la ONCE y sus vigentes Estatutos; cuyos rasgos básicos y genuinos relativos a su actividad económica y empresarial, así como a su naturaleza de operador de juego de reconocido prestigio, se plasman en la presente disposición adicional.*

En el marco de un consenso político actual general en torno a la economía social, la voluntad de promulgación de la LESCan pretendía, entre sus objetivos, visibilizar la economía social propia y establecer medidas para su fomento, expansión y ordenación de manera más unificada y específica, convirtiendo el texto en un medio que impulsara un modelo de desarrollo económico y social sostenible y equilibrado con el medio ambiente. La Ley, ya promulgada, quiere dar soluciones al complejo panorama socio laboral y constituirse en un medio para avivar el autoempleo y el emprendimiento en el territorio, todo ello, pivotando en el protagonismo de las personas.

2. Reconocimiento de sus objetivos y finalidad

La economía social, como actividad, es esencia de la existencia misma de las asociaciones populares y las cooperativas. Los principios y valores de actuación del asociacionismo popular fueron sistematizadas por el cooperativismo histórico y sin duda son los que han permitido dar forma al concepto actual de economía social. Cuando desde la doctrina se habla de cooperativas, mutualidades, asociaciones y fundaciones en referencia a la economía social, están haciendo referencia a manifestaciones entrelazadas de un mismo impulso asociativo: la respuesta de los grupos sociales más indefensos y desprotegidos, mediante organizaciones de autoayuda, ante las nuevas condiciones de vida generadas por la evolución del capitalismo industrial entre los siglos XVIII y XIX. Cooperativas, sociedades de socorros mutuos y sociedades de resistencia reflejan la triple dirección por la que avanza el mencionado impulso asociativo. Los principios cooperativos que regularon el funcionamiento de la cooperativa de Rochdale fueron adoptados por toda clase de cooperativas. Con estos antecedentes se crea en Londres (1895), la Alianza Cooperativa Internacional (ACI) dando forma al concepto de Economía Social.

Sin perder de vista el origen de la economía social, constatar que la situación actual viene reconocida en la Constitución española que es base de un importante sustrato jurídico en el que se fundamentan las entidades de la economía social (art. 1.1, en el art. 129.2 o la propia cláusula de igualdad social del art. 9.2, y arts. 40, 41 y 47).

La descentralización competencial que caracteriza el sistema territorial del Estado español ha llevado a la promulgación de una diversidad de normas sustantivas que afecta a las diferentes entidades de la economía social cuya regulación se corresponde al ámbito autonómico, dando lugar a la existencia de instituciones similares en el seno de las Comunidades Autónomas que refuerzan la visibilidad institucional de las mismas.

El punto determinante en el marco de actuación en nuestra Comunidad Autónoma se produce con la promulgación de la Ley Orgánica 1/2018, de 5 de noviembre, de reforma del Estatuto de Autonomía de Canarias y en concreto el art. 118, siendo uno de los referentes que permite justificar que el Gobierno de Canarias promulgue una Ley de economía social, atendiendo a sus especialidades y por lo tanto, respetando las particularidades por la insularidad, además de Región ultraperiférica y propia realidad económica.

El Plan de Reconstrucción Social y Económica de Canarias se convierte en el momento de crisis sanitaria, en un marco de reconocimiento de que una futura Ley de economía social de Canarias convertiría en incuestionable el grado de implicación de nuestra Comunidad Autónoma por un sector social y económico que genera cambios importantes y cohesiona en aspectos como la igualdad de género, el empleo de calidad, la integración laboral de las personas con mayores problemas de acceso, el cuidado del medio ambiente, la adopción de medidas políticas sostenibles[16].

Por su parte, hoy por hoy, la doctrina entiende a la economía social como "*el conjunto de empresas privadas organizadas formalmente, con autonomía*

---

[16] *Vid.,* Plan de Reconstrucción Social y Económica de Canarias, Gobierno de Canarias [en línea] (2020) https://www.gobiernodecanarias.org/cmsgobcan/export/sites/presidencia/descargas/210115-Plan-Reactiva-Canarias.pdf [Consulta: 01/04/2024].

de decisión y libertad de adhesión, creadas para satisfacer las necesidades de sus socios a través del mercado, produciendo bienes y servicios, asegurando o financiando y en las que la eventual distribución entre los socios de beneficios o excedentes así como la toma de decisiones, no están ligados directamente con el capital o cotizaciones aportadas por cada socio, correspondiendo un voto a cada uno de ellos. La economía social también agrupa a aquellas entidades privadas organizadas formalmente con autonomía de decisión y libertad de adhesión que producen servicios de no mercado a favor de las familias, cuyos excedentes, si los hubiera, no pueden ser apropiados por los agentes económicos que las crean, controlan o financian17.

Así, el texto en cuanto a su contenido define qué debe entenderse por economía social en referencia a sus fines y características (art. 1). Dicho concepto reúne los principios y valores de la economía social y la metodología específica de los sistemas contables nacionales actuales (SCN 2008 y SEC 2010) en un solo concepto, *para que los diferentes agentes de la economía social puedan discernirse de manera homogénea, armonizada y consensuada.*

La Ley consta de cinco capítulos, dos disposiciones adicionales, una disposición transitoria, una disposición derogatoria única y dos disposiciones finales.

El Capítulo I, lo forman 5 artículos. Los arts. 1 y 2 establecen el objeto y finalidad de la ley, configurando un marco jurídico común para el conjunto de las empresas y entidades que conforman el sector de la economía social; dando cumplimiento a lo anterior, el art. 3 versa sobre el concepto y que se ha optado por atender a las Resoluciones más recientes en este aspecto y que reúne los principios y valores de la economía social y la metodología específica de los sistemas contables nacionales actuales (SCN 2008 y SEC 2010) en un solo concepto, *para que los diferentes agentes de la economía social puedan discernirse de manera homogénea, armonizada y consensuada.* Por su parte, el art. 4 delimita el ámbito de aplicación de la ley al conjunto de empresas y entidades de economía social cuyo domicilio social radique en la Comunidad Autónoma de Canarias con su centro efectivo de administración y dirección o su principal establecimiento o explotación, optando claramente por el aspecto concreto de estabilidad y localización en el territorio de la Comunidad Autónoma, garantizado por medios de financiación regionales. El art. 5 detalla los principios orientadores y comunes a todas

17 *Vid.*, CHAVES ÁVILA, R./MONZÓN CAMPOS, J.L., "Economía social y sector no lucrativo: actualidad científica y perspectivas", *Revista de Economía pública, Social y Cooperativa, nº 37, pp. 7 y ss.*

las empresas y entidades de la economía social, añadiéndose un apartado que configura el listado con el carácter de *numerus apertus.*

El Capítulo II queda integrado por cuatro artículos. Los arts. 6 y 7, sin carácter constitutivo, lo que hacen es presumir que el catálogo podrá incorporar nuevos tipos de empresas y entidades, estableciendo un listado de empresas y entidades de la economía social de canarias y que debe relacionarse necesariamente con el art. 4 (Capítulo I) que delimita el ámbito de aplicación de esta Ley. Además, se tiene en cuenta las empresas de inserción, los centros especiales de empleo que son de iniciativa social con fines de interés general, comúnmente denominadas "empresas sociales" y que tal y como dice el Informe del parlamentario europeo, a la Comisión Europea sobre el Estatuto de las empresas sociales y solidarias[18] del 23 de octubre del 2017 (2016/2237 (INL)): *existe una tendencia en las legislaciones nacionales a ampliar el ámbito de actividades que pueden desarrollar las empresas sociales, siempre que sean de interés general o utilidad social, y cita como ejemplo la provisión de servicios comunitarios educacionales, culturales, etc.*

Por su parte, el art. 8 establece que la pérdida de la condición de empresa y entidad de «economía social» (tiene como causa básica la pérdida de los principios recogidos en el art. 5 de esta Ley) se produce tras la instrucción del oportuno expediente, i) causando baja en el Catálogo canario de empresas y entidades de economía social y ii) pudiendo conllevar la pérdida y el reintegro los beneficios y ayudas públicas, adquiridos como consecuencia de su condición de empresa y entidad de «economía social». Todo ello, desde una coordinación de la información desde la Administración general de la Comunidad Autónoma con competencias registrales sobre las empresas y entidades de la economía social y el órgano estatal competente en dicha materia.

El art. 9 regula los aspectos de organización y representación de las empresas y entidades de la economía social, atendiendo tanto a la Ley 5/2011, de 29 de marzo, de economía social, Ley 4/2003, y a la Ley de 28 de febrero, de Asociaciones de Canarias, además de prestar atención a las particularidades de nuestra propia regulación, estableciendo la obligatoriedad de que desde el Gobierno de Canarias se impulse y promueva la creación de entidades de integración del sector.

El Capítulo III, lo forman cinco artículos. El art. 10 recoge la competencia expresa de la Comunidad Autónoma de Canarias en el fomento y la

---

18 *Vid.*, Comisión Europea COM [2016] 2237, 23-10-2017.

ordenación del sector de la economía social, con la promoción, estímulo y desarrollo de las empresas y entidades de la economía social y de sus organizaciones representativas, llevando a cabo una política de fomento y ordenación de la economía social que tendrá entre sus objetivos, además de los previstos en la Ley 5/2011, de economía social, los especificados y cualquier otro, *numerus apertus*, que atienda a los valores y principios de la economía social y a las especificidades de la Comunidad Autónoma de Canarias en esta materia.

Por su parte el art. 11, en relación a la planificación y ejecución de las actividades de fomento y ordenación, la consejería competente en materia de economía social asume una función emprendedora de la política interna, liderando las iniciativas políticas en el seno de las autoridades públicas y tal y como señala el Comité Económico y Social *una política de economía social nacional, europea o regional tiene un objetivo de largo alcance (...) debe concebirse de manera integral y basarse en tres ejes: transversal (mainstreaming), colaborativo (partnership) y estratégico (strategic)*. Resulta necesario contar con la implicación de un intermediario independiente e influyente en la economía social (organización, entidad...) que *favorece la eficacia y su aceptación por parte de los sectores y beneficiarios, así como la visibilidad de las medidas políticas que se apliquen.*

Así, con el art. 12, se garantiza la promoción de nuevas iniciativas de economía social mediante la creación de nuevas entidades o mediante la ampliación de actividades de las existentes, además de fomentar instrumentos financieros específicos que contribuyan a su lanzamiento e inicio de actividades.

El art. 13 incorpora el impulso y fomento de la responsabilidad social empresarial en las empresas y entidades de la economía social de Canarias con la implantación efectiva de planes que refuercen la responsabilidad social empresarial en las empresas y entidades de economía social y delimitando el ámbito conceptual de considerar empresas y entidades socialmente responsables de la Comunidad Autónoma de Canarias aquellas que, además del cumplimiento estricto de las obligaciones legales vigentes, hayan adoptado la integración voluntaria en su gobierno y gestión, en su estrategia, y en sus políticas y procedimientos, los valores y códigos éticos de las preocupaciones sociales, laborales, medioambientales y de respeto a los derechos humanos que surgen de la relación y el diálogo transparente con sus grupos de interés, responsabilizándose así de las consecuencias y los impactos que derivan de sus acciones.

La Ley en el art. 14, establece que la política de economía social debe dar respuesta a estrategias coordinadas y con un marco de actuación amplio, no siendo aceptables quedar limitada a simples instrumentos o mecanismos de actuación aislados.

El Capítulo IV, formado por cuatro artículos, aborda el aspecto imprescindible de la Financiación, Incentivos y Bonificaciones en la regulación de las entidades de economía social.

Los cinco preceptos que integran el Capítulo V crean el Consejo de la Economía Social de Canarias como órgano consultivo y asesor para las actividades relacionadas con la economía social, especialmente en el ámbito de la promoción, ordenación y difusión de la economía social, quedando integrado en la Administración general de la Comunidad Autónoma de Canarias, a través de la consejería competente en materia de economía social, sin participar en su estructura jerárquica. Con relación a sus funciones se hace una mención especial a la integración y coordinación de la promoción de la economía social con las demás políticas públicas, en especial con las dirigidas a la creación de empleo, el fomento del emprendimiento y el desarrollo local y rural.

Finalmente, la Disposición adicional primera regula la información estadística sobre las entidades de la economía social y por su parte, la Disposición adicional segunda, establece la obligatoriedad de la aprobación de la Estrategia canaria de economía social.

En consecuencia, la Comunidad Autónoma Canaria se convertiría en un referente al haber convertido con su Ley de economía social, en el *género* el tratamiento de esta materia, especializando jurídicamente a una futura Ley de Cooperativas de Canarias que tendría la consideración de *especie,* hoy ya aprobada.

3. Novedad del concepto de la economía social

Tal y como se ha señalado, es reciente la presencia de la Comunidad Autónoma en el ecosistema de regiones con su propia legislación de economía social. Aprobada la LESCan, resulta sumamente interesante observar, en esa necesaria la labor de aproximación y deducción de la norma que debe tenerse en cuenta, los siguientes hechos:

i. La Ley 5/2011, de 29 de marzo, de Economía Social (LES) se aprobó y como su propia exposición de motivos recoge, tiene como objetivo básico (no exclusivo) el configurar un marco jurídico que, sin pretender sustituir la normativa vigente de cada una de las entidades que conforma el sector, suponga el reconocimiento y mejor visibilidad de la economía social, otorgándole una mayor seguridad jurídica por medio de las actuaciones de definición de la economía social, estableciendo los principios que deben contemplar las distintas entidades que la forman. Partiendo de estos principios y del catálogo de entidades, se recoge el conjunto de las diversas entidades y empresas que contempla la economía social, quedando la puerta abierta para que se incluyan todas aquellas otras que por las peculiaridades de cada Comunidad Autónoma así lo permitan y no necesariamente sean coincidentes entre las distintas regiones del Estado. Juega un papel fundamental las competencias que puedan corresponder a las Comunidades Autónomas. Huelga insistir en la competencia que tiene la Comunidad Autónoma Canaria en esta materia[19].

ii. La LESCan muestra las inquietudes que a nivel conceptual preocupa a la normativa estatal, véase el Anteproyecto de Ley Integral de Impulso de la Economía Social[20].

La lectura del art. 3 LESCan[21], permite constatar que *completa* el concepto contenido en la Ley estatal en vigor, *clarificándolo* expresamente, desde

---

19 *Vid.,* DOMÍNGUEZ CABRERA, M.P., "Creando el ecosistema jurídico local de economía social en tiempos de pandemia", en *Economía Social Solidaria y la COVID19. Propuestas para una salida global,* UNED-COSTA RICA, 2021, pp. 89-113.

20 Ministerio de Trabajo y Economía Social, [en línea] https://ciriec.es/wp-content/uploads/2023/04/Anteproyecto_Ley_Integral_Economia_Social.pdf [Consulta: 01/04/2024].

21 *Cfr.,* art. 3 LESCan: "Se denomina economía social al conjunto de las actividades económicas y empresariales que, en el ámbito privado, llevan a cabo aquellas entidades que se rigen por los principios recogidos en el artículo 5 de la presente ley, las cuales persiguen el interés colectivo de las personas que las integran, el interés general económico o social, o ambos. Ese conjunto de actividades económicas y empresariales se desarrollan por empresas privadas, con autonomía de decisión y libertad de adhesión, creadas para satisfacer las necesidades de sus miembros a través del mercado mediante la producción de bienes y la prestación de servicios, seguros y finanzas, donde el proceso de decisión y de distribución de las ganancias o excedentes entre los miembros no están directamente vinculadas al capital aportado por cada miembro ni a ninguna cuota de socio, donde cada miembro tiene un voto. La economía social también incluye entidades privadas organizadas formalmente con autonomía de decisión y libertad de adhesión que producen servicios no destinados a su venta para los hogares y cuyos excedentes, si los hu-

su aspecto tanto *jurídico* y como el *económico*, por lo tanto, dentro del ámbito de actuación competencial, que es la que legitima en esta materia, atendiendo a las Resoluciones más recientes en este aspecto y que reúne los principios y valores de la economía social y la metodología específica de los sistemas contables nacionales actuales (SCN 2008 y SEC 2010) en un solo concepto se delimita su contenido *para que los diferentes agentes de la economía social puedan discernirse de manera homogénea, armonizada y consensuada22.*

La creación de textos normativos autonómicos en la materia de economía social lleva a tener presente el ámbito competencial otorgado a la Comunidad Autónoma de Canarias plasmado en el reconocimiento en el Estatuto de Autonomía de la obligación, entre otros, de la ordenación y fomento de la economía social dentro del marco jurídico del derecho mercantil y por lo tanto, permitiendo la correspondiente delimitación, no alteración, del concepto de economía social.

La lectura de la LESCan, permite constatar que su tramitación da respuesta a las inquietudes políticas y sociales del momento en ámbitos tales como el conceptual. Con ello, y con la búsqueda de profundizar en la labor de investigación, se realiza las siguientes afirmaciones:

a. La economía social se ha convertido en una materia preferente para el ordenamiento que, además, permite la participación privada en la realización de actividades de interés general, hace que la protección constitucional y estatutaria, requiera tenerla en cuenta respecto de las formas jurídicas con las que se concreta esta participación. Ello sin olvidar que estas entidades tienen el deber de contribuir de

---

biera, no pueden ser apropiados por los agentes económicos que los crean, controlan o financian ".

[22] Se hace como propia el siguiente concepto de economía social: *"Un grupo de empresas privadas, formalmente organizadas, con autonomía de decisión y libertad de adhesión, creadas para satisfacer las necesidades de sus miembros a través del mercado mediante la producción de bienes y la prestación de servicios, seguros y finanzas, donde el proceso de decisión y de distribución de las ganancias o excedentes entre los miembros no están directamente vinculadas al capital aportado por cada miembro ni a ninguna cuota de socio, donde cada miembro tiene un voto. La economía social también incluye entidades privadas organizadas formalmente con autonomía de decisión y libertad de adhesión que producen servicios no destinados a su venta para los hogares y cuyos excedentes, si los hubiera, no pueden ser apropiados por los agentes económicos que los crean, controlan o financian". Vid.,* CIRIEC/EESC: *Best practices in public policies regarding the European Social Economy post the economic crisis.* Study [en línea] (2019) http://www.ciriec.uliege.be/wp-content/uploads/2018/09/best-pratices-EN.pdf [Consulta: 01/04/2024].

manera tributaria. Estas máximas, permite afirmar que son semejantes a las denominadas entidades sin ánimo de lucro[23].

b. Es por ello, que hoy la definición de economía social en la norma estatal se centra en el sector productivo, pero su alcance es más amplio que el de la empresa social que tendría una vocación no lucrativa en el sentido de priorizar sus objetivos sociales a la consecución del beneficio, pero sin renunciar a este, pues se reinvertirá sobre todo en los fines sociales y es lo que se recoge en la LESCan, permitiendo entender incluidos las entidades del Tercer Sector[24] de acción social

---

23 Estas características las acercan a las entidades sin ánimo de lucro. Este es el motivo por el que se han estudiado desde esta perspectiva, así, CHAVES, R./MONZÓN, J.L. "Economía social y sector no lucrativo: actualidad científica y perspectivas", *Revista de Economía pública, Social y Cooperativa,* nº 37, pp. 7 y ss.; BAREA, J./ PULIDO, A. "El sector de Instituciones sin fines de lucro en España", *Revista de Economía pública, Social y Cooperativa,* nº 37, pp. 13 y ss.

24 Con relación a la definición recogida en la LESCan, y tal y como señala PAZ CANALEJO, N., *"Comentario sistemático a la ley 5/2011, de economía social",* Tirant lo Blanch, Valencia, 2012, pp. 35-54, al comentar la definición contenida en la Ley estatal: es totalmente congruente con la delimitación conceptual de la Economía Social reflejada en la Carta de Principios de la Economía Social de la CEP-CMAF (Conferencia Europea de Cooperativas, Mutualidades, Asociaciones y Fundaciones) y, utilizando la terminología propia de la Contabilidad Nacional, configura dos grandes subsectores de la Economía Social: a) el subsector de mercado o típicamente empresarial y b) el subsector de productores no de mercado. Clasificación, esta última, que es muy útil para la elaboración de estadísticas fiables y la realización de análisis de la actividad económica, de conformidad con los sistemas de contabilidad nacional en vigor. Todo ello sin perjuicio de que, desde una perspectiva socioeconómica, es evidente la permeabilidad entre ambos subsectores y los estrechos vínculos existentes en la Economía Social entre el mercado y el no mercado, que se derivan de una característica común a todas sus organizaciones, a saber, que son entidades de personas que desarrollan una actividad con el objetivo prioritario de satisfacer necesidades de personas, antes que de retribuir a inversores capitalistas. De acuerdo con la definición anteriormente establecida las características comunes a los dos subsectores de la Economía Social serían las siguientes: 1) Son privadas, es decir, no forman parte del sector público, ni están controladas por el mismo; 2) Organizadas formalmente, esto es, habitualmente están dotadas de personalidad jurídica propia; 3) Con autonomía de decisión, lo que quiere decir que tienen plena capacidad para elegir y cesar a sus órganos de gobierno, para controlar y organizar todas sus actividades; 4) Con libertad de adhesión, o sea, que no son de afiliación obligatoria; 5) La eventual distribución de beneficios o excedentes entre los socios usuarios, si se produce, no es en proporción al capital o a las cotizaciones aportadas por los mismos, sino de acuerdo con la actividad que estos realizan con la entidad; 6) Ejercen una actividad econó-

, que producen bienes sociales o preferentes de indudable utilidad social, a los centros especiales de empleo de iniciativa social, las empresas sociales de inserción y al resto de entidades de la economía social así como aquellas otras entidades independientemente de su forma de personificación jurídica, cuyas reglas de funcionamiento respondan a los principios regulados en el art. 5 y que sean incluidas en el Catálogo canario de entidades de la economía social.

Es decir, la conceptualización de economía social para la LESCan *expresa que el reconocimiento de aquellas entidades voluntarias no lucrativas que sean productoras de servicios no de mercado en favor de las familias, permitiendo incluir, de este modo, en la Economía Social a entidades del Tercer Sector de acción social25, que producen bienes sociales o preferentes de indudable utilidad social.*

---

mica en sí misma considerada, para satisfacer necesidades de personas, hogares o familias; por eso se dice que las organizaciones de Economía Social son entidades de personas, no de capitales; trabajan con capital y otros recursos no monetarios, no para el capital. 7) Son organizaciones democráticas: a excepción de algunas entidades voluntarias productoras de servicios de no mercado a favor de las familias, en el proceso de toma de decisiones de las organizaciones de primer grado de la Economía Social se aplica el principio de «una persona, un voto», independientemente del capital o cotizaciones aportadas por los socios. Las entidades de otros grados están también organizadas de forma democrática. Los socios controlan mayoritaria o exclusivamente el poder de decisión de la organización. Una característica muy importante de las organizaciones de la Economía Social, muy enraizada en su historia, es su carácter democrático, de manera que, en el proceso de toma de decisiones, se aplica el principio de «una persona, un voto». De hecho en el Manual de Cuentas Satélite de aquellas empresas de la Economía Social que son productoras de mercado (ubicadas en los sectores institucionales S11 y S12 de la Contabilidad Nacional) «el criterio democrático se considera imprescindible para que una empresa sea considerada de la Economía Social; ya que la utilidad social de estas empresas no se apoya habitualmente en la actividad económica desarrollada, que tiene un carácter instrumental al servicio de un fin no lucrativo, sino que proviene de su propia finalidad y de los valores democráticos y participativos que incorporan en su funcionamiento». B) No obstante lo anterior, hay que advertir que, en la definición de trabajo de Economía Social que han establecido, también se acepta la inclusión NO EXPRESA en la misma de aquellas entidades voluntarias no lucrativas que sean productoras de servicios no de mercado en favor de las familias, aun cuando no posean una estructura democrática, permitiendo incluir, de este modo, en la Economía Social a entidades muy relevantes del Tercer Sector de acción social, que producen bienes sociales o preferentes de indudable utilidad social.

[25] *Vid.*, Ley 43/2015, de 9 de octubre, del Tercer Sector de Acción Social.

Por lo tanto, la LESCan, entiende incluido al Tercer Sector y a los centros especiales de empleo tanto de iniciativa social como los que no tienen la calificación de centros especiales de iniciativa social[26].

4. Ámbito de aplicación y principios orientadores

La Ley estatal de economía social establece un marco de actuación mínimo y la Comunidad Autónoma Canarias toma el testigo de promocionarla mediante la promulgación de una Ley propia. Ello permite que la técnica legislativa la adapte a las especialidades de nuestra Comunidad Autónoma, entre ello, desarrollando el concepto estatal de economía social, también permitiendo que la enumeración de los principios orientadores quede establecida de la siguiente manera:

a. *numerus apertus* reconociendo "(...) *todos aquellos principios orientadores que refuercen complementen y amplíen los valores que inspiran a las entidades de economía social*"[27];

b. con el compromiso territorial, frente a la despoblación y el envejecimiento en el medio rural canario, inyectando estabilidad y futuro, además de entender que es absolutamente imprescindible;

---

26 *Vid.*, Real Decreto Legislativo 1/2013, de 29 de noviembre, por el que se aprueba el Texto Refundido de la Ley General de derechos de las personas con discapacidad y de su inclusión social. Apartado 4 del art. 43 del texto refundido de la Ley General de derechos de las personas con discapacidad y de su inclusión social, aprobado mediante Real Decreto Legislativo 1/2013, de 29 de noviembre: *Tendrán la consideración de Centros Especiales de Empleo de iniciativa social aquellos que cumpliendo los requisitos que se establecen en los apartados 1.º y 2.º de este artículo son promovidos y participados en más de un 50 por ciento, directa o indirectamente, por una o varias entidades, ya sean públicas o privadas, que no tengan ánimo de lucro o que tengan reconocido su carácter social en sus Estatutos, ya sean asociaciones, fundaciones, corporaciones de derecho público, cooperativas de iniciativa social u otras entidades de la economía social, así como también aquellos cuya titularidad corresponde a sociedades mercantiles en las que la mayoría de su capital social sea propiedad de alguna de las entidades señaladas anteriormente, ya sea de forma directa o bien indirecta a través del concepto de sociedad dominante regulado en el artículo 42 del Código de Comercio, y siempre que en todos los casos en sus Estatutos o en acuerdo social se obliguen a la reinversión íntegra de sus beneficios para creación de oportunidades de empleo para personas con discapacidad y la mejora continua de su competitividad y de su actividad de economía social, teniendo en todo caso la facultad de optar por reinvertirlos en el propio centro especial de empleo o en otros Centros Especiales de Empleo de iniciativa social.*

27 *Vid.*, art. 5 LESCan.

c. el reconocimiento expreso del fomento de la integración de la perspectiva de género en la gestión y organización de la empresa o entidad, mediante una participación paritaria de mujeres y hombres en los ámbitos de dirección y de toma de decisiones, incrementando la incorporación de las mujeres al ámbito laboral contrarrestando los efectos derivados de los estereotipos sociales sobre la división de las funciones de los hombres y las mujeres en la sociedad y buscando un reparto equitativo de las responsabilidades familiares, laborales y sociales.

No se debe perder de vista que la propia Alianza Cooperativa Internacional entiende que "*Son principios prácticos en sí mismos, creados tanto por la experiencia de generaciones como por el pensamiento filosófico. Son flexibles y aplicables, con diferente grado de detalle en diferentes tipos de cooperativas, en función de las diversas situaciones*"[28].

Señala expresamente el art. 5 LESCan:

Las entidades de economía social, inspiradas por los valores de ayuda mutua, responsabilidad, democracia, igualdad, equidad, solidaridad, honestidad, transparencia, autonomía, autogestión, responsabilidad social y preocupación por las demás personas, están informadas por los siguientes principios orientadores:

a) *Primacía de las personas y del fin social sobre el capital, que se concreta en gestión autónoma y transparente, democrática y participativa, que lleva a priorizar la toma de decisiones más en función de las personas y sus aportaciones de trabajo y servicios prestados a la entidad o en función del fin social, que con relación a sus aportaciones al capital social.*

b) *La aplicación de los resultados obtenidos de la actividad económica, principalmente en función del trabajo aportado y del servicio o actividad realizados por las socias y socios o por las personas integrantes, en su caso, al fin social objeto de la entidad, al servicio de la consecución de objetivos como el desarrollo sostenible, el interés de los servicios a los miembros y el interés general.*

c) *La promoción de la solidaridad interna y con la sociedad que favorezca el compromiso con el desarrollo local, la igualdad de oportunidades entre hombres y mujeres, la cohesión social, la cooperación, la inserción de personas con discapacidad y de personas en riesgo o en situación de exclusión social, la generación de empleo estable y de calidad, la conciliación de la vida personal, familiar y laboral y la sostenibilidad.*

---

28 *Vid.*, [en línea] https://www.ica.coop/es [Consulta: 01/04/2024].

d) *El compromiso con el territorio, frente a la despoblación y el envejecimiento en el medio rural canario, inyectando estabilidad y futuro.*

e) *La independencia con respecto a los poderes públicos.*

f) *El fortalecimiento de la democracia institucional y económica.*

g) *Fomento de la integración de la perspectiva de género en la gestión y organización de la empresa o entidad, mediante una participación paritaria de mujeres y hombres en los ámbitos de dirección y de toma de decisiones, incrementando la incorporación de las mujeres al ámbito laboral contrarrestando los efectos derivados de los estereotipos sociales sobre la división de las funciones de los hombres y las mujeres en la sociedad y buscando un reparto equitativo de las responsabilidades familiares, laborales y sociales.*

h) *Y todos aquellos principios orientadores que refuercen, complementen y amplíen los valores que inspiran a las entidades de economía social.*

El texto de la Ley ha tenido en cuenta cambios propuestos por los distintos departamentos del Gobierno de Canarias, así como grupos de interés participantes en el proceso específico de participación ciudadana y por su puesto las aportaciones de todos los partidos políticos en su trámite previo a la votación, cumpliendo un objetivo básico y fundamental: una redacción coherente, unificada y sin desnaturalización ante observaciones propuestas y que reflejan el contexto absoluto de la norma.

Por todo lo anterior, y con las mejoras a la norma con todas las aportaciones, permite hablar de una LESCan que va a *(R)eforzar el reconocimiento de la Economía Social como agente esencial para una recuperación sostenible, igualitaria y justa de la crisis causada por la pandemia de la Covid-19*[29].

Creado el ecosistema de economía social, se puede afirmar que la norma de Canarias, conceptualiza la economía social desde un marco actual y con reconocimiento de las nuevas realidades que se desarrollan a partir de sus principios.

---

[29] *Vid.*, Ministerio de Trabajo y Economía Social: "Declaración de Toledo 2020 La Economía Social y Solidaria como agente clave para un futuro inclusivo y sostenible" [en línea] (2020) http://www.mites.gob.es/Luxembourgdeclaration/ficheros/2020-12-04_Declaracion-de-Toledo_final_ES.pdf [Consulta: 01/04/2024].

II. LAS ENTIDADES DE LA ECONOMÍA SOCIAL

1. Entidades de la economía social de la Comunidad Autónoma de Canarias

El análisis de la Ley canaria[30] permite constatar que la técnica legislativa utilizada persigue la misma finalidad que la ley estatal, que es la de mostrar una estructuración en la identificación de las empresas y entidades de economía social ajustada a las condiciones y necesidades de este modelo[31].

Para entender la clasificación se debe incidir en el proceso necesario de examen de los reseñados principios recogidos en la LESCan, con el establecimiento de *numerus apertus* de empresas y entidades que pueden obtener la calificación de economía social de la Comunidad Autónoma de Canarias, es un signo de técnica legislativa que permite la inclusión de nuevas organizaciones v.gr. las entidades con base digital[32]. Luego, la Comunidad Autónoma de Canarias con una propia Ley, refuerza la oportunidad de una financiación clave, al situar a la economía social en el centro de los esfuerzos para restablecer el crecimiento sostenible y para el cuidado de la cohesión social de Canarias.

---

30 *Cfr., art.* 6 LESCan: Entidades de la economía social de la Comunidad Autónoma de Canarias. *1.Forman parte de la economía social de Canarias: a) Las sociedades cooperativas de Canarias. b) Las mutualidades. c)Las fundaciones y asociaciones que lleven a cabo actividad económica. d)Las sociedades laborales y participadas. e) Las empresas de inserción. f) Los centros especiales de empleo. g) Las cofradías de pescadores. h) Las sociedades agrarias de transformación. i) Las entidades singulares creadas por normas específicas que se rijan por los valores y principios orientadores establecidos en la presente ley, siempre y cuando desarrollen una actividad económica y empresarial. 2.Asimismo, podrán formar parte de la economía social de la Comunidad Autónoma de Canarias las entidades que realicen actividad económica y empresarial, cuyas reglas de funcionamiento respondan a los principios regulados en el artículo 5 y que sean incluidas en el Catálogo canario de entidades de la economía social, regulado en el siguiente artículo.*

31 *Vid.,* interesante trabajo de la profesora ALFONSO SÁNCHEZ, R., "La economía social desde la tipología societaria", *Revista de derecho de sociedades,* nº 47, 2016, pp. 109-128.

32 En este ámbito las profesoras Farias y Alfonso plantean cómo los cuidados generan crecimiento económico y que la utilización de las plataformas digitales de cuidados, sin legislación ha planteado problemas que se han de abordar FARIAS BATLLE, M./ALFONSO SÁNCHEZ, R., "Plataformas digitales para los cuidados y entidades de Economía Social", *CIRIEC-España, Revista Jurídica de economía social y cooperativa,* nº. 41, 2022 (Ejemplar dedicado a: Plan de Acción de la UE y nuevos Retos de la digitalización para la Economía Social), pp. 45-83.

Por su parte, el análisis de la norma de Canarias, permite confrontar la Ley estatal de economía social, con las siguientes consecuencias básicas;

i. Los principios recogidos son orientadores sin que se haya recogido la posibilidad de establecer la exigencia mínima de alguno de ellos para extraer desde el principio general, que la falta de cumplimiento de alguno de los enunciados no desnaturaliza la esencia de las entidades y empresas integrantes de la economía social;

ii. Cabe hablar de principios orientadores cuya presencia en el desarrollo de la actividad por parte de las entidades y empresas de economía social, tienen carácter alternativo y sin que sea exigencia para actuar en el mercado como tal su carácter cumulativo;

iii. Pero, es más, el desarrollo de los fines sociales por parte de las entidades y empresas de la economía social no se concreta en un orden jerarquizado, los principios se especifican en la norma sin numeración;

iv. Por su parte, el listado de principios orientadores está recogido con una aparente voluntad de síntesis que vienen recogiéndose en los documentos europeos;

v. En la Ley de Economía Social se reconoce que desde la legislación autonómica sería posible precisar más los principios orientadores, en atención a lo que parece son los referentes señalados en la Ley estatal y esto es lo que sucede en la LESCan;

vi. La lectura del art. 2 de la Ley de Economía Social y su exposición de motivos permite mantener que no basta buscar o perseguir el interés colectivo de sus integrantes o el interés general (sea económico o social) o ambos tipos de interés, puesto que esa finalidad que se busca o persigue ha de realizarse de un determinado modo: «de conformidad con los principios recogidos en el artículo 4». Así, los llamados por el legislador «principios orientadores» deben ser entendidos como principios rectores de la acción económico-social de cualquier entidad que pretenda ser incluida dentro del marco específico de la Economía Social, en tanto en cuanto, es cumulativo e imperativo con el resto de los elementos que configuran la conceptualización de economía social;

vii. También es verdad, que el principio referido a la primacía de las personas y del fin social sobre el capital, por su esencia, debe informar al resto de principios y se constituye como distintivo básico sobre otro tipo de sectores y entidades, principalmente las de corte capitalista. Ese principio además, determina con precisión la fórmula mediante la que se concreta: gestión autónoma y transparente, democrática y participativa.

En consecuencia, le ley de economía social de Canarias irrumpe en el ámbito legislativo permitiendo dar respuesta local a las particularidades propias que en el ámbito de la economía social se producen. Por ello, concepto y principios, resultan del todo punto, imprescindibles para crear entidades de economía social de Canarias, exigiendo al conjunto de ellas que su domicilio social radique en la Comunidad Autónoma de Canarias con su centro efectivo de administración y dirección o su principal establecimiento o explotación, sin perjuicio de las competencias que puedan corresponder al Estado (art. 4 LESCan).

2. Catálogo canario de entidades de la economía social

Señala el art. 7 LESCan que el catálogo canario de entidades de la economía social debe ser elaborado y actualizado por la consejería competente en materia de economía social incluyendo los diferentes tipos de entidades de la economía social establecidas en la propia norma de Canarias (art. 6 LESCan), que responde a los tipos legales delimitados expresamente, así como, las entidades que realicen actividad económica y empresarial, cuyas reglas de funcionamiento respondan a los principios orientadores igualmente establecidos en el texto normativo (art. 5 LESCan) y que exigen para tener dicha consideración legal haber sido incluidas en el Catálogo canario de entidades de la economía social.

Obsérvese que el texto canario configura el reconocimiento de tipos sociales que sin ser los establecidos legalmente, pero que actúan en atención de los principios orientadores, sin perder de vista el concepto de empresas y entidades de economía social de Canarias, a ser incluidos en el Catálogo canario, por lo que de manera implícita habrá de entenderse como imperativo para su reconocimiento.

Es más, todos los órganos de la Administración pública de la Comunidad Autónoma de Canarias con competencias registrales sobre las entidades de la economía social deberán notificar y remitir anualmente a la consejería competente en materia de economía social, para su inclusión en el Catálogo canario de entidades de la economía social, una relación de las inscripciones efectuadas en dichos registros relativas a la constitución, fusión, transformación o disolución de dichas entidades.

Para ello, la norma de Canarias, establece que el Catálogo canario de entidades de la economía social tendrá carácter único en el ámbito de la Comunidad Autónoma de Canarias, deberá ser público y tendrá carácter declarativo, se elaborará de forma coordinada con el Catálogo de entidades de economía social de ámbito estatal y su funcionamiento, así como el acceso al mismo, se articularán a través de medios electrónicos.

Este precepto ha de ser aplicado atendiendo a que la LESCan tiene exigencia legal en la realización de un análisis estadístico de la situación de las entidades y empresas de Canarias. Tal es así que en su Disposición adicional primera, establece: *La consejería competente en materia de economía social adoptará, en colaboración y coordinación con el Instituto Canario de Estadística y con otros órganos y servicios de la Administración pública de la Comunidad Autónoma de Canarias que pudieran tener competencia en materia registral de las entidades de la economía social, y previo informe de la Comisión de la Economía Social, las medidas necesarias para garantizar una información estadística de dichas entidades, así como de sus organizaciones de representación, periódicamente actualizada y ajustada en su clasificación al catálogo previsto en el artículo 7 de esta ley.*

3. Pérdida de la condición de entidad de economía social

Por su parte, la norma de Canarias incluye que la pérdida de la condición de entidad de economía social, puede tener como efecto jurídico la pérdida y el reintegro de los beneficios y ayudas públicas, adquiridos como consecuencia de su condición de entidad de economía social desde el momento en el que la sociedad incurra en la causa de dicha pérdida, con la correspondiente instrucción del oportuno expediente de pérdida de dicha condición a la entidad como «de economía social», se ordenará su baja en el Catálogo canario de entidades de la economía social. Efectuado el correspondiente asiento, se remitirá comunicación a los órganos de la Administración general de la comunidad autónoma con competencias registrales sobre las entidades de la economía social y al órgano estatal competente en dicha materia (art. 8 LESCan).

Además, la causa básica, no por ello única ni excluyente, que conllevaría la correspondiente apertura de expediente de pérdida de la condición de entidad de economía social, es la pérdida de los principios orientadores recogidos en la norma de Canarias: a) Primacía de las personas y del fin social sobre el capital, que se concreta en gestión autónoma y transparente, democrática y participativa, que lleva a priorizar la toma de decisiones más en función de las personas y sus aportaciones de trabajo y servicios prestados a la entidad o en función del fin social, que con relación a sus aportaciones al capital social; b) La aplicación de los resultados obtenidos de la actividad económica, principalmente en función del trabajo aportado y del servicio o actividad realizados por las socias y socios o por las personas integrantes, en su caso, al fin social objeto de la entidad, al servicio de la consecución de objetivos como el desarrollo sostenible, el interés de los servicios a los miembros y el interés general; c) La promoción de la solidaridad interna y con la sociedad que favorezca el compromiso con el desarrollo local, la igualdad de oportunidades entre hombres y mujeres, la cohesión social, la cooperación, la inserción de personas con discapacidad y de personas en riesgo o en situación de exclusión social, la generación de empleo estable y de calidad, la conciliación de la vida personal, familiar y laboral y la sostenibilidad; d) El compromiso con el territorio, frente a la despoblación y el envejecimiento en el medio rural canario, inyectando estabilidad y futuro; e) La independencia con respecto a los poderes públicos; f) El fortalecimiento de la democracia institucional y económica; g) Fomento de la integración de la perspectiva de género en la gestión y organización de la empresa o entidad, mediante una participación paritaria de mujeres y hombres en los ámbitos de dirección y de toma de decisiones, incrementando la incorporación de las mujeres al ámbito laboral contrarrestando los efectos derivados de los estereotipos sociales sobre la división de las funciones de los hombres y las mujeres en la sociedad y buscando un reparto equitativo de las responsabilidades familiares, laborales y sociales; h) Y todos aquellos principios orientadores que refuercen, complementen y amplíen los valores que inspiran a las entidades de economía social.

4. Organización y representación

Por su parte, en el ámbito de la organización y representación en la Comunidad Autónomo de Canarias de las organizaciones, federaciones o confederaciones que tengan la consideración de entidades más representativas en el ámbito de la economía social, deben tener representación en los órganos de participación institucional de las administraciones de la comunidad autónoma que se ocupen de las materias que afectan a sus intereses económicos y sociales, en la forma prevista en sus normas reguladoras y de acuerdo con lo establecido por la Ley 10/2014, de 18 de diciembre, de participación institucional de las organizaciones sindicales y empresariales más representativas de Canarias, o norma que la sustituya.

III. FOMENTO Y ORDENACIÓN DE LA ECONOMÍA SOCIAL

1. Fomento, ordenación y difusión del sector de la economía social

La participación de las entidades integrantes del sector público de la Comunidad Autónoma de Canarias (sector público autonómico, locales y los cabildos, en el ámbito de sus respectivas competencias), quedan obligadas a realizar, una política de fomento y ordenación de la economía social que tendrá entre sus objetivos, además de los previstos en la Ley 5/2011, de 29 de marzo, de Economía Social, los siguientes: a) La mejora de la gestión de las entidades. b) El impulso y dinamización del autoempleo, del emprendimiento de base cooperativa y de la colaboración empresarial. c) El fomento de los procesos de mejora de la competitividad y de la internacionalización de las entidades de la economía social, integrando la promoción de sistemas de producción y servicios eficaces con los objetivos sociales de cara a su consolidación en el tejido económico. d) La promoción de la elaboración y utilización de herramientas que permitan evaluar y poner en valor las aportaciones del sector a la sostenibilidad social y medioambiental. e) La introducción de cláusulas de carácter social que, habida cuenta de las características y valores de la economía social, favorezcan su participación en la contratación pública y permitan evaluar adecuadamente sus aportaciones y contribuciones a la sociedad. f) El fomento entre las entidades del sector público de Canarias de la adopción y cumplimiento de acuerdos de gobierno sobre el porcentaje obligatorio de reserva de contratos para empresas de inserción y centros especiales de empleo de iniciativa social[33]. g) La elaboración de un mapa de ámbito autonómico que refleje el nivel de implantación de la medida anterior y refleje el porcentaje de empresas de la economía social que acceden a contratos públicos[34] y los puestos de

---

33 *Vid.*, art. 10 LESCan: (…) *de acuerdo con la disposición adicional cuarta de la Ley estatal 9/2017, de 8 de noviembre, de Contratos del Sector Público, por la que se transponen al ordenamiento jurídico español las directivas del Parlamento Europeo y del Consejo 2014/23/UE y 2014/24/UE, de 26 de febrero de 2014. Igualmente se incluirán también en dichos acuerdos la posibilidad contemplada en la disposición adicional cuadragésima octava de dicha ley sobre reservas de contratos a entidades de la economía social. En todo caso, se promoverá que el porcentaje de reserva sea, como mínimo, del 0.5% del volumen de licitación del año anterior para cada uno de los tipos de reserva.*

34 *Vid.,* DOMÍNGUEZ CABRERA, M.P., "Los aspectos jurídicos de la economía social en Canarias" en *El Libro Blanco de la Economía Social de* Canarias, Servicio de Publicaciones_ ULL, 2024, pp. 63-102. Señala la autora que el contenido de la Ley

trabajo generados. h) El desarrollo y utilización de las fórmulas de colabo-

9/2017, de 8 de noviembre, de Contratos del Sector Público, por la que se transponen al ordenamiento jurídico español las Directivas del Parlamento Europeo y del Consejo 2014/23/UE y 2014/24/UE, de 26 de febrero de 2014, ha permitido la inclusión y vinculación de la necesaria participación de los partidos políticos, las organizaciones sindicales y las empresariales, así como las fundaciones y asociaciones vinculadas a cualquiera de ellos siempre que se cumplan determinadas circunstancias como que su financiación sea mayoritariamente pública y respecto de los contratos sometidos a regulación armonizada, haciendo que los contratos públicos asuman como propios las consideraciones de tipo social, medioambiental y de innovación y desarrollo. Estas consideraciones podrán incluirse tanto al diseñarse los criterios de adjudicación, como criterios cualitativos para evaluar la mejor relación calidad-precio, o como condiciones especiales de ejecución, si bien su introducción está supeditada a que se relacionen con el objeto del contrato a celebrar. En particular, en el caso de las condiciones especiales de ejecución, la Ley impone la obligación al órgano de contratación de establecer en el pliego al menos una de las condiciones especiales de ejecución de tipo medioambiental, social o relativas al empleo. Respecto de los temas sociales, se siguen regulando los contratos reservados a centros especiales de empleo o la posibilidad de reservar su ejecución en el marco de programas de empleo protegido, extendiéndose dicha reserva a las empresas de inserción y exigiéndoles a todas las entidades citadas que tengan en plantilla el porcentaje de trabajadores discapacitados que se establezca en su respectiva regulación. En el ámbito de la discapacidad, se recoge como causa de prohibición de contratar con las entidades del sector público el no cumplir el requisito de que al menos el 2 por ciento de los empleados de las empresas de 50 o más trabajadores sean trabajadores con discapacidad, cuestión ya adelantada mediante la modificación del hasta ahora vigente texto refundido de la Ley de Contratos del Sector Público por la Ley 40/2015, de 1 de octubre, del Régimen Jurídico del Sector Público (LCSP). La LCSP señala como las entidades del sector público valorarán la incorporación de consideraciones sociales, medioambientales y de innovación como aspectos positivos en los procedimientos de contratación pública. Pero, ese contenido implícito en valores de la economía social se manifiesta en la LCSP, más en extenso al regular: i.- los documentos en los que se formalizan los contratos que celebren las entidades del sector público, que salvo que ya se encuentren recogidas en los pliegos, deben incluir, necesariamente, entre sus menciones la definición del objeto y tipo del contrato, teniendo en cuenta en la definición del objeto las consideraciones sociales, ambientales y de innovación y también la obligación de la empresa contratista de cumplir durante todo el periodo de ejecución de contrato las normas y condiciones fijadas en el convenio colectivo de aplicación. ii.- las causas de anulabilidad de derecho administrativo, las infracciones del ordenamiento jurídico y, en especial, las de las reglas contenidas en la LSCP, de conformidad con lo establecido la Ley 39/2015, de 1 de octubre, del Procedimiento Administrativo Común de las Administraciones Públicas. iii.- a contrario, una vez se detalla quienes no podrán contratar las personas –físicas y jurídicas- en quienes concurra entre otras haber sido condenadas ración público-privada en la prestación de servicios públicos. i) El diseño

---

por la trata de seres humanos, delitos contra los derechos de los trabajadores, delitos relativos a la ordenación del territorio y el urbanismo, la protección medio ambiente, de integración laboral y de igualdad de oportunidades y no discriminación de las personas con discapacidad, o de extranjería, de conformidad con lo establecido en la normativa vigente. iv.- los contratos en los que se exijan como medio para acreditar la solvencia técnica o profesional la presentación de certificados expedidos por organismos independientes que acrediten que el licitador cumple determinadas normas de gestión medioambiental, reconociéndose los certificados equivalentes expedidos por organismos establecidos en cualquier Estado miembro de la Unión Europea y también aceptándose otras pruebas de medidas equivalentes de gestión medioambiental que presente el licitador, y, en particular, una descripción de las medidas de gestión medioambiental ejecutadas, siempre que el licitador demuestre que dichas medidas son equivalentes a las exigidas con arreglo al sistema o norma de gestión medioambiental aplicable. v.- como el órgano de contratación podrá señalar en el pliego el organismo u organismos de los que los candidatos o licitadores puedan obtener la información pertinente sobre las obligaciones relativas a la fiscalidad, a la protección del medio ambiente, y a las disposiciones vigentes en materia de protección del empleo, igualdad de género, condiciones de trabajo y prevención de riesgos laborales e inserción socio-laboral de las personas con discapacidad, y a la obligación de contratar a un número o porcentaje específico de personas con discapacidad que serán aplicables a los trabajos efectuados en la obra o a los servicios prestados durante la ejecución del contrato, solicitándose a los licitadores o a los candidatos en un procedimiento de adjudicación de contratos que manifiesten haber tenido en cuenta en la elaboración de sus ofertas las obligaciones derivadas de las disposiciones vigentes en materia de fiscalidad, protección del medio ambiente, protección del empleo, igualdad de género, condiciones de trabajo, prevención de riesgos laborales e inserción socio-laboral de las personas con discapacidad, y a la obligación de contratar a un número o porcentaje especifico de personas con discapacidad, y protección del medio ambiente. vi.- como los órganos de contratación podrán establecer en los pliegos de cláusulas administrativas particulares criterios de adjudicación específicos para el desempate en los casos en que, tras la aplicación de los criterios de adjudicación, se produzca un empate entre dos o más ofertas y se referirán entre otros, a favor de aquellas empresas que tengan en su plantilla un porcentaje de trabajadores con discapacidad superior al que les imponga la normativa, proposiciones de empresas de inserción reguladas en la Ley 44/2007, de 13 de diciembre, para la regulación del régimen de las empresas de inserción, que cumplan con los requisitos establecidos en dicha normativa para tener esta consideración, en la adjudicación de los contratos relativos a prestaciones de carácter social o asistencial, las proposiciones presentadas por entidades sin ánimo de lucro, con personalidad jurídica, siempre que su finalidad o actividad tenga relación directa con el objeto del contrato, según resulte de sus respectivos estatutos o reglas fundacionales y figuren inscritas en el correspondiente registro oficial, también a favor de las ofertas de entidades reconocidas como Organizaciones de de proyectos sociales como fórmula efectiva de apoyo al emprendimiento

---

Comercio Justo para la adjudicación de los contratos que tengan como objeto productos en los que exista alternativa de Comercio Justo, las proposiciones presentadas por las empresas que, al vencimiento del plazo de presentación de ofertas, incluyan medidas de carácter social y laboral que favorezcan la igualdad de oportunidades entre mujeres y hombres, mayor porcentaje de trabajadores con discapacidad o en situación de exclusión social en la plantilla de cada una de las empresas, primando en caso de igualdad, el mayor número de trabajadores fijos con discapacidad en plantilla, o el mayor número de personas trabajadoras en inclusión en la plantilla, menor porcentaje de contratos temporales en la plantilla de cada una de las empresas, mayor porcentaje de mujeres empleadas en la plantilla de cada una de las empresas. vii.- los órganos de contratación tomarán las medidas pertinentes para garantizar que en la ejecución de los contratos los contratistas cumplen las obligaciones aplicables en materia medioambiental, social o laboral establecidas en el derecho de la Unión Europea, el derecho nacional, los convenios colectivos o por las disposiciones de derecho internacional medioambiental, social y laboral que vinculen al Estado , además con el establecimiento de condiciones de ejecución especiales relacionadas con la innovación, de tipo medioambiental o de tipo social (en particular, la reducción de las emisiones de gases de efecto invernadero, contribuyéndose así a dar cumplimiento al objetivo que establece el art. 88 de la Ley 2/2011, de 4 de marzo, de Economía Sostenible; el mantenimiento o mejora de los valores medioambientales que puedan verse afectados por la ejecución del contrato; una gestión más sostenible del agua; el fomento del uso de las energías renovables; la promoción del reciclado de productos y el uso de envases reutilizables; o el impulso de la entrega de productos a granel y la producción ecológica). Por todo ello, resulta sumamente gratificante observar como el legislador español ha ido implementando los principios que delimitan conceptos de economía social que están en constante replanteamiento y evolución en todos los ámbitos jurídicos, y de manera más reciente en el que hace relación a la contratación pública. Dicho lo anterior, también es cierto que su inclusión no tiene un marcado carácter explícito, pues habrá de entenderse en algunos supuestos de manera implícita y otras de análoga interpretación. La economía social y la contratación pública habrá de entenderse relacionada desde el momento que atiende a las consideraciones de tipo social o relativas al empleo, haciendo efectivos los derechos reconocidos en la Convención de las Naciones Unidas sobre los derechos de las personas con discapacidad; cuando se señala respetar la contratación de un número de personas con discapacidad superior al que exige la legislación nacional; cuando se promueve el empleo de personas con especiales dificultades de inserción en el mercado laboral, en particular de las personas con discapacidad o en situación o riesgo de exclusión social a través de Empresas de Inserción; cuando se habla de licitación con empresas que adopten medidas tendentes a eliminar las desigualdades entre el hombre y la mujer, favoreciendo la aplicación de medidas que fomenten la igualdad entre mujeres y hombres en el trabajo; cuando ser favorece la mayor participación de la mujer en el mercado laboral y la conciliación del trabajo y la vida familiar; cuando se comsocial, incidiendo en los aspectos de la diversidad y lo inclusivo. j) La realización de análisis periódicos, teniendo en cuenta la perspectiva de género, de la presencia y la proyección de las entidades de la economía social de manera que se reconozca su contribución a la generación de empleo y tejido empresarial. k) La elaboración de publicaciones de calidad y estudios especializados, teniendo en cuanta la perspectiva de género, sobre las entidades y empresas de la economía social, así como el impacto social que se deriva del desarrollo de sus actividades. l) La mejora y homogeneidad de la información estadística de la economía social, especialmente en las estadísticas económicas y laborales y alcanzando el análisis el ámbito insular y municipal, de manera que se refuerce el conocimiento, visibilidad, análisis y proyección de estas empresas y entidades. m) La mejora de la visibilidad de las entidades y empresas de la economía social en los sitios web de las administraciones públicas. n) La formación de las personas trabajadoras y socias de la economía social. ñ) Cualquier otro que atienda a los valores y principios de la economía social y a las especificidades de la Comunidad Autónoma de Canarias en esta materia.

La consecución de dichos objetivos se llevarán a cabo por la Administración pública de la Comunidad Autónoma de Canarias y las entidades integrantes del sector público autonómico, a través del impulso y la coordinación de la consejería competente en materia de economía social y el asesoramiento de la Comisión de la Economía Social de Canarias y sin perjuicio de las competencias atribuidas a otras consejerías en función de la actividad empresarial que desarrollen las entidades de economía social.

Sigue especificando la norma, de manera individualizada y con una focalización de actuación directamente afectante a los ayuntamientos, los

bate el paro, en particular el juvenil, el que afecta a las mujeres y el de larga duración; cuando se fomenta favorecer la formación en el lugar de trabajo; de igual manera cuando se garantizar la seguridad y la protección de la salud en el lugar de trabajo y el cumplimiento de los convenios colectivos sectoriales y territoriales aplicables; cuando se habla de la adopción de medidas para prevenir la siniestralidad laboral; cuando se garantiza el respeto a los derechos laborales básicos a lo largo de la cadena de producción mediante la exigencia del cumplimiento de las Convenciones fundamentales de la Organización Internacional del Trabajo, incluidas aquellas consideraciones que busquen favorecer a los pequeños productores de países en desarrollo, con los que se mantienen relaciones comerciales que les son favorables.

cabildos, las universidades[35] y el conjunto de entidades públicas que dicha promoción de la economía social debe llevarse a cabo dentro de sus actuaciones.

No se olvida la Ley de la especial contribución de las entidades de la economía social al desarrollo económico y social de Canarias por lo que, se promoverá la implicación de las entidades privadas y ciudadanía en general en la labor de promoción y fomento de la economía social.

2. Planificación y ejecución de las actividades de fomento y ordenación

Cualquier actividad de fomento, ordenación y difusión del sector de la economía social necesita para su efectividad práctica de su planificación y ejecución (art. 11 LESCan). Para ello, la norma de Canarias, señala que se tendrán en cuenta los programas europeos de colaboración e incluirá la elaboración de programas específicos enmarcados en los distintos instrumentos comunitarios.

Determina expresamente que la consejería competente en materia de economía social debe asumir una función emprendedora y el liderazgo en el impulso de la economía social.

---

35 *Vid.*, Ley Orgánica 2/2023, de 22 de marzo, del Sistema Universitario (LOSU) y ello por establecer explícitamente que una de las funciones de las universidades es trabajar en la economía social (art. 2.2.e). de (...) *contribución al bienestar social, al progreso económico y a la cohesión de la sociedad y del entorno territorial en que estén insertas, así como a la promoción de las lenguas oficiales de las mismas, a través de la formación, la investigación, la transferencia e intercambio del conocimiento y la cultura del emprendimiento, tanto individual como colectiva, a partir de fórmulas societarias convencionales o de economía social* (...). La LOSU constata un nuevo escenario, reconociendo muchos de los principios que, desde el Espacio Europeo de la Educación Superior, se ha venido trabajando y en particular en su art. 2.2, i) "*El fomento de la participación de la comunidad universitaria y de la ciudadanía en actividades promovidas por entidades de voluntariado y del tercer sector que se encuentren en línea con los principios y valores del sistema universitario*". El art. 11.4 señala expresamente en el ámbito específico de la investigación de "*Las universidades que impulsarán estructuras de investigación y de transferencia e intercambio del conocimiento e innovación que faciliten la interdisciplinariedad y multidisciplinariedad. De igual modo, la investigación universitaria podrá desarrollarse juntamente con otros organismos o Administraciones Públicas, así como con entidades y empresas públicas, privadas y de economía social*". Con ello, se profundiza en diversas formas jurídicas de organización empresarial y en la que la economía social ahora tiene un especial grado de visibilización y, por tanto, se da cumplimiento al nuevo mandato de la LOSU.

No queda ahí la norma, pues se considera necesario la colaboración por medio de la implicación de interlocutores independientes de reconocido prestigio en esta disciplina, que permita espacios informales e institucionalizados de diálogo y concertación.

3. Nuevas iniciativas de economía social

Un aspecto fundamental largamente demando en el sector de la economía social, es tanto, una adecuada financiación desde los sectores públicos como que el sector financiero privado entienda de las características peculiares de todo el ámbito de la economía social, es decir tanto aquellas entidades y empresas con finalidad lucrativa o no, pero que actúan en el mercado.

Así señala la LESCan (art. 12):

1. *En orden a promover el desarrollo de nuevas iniciativas de economía social, mediante la creación de nuevas entidades o mediante la ampliación de actividades de las existentes, la Administración pública de la Comunidad Autónoma de Canarias fomentará instrumentos financieros específicos que contribuyan a su lanzamiento e inicio de actividades.*
2. *Asimismo, estimulará el acceso de las pequeñas y medianas empresas de la economía social canaria a programas de microcréditos o fondos de capital riesgo que puedan concertarse específicamente para el lanzamiento de nuevas iniciativas de economía social y, en general, promoverá su acceso a todos aquellos instrumentos financieros que puedan adaptarse a las necesidades de las nuevas iniciativas de la economía social.*

4. Impulso de la responsabilidad social empresarial, igualdad y conciliación en las entidades de la economía social de Canarias

La Administración pública de la Comunidad Autónoma de Canarias impulsará y fomentará la implantación efectiva de planes que refuercen la responsabilidad social empresarial, de igualdad y conciliación en las entidades de economía social (art. 13 LESCan), entendidos como el conjunto de compromisos voluntarios de diverso orden económico, social, ambiental y de buen gobierno adoptados por las mismas, que constituyen un valor añadido al cumplimiento de la legislación aplicable y de los convenios colectivos, contribuyendo a la vez al progreso social y económico en el marco de un desarrollo sostenible.

Tienen la consideración de empresas socialmente responsables de la Comunidad Autónoma de Canarias aquellas que, además del cumplimiento estricto de las obligaciones legales vigentes, hayan adoptado la integración voluntaria en su gobierno y gestión, en su estrategia y en sus políticas y procedimientos, los valores y códigos éticos de las preocupaciones sociales, laborales, medioambientales y de respeto a los derechos humanos que surgen de la relación de diálogo transparente con sus grupos de interés, responsabilizándose así de las consecuencias y los impactos que derivan de sus acciones.

La Comisión Europea, en el libro verde Fomentar un marco europeo para la responsabilidad social de las empresas definió la responsabilidad social como la integración voluntaria, por parte de las empresas, de las preocupaciones sociales y medioambientales en sus operaciones comerciales y sus relaciones con sus interlocutores[36].

La Comunicación de la Comisión al Parlamento Europeo, al Consejo, al Comité Económico y Social Europeo y al Comité de las Regiones de la Estrategia renovada de la Unión Europea para 2011-2014 sobre responsabilidad social de las empresas[37] configura una nueva definición de la misma al relacionar la responsabilidad de las empresas por su impacto en la sociedad. En esta interpretación actualizada de la responsabilidad empresarial se considera el respeto de la legislación aplicable y de los convenios colectivos como un requisito previo al cumplimiento de dicha responsabilidad.

La Unión Europea consideraba la responsabilidad social como una herramienta para la consecución de los objetivos de la Estrategia 2020 establecidos en la Comisión de 3 de marzo de 2010: un crecimiento inteligente, sostenible e integrador[38].

En esta transición hacia una economía competitiva resulta esencial alcanzar la transparencia de la información social, ambiental, económica y de buen gobierno de las empresas, necesidad de la que se hace eco la Unión Europea a través de la adopción de la Directiva 2014/95/UE, del Parlamento Europeo y del Consejo, de 22 de octubre de 2014 por la que se modifica la Directiva 2013/34/UE en lo que respecta a la divulgación de información no financiera e información sobre diversidad por parte de

36 *Vid.*, Libro Verde de la Comisión Europea "Fomentar un marco europeo para la responsabilidad social de las empresas" COM [2001] 366, final, 18-07-2001.

37 Comisión Europea COM [2011] 0681, final.

38 *Vid.*, Comisión Europea COM [2010] 2020, final, 03-03-2010.

determinadas grandes empresas y determinados grupos. En este sentido, y a nivel estatal, se ha dictado la Orden ESS/1554/2016, de 29 de septiembre, por la que se regula el procedimiento para el registro y publicación de las memorias de responsabilidad social y de sostenibilidad de las empresas, organizaciones y administraciones públicas.

En esa búsqueda de un crecimiento sostenible e integrador, la contratación pública representa un papel fundamental en la estrategia Europa 2020, lo que ha llevado a que se haya adoptado la Directiva 2014/24/UE, del Parlamento Europeo y del Consejo, de 26 de febrero de 2014, sobre contratación pública y por la que se deroga la Directiva 2004/18/CE.

A nivel estatal se han desarrollado iniciativas legislativas que abordan la responsabilidad social directa o indirectamente.

Asimismo, cabe destacar de forma especial la Estrategia española de responsabilidad social 2014-2020, aprobada el 24 de octubre de 2014 por el Consejo de Ministros (Resolución de 15 de marzo de 2018, de la Secretaría de Estado de Empleo, por la que se publica el Acuerdo del Consejo de Ministros de 29 de diciembre de 2017, por el que se aprueba la Estrategia Española de Economía Social 2017-2020) y para empresas, administraciones públicas y el resto de organizaciones para avanzar hacia una sociedad y una economía más competitivas, productivas, sostenibles e integradoras, que establece un marco de referencia en la consolidación de políticas de responsabilidad social, motor significativo de la competitividad económica del país, a la vez que de transformación de la sociedad.

En atención a lo anteriormente establecido, la norma de Canarias supone una verdadera innovación en el ámbito de reconocimiento expreso de la responsabilidad social empresarial y en particular en la economía social.

Supone la inclusión del concepto de responsabilidad social empresarial en un texto normativo de Canarias, que permite por ello, la aplicación analógica al resto de sociedades capitalistas y un refuerzo conceptual para las entidades y empresas de la economía social, a las que de manera implícita y en relación con sus principios y valores se caracterizan por una aplicación continua de la responsabilidad social empresarial.

Es más, el texto normativo en su disposición adicional tercera, establece la obligación de poner en marcha por parte del gobierno de Canarias un signo distintivo de la economía social, que permita promocionar aquellas entidades y empresas que sean reconocidas en el ámbito de la responsabilidad social empresarial y la sostenibilidad.

Ciertamente, la norma de Canarias permite configurar de manera imperativa la igualdad y conciliación en las entidades y empresas que conforman la economía social de Canarias[39], también es verdad que con anterioridad a su promulgación, el Estatuto de Autonomía de Canarias y normativas sectoriales incluyen el compromiso por la consecución de la igualdad para las mujeres debiendo generar los necesarios cambios sociales favorables al avance en el camino hacia la igualdad entre mujeres y hombres. Esa transformación implica una mayor participación de las mujeres en el mercado laboral, su acceso a todos los niveles educativos, a la formación y a la cultura, y a los ámbitos de toma de decisiones.

Es más, los poderes públicos canarios asumen como principios rectores de su política, la igualdad de las personas y los grupos en que se integran, y especialmente el respeto a la igualdad entre hombres y mujeres en todos los ámbitos, en particular, en materia de empleo, trabajo y retribución. Ello comporta que deben garantizar la transversalidad en la incorporación de la perspectiva de género en todas las políticas públicas con la erradicación de la sociedad canaria de actitudes sexistas, xenófobas, racistas, homófobas, bélicas o de cualquier otra naturaleza que atenten contra la igualdad y la dignidad de las personas.

---

39 En este aspecto la norma ha pasado por informe previo de impacto de género en el que se señala lo siguiente: "En el informe de impacto por razón de genero relativo a la iniciativa legislativa de referencia se pone de manifiesto, en síntesis, de forma razonada que la norma proyectada es pertinente respecto al género (valorando su impacto como positivo, toda vez que "de la observación de los datos estadísticos que afectan a varones y mujeres se extrae como conclusión que existe una brecha de desigualdad entre ambos en casi todos los aspectos de la vida, sobre todo en los aspectos laborales y asociativos: la brecha de género numérica (infrarepresentación de un sexo en determinados sectores profesionales), la salarial, por régimen de contratación (estabilidad laboral), por categoría de ocupación (funciones y niveles de responsabilidad), por nivel de profesionalización e incluso existe la brecha digital"; y que "como consecuencia de lo anterior, es deber de las Administraciones Públicas responder al principio de igualdad constitucional contribuyendo a la eliminación de las brechas de desigualdad existentes entre los dos sexos que componen la ciudadanía y no a su perpetuación. Para ello, la Ley de economía social de Canarias, en vez de mostrarse neutral a la injusticia, ha de tener en cuenta las acciones positivas que procedan en pro de la igualdad real de la ciudadanía"; haciendo mención especial a la aplicación de los mandatos de la legislación vigente referidos a la utilización de un lenguaje no sexista en la redacción del texto normativo, conforme señala la directriz quinta a que se refiere el mencionado acuerdo del Gobierno de Canarias de 26 de junio de 2017".

Sin duda la norma de Canarias reconoce como base los principios definidores de la economía social al establecer la obligatoriedad de integrar en los planes de formación en todos los niveles, y en las actuaciones de las administraciones públicas de la educación en valores que fomenten la igualdad[40], la tolerancia, la integración, la libertad, la solidaridad y la paz, adoptando medidas de impulso en la investigación científica y técnica de calidad y de la creatividad artística, la incorporación de procesos innovadores, el acceso a la información y a las nuevas tecnologías. También cuando se establece la promoción de Canarias como plataforma de paz y solidaridad y de políticas de transporte y de comunicación basadas en criterios de sostenibilidad, que fomenten la utilización del transporte público y la mejora de la movilidad y de la seguridad viaria[41].

Es de reseñar igualmente como las administraciones públicas canarias hacen suya el principio de que las políticas en igualdad de género necesitan del trabajo intra empresas por ello asumen fomentar y apoyar a las empresas que entiendan de la colaboración conjunta con la representación legal de trabajadoras y trabajadores, organizaciones sindicales (procurarán la presencia equilibrada de mujeres y hombres en sus órganos de dirección) y empresariales, instituciones y organismos para la igualdad de género. Para ello, resulta imprescindible la adopción de medidas económicas, fiscales, laborales, sociales o de otra índole, que mejoren la situación de igualdad entre mujeres y hombres en la empresa.

---

40 Aborda la profesora Boldó Roda el principio de igualdad en las empresas de economía social señalando: "En los últimos años han sido numerosas las propuestas e iniciativas adoptadas desde el sector de la Economía Social para facilitar y promover una mayor igualdad de género en su seno. En distintas federaciones y confederaciones de cooperativas se han creado departamentos específicos de la mujer, se han elaborado publicaciones y se han desarrollado algunos estudios, aunque éstos son todavía escasos (...)" sigue afirmando la profesora Boldó Roda que "(...) Las Entidades de la Economía Social (EES) serían el campo de cultivo perfecto para que en todos sus ámbitos prevaleciera la igualdad de género mostrándose especialmente relevante en lo relativo a la toma de decisiones, debido a que este tipo de sociedades funcionan bajo los principios, de democracia, igualdad, equidad, solidaridad y, por tanto son contrarias a toda clase de discriminación". BOLDÓ RODA, C., "Principio de igualdad y cooperativismo en el ámbito de la responsabilidad social corporativa", *Revista valenciana d'estudis autonòmics,* nº 60, 2, 2015 (Ejemplar dedicado a: Estudios en homenaje a Vicente L. Simó Santonja. Volumen II), pp. 103-108.

41 *Vid.,* DOMÍNGUEZ CABRERA, M.P., "La indagación jurídica de la equidad de género en las empresas de economía social en la comunidad autónoma canaria" en *Economía Social y Solidaria y Género,* Tirant lo Blanch, 2020, pp. 279-297.

5. Integración de las entidades de la economía social en las estrategias para la mejora de la productividad

La Administración pública de la Comunidad Autónoma de Canarias tendrá en cuenta las especiales características de las entidades de la economía social en sus estrategias de mejora de la productividad y la competitividad empresarial[42].

La norma de Canarias exige que las decisiones en política sobre la economía social deben dar respuesta a estrategias coordinadas y con un marco de actuación amplio, no siendo aceptables quedar limitada a simples instrumentos o mecanismos de actuación aislados.

IV. COMISIÓN DE LA ECONOMÍA SOCIAL DE CANARIAS

Regula la LESCan la creación de la Comisión de la Economía Social de Canarias como órgano consultivo y asesor para las actividades relacionadas con la economía social, especialmente en el ámbito de la promoción, ordenación y difusión de la economía social (art. 15).

Importante señalar, que quedan delimitados los objetivos de dicha Comisión con la correspondiente promoción del diálogo, la coordinación y la colaboración entre todos los actores de la economía social, siendo la vía principal de participación de las entidades de la economía social.

Desde el principio de la redacción de la norma ha sido voluntad del ejecutivo que este órgano colegiado quedara integrado en la Administración pública de la Comunidad Autónoma de Canarias, a través de la consejería competente en materia de economía social, sin participar en su estructura jerárquica.

Ante los objetivos de la Comisión, la LESCan detalla las funciones a desarrollar; a) Asesorar, cuando sea requerido para ello, en la planificación, fomento, coordinación y ejecución de los programas de promoción, ordenación y difusión de la economía social, en especial mediante la elaboración de recomendaciones. b) Emitir informe, con carácter preceptivo y no vinculante, sobre los proyectos de normas reguladoras que afecten

---

42 *Vid.*, CIRIEC/EESC. Best practices in public policies regarding the European Social Economy post the economic crisis. Study [en línea] (2019) pág. 49. http://www.ciriec.uliege.be/wp-content/uploads/2018/09/best-pratices-EN.pdf [Consulta: 01/04/2024]

a las entidades de la economía social de Canarias. c) Elaborar estudios y propuestas sobre cuestiones que afecten a la economía social en Canarias, así como los informes que con carácter facultativo y no vinculante le soliciten las autoridades competentes sobre esta materia. d) Colaborar en la elaboración y evaluación de los programas de desarrollo de la economía social, cuando sea requerida para ello. e) Formular e informar propuestas de incorporación o exclusión en el Catálogo canario de entidades de la economía social de tipos de entidades de la economía social. f) Orientar la cooperación empresarial entre las entidades que forman parte de la economía social. g) Asesorar, cuando sea requerida para ello, en la integración y coordinación de la promoción de la economía social con las demás políticas públicas, en especial con las dirigidas a la creación de empleo, el fomento del emprendimiento y el desarrollo local y rural. h) Velar por la promoción y adecuada aplicación de los principios de la economía social expresados en la presente ley. i) Analizar la adopción y el cumplimiento anual de los acuerdos de gobierno sobre el porcentaje obligatorio de reserva de contratos para empresas de inserción y centros especiales de empleo de iniciativa social, de acuerdo con la disposición adicional cuarta de la Ley estatal 9/2017, de 8 de noviembre, de Contratos del Sector Público, por la que se transponen al ordenamiento jurídico español las directivas del Parlamento Europeo y del Consejo 2014/23/UE y 2014/24/UE, de 26 de febrero de 2014. Proponer a la Junta Consultiva de Contratación de Canarias, a la Intervención General y a la Dirección General de Planificación y Presupuestos medidas tendentes a lograr el cumplimiento del porcentaje obligatorio de reserva de contratos. J Todas aquellas funciones que vengan determinadas por disposiciones legales o reglamentarias.

Además, estas funciones que se muestran como *numerus apertus,* que relacionado con la obligación del Gobierno de Canarias en la aprobación de la Estrategia canaria de Economía Social[43], la Comisión en ese marco de actuación en sus funciones, podría quedar encargada de la evaluación previa de dicha Estrategia, antes de su comunicación al Parlamento de Canarias, entendiendo que esta fase es de puesta en conocimiento, sin que tenga carácter vinculante, pues la aprobación corresponde al Gobierno de Canarias.

Por ello, es a la Comisión de la Economía Social de Canarias, como órgano de colaboración, coordinación e interlocución en el ámbito de la economía social de Canarias, le corresponde designar a las personas (arts.

---

[43] *Vid.,* DA Segunda LESCan.

16-19 LESCan) que hayan de tener la representación de las entidades de economía social en los órganos de participación institucional de carácter general o específico, de las organizaciones sindicales y empresariales más representativas de Canarias, así como la designación de personas interlocutoras y representantes de la economía social de Canarias en los ámbitos en que proceda, procurando en todos los casos la paridad en la composición de los órganos de participación como prescriben las vigentes leyes de igualdad.

V. INFORMACIÓN ESTADÍSTICA Y ESTRATEGIA CANARIA DE LA ECONOMÍA SOCIAL

1. Información estadística sobre las entidades de la economía social

A la hora de regular la LESCan la información estadística sobre las entidades de economía social (DA1ª), establece la obligatoriedad por parte de la consejería competente en esta materia de la adopción en colaboración y coordinación con el Instituto Canario de Estadística[44] y con otros órga-

[44] Con ello se ha dado cumplimiento al art. 5.c de la Ley 1/1991, de 28 de enero, de Estadística de la Comunidad Autónoma de Canarias, que establece entre las funciones del Instituto Canario de Estadística: *"Promover, dirigir, coordinar y centralizar la actividad estadística de los distintos órganos estadísticos de la Comunidad Autónoma de Canarias"*. Las modificaciones realizadas por la Ley 9/2014, de 6 de noviembre, de medidas tributarias, administrativas y sociales de Canarias, en su art. 9, reflejan la voluntad de que el Instituto Canario de Estadística sea el único Departamento con competencias en materia de estadísticas, sin perjuicio de la cooperación necesaria con el resto de Departamentos, con el objeto de optimizar al máximo los recursos materiales y personales disponibles en la Comunidad Autónoma de Canarias. Así se desprende del Preámbulo, que establece lo siguiente: *"Esta opción supone que la responsabilidad en materia estadística se asigne al Instituto Canario de Estadística, evitando así la dispersión de la misma en los distintos departamentos y órganos de la Comunidad Autónoma, lo que permite la coordinación estadística de base y la racionalización de la actividad estadística."* De la modificación del art. 6, que establece la siguiente organización: *"1. El Instituto Canario de Estadística ejercerá, con plena autonomía funcional, las funciones señaladas en el artículo anterior, a través de los órganos y unidades siguientes: a) La comisión ejecutiva. b) El director. c) Las unidades de su estructura central. d) Las unidades estadísticas delegadas. 2.Las normas de desarrollo de la presente ley establecerán la estructura orgánica y, en su caso, los restantes órganos del instituto que procedan."* Igualmente, el art. 9 de la Ley 9/2014, de 6 de noviembre, de medidas tributarias,

nos y servicios de la Administración pública de la Comunidad Autónoma de Canarias que pudieran tener competencia en materia registral de las entidades de la economía social, las medidas necesarias para garantizar una información estadística de dichas entidades, así como de sus organizaciones de representación, periódicamente actualizada y ajustada en su clasificación al catálogo configurado en la Ley.

Por todo lo anteriormente señalado, ante la situación actual de la economía social en Canarias y las recientes propuestas de modificación de la Ley estatal[45] de la economía social permite concluir que:

---

administrativas y sociales de Canarias, modifica el art. 28.1 de la Ley 1/1991, de 28 de enero, de Estadística de la Comunidad Autónoma de Canarias, quedando en los siguientes términos: *"El Instituto Canario de Estadística, a través de sus unidades estadísticas o mediante acuerdo o convenio con las correspondientes consejerías, podrá realizar estudios estadísticos dirigidos al seguimiento y evaluación de planes, programas, proyectos u otros aspectos organizativos o funcionales de interés de dichas consejerías u organismos públicos vinculados o dependientes, que deberán cumplir los principios y normas establecidos en esta ley y en las normas que la desarrollen."* Y por otro lado, modifica el art. 38, quedando redactado de la siguiente forma: *"1. Las unidades de la estructura central son unidades administrativas que, bajo la dependencia orgánica y funcional del director, ejecutan las funciones encomendadas al Instituto Canario de Estadística en el artículo 5 de la presente ley. 2.Las unidades estadísticas delegadas son unidades administrativas a las que, bajo la dependencia orgánica y funcional del Instituto Canario de Estadística, les corresponde desarrollar la actividad estadística que les sea encomendada. Las unidades estadísticas delegadas podrán depender directamente del director o de una de las unidades estadísticas de la estructura central."*

45 Ministerio de Trabajo y Economía Social, [en línea] https://ciriec.es/wp-content/uploads/2023/04/Anteproyecto_Ley_Integral_Economia_Social.pdf, [Consulta: 01/04/2024]. Su análisis permite afirmar que i.-las entidades de economía social con la forma jurídica especificada expresamente deben ser también aquellas que se rigen por los principios orientadores establecidos en el propio texto. ii.-La propuesta de reforma, añade a dicha consideración y de manera expresa, a las entidades de iniciativa social y las llamadas empresas sociales, iii.- delimitándose y ampliándose dicha consideración al perfil de cualquier entidad, iv.- tienen la consideración automática de entidades prestadores de Servicios de Interés Económico General además de los Centros Especiales de Empleo de iniciativa social y las Empresas de Inserción, estas últimas calificadas como tal según su normativa, extendiendo esta declaración de manera potestativa a cualesquiera otras entidades de la economía social que tengan por objeto igualmente la inserción laboral de colectivos en riesgo de exclusión, conforme a lo que se establezca reglamentariamente; y finalmente reconoce de manera indirecta v.- que las entidades de economía social también serán aquellas que figuren en los catálogos de las comunidades autónomas. La técnica legislativa de la modificación propuesta en la delimitación de las entidades y empresas de la economía social, no es conceptual,

La LESCan completa el concepto de economía social clarificándolo expresamente, desde su aspecto jurídico y económico de la actividad y, por lo tanto, debe ser entendido dentro del ámbito de actuación competencial, que es la que legitima en esta materia.

La Ley de economía social estatal establece un marco de actuación mínimo y la comunidad autónoma canarias toma el testigo de promocionarla mediante la promulgación de una Ley propia. Ello permite que la técnica legislativa la adapte a las especialidades de nuestra Comunidad Autónoma, entre ello, concretando no solo el concepto estatal de economía social, también permitiendo que la enumeración de los principios orientadores quede establecida como *numerus apertus* ya que entidades y empresas de economía social de canarias pudiesen incluir "(...) todos aquellos principios orientadores que refuercen, complementen y amplíen los valores que inspiran a las entidades de economía social".

En la conceptualización de entidades y empresas de economía social de Canarias, la Ley recoge expresamente en qué consiste el fomento y ordenación del sector de la economía social por parte del Gobierno de Canarias, dando cumplimiento al Estatuto de Autonomía. Se señala el listado de las medidas que integran la promoción, estímulo y desarrollo de las empresas y entidades de la economía social y además con el carácter de *numerus apertus*: y cualquier otro, que atienda a los valores y principios de la economía social y a las especificidades de la Comunidad Autónoma de Canarias en esta materia.

La conceptualización de economía social de la LESCan expresa el reconocimiento de aquellas entidades voluntarias no lucrativas que sean pro-

---

es casuística puesto que está referida, i.- a mantener la forma jurídica declarada en la Ley en conjunción con el desarrollo de actividades especificadas cumpliendo los principios orientadores, ii.- pero además optar por la delimitación de las actividades que permitan calificar de empresa social (con base al cumplimiento de requisitos delimitados en la Ley), con una voluntad de encorsetar de manera excesiva el ámbito de actuación, en la que sus fines sociales no solo hacen referencia a la necesaria realización de unas actividades, también la posibilidad de que independientemente del fin social y/o medioambiental, se realicen en zonas despobladas; añadiendo que iii.- se puede ser entidad de economía social y además empresa social, por lo que, toda empresa social es entidad de economía social, con la añadidura iv.- de que si esa entidad o empresa es de iniciativa social, automáticamente es prestadora de servicios de interés económico general que exige para su atribución plena y completa la confluencia de especificados con el carácter de *numerus clausus* por la Ley de Economía Social.

ductoras de servicios no de mercado permitiendo incluir, de este modo, a entidades del Tercer Sector de acción social, centros especiales de empleo de acción social, empresas de inserción de acción social, e incluso las que ahora se proponen con el nombre de empresas sociales, que producen bienes sociales o servicios de indudable utilidad social. Por lo tanto, la LES-Can, aplica una política de técnica legislativa más conceptual, en tanto en cuanto, establece jurídica y económicamente qué entender por economía social, además de estar alineado con los principios que orientan y rigen el contenido de la economía social, la primacía de la persona por encima del beneficio económico.

V. BIBLIOGRAFÍA

ALFONSO SÁNCHEZ, R., "La economía social desde la tipología societaria", *Revista de Derecho de Sociedades,* nº 47, 2016, pp. 109-128.

ALFONSO SÁNCHEZ, R., "Los principios cooperativos como principios configuradores de la forma social cooperativa", *CIRIEC - España. Revista jurídica de economía social y cooperativa,* Nº. 27, 2015 (Ejemplar dedicado a: Principios y valores cooperativos en la legislación), pp. 49-86.

ANDREU MARTÍN, M.M., "Avances en la digitalización de las sociedades laborales. Especial referencia a su constitución telemática y a la junta, parcial o exclusivamente, digital", *CIRIEC - España. Revista jurídica de economía social y cooperativa,* Nº 41, 2022, (Ejemplar dedicado a: Plan de Acción de la UE y nuevos Retos de la digitalización para la Economía Social), pp. 147-189.

BAREA TEJIRO, J./PULIDO ÁLVAREZ, A., "El sector de Instituciones sin fines de lucro en España", *CIRIEC-España, Revista de Economía pública, Social y Cooperativa,* nº 37, 2001, pp. 13 y ss.

BOLDÓ RODA, C., "Principio de igualdad y cooperativismo en el ámbito de la responsabilidad social corporativa", *Revista valenciana d'estudis autonòmics,* Nº 60, 2, 2015 (Ejemplar dedicado a: Estudios en homenaje a Vicente L. Simó Santonja. Volumen II), pp. 90-117.

CARRASCO DURÁN, M., "La interpretación de la competencia del Estado sobre las bases y la coordinación de la planificación general de la actividad económica (art. 149.1. 13ª de la Constitución)", *Revista de Derecho Político* nº 62. 2005.

CHAVES ÁVILA, R./MONZÓN CAMPOS, J.L., "Economía social y sector no lucrativo: actualidad científica y perspectivas", *CIRIEC-España, Revista de Economía pública, Social y Cooperativa,* nº 37, 2001, pp. 7 y ss.

CEPES: Análisis del impacto socioeconómico de los valores y principios de la economía social en España. [en línea] (2019) https://www.cepes.es/files/publicaciones/118.pdf [Consulta: 01/04/2024].

DOMÍNGUEZ CABRERA, M.P., "Los aspectos jurídicos de la economía social en Canarias" en *El Libro Blanco de la Economía Social de Canarias,* Servicio de Publicaciones_ULL, 2024, pp.63-102.

DOMÍNGUEZ CABRERA, M.P., "Creando el ecosistema jurídico local de economía social en tiempos de pandemia", en *Economía Social Solidaria y la COVID19. Propuestas para una salida global,* UNED-COSTA RICA, 2021, pp. 89-113.

DOMÍNGUEZ CABRERA, M.P., "La indagación jurídica de la equidad de género en las empresas de economía social en la comunidad autónoma canaria" en Economía Social y Solidaria y Género, Tirant lo Blanch, 2020, pp. 279-297.

DOMÍNGUEZ CABRERA, M.P., "Los principios de la Economía Social en la Ley de Sociedades Laborales y Participadas", *CIRIEC - España. Revista jurídica de economía social y cooperativa,* nº. 29, 2016, pp.185-204.

EMBID IRUJO, J.M., "Aproximación al significado actual del Derecho Mercantil en Europa", *Revista Jurídica del Notariado,* nº. 100-101, octubre 2016/marzo 2017, pp. 397-437.

FAJARDO GARCÍA, I.G., "La contribución de la Economía Social a una sociedad innovadora, inclusiva y responsable, como objeto de investigación universitaria", en FAJARDO GARCÍA, G.I (coord.) *Empleo, innovación e inclusión en la economía social problemática jurídica y social,* 2017, pp. 7-16.

FAJARDO GARCÍA, I.G., "Las empresas de economía social en la Ley 5/2011, de 29 de marzo", *Revista de Derecho de Sociedades,* nº 38, 2012, pp. 245-280.

FAJARDO GARCÍA, I.G., "Escenarios jurídicos de la economía social y de los agentes que la integran en la Unión Europea y en los países miembros", *Noticias de la Economía Pública, Social y Cooperativa. CIDEC.* nº 54, 2010.

FAJARDO GARCÍA, I.G./FRANTZESKAKI, M., "La economía social y solidaria en Grecia. Marco jurídico, entidades y principales características", *Revesco. Revista de Estudios Cooperativos,* nº 125, 2017, pp. 49-88.

FARIAS BATLLE, M./ALFONSO SÁNCHEZ, R., "Plataformas digitales para los cuidados y entidades de Economía Social", CIRIEC-España, Revista Jurídica de Economía Social y Cooperativa, nº. 41, 2022 (Ejemplar dedicado a: Plan de Acción de la UE y nuevos Retos de la digitalización para la Economía Social), pp. 45-83.

GURIDI, L./PÉREZ-MENDIGUREN, J.C., *La dimensión económica del desarrollo humano local: la economía social y solidaria,* Hegoa, Bilbao, Universidad del País Vasco, 2014.

MONZÓN CAMPOS, J.L./CHAVES ÁVILA, R., *Evolución reciente de la economía social en la Unión Europea.* Comité Económico y Social Europeo, 2017, (ces/css/12/2016/23406).

MONZÓN CAMPOS, J.L./CHAVES ÁVILA, R., *La economía social en la Unión Europea.* Bruselas: Comité Económico y Social Europeo, 2012.

PANIAGUA ZURERA, M. *Las empresas de la economía social. Más allá del comentario a la Ley 5/2011, de economía social,* Marcial Pons, 2011.

PAZ CANALEJO, N., *Comentario sistemático a la ley 5/2011, de economía social,* Ed. Tirant lo Blanch, Valencia, 2012, pp. 35-54.

PEDREÑO FRUTOS, J.A., "Reflexiones, sinergias y clarificación sobre nuevos conceptos y modelos: economía social, empresa social, emprendimiento social, economía del bien común, economía solidaria y economía colaborativa". *Revista Española del Tercer Sector,* N°35, 2017, pp. 45-72.

TRUJILLO DIÉZ, I.J., "El valor jurídico de los principios cooperativos: a propósito de la Ley 27/1999, de 16 de julio, de cooperativas", *Revista Crítica de Derecho Inmobiliario,* año n° 76, 2000, n° 658.